D1985138

Kann Kunst die Welt verändern? Ist der Künstler der authentische Mensch? Arthur Schopenhauer und sein eigensinniger Meisterschüler Friedrich Nietzsche haben im 19. Jahrhundert eine Artistenphilosophie entworfen, die bereits im 20. Jahrhundert Schriftsteller und Künstler fasziniert hat, nun aber erst am Übergang zum 21. Jahrhundert voll wirksam wird. Lange Zeit hat die Forschung Gemeinsamkeiten und Differenzen zwischen Schopenhauer und Nietzsche kaum berücksichtigt und in zwei Denkschulen auseinandergerissen, was sachlich zusammengehört. Dieser Band der Schopenhauer-Studien wird mit einer Studie des Tübinger Philosophen Walter Schulz eröffnet und enthält weitere Vorträge des Internationalen Schopenhauer-Kongresses in Hamburg. Sie beschäftigen sich mit dem spannungsreichen Verhältnis Schopenhauer-Nietzsche und ästhetischen Weltbildern in Kunst und Literatur. Ein Rezensionsteil, an dem namhafte Autoren mitgearbeitet haben, beschließt den Band.

Der Herausgeber, Professor der Philosophie in New York, ist Präsident der Internationalen Schopenhauer-Vereinigung.

SCHOPENHAUER, NIETZSCHE UND DIE KUNST

SCHOPENHAUER-STUDIEN 4

Wolfgang Schirmacher (Hg.)

Schopenhauer, Nietzsche und die Kunst

Schopenhauer-Studien 4

Passagen Verlag

Schopenhauer-Studien 4

Jahrbuch der Internationalen Schopenhauer-Vereinigung

Herausgegeben von Wolfgang Schirmacher

In Verbindung mit Eliane Allo *(Paris)*, Claus Bärsch *(Duisburg)*, David E. Cartwright *(Madison)*, Miodrag Cekič *(Belgrad)*, Daniel O. Dahlstrom *(Washington)*, Dimiter Denkov *(Sofia)*, Wim van Dooren *(Utrecht)*, Peter Engelmann *(Wien)*, Janusz Golichowski *(Gdansk)*, Georges Goedert *(Luxemburg)*, Rudolf von Gumppenberg *(München)*, Martin Hielscher *(Hamburg)*, Assen Ignatow *(Köln)*, Ahmet Inam *(Ankara)*, Endre Kiss *(Budapest)*, Hiroshi Kojima *(Niigata)*, Wolfgang von Löhneysen *(Berlin)*, Muriel Maia *(Porto Alegre)*, Alfredo Marini *(Mailand)*, Reinhard Margreiter *(Innsbruck)*, Alexander Michailow *(Moskau)*, Anatoli Michailow *(Minsk)*, Carl Mitcham *(University Park)*, Maarten van Nierop *(Amsterdam)*, Henning Ottmann *(Basel)*, Jacques Poulain *(Paris)*, Walter Schulz *(Tübingen)*, Carole Ann Sheade *(Frankfurt)*, Ivan Soll *(Madison)*, Tschang Beyou *(Beijing)*, Wolfgang Weimer *(Düsseldorf)*, Wilfried Wenzel *(Frankfurt)*, Kurt Weisshaupt *(Zürich)*

Lektorat: Virginia Cutrufelli

Gedruckt mit Unterstützung des Philosophy and Technology Studies Center, Polytechnic University, New York

CIP-Titelaufnahme der Deutschen Bibliothek

Schopenhauer, Nietzsche und die Kunst / Wolfgang Schirmacher (Hg.), – Dt. Erstausg. – Wien : Passagen-Verl., 1991
(Schopenhauer-Studien ; 4)
ISBN 3-900767-50-5
NE: Schirmacher, Wolfgang [Hrsg.]

Erste Auflage 1991

Alle Rechte vorbehalten
ISBN 3-900767-50-5

© 1991 by Passagen Verlag Ges.m.b.H., Wien

Graphisches Konzept: Ecke Bonk, Düsseldorf 1989
Druck: Trade & Services, Budapest

Inhalt

II. Ästhetische Weltbilder in Kunst und Literatur

III. Rezensionen

1. Schopenhauer

2. Nietzsche, Heidegger

3. Aufklärung, Postmoderne

4. Historisches, Systematisches

Kann Kunst die Welt verändern?

Die Kunst, einst ein gesellschaftliches Randphänomen, ist ins Zentrum gerückt. Der Zusammenbruch religiöser und sittlicher Werte, die Korruption des Politischen und die nivellierende Dominanz der Ökonomie konnten der Kunst offenbar wenig anhaben. Denn den Schein kann niemand entlarven, für Propagandazwecke ist die der Kunst eigentümliche Mehrdeutigkeit denkbar ungeeignet, und das Nutzlose bleibt auch als Ware ohne verläßliche Substanz. Auf eine vertrackte Weise scheint jetzt der ehrwürdige Streit, ob Kunst die Welt verändern könne, entschieden worden zu sein. Aber das ist keine gute Nachricht: es gibt offensichtlich nur Verlierer. Die engagierte Kunst findet keinen Boden vor, auf dem sie sich entfalten könnte, denn für wen oder was sollte man sich gegenwärtig engagieren? Die Ideologien sind zerfallen, und was Realität heißt, hängt von der Kaufkraft ab. Die ökologische Katastrophe ist ein Allerweltsthema. Selbst der Krieg mit den modernsten Vernichtungswaffen erzeugt nicht Schrecken und den Willen zur Umkehr, sondern bei den meisten bloß Psychotrips mit Angstanfällen und findet im bürgerlichen Wohnzimmern als allabendliches Videospiel statt. Hatte also Gottfried Benn recht, als er darauf bestand, daß Dichter keine Wirkung auf die Zeit haben und in den Lauf der Geschichte nicht eingreifen? Doch was wir Zeit nennen, reduziert sich längst auf den flüchtigen Zeitgeist, und Geschichte besteht aus Rankes Gesammelten Märchen, die uns vergeblich Sinn vorgaukeln. Die Größe von Kunstwerken zeigt sich nicht darin, wie Benn behauptete, daß sie historisch unwirksam und praktisch folgenlos sind. Diese frappante Ohnmacht teilen sie inzwischen mit allen kulturellen Phänomenen. Was Kunst heute von Religion und Philosophie unterscheidet und zugleich auf paradoxe Weise auszeichnet, ist das erstaunliche Vertrauen, das die von den großen Idealen enttäuschten Mitläufer der Postmoderne in die ästhetische Existenz setzen. Man traut den verkündeten Wahrheiten nicht mehr, weil sie ihre eigensüchtigen Interessen nicht länger kaschieren können, und hat sich in einem salto mortale rückwärts der einzigen Wahrheit anvertraut, die von vornherein eingesteht, daß sie Erfindung, ja Lüge ist.

Schopenhauer wie Nietzsche haben die Kunst als die eigentliche metaphysische Tätigkeit angesehen. Sie räumten dem künstlerischen Genie einen herausragenden Rang ein und verwandelten so den Hofnarren über Nacht in einen König. Als der Künstler um die Jahrhundertwende zum Pseudokünstler wurde, war dies nur die Larve eines gegenwärtig sich immer weiter entpuppenden ›täglichen Künstlers‹ (V.Cutrufelli). Der Augenblick der Kunst ließ als Augenblick der Wahrheit bei Schopenhauer ein humanes Leben aufblitzen, und Nietzsches ›Artisten-Metaphysik‹ beanspruchte für diesen schönen Augenblick Ewigkeit. Die Kunst gehöre »nicht zur Natur, sondern allein zum Menschen«.[1] Noch der so tapfer negative Dialektiker Adorno sieht einzig in der Kunst eine Oase im falschen Leben, auch wenn Wasser und Datteln dort

---

1 Nietzsche, *KSA*, Bd. 8, Nachgelassene Fragmente, 458.

nur versprochen und nicht gereicht werden. Flüchten nicht Theoretiker unterschiedlichster Richtungen zu den Dichtern, zum ›Vorschein‹ (Bloch), der die Utopie rechtfertigt, oder zum ›Haus der Sprache‹ (Heidegger), das Unterschlupf gewährt? Die Überforderung des Ästhetischen ist augenfällig und heftig kritisiert worden. Eine Ästhetisierung der Politik ist ebensowenig wünschenswert wie eine Kunst, die der Ökologie dient.

Aber bleiben Moral und Politik, Ökonomie und Ökologie unverändert, sobald sie das ›Zauberreich‹ der Kunst, diese Illusionsbühne mit mehr als einem doppelten Boden betreten? Joseph Beuys' ökologische Litaneien waren beim ersten Hinhören von ›grünen‹ Wahlreden nicht zu unterscheiden, aber wurden zum Gedankensumpf, sobald man sich auf sie einließ. Dann geschah Kunst, brach die gewohnte Welt zusammen, wurde der sich natürlich dünkende Menschenverstand im Wortbrei erstickt. Der kunstvolle Schwätzer Beuys, dessen Aktionen und Installationen nur die Fortsetzung dieses universalen Geredes darstellten, entzog sich hartnäckig dem ›Dienst an der Wahrheit‹, den er doch zu erfüllen vorgab. Jean Baudrillard, der Beuys der Soziologie, hat als ›Simulation ohne Original‹ treffend beschrieben, was mit einer gesellschaftlichen Aktivität geschieht, sobald sie sich den Gesetzen des Scheins unterwirft. Inzwischen simulieren wir mit zunehmender Sicherheit, da es keinen Maßstab mehr gibt und keine Realität, die uns korrigieren könnte. Die Postmoderne fragt: Gab es überhaupt je ein Maß, oder war es immer nur Anmaßung, anthropozentrische oder logozentrische Gewalttat gegenüber einem Lebensprozeß, der niemals zur ›Realität‹ versteinerte?

Kunst kann die Welt nicht verändern, wenn unter Welt verstanden wird, was als Neuigkeit und Staatsaktion die Medien beschäftigt. Aber gerade deshalb verändert Kunst die Welt umso nachhaltiger, weil sie sich der Interpretation widersetzt und stattdessen unsere Wahrnehmung prägt. Vor den Augen der Menschen und doch weitgehend unbemerkt, vollziehen sich epochale Wandlungen im Weltverständnis. Wer hätte gedacht, daß Picassos verzerrter Blick auf den Menschen unserem Realitätsgefühl entspricht, während die klassischen griechischen Schönheiten in der Werbung sofort als Betrug identifiziert werden? Samuel Becketts Helden, am Rande des Verstummens vegetierende Mülltonnengestalten, simulieren die Realität gerade in der Wohlstandsgesellschaft bis zur Perfektion. Ob Pessimismus oder Optimismus, in der Kunst drückt sich unser Lebensgefühl aus. Entfaltet, gebremst oder aufgeschoben – Kreativität wird zum Schlüsselbegriff. In den Medien, die fortzeugend andere Formen hervorbringen, schreiben wir selbst unsere Autobiographie (oder sie wird für uns geschrieben). Ist der Mensch des 21. Jahrhunderts ein Künstler neuer Art, frei in seinem Spiel, gesichert durch Lebenstechniken? Existieren wir eine ›Ökonomie der Verschwendung‹ (Bataille), die noch den Tod verlacht, weil der Überfluß nie versiegen wird? Gelingt es uns, jene ›Abwesenheit‹ auch in unseren Taten zu achten, die im Erhabenen der Kunst und in ihrer unaufhebbaren Fremdheit sich ebenso ankündigt wie entzieht?

Schopenhauers Künstler ist der Vorbote einer Lebensform, die in Nietzsches Willen zur Kunst als ›aktiver Nihilismus‹ der sinnentleerten Welt trotzt.

Was als ›anschauliche Idee‹ bei Schopenhauer oder ›Olymp des Scheins‹ bei Nietzsche noch klassisch-beruhigt oder gründerzeitig-bewegt auftritt, ist bei Beckett bis zum Extrem gesteigert. Die Erfahrung, daß Kunst gerade dann entsteht und uns Orientierung vermittelt, wenn die bekannte Welt zu Nichts zerfällt, hat sich seit Schopenhauer verschärft. Doch diese Möglichkeit der ästhetischen Existenz, die dem Zerfall von Sein, Mensch und Gesellschaft entging, ist selbst zweideutig. Ästhetik bietet keine Sicherheit, sondern nur deren Simulation; eine ästhetische Existenz ist ein offener Prozeß, der keinen Fortschritt kennt. Eine Beruhigung findet in der Kunst nicht statt, denn noch in Madonnas marktgerechten Musikvideos kann plötzlich das Ungeheure und Schreckliche einbrechen, das uns bisher zwang, Kunst als Lüge zu behandeln. Die ästhetische Existenz widerspricht daher gattungsgeschichtlich eingefahrenen Verhaltensweisen, die direkt unsere Fähigkeit zum Überleben betreffen. Aber zugleich antworten wir offenbar durch die Verwandlung unseres Alltagslebens zur Kunst auf das entscheidende Überlebensproblem: Ohne Verzicht auf Sicherheitsdenken und Verhaltensnormierung, ohne Sinn für Offenheit und die Achtung des Unbekannten wird uns die technische Welt unweigerlich als Gattung vernichten. Ob Katastrophen oder Krieg, das Muster ist deutlich genug, und die Zeichen an der Wand wurden von unseren bedeutendsten Künstlern gestaltet.

Kunst will die Welt nicht verändern, denn sie entzieht sich jedem Dienst. Aber sie vermag uns absichtslos und dabei so tiefgreifend zu verändern, daß wir dem sich unaufhörlich wandelnden Lebensprozeß endlich einmal doch und weit angemessener als bisher entsprechen. Schopenhauer und Nietzsche, der ›Erzieher‹ und sein ungebärdiger Schüler, müssen zusammen und gegen den Strich gelesen werden. Dann erst erkennen wir ihre zukunftsweisende Bedeutung und werden ihrem Werk gerecht – dem anwesenden Buchstaben wie dem abwesenden Sinn. Auf dem Internationalen Schopenhauer-Kongreß in Hamburg ist fortgesetzt worden, was auf dem Schopenhauer-Nietzsche-Symposium in Frankfurt begonnen hatte,[2] und mit den *Schopenhauer-Studien 4* dokumentieren wir diese neue Lektüre, die beide Philosophen als ebenbürtige Partner in einem bis heute nachwirkenden Diskurs behandelt. Dieser Diskurs über Kunst als Lebensform und Ästhetik als Welterfahrung hat die Frankfurter Schule ebenso bewegt wie Bataille und die postmoderne Philosophie. Aber auch in der Kunstwissenschaft und Literaturtheorie haben diese Fragen einschneidende Veränderungen ausgelöst. Am Fall Becketts kann gezeigt werden, wie die Grenzen von Literatur, Philosophie und Kunst fließend werden, und die schonungslose Selbsterkundung des Menschen zur wichtigsten Aufgabe wird.

Wolfgang Schirmacher

2 cf. Schirmacher, *Vernunftkritik.*

Hinweis zu den Verzeichnissen

Literaturangaben erfolgen in diesem Band ausschließlich durch siglenartige Kurztitel. Sie werden im Literaturverzeichnis aufgelöst. Für einige Werke wurden unterschiedliche Ausgaben verwendet. Wenn nötig, wird in der *ersten* Fußnote des jeweiligen Aufsatzes angegeben, welche Werkausgabe benutzt wurde. Seitenangaben im Text in eckigen Klammern [] beziehen sich auf das in der vorausgehenden Fußnote angeführte Werk.

I. Schopenhauer und Nietzsche

Schopenhauer und Nietzsche
Gemeinsamkeiten und Differenzen

Walter Schulz *(Tübingen)*

Daß es zwischen Schopenhauer und Nietzsche Gemeinsamkeiten gibt, ist bekannt und anerkannt. Um nur auf einige Sachverhalte hinzuweisen: Beide Philosophen stehen im Gegenzug zur traditionellen Metaphysik des Geistes, sie betonen den Vorrang des Willens und kennzeichnen diesen Willen als eine dunkle, den Menschen überwältigende Macht; weiterhin: beide Denker räumen der Kunst einen außerordentlichen Rang ein, sie allein bietet Erlösung des Erkennenden, des Handelnden und des Leidenden, wie Nietzsche erklärt. Freilich: zwischen beiden Denkern bestehen auch erhebliche Differenzen. Das zeigt sich, wenn man die Gemeinsamkeiten genauer untersucht, etwa nach der näheren Bestimmung des Willens fragt oder die anthropologische Bedeutsamkeit der Kunst für den Lebenszusammenhang bedenkt; vor allem aber sind die Differenzen in bezug auf die Wertung des »Tatbestandes«, das heißt, den durchgängig vom Willen bestimmten Seins- und Lebenszusammenhang, nicht zu übersehen: Schopenhauer gibt sich, das Elend des Daseins erkennend, einem absoluten Pessimismus hin, Nietzsche dagegen sucht das Leben, so wie es ist, zu verherrlichen. Und schließlich zeigen sich die Differenzen auch und gerade in bezug auf die Wirkungsgeschichte. Auch wenn man Heideggers Urteil, daß nach der Epoche des Deutschen Idealismus die große Philosophie geächtet wurde und daß Schopenhauer infolge dieses Verfalls zum großen Mann deklariert wurde, der nur Gemeinplätze verkündete,[1] für verfehlt hält, so bleibt bestehen, daß Schopenhauer nicht nur in seiner Zeit, sondern bis zur Gegenwart nicht entfernt die Anerkennung gefunden hat, die Nietzsche zuteil wurde. Dies gründet nicht nur und nicht einmal primär in Nietzsches positiver Lebensbejahung, sondern darin, daß Nietzsches Philosophie als eine grundsätzliche Auseinandersetzung mit der Tradition erscheint, die deren Prinzipien radikal in Frage stellt.

Es sollen im folgenden einige Hinweise auf die Gemeinsamkeiten und die Differenzen beider Philosophen gegeben werden. Gemeinsamkeiten und Differenzen überschneiden sich ständig und durchkreuzen sich. Das gründet darin, daß beide Denker von einem gemeinsamen Problem bedrängt werden: der Erkenntnis der Sinnlosigkeit der Welt.

Beide Denker stehen, wie schon angedeutet, im Gegenzug zur traditionellen Metaphysik. Diese Metaphysik versteht den Menschen als einen Bürger zweier Welten. Als Vernunftwesen gehört der Mensch dem übersinnlichen Kosmos, dem eigentlich Seienden, an, als Triebwesen der sinnlichen Welt, die nicht wahrhaft seiend ist. Der Mensch muß sich als Geist den ewigen Werten zuwenden, nur auf diese Weise vermag er die Triebe, die ihn an das Sinnliche

---

1 Heidegger, *Nietzsche*, Bd. I, 74. – Schopenhauer wird nach *ed. Hübscher* zitiert.

und Äußere binden, zu beherrschen. Daß Geist und Vernunft nicht nur dem Rang, sondern auch der Kraft und der Stärke nach das maßgebende Prinzip im Menschen sind, diese Vorstellung ist für die klassische Metaphysik kennzeichnend.

Dieser Ansatz wird im späteren 19. Jahrhundert unterlaufen, und zwar wesentlich nicht durch die Philosophie, sondern durch die Wissenschaft. Kronzeugen sind Marx, Darwin und Freud. Marx deklariert die Ohnmacht des Geistes. Die Geschichte wird nicht von den Ideen der Vernunft bestimmt; die realen Konstituenten des Geschehens sind ökonomischer Natur, die Dialektik der Produktionskräfte und der Produktionsverhältnisse ist maßgebend. Darwin entwickelt eine naturwissenschaftlich fundierte Evolutionstheorie. Der »große Vorzug« des Evolutionsprinzips liegt darin, daß es die Realität – den Untergang des Schwachen und nicht Lebensfähigen – nicht leugnet, ihre Negativität aber ausgeglichen sieht durch die »Tatsache« der Höherentwicklung im ganzen. Der Mensch ist in diese Entwicklung eingeordnet. Und schließlich Freud: Freud stellt die Vorherrschaft des Bewußtseins in Frage, die von Descartes an leitend war. Er zeigt die Macht des Unbewußten und der Triebe. Der Triebreiz stammt nicht aus der Außenwelt, sondern aus dem Inneren des Organismus selbst. Seine Funktion ist biologisch bedingt und unterliegt dem Lustprinzip, das alle Lebewesen bestimmt. Diese Denker verändern das allgemeine Weltbild. In ihnen wird der Trend des 19. Jahrhunderts deutlich: Die Wissenschaft ist als Grundlage der Deutung der Welt und der Einstellung zum Leben anzusehen und anzuerkennen.

Schopenhauer und Nietzsche nehmen eine Sonderstellung ein. Beide stützen sich auf wissenschaftliche Forschung, aber beide intendieren doch eine Gesamtdeutung des Seins, die über die wissenschaftliche Forschung hinausgeht. Sie sind insofern Metaphysiker, sie selbst betonen dies immer wieder. Aber die traditionelle Metaphysik muß von Grund aus umgewandelt werden. Metaphysik hat nicht mehr die Aufgabe, den Menschen auf ein Jenseits als die wahre Welt zu verweisen, sondern muß diese unsere Welt erkennen. Was die Verpflichtung der Metaphysik betrifft, so erklärt Schopenhauer, »so hat sie nur eine einzige: denn es ist eine, die keine andere neben sich duldet: die Verpflichtung *wahr* zu seyn«.[2]

Diese Gesamtdeutung muß – darin erweist sie sich als metaphysisch ausgerichtet – von einem Prinzip ausgehen, von dem her sich alle Erscheinungen deuten lassen. Eben dies Prinzip ist der Wille. Hier wird die Umdeutung der Tradition greifbar. Die klassische Tradition hält daran fest, daß Geist und Vernunft dem Rang und der Kraft nach die bestimmenden Mächte sind. Der Wille gehört zu den oberen Vermögen. Kant bringt diesen Ansatz auf den Begriff: er setzt Wille, praktische Vernunft, Freiheit und Autonomie als identische Bestimmungen an. Jetzt wird Wille nicht mehr als von der Vernunft geleitet, sondern als Drang, Begierde und Trieb gedeutet.

---

2 Schopenhauer, *WWV II*, 209.

Eine genauere Interpretation der Willensbestimmung durch Schopenhauer und Nietzsche zeigt nun aber nicht nur Gemeinsamkeiten, sondern auch Differenzen auf. Zunächst Schopenhauer: Schopenhauer – in der Sprache der Tradition verfangen – deklariert den Willen als das Ding an sich. Der Wille beherrscht die Phänomene der Natur. Er zeigt sich bereits in der anorganischen Natur, die chemischen Stoffe verbinden sich oder schließen sich aus, und das heißt eben, sie sind vom Willen bestimmte qualitative Elemente. Wesentlich ist die Steigerung des Willens zum Menschen hin. Grundsätzlich gilt: »Die Haupt- und Grundtriebfeder im Menschen wie im Thiere ist der *Egoismus*, d.h. der Drang zum Daseyn und Wohlseyn«.[3] Der Mensch kann den Egoismus vervollkommnen. Schopenhauer erklärt:

> Der Wille, der bis hieher im Dunkeln, höchst sicher und unfehlbar, seinen Trieb verfolgte, hat sich auf dieser Stufe ein Licht angezündet, als ein Mittel, welches nothwendig wurde, zur Aufhebung des Nachtheils, der aus dem Gedränge und der komplicierten Beschaffenheit seiner Erscheinungen eben den vollendetsten erwachsen würde.[4]

Das menschliche Miteinander ist durch den Konkurrenzkampf bestimmt. Das Terrain ist zu klein, um allen Platz zu gewähren. So muß man um den Raum kämpfen, und entsprechend muß die Zeit in die Planung einbezogen werden.

Aber der Wille steht nicht nur im Dienst des Lebens, das heißt: er dient nicht nur der Selbsterhaltung, sondern der Egoismus kann sich in sich selbst steigern. Das zeigen Phänomene wie Schadenfreude und Gehässigkeit, vor allem aber die Grausamkeit. Der Mensch, der keine direkte Befriedigung mehr erhoffen kann, sucht Linderung

> durch den Anblick des fremden Leidens, welches er zugleich als eine Äußerung seiner Macht erkennt, das eigene zu mildern. Fremdes Leiden wird ihm jetzt Zweck an sich, ist ihm ein Anblick, an dem er sich weidet: und so entsteht die Erscheinung der eigentlichen Grausamkeit.[5]

Entscheidend ist für die Willensbestimmung Schopenhauers ein Zweifaches. Einmal: Schopenhauer stellt die Erfahrung des eigenen Leibes als Quelle seiner Argumentation heraus. Der Leib kann Objekt rein wissenschaftlicher Betrachtung als materieller Körper sein, zugleich aber er ist jedem bekannt und vertraut durch Phänomene wie Schmerz, Wollust oder Wohlbehagen, die uns selbst unmittelbar betreffen. Und das Zweite: Der Wille findet nie Genüge. Georg Simmel erklärt: »Das *Willens*moment an unseren Wollungen kann seinem Wesen nach niemals Frieden finden; was zu Ende und Ruhe kommen kann, sind nur die einzelnen Inhalte und Motivierungen.«[6] Der Wille selbst ist grundlos und nicht zielhaft. Ich kann mir zwar klarmachen, warum ich dies und nicht jenes will, ich kann aber nicht fragen,

---

3 Schopenhauer, *Moral*, 196.

4 Schopenhauer, *WWV I*, 179.

5 Schopenhauer, *WWV II*, 430.

6 Simmel, *Schopenhauer*, 60f.

warum ich überhaupt will. Auf das Ganze gesehen: das Leben aller Wesen ist ein Tretrad, in dem man sich bewegt, ohne vorwärts zu kommen.

Schopenhauer wird nicht müde, immer wieder auf die Sinnlosigkeit des vom Willen bestimmten Lebens hinzuweisen: es gibt keine Ruhe, weil eben in jedem Erreichen eines Zieles der Wille selbst nicht zur Ruhe kommt. Und dies Nicht-zur-Ruhe-kommen bedeutet Leiden, Leiden am Getriebenwerden als solchem und Leiden, das durch den Egoismus, die Bosheit und die Grausamkeit als den Kennzeichen des menschlichen Wollens von mir an anderen und von diesen an mir bewußt und unbewußt ständig inszeniert wird. Diese Erkenntnis ist unausweichlich: alles Seiende ist grundsätzlich zum Leiden bestimmt, insofern es dem Willen untersteht. Die Zeiten des sogenannten Glücks sind nichts anderes als kurze Atempausen in diesem rastlos Vorwärtsgetriebenwerden.

Schopenhauer macht für diesen Zustand niemanden verantwortlich. Es gibt ja keinen Gott, der die Welt so unvollkommen schuf, und auch der Mensch ist in seinem Leben nicht wirklich frei zum Guten oder zum Bösen. Schopenhauer kennt zwar eine intelligible Freiheit, das heißt eine grundsätzliche Wahl vor der Geburt, die das nachfolgende Leben festlegt. Aber diese Freiheit meldet sich immer nur als verlorene: »Wenn ich doch anders gehandelt hätte« - diese Redewendung meint: »Wenn ich doch ein anderer gewesen wäre als ich bin«.[7] Wer so redet, bezeugt aber die allgemeine Verderbtheit.

Die Welt ist verloren. Der Mensch weiß und erfährt das täglich. Aber insofern er daran leidet, mißt er bewußt oder unbewußt die Welt an einem möglichen anderen Zustand. Das erscheint durchaus natürlich, denn der Mensch sucht ja von Haus aus Leiden zu meiden und ein gutes Leben zu erlangen – gut, das heißt, ohne vom Willensdrang und dessen Folgen gepeinigt zu sein. Es ist jedoch vergeblich, einen solchen Zustand in der *Realität* zu erwarten. Schopenhauer verfällt keiner Utopie, hier wirkt sich die Lehre, daß der Wille das Ding an sich, das heißt der Wesensgrund des Seins ist, aus. Hier eröffnet sich nun eine Alternative: entweder man nimmt diesen Zustand hin und findet sich mit ihm ab. Diese Möglichkeit wählt Nietzsche, indem er die negative Sicht in eine positive umzudeuten sucht. Oder man sucht nach Auswegen aus dem Elend in der Form der Entsagung. Diesen Weg wählt Schopenhauer. Dieser Weg ist durch die Askese, das Mitleid und die metaphysische Erkenntnis der Nichtigkeit der Welt gekennzeichnet.

Bevor wir jedoch diese Konzeption Schopenhauers darlegen, ist es angebracht, Nietzsches Bestimmung des Willens in ihrer Nähe und Ferne zu Schopenhauer zu betrachten.

Nietzsches Werk hat sich gewandelt. Nietzsche selbst hat diese Wandlung thematisiert: er sei vom Bejahend-Verehrenden zum freien Geist fortgeschritten, der neue Schätzungen vollzog; aber diese Wandlung vom »Du sollst« zum »Ich will« sei nur die Vorstufe zum einfachen »Ich bin« gewesen. Gleichwohl zeigt sich trotz der Wandlungen im Werk Nietzsches eine gleich-

7 cf. Schopenhauer, *Moral*, 177.

bleibende Grundeinstellung. Es ist die Abwertung der traditionellen Vernunftmetaphysik zugunsten einer Metaphysik des Lebens mit Hilfe der Wissenschaft. Insbesondere muß die Vorstellung des vernünftigen Willens destruiert werden, weil es kein Ich gibt, das planend hinter den Entschlüssen und Entscheidungen steht. An die Stelle des »Ich tue« muß daher der Sache nach das »Ich werde getan« treten. »Die Menschheit hat zu allen Zeiten das Activum und das Passivum verwechselt, es ist ihr ewiger grammatikalischer Schnitzer«.[8]

Die Einsicht, daß wir »getan werden«, ist entscheidend. Gleichwohl ist sie problematisch, denn sie entspricht nicht dem Selbstverständnis des Menschen, der faktisch auf die Zukunft hin lebt. Die Erklärung, daß hinter seinem Handeln nicht bekannte Motive stehen, bleibt theoretisch und kommt hinterher. Nietzsche ist dieser Sachverhalt durchaus bewußt. Aber er diskutiert ihn nicht, sondern proklamiert in unmittelbarem Gegenzug zu der These, daß wir »getan werden«, die Aktivität des reinen Handelns. Im Begriff »Wille zur Macht« tritt dieser Ansatz deutlich hervor.

Der Wille zur Macht ist kein eindeutiger Begriff. Er wird zunächst bedeutsam im Zusammenhang einer Destruktion der traditionellen Metaphysik. Diese geht davon aus, daß es ewige Werte gibt, die den Menschen verpflichten. Das ist nach Nietzsche ein doppelter Irrtum. Erstens: Die Werte der Tradition sind inhaltlich gesehen verfehlt, sie sind lebensfeindlich und müssen umgewertet werden. Dies bedeutet – das ist das Zweite –, daß man erkennt, daß allein der Mensch es ist, der Werte setzt.

Der Schöpfer der neuen Werte wird als Übermensch bezeichnet. Der Übermensch soll aus der Negation des Menschen erstehen. Der bisherige Mensch ist der Erde untreu geworden. Vom Übermenschen heißt es: »Der Übermensch ist der Sinn der Erde. Euer Wille sage: der Übermensch *sei* der Sinn der Erde!«[9]

Der Übermensch soll nicht mehr vom Gewissen geplagt sein. Es gilt, vom »Du sollst« über das »Ich will« zum »Ich bin« zu kommen. Das »Ich bin« aber soll das Zeugnis einer neuen Unmittelbarkeit sein, wie sie das Sein des Kindes auszeichnet: »Unschuld ist das Kind und Vergessen, ein Neubeginn, ein Spiel, ein aus sich rollendes Rad, eine erste Bewegung, ein heiliges Ja-sagen«.[10] Das Kind-sein ist bestimmt als Fraglosigkeit. An die Stelle des Warum ist – mit Heidegger gesprochen – das Weil getreten im Sinne des Verweilens. »Das Spiel ist ohne ›Warum‹. Es spielt, dieweil es spielt. Es bleibt nur Spiel: das Höchste und Tiefste«.[11]

Dies ist die eine Seite: die Betonung der Unmittelbarkeit. Nietzsche sucht sie, wie wir noch sehen werden, zu fundieren durch den Gedanken der ewigen Wiederkehr des Gleichen. Zugleich aber wird der Gedanke der

8 Nietzsche, *KGW*, V_1, 113.

9 ibid., VI_1, 8.

10 ibid., VI_1, 27.

11 Heidegger, *Satz*, 188.

Unmittelbarkeit unterlaufen oder besser: eingeschränkt von der Einsicht, daß die Aufgabe der ständigen Destruktion der traditionellen Einstellungen, die den Menschen an ewige Werte binden, noch nicht erledigt ist. Und diese Destruktion gelingt eben nur, wenn der Mensch begreift, daß er nicht von der Vernunft bestimmt ist, sondern vom unerschöpflichen, zeugenden Lebenswillen. Und dieser Lebenswille ist der Wille zur Macht. Der Wille zur Macht ist also nicht das Streben der Ohnmacht zur Macht hin, sondern er ist bereits in sich selbst Macht. Er bestimmt zwar alles Lebendige – »Wo ich Lebendiges fand, da fand ich Willen zur Macht« –, gleichwohl gewinnt er im Menschen besondere Gestalt. Der Mensch soll der sich selbst Überwindende sein. Selbstüberwindung ist nicht als moralische Selbstkasteiung zu verstehen, sondern als das Schaffen, das über seine eigenen Schöpfungen immer hinausgeht. Es geht beim Willen zur Macht eigentlich nicht darum, neue Werte als verbindlich zu setzen. Die absolute Forderung völlig neuer Werte und die absolute Einsicht, daß es gar keine Verbindlichkeit mehr geben darf, gehören zusammen. Auf seine Struktur hin betrachtet ist der Wille zur Macht reiner Selbstbezug. Er will immer nur sich selbst. Allein mit sich selbst beschäftigt, spielt er die möglichen Kombinationen seiner Setzungen durch.

Bei Lichte besehen ist die Bestimmung des Willens an sich bei Schopenhauer und Nietzsche gar nicht so different. Die Gemeinsamkeit resultiert daraus, daß beide die Bindung des Willens an die Vernunft ableugnen und den Willen metaphysisch zum Kennzeichen des Lebens machen, eines Lebens, das furchtbar erscheint. Man darf sich daran erinnern, daß der junge Nietzsche in der dritten »Unzeitgemäßen Betrachtung«, die den Titel »Schopenhauer als Erzieher« trägt, erklärt: »Der Schopenhauerische Mensch nimmt das freiwillige Leiden der Wahrhaftigkeit auf sich«.[12] Am Schluß dieser Betrachtung heißt es noch einmal, »dass die Liebe zur Wahrheit etwas Furchtbares und Gewaltiges ist«.[13] Anders formuliert: Schopenhauer, der große Erzieher, wußte: »›Ein glückliches Leben ist unmöglich‹«.[14]

Gleichwohl: diese Gemeinsamkeit wird durch die Deutung und Wertung des Willens aufgehoben. Schopenhauer sucht dem Elend zu entkommen: er verneint den Willensdrang. Nietzsche dagegen will das Leben bejahen. Beide Wege aber sind von einer metaphysischen Gesamtsicht fundiert.

Um diese Gesamtsicht sachangemessen zu verstehen, ist es angebracht, die unterschiedliche Deutung der Kunst und der Ethik durch Schopenhauer und Nietzsche zu thematisieren, denn in diesen beiden Gebieten konkretisiert sich ihre metaphysische Grundeinstellung.

Für beide Denker eröffnet die Kunst eine positive Möglichkeit der Lebensbewältigung, die der negativen Sicht des Lebens entgegensteht. Der Kunst wird durchaus noch ein ontologischer Rang zugesprochen, zugleich aber wird sie anthropologisch gewertet, das heißt daraufhin untersucht,

---

12 Nietzsche, *KGW*, III_1, 367.

13 ibid., III_1, 423.

14 ibid., III_1, 369.

wieweit sie das Lebensbewußtsein von der es bedrängenden Negativität entlasten kann. Wir thematisieren zunächst die Kunstanalyse Schopenhauers.

Schopenhauer untersucht, was Kunst in bezug auf die Willensgetriebenheit bedeutet. In und durch die Kunst kann der Mensch den Willensdrang vergessen. Der Intellekt, der ursprünglich nur dem Willen dient, kann sich dieser Dienstbarkeit entziehen, ihr Joch abwerfen und frei von allen Zwecken des Willens sich der Kunst als »bloßem, klarem Spiegel der Welt« zuwenden. In der Kunstbetrachtung hält man sich nicht mehr an den Leitfaden des Willens, das heißt, man fragt nicht mehr nach dem Wo, Wann, Wozu, Warum, sondern ist auf das reine Wesen bezogen. Die Objekte der Kunst sind Ideen. Schopenhauer bezieht sich emphatisch auf Platos Ideenlehre. Die Ideen sollen eine Zwischenstufe darstellen zwischen dem reinen Willen, dem Ding an sich, und den einzelnen individuellen Erscheinungen. Diese ontologische Stufenabfolge wird aber nicht begründet. Dies wäre auch schwierig, denn die Umwandlung, die die Kunst vollbringt, ist nicht in einer Seinsordnung, sondern durch das ästhetische Verhalten als einer Distanz zur Willensbindung begründet.

Diese Kunstdeutung ist und bleibt aber doch weitgehend von der metaphysischen Tradition bestimmt. Kunst wird dem Gedanken der Schönheit unterstellt. In ihr soll zugleich das interesselose Wohlgefallen bestimmend sein. Das besagt im Extrem: stellte die Kunst Grauenvolles und Schreckliches dar, so müßte jedermann in ästhetischer Einstellung nicht affektiv, aber auch nicht resignativ reagieren, sondern das Dargestellte objektiv als schön empfinden.

Schopenhauer geht jedoch nicht so weit. Er bindet den Gedanken der Schönheit an die Möglichkeit, durch die schöne Kunst zur inneren Ruhe zu gelangen. Er sieht klar, daß die Darstellung des Willens ein problematisches Unternehmen für die Kunst ist, und er erklärt dementsprechend, daß die Aufgabe, zu einer reinen Subjektivität zu werden, innerhalb der Anschauung am besten dort gelöst werden könne, wo »das angeschaute Objekt selbst gar nicht im Gebiete der Dinge liegt, welche einer Beziehung zum Willen fähig sind«.[15] Zur Verdeutlichung geht Schopenhauer in den Bereich des Naturschönen zurück und preist mit Goethe den Anblick des Mondes und der Sterne. »Die Sterne, die begehrt man nicht, / Man freut sich ihrer Pracht«.[16]

Der Kunst sind aber im Ganzen Grenzen gesetzt, nicht nur, daß der Kunstgenuß nur für Augenblicke befreit, Kunst steht als Sache der Anschauung unter der Reflexion. Schopenhauer erklärt:

> Allein die Künste reden sämmtlich nur die naive und kindliche Sprache der *Anschauung*, nicht die abstrakte und ernste der *Reflexion*: ihre Antwort ist daher nur ein flüchtiges Bild; nicht ein bleibende allgemeine Erkenntniß.[17]

Das Wesen dieser Erkenntnis, in der sich Schopenhauer der Abhilfe gegen das Elend des Daseins metaphysisch zu versichern sucht, wird später

15 Schopenhauer, *WWV II*, 423.

16 ibid., 428.

17 ibid., 463.

zu thematisieren sein, zuvor müssen wir uns Nietzsches Deutung der Kunst vergegenwärtigen.

Nietzsche setzt sich bereits in »*Die Geburt der Tragödie*« mit Schopenhauers Kunstauffassung auseinander. Schopenhauer wird zunächst gelobt, insofern er das Scheinhafte, das der Kunst wesentlich ist, herausstellt. Kunst erzeugt »den schönen Schein der Traumwelten« in der Weise, daß er in ihren Werken »durchschimmert«. Kunst ist in dieser Hinsicht ein Kennzeichen einer Befreiung im Sinne Schopenhauers. Diese Kunst ist apollinisch, aber die apollinische Kunst gibt nicht das Ganze dessen wieder, was Kunst leisten kann. Noch schärfer: sie versagt an der eigentlichen Aufgabe, daß Kunst Rechtfertigungsfunktion haben muß, daß »nur als *aesthetisches Phänomen* das Dasein *gerechtfertigt*« ist.[18]

Neben die apollinische Welt, in der Schönheit manifest gewordene Individualität ist, tritt die dionysische Kunstwelt. Die dionysische Kunstwelt ist die Welt des Rausches, die sich in der Musik offenbart. Unter Berufung auf Schopenhauer wird gesagt, daß hier der Satz vom Grund nicht gilt. Die Schilderung dieser Welt steht jedoch im Gegensatz zu Schopenhauers Kunstdeutung, die Kunst als Quietiv versteht. Es ist hier aber anzumerken, daß bereits Schopenhauer der Musik eine Sonderstellung einräumt. Die Musik hat es nicht mit den Ideen als den Objektivationen des Willens zu tun, sondern mit diesem Willen selbst, »deshalb eben ist die Wirkung der Musik so sehr viel mächtiger und eindringlicher, als die der andern Künste: denn diese reden nur vom Schatten, sie aber vom Wesen«.[19]

Die Einheit von apollinischer und dionysischer Kunst zeigt sich bereits in der griechischen Tragödie. Von dieser Einheit her ist Kunst zu deuten: die Welt, so erklärt Nietzsche, sei grausam. Um sie zu ertragen, müssen wir sie umdeuten:

> es giebt nur Eine Welt, und diese ist falsch, grausam, widersprüchlich, verführerisch, ohne Sinn... Eine so beschaffene Welt ist die wahre Welt... *Wir haben Lüge nöthig*, um über diese Realität, diese ›Wahrheit‹ zum Sieg zu kommen das heißt, um zu *leben*... Daß die Lüge nöthig ist, um zu leben, das gehört selbst noch mit zu diesem furchtbaren und fragwürdigen Charakter des Daseins...[20]

Um Vertrauen zum Leben einzuflößen, »muß der Mensch von Natur schon ein Lügner sein, er muß mehr als alles Andere noch *Künstler* sein...« [VIII$_2$, 435].

Diese Uminterpretation des Lebens verweist auf den Willen zur Macht, der überall in seinen »Ausgeburten«, also auch im Künstler, herrscht und triumphiert. In einem berühmten Aphorismus wird der Kunst der höchste Rang eingeräumt. Sie kann und muß das Selbstverständnis des Menschen von Grund aus neu ausrichten:

---

18 Nietzsche, *KGW*, III$_1$, 43.

19 Schopenhauer, *WWV I*, 304.

20 Nietzsche, *KGW*, VIII$_2$, 435.

> Die Kunst und nichts als die Kunst! Sie ist die große Ermöglicherin des Lebens, die große Verführerin zum Leben, das große Stimulans des Lebens.
>
> Die Kunst als die *Erlösung des Erkennenden*, – dessen, der den furchtbaren und fragwürdigen Charakter des Daseins sieht, sehn will, des Tragisch-Erkennenden.
>
> Die Kunst als die *Erlösung des Handelnden*, – dessen, der den furchtbaren und fragwürdigen Charakter des Daseins nicht nur sieht, sondern lebt, leben will, des tragisch-kriegerischen Menschen, des Helden.
>
> Die Kunst als die *Erlösung des Leidenden*, – als Weg zu Zuständen, wo das Leiden gewollt, verklärt, vergöttlicht wird, wo das Leiden eine Form der großen Entzückung ist [VIII_3, 319f].

Vergleicht man Schopenhauers und Nietzsches Deutung der Kunst, so zeigen sich bedeutsame Differenzen. Beide Denker suchen aber die Kunst als Scheinwelt ontologisch zu rechtfertigen, Schopenhauer durch Rückgriff auf die Ideen als Zwischenglieder zwischen dem Willen selbst und seinen Erscheinungen und Nietzsche durch die Aussage, daß die Welt ein »Ungeheuer von widersprüchlichen Kräften« und als solches selbst ein Kunstwerk sei.

Die wesentliche und entscheidende Differenz zwischen Schopenhauer und Nietzsche zeigt sich aber in bezug auf das Phänomen der Moral.

Um mit einem Hinweis auf Nietzsche zu beginnen, der in dieser Hinsicht im Ganzen seines Denkens relativ einheitlich vorgeht: Wenn alles dem Gesetz des Willens zur Macht untersteht, dann ist jeder Versuch einer moralischen Wertung und Gestaltung des Lebens von Grund aus verfehlt.

Wenn man die Irrwege der Vergangenheit richtig verstehen will, muß man sich einmal die Genealogie der Moral genau verdeutlichen. Nietzsche legt in der gleichnamigen Schrift eine ausführliche Deutung der Moral vor. Gut und schlecht haben ursprünglich nicht moralische Bedeutung. Sie bezeichnen Rangunterschiede. Gut sind »die Vornehmen, Mächtigen, Höhergestellten und Hochgesinnten, welche sich selbst und ihr Thun als gut, nämlich als ersten Ranges empfanden«; im Gegensatz zum Schlechten, »zu allem Niedrigen, Niedrig-Gesinnten, Gemeinen, und Pöbelhaften« [VI_2, 273]. Der Ansatz zur Umwertung gründet nun darin, daß es bei den Oberen eine Schicht gibt, die in leiblicher Hinsicht nicht so gut »weggekommen« ist. Diese Ängstlichen und Handlungsunfähigen orientieren sich aber am Maßstab der Stärke, und hier entsteht nun das Ressentiment. Das Ressentiment, an sich keine Aktion, sondern nur eine Reaktion, führt zur Abwertung der Werte der Herrenklasse. Das Ausleben muß verdrängt werden mit Hilfe des Gewissens. Schuld und schlechtes Gewissen begleiten nun alles Tun. Der Schmerz, den man den anderen zufügte, wird nun verinnerlicht.

> Alle Instinkte, welche sich nicht nach Aussen entladen, *wenden sich nach Innen* – dies ist das, was ich die *Verinnerlichung* des Menschen nenne: damit wächst erst das an den Menschen heran, was man später seine ›Seele‹ nennt [VI_2, 338].

Nietzsches Verwerfung der Ethik steht in radikalem Gegenzug zu Schopenhauers Ansatz, der durch die Ethik des Mitleids bestimmt ist. Nietzsche hat das Mitleid als Aufwertung des Leidens und des schwächlichen Lebens deklariert. Wenn aber das gesunde und starke Leben allein im Recht ist, muß man das kranke Leben als abwegig verachten und darf ihm nicht helfen. Nietzsche erklärt:

> Der Kranke ist ein Parasit der Gesellschaft. In einem gewissen Zustande ist es unanständig, noch länger zu leben. Das Fortvegetiren in feiger Abhängigkeit von Ärzten und Praktiken, nachdem der Sinn vom Leben, das *Recht* zum Leben verloren gegangen ist, sollte bei der Gesellschaft eine tiefe Verachtung nach sich ziehn [VI_3, 128].

Wenn Schopenhauer die Möglichkeit der Moral auf das Mitleid gründet, so unterscheidet sich diese Begründung von Grund aus von den traditionellen Ansätzen der Moral. Diese fundieren die Moral in den oberen Vermögen und erheben die Forderung, daß der Mensch sich von der Vernunft leiten lasse. Die Moral tritt gebietend auf: Du sollst. Ihr Sinn ist es, das Zusammenleben durch die Vernunft zu ordnen, weil sonst das Chaos der Triebe herrschte.

Für Schopenhauer ist die Moral nicht in einem verständigen Denken begründet. Der Verstand ist ein Hilfsmittel des Egoismus. Handlungen aus Mitleid stellen sich der Beobachtung als unverständig dar. Egoistisch gesehen ist einer eigentlich geistesgestört, wenn er nicht nur seinen Vorteil nicht bedenkt, sondern sich selbst Schaden zufügt und unter Umständen sogar sein Leben einsetzt, um anderen zu helfen. Die moralischen Handlungen aus Mitleid setzen beim Anblick fremden Leides ein. Sie sind nicht vom Intellekt bestimmt. Sie charakterisieren das Mitleid als »ganz unmittelbare, ja, instinktartige Theilnahme am fremden Leiden«.[21] Das Handeln aus Mitleid beweist, daß der Mensch sich selbst vergessen und seinen Egoismus aushängen kann.

Schopenhauer stellt immer wieder heraus, daß das Mitleid eine Tatsache ist, die nicht vom Zweckhandeln her zu rechtfertigen ist. Schopenhauer erklärt zwar, daß »die Natur nichts Wirksameres leisten konnte, als daß sie in das menschlichere Herz jene wundersame Anlage pflanzte, vermöge welcher das Leiden des Einen vom Andern mitempfunden wird«, er legt aber sofort dar, daß die ganze Menschheit »mit Ausnahme eines äußerst kleinen Theils, stets roh war und bleiben muß« [245f]. Die empirische Feststellung der Bösartigkeit des größten Teils der Menschen läßt Mitleid geradezu als Ausnahme erscheinen.

Gleichwohl muß Mitleid doch ein Fundament haben, »welches Fundament nicht selbst wieder ein Problem der *Ethik* seyn kann, wohl aber, wie alles Bestehende *als solches*, der *Metaphysik*« [209]. Die Metaphysik, die Schopenhauer in dieser Hinsicht entwickelt, ist aber nicht mehr von der Ontologie und der Anthropologie zu begründen. Sie beruht auf der Möglichkeit der Negation, des Entsagens und Nichtmitmachens im Treiben der Welt. Diese Negation ist der Akt der Selbstaufgabe der Subjektivität, das heißt der Durchstreichung des Grundzuges dieser Subjektivität, und das ist eben der Egoismus.

---

21 Schopenhauer, *Moral*, 227.

Es kommt, will man Schopenhauer recht verstehen, darauf an, zu erkennen, daß es verschiedene Ausformungen, besser Grade, dieser Selbstaufgabe gibt. Mitleid ist auf den Anderen bezogen. Der Andere muß zum ausschließlichen Gesichtspunkt meines Handelns werden. Ich muß mich mit dem Anderen identifizieren. Schopenhauer erklärt, daß dieser Vorgang kein erträumter und aus der Luft gegriffener sei, sondern »das alltägliche Phänomen des Mitleids« [208]. Gleichwohl: Dieser Vorgang des Mitleids ist, wie Schopenhauer sagt, ein Mysterium, denn indem ich mit dem Anderen mitempfinde, sein Leid als meines fühle, wird nicht nur meine Individualität aufgehoben, sondern auch die des Anderen. Mitleid meint den Anderen ja nicht als Person, sondern als leidendes Wesen überhaupt. Die Paradoxie des Mitleides ist es, daß es sich auf einen konkreten Menschen richtet und doch mit ihm nicht um willen seiner Persönlichkeit, sondern nur weil er leidet, mitempfindet. Mitleid ist universell.

Dieser Ansatz kann zwar auch in imperativischer Form dargelegt werden. Mitleid kann und soll als potentieller Einstellungsfaktor auf Dauer fungieren. Schopenhauer stellt sogar einen Grundsatz auf: »Neminem laede; imo omnes, quantum potes, juva« [137]. Der erste Teil des Satzes hebt auf die Gerechtigkeit, der zweite auf die Menschenliebe (caritas) ab. Schopenhauer ist sich aber im klaren darüber, daß Mitleid die Welt nicht verändern wird, ebensowenig wie die Vernunftethik.

Was als letzter Ausweg bleibt, ist eben nur die Negation, die der einzelne vollzieht. Paradox ausgesagt: Subjektivität kann sich als Subjektivität nur konstituieren und etablieren durch Egoismus, im positiven Licht kann Subjektivität nur wirksam werden durch Selbstaufgabe, das heißt eben durch einen negativen Akt. Diese Selbstaufgabe geschieht nicht nur im Mitleid, sie geschieht schon in der Kunst, die als Kontemplation den Willensdrang ausschaltet, vor allem aber ist sie wirksam in der metaphysischen Erkenntnis. Die Metaphysik sucht die Welt in ihrer Grundstruktur »im Ganzen«, wie Schopenhauer sagt, zu erkennen und aus dieser Erkenntnis die Konsequenzen zu ziehen, das heißt, nein zu sagen, ohne daß dies Nein ontologisch durch eine höhere und bessere Welt garantiert wäre.

Der Akt der metaphysischen Erkenntnis geht keineswegs aus dem Leiden mit Notwendigkeit hervor. Er beruht auf der Resignation als einer Einheit von Erkenntnis und innerer Handlung. In der Resignation wird der Grund des Leidens, der Wille selbst, aufgehoben, wie Schopenhauer am Schluß seines Hauptwerkes darlegt. Wenn der Friede, der höher ist als alle Vernunft, den Menschen ergriffen hat, dann bleibt vor uns allerdings nur das Nichts. Es geht in dieser Nichtung aber weder um reale Vorgänge noch um erkenntnistheoretische Gedankenabfolgen. Was Schopenhauer meint, zeigt er selbst deutlich an durch das Wort »Gleichgültigkeit«: der Entsagende sucht, so sagt er, die größte Gleichgültigkeit gegen alle Dinge in sich selbst zu befestigen. Das Ziel ist die innere Distanz zur Welt, »das Haben, als hätte man nicht«. Aber diese Distanz zur Welt gründet nicht in einer Zuwendung zu einem Jenseits als der wahren Welt. Das Quietiv, das Schopenhauer im Blick hat, ist grundlos. Man hat sich gewandelt und die Welt losgelassen, ohne in der Transzendenz Halt zu finden.

Auch bei Nietzsche, so überraschend diese Feststellung sein mag, finden sich Ansätze, die eine der Resignation verwandte Einstellung erkennen lassen. Die Negativität der Welt wird klar herausgestellt; es wird dann aber betont, daß der Mensch in das Weltgeschehen verstrickt ist. Gerade das Bewußtsein dieses Verstricktseins ist es, das den Menschen zu einer Vergleichgültigung seines Tuns und in diesem Sinn zur Selbstaufgabe zwingt.

Dieser Ansatz steht in gewissem Gegensatz zu der Grundkonzeption Nietzsches, die den Willen zur Macht deklariert, von dem her der Mensch die Steigerung seines Herrschaftsanspruches legitimiert. Es gibt aber immer wieder – wie wir sahen – bei Nietzsche Überlegungen, die diesen Herrschaftsanspruch in Frage stellen. Wenn der Wille zur Macht ein Triebgeschehen ist, das ohne Ich-Bewußtsein »getan wird«, dann ist der Mensch als handelndes Subjekt ausgeschaltet.

Nietzsche hat diese Negativität abzustützen versucht durch die Lehre von der ewigen Wiederkehr. Diese Lehre ist der Versuch, den bindungslosen Menschen, der sich selbst aus sich selbst ohne Anhalte neu bestimmen soll, metaphysisch vom Ganzen des Seins her zu begreifen und damit sein Tun zu sanktionieren.

Die Konzeption der Lehre der ewigen Wiederkehr beruht auf bestimmten Voraussetzungen. Zeit als formale Zeitabfolge ist eine reine leere Unendlichkeit. Der Zeitinhalt dagegen ist gerade nicht unendlich, sondern endlich. Da aber die Zeit nie leer sein kann, muß die endliche Konstellation – Nietzsche spricht vom Weltenjahr –, wenn sie einmal zu Ende gekommen ist, erneut durchgespielt wird.

Diese Lehre von der ewigen Wiederkehr ist vielfach diskutiert worden. Karl Löwith spricht von einer kosmologischen und einer anthropologischen Gleichung.[22] Die kosmologische Gleichung bedeutet als mechanische Kausalabfolge die Aufhebung einer jeden intentionalen Zielausrichtung. Der Mensch ist dem Geschehen eindeutig unterworfen. Die anthropologische Gleichung steht unter ethischem Aspekt. Ich soll mir aussprechen, daß alles, was ich jetzt tue, immer wiederkehrt. Durch diese Einsicht verleihe ich meinem Tun ein neues Schwergewicht: ich muß so handeln, als ob mein jetziges Tun für die Ewigkeit gültig wäre.

Man kann die zweite Deutung, die das Gewicht der eigenen Entscheidung bedenkt, insbesondere im Blick auf die Folgelasten, nicht ausschließen. Gleichwohl muß auch die andere Deutung: die Entwertung des Tuns, sehr ernst genommen werden. Sie wird ja durch die These, daß es keinen aktiven Täter gibt, nahegelegt und ebenso durch die Erkenntnis der Sinnlosigkeit alles Tuns. Es ist vor allem aber notwendig zu beachten, daß Nietzsche durch diese Lehre ja dem Menschen ein neues Sein vermitteln will. Der Mensch soll – so sahen wir – vom »Du sollst« zum »Ich bin« kommen, das das Sein des

22 Löwith, *Nietzsche*, 59ff.

Kindes auszeichnet. Das besagt aber, daß der Sinn allen Tuns gerade das Erlangen der Gleichgültigkeit in bezug auf Zwecke und Ziele ist, das heißt die Aufgabe des gesteuerten Wollens.

Der Mensch soll sich in das, worin er schon eingeordnet ist, seinerseits einordnen. »Höchster Zustand, den ein Philosoph erreichen kann: dionysisch zum Dasein stehn –: meine Formel dafür ist amor fati...«.[23] Dionysisch zum Dasein stehen heißt wissen, daß man schon in den Knoten verschlungen ist, daß die ewige Gleichgültigkeit schon über einen weggegangen ist, und das heißt, daß man schon vermittelt ist: *amor fati.* Und das heißt zugleich zu diesem Gebundensein Ja-sagen, sich selbst aufhebend damit vermitteln: *amor fati.* Der *amor fati* ist die gewollte Durchstreichung jedes sinnhaften Tuns, weil im Ansatz bereits jeder Sinn durchstrichen ist.

Dieses Kreisgeschehen ist ein göttliches Spiel und ein sich selbst gebärendes Kunstwerk. In dem Gedicht »An Goethe« wird ausdrücklich erklärt, daß wir in dieses sinnlose Spiel hineingemischt sind:

> Welt-Spiel, das herrische,
> Mischt Sein und Schein: –
> Das Ewig-Närrische
> Mischt *uns* – hinein!...[24]

Dieses Verhängnis gilt es nicht nur zu ertragen, sondern zu lieben. Karl Löwith erklärt mit Recht:

> Die unbedingte oder fatale Notwendigkeit ›lieben‹ ist nicht mehr ein Wollen, sondern – von ihm her beurteilt – eine nichts mehr wollende Willigkeit, in der sich das Wollen als solches aufhebt.[25]

Die Destruktion der Subjektivität, die Nietzsche vollzieht, verbleibt im Rahmen der traditionellen Metaphysik. Diese Metaphysik setzt ein Prinzip an und bedenkt es in seine Konsequenzen hinein. Nietzsche geht vom Willen zur Macht als Prinzip aus und begreift, daß dieser Wille nur in sich selbst kreist und sich solchermaßen wiederholt. Er bestimmt das Sein der Welt und in dieses wird der Mensch hineingenommen, von ihm her wird sein Tun und Lassen begründet.

Schopenhauer und Nietzsche – hier zeigt sich die letzte Gemeinsamkeit – sind beide von der Sinnlosigkeit der Welt und ihres Geschehens überzeugt. Diese Sinnlosigkeit ist ein Faktum und von ihr her ist alles Seiende, auch der Mensch, zu deuten. Aber der Mensch, der dies Geschehen durchschaut, kann dazu Stellung nehmen, indem er es entweder bejaht oder verneint.

Albert Schweitzer hat Schopenhauers »Ethik der Welt- und Lebensverneinung« und Nietzsches »Ethik der höheren Lebensbejahung« als zwei Möglichkeiten gekennzeichnet, die nicht gegeneinander ausgespielt werden dürfen, sondern miteinander verbunden werden müssen.[26] Keiner dieser Wege kann

---

23 Nietzsche, *KGW*, VIII_3, 288.

24 ibid., V_2, 323.

25 Löwith, *Nietzsche*, 83.

26 Schweitzer, *Kultur*, 291ff.

je für sich bis zu Ende gegangen werden: die Forderung der absoluten Lebensverneinung und die Forderung der absoluten Lebensbejahung überspielen beide das reale Dasein des Menschen in der Welt. Dieses Dasein stellt sich immer schon als eine Verbindung beider Tendenzen dar, eine Verbindung, deren Dialektik nicht abstrakt im vorhinein festzulegen ist – Schweitzer nennt sie rätselhaft. Der Mensch ist und bleibt durch sich selbst und durch andere dem Weltgeschehen von Grund aus verhaftet, und es ist ihm doch zugleich auferlegt, Distanz und Freiheit zu gewinnen, um die Welt zu ertragen und in ihr zu wirken.

Vom Symbol zur Metapher?
Die Sprachästhetik der Goethezeit im Spannungsfeld zwischen Schopenhauer und Nietzsche

Ulrich Wergin *(Hamburg)*

Nach der Abfassung der *Geburt der Tragödie* hat sich Nietzsche u.a. mit Gustav Gerbers voluminösem Werk *Die Sprache als Kunst* beschäftigt, dem in der heutigen Diskussion über eine sog. ›sprachliche Wende‹, wie sie sich in dem Entwurf *Über Wahrheit und Lüge im außermoralischen Sinn* niedergeschlagen haben mag, bekanntlich ein hoher Stellenwert zukommt.[1] In einer unendlichen Fülle von Materialien, die Nietzsche ein recht zuverlässiges und umfassendes Bild von der Sprachästhetik der Goethezeit vermitteln konnten, findet sich dort auch eine Skizze von Schopenhauers Sprachdenken, deren Fazit ein heute noch weitgehend ungebrochen gültiges Urteil ist,[2] daß es nämlich die Sprachtheorie kaum befördere.[3]

Solche Einschätzung kann sich auf die expliziten Äußerungen zur Sprache im 1. Buch des Hauptwerks, der *Welt als Vorstellung*, stützen, wo jene ganz im Sinne des klassischen Organon-Gedankens als ein Werkzeug der Begriffsbildung und der Kommunikation im begrifflichen Medium, als ein Instrument der Konstitution von Erfahrung sowie der Koordination von Handlungen bestimmt wird.[4] Mit dem Begriff ist ihr die Grenze gemeinsam, insofern ihr wie jenem im Gegensatz zur intuitiven Vorstellung das Kontinuum und die Nuance unerreichbar sind.[5] Mit dem Begriff teilt sie aber auch die Quelle und den Maßstab ihrer Wahrheit, die Anschauung,[6] deren Daten und Eindrücke nicht wie bei Humboldt[7] Momente eines Sinnlichkeit, Denken und Sprachlaut gleichermaßen umfassenden Aufgliederungs- bzw. Artikulationsprozesses sind, sondern einer Schicht angehören, die der sprachlich-begrifflichen voraufliegt. So ist denn auch folgerichtig die Verbindung von Anschauung und Begriff bzw., noch elementarer gefaßt, die Zubereitung der Sinnlichkeit für die Anwendung synthetisierender Operationen nicht Sache der Einbildungskraft, die sich bei Humboldt zunehmend in ihrer sprachlichen Verfassung zu reflektieren genötigt sieht. Vielmehr kommt in dem Zusam-

1 cf. Lacoue-Labarthe, *Umweg*, 80, 83, 107-109; Meijers, *Gerber*. – Schopenhauer wird zitiert nach der Ausgabe letzter Hand, Leipzig 1859.

2 cf. Heintz, *Schopenhauer*, 61f, 79f.

3 Gerber, *Sprache*, 286.

4 Schopenhauer, *WWV I*, 44-47.

5 ibid., 63, 67.

6 ibid., 13, 22f, 41f, 48f, 77.

7 Humboldt, *Werke*: Über Denken und Sprechen, Bd. 5, 97-99; Über Göthes Hermann und Dorothea, Bd. 2, 230-233; Latium und Hellas, 27-29; Über das vergleichende Sprachstudium, Bd. 3, 3, 15f; Über die Buchstabenschrift, 92-95, 99.

menhang die Urteilskraft zur Geltung, die als das Vermögen definiert wird, das anschaulich, d.h. durch unmittelbare, unwillkürliche Beziehung der Verstandeskategorien auf die sinnlichen Data, die leiblichen Empfindungen, Erkannte richtig und genau ins abstrakte Bewußtsein zu übertragen. Ihre Vermittlungsleistung erweist sich so im Kern als Übersetzungswerk, dessen Kriterium die Angemessenheit ist. Damit beschränkt sich ihre Produktivität auf das Auffinden des noch unbekannten Begriffs in einem Bereich, dem durch das Prinzip der Adäquatheit enge Grenzen gezogen sind.[8]

Fixiert auf derartige sprachtheoretische Deklarationen ist man in Gefahr, die so ganz anders beschaffene Sprachkonzeption zu übersehen, die bereits im 2. Buch, der *Welt als Wille*, angelegt ist. Dabei fungiert der Text gewissermaßen als Falle, in welche die Rezipienten dann auch in nicht geringer Zahl gegangen sind. Denn hier wird der erörterte Sachverhalt zwar durchgehend als ein sprachlicher beschrieben und unter fortwährendem Bezug auf sprachliche Kategorien untersucht, dennoch wird diese Seite seines Wesens nicht eigens thematisiert.

Nicht zu übergehende Hinweise auf die sprachphilosophischen Zusammenhänge und ihre Tradition werden dabei schon gleich am Anfang des Buches gegeben, der den Übergang von der Vorstellung zum Willen exponiert und wo es etwa heißt, es gelte die eigentliche, bislang nur gefühlte Bedeutung zu erschließen, vermöge welcher die Bilder nicht völlig fremd und nichtssagend an uns vorüberziehen, sondern uns unmittelbar ansprechen und verständlich werden [113, 118]. Später ist von der Suche nach dem Zauberwort die Rede, das nicht wie ein beliebiger Name Zeichen einer unbekannten, bloß extrapolierten Größe ist, sondern das innerste Wesen jedes Dings in der Natur öffnet, weil es ein unmittelbar Erkanntes bezeichnet, das wir besser als sonst irgend etwas verstehen [131-133]. Damit wird unüberhörbar die romantische Sprachkonzeption evoziert, und in der Tat gelingt dann ja auch die Enträtselung der Vorstellungswelt, die Entschlüsselung ihrer Bedeutung, auf einem Wege, der über weite Strecken etwa mit dem des Novalis deckungsgleich ist.

Gemeint ist das leibliche Ausdrucksverstehen, von dessen Mitte her, dem Sichwiederfinden im andern, der fremden Vorstellung, im Prozeß der Identifikation und der hier erreichbaren Schicht der Vereinigung von Erkennendem und Erkanntem, Schopenhauer ja bekanntlich den Weg zum Ding an sich jenseits der Vorstellung bahnt [118-127]. Dem korrespondiert weitgehend die Theorie des mimetischen Ausdrucks bzw. des Ausdrucksverstehens, wie sie z.B. Novalis entwickelt hat, wobei auch er auf der Suche nach den Grundlagen für eine nichtinstrumentelle, nicht vergegenständlichende Sprachkonzeption den Leib ins Zentrum gerückt hat.[9] Diese Parallele ist schließlich noch dahingehend zu verlängern, daß die Leibeserfahrung die universelle

---

8 Schopenhauer, *WWV I*, 77-80.

9 Novalis, *Schriften*: Vorarbeiten zu verschiedenen Fragmentsammlungen, Nr. 103-125, Bd. 2, 545-555; Das allgemeine Brouillon, Nr. 820, Bd. 3, 429f.

Analogienquelle abgibt, die das gesamte Weltall erfaßt und erschließt.[10] Das ist ein Tatbestand, der durchaus nicht frei ist von Zweideutigkeit. Zwar wird das spekulative kosmologische Modell der Korrespondenz von Mikro- und Makrokosmos, des consensus naturae, der Analogie als des wesentlichen Naturprinzips über das umrissene Konzept des Mimetisch-Expressiven auf eine neue Grundlage gestellt, die ihrer Tendenz nach sprachphilosophisch ist. Durch die zentrale Position, die der Leib erhalten hat, sind dem Spiel der Bedeutungsbezüge aber zugleich Schranken gesetzt, die deren freie Beweglichkeit hemmen und ihnen ihre Offenheit nehmen.

Hat es bislang den Anschein, als habe man es lediglich mit dem Nebeneinander zweier eigenständiger Traditionsstränge der Sprachreflexion zu tun, so zeigt sich im 3. Buch, daß es um Momente oder Funktionen der integralen Sprache geht, um die objektivierende Distanzierung auf der einen, die mimetisch-expressive Identifikation auf der anderen Seite, deren Zuordnung vor allem das Problem der poetischen Sprache ist. Dabei offenbart sich, daß dieser insgeheim eine Dignität zuwächst, die so von den direkten Aussagen über die Rangfolge der Künste her nicht zu erwarten ist.

Da wird ja zunächst die Musik unbestreitbar privilegiert als die allgemeine, wahre, notwendige, kurz als die unmittelbar verständliche Sprache des Wesens, zu der das einzelne Bild nur in dem Verhältnis eines beliebigen Beispiels zum allgemeinen Begriff steht.[11] Unter den Künsten wiederum, die sich in der Sphäre der Ideen und ihrer Darstellung durch einzelne Dinge halten, wird in Übereinstimmung etwa mit Humboldts[12] klassischer Ästhetik den optischen der Primat zuerkannt, weil in ihrem Bereich die Grundprinzipien des symbolischen Verfahrens, die Plötzlichkeit, die Entäußerung der Individualität, die Isolierung des Gegenstands, den höchsten Grad der Kontemplativität erzielen können.[13] Daran gemessen muß die Dichtkunst wie auch schon in Humboldts Abhandlung *Über Göthes Hermann und Dorothea*[14] als eine Mischform erscheinen, der das Wesentliche jener Künste, die reine Anschauung, auf immer versagt ist. Von eben der Zwischenstellung zwischen Anschauung und Begriff leitet sich für Schopenhauer nun die eigentliche Operation der poetischen Sprache her, die über Humboldt auf Schillers *Kallias-Briefe*[15] zurückweist. Wenn sie sich selber recht versteht, nimmt sie die Worte und mit ihnen die Begriffe als Material und bringt sie,

10 Schopenhauer, *WWV I*, 125, 170-175, 189-193.

11 ibid., 302-304, 309-311.

12 Humboldt, *Werke*, Über Göthes Hermann und Dorothea, Bd. 2, 164f.

13 Schopenhauer, *WWV I*, 209-211, 217-219, 235f, 304; all die hier gegebenen Bestimmungen werden auf die Idee bezogen, während der Begriff des Symbols auf der Linie der rhetorischen Tradition der Allegorie als Unterart zugeordnet wird (cf. 282) – dies ist jedoch lediglich eine terminologische Angelegenheit, die enge Berührung mit der klassischen Symbolkonzeption ist offenkundig.

14 Humboldt, *Werke*, Über Göthes Hermann und Dorothea, Bd. 2, 156, 173-175.

15 Schiller, *Kallias*, 28. Febr. 1793.

das rhetorische Fundament der Sprache,[16] die Interferenz der Begriffssphären nutzend, in eine die starren Grenzen verfließen lassende Konstellation [286f], die anders als beim rhetorischen Sprachgebrauch nicht den Spielraum subjektiver Willkür und beliebiger Zuordnungen öffnet, sondern das Individuelle und Konkrete und darin das Ideelle als das die Intentionen und Setzungen Transzendierende aufscheinen läßt [214f, 277f], orientiert an der unmittelbar aus dem Leben selbst kommenden Impression und sie um das konstruktive Moment der Phantasie und ihrer Antizipationen ergänzend [219f, 261-263, 288-291], deren Wurzel die Identität unseres schaffenden Selbst mit dem Willen der Natur ist bzw., wie Schopenhauer es auch darstellt, die Spezifität des Genius als eines assimilierenden und produzierenden Leibes [262, 278].

Jenem impressionistischen Aspekt des Augenblicks ist die lyrische Sprache am stärksten verhaftet [293f]. Bei aller Nähe zum Besonderen und Ephemeren behauptet indes auch sie ihren Kunstcharakter in der Indifferenz, in die für sie alles Individuelle angesichts des Ausdrucks der reinen Bedeutung rückt [247f]. Deren Referenz ist der allgemeine Mensch, dessen allen Zeiten gemeinsames Inneres, wie es in immer denselben, stets wiederkehrenden Lagen zutage tritt [294]. De Mans Wort vom Tautologischen solcher Art von Dichtung, auf Schiller gemünzt,[17] trifft zumindest den bei Schopenhauer zu beobachtenden Sachverhalt recht genau. Der Affekt, die Leidenschaft, die Empfindung bilden aber nur die eine Seite der lyrischen Ausdruckssubstanz. Ineins mit deren Artikulation wird der Singende, wie es heißt, seiner als des Subjekts des reinen willenlosen Erkennens bewußt.[18] Damit ist die andere, zur Spannung von Begriff und Anschauung komplementäre Seite der für die poetische Sprache konstitutiven Polarität berührt, ihre Zwischenstellung zwischen Bild und Musik oder weiter gefaßt zwischen der Vorstellung und der mimetisch-expressiven Identifikation. Wenn nun für Schopenhauer die Empfindung dieses Wechselspiels von Wollen und Beschauen zum einen den lyrischen Zustand ausmacht und sich im Ganzen des Liedes ausspricht, zum andern solche Verschmelzung von Subjekt und Objekt, Stimmung und Umgebung die typisch kindliche Erfahrungsweise ist [296], so soll damit keineswegs die Abdrängung der mimetischen Kräfte in die Randgebiete unseres Lebens, in den Wahn, die Kindheit, die Kunst besiegelt werden, wie sie die Rationalisierung unseres Lebens mit sich bringt. Die darin steckende Kritik richtet sich vielmehr gegen den Anteil regressiver narzißtischer Projektion, der in jene mimetischen Energien eingeflossen ist [220]. Darüber hinaus aber wird dem lyrischen Zustand ein poetischer Erkenntnisgehalt, die Identität des Subjekts der Betrachtung mit dem des Wollens [296], zugebilligt, der dem korrespondiert, was Schopenhauer vorher schon die philosophische Wahrheit kat'exochen genannt hat, die sich so als die reflektierte Form der lyrischen Erfahrung enthüllt: die Beziehung eines Urteils auf das Verhältnis einer

16 Schopenhauer, *WWV I*, 58f.

17 De Man, *Allegorien*, 205-207.

18 Schopenhauer, *WWV I*, 295.

anschaulichen Vorstellung (Leib) zu dem, was nicht Vorstellung ist (Wille) [122].

Nietzsches *Geburt der Tragödie* kann man mit Lacoue-Labarthe als den zwiespältigen Kommentar zu solchem nie wirklich bestrittenen, aber auch nie vorbehaltlos übernommenen Schopenhauerschen Erbe apostrophieren.[19] Die zentrale These dieses Poststrukturalisten ist es ja, daß erst die Beschäftigung mit der Rhetorik und die daraus gewonnene Einsicht in die Sprachgebundenheit des Denkens einerseits und in den Kunstcharakter der Sprache andererseits hier eine grundlegende Wende gebracht habe,[20] deren Dokument die Schrift *Über Wahrheit und Lüge* sei. Der Kernpunkt ist dabei, daß die Musik aus ihrer zentralen Stellung verdrängt wird, die sie in der Sprachreflexion Nietzsches bis dahin innehatte, und damit der gesamte Bedeutungskomplex, der sich an die von ihrem musikalischen Wesen her gedachte Sprache anschloß, wie der Traum der Nähe und des Unmittelbaren, der Anwesenheit des Ursprungs im Schrei. Infragegestellt ist damit vor allem auch der sprachliche und ästhetische Grundbegriff, der mit dem Prinzip des Musikalischen unauflöslich verbunden war, der des Symbols, mit dem sich im Unterschied zur Metapher der Gedanke einer mehr oder minder großen Angemessenheit im Verhältnis von Sprache und Gefühl verknüpft oder, so definiert Lacoue-Labarthe es auch, die Idee einer möglichen Verminderung der symbolischen Distanz,[21] die in der Zeit der *Geburt der Tragödie* die Sprachbetrachtung beherrschte. Insofern solche symbolisierende Kraft als primär von der Gebärden- und Tonsprache ausstrahlend gesehen wurde, verfällt ineins mit dem musikalischen Symbol diese gestische und dynamisch-melodische Seite der Sprache dem Verdikt.

Abgesehen davon, daß auch in *Wahrheit und Lüge* das ästhetische Verhalten als andeutende Übertragung, als nachstammelnde Übersetzung der originären Impression charakterisiert ist und somit hier ebenfalls die Schopenhauersche Bastion des Adäquatheitsprinzips standhält,[22] tritt bei genauerer Betrachtung indessen die große Affinität zutage, die Nietzsches nun in den Vordergrund gerückter Metaphernbegriff seinerseits etwa zur Humboldtschen Symbolkonzeption hat, ohne daß man diesen Sachverhalt, wie es in der Bahn Lacoue-Labarthes läge, gleich dem Syndrom einer Metaphysik der Identität und der Präsenz zuschlagen müßte. Wiederum sollte man sich davor hüten, solche Bezüge einflußphilologisch verengt zu fassen, obschon dieser Aspekt, denkt man nur an Gerbers Vermittlerrolle,[23] sicher nicht zu unterschätzen ist. Wesentlich stärker dürfte aber ins Gewicht fallen, daß Nietzsches Weg über Schopenhauer hinaus zu Kant zurückführte, daß er hier mit dem Problem der Einbildungskraft eben an dem Punkt ansetzte, von dem auch Humboldt

---

19 Lacoue-Labarthe, *Umweg*, 97.

20 ibid., 84-89, 99.

21 ibid., 84, 89-91, 93-96.

22 Nietzsche, *WIII*, Bd. 3, 317; cf. Lacoue-Labarthe, *Umweg*, 99.

23 cf. Meijers, *Gerber*, 376, 390.

ausgegangen war, und daß die darin angelegte Problemlogik die Gemeinsamkeiten erklärt, die beide Denkwege am Übergang von der Transzendentalphilosophie zur Ästhetik und weiter zur Sprache als Kunst über eine Strecke hin aufweisen.

Die Einbildungskraft erhält in Humboldts Sprach- und Kunstreflexion ihren herausragenden Platz, wie man weiß, in der Auseinandersetzung mit der Kantischen Frage der Vermittlung von Verstand und Sinnlichkeit bzw. von Verstand und Vernunft.[24] Vieles spricht dafür, daß die Lösung sich in seinem Werk in der Linie der Unterscheidung einer anthropologisch-elementaren und einer künstlerischen Funktion der Einbildungskraft abzeichnet. Erstere leistet die Vorstrukturierung der diffus-verschlungenen Lebenszusammenhänge in einer anschaulichen, nicht begrifflichen und rational auch nicht auszuschöpfenden Gestalt, die der Verstandestätigkeit allerdings die Grundlage schafft. Aufgabe der künstlerischen Phantasie ist es demgegenüber, die in der gedanklichen und kulturellen Arbeit erstarrten Ordnungen wieder zu verflüssigen, das in Prozeß der Fixierung Ausgeschlossene zu neuem Leben zu erwecken.[25] Von dieser Bestimmung der Einbildungskraft her ist Humboldts Symbolbegriff zu verstehen, auf dem wiederum seine Theorie des Wortes fußt.[26] Dessen Wirkung ist zur Hauptsache die Assimilierung von Subjekt und Objekt in der Dimension der Idealität, die Herauslösung des sinnlich Gegebenen aus seinen realen, kausalen und funktionalen Verflechtungen und seine Integration in eine Totalität, die eine Vielheit von Ansichten und Deutungen zu einer individuellen Einheit zusammenschließt. Die Voraussetzung dafür ist, daß es sinnliche Dynamik mit semantischer Unbestimmtheit verknüpft. Beide treiben über seine Isoliertheit und Abgetrenntheit hinaus in eine Sprachbewegung, die von der Natur als wirkender Macht der Idee und insbesondere vom Eros als Lebenskraft in Gang gehalten wird.[27]

In Nietzsches Abhandlung *Über Wahrheit und Lüge* findet dies Modell in essentiellen Punkten seine Entsprechung. So wird hier die Metapher, der Konnex von unwillkürlich herausspringendem Eindruck und subjektiver, nach dem Prinzip der Analogie verfahrender Verganzung,[28] als Produkt der Einbildungskraft beschrieben, der eine ähnliche Mittelstellung zukommt, wie sie für Humboldt in den Bahnen Kants festzuhalten ist. In diesem Sinne ist bei Nietzsche z.B. die Rede von einer frei dichtenden und frei erfindenden Mittelsphäre und Mittelkraft, an der ebenfalls eine elementare sowie eine künstlerische Komponente unterschieden werden. Desgleichen baut auch für

24 Borsche, *Sprachansichten*, 179-200.

25 Humboldt, *Werke*, Über Göthes Hermann und Dorothea, Bd. 2, 137-142, 147-154.

26 ibid.: Einleitung zum *Agamemnon*, Bd. 5, 137f; Geschichte des Verfalls und Untergangs der griechischen Freistaaten, Bd. 2, 123f.

27 ibid.: Bd. 2, 114; Latium und Hellas, 37-42, 58-63; Über die Buchstabenschrift, Bd. 3, 86f; Über das vergleichende Sprachstudium, Bd. 2, 17; Über die Verschiedenheit des menschlichen Sprachbaus, Bd. 3, 565-572.

28 Nietzsche, *KSA*, Bd. 7, 435, 441, 444-448, 489-491.

ihn die Begriffsbildung auf der primären Phantasieproduktion auf, und gibt die künstlerische Einbildungskraft auf einer dritten Stufe die unendliche Beweglichkeit der Formen und Gestalten nach einem Zustand der gesellschaftlichen und begrifflichen Verdinglichung wieder frei.[29]

Den Wahrheitswert der Einbildungskraft und ihrer Erzeugnisse charakterisieren Humboldt und Nietzsche einhellig als Assimilation von Welt und Mensch.[30] In deren Einschätzung tut sich allerdings ein Abgrund zwischen ihnen auf. Zwar stellt auch Humboldt es schon früh in dem Brief an Körner vom 28. März 1794, in dem er sich mit Kants *Kritik der Urteilskraft* auseinandersetzt, selber so dar, daß das Zusammentreffen von Subjekt und Objekt, die Vermittlungsleistung des Symbols, Wahn ist, solange wir nicht die gemeinschaftliche, dem Sinnlichen und Unsinnlichen zugrunde liegende Natur kennen. Dies Bewußtsein des Fiktiven führt ihn dann über die Ästhetik des schönen Gegenstands hinaus zur Ausarbeitung seiner Philosophie der Sprache, in der die gesuchte Vereinigung von Mensch und Welt, die ein jegliches Verstehen oder Begreifen supponiert, als schon geschehen anzusetzen ist, nicht als Erzeugnis der Willkür, aber auch nicht kraft einer Substanz, sondern als unableitbares Zusammentreffen freiwillig einander begegnender Wesenheiten.[31] Eben die Hypothese der Einheit von Natur und Geist sowie die darin implizierte über das Menschenleben hinausführende Mission des Intellekts hat Nietzsche fallengelassen, wie er gleich am Anfang von *Wahrheit und Lüge* plakativ den Ausgangspunkt seiner Metapherntheorie markiert.[32] Jene Idee wird als narzißtischer Anthropozentrismus abgestempelt, der seine perspektivische Gebundenheit nicht wahrhaben will. Damit wird zugleich die Tradition der ästhetischen Reflexion seit Kant abgestreift, die vom Schönen die Bürgschaft dafür erhoffte, daß der Mensch mit seinen moralischen Forderungen, Freiheit und Versöhnung, in die Welt paßt, eine Programmatik, die Humboldts, aber auch Herders oder Novalis' Wende von der Ästhetik zur Sprachpoetik bzw. den Paradigmenwechsel von der Bewußtseins- zur Sprachphilosophie[33] motiviert hat, insofern sich hier eine übergeordnete Instanz der Vermittlung darbot.

Wenn Nietzsche die klassische Utopie durch Herauskehren ihres unhintergehbar anthropozentrischen Charakters preisgibt, löst sich für ihn damit dennoch nicht alles in ein unverbindliches Spiel der Sprache auf, bleibt doch

---

29 Nietzsche, *WIII*, Über Wahrheit und Lüge, Bd. 3, 317, 313, 315f, 318, 319-21.

30 ibid., 316; Humboldt, *Werke*: Über Göthes Hermann und Dorothea, Bd. 2, 127-129, 154f; Brief an Schiller v. Sept. 1800, Bd. 5, 195-200; Über das vergleichende Sprachstudium, Bd. 3, 18-20.

31 Humboldt, *Werke*: Einleitung in das gesamte Sprachstudium, Bd. 5, 133; Ankündigung einer Schrift über die vaskische Sprache und Nation, 122f; Über Schiller und den Gang seiner Geistesentwicklung, Bd. 2, 366f, 372-374. – Von daher ist Isers These zu relativieren, daß der Ganzheitsaspekt des Symbols im Gegensatz zu dem des Fiktiven aus einer Setzung stamme, die lediglich repräsentiert werde, so Wolfgang Iser, *Fingieren*, 145.

32 Nietzsche, *WIII*, Über Wahrheit und Lüge, Bd. 3, 309.

33 Zum Prinzipiellen daran cf. Habermas, *TkH*, Bd. 1, 509, 518-523.

ein unverrückbarer Festpunkt, nämlich durch einen reflektierten Umgang mit deren Anthropomorphismen, die den Nährboden des Versöhnungstraums bilden, die in ihnen angelegte Destruktivität zu mildern,[34] ohne die Schopenhauerschen Prämissen und Konsequenzen, den irreversiblen Bruch mit der individuellen Existenz sowie die Lebensverneinung,[35] übernehmen zu müssen.

Die Achse aller darauf gerichteten Anstrengungen ist die von Schopenhauer herausgestellte Grundstruktur des Willens, der Mangel, das Leiden an dem ewigen Kreislauf von Wunsch, Erfüllung und neuem Verlangen, der sich am unmittelbarsten in den mimetischen Qualitäten der Musik und der musikalischen Seite der poetischen Sprache niederschlägt, deren Gesetz das unaufhörliche Wechselspiel von Erwartung und Erfüllung, von Spannung und Entspannung, von Ruhe und Störung ist.[36] Daß die Intensität der expressiven Polarität nicht ausgehalten wird und sich dann in aggressiver Weise entlädt, dafür sieht Nietzsche die wesentliche Wurzel in einem anderen von Schopenhauer[37] beleuchteten Grundzug des Willens, dem Traum einer letzten Erfüllung und dem daraus resultierenden Leiden an der Endlichkeit.[38] Diesen Komplex abzuarbeiten wird für ihn nun zu einer zentralen Aufgabe der dichterischen Gleichnissprache, mit der sie einen wichtigen Beitrag zur Bewältigung des Zerstörungspotentials leisten kann, das unsere Geschichte bisher belastet hat.

Dreh- und Angelpunkt der Auseinandersetzung Nietzsches mit der Tragödienschrift und ihrer metaphysischen Sprachauffassung ist demnach nicht die Rhetorik als solche. Die ordnet sich, indem er dem von Kant der Kunst- und Sprachtheorie aufgegebenen Thema der Einbildungskraft in die temporale Dimension hinein nachgeht, ein in die Reflexion der ontologischen Implikationen, die die Zeitvorstellung der *Geburt der Tragödie* mit sich schleppt. Deren Substanz, der Schopenhauersche metaphysische Trost eines ewigen, unzerstörbaren Lebens,[39] das dem Willen gewiß ist und das vom Untergang des Individuums nicht berührt wird, war ja schon am Ende dieses Werks im 18. Abschnitt als Illusion, die auch das Dionysische ist, beim Namen genannt worden, und augenscheinlich muß man in solcher selbstkritischen Beleuchtung auch die Idee der Verewigung des Augenblicks sehen, die im 23. Abschnitt als Wirkung des tragischen Mythos angeführt wird und die man als Rückfall in eine ontologische Sinnkonzeption gewertet hat.[40]

---

34 Zu diesem immer noch unterschätzten Motiv bei Nietzsche cf. Nietzsche, *WIII*: Geburt der Tragödie, Bd. 1, 27; Menschliches Allzumenschliches, 947f, 1006; Zarathustra, Bd. 2, 319, 357-359, 369f, 373-375, 464.

35 Schopenhauer, *WWV I*, 442-449, 477-483.

36 ibid., 230f, 306-308.

37 ibid., 196.

38 Nietzsche, *WIII*, Zarathustra, Bd. 2, 297f.

39 Schopenhauer, *WWV I*, 324-326, 333-335.

40 Bleeckere, *Zarathustra*, 273f.

In der Folgezeit wird das Motiv des Dionysischen in den Aufzeichnungen des Jahres 1873 ins Empirische, ja Sensualistische gewendet,[41] in der Schicht der Lust- und Unlustgefühle und dabei letztlich der Zeitempfindung festgemacht, die im Klang, im Verschmelzen und Ineinanderfließen der Töne als der »Sprache des Genius der Gattung« erscheint.[42] Darin ist eingeschlossen, daß das Thema der Übersteigung der Sphäre von Lust und Unlust in diesem Bereich der Temporalität angegangen werden muß. Insofern nun hier der Konnex von Zeiterfahrung und Leiden verwurzelt ist, der das Wesen der Metaphysik begründet,[43] ist auch deren Überschreitung als das virulente Problem, das die *Geburt der Tragödie* Nietzsche hinterlassen hat, von diesem ihrem ›physischen‹ Fundament her in Angriff zu nehmen. Die Überwindung kann sich dabei nicht schlicht als naturalistische Umkehr vollziehen, als Reduktion auf Körperprozesse, wie man es verschiedentlich dargestellt hat, oder als Glorifizierung der Erde, die die neue Instanz des Wahren und Heilen abgeben soll, ist das ›Physische‹ doch seinerseits Ausgangs- und Zielpunkt der nämlichen Deformation. Es handelt sich daher vielmehr um die doppelte Aufgabe, das leibliche Fundament der Metaphysik, das Leiden an der Zeitlichkeit, offenzulegen und zugleich den Körper davon zu befreien, und zwar auf dem Wege einer nichtmetaphysischen Deutung der Zeit im Medium poetischer Gleichnisse. Eben das macht Nietzsche im *Zarathustra* zu dem Sujet der Sprachreflexion.

Deren Leitgedanke ist, daß der Leib sich in und als Sprache entfaltet. Dessen Auferstehung, wie es in Anspielung auf die christliche Tradition heißt, ist das dionysische Strömen der Gleichnisse.[44] Sie aber setzt seine Emanzipation aus der Gefangenschaft der linearen Zeit und ihrer Bilder, des unumkehrbaren Fließens bzw. der Gerichtetheit, voraus, die den Willen den »Geist der Rache« lehrt [394f]. Dazu gilt es, den Prozeß der Sinnschöpfung angemessen zu handhaben als Erzeugung produktiver und lebensorientierender Mutmaßungen, Hypothesen also, die beim Sinnlichen und seiner unmittelbaren Empfindung, die immer ein Erleiden ist, anknüpfen, es dann aber in seinem puren Sosein auf dem Wege der Totalisierung transzendieren, derart die Fesseln der Faktizität abstreifend [343-346]. Wenn Zarathustra sich selbst in dem Zusammenhang als den Dichter bezeichnet, der alles das, was bislang in unserem Leben Bruchstück, Rätsel und Zufall gewesen sei, in Eins dichte und zusammentrage [393f], so fällt daran die Nähe zur verworfenen metaphysischen Tradition der Verganzung auf, die ein Reden gefangen hielt, dessen transzendentales Signifikat Gott mit seinen Konnotationen des Einen, Vollen, Unbewegten, Satten und Unvergänglichen war [344]. Das beweist, daß mit der Kritik der Metaphysik das Prinzip der Synthetisierung und Identitätsbildung nicht einfach über Bord geworfen ist. Doch wird es, und das ist

41 cf. Böning, *Nietzsche*, 80-84, 92f.

42 Nietzsche, *KSA*, Bd. 7, 70, 579, 597f.

43 cf. Heidegger, *Vorträge*, Teil I, 101-110, 114.

44 Nietzsche, *WIII*, Zarathustra, Bd. 2, 336-340.

der entscheidende Unterschied, als Dichtung gehandhabt und als Werk der Einbildungskraft gezeigt. Eben solche Ausstellung ihres fiktiven, metaphorischen Charakters öffnet die Bilder der Einheit und Ganzheit für das Ephemere und Fragmentarische [345], nimmt ihnen, indem sie ihre Grenze markiert, das Despotische [369-371], das vom unreflektierten Leiden an der Endlichkeit herrührt, ohne damit jedoch – und darin zeichnet sich eine Ökonomie der Gewalt im Sinne Derridas ab.[45] – die unbeschränkte Herrschaft des Zufalls zuzulassen. Darum hat man es bei ihnen auch nicht mit Fetischen in der Freudschen Lesart eines Kompromisses von Verleugnung und Anerkennung der Todesdrohung zu tun.[46] Diese Art von Gleichnis will sich umgekehrt der Erfahrung der Zeitlichkeit und der damit gesetzten Spaltung unserer Existenz stellen, allerdings ohne im Blick darauf zu erstarren oder das Ende zu verabsolutieren, aber auch ohne den metaphysischen Trost der Versöhnung, der aufgehobenen Widersprüche zu verheißen. Mit solcher Konzeption der poetischen Sprache tritt an die Stelle des klassischen Modells der wiedererlangten Unmittelbarkeit[47] und Ganzheit vielmehr ein rhythmisch-polares des unaufhörlichen Wechsels zwischen den Perspektiven, deren Eckpunkte die individuelle und die totale, die anthropomorphe von Gesetz und Zwang, von Zweck und Hoffnung und die ästhetische des freien Spiels sind, in dem sich die Welt nicht länger im Lichte unserer Bedürfnisse zeigt.[48] Darin liegt zweifellos eine Absage an Schopenhauers Figur des Heiligen und an das Evangelium des verschwundenen Willens das im künstlerischen Bild aus dessen Antlitz strahlen soll;[49] andererseits ist es nicht weniger gewiß, daß die Abkehr in den Bahnen des Lehrers bleibt. Zugespitzt könnte man formulieren, daß Nietzsche in seiner Dichtung, dem *Zarathustra*, den lyrischen Zustand mit seiner von Schopenhauer statuierten Duplizität von Wollen und Anschauen zu einer Lebensform universalisiert hat, indem er seine sprachliche Verfassung herausarbeitete.

---

45 Derrida, *Schrift*, 134, 141, 177f, 197f.

46 Mit Freuds Fetisch-Begriff operiert Pautrat, *Nietzsche*, 122-127.

47 Gadamer, *Zarathustra*, 6f.

48 Nietzsche, *WIII*: Zarathustra, Bd. 2, 305-307, 371-374, 382-384, 403f, 407, 414-416, 432-434, 444f, 461-467, 528; ferner Menschliches Allzumenschliches, Bd. 1, 880; Fröhliche Wissenschaft, Bd. 2, 34f, 115f.

49 Schopenhauer, *WWV I*, 486.

Nietzsches dionysische Theodizee
Höhepunkt seiner Abwendung von Schopenhauer

Georges Goedert *(Luxemburg)*

Um zeigen zu können, daß Nietzsche in seiner dionysischen Theodizee den höchstmöglichen Punkt der Absage an Schopenhauer erreicht, sind wir genötigt, zuerst eine Antwort zu geben auf die Frage, inwiefern die Benennung »Theodizee« hier für adäquat gehalten werden kann. Zweitens werden wir den theodizeehaften Charakter der bereits in der *Geburt der Tragödie* in vollem Ausmaße erfolgten und im *Zarathustra* bis zum Paroxysmus gesteigerten tragischen Lebensbejahung erläutern müssen, bevor wir drittens herausstellen, daß die eigentliche Schwierigkeit, welche diese universale Rechtfertigung zu bewältigen hat, nicht im Bösen zu suchen ist, sondern logischerweise im Gegensatz der Stärke, d.h. in der Schwäche mitsamt all ihren Varianten und allem, was sie hervorbringt. Dazu gehören an erster Stelle die moralischen Wertvorstellungen, was uns zu der Frage führt, mit welcher genauen Begründung sich dieses dionysische Jasagen paradoxerweise selbst auf Schopenhauer und auf das Christentum zu beziehen vermag.

I
Kosmodizee oder Theodizee?

Der Schopenhauerschen Verneinung des Willens zum Dasein wird die tragische Bejahung entgegengesetzt, der Verurteilung alles Seienden die Rechtfertigung des Lebens unter all seinen Aspekten.

Man darf nun fragen, ob es nicht vielleicht korrekter gewesen wäre, wenn Nietzsche das Wort »Kosmodizee« demjenigen von »Theodizee« vorgezogen hätte. Immerhin vermag die Erinnerung an Leibniz und an den christlichen Theismus störend zu wirken.

Wir stellen tatsächlich fest, daß Nietzsche an einigen Stellen den Ausdruck »Kosmodizee« verwendet, nur hat es den Anschein, daß er dem Namen »Theodizee« den Vorzug gibt. Ob nun aber »Theodizee« oder »Kosmodizee«, der Gedanke bleibt im Grunde derselbe. Die Rechtfertigung des Alls ist für Nietzsche nämlich zugleich die Rechtfertigung des Gottes, seines Gottes, d.h. des Dionysos. Und umgekehrt ist es wahr, daß alles, was diesen Gott betrifft, zur wesentlichen Eigenart des Seins gehört, insofern er das Leben in seinem Wachsen und Vergehen verkörpert, sowohl mit seinen rauschhaften Verzückungen als auch mit seinen tiefsten Schrecknissen. Dionysos ist das Spiel des Seins, von dem nur der sich durch seine Weltoffenheit auszeichnende starke Mensch weiß.

Trotz der erwähnten Belastung dürfte der Name »Theodizee« im Rahmen von Nietzsches Philosophie also durchaus für passend gehalten werden. Außerdem müßte man sich sagen lassen, die Bezeichnung »Kosmodizee« sei ja dort eigentlich nicht weniger belastet, da der »Kosmos« im Sinne eines rational geordneten Universums für eine der Schwäche entstammende Vorstellung gehalten wird. Ist Vernunft nicht ein Instrument, womit die Ohnmächtigen sich zur Macht verhelfen? Ist sie für die Mißratenen, die décadents, die Schlechtweggekommenen nicht das Mittel par excellence, das Dasein zu korrigieren, damit es überhaupt noch ertragbar sei? Und gerade diese Vernunft sollte die Grundstruktur des Alls bilden? Sie hat, so wie der christliche Gottesbegriff, aus dem sie überhaupt stammt, wesentlich nihilistischen Charakter. Ja Nietzsche geht sogar so weit, zu behaupten:

> [...] der *Glaube an die Vernunft-Kategorien* ist die Ursache des Nihilismus, – wir haben den Werth der Welt an Kategorien gemessen, *welche sich auf eine rein fingierte Welt beziehen.*[1]

Seine eigene Vernunft nennt Zarathustra »Armuth und Schmutz und ein erbärmliches Behagen« (Bd. 4, 15). Es heißt auch, man müsse »noch Chaos in sich haben, um einen tanzenden Stern gebären zu können« (Bd. 4, 19). Diese Auffassung überträgt Nietzsche auf die Welt, d.h. auf die Wirklichkeit schlechthin. Er faßt sie auf als ein chaotisches Werden, nicht als einen geordneten Kosmos. Die dionysische Weisheit ist eben umfassender, tiefer als jeglicher Rationalismus. Vor allem stellt sie das schöpferische Moment alles Wirklichen in den Mittelpunkt, wobei eine Vernünftigkeit befürwortet wird jenseits aller Ratio. Erst so wird das Leben zur Mutprobe, zum Abenteuer, dem nur die Starken gewachsen sind. Nicht Fertigsein zählt, nicht Erstarrung – diese kennzeichnen ja die Vernunft im klassischen, althergebrachten Sinne –, sondern kreatives Gestalten an sich selbst und an der Welt.

Wie oft hat Nietzsche doch die Welt und das Dasein verherrlicht unter dem Namen des Gottes Dionysos! »Diese meine *dionysische* Welt des Ewig-sich-selber-Schaffens,« sagt er, »des Ewig-sich-selber-Zerstörens« (Bd. 11, 611). Die mit der Zerstörung verknüpften Leiden, selbst der Tod, beunruhigen nicht denjenigen, der dank der Erfahrung eigenen Schaffens einsieht, daß es ohne dieselben kein Aufbauen gibt. Wir lesen auch:

> Mit dem Wort ›dionysisch‹ ist ausgedrückt: ein Drang zur Einheit, ein Hinausgreifen über Person, Alltag, Gesellschaft, Realität, ein Abgrund des Vergessens, das leidenschaftlich-schmerzliche Überschwellen in dunklere vollere schwebendere Zustände; ein verrücktes Jasagen zum Gesammt-Charakter des Lebens, als dem in allem Wechsel Gleichen, Gleich-Mächtigen, Gleich-Seligen; die große pantheistische Mitfreudigkeit und Mitleidigkeit, welche auch die furchtbarsten und fragwürdigsten Eigenschaften des Lebens gutheißt und heiligt, aus einem ewigen Willen zur Zeugung, zur Fruchtbarkeit, zur Ewigkeit heraus: als Einheitsgefühl von der Notwendigkeit des Schaffens und Vernichtens...(Bd. 13, 224)

Das Zitat gehört zu einer im Frühjahr 1888, also sehr spät, verfaßten Erläuterung der *Geburt der Tragödie.* Bemerkenswert ist, außer der universalen

1 Nietzsche, *KSA*, Bd. 13, 49. – Seitenangaben in () beziehen sich auf *KSA*. – Schopenhauer wird nach *ed. Hübscher* zitiert.

Bejahung aller Eigenschaften des Lebens, auch der »furchtbarsten und fragwürdigsten«, der Gebrauch des Wortes »pantheistisch«. Wir sehen darin einen zusätzlichen Beweis dafür, daß man in unserem Kontext den Ausdruck »Theodizee« dem von »Kosmodizee« vorziehen sollte.

Wir dürfen also schließen, daß es mindestens zwei triftige Gründe für den Gebrauch von »Theodizee« gibt. Außerdem gehört die Suche nach einem geeigneten Vokabular ja zu den Schwierigkeiten, die Nietzsche zu bewältigen hatte. Er war sich seiner Rolle als Erstling durchaus bewußt, der sich einer mehr als zweitausend Jahre alten Tradition widersetzte, um ein bis dahin Namenloses zu erfassen. Deswegen bei ihm auch die Ergänzung der abstrakten Sprache durch die poetische, welche dem intuitiven Erkennen größere Ausdrucksmöglichkeiten gewährt.

II
Die dionysische Bejahung

Was nun genauer die den Theodizeegedanken prägende dionysische Bejahung betrifft, so erkennen wir, daß sie schon in der *Geburt der Tragödie* auf eine Weise zum Ausdruck gelangt, die fortan höchstens eine Steigerung, in keinem Falle aber eine diesbezügliche Reversion erlaubt, womit zugleich auch die entscheidende Wende gegenüber der Schopenhauerschen Verneinung des Willens zum Leben vollzogen wird.

Diese Bejahung erfolgt innerhalb einer Deutung der antiken attischen Tragödie. Sie erscheint als die Konsequenz einer ästhetisch-ontologischen Darstellung, welche die Welt als ästhetisches Phänomen rechtfertigt, entgegen der bei Schopenhauer erfolgten Verurteilung des Seins im Namen der Moral.

Im Mittelpunkt steht also das Tragische, und zwar sowohl als ontologische wie auch ästhetische Kategorie. Es wird gezeigt, daß der Kern des Seins, das dionysische Ur-Eine, leidet am Gegensatz, den es mit sich führt, indem es für seine eigene Erhaltung und Entfaltung genötigt ist, die empirische, durch die Individuation gekennzeichnete Welt hervorzubringen, die dem Gott Apollo unterstellt ist. Nietzsche knüpft hier an den von ihm vielgepriesenen Heraklit an, der erklärte, alles habe jederzeit sein ihm Entgegengesetztes an sich, und der im Konflikt, Polemos, den Vater aller Dinge sah.

Das Ur-Eine bedarf der Selbstbespiegelung mittels der Sinnenwelt, d.h. des von ihm als Produkt seines Spieltriebs und künstlerischen Schaffensdranges hervorgebrachten apollinischen Scheins, auch wenn die damit verbundene Individuation zahllose Leiden bedeutet, deren Verkörperung ebenfalls der Gott Dionysos ist. Der Urschmerz ist damit aber untrennbar verbunden mit der Urlust am schöpferischen Gestalten, die selbst die Freude am Vernichten einschließt, denn ohne Zerstörung gibt es keinen neuen Aufbau, ohne Vergehen kein Wachsen. Ja diese Lust ist um so intensiver, je reicher die Schöpfung ausfällt und je strahlender das Lebendige hervortritt, das der Zerstörung preisgegeben wird.

Die Tragödie, als Schauspiel im Schauspiel, stellt sogar einen erhöhten Grad der apollinischen Verklärtheit dar, allerdings nur was die Geschehnisse auf der Bühne angeht. Musik und Tanz dagegen, die dionysische Widerspiegelung, ermöglichen es dem Betrachter – also nicht nur dem Dichter und dem Darstellenden –, teilzuhaben am Urleiden der Welt, aber auch an ihrer Urlust. Die als kosmisches Ereignis aufzufassende tragische Aufführung ist folglich eine Rechtfertigung nicht nur der Individuation, ohne die sie ja nicht zustande käme, sondern der gesamten Natur und ihres Urwiderspruchs. Denn, obgleich einander entgegengesetzt, fördern Dionysos und Apollo sich gegenseitig, was auch heißt, daß die Freude am apollinischen Scheine wächst in dem Maße, wie das dionysische Leiden und damit zugleich die dionysische Lust zunehmen. Und umgekehrt.

Dementsprechend wird das individuelle Leiden nicht zum Anlaß für eine Abkehr vom Leben. Es ist im Gegenteil, bei starken Menschen, die es zu ertragen vermögen und die dank dem Medium der tragischen Kunst es in ein dionysisches Mitleiden umwandeln, die unerläßliche Ingredienz individueller Selbstentfaltung und Selbstbehauptung.

In späteren Jahren greift Nietzsche gerne zurück auf die Anfänge in der *Geburt der Tragödie*, was übrigens, nebenbei bemerkt, von der Einheitlichkeit seines Denkens zeugt. Beispielsweise spricht er darüber ganz explizite am Ende der *Götzen-Dämmerung*, also desjenigen Werkes, in dem seine Kritik wie ein Hammer gegen die herkömmlichen Wertvorstellungen loslegt und sie erbarmungslos zertrümmert. »Den Schlüssel des tragischen Gefühls«, so meint er, habe er bekommen durch »die Psychologie des Orgiasmus als eines überströmenden Lebens- und Kraftgefühls, innerhalb dessen der Schmerz noch als Stimulans wirkt«: den Begriff »dionysisch« setzt er anschließend praktisch gleich mit dem des Tragischen; es gehe darum, »die ewige Lust des Werdens *selbst zu sein*, – jene Lust, die auch noch die *Lust am Vernichten* in sich schliesst«: am Schluß nennt er sich dann den »letzte[n] Jünger des Philosophen Dionysos« und zugleich den »Lehrer der ewigen Wiederkunft«. An genau derselben Stelle sieht er die *Geburt der Tragödie* als seine »erste Umwerthung aller Werthe«. Er meint dazu, die Tragödie sei so fern davon, etwas für den Pessimismus der Hellenen im Sinne Schopenhauers zu beweisen, daß sie vielmehr als dessen »entscheidende Ablehnung und *Gegen-Instanz*« zu gelten habe (Bd. 6, 160).

Diese Aussage ist unseres Erachtens von ganz besonderer Wichtigkeit. Stellt sie doch einen ausdrücklichen Beweis dafür dar, daß das Erstlingswerk den genauen Gegenpol zu Schopenhauer bildet, und zeigt deutlich darauf hin, daß Nietzsches Umwertung, wenigstens zu Beginn, innerhalb einer direkten Auseinandersetzung mit Schopenhauer erfolgte. Wir fügen hinzu, daß sowohl der Wiederkunftsglaube wie auch die darin implizierte Theodizee nur eine reichere Entfaltung des anfänglich Unternommenen darstellen, wobei die Opposition zu Schopenhauer ihren absoluten Höhepunkt erreicht.

Nietzsche hat in den Wiederkunftsgedanken seine ganze Konzeption sowohl des Tragischen wie auch des Dionysischen integriert. Deswegen überrascht es auch nicht, daß dieser in *Ecce homo* die »höchste Formel der Bejahung« (Bd. 6, 335) genannt wird.

Der Gedanke soll züchtend wirken, soll erlauben, die Trennung zwischen den Starken und den Schwachen zu vergrößern, »stärkend für die Starken, lähmend und zerbrechend für die Weltmüden« (Bd. 12, 467f). Nicht jeder vermag nämlich, dessen Inhalt zu ertragen. Gilt es doch hier zu erkennen – man möchte auch sagen zu bekennen –, daß infolge der ringförmigen Entwicklung auch das Kleinliche, Schwächliche, das Klägliche und Armselige ewig wiederkehren wird und schon ewig da war. Demgemäß wird also auch der passive Nihilismus ewig wiederkehren, d.h. der Wille zum Nichts, mitsamt allem, was er erzeugt, folglich auch das Christentum und nicht zuletzt Schopenhauers Philosophie. Weil jedes Seiende aber, ob stark, ob schwach, immerwährend die Wiederholung eines bereits Dagewesenen ist, kann es nie endgültig im Nichts vergehen.

Wegen dieser Erkenntnis erkrankt selbst Zarathustra an einem schlimmen Ekel, den er erst überwinden muß, um ganz ein Jasagender, ein Segnender zu werden. Seine Genesung ist gleichzusetzen mit der Einsicht, zu der man sich durchzuringen hat, daß zur Steigerung der Macht die Erfahrung des Gegensätzlichen nötig ist, vor allem der Opposition zwischen Wachsen und Vergehen, die alles Lebendige prägt. Das Leiden an der tragischen Ausweglosigkeit aller sich hieraus ergebender Widersprüche ist die unabdingbare Ingredienz eines starken Lebens, wohingegen die Schwachen nicht in der Lage sind, es zu ertragen, geschweige zu intensivieren. Es erinnert an das tragische Mit-Leiden in der *Geburt der Tragödie*, das ursprünglich den Satyr, den Begleiter des leidenden Gottes Dionysos gekennzeichnet haben soll.

Zarathustra sagt ja zu jedem Seienden, wie auch immer es beschaffen sein mag, und er segnet es sogar. Bekanntlich ist das Segnen nicht nur ein Gutheißen, sondern besonders auch ein In-Schutz-Nehmen, dessen genaues Gegenteil übrigens das Verfluchen darstellt. So könnten wir geneigt sein, einen Zusammenhang zu sehen zwischen dem Segnen Zarathustras und der Stelle im *Versuch einer Selbstkritik*, wo die Rede ist von der »›Perversität der Gesinnung‹« und Nietzsche meint, Schopenhauer sei »nicht müde geworden«, gegen diese im voraus »seine zornigsten Flüche und Donnerkeile« (Bd. 1, 17) zu schleudern. Wir wissen, daß Schopenhauer mit der »*Perversität* der Gesinnung« diejenige Einstellung bezeichnet, die dem Sein die moralische Bedeutung gänzlich abspricht. Er meint dazu, diese sei »wohl im Grunde auch Das, was der Glaube als den Antichrist personificirt hat«. Nun ist Nietzsche zweifellos bereits in der *Geburt der Tragödie* der Vollzieher dieser Gesinnung, die jedoch im Text der *Parerga und Paralipomena* nur »der größte, der verderblichste, der fundamentale Irrthum«[2] genannt wird. Die Tatsache, daß er hier Flüche zu erkennen glaubt, dürfte ein Zeichen mehr dafür sein, daß er das dionysische Jasagen bewußt als die Überwindung Schopenhauers konzipierte.

Der starke Mensch ist der weltoffene, der an Leben reiche, was auch heißt, daß er die Kraft besitzt, möglichst viel von der dem Leben inhärenten Gegensätzlichkeit in sich aufzunehmen, zu ver-kraften. Seine Macht bedeutet

---

2 Schopenhauer, *PuP II*, 214.

eine kosmische Bereicherung, denn das Leben entfaltet sich am besten dort, wo die Gegensätze am meisten ausgeprägt sind, gerade in ihrer tragischen Unüberwindbarkeit. Der Schwache dagegen ist der weltarme, derjenige nämlich, der sich vor der Welt verschließt. Seine aus der Schwäche stammende Einstellung zum Leben, die in der moralischen Verurteilung von Sein und Dasein gipfelt, ist im wesentlichen Abkehr von der Welt und ihrer tragischen Gegensätzlichkeit.

Eigentlich klingt der Wiederkunftsgedanke schon bei Schopenhauer an, allerdings unter gänzlich verschiedenen Vorzeichen und ohne die ihm von Nietzsche verliehene Ausrichtung und Tiefe. Der Mensch, der verstanden hätte, daß der Tod nur seiner Individualexistenz etwas anhaben kann, nicht aber seinem Ansich, der jedoch noch nicht zur Einsicht gelangt wäre, daß alles Leben wesentlich Leiden bedeutet,

> sondern der im Leben Befriedigung fände, dem vollkommen wohl darin wäre, und der, bei ruhiger Ueberlegung, seinen Lebenslauf, wie er ihn bisher erfahren, von endloser Dauer, oder von immer neuer Wiederkehr wünschte, [...] ein solcher stände ›mit festen, markigen Knochen auf der wohlgegründeten, dauernden Erde‹ und hätte nichts zu fürchten.[3]

In Schopenhauers Denken kann eine solche Einstellung aber nur als mangelhaft gelten, da sie die tiefere, die eigentlich metaphysische Einsicht in die Selbstentzweiung des Willens sowie in deren Folgen vermissen läßt und deswegen auch nicht fähig ist, auf den Weg der praktischen Willensverneinung zu führen.

Nietzsche greift, wie so oft, einen Hauptgedanken Schopenhauers auf, um ihm aber eine Wendung zu verleihen, die dem Schopenhauerschen Geiste diametral entgegengesetzt ist. Er bejaht die Notwendigkeit von Schwäche, Verfall und Tod, ja alles, was den Willen zum Nichts kennzeichnet oder von ihm hervorgebracht wird, jedoch nur insofern, als er darin die für die Tragizität des Lebens unerläßliche Antithese erblickt.

Die Verkündigung der Ewigen Wiederkunft vermag im *Zarathustra* der Zwerg, der den »Geist der Schwere« verkörpert, nicht zu ertragen. Letzterer umfaßt bekanntlich alles, was zum Pessimismus der praktischen Lebensverneinung beiträgt, alles, was Nietzsche unter den Begriff des »romantischen Pessimismus« einreiht, also ebenfalls das Christentum sowie die Philosophie Schopenhauers, insbesondere aber auch seine eigene Anlage zum Pessimismus, oder, was unseres Erachtens angesichts der stark existentiell geprägten Ausrichtung seines Denkens schließlich auf dasselbe herauskommt, seinen Hang zur Selbstbemitleidung. Das »Jenseits von Gut und Böse« erscheint hier deutlich als ein Jenseits von Schopenhauer. Die universale Bejahung versteht sich als die Überwindung der Verneinung des als Bestrafung infolge einer mysteriösen Schuld aufgefaßten Daseins.

---

3 Schopenhauer, *WWV I*, 334f.

III
Die Rechtfertigung von Schwäche und Moral

Die Wiederkunftslehre ist Theodizee, selbst wenn dies im *Zarathustra* nicht ausdrücklich formuliert wird. Dagegen lesen wir aber in einem Fragment des Nachlasses aus dem Herbst 1887 über einen »*Pessimismus der Stärke*« als ein »Symptom *höchster* Cultur«, der endet »mit einer *Theodicee* d.h. mit einem absoluten Jasagen zu der Welt, aber um der Gründe willen, auf die hin man ehemals Nein gesagt hat« (Bd. 12, 467f). Ein ganz deutlicher Hinweis also auf den theodizeehaften Charakter der tragisch-pessimistischen Bejahung sowie auf die Absage an das Christentum, spezieller noch an Schopenhauer.

Wir müssen aber klar betonen, daß es sich hierbei keineswegs um eine Rechtfertigung des Übels in der Welt oder gar des Bösen handeln kann. So ist in demselben Text ebenfalls die Rede von einer »*primitive*[n] Unterwerfungsform unter das Übel (Religion oder Moral genannt)«. In einer appositionellen Wendung nennt Nietzsche sie »jene ›Rechtfertigung des Übels‹« (Bd. 12, 466f). Ablehnung also nicht nur der Religion und der Moral als solchen, sondern ganz deutlich auch einer Theodizee à la Leibniz. Dabei möchten wir zusätzlich hervorheben, daß Nietzsche die christliche Religion einseitig als eine moralische Doktrin interpretiert und sich überhaupt, was ihre wesentlichen Merkmale betrifft, leiten läßt von dem Bild, das Schopenhauer vom Christentum gezeichnet hat zwecks Illustration und Bestätigung seiner eigenen Lehre.

Nietzsche kann es unmöglich gehen um eine Rechtfertigung des Übels. Hierzu hat die *Geburt der Tragödie* die entscheidenden Weichen gestellt. Weniger noch geht es ihm darum, das Böse zu legitimieren, und zwar aus zwei ganz zwingenden Gründen. Erstens gehört das Böse ja zum Wesenskern des als Wille zur Macht konzipierten Werdens und bedarf deswegen keiner Rechtfertigung. Es wird im Gegenteil gezeigt, daß der Mensch, wie der »Baum am Berge« im *Zarathustra*, falls er in die Höhe wachsen will, seine Wurzeln auch tiefer ins Böse zu schlagen genötigt ist (Bd. 4, 51ff). Je stärker sich der Bezug zur Welt erweist, desto größer ist demgemäß auch das Teilhaben am Bösen. Diese Bezeichnung ist bei Nietzsche jedoch an sich eine uneigentliche – das ist unser zweiter Punkt –, da der Begriff des Bösen in Wirklichkeit zur Moral gehört, wohingegen ja für ihn, ganz im Gegensatz zu Schopenhauer, die Annahme gilt, die Welt und das Leben hätten eben keine moralische Bedeutung.

Nietzsches Hinterfragen, sein Entlarven der moralischen Wertvorstellungen macht deutlich, daß dieser Begriff insbesondere zurückzuführen ist auf die Sklaveninstinkte und zusätzlich auf die Gesinnung der Herdentiere, also auf zwei Hauptvarianten der Schwäche. Das Herdentier fürchtet und verleumdet alles, was den äußeren oder den inneren Frieden der Herde gefährden kann, also speziell auch jede starke Persönlichkeit. Der Sklave seinerseits haßt die »Herren«, die Herrschenden, die ihm Überlegenen, wegen der Erniedrigung, Peinigung, Unterdrückung, die sie ihm widerfahren lassen.

Somit erscheint der Begriff des Bösen, wie überhaupt die Moral und hauptsächlich ihre Lehre von Schuld und Strafe, nur als das Produkt bestimmter Perspektiven, die so oder so die Schwachen kennzeichnen.

Der starke Mensch dagegen ignoriert den Unterschied von Gut und Böse. Er kennt nur Gut und Schlecht. Das Schlechte ist für ihn, den Vornehmen, das Verächtliche (Bd. 5, 208ff). Damit meint er weitgehend auch dasjenige, was die Schwachen »gut« nennen.

Demgemäß geht es in der dionysischen Theodizee paradoxerweise nicht darum, das Böse zu rechtfertigen, sondern viel eher das von der Moral befürwortete »Gute«. Es kommt darauf an, die Schwäche zu legitimieren, die décadence, Krankheit und Verfall, den »passiven« Nihilismus, überhaupt den Nihilismus unter der Form der Ausrichtung auf das Nichts, mitsamt den Wertvorstellungen, die diese hervorbringt und verwirklicht. Gerade hier heißt es, jazusagen, zu bestätigen, zu segnen.

Anders ausgedrückt bedeutet das, daß die Rechtfertigung sich nicht bezieht auf die Realität, die als das »Böse« verschrien ist, sondern vielmehr auf den Willen zur Macht der Niedrigen und Armseligen, der diesen Begriff sowie überhaupt die Moral als Mittel der Selbstverteidigung und der Aggression schafft.

Der an Welt Reiche, der Weltoffene, vermag in seine die Welt umfassende und in sich aufnehmende Bejahung auch noch seinen eigenen Gegenpol einzubeziehen. Auch noch der Weltarme, der Welt- und Selbst-lose, wird gutgeheißen, wobei natürlich die ganze Tragweite der bereits in der *Geburt der Tragödie* herausgestellten positiven Funktion der tragischen Widersprüchlichkeit voll zur Geltung gelangt. Das Schwache, und alles aus der Schwäche Stammende, wird bejaht als das der Stärke Entgegengesetzte, das zur Gegnerschaft Anspornende, das ständig in einem erneuten Anlauf neu zu Überwindende. Wenn man dazu bedenkt, daß bei weitem in den meisten Fällen der Einzelmensch den unauflösbaren Konflikt von Stark und Schwach auch innerlich auszutragen hat, da er aus einer Mischung von beiden besteht – und dies traf bekanntlich für Nietzsche selbst zu – (Bd. 6, 264), so versteht man erst recht, wie hierin der Weltverlust, gerade dank dem seelischen Potential, das es zu dessen Bekämpfung zu aktivieren gilt, Weltgewinn ermöglicht.

So tauchen denn Überlegungen auf wie diese:

> Die *Fortdauer* des christlichen Ideals gehört zu den wünschenswerthesten Dingen, die es giebt: und schon um der Ideale willen, die neben ihm und vielleicht über ihm sich geltend machen wollen – sie müssen Gegner, *starke* Gegner haben, um *stark* zu werden.

Es fällt besonders auf, daß das Christentum, dem ja bei Nietzsche der Prozeß gemacht wird, indem es reduziert wird auf die einzelnen Varianten der Schwäche und des Verfalls, hier zu einem »starken« Gegner erklärt wird. Wir lesen weiter: »So brauchen wir Immoralisten die Macht der Moral: unser Selbsterhaltungstrieb will, daß unsere Gegner bei Kräften bleiben, – will nur Herr über sie werden.« (Bd. 12, 523) Damit wird deutlich die Notwendigkeit der Moral als einer Gegenmacht betont, was nicht gleichzusetzen ist mit einem Bekenntnis zu ihren Lehren. In diesem Zusammenhang ist hauptsächlich auch dasjenige Fragment des Nachlasses von Bedeutung, welches den Titel trägt: »*Warum die Schwachen siegen.*« Nietzsche meint darin, man müsse den Sieg der Werte der Schwachen erklären aus einem Interesse des Lebens, und er notiert: »die *Aufrechterhaltung* des Typus ›Mensch‹ selbst durch diese Methodik der *Über*herrschaft der Schwachen und Schlechtweggekommenen - «. Und es heißt am Schluß, wir ständen »vor einem Problem der Oekonomie« (Bd. 13, 365ff). Dies ist unserer Meinung nach wohl nicht der wichtigste, jedoch immerhin ein nicht unwesentlicher Aspekt der dionysischen Theodizee. Also eine Art Gesamtökonomie des Lebens, in der auch Schopenhauer und das Christentum ihren vom kosmischen Kräftespiel angewiesenen Platz einnähmen.

Zarathustra fragt, ob nicht dasein muß, »über das getanzt, hinweggetanzt werde«, ob nicht »um der Leichten, Leichtesten willen – Maulwürfe und schwere Zwerge dasein« müssen (Bd. 4, 248). Wir wissen, mit den »Maulwürfen« sind aller Wahrscheinlichkeit nach die christlichen Priester gemeint, und mit den »Zwergen« sicherlich der »Geist der Schwere«, also alles, was die praktische Willensverneinung fördert, an erster Stelle somit Schopenhauers Willensmetaphysik und Mitleidsethik.

Retrospektiv betrachtet erscheint nunmehr die gesamte Umwertung Nietzsches dank der dionysischen Theodizee in einem neuen Licht. »Ich aber bin ein Segnender und ein Ja-sager,« so spricht Zarathustra, »in alle Abgründe trage ich da noch mein segnendes Ja-sagen. Zum Segnenden bin ich worden und zum Ja-sagenden: und dazu rang ich lange und war ein Ringer, daß ich einst die Hände frei bekäme zum Segnen.« (Bd. 4, 208f) Nietzsches Kampf gegen Schopenhauer, gegen das Christentum, sein Immoralismus, ja sein »Antichrist«-Sein, alles dies ist die kraftvolle Äußerung der tragischen Gegensätzlichkeit, welche das Jasagen und Segnen Zarathustras erst ermöglicht und zugleich zu deren Objekt gehört. Im *Ecce homo*-Kommentar heißt es auch, »in dieser Zugänglichkeit zum Entgegengesetzten« fühle sich Zarathustra »als die *höchste Art alles Seienden*« (Bd. 6, 344). Dies widerspricht in keiner Hinsicht dem Gesagten, man muß nur richtig begreifen, was alles mit dem Ausdruck »Zugänglichkeit« bezeichnet wird.

Schluß

Am Schluß sei nur noch gesagt, daß sich hiermit der Widerspruch auflösen dürfte, den man oft zwischen Nietzsches »Willen zur Macht« und seinem Wiederkunftsgedanken zu erkennen glaubt. Es ist der Wille zur Macht der Starken, der die tragische Bejahung hervorbringt, der sich durchzuringen vermag zu diesem Glauben an die Ewige Wiederkunft des Gleichen und seiner Theodizee, wie bei Zarathustra, der zuerst ein Ringender sein mußte, um endlich ganz ein Segnender zu werden. Die Schwachen sind dagegen gezwungen, sich vor der tragischen Widersprüchlichkeit des Seins zu verschließen, sich zu verteidigen gegen das ihnen Entgegengesetzte und ihren

Aggressionstrieb gegenüber demselben in Verleumdungen zu entladen. Zu all dem dient ja nach Nietzsche an erster Stelle die Moral.

Die starken Menschen benötigen zu ihrer Entfaltung gerade das, woran die Schwachen scheitern. Damit ist der größtmögliche Gegenpol zur Mitleidsethik und zur Metaphysik der Willensverneinung erreicht.

Nietzsches ›Zarathustra‹ als Erlebnis
Eine implizite Kritik an Schopenhauer

Miodrag Cekič *(Belgrad)*

I
Nietzsche der Sturmwind

Nietzsche ist ein Sturmwind, der mit einem Ruck alle Kulissen unserer Welt und unseres Lebens umgerissen hat, alle theoretischen Mumien, alle kleinen Metaphysiken, alle winzigen Moralsysteme, alle »großen« Religionen und alle scheinbaren Künste. Nietzsche hat den Übermenschen als Richter eingesetzt. Er hat viele Hütten niedergerissen und an ihrer Stelle einen Palast errichtet. Nietzsche hat alles Kleinliche im Menschen abgestoßen und den Riesen geschaffen, der laut lacht über alles Kindliche, einen Riesen, der als Übermensch spielt und durch dieses Spiel alles Kleinliche, Dumme und Lügnerische aus dieser Welt eliminiert.

Nun aber kommen die Professoren, sie lesen Nietzsche und tauchen ihn in die Stickstoffsäure ihres kategorialen Laboratoriums, die alles Lebendige und Wirksame mumifizert. So stellen die Professoren akademische Fragen: ob Nietzsche für oder gegen Metaphysik sei, ob es bei ihm Metaphysik in größerem oder kleinerem Ausmaß gebe, ob und inwieweit er ein Erkenntnistheoretiker, Ethiker, Ästhetiker und so fort sei. Wenn man über Nietzsche so verhandelt, wird Nietzsche bucklig. Der bucklige Nietzsche aber ist nicht mehr Nietzsche. Aus Nietzsches Sicht sind professorale Kategorien, geschaffen für die Analyse toter theoretischer Systeme, irrelevant. Wie ein Sturmwind hat Nietzsche alle Metaphysiken niedergerissen, und ist dennoch ein Metaphysiker, größer als alle früheren. Er hat Erkenntnistheorien dem Erdboden gleichgemacht, und doch ist er ein Erkenntnistheoretiker, größer als alle bisherigen. Nietzsche hat alle bestehenden Moralsysteme zerwühlt, besonders jene der Gleichheit des neunzehnten Jahrhunderts, ist aber trotzdem ein Moralist, größer als alle die es je gegeben hat. Nietzsche hat über die Götter und Religionen dieser Welt gelacht, blieb aber religiöser als alle Gläubigen und Religionsstifter. Auf diese Art und Weise aber Nietzsche zu verstehen, vermag nur derjenige, der, wie Nietzsche selber, jenseits von Wahrheit und Lüge, jenseits von Gut und Böse, jenseits von Heiligem und Profanem ist.

II
Zarathustra

Also sprach Zarathustra ist der Schlüssel zum Verständnis des gesamten Werkes Nietzsches. Erst nach der Lektüre von *Zarathustra* ist Nietzsche zu verstehen. Im *Zarathustra* wurde der Kern all seines Lebens und seiner gesamten Philosophie dargelegt. Nach *Zarathustra* ist alles andere leicht zu verstehen:

Die Geburt der Tragödie, auch die *Unzeitgemäßen Betrachtungen*, auch *Menschliches, Allzumenschliches*, auch *Die fröhliche Wissenschaft*, auch *Jenseits von Gut und Böse*, auch *Zur Genealogie der Moral*, auch *Götzen-Dämmerung*, auch *Der Antichrist*, auch *Ecce homo* und andere Werke Nietzsches.

Wie konnte Nietzsche jedoch mitten im Deutschland der zweiten Hälfte des neunzehnten Jahrhunderts die ganze Neuzeit ablehnen, zudem das Mittelalter, Christentum, Rom, Griechenland, die Juden, Buddha und Konfuzius und zu *Zarathustra* gelangen? So wie Nietzsche war, mußte er geradezu auf *Zarathustra* stoßen. Er war von Herzen gern ein Antichrist, und damit zugleich auch gegen all das, was in griechischer Tradition ans Christentum auch nur erinnerte, und das sind Platon und die Stoa – den Islam lehnte er schon deswegen ab, weil dieser nur eine vulgäre Fassung des Christentums sei; weder die Juden des Alten Testaments, noch Buddhismus und Taoismus konnten ihm gefallen. Deswegen *Zarathustra*!

Wenn ich *Zarathustra* lese, fühle ich mich erhoben. ›Zarathustra‹ macht den Menschen stärker und höher und füllt ihn mit Würde aus, sogar dann, wenn er mit Nietzsche nicht einverstanden ist. Der übervolle Becher der eigenen Gefühle fließt über. Dann erfaßt einen der Wunsch, sich der Welt zu schenken. Die Frage nach Sinn und Zweck des menschlichen Daseins vermag mich nicht mehr zu ergreifen. ›Zarathustra‹, du hast mich erfaßt, ich muß dich jedoch übertreffen!

Ich müßte einen eigenen ›Zarathustra‹ auffinden, also jenen Mittelpunkt meiner Auffassungen, aus dem meine gesamte Philosophie hervorquillt, – und einen eigenen *Zarathustra* schreiben! Dieses Werk könnte natürlich nicht nach dem Vorbild Nietzsches verfaßt werden. Darin wären sowohl Übereinstimmungen mit Nietzsche bis hin zur Begeisterung, aber auch leidenschaftliche Ablehnung und Verfluchung – was wiederum durchaus in Nietzsches Sinne sein würde. In diesem Werke wäre ich ein Schüler Zarathustras, aber einer, der seinen Lehrer lästert. Allein derjenige, der ›Zarathustra‹ verstanden hat, ist imstande zu begreifen, warum man ihm dankbar sein und ihn gleichzeitig ablehnen und verdammen muß. Die Schlußfolgerung meines Werkes wäre: nach Nietzsches *Zarathustra* dürfte man keine Bücher mehr schreiben, weil man nichts mehr zu sagen oder aufzuschreiben hätte. Nach Nietzsche kann und soll nur noch derjenige Schriftsteller schreiben, der glaubt, Nietzsche überstiegen zu haben. Ein solches Prinzip drängt sich mir unwiderstehlich auf, obwohl ich es nicht begründen kann.

Wenn man Nietzsches *Zarathustra* gelesen hat, dann muß man den Gedanken von Miguel de Unamuno annehmen, daß man nicht nur mit dem Hirn philosophiert, sondern auch mit den Eingeweiden und all seinen Organen.

> Wenn ich einen Blick in meinen Zarathustra geworfen habe, gehe ich eine halbe Stunde im Zimmer auf und ab, unfähig, über einen unerträglichen Krampf von Schluchzen Herr zu werden.[1]

---

1 Nietzsche, *KGW*, VI3, 285.

Auch der »Krampf von Schluchzen« ist ein Agens des Philosophierens, und was für ein Agens!

Man spürt ein wenig Widerwillen nicht nur gegen die Durchführung, sondern bereits gegen den Einfall, etwas über Nietzsches Philosophie zu schreiben. Seine Philosophie ist so selbständig und erhaben, daß sie keine Deutung braucht, kein »Nachwort«, auch keinen Ausruf der Begeisterung. Man darf sie nur mit Pietät lesen. Jede Deutung würde die ursprüngliche Botschaft dieser Philosophie schänden und ihren Wert verkleinern. Es ist merkwürdig, daß ich so etwas bei keiner anderen Philosophie gespürt habe.

Nietzsche hat auf mich, wie auch auf viele andere, befreiend gewirkt. Wenn ich aber, Nietzsche lesend, *mich* befreie, dann bin ich doch noch immer nicht frei, da ich mich auch von *ihm*, Nietzsche, befreien muß, weil ich allein *meine Freiheit* habe und haben muß, die Freiheit, meinem Dasein angemessen. Im Namen Nietzsches – weg von Nietzsche!

Es beweist kein Beweis, sondern die Transzendenz. Nietzsche sagt: was man beweisen soll, das hat auch keine Geltung oder ist wenig wert. Das ist dasjenige, was ich lange vor der Lektüre Nietzsches begriffen habe, und wenn ich es bei Nietzsche fand, dann bestätigte und bekräftigte ich nur meinen eigenen Gedanken. Trotzdem kommt es vielen gebildeten Menschen und auch den Philosophen so sehr auf Beweise an – auch Aristoteles, welcher sogar ganze Bücher darüber geschrieben hat – von ernstlichen Auseinandersetzungen zu schweigen, bei denen man darum bemüht war, die Existenz Gottes zu beweisen. Und was ist erst über die gegenwärtigen Positivisten zu sagen, für welche es außerhalb von Beweisen und Konfirmationsmöglichkeiten keine Philosophie gibt! Mit Nietzsche aber gehen wir auf eine ganz andere Ebene sowohl der Lebensweise als auch des Denkens über: es gilt nicht mehr der Beweis, die Logik, die rationale Einsicht, sondern es gilt jenes Pathos des »Umgreifenden« (Jaspers), jene Transzendenz, durch die der Mensch in seinem Leben getragen wird. Die Transzendenz aber, die Macht all unseres Denkens und der Lebensgestaltung, hat nur der wahre Philosoph berührt, und nur er ist imstande, sie den anderen Menschen mitzuteilen.

Noch im Jahre 1944 notierte ich:

Die Welt ist eine Wunde an dem Leibe der Ewigkeit.

Später aber schrieb ich:

Unsere Welt ist ein kleiner Lärm zwischen zwei »Stillen«. Es ist jedoch auch das eine große Angelegenheit, daß wir durch unsere Anwesenheit aus einer Stille zwei gemacht haben.

Die Welt ist nur ein zufälliger Hiatus des Nichts, ein Fleck auf der Ewigkeit, ein kleiner Scherz des großen Absoluten.

Die Welt ist ein Spalt der Finsternis.

In letzter Linie ist die Welt eine reine Akzidenz, ein Unfall der Ewigkeit, ein technischer Fehler des Absoluten (des absoluten Werdens).

Die Ewigkeit ist etwas Glattes, immer gleich, eine endlose stählerne Fläche der Dauer – und nun auf der Ewigkeit, durch einen kosmischen Fehler, schlägt eine Blase aus: das ist unsere Welt von ihrer Entstehung an bis zu ihrem Ende.

Einen ähnlichen Gedanken finde ich nun bei Anaximander, jedoch in Nietzsches Interpretation:

> Es mag nicht logisch sein, ist aber jedenfalls recht menschlich, und überdies recht im Stile des früher geschilderten philosophischen Springens, jetzt mit Anaximander alles Werden wie eine strafwürdige Emancipation vom ewigen Sein anzusehn, als ein Unrecht, das mit dem Untergange zu büßen ist. Alles, was einmal geworden ist, vergeht auch wieder.[2]

Hier wird das Werden als Abweichung vom normalen Ewigkeitsverlauf angesehen, als Sünde, und ich habe das Werden einfach als Akzidenz der Ewigkeit begriffen. Meine Auffassung ist ontologisch im echten Sinne des Wortes, ohne Beimischung der moralischen Wertbestimmung, wie es bei Anaximander und Schopenhauer der Fall ist.

III
Die Vergegenwärtigung

Die Augen, das Schauen und die Vergegenwärtigung haben eine große Bedeutung in der Weltanschauung Nietzsches. Die Augen der Menschen und ihr Schauen sind Zeugen und Teilnehmer der Welt und aller Dinge darin.

Die Augen und das Schauen sind für Nietzsche nicht nur etwas Subjektives, sondern auch etwas Objektives, ein Weltgeschehen: die Augen sind Augenzeugen und Teilnehmer des Objektiven, des ontologisch Gegebenen, dessen, was *ist*. Die Erkenntnistheoretiker sehen im Schauen nur etwas Erkennbares; die Sinnlichkeit der Augen betrachten sie nur als Form und Mittel der Erkenntnis; für sie sind die Augen nur eine von Natur aus gegebene Photographieplatte (doch selbst dann sollten sie in ihnen auch etwas Ontologisches sehen); für sie sind die Augen nur die Überträger der Kenntnisse, der sinnlichen *Kenntnisse über die Welt*. Im Gegensatz zu Ihnen sieht Nietzsche in Augen und Schauen ein Ereignis der Welt selbst, einen wirklichen Bestandteil der Welt, ein notwendiges Konstituens des Weltgeschehens. Durch die Weltevolution mußten auch die Augen als Teilhaber des Weltereignisses notwendigerweise geschaffen werden. Zarathustras Leben strömt durch alle seine Organe, auch durch seine Augen, und die ruhige Kontemplation überläßt er den Toren, Dekadenten und Mumien.

Die Augen sind ein Bestandteil des Willens zur Macht, sie leiten den gesamten menschlichen Willen zur Macht. Die Augen sind eine sturmwindhafte Kraft, die alles vor sich verändert und auch zerstört. Das behexte Auge kann eine Ernte verbrennen, ein Meer austrocknen, einen gesunden Menschen zum Krüppel machen.

---

2 Nietzsche, *KGW*, III_2, 313.

Wir begreifen, daß es Organe sind, die das Erkannte verändern. Der *menschliche* Sinn, also der Sinn eines schöpferischen Wesens (obwohl es sich *mutatis mutandis* auch auf die tierischen Sinne bezieht), verändert das Erkannte, indem er es in den Kreis seiner Lebensabsichten einschließt und daraus *seinen* Gegenstand macht, und es nicht so läßt, wie es an sich ist. Bei diesem im ersten Augenblick bloß betrachtenden Verhältnis des Menschen gegenüber der Welt wird der Gegenstand selbst seiner physischen und chemischen Eigenschaften nach noch nicht geändert, aber eben dadurch, daß er in den Umkreis des menschlichen Interesses eingegangen ist, wird er ein Bestandteil der Bedürfnisse des Menschen, seines Wollens, seiner Pläne. Wenn der Mensch danach den wahrgenommenen Gegenstand auch verarbeitet (d.h. ihn als Rohstoff oder als Werkzeug verwendet), wird der Gegenstand seiner physischen und chemischen Eigenschaften nach geändert und dadurch aus seinem natürlichen Zusammenhang herausgerissen und in die menschliche Welt eingeschlossen. Ein Stein, der in seiner natürlichen Umgebung liegt, hört auf, derselbe Stein zu sein, in dem Augenblick, da er in die Wand eines Gebäudes eingebaut wird, sogar wenn er vor dem Einbauen selbst nicht umgestaltet bzw. bearbeitet wurde, weil er bereits eine entsprechende Gestalt besaß. Der Stein erwirbt nun eine Funktion im Rahmen der Tätigkeit der menschlichen listigen Vernunft und ist nicht mehr ein Gegenstand an sich, sondern wurde in einen menschlichen Gegenstand verwandelt. Eigentlich wurde er aber bereits in jenem Augenblick verwandelt, als das menschliche Auge ihn wahrgenommen und für ein Einbauen vorgesehen hat.

Der menschliche Sinn tut das, weil der Mensch denken kann; und er kann denken, weil er arbeiten (also die Naturgegenstände umgestalten) und weil er sprechen kann. Das menschliche Denken, seine Arbeit und Sprache machte den menschlichen Sinn zum menschlichen Sinn, also zum Organ der Veränderung all dessen, was der Mensch sieht, hört, riecht, tastet. Deshalb ist es naiv, an die sogenannte objektive Gegenstandserkenntnis zu glauben. Jede Erkenntnis ist subjektiv, dient also den menschlichen Bedürfnissen, seinem Leben.

IV
Nietzsches Philosophie als »Literatur« und als »Musik«

Nietzsche verdammt die christliche Moral, er verflucht all das, was Jahrhunderte als Gutes, Ehrliches, Wünschenswertes angesehen wurde. Nietzsche verwendet sich für das Böse, die Unmoral, Selbstsucht, Bosheit, Gewalt, und von dieser Verwendung bzw. Verdammung macht er »Literatur«, »Philosophie«, also Schriften, bunte und verlockende, in denen apokalyptische Töne oft tönen. Dieser sein schwarzseherischer Gesang ist gerade das, was bezaubert. Man soll doch klar sagen, daß es nur seine »Literatur« sei. Nietzsche denkt in der Tat eben nicht alles, was er geschrieben hat. Seine Schriften wurden um seiner geistigen Integrität willen aufgeschrieben und besitzen für ihn selbst einen therapeutischen Wert. Er mußte das Gute verdammen und sich für das Böse verwenden, um sich welches modus vivendi auch immer zu versichern, dadurch aber hat er, vielleicht auch unwillkürlich, die Leser bezaubert. Und wenn nun ein Grünschnabel erscheint, welcher das Alarmgeklingel Nietzsches als wirklich neue Philosophie der neuen Zeit auffaßt, und besonders wenn er sie anzuwenden versucht, dann muß er enttäuscht, ausgelacht und verlassen werden als ein Wahnsinniger, der sich in dieser Welt nicht zurechtfindet. Auch Nietzsche selber hat gesagt, daß er da nicht zustimmen würde.

Wenn ich Nietzsche in meine Sprache übersetze, dann klingt seine Botschaft banal und nicht überzeugend – das ist kein Nietzsche mehr. Nietzsche zum Vorbild nehmend, kann ich kein Nietzsche werden, sondern verbleibe im eigenen Selbst. Ich schätze Nietzsche auch weiterhin, nur vermag er mir kein Lehrer zu sein.

Der ganze Nietzsche ist in seinem »Stil«. Er muß apokalyptisch sprechen. Darin liegt seine Kraft. Wenn man aber den Stil, die »Literatur«, die Vergoldung abschält und der bloße »Inhalt« seiner Auffassungen übrigbleibt, dann wird der »Inhalt«, im Lichte eines ruhigen und nüchternen Bewußtseins betrachtet, als eine gewöhnliche Negation von all dem bisher Gültigen deutlich.

Der Gehalt eines Satzes Nietzsches (auch seines ganzen Werkes) ist im Rhythmus: was der Satz bedeutet, kann man nur dann erfassen, wenn man seinen Rhythmus »ergreift«. Nietzsche ist ein Musiker der Philosophie. Nietzsche hat seinen eigenen Rhythmus, ihm ist eine spezifische Ausdrucksart eigentümlich, und darin liegt auch sein ganzer Gehalt. Der ganze Nietzsche zeigt sich im schmerzhaften Krampf und im Schluchzen. Was er im Schluchzen spricht, ist der Gehalt seines Denkens. Betrachtet man die Philosophie Nietzsches ohne dieses Schluchzen, wird sie inhaltsleer. Wer also Nietzsche verstehen will, der muß, ihn lesend, auch wie dieser schluchzen; wenn er anders schluchzt, wird er Nietzsche nicht verstehen.

Die Philosophie Nietzsches ist eine große Sinfonie. Sie besitzt eine eigenartige Melodie, sie hat auch ihren Rhythmus, eine musikalische Gradation. Auch jeder gute Schriftsteller hat eine eigene Musik, d.h. seinen Stil, in dem Ansichten über Dinge, Menschen und Ereignisse und ihre Abschätzung zunächst melodisch und rhythmisch strukturiert werden, um nachher durch die Auswahl der Worte, durch Wortfolgen in Sätzen und Satzfolgen literarisch gestaltet zu werden. Wenn es bei einem Schriftsteller keine Melodie und keinen Rhythmus gibt bzw. wenn in seinem Stil eine dauernde Dissonanz überwiegt, dann ist der Schriftsteller verwirrt, zerbrochen und zerstreut, und entsprechend muß auch sein verbaler Ausdruck sein.

V
Der lachende Philosoph

Kein anderer Philosoph hat mich dermaßen beeinflußt wie Nietzsche. Er hat die Hemmnisse aus meiner Seele vertrieben und so meine Kräfte für eine unverfälschte Lebensweise und für das ursprüngliche Philosophieren befreit.

Erst Nietzsche gibt einem Menschen Ermutigung fürs Leben und für den philosophischen Lebensausdruck. Allein das Werk Nietzsches kennzeichnet die vollkommene Erfüllung der Aufgabe des Philosophen in dieser Welt: durch die Resonanz in Anderen die Menschen für die Wirksamkeit in der Welt zu befähigen.

Die Philosophie Nietzsches ist ein großer Prüfstein nicht nur für die philosophische Kultur eines jeden Lesers, sondern auch für sein Menschsein. Sie ist auch ein Maßstab der Epochen. Die Epoche, welche Nietzsches Philosophie bejaht, ist des Höchsten würdig, und die Epoche, welche sie unterschätzen, ablehnen oder vergessen würde, würde sich selbst verdammen, weil sie damit demonstrierte, daß sie nicht nur Nietzsches Philosophie, sondern auch sich selbst nicht zu achten vermag. Die Menschheit brauchte einen Philosophen wie Nietzsche es war.

Weinen oder lachen? Die Interpreten haben festgestellt, daß sich Nietzsche einerseits als ein tragischer Philosoph, andererseits als ein Hanswurst bestimmen läßt. Sie haben aber nicht eingesehen, daß beide Bestimmungen einen und denselben Menschen Nietzsche harmonisch charakterisieren. Wenn sich der Mensch mit seinem Denken nach allen möglichen Richtungen in Bewegung setzt und entdeckt, daß er überall an die Wände stößt, d.h. wenn er begreift, daß er ein hoffnungslos Gefangener der Sprache, Grammatik, Logik und aller anderen möglichen Konventionen unserer Lebensweise und unseres Denkens ist, wenn er also begreift, daß seine Lage in der Welt tragisch ist, dann kann er entweder jammern, flennen und weinen – oder eben lachen. Nietzsche hat das zweite gewählt und hat laut gelacht über sich selbst, andere Menschen, die Welt und unsere Lage in der Welt. Aus der Einsicht in den tragischen Sinn der menschlichen Existenz ist er notwendigerweise ein Hanswurst geworden. Hätte er geweint, hätte er zu glauben anerkannt, daß man die Sachlage wenden kann! Da er aber spöttisch und mit Verachtung lachte, wies er auf, daß er aller Illusionen über die Weltverbesserung entledigt war. Das Weinen ist ein Mittel, etwas in der Welt gutzumachen. Das Lachen aber ist das Letzte, was uns übrigbleibt, wenn wir uns von der Hoffnungslosigkeit überzeugt haben. Dann lachen wir in allem nur noch freimütig allen und allem ins Gesicht.

Georges Goedert hat darauf hingewiesen, daß sich Nietzsche in *Also sprach Zarathustra* explizit mit Schopenhauer auseinandersetzte.[3]

---

3 cf. Goedert, *Nietzsche*, 12f. und Goedert, *Immoralismus*.

© 1991, Dorotheé Jansen

Schopenhauer and Nietzsche
Outline of a Filiation

Joseph van de Wiele *(Leuven)*

To shed some light on this relationship, I will attempt to characterize some essential theses of Schopenhauer's which deeply influenced Nietzsche and also the main points of his philosophy which the Loner of Sils Maria criticized vehemently. I will thus be treating in order Schopenhauer's voluntarism, naturalism, atheism, anti-intellectualism and anti-scientism, and then Nietzsche's negative reply to Schopenhauer's Cartesianism, monism, Platonism and ethic of the denial of life.

Schopenhauer's philosophy can really be called a philosophy of will, i.e. a voluntarism. Indeed, in the line of Kant, he makes a distinction between the phenomenon and the *Ding an sich*, and goes on expressly to identify the representation with the former and the will with the latter. Thus it is the will which constitutes not only the being of man but also that of reality in general. Discovered in the interiority of self-consciousness (the inner sense or self-perception), the concepts of both the will and the identity of the objective body with the inner will are resolutely universalized and extended to the whole of nature.

It will already have become clear that Schopenhauer's doctrine of the will signifies an unmistakably ontological naturalism. Indeed, it is an express philosophy of the body, perhaps the first such fully fledged philosophy in the Western continental tradition. Fathoming the secrets of consciousness, Schopenhauer's attention certainly does not fall on a merely spiritual substance (Descartes) or on a purely logical dialectic (Hegel), but essentially on the body as it is experienced from within in its immediate connection with the objective body from the domain of representation.

Next to his voluntarism and naturalism I have also mentioned Schopenhauer's atheism. In fact, the expert will have to point out here the twofold perspective of that atheism, viz. from an analysis of the order of representation and from an analysis of the order of the will.

The former is the most striking and it can best be approached from Kant's critique of the traditional proofs for the existence of God. It culminates in the vehement critique of the cosmological proof for the existence of God and has as its fundamental premise the typically Kantian concept of causality which consists of an indefinite regression from consequent to antecedent without the possibility of reaching a first or necessary term.

The second perspective of Schopenhauer's atheism is situated completely within his philosophy of the will. From all the forms of the domain of phenomena the will escapes as *Ding an sich*. This monism, however, must be characterized as entirely naturalistic. And here the atheism is patently obvious. The will is a sort of irrational and blind cosmic striving. Schopenhauer looks for the model for this in the deepest forces, viz. gravity and impenetrability, which function in an eternally unsatisfied and pointless way.

As the fourth theme of this first section I will be considering Schopenhauer's anti-intellectualism. Carefully examined, this actually presents itself under a twofold form.

Its most important form is decidedly the one which is already implied in voluntarism and, as it were, flows from it. Indeed, knowing consciousness is reduced to the second dimension of the world, i.e. of reality as a whole. The irrationalism of the will remains always insuperable, and knowledge only serves to bring this irrational will to realization, which function then still remains limited to the level of the animal and man.

Then there is the second form of anti-intellectualism. It concerns the order of truth itself. Truth is fundamentally not seen by Schopenhauer in rationality but in phenomenality. He sees it not on the level of Kant's dialectic but of his analytic. Time and space, together with the category of causality, constitute the order of truth and not the dialectic level of Ideas: *ratio ancilla intuitionis*.

The fifth theme in this sketch of Schopenhauer's influence on Nietzsche is that of anti-scientism. For Kant the sciences pertain to the order of phenomena; in no way do they touch the *Ding an sich*. With Schopenhauer this situation becomes at least as pertinent. It culminates in the opposition he makes between the etiologies (the scientific explanation of causes) on the one hand and the explanation of the will on the other. The latter bears on the will itself, i.e. the forces and the strivings (the *that* and the *what* of the will) while the etiologies concern only the temporal, spatial and causal circumstances of the appearance of the forces and strivings, but not the will itself.

Nietzsche has unmistakably reworked this opposition between the etiology and the philosophy of the will in his own way. He consciously distinguishes the philosophical analysis of the will to power from every scientific explanation, e.g. mechanistic explanations of the world. Nietzsche's radicalization of Schopenhauer's philosophy of life and the body also implies some perspectives of strong reaction. I mention only in passing the evolution of this attitude toward Schopenhauer. After the *Artistenmetaphysik* of *Die Geburt der Trägödie* Nietzsche rather quickly gave free rein to the criticism of his master. I do not presume to clarify this criticism exhaustively by discussing the following four themes, but I think I am looking at some of the most important and relevant points of opposition between the two philosophers.

What I have called »Cartesianism« of Schopenhauer is seldom brought out in the secondary literature. But in the framework of a confrontation between Schopenhauer and Nietzsche it seems to me to constitute if not the most important then certainly the most obvious point of opposition, which concerns in particular the theory of knowledge. It consists in, as already mentioned in the first part of this argument, Schopenhauer's point of departure for philosophical thinking being a very specific kind of *cogito*. It is a *cogito* that sharply contrasts with that of Descartes'; it is not a spiritual but rather a *corporeal cogito.* Self-experience forms the first step of philosophy, but this self-experience does not have, as with Descartes, a purely spiritual substance as object, but a subject of the will, which is a body, a piece of *Ding an sich.* One's own body (understood somewhat in the phenomenological sense) forms the object of Schopenhauer's *cogito.* Thence the concept of the body as *Ding an sich* is universalized and also unified, as has already been discussed.

Nietzsche's philosophy breaks radically with such a *cogito* philosophy. Every type of Cartesian tinged *cogito* is for him, not only an unwarranted abstraction, but indeed an inadmissable fiction. One may think of the part of *Also sprach Zarathustra* with the title *Von der Selbst-Überwindung.*[1] Nietzsche investigates life in the whole of nature, not in the experience of the self which gives a distorted view of the meaning of the life-symptoms. He discovers there the secret of the *Wille zur Macht.* Moreover, he genealogically breaks down the constitution of this self-experience according to the explanatory model of the forces animated by the will to power, which, turning into nihilism, solidifies the exterior process of becoming and by virtue of grammatical entities, especially the personal pronoun »I«, invents an inner substance.

Perhaps Nietzsche's major criticism of Schopenhauer concerns his *ontological monism.* He posits in opposition to it a radical pluralism.[2] Schopenhauer affirms his monism starting from an interpretation of Kant's well-known dichotomy between phenomenon and *Ding an sich.* Without any doubt this interpretation has partly been influenced by the then prevailing attractiveness of monism (the time of idealism). But in any case, Nietzsche will reject this dichotomy as well as the monism associated with it as stubborn leftovers of the typically metaphysical inspiration.

It is possible to clarify in technical terminology this vehement and at the same time substantial reaction of Nietzsche's against the fundamentally metaphysical inspiration. The whole change from Schopenhauer to Nietzsche comes down to a revolutionary change in the relation between the forms of sense perception (space and time) on the one hand and the deepest dimension of reality itself on the other. Formulated as simply as possible, the change consists in Nietzsche's situating reality itself squarely within time and space, while for Schopenhauer the *Ding an sich* is found totally outside the pure forms of sense perception. At once the dichotomy between *Ding an sich* and phenomenon disappears, as does the fundamentally metaphysical conception of a *Hinterwelt.* How Nietzsche can rant and rave against the *Hinterweltler* is colorfully exemplified in the well-known speech of Zarathustra's.[3] Obviously this criticism is directed against Platonism and Christianity but also, and especially, against Schopenhauer. This speech on the *Hinterweltler* begins

1 cf. Nietzsche, *KSA*, Bd. 4, 146-149. – Schopenhauer will be cited from *ed. Löhneysen.*

2 cf. Deleuze, *Pluralité.*

3 cf. Nietzsche, *KSA*, Bd. 4, 35-38.

with an unmistakable reference to Schopenhauer and his suffering and tormented God (viz. the will as the only *Ding an sich*), in which Zarathustra once believed prior to coming to a pure understanding of the earth.

Nietzsche's opinion about time must here be very specially underlined. It can be typified in terms of three striking characteristics. Looked at historically, it comes across as a clear break with Schopenhauer's as well as Kant's concept of time, and clearly shows, in contrast with the idealization of time in these two, the character of its reality. Next, it seems clear – as already mentioned – that the *whole* of reality is fundamentally temporal. One could speak of a kind of *»Sein und Zeit« avant la lettre*. The thesis of the plurality of reality has the closest connection with this. Finally, Nietzsche's idea of time – and this is philosophically-historically as well as culturally-historically of enormous importance – represents an inversion of Platonism. Not the other world but this world here and now represents the real world. With this last characteristic the full scale of Nietzsche's rejection of ontological monism and its replacement by a resolute ontological pluralism was confirmed.

We know that Schopenhauer had a high regard for Plato and more specifically that Platonism left a striking impression on his thinking. This will also be for Nietzsche a conspicuous bone of contention. In fact, I have just mentioned Nietzsche's inversion of Platonism. But here this general thesis will be more concretely and more fully delineated by a couple of more exact indications.

In order to fully understand Nietzsche's decided rejection of the Platonic traces in Schopenhauer's philosophy, we first need carefully to consider the contours of these traces. Plato is present in Schopenhauer on two levels. a) Firstly and more generally, he values Plato for the sharp opposition between material reality, the domain of space and time, and the world of Ideas, the real and true existence; in this context his attention and his appreciation go in particular to the hierarchy that Plato sets up in connection with these two domains of reality; his ontological extolling of the world of Ideas, and on the other hand the unabashed ontological depreciation of the world of the senses. From that perspective Schopenhauer detects a close relationship between Plato, the Indian Maya (sensible word = veil of the nothing) and Kant's depiction of the order of phenomena as apparent reality in opposition to the *Ding an sich* as the real reality. Moreover, he appeals to these three authorities to support his own doctrine of the opposition between, on the one hand, the representation, in a certain sense the world of dream reality, and, on the other, the will, the *Ding an sich*, the real reality. b) But secondly, Plato is present in Schopenhauer in a more specific sense. His Ideas are used by Schopenhauer as a sort of link which mediates the transition from the unique will to the order of representation with its basic forms of time and space and, flowing from them, its individuation as well as its multiplicity. One may think, as an approximate clarification of this, of Neo-Platonism with its concepts of the One from which the world of Ideas flows which further influences material reality. But one should duly take account of the sort of inversion of the Neo-Platonic schema which takes place in Schopenhauer, and one should consider that process for him as a naturalistic rather than as a spiritual emanation. In addition, these Ideas are characterized by Schopenhauer as perfect objectivations of the will, while the multiplicity of the many individuals in the spatio-temporal field constitute only imperfect objectivations of it. Finally, one should not conceive of these Ideas, paradigms of concrete spatio-temporal representations, as a separate region in the structure of reality. There is no place for this between the unique will and the order of representations, of phenomena. Ideas belong to the will rather than to phenomena, are independent of space and time, but signify the models or exemplars according to which the individual representations appear.

The negative reaction of Nietzsche against both of these traces of Platonism is easy to understand. a) The trace which I described first falls directly under Nietzsche's condemnation of the *Hinterweltler* and is irrevocably eliminated by his inversion of Platonism. More technically expressed, this means that Nietzsche's revaluation of time (and space) fully cancels out Plato's contempt for it and, indeed, inverts the contempt by labeling the supertemporal and the superspatial as fictions, the matrix of which needs to be sought in the nihilistic will to power.

b) The second trace of Platonism is also cleared out of the way by the inversion of Platonism, but constitutes, moreover, the target of a more precise condemnation. Indeed, anything that tends to essence, paradigm, order, Nietzsche characterizes as an expression of *menschliche Anständigkeit*, i.e. of anthropomorphism. This, too, is a sign of the inspiration of the ethico-metaphysical universe of western decadence, i.e. the nihilistic will to power. It is not Ideas, paradigms or scientific laws that explain the spatio-temporal, i.e. earthly, events, but it is *chance* that plays, according to Nietzsche, a fundamental role in the global events of the totality of forces driven by the will to power. Does he not call man and his appearance a lucky throw of chance? In short, his critique of the Ideas has its roots very deep in his own original vision of Earth with its creative will to power and at the same time its insuperable chaos.

Finally, there is Schopenhauer's ethic of detachment or renunciation of life which possibly provoked Nietzsche's most fascinating and spectacular criticism. The fourth book of *Welt als Wille und Vorstellung* (on ethics)[4] has as guiding dilemma *Lebensbejahung* or *Lebensverneinung*? The first alternative of the dilemma is described in detail and rejected. Then Schopenhauer opts for the second alternative and discusses in even greater detail its three different levels: justice, love (and sympathy) and asceticism. Asceticism represents the cardinal meaning and the complete essence of *Lebensverneinung*. It functions as the highest good of the ethical movement and can, to an extent, be compared with, for example, the highest good in the dialectic of Kant's *Kritik der praktischen Vernunft*.[5] In order to elucidate the vehemence

---

4 cf. Schopenhauer, *WWV I*, 375-558.

5 cf. Kant, *KdpV*.

of Nietzsche's critique, the main features of Schopenhauer's asceticism will first be outlined.

The renunciation of life or the negation of the will in its full meaning is inseparably connected with an authentic insight into all the implications of the world as representation, as phenomenon. From this flows a radical relativisation of the principle of individuation which is based on space and time (the being of phenomena). The unbridgeable opposition between that liberating insight and the reality of evil comes to light – evil that lies in the development of metaphysical egoism and, linked to it, the causing of injustice. The happy result of all that is detachment, resignation and the complete abandon of wanting to be (*Willenlosigkeit*). Schopenhauer calls this the conversion, viz. the transition from virtue (justice and love) to asceticism.

Let us now further specify the content of asceticism. To say that Schopenhauer contrasts altruism as an ethical ideal with the fundamental egoism of phenomenal nature, especially of individual man, signifies no untruth, but translates insufficiently the range of his ethical view. Not to love others as oneself but to hate life – of which the I (phenomenal individual) is the manifestation – and also to hate the will to life is the crowning concept of his. Here Schopenhauer introduces, partially at any rate, the message of the well-known evangelical counsels (poverty, chastity and obedience). That appears from the express call to battle against the genitals and the unconditional extolling of chastity which he calls the first element of asceticism. He also defends deliberately chosen and freely accepted poverty, which is called the second element of asceticism. He further characterizes this ethic as a kind of laicisation of holiness. He points to the universality of asceticism in history and the multiplicity of the different dogmatisms which lie at its foundation. He also calls asceticism the valuable kernel of every religion in which the difference between theistic or atheistic dogmatisms has little relevance. In this sense the Christian tradition is highly praised, but an unmistakable priority is granted to the Eastern world of Hinduism and Buddhism. Finally, Schopenhauer sees an unbridgeable gulf between ethical values and the history of the world. For according to him the latter is based not on ethical deeds, asceticism and holiness, but plainly on the will to life which includes cunning and violence. Understood more deeply, this opposition is reduced to, on the one hand, the chain of phenomena and, on the other, the moral significance of human deeds (which in a way neutralizes the phenomenal order). All this culminates in Schopenhauer's homage to the *Weltüberwinder* and the related contempt for the *Welteroberer*. One could almost imagine oneself translated into a climate of Christian spirituality where the terms »victory over the world« and »conquest of the world« are quite meaningfully contrasted.

Let us now consider, in opposition to this sketch of the denial of life, the picture of Nietzsche's own sort of acceptance of life. To my mind it was for Nietzsche not without interest that Schopenhauer expressly directed his attention to the acceptance of life, to its marked bodily and earthly character, even if he also rejected it as unacceptable. Schopenhauer has, in that respect, represented a certain antecedent for Nietzsche, even if Nietzsche unequivocally rejected the denial of life and enthusiastically turned to the *Lebensbejahung*, which he had to a certain extent reconceived. One is really looking at antipodes here, but antipodes with a certain common ground, which was first discovered and thematised by Schopenhauer.

Very concretely, and also very summarily, I want to refer to Nietzsche's twofold retort against the ethical ideal of asceticism: the extolling of earthly passions and the demystification of ascetic ideals.

In *Also sprach Zarathustra* occurs a passage entitled: *Von den drei Bösen*[6] which discusses *Wollust, Herrschsucht und Selbstsucht* and which represents possibly the most typical – but by no means the only – and an extremely positive reaction against the ideal of asceticism. The term *drei Bösen* has clearly ironic connotation, for where these passions have been condemned and cursed by tradition, they are characterized by Nietzsche as the substance of the self-glorifying earthly life. Nietzsche does not attribute to them a predominantly negative and moralistic meaning and on no account does he call them vices. They indicate in his philosophical doctrine of the earth the three forces which constitute the earthly dynamic as ontological foundation. They are the three facets of the Earth as life-giving matrix, as the driving force of the fertile stream of becoming. The attentive reader will need to take account of certain aspects of that exceptional trio. First of all, it appears that the *Wollust*, however highly praised, does not stand alone, but is found in the company of the lust for power, a typical drive-aspect of the will which constitutes earthly life. In addition, it appears, in a reading of the text, that these two drives should not be understood without nuancing; as regards the *Wollust*, for example, Nietzsche points to its realization by the rabble where it becomes the fire by which the rabble itself is consumed; for free hearts, on the contrary, it is free and innocent and means the *Gartenglück der Erde*. Finally, the *Selbstsucht* forms, in a certain sense, the coordinating synthesis of the first two and coincides almost with what is elsewhere called the will to power.

Further surveying the global opposition between Schopenhauer's ideal of asceticism and Nietzsche's extolling of the three passions mentioned, one sees two very concrete alternatives concerning almost literally identical passions. I mean the alternative between Schopenhauer and Nietzsche, concerning sexuality or the *Wollust*, and also – even more importantly – the alternative concerning egoism or the *Selbstsucht*. Where Schopenhauer sets up, in opposition to sexuality – the apex of the will –, the ideal of total chastity, Nietzsche revalues the *Wollust*, viz. sexuality. The alternative between Schopenhauer and Nietzsche concerning egoism or *Selbstsucht* seems to me to touch the heart of the two philosophies of the will. I have only in passing mentioned Schopenhauer's egoism, the root of all evil and superbly described in *Welt als Wille und Vorstellung*.[7] But that metaphysical egoism of his is

6 cf. Nietzsche, *KSA*, Bd. 4, 235-240.

7 cf. Schopenhauer, *WWV I*, §61, 454ff.

precisely axiologically turned around by Nietzsche and acquires the ultimate positive meaning of the will as *Selbstsucht*, viz. as the will to power, not, however, without having undergone some change in meaning (e.g. the change from the will to life to the will to power).

But Nietzsche also demystifies the ascetic ideals. It may suffice to briefly mention *Genealogie der Moral*, especially the third chapter entitled *Was bedeuten asketische Ideale?*[8] Nietzsche considers, to begin with, the ascetic ideals as decadence. This consists in striving after and realizing so-called nihilistic ideals. Ascetic ideals are for Nietzsche a kind of prototype of these. Against the concept of *Willenlosigkeit* Nietzsche posits the concept of the nihilistic will to power, viz. an unhealthy will to power. Asceticism is in its essence characterized by this. That is why it is an essential component of slave morality. How can it be explained genealogically? The ascetic ideal has its origin in the protective and healing instincts of a degenerate life that tries to maintain itself by whatever means. It is the trick of that remainder of life-force in the life-sick ascetic to be able to stay alive nevertheless. In other words, in the ascetic ideal the sick life seeks its protection and healing. In that process, according to Nietzsche, the priest – a specific kind of person – plays a primordial role. He becomes, by virtue of his own ascetic ideal, the pedagogue of and for sick mankind. In conclusion, asceticism, at least according to Nietzsche, can be characterized as a sort of covert and underhand will to power, a sort of will to power which does not know itself.

8 cf. Nietzsche, *KSA*, Bd. 5, 339-412.

Schopenhauers philosophische Methode in ihrer Auswirkung auf Nietzsche

Klaus Wellner *(Freiburg)*

I

Alles Wissen, das mit einer Methode erworben ist, ist begründetes Wissen. Schopenhauer nennt daher auch das Warum die Mutter aller Wissenschaften.[1] Eben dies ist für ihn eine a priori gemachte Voraussetzung. Indem der Satz vom zureichenden Grunde ein wissenschaftlicher Ausdruck mehrerer a priori gegebener Erkenntnisse ist, liegt er auch den verschiedenen Arten von Wissenschaften in unterschiedlicher Gestalt zu Grunde [§5]. Zur Lösung der Frage nach der Herkunft der strengen Allgemeingültigkeit des Satzes vom Grunde geht Schopenhauer transzendentalphilosophisch vor und nimmt seinen Ausgang beim erkennenden Bewußtsein und dessen notwendiger Gliederung in Subjekt und Objekt, wobei die weitere Einteilung des Subjekts in Sinnlichkeit, Verstand und Vernunft für die vier Klassen dessen, was Objekt werden kann die Grundlage vorgibt. Dieser subjektive, gegliederte Grund des Objektseins ist nun auch die vierfältige Wurzel des Satzes vom zureichenden Grunde [§16]. Schopenhauer stellt zwar dieses transzendentalphilosophische Programm auf, leitet aber weder ab, daß es genau nur die genannten Erkenntnisquellen geben kann, noch zeigt er, daß alles ausschließlich in Grund-Folge-Verbindungen vorgestellt werden muß. Von der Gliederung des erkennenden Bewußtseins sagt er lediglich, daß es so »auftritt« und über den Gründungszusammenhang äußert er: »Nun aber findet sich, daß alle unsere Vorstellungen unter einander in einer gesetzmäßigen und der Form nach a priori bestimmbaren Verbindung stehn,...« [§16] Erst in den weiteren Ausführungen wird von Schopenhauer für die vier Arten von Vorstellungen auf transzendentalphilosophische Weise gezeigt, daß sie jeweils einer bestimmten Gestalt des Satzes vom Grunde a priori unterliegen. Damit wird jedoch nur für die herausgegriffenen Vorstellungsarten der Nachweis unternommen. Gezeigt wird nicht, daß es keine unbegründeten Vorstellungen geben kann, noch, daß nicht mehr Vorstellungsarten möglich sind. Vielmehr stützt sich seine transzendentalphilosophische Analyse auf ein Gesamt von Voraussetzungen, von denen nur einige durch die Stimmigkeit der nachfolgenden Untersuchungen sanktioniert werden. Schopenhauer führt keine Rechtfertigung der transzendentalphilosophischen Methode durch, sondern stützt sich auf die Belehrung Kants.[2] Die Gliederung des Erkenntnisvermögens übernimmt er offensichtlich aus der Tradition. In der Abhandlung über den Satz vom Grunde durchmu-

1 Schopenhauer, *SG*, §4, 11. – Schopenhauer wird (mit Ausnahme *SG*) nach *ed. Löhneysen* zitiert.

2 cf. ibid., §17; Schopenhauer, *WWV I*, Anhang: Kritik der Kantischen Philosophie.

stert er auch das bisher über den Satz Gelehrte. Er vergleicht die überlieferten Formen der logischen und der kausalen Verknüpfung mit weiteren Möglichkeiten wie z.B. der in Zeit und Raum.[3] Rezeption, Kritik und Aneignung der philosophischen Tradition sind demnach von ihm selbst nicht bewußtgemachte Momente seiner Methode. Angemessenheit oder Unangemessenheit des Überlieferten prüft er dabei an dem, was der Fall ist, d.h. er bezieht sich auf »unser erkennendes Bewußtsein« und auf das was »sich findet«.[4] Also nimmt Schopenhauer den Ausgang seines Philosophierens beim unmittelbar gegebenen Erkennenden in dessen Verhältnis zur je vorhandenen Überlieferung. Damit wählte er einen empirischen Anfang, der auch noch die historische Situation einschließt. Indem Schopenhauer mit der transzendentalphilosophischen Reflexion zu den Bedingungen der Möglichkeit der verschiedenen Erkenntnisarten zurückgeht, rechtfertigt er durch die Stimmigkeit der Analysen die vorangestellten Voraussetzungen. So bewegt er sich unversehens in dem, was wir heute den hermeneutischen Auslegungszirkel nennen. Bei der Behandlung des Satzes vom zureichenden Grunde des Werdens stellt sich der hermeneutische Zirkel erneut ein. Dieses Mal wird er von Schopenhauer ausdrücklich vermerkt. Die transzendentalphilosophische Analyse der anschaulichen, vollständigen, empirischen Vorstellungen zeigt, daß diese unter den subjektiven Formen von Raum und Zeit und unter der Verknüpfungsform des Verstandes als Kausalität stehen.[5] Zu ihrer Realität erfordern sie aber auch eine Einwirkung auf unsere Sinne, bzw. auf unseren Leib, der selbst wieder zu dieser Objektart zählt [§19]. Wieder schließt sich der Kreis: Die transzendentalphilosophische Reflexion führt auf die subjektiven Bedingungen dieser Objektklasse. Da der Denkende selbst davon ausgegangen ist, ein konkreter Mensch zu sein, zählt er sich selbst zu der analysierten Objektart und erkennt sich als gemäß diesen Erkenntnisbedingungen Erkennenden, was er realerweise im Gehirn tun muß. Die transzendentale Erkenntnis, die der Satz vom Grunde des Werdens ausdrückt, nennt Schopenhauer daher eine Erkenntnis a priori, durch die die Erfahrungswelt zu einem bloßen Gehirnphänomen herabgesetzt wird [§20, 59; §21, 69f]. Schopenhauer hat damit bewußt den Kreis geschlossen. Ausgehend vom wirklichen Menschen schreitet er zu den formalen Bedingungen seiner Erkenntnis des Realen und betrachtet sich selbst als unter diesen Bedingungen stehendes Objekt, das seinerseits wirklich gemäß diesen Bedingungen erkennt. Daher sieht er aber die Schlußstelle dieses Kreises als unter zwei Standpunkten sich verschieden zeigend: *»was im Selbstbewußtsein also subjektiv der Intellekt ist, das stellt im Bewußtsein anderer Dinge also objektiv, sich als Gehirn dar:...«*[6]

Aber das Subjektive geht nicht einfach lückenlos ins Objektive über. Der Kreis enthält einen unüberbrückbaren Hiatus; denn Schopenhauer stellt

---

3 Schopenhauer, *SG*, §15.

4 cf. Schopenhauer, *WWV I*, §1.

5 Schopenhauer, *SG*, §18.

6 Schopenhauer, *WWV II*, 317.

schließlich auch fest, daß es kein *Erkennen des Erkennens* gibt. Hierzu müßte sich ja das Subjekt vom Erkennen trennen, was jedoch unmöglich ist.[7] Entsprechend beschreibt er das Subjekt als dasjenige, das alles erkennt und von keinem erkannt wird.

> Das Subjekt aber, das Erkennende, nie Erkannte, liegt auch nicht in diesen Formen, von denen selbst es vielmehr immer schon vorausgesetzt wird: ihm kommt also weder Vielheit, noch deren Gegensatz, Einheit, zu. Wir erkennen es nimmer, sondern es eben ist es, das erkennt, wo nur erkannt wird.[8]

Wie steht es dann aber mit den Erkenntnisformen dieses Erkennenden? Schopenhauer erklärt sie für nur erschlossen. Sie sind bloß allgemeine Ausdrücke für die aufgestellten Klassen der Vorstellungen, die man zu jeder Zeit in jenen Erkenntniskräften mehr oder weniger bestimmt unterschied. Man hat sie mit Rücksicht auf das als Bedingung notwendige Korrelat jener Vorstellungen, das Subjekt, von ihnen abstrahiert.[9]

An der entscheidenden Stelle des bestehenden Kreises, der vom Erkennenden und seiner Welt gebildet wird, befindet sich der Erkennende, das Subjekt. Ohne ihn gäbe es den Zirkel nicht, und doch ist der Erkennende, trotz seiner Selbstbekanntheit, weder Objekt im Sinne einer Struktur des Erkennenden noch Objekt im Sinne der anschaulichen, vollständigen, empirischen Gegenstände. Auf der subjektiven Seite wird nur ein gewisser formaler Anteil in der Reflexion erschlossen. Für die gegenständliche Seite gibt es jedoch überhaupt keine Entsprechung. Und doch muß der Kreis auch in entgegengesetzter Richtung durchlaufen werden können. Der Übergang zu den empirischen Gegenständen muß möglich sein, sonst gäbe es keine Wahrnehmung. Schopenhauer sieht hier die Vermittlung im Leib gegeben. Er ist »unmittelbares Objekt« für das Subjekt. Allerdings ist er Objekt nur in einem uneigentlichen Sinne. Dem Subjekt sind zwar unmittelbar die Empfindungen gegeben, aber sie stellen sich ihm noch gar nicht als Objekt dar. Dies wird der Leib nur mittelbar, indem er sich im Verstande objektiv darstellt. Als organischer Leib bildet er dann den Ausgangspunkt für die Anschauung aller anderen Objekte als Ursachen zu seinen Empfindungen.[10] Diese Erkenntnisweise, die intellektuale Anschauung als Vereinigung von Sinnlichkeit und Verstand, ist kein Schluß in der Reflexion, sondern sie ist unmittelbar und notwendig.[11]

Ausgerechnet an der Stelle, von wo aus der Kreis entspringt und sowohl vorwärts als auch rückwärts durchlaufen werden kann, entzieht er sich der Objektivierung in der Vorstellung und damit auch dem Satz vom Grunde. Was aber nicht Vorstellung werden kann und sich somit den verschiedenen Ausformungen des Satzes vom Grunde nicht unterwirft, ist das Ding an sich.

---

7 Schopenhauer, *SG*, §41, 174.

8 Schopenhauer, *WWV I*, §2.

9 Schopenhauer, *SG*, §41, 174f.

10 Schopenhauer, *SG*, §22; Schopenhauer, *WWV I*, §2/§4, 42.

11 Schopenhauer, *WWV I*, §6, 52f.

Soweit man auf Vorstellungen verwiesen ist, hat man es stets mit einer notwendigen Verknüpfung dieser untereinander zu tun. Aber der Satz vom Grund verbindet die Gesamtheit der Vorstellungsreihe nie mit etwas, das gar nicht Vorstellung wäre. Die eigentliche Naturwissenschaft als Ätiologie sieht ihre Hauptaufgabe in der Erkenntnis der Zusammenhänge nach Ursache und Wirkung, d.h. unter Naturgesetzen. Die sich in den gesetzmäßigen Prozessen äußernde Kraft, das innere Wesen der Erscheinungen, bleibt dabei ein Unbekanntes [§17]. Die im Übergangsbereich vom erkennenden Subjekt über den Leib zum realen Objekt sich meldende Störung verweist auf eine ausgezeichnete Lage. Hier findet Schopenhauer den Ausbruch aus dem vom Satz vom Grund festgeregelten Kreis von Zusammenhängen. Weil der Erkennende zugleich Leib ist, eröffnet sich ihm ein zweiter Kreis der Erkenntnis. Der von außen als reales Objekt gegebene Leib ist, von innen erlebt, zugleich Wille, folglich ist der Wille die Erkenntnis a priori des Leibes und der Leib die Erkenntnis a posteriori des Willens [§18]. Die Erkenntnis vom Wesen und Wirken des eigenen Leibes will Schopenhauer als Schlüssel gebrauchen, um das innere Wesen jeder Erscheinung der Natur nach der Analogie des eigenen Leibes zu beurteilen [§19]. Der Schnittpunkt des gemäß der Analogie deutenden zweiten Kreises mit dem der Welt der Vorstellungen eröffnet das innere Wesen der Dinge als Wille.

Da wir also selber ein Ding an sich sind, steht uns, um über die Erscheinung hinauszukommen, der Weg nach *innen* offen. Allerdings wäre es etwas Widersprechendes zu verlangen, das Ding an sich ließe sich objektiv erkennen; denn alles Objektive ist Vorstellung und somit Erscheinung. Es gibt vom ihm nur die Erkenntnis des eigenen Wollens. Aber diese hat weder eine Anschauung noch ist sie leer. Sie ist aposteriorisch, unmittelbar und ein Datum, das den Schlüssel zu allem anderen liefert.[12] Aber Schopenhauer muß eine Einschränkung der Unmittelbarkeit machen. Dabei tritt er wieder in einen Zirkel ein: Die innere Wahrnehmung des Willens ist doch nicht ganz unmittelbar; denn der Wille schafft mittelst der Korporisation einen Intellekt und durch diesen erkennt er sich als Willen im Selbstbewußtsein. Wenn so das Selbstbewußtsein aus Erkennendem (Intellekt) und Erkanntem (Wille) besteht, kann das Ich sich nicht durch und durch bekannt werden, da der Intellekt nicht erkannt wird und der Wille nicht erkennend ist [254]. Als immer noch unter der Zeitform stehend, ist der Wille schließlich doch nur die deutlichste Erscheinung des Dinges an sich. Was der Wille also, abgesehen davon, daß er sich als Wille darstellt, sei, ist nicht aufzuklären [255f]. Aus der hier skizzierten Möglichkeit des Vorgehens ergibt sich für Schopenhauer eine Neubestimmung der Metaphysik. Er begründet sie zugleich auf äußerer und innerer Erfahrung, wobei letztere zum Schlüssel der ersteren gemacht wird. Schopenhauer vergleicht das Ganze der Erfahrung mit einer *Geheimschrift* und die Metaphysik mit einer *Entzifferung*, deren Richtigkeit sich durch den überall hervortretenden Zusammenhang *bewährt*. »Wenn dieses

12 Schopenhauer, *WWV II*, 253.

Ganze nur tief genug gefaßt und an die äußere und innere Erfahrung geknüpft wird; so muß es aus sich selbst *gedeutet, ausgelegt* werden können.« [235f] Der Kern der Erscheinungen soll in seinen Verhältnissen zur Erscheinung *gedeutet, ausgelegt* werden. »Denn sie [die Metaphysik] reißt sich von der Erfahrung nie ganz los, sondern bleibt die bloße Deutung und Auslegung derselben, da sie vom Dinge an sich redet.« [237] Metaphysik wird Erfahrungswissenschaft, deren Aufgabe die wahre *Auslegung* ihres Sinnes und Gehaltes ist. Schopenhauer spricht immer wieder von einer *Entzifferung* der Welt, die sich in der Übereinstimmung mit den Erscheinungen bewähren muß.[13] Aber die letzte Lösung der Welt gelingt menschlichem Denken nicht; denn sie müßte notwendig von den Dingen an sich reden.[14] Obwohl diese Metaphysik keine apodiktische Gewißheit haben kann, wird, sobald einmal das richtige System der Metaphysik gefunden sein wird, ihm doch die Unwandelbarkeit einer a priori erkannten Wissenschaft zukommen, weil das Fundament die Erfahrung überhaupt ist und nicht die einzelnen Erfahrungen.[15] Die Ausführungen zeigen, daß sich Schopenhauer in vier Auslegungskreisen bewegt, die sich im sie begründenden Subjekt überschneiden. Er durchläuft 1.) die historisch-kritische Analyse, 2.) die transzendentalphilosophische Reflexion, 3.) die naturphilosophisch-realistische Konstruktion und 4.) die metaphysische Deutung.

II

Metaphysik im Sinne Schopenhauers beruht auf der Unmittelbarkeit des Willens als näherungsweisem Zugang zum Ding an sich. In kritischer Analyse wendet sich Nietzsche gegen beide Voraussetzungen. »Absolute Erkenntnis«, »unmittelbare Gewißheit« und »Ding an sich« sind für ihn eine contradictio in adjecto. Schopenhauers unmittelbare Gewißheit des »ich will« erscheint ihm als ein Aberglaube. Nietzsche zeigt, daß Fühlen, Denken, Wollen nur im Vergleich mit anderen Zuständen und nicht absolut bekannt sind.[16]

---

13 ibid., 238. Die Rolle Schopenhauers für die Hermeneutik als philosophischer Methode würdigt ausführlich F. Decher, *Wille*, 73ff. V. Spierling, *Mißverständnis*, stellt heraus, daß Schopenhauer statt von einem Unbedingten vom wirklichen und ganzen Menschen ausgeht (16f, 87ff, 129). Auch er betont die Kreisbewegung der Erkenntnis (111) und das hermeneutische Vorgehen, wobei der Wille als heuristischer Kode für die Entzifferung der einer Geheimschrift gleichenden Erfahrung dient. Die Bewährung geschieht im Zusammenhang (154ff, 174). M. Morgenstern, *Schopenhauer*, hebt die Zirkularität in Schopenhauers Denken hervor und zeigt, daß sich eine logisch einwandfreie Deutung ergibt, wenn man von einer »fiktiven Redeweise« ausgeht. Er verweist auf den schon früher dafür verwendeten Begriff der »fiktionalen Interpretation« (81f). W. Quenzer, *Zirkel*, stellt heraus, daß Schopenhauer es für möglich hält, das Ich aus dem zu erklären, was aus ihm erklärt wird (24ff).

14 Schopenhauer, *WWV II*, 240.

15 ibid., 235.

16 Nietzsche, *JGB*, Aph. 16; Aph. 19.

Nietzsche findet also methodisch den Einsatz in der *Kritik*. Die Rezeption der Überlieferung (u.a. der Werke Schopenhauers) erfolgt im kritischen Vergleich mit dem, was eine auf die *Vorurteile* der Vorgänger reflektierende *Analyse der Wirklichkeit* aufdeckt. Die damit eingenommene Position verdichtet sich in der Gestalt des »freien Geistes«. Die Tugend des »freien Geistes« ist die Redlichkeit im Erkennen.[17] Auf diesem Standpunkt bekennt sich Nietzsche zu der Methodenstrenge der Wissenschaften und bedient sich ihrer Ergebnisse. So läßt er sich immer wieder auf die Hinsichten von Geschichtswissenschaft, Psychologie, Soziologie, Sprachwissenschaft und Biologie (Physiologie) ein, jedoch stets so, daß er reflektierend noch über ihnen steht.[18] Damit eignet er sich das Bemühen Schopenhauers, die Naturwissenschaften als methodisches Korrektiv seiner Willensmetaphysik zu behandeln,[19] auf breiterer Grundlage unter Einbeziehung der Geisteswissenschaften zu.

Mit der Kritik als methodischem Anfang greift Nietzsche den vom Schriftsteller Schopenhauer ausgehenden kritischen Impuls auf. Er übernimmt auch bewußt die Methode des *Verdachts*. Schopenhauer verdächtigt die Metaphysiker der theologischen Hinterlist besonders bei der Erschleichung eines Absoluten. Nietzsche erweitert den Verdacht auf eine Erschleichung allen idealen Seins aus moralischen Motiven.[20] In das Ding an sich projiziert ein mit sich unzufriedenes Leben, das sich für die Wirklichkeit, wie sie sich in ihrem Wechsel zeigt, als zu schwach (décadent) erfährt, eine bessere und schönere Welt des Seins, eine »Hinterwelt«.[21] Schopenhauers Ding an sich als Wille und adäquater Objektivation in den Ideen ist immer noch ein, wenn auch schon problematisch gewordener, Abglanz der tröstenden, besseren Welt. Hier zeigt sich die »Hinterwelt« der platonistischen Überlieferung wieder in den schönen, vollkommenen, harmonisch und teleologisch ausgerichteten Ideen mit ihrem ewigen Sein. Die von Nietzsche positiver beurteilte Seite des Dinges an sich, der dunkle, ewig ziellos tätige Wille,[22] wird aber für Schopenhauer Anlaß zur Weltverneinung und zu seinem moralischen Ziel einer Beruhigung des Weltwillens. Mit seiner Lehre von der Verneinung des »Willens zum Leben« bringt Schopenhauer ein bislang mehr verborgen gebliebenes Motiv der abendländisch-christlichen Metaphysik an den Tag. Die kritische Auseinandersetzung mit Schopenhauer zeigt somit den Weg zur Enthüllung der moralischen Herkunft des Gedankens von einer besseren Welt und des Ursprungs unserer Moral aus dem schwachen, ja niedergehenden Leben.[23] Dieser kritische Ansatz hat eine Geschichte der Herkunft der Moral

17 ibid., Aph. 227; Nietzsche, *Zarathustra*, »Der Blutegel«.

18 Nietzsche, *MAM*, Aph. 282.

19 cf. Schopenhauer, *WiN*.

20 cf. die Moral als »Circe der Philosophen« in der Vorrede zu Nietzsche, *Morgenröte*.

21 Nietzsche, *Zarathustra*, »Von den Hinterweltlern«.

22 cf. Nietzsche, *KGW*, VIII2, 9 (42).

23 Nietzsche, *KGW*, VIII2, 10 (21), VIII3 14 (134f).

aus Naturbedingungen zur Folge.[24] Ihr Resultat zeigt einen doppelbödigen physiologischen Grund aller Metaphysik. Die Wertschätzung der Dauer vor allem Wechsel entspringt nicht nur der Perspektive des niedergehenden Lebens und damit der Moral, sondern auch dem Bestreben des Lebendigen, Herr über das Vielerlei der Eindrücke zu werden.[25] Damit wird deutlich, daß diese Kritik schon unter dem leitenden *Vorgriff* auf eine moralfreie Auslegung der Wirklichkeit steht.

Nietzsches Vorgehensweise verändert zugleich die Einstellung zum Problem des Dinges an sich und zur Methode. Was Schopenhauer nur schriftstellerisch verwirklicht hat, nämlich bei der historischen Situation einzusetzen, wählt Nietzsche zum grundsätzlichen Ausgangspunkt seiner Philosophie. Dabei beginnt auch er beim konkreten Menschen, jedoch unter Berücksichtigung der historischen Dimension. Ebenfalls unter Ablehnung aller ewigen Tatsachen bekennt er sich zum »historischen Philosophieren«.[26] Die Bewegung im hermeneutischen Zirkel beginnt mit einer kritischen Reflexion auf die Vorurteile (Voraussetzungen) der bisherigen Ausleger und mündet in eine Uminterpretation, die den Anfang, den Interpreten mit einbezieht. Am Anfang steht die philosophische Erfahrung des Philosophen Nietzsche mit dem Problem des richtigen Lesens von Texten. Von hier aus erfolgt der Ausgriff auf alle nur möglichen Tatsachen.[27] Dabei verwandelt sich der Begriff der Interpretation vom »richtigen Lesen des Textes« in das »angemessene Schaffen einer Wirklichkeitsdeutung«. Analysierend und experimentierend wird die »Welt« unter der sich verschiebenden hermeneutischen Situation neu ausgelegt. Zu sich selbst zurückkehrend, deutet sich der Philosoph gemäß der neu erworbenen Sicht ebenfalls anders als am Anfang der Bewegung. Unter den damit neugewonnenen Voraussetzungen wird allerdings der Auslegungskreis kritisch-steigernd wiederholt. In diesen sich steigernden Wiederholungen liegt die unabschließbare Aufgabe der neuen Philosophie. So kann Nietzsche sagen: »Die Welt ist uns vielmehr noch einmal ›unendlich‹ geworden: insofern wir die Möglichkeit nicht abweisen können, daß sie *unendliche Interpretationen in sich schließt.«*[28] Wie bei Schopenhauer ist diese hermeneutische Philosophie empirisch und muß sich an den Phänomenen und an den Resultaten der Wissenschaften bewähren. Von den vier Kreisbewegungen in der Philosophie Schopenhauers ist nur der eine große Interpretationszirkel, der ja in Wahrheit eine Spirale ist, übriggeblieben. Mit dem Ding an sich sind auch der metaphysisch-methodische und der metaphysisch-ontologische Kreis

---

24 Nietzsche, *JGB*, »Zur Naturgeschichte der Moral«.

25 Nietzsche, *KGW*, VIII3, 9 (89), 18 (13).

26 Nietzsche, *MAM*, Nr. 2.

27 Nietzsche, *Antichrist*, Nr. 52. Bekanntlich ist es das Verdienst von Gadamer, *Wahrheit*, auf den positiven Sinn des Vorurteils verwiesen zu haben (250ff). Gemäß seinen Ausführungen erfolgt auf dem Boden des geschichtlich bestimmten Vorverständnisses ein »Vorgriff der Vollkommenheit«, der durch das historische Bewußtsein wiederum gezügelt wird (277-282).

28 Nietzsche, *Wissenschaft*, Aph. 374.

hinfällig geworden. Die transzendentalphilosophische Kreisbewegung entpuppte sich als gar kein eigenständiger Konstruktionsweg, sondern war, halb eingestanden, eine auf geschichtlichen Voraussetzungen beruhende Reflexion. Der bei Schopenhauers Selbstauslegung des Subjekts auftretende Hiatus zeigt sich jetzt als die Differenz des Anfangs und des Endes der Deutungsbewegung im Philosophen, wodurch ihm die Auslegungsspirale entsteht.

Wenn die neue Philosophie Auslegung der Wirklichkeit gemäß ihrem Charakter und nicht in Bezug auf ein An-sich ist, kann Schopenhauers Bestimmung des Willens als »Wille zum Leben«[29] nicht weiterhin beibehalten werden; denn sie setzt einen Drang, der aus dem An-sich-sein in die Erscheinung führt, voraus. Überhaupt wendet sich Nietzsche gegen die wesentliche Beschreibung des Willens als Begierde, Instinkt, Trieb.[30] Hiervon unterscheidet er sich vor allem durch den Affekt des Kommandos.[31] Da Wollen nichts Unmittelbares ist, erweist er sich als komplexes Gefüge verschiedener Gefühle, eines kommandierenden Gedankens und des Affekts des Kommandos [Aph. 19]. Innerhalb des Leibes als eines Gesellschaftsbaus vieler Seelen [Aph. 19] ist das Entscheidende wie im Verhältnis der Menschen zu einander der Unterschied zwischen starkem und schwachem Willen [Aph. 21]. Die dem Willen innewohnende Tendenz wird als »Wille zur Macht« gefaßt. Da Verstehen (etwas als etwas verstehen) bedeutet, das Unbekannte nach dem Bekannten zurechtzulegen, kann Schopenhauers Gedanke, alles am »Leitfaden des Leibes« zu interpretieren,[32] übernommen werden. Weil das Bekannteste der von innen erfahrene Leib ist, wird die Psychologie der Weg zu den Grundproblemen. Eine nicht moralisierende Psychologie ist aber Physio-Psychologie und als solche Morphologie und Entwicklungslehre des Willens zur Macht.[33] Von hier ausgehend werden die organischen Prozesse insgesamt als ein Geschehen gemäß dem Willen zur Macht gedeutet.[34] Dann gehört aber auch Erkennen als Funktion des Leibes unter das Willen-zur-Macht-Geschehen.[35] Der Leib schafft sich seine Begriffe, seine Logik auf der Grundlage des Gleichmachens[36] und die Sprache als Zeichensystem zum Zwecke sozialer Organisation[37] und interpretiert so die gesamte Wirklichkeit aus seinem Willen-zur-Macht-Geschehen. Jetzt lassen sich auch die rein organischen Vorgänge als ein Interpretationsgeschehen gemäß dem Willen zur Macht verstehen: »Der organische Prozeß setzt fortwährendes *Interpretieren*

---

29 Schopenhauer, *WWV I*, §27, 218; Schopenhauer, *WWV II*, Kap. 45; Nietzsche, *KGW*, VIII3, 14 (121).

30 Nietzsche, *KGW*, VIII2, 9 (169).

31 Nietzsche, *JGB*, Aph. 19.

32 Nietzsche, *KGW*, VII3, 40 (15), 36 (35), 36 (36), 36 (31).

33 Nietzsche, *JGB*, Aph. 23.

34 Nietzsche, *KGW*, VIII1, 2 (76); VII3, 35 (15).

35 ibid., VIII3, 14 (122).

36 ibid., VII3, 40 (33).

37 Nietzsche, *Genealogie*, 1. Abh., Aph. 2.

voraus.«[38] Aber auch das Anorganische läßt sich als Wille zur Macht auffassen [VIII3, 14 (81)], und damit läßt sich ihm ebenfalls der Charakterzug der Auslegung zusprechen [VIII3, 14 (79)], und zwar als absolut genaues Erfassen der Kraftwerte und Machtverhältnisse [VII3, 35 (53), 35 (59)]. Die kompliziertere Organisation mit ihrer weiter ausgreifenden Wahrnehmungsfähigkeit bedingt dagegen im Organischen die höhere Ausbildung des Perspektivismus und damit die größere Irrtumsmöglichkeit [VII3, 35 (53), 36 (20); VIII1, 1 (28)].

Wenn demnach alles Geschehen das Gepräge des Willens zur Macht trägt und wenn der Wille zur Macht stets »interpretiert«, dann ist sein Erkennen auf den verschiedenen Stufen seiner Ausformung perspektivisch [VIII1, 2 (149), 2 (174), 2 (151)]. Damit entfällt die bisherige metaphysische Ansicht von einer perspektivenfreien, also absoluten Wahrheit. Was für die erkennenden Wesen ist, haben sie in ihren Auslegungsprozessen geschaffen [VIII1, 2 (174)]. Mit den Dingen an sich wird erst jetzt zugleich auch die »wahre Welt« abgeschafft. Da alles Geschehen Interpretieren ist und Interpretieren ein vereinfachendes Zurechtlegen, dessen Maßstab im Geschehen des Auslegenden als Wachsen seiner Mächtigkeit besteht, gibt es die Wahrheit als absolute Übereinstimmung von Vorstellung und Gegenstand nicht mehr.

Mit der absoluten Wahrheit, der »wahren Welt«, verschwindet auch das allgemeine oder ideale Sein. Bei Schopenhauer zeigt sich die Notwendigkeit noch im apriorischen Gesetz unserer Erkenntnis, und zwar an oberster Stelle als Satz vom zureichenden Grunde und in der Natur als Kausalprinzip. Bei Nietzsche folgt die Notwendigkeit nicht mehr aus dem Gesetzescharakter und damit aus einer Idealität, sondern aus dem jeweiligen Willen-zur-Macht-Geschehen. Das bedeutet für die Kausalität, daß sie erst in die Ereignisse hineingelegt ist. Was ohne diese Deutung sich ereignet, ist vielmehr Folgendes: »Wenn etwas so und nicht anders geschieht, so ist darin kein ›Prinzip‹, kein ›Gesetz‹, keine ›Ordnung‹«, sondern es wirken »Kraft-Quanta, deren Wesen darin besteht, auf alle anderen Kraft-Quanta Macht auszuüben.« [VIII3, 14 (81)]

Zu sich selbst zurückkehrend, versteht sich der Interpret nicht mehr als einheitliches Subjekt, sondern als eine Vielheit [VII3, 40 (42)]. Von jedem Grundtrieb aus gibt es eine verschiedene perspektivische Abschätzung allen Geschehens [VIII1, 1 (58)]. Alle Gleichheit gilt nur noch als geschaffen. Tatbestand ist das Gleichsetzen und Zurechtmachen des Verschiedenen [VIII2, 10 (19)]. Aus dieser neuen Sicht bildet das Bewußtsein in Verbindung mit den organischen Prozessen, d.h. der Leib als Wille zur Macht, die Grundlage allen Auslegens. Beim Durchlaufen des Auslegungskreises hat sich bis zur Rückkehr zum Interpreten der Begriff der Interpretation entscheidend verändert. Interpretieren bedeutet jetzt Zurechtlegen oder Schaffen eines der jeweiligen Perspektive angemessenen Sinnes. Für die Selbstanwendung auf den Interpreten bedeutet dies, daß er seine verschiedenen Interpretationen als

---

38 Nietzsche, *KGW*, VIII1, 2 (148).

Ausdruck verschiedener Grade des Machtwillens und damit des »gesunden« oder »kranken« Lebens auffaßt. Die Auslegungen sind dann Versuche im Sinne einer Experimental-Philosophie [VIII3, 16 (32)]. Damit zeigen sich die Philosophen schließlich als Dichter ihres Lebens,[39] und die redlichste Form der Weltauslegung wird die Dichtung wie in *Also sprach Zarathustra.*

Hiermit geht Nietzsche entschieden über Schopenhauer hinaus, wohingegen er mit dem Interpretationsgedanken nur vollendet, was bei Schopenhauer angelegt ist. Wenn alles Wille zur Macht ist und dieser selbst wesentlich interpretiert, kann er nicht »blind« sein wie Schopenhauers Wille als Ding an sich, der erst sehend wird, nachdem er sich den Intellekt als bloßes Akzidens geschaffen hat.

39 Nietzsche, *Wissenschaft*, Aph. 299. J. Figl, *Interpretation*, hat an Nietzsches Nachlaß gezeigt, daß seine neue Philosophie im Ganzen Auslegung ist und daß mit ihr Gadamers Begriff der Universalität der Hermeneutik übertroffen wird (208). Gadamer, *Hermeneutik*, sieht die Universalität der Hermeneutik in die philosophische Arbeit des Begriffs eingebunden (1071f). Somit ist für ihn Seiendes, sofern es verstanden wird, vom gleichen universalen Umfang wie Vernunft und Sprache (1965, 452). G. Abel, *Nietzsche*, spricht sich aber entschieden dagegen aus, den geschehenslogischen Zirkel, in dem Welt, Wirklichkeit und Sinn überhaupt erst zu dem werden, was sie dann als Tatsachen, Sachverhalte und Bedeutungen für das interpretierende Wesen Mensch sind, auf den Zirkel des hermeneutischen Bewußtseins oder auf den existenzphilosophischen Verstehenszirkel zu reduzieren. Vielmehr sieht er keinen Unterschied zwischen Interpretation und Geschehen (163ff); cf. K. Wellner, *Methode*, 24ff.

Pessimistische Metaphysik und Kulturpessimismus

Assen Ignatow *(Köln)*

Die pessimistische Metaphysik von Schopenhauer kann in doppelter Hinsicht für das Problem der Kultur bzw. des Kulturpessimismus relevant sein. Erstens – als allgemeine Basis, also sozusagen als »Obersatz«, der auch eine pessimistische Beurteilung der Kultur begründet. Insoweit das Wesen der Welt selbst sich als Leiden und Schmerz erweist, wird auch die Kultur, auf welche wir so stolz sind, nur als Sonderfall dieser inneren Qual, die den Kosmos durchdringt, angesehen. Somit verhalten sich pessimistische Metaphysik und pessimistische Kulturphilosophie zueinander als Allgemeines zu Besonderem. Die Willensmetaphysik wäre dann der allgemeine Rahmen für die Kulturphilosophie.

Die Relevanz der Metaphysik für die Kulturphilosophie ist aber auch in einem anderen Sinn denkbar und teilweise auch verwirklicht: als *Paradigma.* Die Metaphysik ist nicht nur die Begründung der Kulturphilosophie. Sie ist selbst ein *Bestandteil* der Kultur und kann als eine – dabei vorbildliche, musterhafte – *Verwirklichung* bestimmter Leitsätze der Kultur fungieren. Im ersten Fall ist die Schopenhauersche Metaphysik der Ausgangspunkt. Ihre Bedeutung wird vorausgesetzt. Im zweiten Fall ist sie selbst Gegenstand der (kultur)philosophischen Untersuchung. Während im ersten Fall eine Kulturphilosophie aufzubauen ist, so ist im zweiten Fall die Kulturphilosophie, sei es auch implizit, vorhanden; diese Kulturphilosophie ist u.a. *normativ*, sie entwirft ein Idealbild der Kultur und findet, daß dieses sich exemplarisch in Schopenhauers metaphysischem Werk verkörpert. Wenn im ersten Fall Schopenhauers Werk die *praemissa major* ist, so ist sie im zweiten Fall nur eine Spezifikation – aber eine *ausgezeichnete*, die Modellcharakter hat. Im ersten Fall verfährt man theoretisch, im zweiten – normativ. Im ersten Fall ist sie eine *allgemeine Theorie*, aus der sich die Fundamente jeder Kultur, der »guten« wie der »schlechten«, ergeben. Im zweiten Fall ist sie ein *Beispiel* dafür, wie die »echte« Kultur aussieht.

Die erste Ebene
Die Metaphysik als Fundierung des Kulturpessimismus

Das innere Wesen alles Seienden ist nach Schopenhauer der Wille und zwar ein Wille, der sich nie zufriedengibt, *ein Wille, der sich selbst bejaht und begründet*. Dieser Wille, der sich am deutlichsten und anschaulichsten im Leben zeigt, aber auch die anorganische Natur durchdringt, kann auch vor der Kultur keinen Halt machen. Die Urkraft des Willens treibt auch den Philosophen und den Wissenschaftler, den Dichter und den Bildhauer. Er drängt zum Reimen und Räsonnieren, zum Forschen, Malen und Zeichnen, zum Rechnen und Experimentieren. Und wie das Streben nach Nahrung oder nach dem anderen Geschlecht, nach privatem und gesellschaftlichem Erfolg nur von Mangel zeugt und folglich nur Schmerz erzeugt, so soll der schöpferische Drang auch nur ein Ausdruck dieses blinden Urwillens sein; der Weg der Kultur ist genauso ein Märtyrerweg, ein unaufhörlicher Schmerz. Das ist der Schmerz des erfolglosen Dichters oder Philosophen, das Mißglücken der Intention des Werkes oder die Nicht-Anerkennung der Leistung (ein Sonderfall, den Schopenhauer selber reichlich gekostet hat). Dies ist das bedrückende Gesamtspektakel der Kultur, wo, um sich mit den Worten des Philosophen selber auszudrücken:

> [...] das Edle und Weise sehr selten zur Erscheinung gelangt und Wirksamkeit oder Gehör findet, aber das Absurde und Verkehrte im Reiche des Denkens, das Platte und Abgeschmackte im Reiche der Kunst [...] nur durch kurze Unterbrechungen gestört, eigentlich die Herrschaft behaupten [...].[1]

Aber auch im besten Fall, beim Genie, hört natürlich der Schmerz nicht auf, sei es, weil auch die Ruhmsucht und der Ehrgeiz es jagt, sei es wegen des Widerstandes der Mitwelt.

Freilich ist die Kultur die raffinierteste Manifestation des Willens; ihr Schmerz ist sozusagen der komfortabelste. Sie ist auch besonders günstig für das Entstehen optimistischer Illusionen; der im Bereich der Kultur Tätige glaubt allzuleicht, daß er eine Ausnahme von der metaphysischen Weltordnung sei, daß er eine aktive, kreative Kraft und nicht Spielball des blinden Urelements des Willens sei. Jedoch ist dies eine Illusion, und im Lichte der Schopenhauerschen Metaphysik gilt es, die Anmaßung der Kultur zu entlarven und sie in ihre Grenzen zu weisen.

Das sind die Konsequenzen, die sich aus der Schopenhauerschen Metaphysik für die Kulturphilosophie ergeben. Bei ihrer kritischen Bewertung scheinen mir zwei Bemerkungen angebracht. Die erste ist formaler, die zweite inhaltlicher, sachlicher Ordnung. Formal gesehen, sind die skizzierten Gedankengänge für die Kulturphilosophie zwar wichtig, doch zumindest partikulär. Die Kritik der Kultur, die Skepsis gegenüber ihren Möglichkeiten charakterisieren zwar jede pessimistische Kulturphilosophie. Jedoch ist der Kulturpessimismus, insoweit er faktisch als Strömung auftritt, mit anderen Ideen verknüpft, die in der Schopenhauerschen Metaphysik keinen direkten Stützpunkt haben.

Die Betrachtung jeder Lebensmanifestation, die Kultur eingeschlossen, als Ausdruck des Weltwillens ist *a-historisch*. Die menschliche Natur ist unabänderlich, *konstant*. Damit soll sich ein auf diesem Prinzip basierender Kulturpessimismus nicht auf zeitliche Vorgänge, nicht auf historischen Wandel beziehen. Ein Kulturpessimismus im Schopenhauerschen Sinne sieht seine Gründe nicht in etwas, das im Laufe der Geschichte angebrochen ist, sondern in etwas, das seit eh und je besteht. Hingegen ist der Kulturpessimismus als philosophische Strömung durch und durch *historisch*. Sein Kern besteht in der

---

1 Schopenhauer, *WWV I*, 444. – Schopenhauer wird (soweit nicht anders angegeben) nach *ed. Löhneysen* zitiert.

Feststellung eines Kulturverfalls, was aber bedeutet, daß es einen Übergang von einer Blütezeit zu einem Untergang der Kultur gegeben habe. So ist es bei Oswald Spengler – pikant ist dabei, daß für den Kulturpessimisten Spengler Schopenhauers pessimistische Philosophie selbst ein Phänomen des Untergangs ist.[2] In Schopenhauers Sicht soll das aber kaum wichtig sein. Was als Fortschritt oder Rückschritt aussieht, sei gleich Schein, gleich Eitelkeit, gleich zum Scheitern verurteilt. Schopenhauer empfiehlt, »[...] in aller Geschichte stets das Selbe zu erblicken, wie im Kaleidoskop, bei jeder Drehung, stets dieselben Dinge unter anderen Konfigurationen [...]«,[3] was natürlich die Fortschritt-Rückschritt-Opposition aufhebt.

Schopenhauer scheint dennoch für wichtige Bereiche der Kultur – die Kunst und speziell die Musik – eine Ausnahme zu machen. Bei ihm vermag die Kunst selbst die »ewigen Ideen«,[4] und, in der Gestalt der Musik, den Willen anzuschauen.[5] Aber in welchem Sinn haben wir hier eine Ausnahme von der pessimistisch anmutenden Weltordnung? Das Genie entzieht sich zwar der Wirkung des Satzes vom Grunde, insoweit es in reiner willensloser Anschauung den Willen abbildet. Aber auch das Genie kann sich nicht dem Weltzusammenhang entziehen, wenn es das Werk gestaltet, und dieses besteht in der ursächlich bedingten, raumzeitlichen Vorstellungswelt. Dabei verfällt selbst das Genie – und in engster Verknüpfung gerade mit seiner Genialität – allen Leidenschaften des Ehrgeizes, des Geltungstriebes, des Anerkennungsdrangs: in ihm tobt uneingeschränkt der Wille und zwar als Schatten der Genialität, was Diderot in *Le neveu de Rameau* brillant veranschaulicht hat.

Die zweite – kritische – Bemerkung ist aber wesentlicher. Sie betrifft den Kern des Optimismus-Pessimismus-Problems. Es wäre natürlich unmöglich, diese immense Frage hier zu erörtern. Es sei jedoch nur schematisch-thesenhaft gesagt, daß Schopenhauers Hauptverdienst in der Desavouierung des platten Optimismus der *meilleur des mondes possibles* besteht. Dennoch leidet Schopenhauers Ansicht an undialektischer Einseitigkeit. Daß Glück keineswegs dauerhaft, hingegen Schmerz konstant sei,[6] ist ein subjektives Gefühl. So sieht die Wirklichkeit an, der geneigt ist, sie so anzusehen. Andere Menschen behalten vor allem das Positive in ihrem Gedächtnis. Genauso kann man behaupten, es gebe keinen dauerhaften Schmerz. Eine verbindliche Antwort, und nicht bloß eine *Meinung* darüber, was dominiert, kann nur eine *Statistik, eine Bilanz der Erlebnisse zeigen, die zum ersten schlicht unmöglich ist und zum zweiten das qualitative d.h. das wichtigste, Moment eliminieren würde*: es ist sehr wohl möglich, daß nur ein einziger Augenblick des Glückes den ganzen Lebensschmerz ausgleicht und vertilgt.

---

2 cf. Spengler, *Untergang*, 471-473.

3 Schopenhauer, *PuP II, ed. Hübscher*, § 233, 474.

4 cf. Schopenhauer, *WWV I*, 265.

5 cf. ibid., 357, 359.

6 cf. ibid., 432-439.

All das gilt natürlich auch für die Kultur. Und gerade in der Kulturproblematik zeigt sich Schopenhauers Undialektik. Es ist eben so, daß der Schmerz des Strebens nicht *nur* Schmerz ist, nicht *bloß* Schmerz, sondern ein Schmerz, der auch eine hohe, obwohl ganz besondere Genugtuung gibt. Es geht nicht nur um die Freude am Resultat, die nach Schopenhauer ephemer ist. Nein, das ist die *Freude am Streben* selbst. Dieses paradoxe, aber reale Gefühl ist jeder kreativen Natur bekannt. Das ist jene Unruhe und also: jener *Schmerz*, den jedoch die schöpferische Natur ohne jeden Zweifel der monotonen spießbürgerlichen Ruhe vorzieht.

Die zweite Ebene
Schopenhauers Metaphysik als Fundierung des Kulturpessimismus

Auf dieser Ebene fungiert Schopenhauers Metaphysik nicht mehr als Begründung der Kulturphilosophie, sondern als Teil der Kultur, in welchem sich ein Kulturideal vorbildlich verkörpert.

Es besteht schon ein brillanter Versuch, diese – paradigmatische – Bedeutung der Schopenhauerschen Philosophie aufzudecken, und er wurde von einem ebenbürtigen Geist unternommen. Die Rede ist von der dritten Unzeitgemäßen Betrachtung *Schopenhauer als Erzieher* (1874), von der Nietzsche oft sagte, dies sei sein »persönlichstes Werk«.

Was Nietzsche vor allem rühmt, ist nicht Schopenhauers Lehre, sondern sein Leben – und zwar sein Leben als *Philosoph*, sein *Verhalten als Denker*. In diesem Essay schreibt Nietzsche programmatisch:

> Ich mache mir aus einem Philosophen gerade so viel, als er imstande ist, ein Beispiel zu geben [...] das Beispiel muß durch das sichtbare Leben und nicht bloß durch Bücher gegeben werden, also dergestalt, wie die Philosophen Griechenlands lehrten [...].[7]

Nach Nietzsche kommt mit dieser Einheit von Leben und Werk ein Philosoph wie Schopenhauer einem Bedürfnis der Zeit entgegen.

> [...] ich möchte einen wahren Philosophen als Erzieher finden, welcher einen über das Ungenügen, soweit es in der Zeit liegt, herausheben könnte, und wieder lehrte, *einfach und ehrlich* im Denken und Leben, also unzeitgemäß zu sein, das Wort dem tiefsten Verstande genommen [...] [209].

Einen solchen Denker als Vorbild wahren Denkens hat Nietzsche in Schopenhauer gefunden, und dies wiederum nicht wegen der konkreten Inhalte seiner Philosophie, sondern wegen seines intellektuellen Mutes, seiner Unbeugsamkeit, seines harten Kampfes um geistige Unabhängigkeit, seines Unwillens, dem Staat, dem herrschenden Geschmack, den Konventionen und Vorurteilen zu dienen. Der *Erzieher* ist also vom *Zeitkritiker* nicht zu trennen. Nietzsche meint, Schopenhauer gebe den Zeitgenossen die Chance, sich selber

---

7 Nietzsche, *Betrachtungen*, 214.

»gegen« ihre Zeit zu erziehen, weil sie durch Schopenhauer die Zeit richtig kennen könnten [228].

Nietzsche ruft sozusagen zu einer höchsten geistigen Alarmbereitschaft angesichts der herannahenden »Ausrottung und Entwurzelung der Kultur« auf. Auf welchen Menschentyp kann noch die Kultur hoffen? Hier biete Schopenhauer eine große Hilfe. Sein Menschenbild, sein Menschenideal sei das, was die Rettung, das Überleben der Kultur in der nahenden kulturfeindlichen Krisenzeit brauche:

> *Der Schopenhauerische Mensch nimmt das freiwillige Leiden der Wahrhaftigkeit auf sich*, und dieses Leiden dient ihm, seinen Eigenwillen zu töten und jene völlige Umwälzung und Umkehrung seines Wesens vorzubereiten, zu der zu führen der eigentliche Sinn des Lebens ist [228].

Der Schopenhauersche Mensch sei böse und eher Mephistopheles als Faust ähnlich. Aber gerade diese Boshaftigkeit sei Voraussetzung von allem Großen und Positiven. Mit den Worten von Nietzsche:

> Alles Dasein, welches verneint werden kann, verdient es auch verneint zu werden; und wahrhaftig sein heißt: an ein Dasein glauben welches überhaupt nicht verneint werden könnte... Deshalb empfindet der Wahrhaftige den Sinn seiner Tätigkeit als einen metaphysischen, aus Gesetzen eines andern und höhern Lebens erklärbaren und im tiefsten Verstande *bejahenden* – : so sehr auch alles, was er tut, als ein Zerstören und Zerbrechen der Gesetze dieses Lebens erscheint.[8]

»Ein Teil von jener Kraft, die stets das Böse will und stets das Gute schafft« – will man sagen beim Lesen dieser Worte. Und Nietzsche meint mit Schopenhauer: »ein glückliches Leben ist unmöglich; das Höchste, was der Mensch erlangen kann, ist *ein heroischer Lebenslauf*« [238f].

Jetzt wissen wir, wie das Schopenhauersche Menschenbild kulturrettend – und die Kultur zur Blüte treibend – sein kann. Das Schopenhauersche Idealbild des Kulturschöpfers, wie Nietzsche es sieht, ist der hoffnungslose, einsame, aber stolze und unbesiegbare Ritter der Wahrheit und der Würde.

Er ist ein Held der Erkenntnis und der Moral, der im Harnisch seiner Gedanken seinen dornigen Weg geht. Eine echte Dürer-Figur.

Diese Überlegungen werfen aber ein anderes Licht auf das Problem des Kulturpessimismus. In welchem Sinn dürfen wir noch von Pessimismus, bzw. von Kulturpessimismus sprechen? Ein solcher Pessimismus bedeutet zwar Illusionslosigkeit. Ihm fehlt jegliche Erwartung, ja jegliche Hoffnung. Dennoch ist er nicht durch Tatlosigkeit, sondern umgekehrt durch unermüdlichen Kampf gekennzeichnet. Im Rahmen des Schopenhauerschen Denkens ist dieses Programm nicht zu begründen, weil ihm gemäß der Weltzustand im allgemeinen konstant, unveränderlich und zwar schlecht ist. Die »heroische« Attitüde, wie sie Nietzsche malt, setzt eine Betrachtung des Strebens als Selbstzweck voraus. Aber gerade dagegen wendet sich die ganze Lehre von Schopenhauer.

---

8 Nietzsche, *Betrachtungen*, 237f; von mir hervorgehoben.

Der »heroische« Pessimismus, dessen Verkörperung Nietzsche in Schopenhauers Menschenbild sieht, ist aber aus der Lebens- und Geisteshaltung Schopenhauers abzuleiten. Schopenhauer kann also sowohl durch seine Lehre wie durch sein Leben einleuchtend für die Kultur sein. Nietzsche – seinem von ihm in aller Offenheit proklamierten existentiellen Zugang gemäß – wählt den zweiten Weg. So findet er in Schopenhauer die ideale Inkarnation, den idealen Prototyp jener ritterlichen aktivistischen Ethik der hohen Bejahung des Willens, den er im Bild von Zarathustra sah.

Der ganze Geist und Sinn der Schopenhauerschen Philosophie suggeriert uns aber eine andere Deutung, die eher mäßigend auf das Kulturpathos, auf jene hohe Hymne der Kultur, die auch der junge Nietzsche singt, wirkt. Nach der alten idealistischen Tradition in der deutschen Philosophie ist gerade die Kultur die höchste Leistung und Legitimation des Menschen.

In der Kultur erblickte Kant die eigentliche Bestimmung des Menschen.[9] Wer aber im Sinne Schopenhauers philosophiert, muß diesen aufklärerischen Optimismus, dessen parodierte Spätresonanz Thomas Mann in der Figur von Lodovico Settembrini darstellte, radikal in Frage stellen. In Übereinstimmung mit dem pessimistischen Grundprinzip der Schopenhauerschen Philosophie müßte man die Kultur mit anderen, nüchterneren Augen ansehen, und sich gegen den Kulturrausch wenden. So wäre es im Sinne von Schopenhauer, nicht jenen *Stolz*, den der junge Nietzsche so begeistert zum Ausdruck bringt, sondern eher *Demut* zu fühlen, sich dessen bewußt zu werden, daß auch diese höchste und reinste Emanation des Menschen, die Kultur, ihre Grenzen hat. Dieses Gebot ist implizit, aber unbezweifelbar in der Schopenhauerschen Metaphysik enthalten.

Auch in einer anderen Hinsicht ist Schopenhauers Philosophie von erstklassiger paradigmatischer Bedeutung. Er belebte viele Ausdrucksmöglichkeiten der Philosophie, die damals in Vergessenheit geraten waren. Zu Schopenhauers Lebzeiten dominierte der Typ des professoralen Systematikers – über ihn ging auch Hegel, den Schopenhauer mit der ganzen Kraft seines Lebenswillens haßte, nicht hinaus. Ohne den Systematiker aufzuheben, man denke nur an *Die Welt als Wille und Vorstellung*!, demonstrierte Schopenhauer dennoch die großartigen Möglichkeiten eines anderen Philosophen-Typs: des Künstlers, des Dichters. Kunst und Philosophie setzte Schopenhauer mit wenigen, aber deutlichen Worten gleich, indem er die beiden Betrachtungsarten – die dem Satz vom Grunde nachgehende und die von ihm abgehende – vergleicht: die erste ist die aristotelische, die zweite – die der Genialität, die nur in der Kunst möglich ist – die platonische.[10] Schopenhauers Nachfolger und Widersacher Nietzsche verkörperte einen neuen Typus: den visionären Propheten.

Schopenhauer und Nietzsche mußten ihr Ideal der Philosophie verteidigen und einen harten Kampf um dieses führen. Die weitere Entwicklung nahm

---

9 cf. Kant, *WAT*, Bd. VII, Anthropologie in pragmatischer Hinsicht, 324f.

10 cf. Schopenhauer, *WWV I*, 265f.

jedoch einen unerwarteten Gang, der eigentlich hätte erwartet werden müssen. Der riesige intellektuelle Sprengstoff eines Schopenhauer und eines Nietzsche setzte der Verschwörung des Totschweigens ein Ende. Schopenhauer wurde ins philosophische Pantheon aufgenommen. Er wurde sogar »universitätsfähig« und – schlimme Ironie! – verwandelten sich auch Schopenhauer und Nietzsche in Objekte professoraler Dissektionen. *Tout finit à la Sorbonne*, sagte einmal melancholisch Paul Valéry.

Trotz der ganzen »Hegelei« erlangte Schopenhauer seinen verdienten Ruhm. Aber trotz all seines Zorns ging Hegels Ruhm nicht unter. »Die Geschichte ist ein Kompromiß zwischen dem Material und dem Instrument« sagt Leszek Kolakowski. Dies gilt auch für die Geistesgeschichte. Letzten Endes versöhnt ihr Verdikt die Konflikte, die einst so unlösbar und unversöhnlich erschienen. Heute können wir Hegel *und* Schopenhauer als Bahnbrecher des gegenwärtigen Denkens betrachten.

Die drei Typen – der Systematiker, der Dichter, der Prophet – dienen der Suche nach der Wahrheit und der Gestaltung der Kultur. Sie widersprechen sich, aber ergänzen sich auch.

Nietzsches Begegnung mit Schopenhauers Hauptwerk
Unter Heranziehung eines frühen unveröffentlichten Exzerptes

Johann Figl *(Wien)*

Es ist ein legitimes Anliegen jeder sachgemäßen Interpretation eines Philosophen, von dessen Werk und seiner Autonomie auszugehen, und erst in sekundärer Hinsicht nach den Quellen einerseits bzw. den Auswirkungen desselben andererseits zu fragen. Dies gilt für Schopenhauer ebenso wie für Nietzsche und überhaupt für das Verständnis jedes Denkers. Genauso wie es erfordert ist, Schopenhauers Werk an sich und in der ihm gebührenden Bedeutung zu würdigen, ist es angezeigt, Nietzsches Denken von seinen eigenen Gehalten her zu beurteilen; es wäre darum einseitig und würde der sachlichen Bedeutung eines Philosophen nicht gerecht, wenn z.B. Schopenhauers Stellung innerhalb der neuzeitlichen Geschichte der Philosophie vorwiegend im Horizont der durch Nietzsche vermittelten Wirkungsgeschichte betrachtet würde, und ebenso ist es auch eine Verkürzung, zentrale Denkmotive Nietzsches (wie z.B. den Ansatz in der voluntativen Dimension des Seins als »Wille zur Macht«) primär in ihrem Bezug zu Schopenhauers Willensphilosophie zu betrachten. Gleichwohl aber ist das von einem Philosophen schriftlich Hinterlassene nicht eine in sich stehende monolithische, der Zeit- und Wirkungsgeschichte enthobene Größe, sondern es ist in vielfachen Beziehungen mit Gegenwart und Vergangenheit, mit allgemeinen Aspekten der zeitgenössischen Umwelt und ihrer geistigen Strömungen verflochten, so daß die Werkinterpretation stets auch eine historische und wirkungsgeschichtliche Komponente aufweist, in der die vielfachen Bezüge und Querverbindungen in der Welt des geistigen Lebens zu eruieren versucht werden. Die Erschließung der geschichtlichen Dimension dient darum zugleich der Erhellung der Sachaussage. Wenn hier im folgenden nach der ersten Begegnung Nietzsches mit Schopenhauers Hauptwerk gefragt wird, so geht es nicht bloß um historische Informationen und die Wiedergabe bisher unveröffentlichter Texte Nietzsches, sondern die Kenntnisnahme dieser Textstellen steht im Interesse des besseren Verständnisses Nietzsches und seines Verhältnisses zu Schopenhauer. Es ist bekannt, daß Schopenhauer im Leben Nietzsches eine zweifelsohne bedeutende Rolle gespielt hat. Es ist jedoch sehr schwierig, den Einfluß dieses Philosophen auf Nietzsche im einzelnen nachzuweisen. Denn einerseits ist Schopenhauer an vielen Punkten in den Aufzeichnungen und dann auch in den Publikationen Nietzsches präsent, andererseits aber ist nicht immer eindeutig das Verhältnis und die Stellung Nietzsches zu seinem großen, als »Erzieher« gewürdigten Vorbild einer neuen Generation zu ersehen.[1] Im vorliegenden Beitrag geht es um eine kurze, aber gleichwohl äußerst einprägsame und be-

1 cf. Nietzsche, *KGW*, III1, 331ff. Unzeitgemäße Betrachtungen. 3. Stück: Schopenhauer als Erzieher. - Schopenhauer wird (soweit nicht anders angegeben) nach *ed. Hübscher* zitiert.

deutende Periode innerhalb der bis in die Zeiten des Wahnsinns hin[2] sich erstreckenden Auseinandersetzung Nietzsches mit Schopenhauer. Denn es geht um die *Primär*begegnung, um die in Nietzsches Augen und von ihm selbst als solche bezeichnete *erste* Kenntnisnahme dieses Denkers. Dieses aus der Biographie und der Sekundärliteratur bekannte »Schopenhauer-Erlebnis«[3] hat unverkennbare Spuren in Nietzsches Aufzeichnungen und Briefen hinterlassen; diese sollen ergänzt und konfrontiert werden mit einem bisher unveröffentlichten und daher auch unbekannten Text, der ein Exzerpt Nietzsches aus dem Anhang von Schopenhauers Hauptwerk *Die Welt als Wille und Vorstellung* darstellt, das ein anderes Bild dieser primären Begegnung widerspiegelt.

I
Überblick über die erste Phase der Begegnung mit Schopenhauer (1865-1868)

a. Die Lektüre von *Die Welt als Wille und Vorstellung* als Schlüsselerfahrung

In seinem Rückblick auf die beiden Leipziger Jahre, die Nietzsche mit dem Zeitraum »17 Oktober 1865 – 10 August 1867.« überschreibt,[4] schildert er die bekannte Episode, wie er Schopenhauers *Die Welt als Wille und Vorstellung* kennengelernt hat:

> Eines Tages fand ich nämlich im Antiquariat des alten Rohn dies Buch [scil. Schopenhauers Hauptwerk; J. F.] , nahm es als mir völlig fremd in die Hand und blätterte. Ich weiß nicht welcher Dämon mir zuflüsterte: ›Nimm Dir dies Buch mit nach Hause‹ [.] Es geschah jedenfalls wider meine sonstige Gewohnheit, Büchereinkäufe nicht zu überschleunigen. Zu Hause warf ich mich mit dem erworbenen Schatze in die Sophaecke und begann jenen energischen düsteren Genius auf mich wirken zu lassen. Hier war jede Zeile, die Entsagung, Verneinung, Resignation schrie, hier sah ich einen Spiegel, in dem ich Welt, Leben und eigen Gemüth in entsetzlicher Großartigkeit erblickte. Hier sah mich das volle interesselose Sonnenauge der Kunst an, hier sah ich Krankheit und Heilung, Verbannung und Zufluchtsort, Hölle und Himmel.[5]

Das Selbstzeugnis Nietzsches ist imposant und einprägsam; zweifelsohne stellt diese Begegnung mit Schopenhauers Hauptwerk ein Schlüsselereignis für ihn dar. Er illustriert es offensichtlich mittels einer von Augustinus her bekannten Episode.[6] Doch vorderhand soll hier primär das Datum dieser Begegnung von Interesse sein: es handelt sich offensichtlich um einen Zeitraum ab dem Oktober 1865, um die ersten Wochen, die er in *Leipzig* ver-

---

2 cf. Janz, *Nietzsche*, 124.

3 cf. Landmann, *Geist*, 7ff.: ›Nietzsches Schopenhauer-Erlebnis‹.

4 Nietzsche, *BAW*, 3, 291.

5 ibid., 3, 298. Zu den näheren Umständen dieses Textes siehe Figl, *Buddhismus*.

6 cf. Figl, *Dialektik*, 114f.

brachte, wo er bei dem Antiquar Rohn in der Blumengasse 4 wohnte.[7] Zu diesem Zeitpunkt sagt Nietzsche, daß er ein völlig unbekanntes Buch mit Schopenhauers *Die Welt als Wille und Vorstellung* kennengelernt habe.

Diese Aussage widerspricht jedoch einem anderen Tatbestand, nämlich einem Exzerpt, das durch die Archiv-Signierung und auch durch die Herausgeber der Historisch-Kritischen Gesamtausgabe der Vorlesung ›Allgemeine Geschichte der Philosophie‹[8] zugeordnet wird, die Nietzsche im Semester zuvor in Bonn bei dem Philosophen *Carl Schaarschmidt*[9] gehört hatte.

Demnach hätte Nietzsche schon in seiner *Bonner* Studienzeit, also im Sommer 1865, Schopenhauers Denken kennengelernt. Er selbst jedoch sagt in seinem Rückblick auf die Leipziger Studienzeit, daß er in Leipzig (Herbst 1865) erstmals Schopenhauer gelesen hat. Nietzsches Selbstzeugnis stünde demnach im Gegensatz zum Ausweis seiner Vorlesungsnachschrift aus der Bonner Zeit, in der sich de facto schon ein Auszug aus Schopenhauers Hauptwerk befindet.

Wenn sich also der erwähnte Tatbestand, der sich aufgrund der archivarischen bzw. der editorischen Zuordnung des Schopenhauer-Exzerptes zur Schaarschmidt-Vorlesung ergibt, als zutreffend erweist, dann ergeben sich gewiß mannigfache Probleme zur Lösung dieses widersprüchlichen Sachverhaltes. Diese können nur unter Beachtung der angesprochenen Problemebenen (zeitliche Zuordnung des einschlägigen Textes) sowie des inhaltlichen Kontextes des betreffenden Exzerptes gelöst werden, wozu an anderer Stelle auch ein Versuch gemacht worden ist.[10] Doch im vorliegenden Beitrag soll die erwähnte Frage nach dem konkreten Zeitpunkt, wann genau Nietzsche dieses Exzerpt aus *Die Welt als Wille und Vorstellung* angefertigt hat – noch Ende des Sommersemesters 1865 oder erst im Herbst dieses Jahres, in dem er nach seinem eigenen Zeugnis Schopenhauers Hauptwerk zuerst begegnet ist – nicht im Mittelpunkt des Interesses stehen; vielmehr geht es im folgenden (Punkt 3) um den *Inhalt* der Lektüre Nietzsches, der sich an diesem Exzerpt ablesen läßt; zuvor soll gezeigt werden, welche Motive ihn weiterhin in den folgenden Jahren (bis 1868) im Rahmen seiner Begegnung mit Schopenhauer bewegt haben. Denn zweifelsohne hatte die Lektüre von *Die Welt als Wille und Vorstellung* eine einschneidende Bedeutung für die geistige Entwicklung Nietz-

---

7 cf. Nietzsche, *BAW* 3, 313.

8 cf. ibid., 1, LV (Sachlicher Vorbericht von H.J. Mette): das Exzerpt befindet sich auf dem Blatt, das von Mette als Seite 59 dieser Schaarschmidt-Kollegnachschrift zugeordnet wurde (Nietzsche, *CI11*). Im Gegensatz dazu aber bezieht sich K. Schlechta in seinem einschlägigen Beitrag *Der junge Nietzsche und Schopenhauer* (Schlechta, *Nietzsche*), in dessen Vorbemerkung er als »der leitende Editor der genannten Ausgabe« (scil. der Historisch-Kritischen Gesamtausgabe der Werke und Briefe; J. F.) vorgestellt wird, mit keinem Wort auf dieses Exzerpt, sondern beschränkt sich auf die darin veröffentlichten Werk- und Briefstellen; in diesem Tatbestand ist möglicherweise ein Indiz für die Schwierigkeit der chronologischen Zu- und Einordnung des fraglichen Exzerptes zu erblicken. Siehe auch unten Anm. 11.

9 Zu Schaarschmidt hatte Nietzsche guten persönlichen Kontakt, cf. Nietzsche, *KGB*, I 2, 18, 21f., 35f.

10 cf. Figl, *Buddhismus*, sowie Metterhausen, *Nietzsche*, 91f.

sches während seiner Studienzeit und darüber hinaus. Von der Faszination, die Schopenhauer auf ihn ausübte, zeugen mannigfache Briefstellen und Notizen innerhalb des fraglichen Zeitraums, die kurz erwähnt werden sollen.

b. Die Intensivierung der Beschäftigung mit Schopenhauers Werken

Sowohl das genannte Exzerpt als auch der erwähnte Rückblick auf die Leipziger Zeit dokumentieren, daß es Schopenhauers Hauptwerk war, das Nietzsche zutiefst beeindruckte. Dessen »erste Lektüre« muß nach *Richard Blunck* »Ende Oktober bis Anfang November 1865 stattgefunden haben«,[11] da schon ein Brief an Mutter und Schwester vom 5. November 1865 die Einwirkungen schopenhauerischer Erfahrungen zeige. Eine pessimistisch-aszetische Grundtönung durchziehe dieses Schreiben, wenn es zum Beispiel heißt:

> man weiß daß das Leben elend ist, man weiß, daß wir die Sklaven des Lebens sind, je mehr wir es genießen wollen, also man entäußert sich der Güter des Lebens, man übt sich in der Enthaltsamkeit, man ist karg gegen sich und liebevoll gegen alle Anderen – deshalb weil wir mitleidig gegen die Genossen des Elends sind – [...].[12]

Wir können annehmen, daß sich Nietzsche ab dem ersten *Leipziger* Semester intensiv mit Schopenhauer befaßt hat. Dafür spricht auch die Tatsache, daß er sich die anderen Werke dieses Philosophen besorgen wollte. So finden wir im Nachlaß der Jugendzeit ein Blatt mit der Archivnotiz »Herbst 1865«, welches folgende Buchnotizen enthält: »Schopenhauer, über die vierfache Wurzel des Satzes vom zureichenden Grunde 3. Aufl. 1864. Leipz. Brockhaus«, dann das Werk über »die beiden Grundprobleme der Ethik 2. Aufl. 1860« (ebenfalls Leipzig, Brockhaus) und schließlich das Werk »Schopenhauer, Über den Willen der Natur 2. Aufl. Frankfurt a.M. 1854.«.[13] In einem Brief von Anfang Dezember des Jahres 1865 wünscht er zu Weihnachten: »*A. Schopenhauer*, Parerga und Paralipomena. Dazu: *Heim* Schopenhauer und seine Philosophie 1865«, also ein jüngst erschienenes bekanntes Werk der Sekundärliteratur.[14] In den folgenden Monaten, von Jänner bis April 1866 finden wir in Briefen mehrfach Äußerungen über die Schopenhauerlektüre.[15] Er ist begeistert von Schopenhauer und spricht mit seinen Freunden darüber:

> Dieser Philosoph nimmt eine sehr bedeutende Stellung in meinen Gedanken und meinen Studien ein, und mein Respekt vor ihm nimmt unvergleichlich zu.

---

11 Blunck, *Nietzsche*, 143f. Cf. ebenso Schlechta, *Chronik*, 24: »Ende Okt. /Anf. Nov. Entdeckung Schopenhauers (Welt als Wille und Vorstellung).«.

12 Nietzsche, *KGB*, I 2, 95.

13 Es handelt sich um den Zettel mit der Signatur: GSA/NFG Mp VI 27, 1; siehe dazu Nietzsche, *BAB* 2, 406 (Nachbericht).

14 Nietzsche, *KGB*, I 2, 101.

15 cf. bes. ibid., I 2, 104f.: 12. Jänner 1866; und 121f.: 7. April 1866.

> Ich mache auch Propaganda für ihn und weise einzelne Menschen [...] auf ihn hin.[16]

Auf Schopenhauer kommt Nietzsche ebenso in den folgenden Jahren 1867 und 1868 zu sprechen.[17]

Was war es, das Nietzsche so fasziniert hat an Schopenhauers Werk? Es ist hier nicht möglich, diese Frage in allen ihren Aspekten zu behandeln, sondern es sollen nur jene zwei Dimensionen zur Sprache kommen, die offenbar bei der *Erstbegegnung* mit diesem Denker ausschlaggebend und prägend waren, und zwar insofern sie sich in den erwähnten Dokumenten dieser primären Kenntnisnahme dokumentieren, wobei der Schwerpunkt auf das bisher unveröffentlichte Exzerpt zu legen ist. Die beiden erwähnten Dimensionen sind einerseits die Dimension eines existenziellen Lebensmodells, und andererseits jene einer neuen erkenntniskritischen Sicht des Ganzen der Wirklichkeit.

II
Schopenhauer als existenzielles Vorbild

In seiner dritten *Unzeitgemäßen Betrachtung Schopenhauer als Erzieher* schreibt Nietzsche:

> Ich gehöre zu den Lesern Schopenhauers, welche, nachdem sie die erste Seite von ihm gelesen haben, mit Bestimmtheit wissen, dass sie alle Seiten lesen und auf jedes Wort hören werden, das er überhaupt gesagt hat. Mein Vertrauen zu ihm war sofort da und ist jetzt noch dasselbe wie vor neun Jahren.[18]

Dieses Urteil in der 1874 zum Großteil ausgearbeiteten und in diesem Jahr auch veröffentlichten Schrift weist auf ein sehr persönliches, existenzielles Verhältnis Nietzsches zu diesem Philosophen hin. Die Begegnung mit dem Werk dieses Denkers bedeutete für ihn, eine lange gesuchte Orientierung gefunden zu haben. Noch nach neun Jahren ist ihm diese existenzielle Situation der Studienzeit in Erinnerung, wenn er sagt:

> Will ich beschreiben, welches Ereigniss für mich jener erste Blick wurde, den ich in Schopenhauer's Schriften warf, so darf ich ein wenig bei einer Vorstellung verweilen, welche in meiner Jugend so häufig und so dringend war wie kaum eine andre.[19]

Es ist jene Vorstellung, die ihn als jungen Menschen einen Erzieher suchen läßt, der, »*einfach* und *ehrlich*, im Denken und Leben« sein könne[20] – diesen hat er in Schopenhauer gefunden. Nietzsche hat in Schopenhauers Werk – neben vielen anderen auch eine Art »Lebensrezept« gefunden. Der

---

16 ibid., I 2, 109: Brief vom 31. 1. 1866.

17 cf. bes. ibid., I 2, 241: Brief vom 3. 11. 1867; 265: vom April 1868, sowie 195, 201, 209, 220, 228f., 233.

18 Nietzsche, *KGW*, III1, 342.

19 ibid., III 1, 337.

20 ibid., III 1, 342.

schon erwähnte Brief an seine Mutter und Schwester vom 5. November 1865 dokumentiert diesen Aspekt, wenn er schreibt:

> Und ist denn nun das Leben erträglich? Ja wohl, weil seine Last immer geringer wird und uns keine Bande an dasselbe mehr fesseln. Es ist erträglich, weil es dann ohne Schmerz abgeworfen werden kann.[21]

Es zeigt sich hier ein weltverneinender, eher pessimistischer Grundzug, der durch Schopenhauers Lektüre in Nietzsche geweckt wird; eine entsagende und resignative Stimmung hatte ja Nietzsche in den ersten Monaten in Leipzig ohnehin schon erfaßt. Durch die Lektüre Schopenhauers aber wird diese nur noch verstärkt. In dem erwähnten Rückblick auf die Leipziger Zeit schreibt er noch nach zwei Jahren:

> Indem ich alle meine Eigenschaften und Bestrebungen vor das Forum einer düsteren Selbstverachtung zog, war ich bitter, ungerecht und zügellos in dem gegen mich selbst gerichteten Haß. Auch leibliche Peinigungen fehlten nicht.[22]

Es wäre aber nicht berechtigt, diesen pessimistischen Grundzug einseitig zu betonen; vielmehr ging es Nietzsche um eine Neuorientierung seines Lebens, um eine ernstere, strengere Lebensauffassung und Lebensform. Der Umzug von Bonn nach Leipzig, der Wechsel des Studienortes, hatte nicht nur eine äußere Veränderung mit sich gebracht, sondern Nietzsche war von Bonn sehr unbefriedigt gewesen und durch das Vielerlei von Beschäftigungen abgelenkt von seinen eigenen Interessen. Ohne Orientierung auf ein einheitliches Ziel hatte er damals gelebt; zumindest spürte er dies im Rückblick auf die Bonner Zeit selbst so. Diese Orientierungslosigkeit kennzeichnet auch noch seine anfängliche Situation in Leipzig. Die zitierten Briefe widerspiegeln dieses innere Erleben. Sie zeigen aber zugleich auch, daß Nietzsche offen war für Neues, daß er Ausschau gehalten hat nach neuen orientierenden Leitbildern. Einem solchen begegnete er in Schopenhauers Hauptwerk. Dabei stand die Lebensform, die Art, das Dasein zu betrachten, den Sinn des Daseins zu finden, im Mittelpunkt: die existenzielle Dimension also, dasjenige, wonach er sein Dasein ausrichten konnte.

Es war also offenbar nicht in erster Linie die *Lehre*, die ihn an Schopenhauer faszinierte, sondern eher ein »Gesamteindruck«, eine bestimmte Perspektive zur Deutung des Daseins im ganzen. Wie stark es Nietzsche um eine Lebens*praxis* und nicht primär um eine theoretische Welterklärung dogmatischer Art ging, dies zeigt sich auch an der interessanten Tatsache, daß er durch die Lektüre von Schopenhauer zu einer neuen, sogar affirmativen Sicht des Christentums inspiriert wird, die sich naturgemäß stark an Schopenhauers Bewertung der christlichen Religion orientiert. Unmittelbar vor der zuletzt zitierten Stelle aus dem Brief vom 5. November 1865 finden wir die aufschlußreiche Feststellung:

---

21 Nietzsche, *KGB*, I 2, 95f.

22 Nietzsche, *BAW*, 3, 298.

> kurz, man lebt nach den strengen Forderungen des ursprünglichen Christenthums, nicht des jetzigen, süßlichen, verschwommenen. Das Christenthum läßt sich nicht ›mitmachen‹ so en passant oder weil es Mode ist.[23]

Dieses Urteil ist umso erstaunlicher wenn man sich in Erinnerung ruft, mit welcher Entschiedenheit und anscheinender Endgültigkeit sich Nietzsche vom christlichen Glauben und auch vom Theologiestudium in der Bonner Zeit abgewendet hat.[24] Die positive Wertung wird aber nur verständlich, wenn man unter »Christentum« eine existenzielle Situation des Menschen verstehen kann, die Nietzsche hier mit Schopenhauer bejaht; näherhin ist es die Erlösungsbedürftigkeit des Menschen, wie er in einem einige Monate später verfaßten Brief an seinen Freund Carl von Gersdorff zum Ausdruck bringt:

> Heißt Christenthum ›Glaube an ein geschichtliches Ereigniß oder an eine geschichtliche Person‹ so habe ich mit diesem Christenthum nichts zu tun. Heißt es aber kurz Erlösungsbedürftigkeit, so kann ich es höchst schätzen und nehme ihm selbst das nicht übel, daß es die Philosophen zu disziplinіren sucht [...].[25]

Auch diese Aussage findet sich im engen Zusammenhang mit Ausführungen über Schopenhauer. Es wird eine Differenzierung zwischen Glauben, der geschichtlich fundiert ist und an einer geschichtlichen Person sich orientiert, und einer existenziellen Grundbefindlichkeit unterschieden. Von dieser Unterscheidung her ist es dann möglich, ein ursprüngliches Christentum vom gegenwärtigen bzw. vom lehrhaften zu unterscheiden.

Mit den zuletzt ausgesprochenen Motiven ist zweifelsohne Nietzsche von Schopenhauers Hauptwerk abhängig, auch wenn sich keine direkte Korrelation zwischen der Sichtweise Nietzsches und einer einzelnen Stelle in *Die Welt als Wille und Vorstellung* darlegen ließe. Denn der Sache nach kommt dieser Gedanke an vielen Stellen zum Ausdruck, in besonders deutlicher Weise im vierten Buch des ersten Bandes, in dem es um die Bejahung und Verneinung des Willens geht; dort lesen wir:

> Wir finden von den Aposteln vorgeschrieben: Liebe zum Nächsten, der Selbstliebe gleichwiegend, Wohlthätigkeit, Vergeltung des Hasses mit Liebe und Wohlthun, Geduld, Sanftmuth, Ertragung aller möglichen Beleidigungen ohne Widerstand, Enthaltsamkeit in der Nahrung zur Unterdrückung der Lust, Widerstand dem Geschlechtstriebe [...].[26]

Der Kontext, in dem Schopenhauer dieses ursprüngliche Christentum der apostolischen Zeit erwähnt, ist für unsere Fragestellung weiterführend, weil es dokumentiert, daß es auch Schopenhauer um eine »Lesart« des Christentums geht, die als heterogene Bestandteile den dogmatischen Gehalt – der abgelehnt wird – von dem bleibend gültigen ethischen trennt [cf. 458]. Seiner Meinung nach kommt erst bei den Mystikern das im Neuen Testament wie

---

23 ibid., 3, 95.

24 cf. Figl, *Dialektik*, bes. 93ff.

25 Nietzsche, *KGB*, II 1, 122: Brief vom 7. April 1866.

26 Schopenhauer, *WWV I*, 456f.

durch Schleier verdeckte ursprüngliche Christentum »ohne Hülle, in voller Klarheit und Deutlichkeit« zum Ausdruck [cf. 458]. In erster Linie ging es nämlich darum, jenen aszetischen Weg aufzuzeigen, der eben zur reinsten Liebe und völligen Resignation, zum Absterben des eigenen Willens führt [cf. 457]. Diese gleichsam unhistorische, zeitenthobene Sichtweise des Christentums ermöglicht es bekanntlich Schopenhauer auch, die christliche Weltentsagung in eine unmittelbare Parallele zur Ethik der Hindus zu bringen, wie sie in den Veden, Puranas, Dichtungen und anderen Schriften überliefert ist [cf. 458f]. Es wird das Zusammentreffen der Lehre der christlichen Mystiker und der Vedantaphilosophie – und ebenso der Vorschriften Buddhas – konstatiert [cf. 460].

Es geht Schopenhauer bei der Aufzählung dieser Phänomene aus dem Christentum und aus den östlichen Religionen in erster Linie darum, »eine wesentliche und nur durch ihre Trefflichkeit sich selten hervorthuende Seite der menschlichen Natur« aufzuzeigen [460]. In ihnen allen zeige sich die Verneinung des Willens zum Leben, die der wichtigste Punkt der ganzen Betrachtung Schopenhauers ist; zumindest in diesem Zusammenhang. Es ist aber gleichwohl festzuhalten, daß es eine einseitige Akzentuierung wäre, vorwiegend diese weltverneinende Perspektive herauszustellen, wie schon erwähnt worden ist, sondern es geht Nietzsche beim Übernehmen dieser Weltsicht in erster Linie um den Ernst einer neuen philosophischen Welterfahrung, einer existenziellen Betroffenheit, die sich nicht mit optimistischen Formeln zufrieden gibt. Es geht ihm um eine Lebenspraxis, von der er freilich feststellt, daß es eine Kluft gibt zwischen Theorie und Praxis, unter der er leidet und worin er des Trostes bedürftig ist.[27] Diese »theoretische« Dimension ist der andere Aspekt, der sich in den Dokumenten über Nietzsches Primärbegegnung mit Schopenhauer aufzeigen läßt: nämlich die erkenntniskritische Problematik dieses Denkens.

III
Nietzsches Exzerpt aus A. Schopenhauers ›Kritik der Kantischen Philosophie‹ (Anhang zu: *Die Welt als Wille und Vorstellung*, Band 1)

Das genannte, bisher unveröffentlichte Exzerpt umfaßt eine Seite eines Heftes, in jenem Format, wie sie Nietzsche durchwegs in der Bonner Studienzeit für die Kollegnachschriften verwendet hat. Es befindet sich auf dem zweiten Blatt eines losen Heftes[28] und wurde – wie schon erwähnt – der Bonner Nachschrift zu Schaarschmidts Vorlesung ›Allgemeine Geschichte der Philosophie‹ vom Sommersemester 1865 archivarisch und editorisch zugeordnet. Es sei

27 cf. Nietzsche, *KGB*, I 2, 123.

28 Es handelt sich um die oben genannte Seite 59 dieser Kollegnachschrift (Nietzsche, *CI1*)! Aus diesem Exzerpt wird im folgenden zitiert; zur Manuskriptbeschreibung siehe Metterhausen, *Nietzsche*, 91.

ausdrücklich hinzugefügt, daß sich daran anschließend[29] Ausführungen zu Kant befinden (»Giebt es *aprior. synthet. Urtheile?*«, »*Die Kritik der prakt. Vernunft.*«). Diese Aufzeichnungen gehören höchstwahrscheinlich zur Nachschrift der Schaarschmidt-Vorlesung; es finden sich nämlich in Schaarschmidts Buch über den Entwicklungsgang der neueren Spekulation eine Reihe von Parallelstellen zu den hier genannten Überlegungen.[30] Es besteht also gewiß ein Zusammenhang zwischen den letzten erhaltenen Seiten der genannten Schaarschmidt-Kollegnachschrift und diesem Schopenhauer-Exzerpt in inhaltlicher Hinsicht; inwiefern ein chronologischer Zusammenhang gegeben ist, dies soll hier – wie erwähnt – nicht endgültig entschieden werden.

Nietzsche hat nur einen sehr geringen Teil des etwa 150 Seiten umfassenden Anhanges exzerpiert, und zwar die Seiten 494-500 in der Paginierung der dritten Auflage von 1859.[31] Damit ist indirekt schon eine wesentliche Aussage über die Intention des Exzerptes getroffen, denn auf den genannten Seiten befinden sich gerade jene Ausführungen Schopenhauers, in denen es um die *Verdienste*, um das Positive an Kant geht, und nicht eigentlich um die Kritik an diesem Denker. Schopenhauer hatte nämlich seine »tiefgefühlte Ehrfurcht und Dankbarkeit gegen Kant zuvor [d.h. vor seiner Polemik; J. F.] noch dadurch an den Tag legen« wollen, daß er sein Hauptverdienst, wie es in seinen Augen erscheine, kurz ausspreche, »und zwar von so allgemeinen Gesichtspunkten aus, daß ich nicht genöthigt werde, die Punkte mitzuberühren, in welchen ich ihm nachher zu widersprechen habe«,[32] wie er unmittelbar vor der Stelle sagt, an der Nietzsche mit seinem Exzerpt einsetzt.

Die Überschrift im Manuskript Nietzsches lautet:

Kritik der Kantische[n] Philosophie
von A. Schopenhauer

Am rechten Rand oben findet sich die Notiz: »*Einleitung. Die drei Hauptverdienste Kants.*« Ebenfalls am rechten Rand stehen die Ziffern 1., 2., 3., die sich auf die von Schopenhauer selbst so aufgezählten drei Hauptgesichtspunkte für Kants Verdienste beziehen.[33] Die Radikalität Kants wird im Vergleich mit Locke herausgestellt; letzterer habe nachgewiesen, »daß die secundären Eigenschafte[n] der Dinge, wie Klang, Geruch, Farbe [,] Härte, Glätte usw. dem Ding an sich selbst nicht angehörten.« Danach wird in einem weite-

29 Metterhausen, *Nietzsche*, 61f.

30 cf. Schaarschmidt, *Entwicklung*, bes. 79-94; cf. Metterhausen, *Nietzsche*, 92.

31 Schopenhauer, *WWV I*, ^{3}1859; W. Metterhausen, *Nietzsche*, 91, weist darauf hin, daß Nietzsche diese dritte Auflage verwendet habe, da erst darin ein Satz hinzugefügt worden ist, der in den vorherigen nicht gewesen ist, nämlich: »Dies Alles nun aber beruht auf dem fundamentalen Unterschiede zwischen dogmatischer und kritischer, oder Transcendental-Philosophie.« Auf diesen Satz bezieht sich Nietzsche ausdrücklich, wie im folgenden gezeigt wird.

32 Schopenhauer, *WWV I*, ^{3}1859, 494.

33 ibid., ^{3}1859, 500. Die Seiten jener Stellen in Schopenhauers Anhang, auf die sich Nietzsche in seinem Exzerpt bezieht, werden im fortlaufenden Text dieses Beitrages nach der Edition von A. Hübscher angeführt.

ren Absatz festgestellt: »Kant ging weiter«, weil er auch die *qualitates primariae* als zugehörig zu unserem Auffassungsvermögen nachweist. Die Folgerung daraus lautet: »Das ist die Lehre der gänzliche[n] Diversität des Realen vom Idealen.«.[34] Im Anschluß daran wird in einem separaten Absatz der historisch-vergleichende Grundgedanke Schopenhauers wiedergegeben, der deutlich zeigt, inwiefern Schopenhauer für Nietzsches Kenntnis der indischen Philosophie[35] ein wichtiger Vermittler war; denn es heißt hier: »Das ist zugleich die Hauptansicht Platons und der Veden und Puranas. (Gleichniß von der Höhle in der Republ[ik]. – Schleier der Maja)«.[36]

Am Leitbegriff der »Gesetze, die im Dasein herrsche[n]«, konzipiert Nietzsche sein Resumée aus der Schopenhauerschen Kantdarstellung: da »nach Kant diese Gesetze von der Erkenntnißweise des Subjekts abhängig [sind]«, nütze es gar nichts, »am Leitfaden jener Gesetze weiter zu forschen, um zur Erkenntniß der Welt und unserer selbst zu kommen.« Die subjektivistische Darstellung des idealistischen Ansatzes von Kant ist Voraussetzung, um seine Differenz zur Auffassung aller früheren Philosophen herauszustellen, »die diese Gesetze als aeternae veritates faßten« [cf. 497]. Als Konsequenz daraus ergibt sich der Schlußsatz zu dem ersten Punkt des Exzerptes Nietzsches, der lautet: »Das ist der Unterschied zwischen dogmatische[r] und Transzendental[-]Philos[ophie]« [cf. 499]. Von diesem ersten Punkt her lassen sich die beiden weiteren, auch im Exzerpt als solche Punkte hervorgehobenen Aussagen verstehen, nämlich zweitens die These, daß die moralische Bedeutung des menschlichen Handelns als etwas dargestellt wird, »*was das Ding an sich berührt*«, also nicht von den Gesetzen der Erscheinung abhängig sei – es ist also die Auffassung, daß die Moral nicht auf die Phänomenalwelt beschränkt sei [cf. 499]. Ebenso ergibt sich aus dem vorhin Gesagten der dritte Punkt, nämlich daß Kant »*die ganze scholastische Periode (stürzte),* die unter der *Vormundschaft der Landesreligion stand.*« [cf. 500]

Die zitierten Stellen zeigen insgesamt, daß Nietzsche durch Schopenhauer Kant kennenlernt; daß es in erster Linie eigentlich um die Philosophie Kants geht, und nicht so sehr um jene Schopenhauers. Das Denken Schopenhauers kommt aber darin dennoch zur Sprache, weil es sich bei den aufgezählten Punkten um jene Aspekte handelt, die Schopenhauer selbst positiv beurteilt und als Verdienste charakterisiert. Als Verdienste solch allgemeiner Art, wie er in der Einleitung zum Anhang gesagt hatte, daß die polemischen, kritischen Punkte dadurch gar nicht mitberührt werden.

Es würde die Thematik des vorliegenden Beitrages überschreiten, wenn man an dieser Stelle schon die Frage stellen wollte, inwiefern dieses durch Schopenhauer vermittelte Kantbild Nietzsche beeinflußt hat bzw. später Gegenstand seiner Kritik geworden ist.

---

34 cf. ibid., 495.

35 cf. Figl, *Indien.*

36 cf. Schopenhauer, *WWV I*, 496.

Inhaltlich ließen sich gewiß Parallelen, vielmehr aber noch die Gegensätze zu diesem Ansatz des subjektbedingten Erkennens sehen: denn Nietzsche gelangt zu einem Standpunkt, für den das Subjekt selbst Produkt vorgängiger Strebungen ist.[37] Ebenso wäre es von Interesse, die Frage weiter zu verfolgen, inwiefern hier schon – sowohl in den zuerst genannten Materialien als auch in diesem bisher unveröffentlichten Exzerpt – Ansätze zu sehen sind, die dann das Verhältnis zu Schopenhauer in Zukunft prägen, das ja keineswegs nur ein affirmatives war. Noch in der Leipziger Zeit finden wir sehr deutliche kritische Aussagen im Hinblick auf Schopenhauer, mit dem sich Nietzsche offensichtlich intensiver beschäftigen wollte – in Form eines Essays oder einer Abhandlung, wie mannigfache Notizen aus diesem Zeitraum bezeugen.[38] Die Aufzeichnungen zu Schopenhauer verraten eine gründliche Lektüre des Werkes *Die Welt als Wille und Vorstellung* als auch der *Parerga und Paralipomena.* In diesen Notizen überwiegt der kritische Zug. Die einleitenden Feststellungen fassen dies in der Formel zusammen: »Der Versuch ist mißlungen«, nämlich der Versuch, »die Welt zu erklären unter einem angenommenen Faktor«.[39] Während Schopenhauer nach Nietzsches Urteil gemeint habe, nun das Ding an sich Kants mit einem neuen Terminus erfaßt zu haben, also daß er es für keinen Versuch gehalten habe, ist nach Nietzsche dies jedoch mißlungen. Für ihn ist »dasjenige, was er anstelle des Kantischen X setzt der Wille, nur mit Hülfe einer poetischen Intuition erzeugt« [3, 354]. In dem Begriff des Willens würde das Wesentliche und Entscheidende Schopenhauers beruhen, denn wenn man von Schopenhauer alles subtrahiert, was er aus dem Vermächtnis Kants übernommen hat, »so bleibt das eine Wort ›Wille‹ sammt seinen Prädikaten zurück« [3, 353]. Nietzsche kritisiert dieses Willensverständnis, weil er meint, daß damit auch ein unberechtigter Vorgriff auf das Wesen der Dinge durchgeführt werde. In seinen Augen sind die Prädikate des Dinges an sich, des Willens, wie Schopenhauer es nennt, nämlich die Begriffe der Einheit, Ewigkeit als Zeitlosigkeit und der Freiheit als Grundlosigkeit, unzertrennlich mit der menschlichen Erkenntnissphäre verknüpft [3, 358]. Nietzsche kann sich nur an die kritische Dimension des Denkens Schopenhauers anschließen, nicht aber an den so bestimmten Begriff des Willens. Die Konsequenz ist ein radikaler erkenntnisskeptischer Standpunkt. Nietzsche schreibt, daß es »seine volle Richtigkeit« behalte, wenn Schopenhauer sagt, »»daß von Außen dem Wesen der Dinge nimmermehr beizukommen ist: wie immer man auch forschen mag, so gewinnt man nichts als Bilder und Namen.‹« [3, 358]

Diese Kritik aber will keineswegs bedeuten, daß sich Nietzsche – auch nicht insgeheim – von Schopenhauers Denken generell distanziert oder gar abgewendet hätte. Denn er weiß sehr wohl, daß die Kritik an einzelnen Punkten, wenngleich diese Zentralaussagen des Philosophen betreffen, wie

---

37 cf. Figl, *Interpretation*, bes. 124ff.

38 cf. Schlechta, *Nietzsche*, 298 und 296f.

39 Nietzsche, *BAW*, 3, 352.

z.B. das Willensverständnis, zu unterscheiden ist von der Würdigung einer gesamten philosophischen Existenz. Denn auch wenn er den Inbegriff des Schopenhauerschen Systems kritisch prüft, so steht – wie er sagt –

> kein Gedanke uns ferner als mit einer solchen Kritik Schopenhauer selbst auf den Leib zu rücken, ihm triumphirend die einzelnen Stücke seiner Beweise vorzuhalten und am Schluß mit hochgezognen Augenbrauen die Frage aufzuwerfen, wie in aller Welt ein Mensch mit einem so durchlöcherten System zu solchen Prätensionen komm[e.] [3, 353f].

Es ist interessant zu beobachten, daß sich Nietzsche in einer ähnlichen Weise zu Schopenhauer verhält, wie es Schopenhauer in dem zitierten Anhang zu seinem Werk *Die Welt als Wille und Vorstellung* tut, der ja auch trotz seiner Kritik an Kant nicht die prinzipiellen Verdienste dieses Denkers übersieht, sondern sie zu schätzen weiß. Auch die »Irrtümer«, die man am anderen Denker aufzuweisen vermeint, werden in ihrer Bedeutung strikt relativiert. Klar bringt dies der Einleitungssatz zu dem erwähnten Anhang in Schopenhauers Werk zum Ausdruck:

> Es ist viel leichter in dem Werke eines großen Geistes die Fehler und Irrthümer nachzuweisen, als von dem Werthe desselben eine deutliche und vollständige Entwickelung zu geben.[40]

Noch zurückhaltender drückt Nietzsche seine Achtung gegenüber Schopenhauer aus, wenn er gerade innerhalb seiner kritischen Ausführungen zu diesem Philosophen den bekannten Satz ausspricht: »Die Irrthümer großer Männer sind verehrungswürdig weil sie fruchtbarer sind als die Wahrheiten der kleinen.«[41] Es werden also Irrtümer angenommen; Auffassungen also genannt, von denen sich der betreffende Denker jeweils distanziert, gegen die er seine Kritik richtet. Aber Nietzsche ist sich bewußt, daß er von Schopenhauer auch noch darin gelernt hat, wo er diesem Denker in sachlichen Fragen nicht mehr folgen kann. Dies macht offenbar die Größe Schopenhauers in den Augen Nietzsches aus. In den zitierten Texten zur frühen Schopenhauer-Begegnung Friedrich Nietzsches finden wir somit Erfahrungen des Kennenlernens des Philosophen, die am Beginn einer langen und intensiven Auseinandersetzung stehen. Aber es waren nicht Erfahrungen bzw. Erkenntnisse, von denen sich Nietzsche meinte abwenden zu müssen, sondern es waren Primär-Erlebnisse, die für seinen gesamten weiteren Denkweg prägend waren.[42]

---

40 Schopenhauer, *WWV I*, 491.

41 Nietzsche, *BAW*, 3, 353.

42 Mein besonderer Dank gilt der Direktion der Nationalen Forschungs- und Gedenkstätten der klassischen deutschen Literatur in Weimar, Goethe- und Schillerarchiv, für die Genehmigung der Einsicht und Auswertung des hier verwendeten unveröffentlichten Manuskriptes F. Nietzsches (Archiv-Signatur: 71/41; = C II 1).

Die Organe des Leibes und das Genie

Michael Hampe *(Heidelberg)*

I

Nietzsches Vertrauen in die Macht der menschlichen Erkenntnisfähigkeit ist bekanntlich sehr begrenzt: »Es ist unwahrscheinlich, daß unser ›Erkennen‹ weiter reichen sollte als es knapp zur Erhaltung des Lebens ausreicht«.[1] Seine Psychologie lebt davon, die Klarheit, Deutlichkeit und Interesselosigkeit der menschlichen Erkenntnis mißtrauisch als mögliche Produkte einer Selbsttäuschung zu betrachten und den menschlichen Geist als ein »Instrument« des Leibes und des Systems der Triebe zu entlarven. Diese Entlarvung wurde von Nietzsche aber nicht als eine Chance zur Emanzipation des Verstandes aus der ehemals unerkannten Abhängigkeit betrachtet; eine solche schien für ihn prinzipiell nicht gegeben zu sein, was ein problematisches Licht auf seine eigenen intellektuellen Anstrengungen wirft:

> Der Intellekt ist das Werkzeug unserer Triebe und nichts mehr, er wird *nie frei.* Er schärft sich im Kampf der verschiedenen Triebe, und verfeinert die Thätigkeit jedes einzelnen Triebes dadurch [...].[2]

Das Bewußtsein der Freiheit und Selbsttransparens des Geistes, das die Vernunft als schlechthin autonom und jede Selbsterkenntnis als unkorrigierbar gewiß begreift, ist nicht erst durch Nietzsche erschüttert worden, sondern Nietzsche ist bei diesem Thema – wie bei so vielen anderen auch – Schüler Schopenhauers. Schopenhauer leitete einen Wandel in der Philosophie des neunzehnten Jahrhunderts ein, an dessen Ende Nietzsche steht und der manchmal als das »Ende« oder der »Zusammenbruch« der klassischen deutschen Philosophie des Idealismus geschildert wird.[3] Tatsächlich ist die Entwicklung von der Hegelschen Philosophie des »absoluten Wissens« um die Selbsterkenntnis des Weltgeistes hin zu Nietzsches Psychologie der Selbsttäuschung des endlichen, dem Leib mit seinen Trieben dienenden Verstandes, der sich selbst, scheinbar von einem permanenten Größenwahn befallen, als frei und von der Natur unabhängig wähnt, jedoch noch in diesem Wahn dem natürlichen Willen zur Macht dient, eine Wende in den Konjunkturschwankungen, denen zwei verschiedene Bilder des Menschen in der Geistesgeschichte ausgesetzt sind. Denn die Konzeption des Menschen, die Nietzsche von seinem »Erzieher« übernimmt und mit der ganzen Raffinesse seiner psychologischen Analyse und der Macht seiner Rhetorik ausmalt, ist von Schopenhauer nicht erfunden worden. Der Mensch wurde in der Geschichte der Philosophie mindestens so oft als »höheres« Tier betrachtet, wie er als Eben-

---

1 Nietzsche, *KSA*, Bd. 11, 559. - Schopenhauer wird nach *ed. Löhneysen* zitiert.

2 Nietzsche, *KSA*, Bd. 9, 229.

3 cf. z.B. Löwith, *Hegel.*

bild eines höchst vollkommenen Gottes beschrieben worden ist. Edward Craig hat in seinem jüngsten Buch diese beiden Menschenbilder einander gegenübergestellt und die Bedeutung der Vorstellung vom Menschen als einem Abbild Gottes in der Philosophie des Geistes der Neuzeit untersucht. Craig hebt hervor, daß die Vorstellung vom Menschen als bedeutungslosem Teil der Natur (die er die »speck of dust«-These nennt,[4][5] entsprechend der Beschreibung unseres Planeten als eines Staubkorns an der Peripherie des Universums im Unterschied zur Erde als Zentrum der Welt und Wohnort der Ebenbilder des Schöpfers) mindestens ebenso einflußreich war, wie die Ebenbildsvorstellung, von ihm »similarity-thesis« genannt.[6] Ein Element der *similarity thesis* betrifft die Fähigkeit des menschlichen Geistes, absolute, also gottähnliche Gewißheit zu erreichen. Dies soll dem Menschen in der Mathematik und der *Selbsterkenntnis* möglich sein; auf diesen Gebieten kann die menschliche Erkenntnisfähigkeit, die Gott quantitativ zwar hoffnungslos unterlegen ist, der göttlichen Einsicht zumindest qualitativ gleichkommen.[7] Das Ideal mathematischer Wissenschaftlichkeit und die Erforschung der Struktur der Geistes kennzeichneten deshalb die Epoche, in der die Sichtweise des Menschen als Ebenbild Gottes die Philosophie dominierte und die in der Geschichtsschreibung meistens durch die Namen »Descartes« und »Hegel« eingegrenzt wird. Schopenhauers Denken markiert inhaltlich und methodisch den Wendepunkt, an dem die Herrschaft der *similarity thesis* in der neuzeitlichen Philosophie an ihr Ende kommt und die »naturalistische« Menschenbildannahme zusammen mit dem damit verbundenen Wandel im methodischen Selbstverständnis der Philosophie ihren Aufstieg nimmt.

---

4 Craig, *Mind.*

5 cf. Craig, *Mind*, 17.

6 Aus der Perspektive des Menschen als Abbild Gottes sind die Elemente der »naturalistischen Anthropologie« oft als »Kränkungen« beschrieben worden. Craigs Rede von der »speck of dust«-These greift dabei die kosmologische Kränkung heraus, die Schopenhauer in seiner Beschreibung der Welt als einer Kugel im unendlichen Raum mit einem »Schimmelüberzug lebender und erkennender Wesen« übernimmt. Neben der kosmologischen Kränkung werden häufig die psychologische und die biologische genannt: der Mensch als sich selbst täuschendes Wesen, dessen Fähigkeit zur Selbsterkenntnis beschränkt und fehlbar ist und als Tier in einer historischen Reihe mit den Würmern und Affen. Die psychologische und die biologische Kränkung sind bei Schopenhauer kaum voneinander zu trennen. Denn wenn man ihn – vor Darwin – als einen Vertreter der biologischen Kränkung betrachten will, so ist das nur über seine Interpretation der Tiergestalten und ihrer zweckmäßigen Organisation als Äußerungen des außerzeitlichen Weltwillens möglich, die mit einer Theorie der Entwicklung des lebendigen Gestalten schwer vereinbar ist. Cf. zu diesem Thema Schopenhauer, *WiN* und seine kritische Auseinandersetzung mit der Zoologie Lamarcks im Abschnitt »Vergleichende Anatomie«.

7 cf. Craig, *Mind*, 27ff.

II

Schopenhauers Interpretation des Verstandes als eines »Mittel[s] zur Erhaltung des Individuums und der Art so gut wie jedes Organ des Leibes«[8] veranlaßt ihn nicht dazu, die Erforschung des Intellekts als eine Sache der Zoologie zu betrachten. Vielmehr unterzieht Schopenhauer die Forschungsgegenstände der Zoologie einer metaphysischen Interpretation, indem er alle Mittel der Selbst- und Arterhaltung als Instrumente eines unpersönlichen Willens in der Natur betrachtet und so ein »Streben«, das die Naturwissenschaften seiner Zeit einfach als gegebenes Faktum hingenommen haben, einer weitergehenden Deutung unterwirft. Sofern Schopenhauer behauptet, »daß der Intellekt [...] wie Klauen und Zähne, nichts anderes als ein Werkzeug zum *Dienste des Willens* ist«,[9] betrachtet er einerseits auch den denkenden und erkennenden Menschen als ein natürliches Wesen, geht aber andererseits gleichzeitig über das Verständnis eines »natürlichen Wesens«, wie man es in den Naturwissenschaften findet, hinaus. Sein naturalistischen Menschenbild ist nicht durch die neuesten Erkenntnisse der Naturwissenschaft seiner Zeit begründet, und das Aufgeben der Idee des Menschen als eines freien und sich selbst vollständig transparenten Vernunftwesens bedeutet für Schopenhauer auch nicht, auf die Philosophie des Geistes zu verzichten und die Erforschung der Natur des Menschen den positiven Wissenschaften zu übergeben. Seine Sicht des Menschen als eines natürlichen Wesens ist vielmehr in einer *Metaphysik* der Natur begründet, die mehr für evident hält, als die Naturwissenschaften heute oder zu Beginn des neunzehnten Jahrhunderts zu behaupten bereit sind. Den Menschen als einen Teil der Natur anzusehen, bedeutet deshalb für Schopenhauer auch nicht – wie oft behauptet worden ist[10] – Materialismus. Denn sollte man den Naturwissenschaften unterstellen, daß es für sie in der Natur nichts gibt, als Materie, so müßte sie den Menschen insofern er ein natürliches Wesen ist, auch als einen materiellen Gegenstand betrachten, kaum aber als die Manifestation eines Willens. Eine solche Manifestation eines Willens ist aber für Schopenhauer jede materielle Struktur (und fast jede Erkenntnis).

Schopenhauer sieht seine Metaphysik der Natur nicht in einem Konflikt mit den Naturwissenschaften, im Gegenteil. Naturwissenschaft und Metaphysik der Natur »tun einander nie Abbruch; sondern gehn nebeneinander, den selben Gegenstand aus verschiedenem Gesichtspunkte betrachtend.«[11] Die verschiedenen Gesichtspunkte gegenüber den Gegenständen der Natur sind nach Schopenhauer im wesentlichen drei: Die Wissenschaft betrachtet die Natur entweder beschreibend als *Morphologie* oder erklärend als *Aetiologie*, den »Satz vom zureichenden Grunde« anwendend. Der Philosoph versucht

---

8 Schopenhauer, *WWV I*, 225.

9 ibid., 514.

10 cf. z.B. Schulz, *Anmerkungen*, 304.

11 Schopenhauer, *WWV I*, 209.

dagegen, die Erscheinungen der Natur zu *interpretieren*, die Natur als eine Schrift zu *dechiffrieren.* Für die Philosophie stellt die »ganze Natur [...] eine große Hieroglyphe« dar, »die einer Deutung bedarf«.[12] Die Naturwissenschaft verweise uns selbst in der Aetiologie auf Erscheinungen, »deren Bedeutung wir nicht verstehen und die uns völlig fremd sind«.[13] Aus diesem Defizit der Naturwissenschaften und dem vermeintlichen »metaphysischen (Deutungs-)Bedürfnis« des Menschen[14] ergibt sich nach Schopenhauer die Interpretationsaufgabe der Philosophie, die aber zu keiner wissenschaftlichen Fundierung oder Begründung der Naturwissenschaften führt. Vielmehr wird die philosophische Interpretation der Natur durch die Resultate der Naturforschung mit »Bestätigung« und »Stoff zu Anwendung und Beispielen« versorgt.[15]

III

Die Voraussetzung dieser Bestimmung des Verhältnisses von Naturwissenschaft und Philosophie ist, daß es in der Natur überhaupt etwas zu deuten gibt. Die Möglichkeit einer *Deutung* der Natur ergibt sich für Schopenhauer vor allem aus der Unterscheidung eines *Ansich* von einer Welt der *Erscheinungen*, die er von Kant übernimmt und für das größte Verdienst der Kantischen Philosophie erachtet.[16] Die Beschreibung des Verhältnisses von Ansich und Erscheinung als eines von Schrift und Deutung, die Schopenhauer in der Metaphysik der Natur vornimmt, ist allerdings nicht Kantisch. Schopenhauer muß aber die Natur als ein lesbares Buch betrachten, das der Mensch entziffern will und kann, wenn seine Metaphysik der Natur irgendeinen Inhalt haben soll, der über die Beschreibung der gesetzmäßigen Abhängigkeiten in der Erscheinungswelt, die die Naturwissenschaften liefern, hinausgeht. Der Rahmen, in dem das Bild von dem entzifferbaren Buch der Natur gewöhnlich entwickelt worden ist, schließt nun aber gerade die Vorstellung vom Menschen als Teil der Natur aus.[17] Der Leser eines Buches ist nur in den Ausnahmefällen idealistisch-romantischer Verwicklung (auf die gleich zurück zu kommen sein wird) Teil des von ihm studierten Textes. Gewöhnlich wird ein Buch als Botschaft von einem Autor (der von dem Buch ebenso verschieden

12 Schopenhauer, *MdN*, 64.

13 ibid., 66.

14 cf. Schopenhauer, *WWV II*, 206ff.

15 Schopenhauer, *WiN*, 189 bzw. Schopenhauer, *Nachlaß*, III, Nr. 116. Wie eine mögliche Falsifizierung der philosophischen Naturinterpretation durch die Naturwissenschaften aussehen kann, sagt Schopenhauer nicht. Er kann dies auch gar nicht sagen, da, wie unten noch deutlich werden wird, die Metaphysik der Natur imgrunde einer argumentativen Widerlegung unzugänglich ist.

16 »Kants größtes Verdienst ist die Unterscheidung der Erscheinung vom Dinge an sich« (Schopenhauer, *WWV I*, 564).

17 cf. Blumenberg, *Lesbarkeit.*

ist wie der Leser) an einen mehr oder weniger kompetenten Leser verstanden. Beim »Buch der Natur« ist dieser Autor Gott, und der Mensch ist als ein am göttlichen Geist partizipierendes Wesen der kompetente Entzifferer der göttlichen Botschaft. Als Teil der Natur kann der Mensch kaum ein kompetenter Leser sein, wenn er nicht dazu in der Lage ist, die Natur wenigstens zeitweise »zu verlassen« und sich auf einen priviligierten Standpunkt begeben kann, der ihm erlaubt, die Haltung eines externen Entzifferers einzunehmen. Es muß deshalb erstaunen, daß gerade Schopenhauer, eben noch als einflußreicher Exponent des naturalistischen Menschenbildes dargestellt, der den Verstand als ein Organ des Leibes bestimmt, die Aufgabe einer Metaphysik der Natur so faßt, daß diese imgrunde nur unter der Voraussetzung möglich ist, daß der Mensch als ein der Natur externes gottähnliches Wesen verstanden wird. Es scheint doch so, daß man nicht beides haben kann: ein Bild vom Menschen, das diesen als Teil der Natur sieht und eine von Menschen hergestellte Metaphysik, in der die Natur im ganzen interpretiert wird. Denn wie soll der Überblick über die Gesamtheit der Natur zustande kommen, die ja in ihrer Totalität nie Gegenstand der Erfahrung sein kann, wenn sich der Betrachtende nicht *außerhalb* von ihr postieren kann, auf einen gottähnlichen Standpunkt?

Aber Schopenhauer macht weder mit der »Interpretation von außen« noch mit dem naturalistischen Menschenbild wirklich ernst. Dies ist jedoch nicht ein Ergebnis vermeintlicher Inkonsequenz und Zeichen eines »ungenauen Denker[s]«,[18] sondern das notwendige Produkt von Schopenhauers Beschreibung der Methode der Wissenschaften als *Suche nach Gründen* und der Philosophie als *der Versuch die Welt zu deuten.*

IV

Was für eine Art von Buch haben wir nach der Schopenhauerschen Interpretation der Natur vor uns? Einen Autor, der uns mit diesem Buch eine Botschaft übermitteln will, gibt es nicht. Nur wenige Philosophen der Zeit Schopenhauers haben ihren Atheismus so offen geäußert, wie er selbst. Die Botschaft dieses autorlosen Buches ist schlicht und erstaunlich. Sie besteht darin, daß niemand etwas mit der Natur, inklusive der menschlichen Existenz intendiert hat, diese ist vielmehr ein ebenso bedeutungsloses Resultat eines »blinden Willens«, der auf nichts aus ist und nirgendwo herkommt, wie das Dasein der Steine, Disteln und Kröten. Blumenberg charakterisiert die Merkwürdigkeit des Unternehmens eines Atheisten, eine Interpretation der Natur zu liefern und das ernüchternde Resultat dieser Interpretation in der folgenden treffenden Weise:

> So erstaunlich es ist und so fatal es nach einer der zahllosen angebotenen Säkularisierungen klingt – es ist wieder ein Buch der Offenbarung, diesmal der ›des Willens‹, die ein Heil selbst dem Gläubigen nicht verspricht. Man

18 Schulz, *Anmerkungen*, 304.

> liest in ihr wie in einem Dekret von unfaßlicher Grundlosigkeit, aber doch mit der Faszination, die das verlangt, was einem eröffnet, woran man ist.[19]

Aber welchen Grund haben wir, jemandem, der uns eröffnen möchte, woran wir nun wirklich sind, zu glauben, wenn von vornherein ausgemacht war, daß der Verstand ein Organ wie jedes andere und jede Erkenntnis somit Teil der allgemeinen Überlebensstrategie ist? »Das Leben ist«, wie Schopenhauers Schüler Nietzsche festellte, »kein Argument«. Auch wenn es ohne irgendwelche »Glaubensartikel [...] Keiner zu [...] leben aushielte«, so sind diese Glaubensartikel »damit [...] nichts Bewiesenes«, denn »unter den Bedingungen des Lebens könnte der Irrthum sein«.[20] Nun ist es mehr als fraglich, ob wir die Schopenhauerschen »Glaubensartikel«, nach der die Natur die Erscheinung eines Willens ist, wirklich zum Überleben brauchen (eher doch wohl im Gegenteil, wenn wir die metaphysische Botschaft in ihren praktisch-asketischen Konsequenzen ernst nehmen). Aber davon einmal abgesehen, kann Schopenhauer unter seinen eigenen methodischen Voraussetzungen überhaupt ein Argument für seine Interpretation der Natur angeben? Erkenntnisse können als Teile von Überlebensstrategien argumentativ kaum abgewogen werden. Man muß abwarten, ob sie sich durch ihren Erfolg rechtfertigen. Deshalb führt das naturalistische Menschenbild in der Regel schnurstracks in einen pragmatischen Relativismus, in dem eine »Interpretation der Natur«, die über die in der Technik den Überlebenswert ihrer Erkenntnisse zu beweisen suchende Naturwissenschaft hinausgeht, gar keinen Sinn hat. Jeder Glauben ist unter diesen Vorraussetzungen so gut wie ein beliebiger anderer, wenn er seinen Gläubigen gleich gute Überlebenschancen verspricht.

V

Argumentative Begründungen wissenschaftlichen Anspruchs können nach Schopenhauer nur dort geliefert werden, wo der Satz vom zureichenden Grunde in einer seiner vier Varianten angewendet wird.[21] Aber in der für seine ganze Philosophie fundamentalen Erkenntnis des eigenen Leibes als einer Manifestation des Willens handelt es sich um eine »unmittelbare« Einsicht. Es gibt keine Möglichkeit, die Wahrheit, daß mein Leib Wille ist, zu beweisen; sie kann nicht

> [...] als mittelbare Erkenntnis aus einer andern unmittelbarern abgeleitet werden, eben weil sie selbst die unmittelbarste ist, und wenn wir sie nicht als solche auffassen und festhalten, werden wir vergebens erwarten, sie irgend mittelbar als abgeleitete Erkenntnis wiederzuerhalten.[22]

---

19 Blumenberg, *Lesbarkeit*, 233.

20 Nietzsche, *KSA*, Bd. 3, 477f.

21 cf. Schopenhauer, *SvG*.

22 Schopenhauer, *WWV I*, 160f.

Die Wahrheit des Satzes »mein Leib und mein Wille sind *eines*«[23] als grundlos unmittelbare und doch (bzw. gerade deshalb) absolut gewisse Einsicht übernimmt bei Schopenhauer genau die Funktion, die in der Tradition der Philosophie der Subjektivität die Wahrheiten über das Selbstbewußtsein hatten. Sie soll eine unhintergehbare Selbstbegründung seiner Philosophie »von innen« heraus leisten. Auch das Muster dieser Selbstbegründung ist ganz ähnlich dem, das man in der von der *similarity thesis* beherrschten Philosophie des deutschen Idealismus findet. Denn dort ist die unmittelbare und unkorrigierbar gewisse Wahrheit deshalb möglich, weil der sich selbst erkennende Menschengeist ein Abbild des göttlichen ist, am göttlichen Erkenntnisvermögen partizipiert. Bei Schopenhauer ergibt sich die unmittelbare und unkorrigierbare Gewißheit, die seine Philosophie begründet, aus der Tatsache, daß wir am Weltwillen partizipieren, daß wir selbst als intelligible Wesen Wille sind. Ja sogar inhaltlich lehnt sich Schopenhauers Idee des Weltwillens als des Ansichs aller Erscheinungen der Natur an die Konzeption des Willens als des »schlechthin Unbedingten« an, wie sie in Kants praktischer Philosophie zu finden ist und von Fichte und Schelling aus dieser aufgenommen wird. Allerdings ist die Analogie zum Denken der *similarity thesis* unvollkommen, denn der Wille als das Ansich der Welt, als die »Bedeutung« des Buches der Natur ist nicht dasselbe, wie der Autor des Welträtsels. Denn wir sind nach Schopenhauer, wenn wir unseren Leib als Willen erkennen, Leser und Bedeutung des Gelesenen in einem, – oder in der Leiberkenntnis fallen Subjekt und Objekt zusammen; ebenfalls ein in der idealistischen Tradition geläufiger dunkler Gedanke.

Doch die Erkenntnis des Leibes ist erst der Ausgangspunkt der Dechiffrierung der Natur. Diese soll ja vielmehr in Analogie zum Leib *durchgängig* als erscheinender Wille gedacht werden. Und auch für diesen Analogieschluß von unserem Leib auf die gesamte materielle Welt steht uns bei Schopenhauer keine begründende Argumentation zur Verfügung. Die Plausibilität der Analogie setzt vielmehr voraus, daß wir die Welt, indem wir sie erkennen, nicht mehr auf unseren individuellen Willen als dem Streben einer einzelnen Person beziehen, sondern »objektiv« betrachten und dann als Manifestation *des Willens* erkennen. Eine solche Erkenntnis, die nicht auf einen Schluß nach dem Satz vom Grunde beruht, setzt nach Schopenhauer *Genie* voraus. Nur das Genie ist in der Lage, die Welt nicht wie einen »Guckkasten« oder ein Schlachtfeld zu betrachten, das seinen persönlichen Interessen entspricht oder nicht, sondern »objektiv« zu erkennen und zu verstehen, wie es ist, die Dinge der Welt »zu sein«.[24] Die »normale« Welterkenntnis ist als Instrument eines individuellen Willens ein Überlebensmittel und hat als solches die Gegenstände ihrer Einsicht auf ihre das Überleben fördernde oder schädigende Aspekte hin zu betrachten, d.h. alle Erkenntnis ist normalerweise *interessegeleitet*. Schopenhauer glaubt aber, daß es auch eine *interesselose Erkenntnis*

23 Schopenhauer, *WWV I*, 161.

24 Schopenhauer, *WWV II*, 676.

gibt, in der die Dinge unabhängig von ihrem »Gebrauchswert« für ein bestimmtes Individuum erkannt werden; diese Erkenntnis ist die geniale, in der sich der Intellekt vom Willen löst: »Während dem gewöhnlichen Menschen sein Erkenntnisvermögen die Laterne ist, die seinen Weg beleuchtet, ist es dem Genialen die Sonne, welche die Welt offenbar macht«.[25]

Schopenhauers Genietheorie ist ein wichtiges Element in seiner Metaphysik des Schönen, es steht aber ganz außer Frage, daß er auch seine Philosophie als das Produkt genialer Einsicht und nicht als das Ergebnis wissenschaftlichen Schließens, also als konsequente Anwendung des Satzes vom Grunde betrachtet:

> Die [...] Erkenntnisweise, aus welcher alle echten Werke der Künste, der Poesie *und selbst der Philosophie* entspringen, ist es eigentlich, die man mit dem Namen des Genies bezeichnet.[26]

> Die Idee aber wird nur durch das Kunstwerk mitgeteilt, das ganze Wesen der Welt aber nur durch die Philosophie dargestellt. Darum ist Kunst, sowohl bildende als Poesie und Musik, *sodann Philosophie* der eigentliche Wirkungskreis des Genies.[27]

VI

Schopenhauers naturalistisches Menschenbild findet in der Einschätzung der Erkenntnisleistung des Künstlers und des Philosophen seine Grenze. Die unmittelbar gewisse Leiberkenntnis und ihre geniale Übertragung auf die Gesamtheit der Natur in der Weltdeutung des Philosophen können nicht mehr als Leistungen eines Verstandes im Dienste des Willens betrachtet werden. Anders als Nietzsche sucht Schopenhauer noch eine Möglichkeit für die Erkenntnis sich zumindest zeitweise aus ihrer Verwurzelung in der Natur zu befreien, und nur durch die Möglichkeit dieser Befreiung kann es eine Philosophie geben, die diese Verwurzelung der Erkenntnis im Willen begründeter Weise, wenn auch ohne Satz vom Grunde, festellen kann. Nur durch die Einschränkung seines naturalistischen Bildes der menschlichen Erkenntnisfähigkeit und das Postulat einer genialen Einsicht, in der sich der »Sinn« des Weltganzen einem Betrachter »offenbart« kann Schopenhauer dieses naturalistische Bild durch eine Metaphysik rechtfertigen. Durch wissenschaftliche Erkenntnis, die die Kausalketten in der Natur verfolgt oder die natürlichen Gestalten beschreibt, wäre eine solche Rechtfertigung des Naturalismus nach Schopenhauers eigenen methodischen Maximen nicht möglich gewesen. Schopenhauer kann deshalb seine eigene Metaphysik nicht als Wissenschaft in diesem Sinne (als Aetiologie oder Morphologie) verstehen. Aber obwohl er sie im Zusammenhang der Erkenntnis des Genies *in große Nähe* zur Kunst

25 Schopenhauer, *WWV I*, 269.

26 Schopenhauer, *WWV II*, 484f; meine Hervorhebung.

27 Schopenhauer, *MdSch*, 82; meine Hervorhebung.

bringt, betrachtet er Metaphysik deshalb nicht als Kunst. In Abgrenzung von Kant beschreibt er seine Philosophie als »Wissenschaft in Begriffen«, während die Kantische »Wissenschaft aus Begriffen« sei. Die Beschreibung seiner Metaphysik als »Begriffsdichtung« wäre, ohne pejorativ gemeint zu sein, auf dem Hintergrund der Konzeption von Philosophie als »genialer Weltdeutung« wohl ebenso angemessen. Allerdings nur, wenn man diese Charakterisierung nicht mit dem Gedanken der »Unverbindlichkeit« in Zusammenhang bringt. Denn Schopenhauer meint, in der Leiberkenntnis einen »archimedischen Punkt« gefunden zu haben, ähnlich wie Descartes in seinem »cogito«, von dem aus eine Rechtfertigung der Wahrheit seiner »Dechiffrierung der Natur« möglich ist und die Walter Schulz eine »anthropologische« Begründung der Metaphysik genannt hat.[28] Der Begriff »anthropologisch« und Schulz' Kennzeichnung, daß eine solche »Begründung« der Tradition »entgegengesetzt« sei, verdeckt jedoch die Tatsache, daß Schopenhauer seine Sicht des Verstandes als Überlebensinstrument nur mit einer Erkenntnisoperation, die *keinem* Überlebensinteresse dient und einem durchaus traditionellen Muster folgt, rechtfertigen kann. Gerade im Muster der Erkenntnis des Leibes als Willen, bleibt Schopenhauer der traditionellen idealistischen Philosophie verhaftet. Man darf sich hier nicht durch den besonderen Ort, an dem er den archimedischen Punkt seiner Metaphysik findet, täuschen lassen. Schopenhauer mußte vor der Selbstanwendung seiner naturalistischen Überlegungen zur Erkenntnis zurückschrecken und nicht – wie Schulz meint – »die Gestalt der frühen Metaphysik« aufgeben,[29] wollte er seine eigene Metaphysik nicht dem Relativismus der verschiedenen Erkenntnisperspektiven angesichts der Mannigfaltigkeit der Überlebensstrategien ausliefern; er mußte deshalb mit zwei Menschenbildern operieren: dem gewöhnlichen Menschen als verständigem Tier und dem Genie als objektivem »Weltauge«. Allerdings erscheinen diese beiden Menschenbilder nicht getrennt voneinander bei Schopenhauer. Er geht vielmehr grundsätzlich davon aus, daß sich aus dem Todesbewußtsein des Menschen ein Bedürfnis nach Metaphysik ergebe, nach einer »Interpretation des Daseins«, das den Menschen zu einem »*animal metaphysicum*« mache.[30] Die Differenz vom Menschen als Tier zum Menschen als Genie scheint von Schopenhauer dabei als eine *graduelle* verstanden worden zu sein:

> Aus der Ruhe des Blickes der Tiere spricht noch die Weisheit der Natur; weil in ihnen der Wille und der Intellekt noch nicht weit genug auseinandergetreten sind. [...] So hängt hier die ganze Erscheinung noch fest am Stamme der Natur, dem sie entsprossen [...]. Je niedriger ein Mensch in intellektueller Hinsicht steht, desto weniger Rätselhaftes hat für ihn das Dasein selbst. [...] Dies beruht darauf, daß sein Intellekt seiner ursprünglichen Bestimmung, als Medium der Motive dem Willen dienstbar zu sein, noch ganz treu geblieben

---

28 »Die Metaphysik wird nun von Schopenhauer in einer ganz der Tradition entgegengesetzen Weise anthropologisch begründet.« (ibid.).

29 Schulz, *Anmerkungen.*

30 Schopenhauer, *WWV II*, 207.

> und deshalb mit der Welt und Natur als integrierender Teil derselben eng verbunden, folglich weit entfernt davon ist, sich vom Ganzen der Dinge gleichsam ablösend, demselben gegenüberzutreten und so einstweilen als für sich bestehend die Welt rein objektiv aufzufassen.[31]

Letzteres geschieht dann allerdings in der Philosophie, in der sich das Genie vom »Weltganzen löst« und dieses objektiv anschaut. Zwar kommt dabei nicht ein »Weltgeist« »zu sich selbst«, aber immerhin das »Wesen der Natur« als Weltwille »zur Besinnung« und »wundert« sich »über seine eigenen Werke und frägt sich, [...] was es selbst sei«.[32]

Schopenhauer mußte also die Erkenntnis des Leibes als Willen nicht als einen Schluß von einer Erscheinung auf eine andere konstruieren, sondern als eine intuitive absolute Gewißheit verstehen, eine Art »zu-sich-selbst-Kommen der Natur«, ganz entsprechend der Selbsterkenntnis des Bewußtseins oder Denkens in der Tradition. Durch diese Zwiespältigkeit in der Einschätzung der menschlichen Erkenntnis, die normalerweise durch den Willen »stets verunreinigt« und immer interessegeleitet ist, beim Genie aber als »reine Flamme« unabhängig vom Willen ihr objektives Licht auf die Welt wirft,[33] markiert Schopenhauers Philosophie genau den Wendepunkt von der Philosophie absoluter Gewißheit der gottähnlichen Subjektivität zur Mannigfaltigkeit nützlicher Fabeln, die sich die Tiere ersinnen, die hauptsächlich mit Hilfe ihres Verstandes ihr Überleben zu sichern versuchen.

---

31 ibid., 206f.

32 ibid.

33 cf. Schopenhauer, *MdSch*, 71.

Friedrich Nietzsches reife philosophische Kritik an Schopenhauer
Elf Thesen über die Kritik der Metaphysik

Endre Kiss *(Budapest)*

Friedrich Nietzsches Verhältnis zu Arthur Schopenhauer läßt sich im Rahmen eines Aufsatzes nicht umfassend und vollständig wiedergeben. Allein die Dauer und die Intensität von Nietzsches enthusiastisch-schülerischer Einstellung Schopenhauer gegenüber bewirken, daß die für die Forschung entscheidend wichtigen Einzelheiten nicht nur in großer Zahl und aus verschiedenen Phasen seiner philosophischen Entwicklung vorliegen, sondern in ihrer Widersprüchlichkeit nicht selten auch mehrere Interpretationen zulassen. In seiner frühen Fixierung auf Schopenhauer gilt Nietzsche jedoch nicht als Einzelfall, sondern vielmehr – aus historischer und wissenssoziologischer Sicht betrachtet – als Durchschnitt[1] seiner Generation und der nachrevolutionären Philosophie überhaupt. Dies ist gleichbedeutend damit, daß für ihn in den sensibelsten Jahren seiner geistigen Entwicklung Arthur Schopenhauer mit Notwendigkeit als öffentlich breit anerkannter Repräsentant *des* Philosophen gelten mußte. Der bloße Umfang des diese Verbindung zwischen Friedrich Nietzsche und Arthur Schopenhauer dokumentierenden Materials hält die Forschung unserer Tage sichtbarerweise davor zurück, sie direkt zu thematisieren, was eine um so merkwürdigere Tatsache ist, weil die Nietzsche-Forschung der ersten Jahrzehnte noch weitgehend im Banne dieser Verbindung stand. Die neue Situation ist aber zweifellos auch Ergebnis der sich verschiebenden Schwerpunkte der Nietzsche-Forschung: Nietzsches Philosophie löste sich von Schopenhauer und läßt sich adäquater und optimaler im Kontext eines Friedrich Albert Lange oder Eugen Dühring sinnvoll untersuchen. Das Zentrum der Nietzsche-Forschung entfernte sich entsprechend von der ursprünglichen Fixierung auf Schopenhauer, ohne daß ein im Lichte gerade dieser Forschungen ›umgewertetes‹ Gesamtbild der *wirklichen* Beziehung zwischen Nietzsche und Schopenhauer in Sicht wäre. Vor diesem Hintergrund soll hier der Versuch gemacht werden, Nietzsches endgültigen philosophischen Abschied von Schopenhauer einerseits zu thematisieren und andererseits in den wichtigsten Zügen auch philosophisch zu deuten.

Nietzsches endgültige Überwindung Schopenhauers finden wir in *Menschliches-Allzumenschliches*. Zwar umfaßt Nietzsches sich dynamisch in der Zeit bewegende Schopenhauer-Rezeption darüber hinaus auch noch zahlreiche weitere Aspekte sowie spätere Hinweise auf ihn – im wesentlichen hört er ja nie auf, Schopenhauer zu reflektieren –, jedoch enthält dieses Werk

---

1 cf. Kiss, *Két*, 3. Diese Arbeit befaßt sich mit der Rekonstruktion der Hauptlinien der Philosophie in den 50er und 60er Jahren des vorigen Jahrhunderts, in der sich der junge Nietzsche – auch in seiner Fixierung auf Schopenhauer als *den* einzig zeitgemäßen und plausiblen Philosophen – als typischer Vertreter seiner Generation erweist. – Schopenhauer wird nach *ed. Hübscher* zitiert.

die Antwort der reifen Philosophie Nietzsches auf die *essentielle* Problematik, die die Philosophie Schopenhauers zweifellos enthält.

Nietzsches Schopenhauer-Kritik im Ersten Hauptstück von *Menschliches-Allzumenschliches* läßt sich in zwei Teile zerlegen, deren einzelne Aspekte einerseits als direkte sachlich-philosophische Kritik und andererseits als verstehende, metaphilosophische Erklärung der Schopenhauerschen Philosophie interpretiert werden können.

Die Schopenhauer-Kritik gewinnt für Nietzsche (und für uns) noch zusätzlich an Bedeutung, wenn sie zu einer Kritik der Metaphysik ausgebaut wird. Nietzsche praktiziert diese analytische Methode, in der die Kritik an einem konkreten anderen Denker mit der Kritik des rekonstruierten Denktypus wie untrennbar verbunden ist, auch an anderen Stellen seines Werkes mit besonderer Vorliebe. Sowohl in der philosophisch-gegenständlichen Kritik, wie auch in den die idealtypische metaphysische Position wissenssoziologisch erklärenden Thesen, bleibt Nietzsche weitgehend auf das Werk Schopenhauers fixiert, nimmt aber die einzelnen Momente aus diesem Werk zum Anlaß, durch sie die idealtypischen Züge *des* metaphysischen Denkens zu kritisieren.

Die philosophisch-gegenständliche Kritik Nietzsches an Schopenhauer beziehungsweise an der Metaphysik läßt sich in *elf* Thesen zusammenfassen. Die einzelnen Thesen Nietzsches werden hier seinem Wortlaut entsprechend wiedergegeben, also nicht nur in ihrem Gehalt, sondern auch in ihren Formulierungen, was in Anbetracht der Veränderungen der philosophischen Terminologie von großer Bedeutung sein dürfte.[2]

Die elf Thesen gegen Schopenhauer und die Metaphysik sind die folgenden:

1. Die Metaphysik erklärt ›Entstehen‹ nicht. Diese Einsicht läßt sich an mehreren Stellen des Schopenhauerschen Werkes verifizieren. Es scheint, daß der aktuelle Kontext im Ersten Hauptstück von *Menschliches-Allzumenschliches* insofern richtungsgebend ist, daß er eine Feststellung über das Entstehen des Guten und des Bösen, d.h. über die genealogische Problematik der Moral enthält. Nietzsche thematisiert hier das Versäumnis Schopenhauers, den *Ursprung* des Guten bzw. des Bösen anzugeben. Zwar findet sich gelegentlich ein genealogisch ausgerichteter Satz über die Moral im Werk Schopenhauers,[3] jedoch kann nicht übersehen werden, daß ein genereller Zug der Antihistorizität und der Mangel an positiv genealogischer Sichtweise für Schopenhauers Philosophie zweifellos charakteristisch ist.

---

2 Da Nietzsches theoretische Sprache durchaus fern von der unsrigen steht, besteht gesteigert die Gefahr, daß die Interpretation durch sprachliche Transposition arbeitet. Aus diesem Grund sollten möglichst die ursprünglichen Begriffe und Wendungen in *die* Rekonstruktion eingearbeitet werden. Dieses Problem war und ist für die Nietzsche-Interpretation von genereller Bedeutung. Die sprachliche Ferne Nietzsches von der bald sich herauskristallisierenden neuen philosophischen Terminologie hat *auch* verhindert, daß viele seiner neuen theoretischen Ansätze gleich als solche verstanden wurden.

3 Über die Genesis des Gottesbewußtseins, Schopenhauer, *PuP I*, 120.

2. Die Metaphysik sieht den Menschen methodisch nicht *historisch* an. Diese These der Kritik kann als eine verallgemeinernde Fortführung der ersten aufgefaßt werden.

3. Künstler und metaphysisch eingestellte Menschen produzieren Irrtümer. Die Grundlage des Arguments liegt zwar in den Tiefen der philosophischen Konzeption Nietzsches, aber auch ohne eine gründliche und detaillierte Erschließung derselben muß es klar werden, daß beide Attribute auch auf Schopenhauer persönlich zutreffen. Nicht nur gilt Schopenhauer als ein ›Metaphysiker‹ par excellence, der gerade in dieser seiner Einstellung notgedrungen Irrtümer produziert (indem er beispielsweise zugunsten des universalen Geltendmachens metaphysischer Seinsgesetze szientistisch bereits nachgewiesene Thesen verwirft bzw. ignoriert), er ist auch Urheber einer Kunst- und Metaphysik, die den Künstler mit jener Wahrheitsfähigkeit ausstattet, die Nietzsche in dieser Zeit schon einzig dem Wissenschaftler, dem positiven Forscher zuschreibt. Unter diesem Aspekt produziert der Künstler ebenso notgedrungen Irrtümer (in einem nicht-trivialen Sinne) wie der Metaphysiker.

4. Die religiösen, moralischen und ästhetischen Phänomene bilden nur die Oberfläche der wesenhaften Zusammenhänge der Welt. Die These ließe sich zwar mit Schopenhauers Willensmetaphysik vereinen, gegen ihn richtet sich aber in expliziter Form Nietzsches Ablehnung des Metaphysischen. Religion, Moral und Kunst können bei Nietzsche *gerade* nicht in eine Metaphysik integriert werden, sie selber gelten als letzte Reservate metaphysischen Denkens.

5. Die Metaphysik liest aus dem Buch der Natur einen doppelten Sinn heraus, indem sie ›hinter‹ den Erscheinungen ein metaphysisches Wesen voraussetzt. Die These trifft auf Schopenhauers Willensmetaphysik restlos und idealtypisch zu, und es kann sogar mit einiger Sicherheit angenommen werden, daß diese *erste* vollgültige neuzeitliche positive Metaphysik als eines der wirksamsten Vorbilder dieser These fungierte.

6. Die Existenz einer (das metaphysische Weltbild bekräftigenden) anderen Welt kann – in aller Zuspitzung formuliert – empirisch nicht ausgeschlossen werden. Gesetzt aber den Fall, daß sie existiert, so wird es sich bald zeigen, daß ein wahrhaftes Erkenntnisinteresse gegenüber der Metaphysik nicht existiert. Die ›reine‹, unvermittelte Problematik der Metaphysik interessiert uns, so Nietzsche, letzten Endes aus vitalen Gründen. Dieses Argument Nietzsches richtet sich insofern gegen Schopenhauer, als es auch dessen ›wahres‹ Erkenntnisinteresse an der Metaphysik letzten Endes als ›vitales‹ Interesse entlarvt. Um so merkwürdiger erscheint die Übernahme des von Schopenhauer so akzentuiert in den Mittelpunkt gestellten ›metaphysischen Bedürfnisses‹, wodurch Metaphysik plötzlich als Produkt eines streng genommen ›positiven‹ Bedürfnisses angesehen wird. Dieses Argument leugnet also einfach die Existenz eines Erkenntnisinteresses der Metaphysik gegenüber.[4]

4 Da die positivistische Begründung der Metaphysik durch ›Bedürfnis‹ und die logische Begründung derselben die mangelnde Kohärenz bei Schopenhauer deutlich signalisieren, so spitzt diese Nietzschesche Kritik auch das Kohärenzproblem bei Schopenhauer deutlich zu.

7. Die (formale) Logik beruht auf Voraussetzungen, denen in der Wirklichkeit nichts entspricht. Die gegen Schopenhauer gerichtete Seite dieses Arguments bezieht sich auf die wohlbekannte Favorisierung der formalen Logik bei diesem, die auf diese Art mit der Metaphysik gut zusammengehen kann.[5] Metaphysisches Denken und eine theoretische Favorisierung der formalen Logik können durchaus zwei Seiten derselben Medaille sein.

8. Es gibt keinen freien Willen – darin stimmt Nietzsche mit Schopenhauer überein. Nietzsches Begründung dieser These ist aber grundverschieden von derselben Schopenhauers. Während die positiven Motive bei Schopenhauer in eine Metaphysik integriert und systematisiert sind, begründet Nietzsche dieselbe These auf der genau entgegengesetzten Grundlage. Die einzelnen real-positiven Motive werden bei ihm in keine Metaphysik integriert, sondern sie bilden reale Komplexe, die vielfach in ihrer Realkausalität ineinander übergehen.

9. Kein gewöhnliches, geschweige denn triviales Argument gegen Schopenhauer, sondern eine explizite Verallgemeinerung und eine direkte Qualifikation dieser Philosophie als Metaphysik ist die Aussage, daß diese metaphysische Struktur zumindest idealtypisch von *religiösem Ursprung* ist:

> [...] auch in unserem Jahrhundert bewies Schopenhauer's Metaphysik, dass auch jetzt der wissenschaftliche Geist noch nicht kräftig genug ist: so konnte die ganze mittelalterliche christliche Weltbetrachtung und Mensch-Empfindung noch einmal in Schopenhauer's Lehre, trotz der längst errungenen Vernichtung aller christlichen Dogmen, eine Auferstehung feiern.[6]

10. Schopenhauers Philosophie und *die* Metaphysik sind identisch gesetzt auch in der generellen Kritik eines Denkens, welches mit Optimismus und Pessimismus arbeitet. Nietzsche weist nach, daß schon diese Fragestellung selbst metaphysischen Ursprunges ist.

11. Nicht die Welt als Ding an sich, sondern sie als Vorstellung ist reich, bedeutungsreich. Die gegen Schopenhauer gerichtete Spitze dieses Arguments bewahrheitet sich, wenn man an Schopenhauers Willen als ›Ding an sich‹ denkt. In direktem Gegensatz dazu legt Nietzsche das Schwergewicht des allgemeinen, aber auch des philosophischen Interesses auf jenen Sektor, der bei Schopenhauer eben das Phänomen ist.

Die elf, in thesenhafter Form leicht subsumierbaren Aussagen Nietzsches gegen Schopenhauer ergeben das Gerüst einer kohärenten philosophischen Konzeption sowohl im Kritisch-Negativen, wie auch im Konstitutiv-Positiven. Transformiert man nämlich die einzelnen Thesen in Sätze höheren Abstraktionsgrades, so erweist sich Schopenhauers Denken:

a) als unhistorisch;

b) die Objektivationen Religion, Moral und Ästhetik erweisen sich als

---

5 Ein entscheidendes Beispiel bei Schopenhauer für die von Nietzsche bekämpfte Einstellung: »Vollkommen reine Vernunfterkenntnis gibt es sogar keine andere, als die vier Sätze, welche ich metalogische Wahrheit [!] beigelegt habe [...] « (Schopenhauer, *WWV I*, 59).

6 Nietzsche, *KSA*, Bd. 2, 47.

inauthentisch und historisch überholt auf einer Basis der die Wissenschaftlichkeit streng reflektierenden philosophischen Sicht;

c) die sich sowohl bei Schopenhauer, wie auch in jeder metaphysischen Denkart artikulierende Vorstellung von ›zwei Welten‹ wird entlarvt und abgelehnt;

d) auch die formalen Grundlagen des (metaphysischen) Denkens werden relativiert (Beispiel: Logik);

e) Schon die einfache Fragestellung von Optimismus und Pessimismus wird als illegitim, weil überholt beseitigt;

f) die szientistisch motivierte Ablehnung des freien Willens löst das Individuum aus einer metaphysischen Fixierung heraus, deren Sinn offen oder verdeckt moralisch war;

g) von einer höheren wissenssoziologischen Ebene wird das autochthone Erkenntnisinteresse an metaphysischen Fragestellungen in Zweifel gezogen.

Die Transformation der aus der Schopenhauer-Kritik Nietzsches gewonnenen sachlichen Argumente in eine einheitlichere philosophische Sprache und Anschauung führt somit zur Rekonstruktion eines kohärenten philosophischen Ansatzes von Friedrich Nietzsche.

Nietzsche aber begnügt sich nicht mit einer sachlich-theoretischen Kritik, er will Schopenhauer (und den metaphysischen Standpunkt) auch *verstehen*. Er führt in diesem Zusammenhang vier Einsichten an, aus denen zwei im wesentlichen denselben Gehalt artikulieren. Sie *erklären* die auch für Schopenhauer charakteristische metaphysische Einstellung durch den bewußten (oder eben unbewußten) Willen des metaphysisch denkenden Philosophen, sich selber als ›wesenhaft‹ erscheinen zu lassen, seiner eigenen Existenz ›Tiefe‹ und ›Bedeutung‹ zu verleihen. Ohne Zweifel geht es dabei um ein nicht-immanentes, sondern äußerliches Motiv, welches geradezu geeignet ist, von dieser höheren wissenssoziologischen, erklärenden, gleichzeitig aber entlarvenden Warte aus erschlossen zu werden. Ein zweites, von Nietzsche genanntes Motiv ist, daß der Metaphysiker schwer erträglichen, ›unangenehmen‹ Momenten des Daseins eine hohe Bedeutung verleihen kann, womit er – führt man diesen Gedankengang fort – von der unmittelbaren Last derselben befreit wird. Und letztlich weist Nietzsche auf den Ursprung der Metaphysik hin, wodurch die archaischen Überbleibsel des metaphysischen Bewußtseins an den Tag gelegt werden können.

Die abschließende und zusammenfassende These ist, daß die reife philosophische Kritik Nietzsches an Schopenhauer eine wahre philosophische Wendung gewesen ist, die als solche ihrerzeit nicht zur Kenntnis genommen worden ist. Uns bleibt nichts anderes übrig, als die philosophischen Ansätze dieser Wendung wieder in den Griff zu bekommen und ihre Werte nicht nur historisch zu rekonstruieren, sondern auch in die Diskussion unserer Tage aufzunehmen.

II. Ästhetische Weltbilder in Kunst und Literatur

Die Überschrift des dritten Buches der »Welt als Wille und Vorstellung«

Wolfgang Frhr. von Löhneysen *(Berlin)*

»Zum Leitstern seiner Bestrebungen soll man nicht Bilder der Phantasie nehmen, sondern deutlich gedachte Begriffe«.[1] Mit diesem Satz aus den hinreichend populären *Aphorismen zur Lebensweisheit* leite ich diese Abhandlung ein, die die Überschrift des dritten Buches der *Welt als Wille und Vorstellung* interpretieren wird.

Die Überschrift lautet: »Der Welt als Vorstellung zweite Betrachtung – Die Vorstellung, unabhängig vom Satz des Grundes – Die Platonische Idee – Das Objekt der Kunst.« Dem Buch wird ein Zitat aus Platons *Timaeus* vorangestellt: »Was ist das ewig Seiende, welches keine Entstehung hat, und was ist das Entstehende und Vergehende, in Wahrheit aber niemals Seiende?« Dadurch erhält die Kunst einen ungewöhnlichen Stellenwert, den ihr Platon nicht gegeben hätte. Ja, Schopenhauer stellt die Kunst der Philosophie gleich, die ihrerseits

> nicht ohne weiteres der Betrachtung, die der Satz vom Grunde heischt, nachgeht, sondern zuvörderst diesen selbst zum Gegenstande hat. Sie ist als der Grundbaß aller Wissenschaften anzusehn, ist aber höherer Art als diese und der Kunst fast so sehr als der Wissenschaft verwandt.[2]

Wenn auch die Floskeln »nicht ohne weiteres« und »fast so sehr« die Aussage abschwächen, bleibt für die Kunst entscheidend, daß sie keine Wissenschaft sein kann und die Beschäftigung mit ihr keine Wissenschaft ist oder sein soll. Die Kunst wird frei und steht außerhalb der ihr sonst gegebenen Bedingungen praktischer oder soziologischer Art – eine der Gründe, weshalb Schopenhauer auf Künstler und Schriftsteller nachhaltig gewirkt hat – bezeichnender Weise wenig auf Wissenschaftler im engeren Sinn.

Nun hat aber, nach Schopenhauer, jede Wissenschaft ihre je eigene Philosophie. »Empirische Wissenschaften, rein ihrer selbst wegen und ohne philosophische Tendenz betrieben, gleichen einem Antlitz ohne Augen«.[3] Zwar wird der Kunsthistoriker, der ich von Hause aus bin, die Beschäftigung mit der Kunst stets als eine Sache weit gedehnter Empirie anerkennen müssen, wenn er auch weiß, daß seine Erfahrung immer weniger weit reicht, als sie reichen müßte. Und doch wäre dies nur die halbe Wahrheit oder ein ganzes Mißverständnis, denn Schopenhauer verlangt ja, daß alle empirischen Wissenschaften mit philosophischer Tendenz betrieben werden. Doch die Kunst findet in seinem System weder als Schaffen noch als Gegenstand der Forschung bei den empirischen Wissenschaften ein Unterkommen. Trotzdem:

---

1 Schopenhauer, *PuP II*, 535. – Schopenhauer wird (mit Ausnahme *MdSch*) zitiert nach *ed. Löhneysen.*

2 Schopenhauer, *WWV II*, 166.

3 ibid., 167.

auch die Kunstgeschichte sollte als Wissenschaft vor dem Horizont der Philosophie betrieben werden. Doch das ist ein anderes Thema. Kunst ist also der Philosophie verwandt.

Das dritte Buch des Schopenhauerschen Hauptwerks ist eine Steigerung des ersten Buches, in dem alle Vorstellungen nach dem Satz vom Grunde analysiert werden – Vorstellungen also, die sich von der anderen Seite des Erkennens im Selbstbewußtsein als Objektivationen des Willens herausstellen und als Objekte der Erfahrung und Wissenschaft bezeichnet werden. All diese Objektivationen werden zum Objekt für ein Subjekt. Im dritten Buch wird, schon in der Überschrift, die Idee selbst zum Objekt, obgleich sie »unverändert als die eine selbe stehn« bleibt und der »Satz vom Grunde für sie keine Bedeutung hat«, während alle anderen Objekte fortgesetzter Veränderung in der Zeit ausgesetzt sind. »Wenn daher die Ideen«, argumentiert Schopenhauer, »Objekt der Erkenntnis werden sollen; so wird dies nur unter Aufhebung der Individualität im erkennenden Subjekt geschehn können«.[4] Denn hinter der Idee steht kein Wille, der sie zum Objekt macht oder sich in ihr objektiviert, also muß sich das erkennende Subjekt seinerseits vom Willen lösen und, logischer Weise, seine individuelle Isolation überwinden. Das ist eigentlich eine außerordentliche und gesteigerte Bejahung des Individuums und nur durch Anstrengung des Willens möglich. Diese individuelle Isolation des Erkennens und Wollens wird aber im ›Versuch über das Geistersehen‹ als eine Leistung bezeichnet, die »nur metaphysisch begreiflich, physisch« jedoch »eine Unmöglichkeit« ist.[5] Denn: »Aus seiner Individualität kann keiner heraus« [380], weil sie eine Erscheinung, eine Objektivation des Willens ist. Zur Auffassung der Platonischen Idee ist es aber erforderlich, daß das »willenslose Subjekt des Erkennens [...] eine reine Intelligenz ohne Absichten und Zwecke habe. Dadurch verschwindet beim Eintritt einer ästhetischen Auffassung der Wille ganz aus dem Bewußtsein« [490f], er wird nicht verneint – das ist das Problem des vierten Buches –, sondern nur aus dem Bewußtsein eliminiert, damit sich der Intellekt, frei von allen Zwecken, zur Vorstellung der Idee erheben und dem Genuß des Schönen hingeben kann: »weil aber dies die Menschen meistens nicht können, sind sie zur rein objektiven Auffassung der Dinge, welche die Begabung des Künstlers ausmacht, in der Regel unfähig« [391]. Der ästhetische Genuß ermöglicht also die Auffassung der Platonischen Idee, dem *Künstler* muß sie eigentümlich sein, weil er das Wesen alles Erscheinenden erkennt, und das ist die Idee. Der *Betrachter* überwindet im ästhetischen Genuß den Willen,

> der das eigentliche Selbst ausmacht; [...] so ist mit dem Zurücktreten dieser Seite des Bewußtseins zugleich alle Möglichkeit des Leidens aufgehoben, wodurch der Zustand der reinen Objektivität der Anschauung ein durchaus beglückender wird.[6]

4 Schopenhauer, *WWV I*, 246.

5 Schopenhauer, *PuP II*, 362.

6 Schopenhauer, *WWV II*, 475.

Was der Künstler vor seinem Schaffen leisten muß, erlebt der Betrachter im Nachhinein, am Werk, aber auch vor der Natur. Die Voraussetzungen sind bei beiden Phänomenen gleich, die künstlerische Tätigkeit, die wir als Leistung bezeichnen, bleibt allerdings im Verborgenen.

Wesentlich gehört – so wieder Schopenhauers Argumentation – solche Erkenntnisweise noch dem Selbstbewußtsein an, bleibt also noch subjektiv. Um die reine Erkenntnis der Idee zu haben, bedarf es daher der Selbstverleugnung, ja der Interesselosigkeit, die ein Genie auszeichnet. Dies erreicht der dafür Begabte durch

> die Spannung und Empfänglichkeit des zerebralen Nervensystems, jedoch ohne Erregung irgendeiner Leidenschaft [...]. Man denke hiebei nicht an geistige Getränke oder Opium: vielmehr gehört dahin eine ruhig durchschlafene Nacht, ein kaltes Bad und alles, was durch Beruhigung des Blutumlaufs und der Leidenschaftlichkeit der Gehirntätigkeit ein unerzwungenes Übergewicht verschafft.[7]

Das wird dann

> endlich jenen Zustand der reinen Objektivität der Anschauung herbeiführen, welcher von selbst den Willen aus dem Bewußtsein eliminiert und in welchem alle Dinge mit erhöhter Klarheit und Deutlichkeit vor uns stehn.[8]

Das Bewußtsein des eigenen Selbst entschwindet, Unbewußtes tritt an den Tag. Wir haben die Psychologisierung der künstlerischen Tätigkeit vor uns und dennoch keinen Einblick in das Schaffen selbst.

Schopenhauer erklärt diese Willenlosigkeit des Bewußtseins noch einmal:

> Nur wann der Wille mit seinen Interessen das Bewußtsein geräumt hat und der Intellekt frei seinen eigenen Gesetzen folgt [man beachte den Begriff des ›Gesetzes‹, W.v.L.] und als reines Subjekt die objektive Welt abspiegelt, dabei aber doch, obwohl von keinem Wollen angespornt, aus eigenem Triebe in höchster Spannung und Tätigkeit ist, treten Farbe und Gestalt der Dinge in ihrer wahren und vollen Bedeutung hervor [...].

Eine Zwischenbemerkung ist angebracht: wie kann der Intellekt ohne Willen »aus eigenem Triebe in höchster Spannung und Tätigkeit« sein? Ist dies nicht eine merkwürdige, intellektualisierte Willensmetaphysik, die noch dazu, wie wir hörten, »physisch« gar nicht geleistet werden kann? Doch weiter Schopenhauer:

> [...] aus einer solchen Auffassung allein also können echte Kunstwerke hervorgehn, deren bleibender Wert und stets erneuerter Beifall eben daraus entspringt, daß sie allein das rein Objektive darstellen, als welches den verschiedenen subjektiven und daher entstellten Anschauungen als das ihnen allen Gemeinsame und allein Feststehende zum Grunde liegt und durchschimmert als das gemeinsame Thema aller jener subjektiven Variationen.[9]

---

7 ibid., 474.

8 ibid., 474f.

9 ibid., 482.

Dies ist also die Leistung oder auch die Fähigkeit des Subjekts. Was ist ihm gegenüber die Platonische Idee? Sie wird im Text mit dem Kantischen ›Ding an sich‹ gleichgesetzt, aber auch mit dem, was Schopenhauer den Willen genannt hat. Diese philosophische Dreieinigkeit entscheidet über das ganze System, obgleich der Wille ein in allen und allem Wirkender ist, das sich objektiviert, das Ding an sich aber eine Abstraktion darstellt, die sich der Erkenntnis entzieht, und die Idee in die Erscheinung tritt – ein bemerkenswertes Amalgam. Weil aber »Idee und Ding an sich nicht schlechthin eines und dasselbe« sind, unterscheidet Schopenhauer, um die Identität, bzw. die Analogie aufrechtzuerhalten, folgendermaßen:

> [...] vielmehr ist uns die Idee nur die unmittelbare und daher adäquate Objektität des Dinges an sich, welches selber aber der *Wille* ist, der Wille, sofern er noch nicht objektiviert, noch nicht Vorstellung geworden ist.[10]

> Die Platonische Idee hingegen ist notwendig Objekt, ein Erkanntes, eine Vorstellung, und ebendadurch, aber auch nur dadurch vom Ding an sich verschieden. Sie hat bloß die untergeordneten Formen der Erscheinung, welche alle wir unter dem Satz vom Grunde begreifen, abgelegt oder vielmehr: ist noch nicht in sie eingegangen; aber die erste und allgemeinste Form hat sie beibehalten, die der Vorstellung überhaupt, des Objektseins für ein Subjekt. Die dieser untergeordneten Formen (deren allgemeiner Ausdruck der Satz vom Grunde ist) sind es, welche die Idee zu einzelnen und vergänglichen Individuen vervielfältigen, deren Zahl in Beziehung auf die Idee völlig gleichgültig ist [252f].

Das ist eigentlich eher eine Forderung, die dem Nachdenken auferlegt wird, aber kein Beweis. Sowohl die »Idee« als das »Ding an sich« hatten die Fähigkeit der Philosophen zur Voraussetzung, die dem Bewußtsein gegebenen Erscheinungen auf das Eine und Wesentliche zurückzuführen, während der Wille, noch bevor er sich objektiviert, aus der Erfahrung des Selbstbewußtseins hervorging und sich jeder Vorstellung entzieht.

> Denn das Ding an sich soll, eben nach Kant, von allen dem Erkennen als solchen anhängenden Formen frei sein: und es ist nur [...] ein Fehler Kants, daß er zu diesen Formen nicht vor allen andern das Objekt-für-ein-Subjekt-Sein zählte, da eben dieses die erste und allgemeinste Form aller Erscheinung, d.i. Vorstellung ist; daher er seinem Ding an sich das Objektsein ausdrücklich hätte absprechen sollen [252].

Man sieht bei dieser Analogie von Idee, Ding an sich und Wille und ihren Unterscheidungen, daß das System zu schlüssigen Ergebnissen zwang. Doch hier ist die Mitte der Philosophie Schopenhauers, insoweit sie die Kunst betrifft. Nur so konnte der Stufenbau der Künste vollendet werden. Das Ding an sich konnte Gegenstand der Kunst nicht sein. Der Wille allerdings objektiviert sich in der Musik, die als ein »Abbild des ganzen *Willens*, wie die Welt selbst es ist, ja wie die Ideen es sind, [...] ein *Abbild des Willens* selbst« [359] beschrieben wird. Aber: »Die Idee, in welcher der Wille den höchsten Grad

10 Schopenhauer, *WWV I*, 252.

seiner Objektivation erreicht« [311], ist das Objekt der schönen, vor allem der bildenden Künste, weil sie sie in den Bereich der Vorstellung und der Anschauung zurückholen oder zu der sich die Vorstellungskraft des Künstlers steigert. Im allgemeinen sieht der Intellekt, dem Satz vom Grunde folgend, die Erscheinungen nur in Beziehung auf sich, also auf seinen Zweck, kann aber auch, unabhängig von diesem Willen, die Beziehungen zwischen den Dingen zum Gegenstand seiner Erkenntnis machen. Das bedeutet bereits den Eintritt in die Sphäre des Künstlerischen.[11] Aus dieser anschauenden Erkenntnis soll der Philosoph »schöpfen und daher stets die Dinge selbst, die Natur, die Welt, das Leben ins Auge fassen«.[12] Das rechtfertigt vorerst auch die Kunstwissenschaft. Ihre Aufgabe, die Werke »ins Auge zu fassen«, die Beziehungen zwischen ihnen und die Zusammenhänge zu erforschen und zu begründen, ist ohne künstlerischen, ja imaginativen Impetus nicht zu bewältigen. Aber kommen wir dadurch zur Erkenntnis einer »Idee«? Nein! Denn von Artefakten gibt er keine Ideen.[13] Außerdem sind dabei noch Interessen im Spiel, und die Tätigkeit verfolgt einen Zweck. Sind das Widersprüche? Es ist nur, unausgesprochen, die Begründung, daß es von der Kunst keine Wissenschaft gibt.

Die Vorstellung einer Idee verlangt, wie wir sahen, Selbstverleugnung – aber noch mehr: die Aufhebung der Zeit! Dann läßt sich die Platonische Idee

> beschreiben als das, was wir vor uns haben würden, wenn die Zeit, diese formale und subjektive Bedingung unsres Erkennens, weggezogen würde, wie das Glas aus dem Kaleidoskop.

Das Erstaunen über die Entwicklung der Pflanze – die wiederkehrende Folge von Knospe, Blüte und Frucht –

> würde wegfallen, wenn wir erkennen könnten, daß wir doch nur die eine und unveränderliche Idee der Pflanze vor uns haben, welche aber als eine Einheit von Knospe, Blume und Frucht anzuschauen wir nicht vermögen, sondern sie mittels der Form der *Zeit* erkennen müssen, wodurch unserm Intellekt die Idee auseinandergelegt wird in jene sukzessiven Zustände.[14]

Die Erkenntnis einer so umschriebenen Platonischen Idee oder des zeitunabhängigen Wesens der Dinge ist kein Wahrnehmungsakt, sondern erfolgt durch Intuition. Schopenhauer sagt es selbst:

> Gelehrsamkeit ersetzt das Genie nicht, weil auch sie bloß Begriffe liefert, die geniale Erkenntnis aber in der Auffassung der (Platonischen) Ideen der Dinge besteht, daher wesentlich intuitiv ist.[15]

Eine nähere Untersuchung müßte ersichtlich machen, daß diese »Idee« kein Begriff ist, sondern eine anschauliche Vorstellung des Intellekts sein muß, ohne daß diese sich auf die Anschauung als der Quelle aller Begriffe gründet.

---

11 Schopenhauer, *WWV II*, 469.

12 Schopenhauer, *PuP II*, 51.

13 cf. Schopenhauer, *WWV II*, 471f.

14 Schopenhauer, *PuP II*, 496.

15 Schopenhauer, *WWV II*, 100.

Die Idee als »das Werk der Natur« ist eine »species«, eine Art, nur die »genera« sind Begriffe, »genera logica«, also »das Werk des Menschen« [471]. Demnach gibt es sie nur in der Natur, sie zu erkennen bleibt dem künstlerischen – und dem philosophischen – Genie vorbehalten.

> Alles Urdenken geschieht in Bildern: darum ist die Phantasie ein so notwendiges Werkzeug desselben und werden phantasielose Köpfe nie etwas Großes leisten [97].

Da habe ich denn doch das falsche Motto meinen Ausführungen vorangestellt, in dem es hieß: zum Leitstern seiner Bestrebungen soll man nicht Bilder der Phantasie, sondern deutlich gedachte Begriffe nehmen. Aber die Arbeit mit »deutlich gedachten« Begriffen ist noch Gelehrsamkeit, keine Kunst, schon gar nicht Philosophie. Die Idee jedoch verlangt einen hohen Grad künstlerischer Vorstellungskraft, denn sie muß »angeschaut« werden.

> Wirklich liegt alle Wahrheit und alle Weisheit zuletzt in der *Anschauung*. Aber leider läßt diese sich weder festhalten noch mitteilen: allenfalls lassen sich die *objektiven* Bedingungen dazu durch die bildenden Künste und schon viel mittelbarer durch die Poesie gereinigt und verdeutlicht den andern vorlegen [99].

Unmittelbare Anschauung vermittelt die Geometrie. Demnach müßte diese Weise intuitiver, auf die Idee ausgehende Erkenntnis den reinen Wissenschaften a priori [165] zugerechnet werden, in denen die Lehre vom Grund des Seins oder vom Grunde des Erkennens überliefert wird, also Mathematik oder Logik ist – eine Form des Denkens, die in der Kunst zur unmittelbaren Anschauung kommt? Das wäre eine außerordentliche Hochschätzung der Kunst, die sich wohl nur in wenigen Fällen innerhalb der europäischen Kultur feststellen ließe. Aber es ist ein Anspruch, an dem sie gemessen werden könnte.

Alles Wollen, jeder Wille objektiviert sich nur in der Zeit, individualisiert sich erst im Prozeß. Diesem Prozeß muß sich die Erkenntnis der Idee entäußern. Nur auf sehr strenger, begrifflicher Abstraktion ist dies zu erreichen, wobei nicht mehr gefragt wird oder gefragt werden kann, ob das, was erkannt wird, noch der Erfahrung entspricht.

> Was nun als bloß objektives Bild, bloße Gestalt betrachtet und dadurch aus der Zeit wie aus allen Relationen herausgehoben, die Platonische *Idee* ist, das ist, empirisch genommen und in der Zeit, die *Spezies* oder *Art*: diese ist also das empirische Korrelat der Idee. Die Idee ist eigentlich ewig, die Art aber von unendlicher Dauer [471].

So kommt denn doch die Idee nicht eigentlich zur Erscheinung, sondern tritt in den Bereich der Erfahrung ein. Insofern sind auch die Werke der Kunst Korrelate der Idee. Mit ihnen wird tatsächlich die Zeit aufgehoben. Denn entweder wird der zeitliche, der historische Abstand ›eliminiert‹ und das Kunstwerk steht noch nach Jahrhunderten so vor uns wie zur Zeit seiner Vollendung oder wir heben die Zeit auf, indem wir es als einen Gegenstand andauernder Gegenwart betrachten und das Bewußtsein der Zeit verlieren. Denn die Kunst, erklärt Schopenhauer in seiner Vorlesung über die *Metaphysik des Schönen*, »reißt das Objekt ihrer Kontemplation heraus aus dem Strom des Weltlaufs« und bildet dadurch »ein Äquivalent des in Raum und Zeit unendlich Vielen: sie bleibt daher bei diesem Einzelnen stehn: das Rad der Zeit hält sie an, die Relationen verschwinden ihr, nur das Wesentliche, die Idee, ist ihr Objekt«.[16]

Demnach und dennoch handelt es sich bei Schopenhauer nicht um eine Ästhetik des Kunst- und Naturerlebens, die den Gründen des künstlerischen Schaffens nachgeht.

Die Lösung ist keineswegs leicht, zumal es nicht eindeutig genug wird, ob Schaffen und Betrachten unter dem gleichen Aspekt, dem Freisein vom Satz des Grundes, zu deuten sind. Und wenn dies so wäre, so würden wir lieber eine Unterscheidung dargelegt finden. Der Betrachter kann sich wohl für eine Weile, in der er sich dem Augen-Blick eines Werkes hingibt, von Interessen und untergeordneten Zwecken lösen – aber er kommt damit noch nicht zur Anschauung oder zur Erkenntnis einer Idee und bleibt, wenn ihn nicht die lange Weile überkommt, bei der Anschauung der Formen und Farben stehen und bewundert nur, was er erkennen sollte. Und künstlerisches Schaffen soll nur unter der Bedingung möglich sein, daß sich der Intellekt vom Willen losreißt und damit zur Erkenntnis der Idee gelangt? Das kann derjenige schwerlich verstehen, der nach der Begründung eines Werks fragen muß – und übrigens nur auf empirischem Wege eine Antwort erhält, da auf keine andere Weise, bei so außerordentlich verschiedenen künstlerischen Charakteren überhaupt etwas ausgesagt werden kann. Das aber ist jetzt das Problem für uns, das Schopenhauer uns ins Bewußtsein bringt. Bei solcher Suche nach Begründungen sind wir noch dem Satz vom Grunde der Motivation und des Werdens unterworfen und sollen uns doch von ihm befreien! Aber ein Werk entsteht, wenn es der Künstler will und dann unter Anspannung seiner physischen und psychischen Kräfte vollendet. Schopenhauer verlangt jedoch, daß die Kunst unabhängig vom Satz des Grundes sei, im Falle des Künstlers womöglich ohne Motiv zum Schaffen?

Darum muß er argumentieren, daß die Werke der Kunst in beglückenden Augenblicken genossen werden und daß das Genie frei von Leiden, ja frei von materiellen Interessen schaffen soll und nur unter diesen Bedingungen schaffen kann. Daß die Realität dem nicht entspricht, sagt noch nichts gegen das System überhaupt, berechtigt jedoch zu der Frage, ob diese Konstruktion, wenn schon denkbar, auch nötig ist und das erklärt, was sie erklären will.

Das System zwang den Philosophen zu einer in sich geschlossenen Ansicht und damit zur Einseitigkeit, dann aber auch dazu, alles Geschichtliche der Kunst beiseite zu lassen.[17] Denn es ging ihm ja um die Aufhebung der Zeit, und nur mit dieser Aufhebung der Zeit kommt es zur Erkenntnis der Idee. Also dürfen wir getrost die provokante Frage stellen, ob die geschichtliche Betrachtung und Erklärung der Künste, die Deutung ihrer Entwicklung, die ›Stilgeschichte‹ überhaupt die richtige Einstellung ist, um Kunst zu

---

16 Schopenhauer, *MdSch*, 65.

17 cf. Schopenhauer, *WWV II*, 563f.

verstehen. Denn: »Ein echtes Kunstwerk darf eigentlich nicht, um genießbar zu sein, die Präambel der Kunstgeschichte nötig haben« und sollte nicht »mit Berücksichtigung der Zeit« beurteilt werden.[18] Das könnte uns ermutigen, ungeschichtlich zu denken, und Schopenhauer würde unser Kronzeuge sein. Obwohl ich entschlossen bin, jeden Vergleich mit anderen Philosophen des neunzehnten Jahrhunderts zu vermeiden, muß an dieser Stelle Hegel genannt werden, weil es ihm gelang, sowohl die Geschichtlichkeit der Kunst als auch die künstlerische Tätigkeit auf Grund seiner Systematik zu erklären. Sind wir als Kunsthistoriker vielleicht zu sehr Hegelianer, ohne es recht zu wissen, und dann geneigt, Schopenhauer Einseitigkeit vorzuwerfen? Betreiben wir etwa Geistesgeschichte, jene Beschäftigung »Tausender, deren Jugend und schönste Kraft durch jene Afterweisheit verpestet worden ist«,[19] und kommen dann nie zu einer Idee, unabhängig vom Satz des Grundes, sondern nur zur Einsicht in den Schein, der dem Wesen wesentlich ist, wie Hegel sagt?[20] Für mich ist es durchaus eine Frage, ob die Kunstgeschichte als Wissenschaft geistesgeschichtlich verfahren darf. Daß ich es trotzdem versuche, ist mein Problem, und da stehe ich manchmal beiderseits zwischen Hegel und Schopenhauer – unentschieden... Aber die Kunst aus ihrer Geschichte zu befreien, wäre durchaus eine Aufgabe, die sich lohnen könnte.

Eins können wir jedenfalls von Schopenhauer lernen, nämlich Philosophie, Ästhetik und Kunsttheorie und von diesen drei Betrachtungsweisen die Kunstgeschichtswissenschaft zu unterscheiden. Philosophie geht den Prinzipien des Denkens und Erkennens nach. Schopenhauer philosophiert über die Kunst und geht bis zu den Problemen der Ästhetik hinab. Ästhetik will das Angeschaute, das Gelesene und das Gehörte den Sinnen bewußtmachen und begrifflich die verschiedenen Künste erklären, sie stellt Kategorien auf. Bezeichnender Weise nennt sich das dritte Buch des Hauptwerks nicht Ästhetik. Die entsprechende Vorlesung behandelt die *Metaphysik des Schönen* – nicht dieses selbst, ist, wie es im ersten Satz heißt, »nicht Ästhetik«, sondern Philosophie.[21] Neben ihnen – eigentlich nachgeordnet – steht die Theorie. Sie ist die Anleitung zum praktischen Tun, zielt ab auf Ausbildung des Künstlers, will ihm helfen, das eigene Werk leichter und besser herzustellen und zur Vollendung zu bringen. Kunstgeschichte ist ein akademisches Fach, das sich von der Ästhetik, aber auch von der Geschichtswissenschaft abgelöst hat und doch von beiden Begriffe, Kategorien und Methoden heranzieht. Schopenhauer schuf eine Philosophie der Kunst, die über die Ästhetik hinausgeht. Nur so ließ sich die Kunst in das System integrieren. Die Überschrift sagt es deutlich, worum es sich handelt: »Die Platonische Idee – das Objekt der Kunst«. Daß sie nicht der ausschließende Gegenstand, womöglich das Thema der bildenden Kunst sein kann, dürfte Schopenhauer nicht entgangen

18 Schopenhauer, *PuP II*, 531.

19 PuP I, 207.

20 Hegel, *TWA-13*, 12f.

21 Schopenhauer, *MdSch*, 37.

sein: er kannte von Jugend auf zahllose Werke, die diesem Anspruch nicht genügen konnten. Daß er dann die Tatsachen und die Beispiele, die er verwendete, zurechtrückte – Oh! ich bitte um Nachsicht, ich bitte um Vorsicht: sind wir so interesselos, daß wir es niemals tun?

Philosophie ist als Ganzes bei Schopenhauer ein ästhetisches System: ein Kunstwerk, das mit der Spaltung in Willen und Vorstellung eine großartige Komposition darstellt, um alles auf den rechten Begriff zu bringen. Schopenhauer denkt wie ein Künstler, der seiner Idee zuliebe Erkenntnisse sammelt, ohne zu fragen, ob der Leser, der Betrachter dieses Kunstwerks, es auch so versteht wie er. »Obgleich er nämlich viele Kenntnisse nötig hat und daher viel lesen muß«, schreibt Schopenhauer über die Arbeit des wissenschaftlichen Denkers,

> so ist doch sein Geist stark genug, dies alles zu bewältigen, es zu assimilieren, dem System seiner Gedanken einzuverleiben und es so dem organisch zusammenhängenden Ganzen seiner immer wachsenden, großartigen Einsicht unterzuordnen; wobei sein eigenes Denken wie der Grundbaß der Orgel stets alles beherrscht.[22]

Schopenhauer wollte mit seiner Philosophie nicht das Tun und Handeln oder menschliches Verhalten beeinflussen – denn da herrscht der Wille als ein strenger Gebieter –, sondern das Denken und Urteilen anleiten und seinen Leser veranlassen, aus eigener Kraft und mit eigenem Kopf besser zu denken als vorher. Das ist das Kritische seiner Philosophie: sie zwingt uns z.B., eine Idee zum Gegenstand unserer erkennenden Betrachtung zu machen, obgleich wir keine Platoniker sind, als sei sie das Objekt der Kunst, die sie zur Anschauung bringt. Man sieht alsbald ein, daß man mit Schopenhauer weiter denken kann und muß, allerdings auch vermeiden sollte, ihn zu dogmatisieren. Wir fragen ihn, und er antwortet, und seine Antwort ermutigt uns, neue Fragen an uns zu stellen – in diesem Falle die Frage, ob *wir* die Kunst richtig verstehen.

22 Schopenhauer, *PuP II*, 581.

Zur Problematik von Schönem und Erhabenem in Schopenhauers Ästhetik

Barbara Neymeyr *(Freiburg)*

I
Die ästhetische Subjekt-Objekt-Problematik

Offensichtlich erhält das Objekt in Schopenhauers Ästhetik einen Rang besonderer Art. Aus der Fülle derjenigen Textstellen, die einen solchen Status *sui generis* ästhetischer Gegenstände eindrucksvoll dokumentieren, seien hier nur wenige exemplarisch zusammengestellt: Die »rein objektive Gemütsstimmung«,[1] deren Vorhandensein Schopenhauer »als erforderlich zur Erkenntnis der Idee« [280] betrachtet, wird seines Erachtens »erleichtert und von außen befördert [...] durch entgegenkommende Objekte« [281], und zwar in der Weise, daß die Subjekte durch sie »eine momentane Erhöhung der Intensität« ihrer »intuitiven Intelligenz erfahren«.[2] Eine so fulminante Wirkkraft traut Schopenhauer dem ästhetischen Objekt zu, daß er behauptet, es entferne »den Willen und die seinem Dienste frönende Erkenntnis der Relationen ohne Widerstand und daher unmerklich aus dem Bewußtsein«.[3] Das »Entgegenkommen der Natur« schließlich ist es, das den Betrachter »in die ästhetische Kontemplation versetzt und ebendamit zum willensfreien Subjekt des Erkennens erhebt«.[4]

In geradezu frappierender Weise aktiviert Schopenhauer in Formulierungen dieser Art das ästhetische Objekt zum eigentlichen Agens in der Sphäre willenloser Kontemplation. Die überraschende Dynamik so konzipierter Objekte hat für das ästhetische Subjekt zur Folge, daß es von der willensdependenten Erkenntnisweise »losgerissen und emporgehoben wird zu der des reinen willensfreien Subjekts des Erkennens« [306]. Wenn ästhetische Einstellung als Wirkung des Objektimpulses sich entfaltet, dann droht zugleich dem Subjekt die Gefahr, auf eine Haltung passiv-rezeptiven Gewährenlassens reduziert zu werden. In den Rahmen dieser Konzeption fügt sich harmonisch Schopenhauers pointierte Formulierung ein, der Grad der Schönheit ästhetischer Objekte hänge davon ab, inwieweit ein Ding »jene rein objektive Betrachtung erleichtert, ihr entgegenkommt, ja gleichsam dazu zwingt, wo wir

---

1 Schopenhauer, *WWV I*, 281. – Schopenhauer wird (mit Ausnahme *MdSch*) nach *ed.Löhneysen* zitiert.

2 Schopenhauer, *WWV II*, 480.

3 Schopenhauer, *WWV I*, 287.

4 ibid., 286f. Auf 286 finden sich zwei weitere Belege zum »Entgegenkommen« der Objekte. Cf. auch 278, wo vom Entgegentreten der Idee »aus dem Kunstwerk« die Rede ist.

es dann sehr schön nennen.«[5] Spitzt Schopenhauer seine Auffassung schließlich in der These noch zu, »der vegetabilischen Natur [...] gelingt es [...] leicht, uns in den Zustand des reinen Erkennens zu versetzen«,[6] dann steigert sich die Agensfunktion determinierender Natur geradewegs bis zu einem anthropomorphistisch-pseudointentionalen Status. Solche von Schopenhauer allzu ›großzügig‹ ausgestatteten Objekte scheinen dann genau dort einzuspringen, wo sein radikales Postulat der Willenlosigkeit eine klaffende Intentionalitätslücke riß. So sehr werden offenbar die ästhetischen Subjekte durch den usurpatorischen Übergriff pseudospontaner Objekte vereinnahmt, daß sie, durch solchen Impetus stillgelegt, sich deren Wirkung schwerlich zu entziehen vermögen. In dem Maße, in dem ihnen folglich der Verlust ihrer für Zurechnungsfähigkeit erforderlichen Spontaneität, Autonomie, Intentionalität droht, gerät Schopenhauers Konzeption ästhetischer Einstellung in eine fundamentale Problematik.

II
Der Stellenwert des Schönen in der Ästhetik

Versucht man nun aber im Anschluß an diese kritischen Überlegungen zur Subjekt-Objekt-Relation in Schopenhauers Ästhetik, sich über den Kontext der zitierten Textstellen Klarheit zu verschaffen, so stößt man auf ein bemerkenswertes Phänomen: Es zeigt sich nämlich, daß die Belege, die bislang Anlaß zur Kritik gaben, in Schopenhauers Theorie des Schönen auftreten. Bereits die Redeweise vom Schönen *in* der Ästhetik Schopenhauers läßt das Verhältnis zwischen Schönem und Ästhetischem als eine Relation zwischen Besonderem und Allgemeinem erscheinen. Demnach koinzidiert Philosophie des Schönen offenkundig nicht mit Ästhetik schlechthin, beansprucht nicht, *als* Ästhetik aufzutreten, vielmehr bedarf sie als ein bloß Partielles der Ergänzung um mindestens einen weiteren Faktor, mit dem zusammen sie sich dann zur Totalität von Ästhetik vervollständigt. Erhöbe man also den Anspruch, die thematisierten Einwände auf Schopenhauers Ästhetik insgesamt zu beziehen, so könnte man nicht umhin, den Nachweis zu führen, daß auch der Bereich, der außerhalb des Schönen und gemeinsam mit ihm den Gegenstandsbereich von Schopenhauers Ästhetik konstituiert, in analoger Weise oder wenigstens in vergleichbarem Maße zu kritischer Reflexion herausfordert.

---

5 ibid., 298. Diese Aussage hat Schopenhauer auch in seine Vorlesungen übernommen; cf. *MdSch*, 118.

6 Schopenhauer, *PuP II*, 503. Eine ähnliche Formulierung bietet *WWV I*, 281: »der schönen Natur [...] gelingt es [...] fast immer, uns, wenn auch nur auf Augenblicke, der Subjektivität, dem Sklavendienste des Willens zu entreißen und in den Zustand des reinen Erkennens zu versetzen.«

III
Die Differenzierung des Ästhetischen in Schönes und Erhabenes

Zur Einbeziehung in die entworfene Problemstellung bietet sich hier die »Theorie des Ästhetisch-Erhabenen«[7] an, dem Schopenhauer sowohl 1819 als auch 1844 in seiner *Welt als Wille und Vorstellung* jeweils einen geschlossenen Abschnitt gewidmet hat, und zwar – das ist hervorzuheben – beide Male in ausdrücklicher Abgrenzung gegenüber dem Schönen.

Gemeinsam ist »beiden Arten der ästhetischen Auffassung, der des Schönen und der des Erhabenen«,[8] die Willensindependenz der für sie charakteristischen Erkenntnisweise. Was allerdings nach Schopenhauer

> das Gefühl des Erhabenen von dem des Schönen unterscheidet, ist dieses: beim Schönen hat das reine Erkennen ohne Kampf die Oberhand gewonnen, indem die Schönheit des Objekts [...] den Willen und die seinem Dienste frönende Erkenntnis der Relationen ohne Widerstand und daher unmerklich aus dem Bewußtsein entfernte und dasselbe als reines Subjekt des Erkennens übrigließ, so daß selbst keine Erinnerung an den Willen nachbleibt: hingegen bei dem Erhabenen ist jener Zustand des reinen Erkennens allererst gewonnen durch ein bewußtes und gewaltsames Losreißen von den als ungünstig erkannten Beziehungen desselben Objekts zum Willen, durch ein freies von Bewußtsein begleitetes Erheben über den Willen und die auf ihn sich beziehende Erkenntnis.[9]

Während ästhetische Einstellung zu Schönem dem Kontemplierenden mühelos, geradezu ohne eigene Anstrengung zuzufallen scheint, muß der Zustand willenlosen Erkennens im Falle des Erhabenen »erst errungen«[10] werden. Für Schopenhauers Differenzierung zwischen Schönem und Erhabenem ist offensichtlich die je spezifische Subjekt-Objekt-Relation ausschlaggebend. Der Rudimentärform eines ästhetischen Subjekts, das dem Übergriff schöner Objekte widerstandslos ausgeliefert ist und die Entfernung seines Willens passiv-rezeptiv erleidet, tritt im Falle des Erhabenen ein ganz andersgeartetes Subjekt gegenüber: In spontan-dynamischer Aktivität ergreift es selbst die Initiative, indem es sich durch einen Gewaltakt vom (mehrfach betonten) feindlichen Verhältnis »des kontemplierten Objekts zum Willen« losreißt.[11]

---

7 Schopenhauer, *WWV I*, 288.

8 Schopenhauer, *MdSch*, 103.

9 Schopenhauer, WWV I, 287-288. Mit dem ersten, auf das Schöne bezogenen Teil dieses Zitats belegt Gerold Prauss seine These, daß Schopenhauer in seiner Ästhetik »derart nachdrücklich [...] den zur Konzeption von Kant genau entgegengesetzten Standpunkt« einnimmt, »daß er auch alles, was nach Kant gerade Leistung äußerster Freiheit ist, als Wirkung bloßer Natur betrachtet«. (Prauss, *Kant*, 305).

10 Schopenhauer, WWV I, 296.

11 ibid., 288. – Zum *feindlichen Verhältnis* cf. ibid., 287, 288, 291, 296. In zweifacher Weise können laut Schopenhauer die Gegenstände eine feindliche Beziehung haben »gegen den menschlichen Willen überhaupt, wie er in seiner Objektität, dem menschlichen Leibe, sich darstellt [...] : sie können nämlich diesem entgegen seyn, entweder dadurch daß sie ihm eine

(Fortsetzung...)

Ist nicht zu jener kritisierten Konzeption bloß passiver Rezeptivität geradezu ein Ausgleich geschaffen in solcher Übermacht spontaner Aktivität eines Betrachters, der sich im Spezialfall des Erhabenen nur durch den Impetus kämpferischer Distanzierung in ästhetische Einstellung zu Objekten zu bringen vermag?

Anders als es anfangs erscheinen mochte, liegt nunmehr der Eindruck nahe, daß die zitierten Belege zum Entgegenkommen ästhetischer Objekte, zur Lethargie durch sie okkupierter Subjekte keineswegs als signifikant für Schopenhauers Ästhetik überhaupt, als symptomatisch für ihre Problematik gelten können. Unter dieser Voraussetzung müßte die Rezeptivitätskritik, die eingangs dem ästhetischen Subjekt global gegolten hatte, soweit zurückgenommen werden, daß sie als ihren Adressaten allein den Fall kontemplativer Einstellung zu Schönem behielte. Als unberechtigt indes hätte solche Kritik zu gelten, sobald sie ihr legitimes Terrain, das Schöne, verließe, um ihre Offensive auf den Bereich des Erhabenen auszuweiten. Denn das bislang Dargelegte erweckt den Eindruck, derartig expandierende Kritik setze in unstatthafter Weise *pars pro toto*, wobei die Theorie des Schönen die *pars*, Ästhetik das *totum* darstelle, mithin werde die spezifische Differenz zwischen Schönem und Erhabenem unterschlagen und dadurch implizit verleugnet.

IV
Kritik-Resistenz des Erhabenen – eine apologetische Hypothese

Im folgenden gilt es, Argumente beizubringen für die sich aufdrängende Vermutung, zumindest im Phänomen des Erhabenen sei ein Bereich gefunden, der sich gegenüber der eingangs skizzierten kritischen Bewertung als resistent erweise. Einige Schlüsselbegriffe bieten sich dafür besonders an. Mehrfach bringt Schopenhauer den dynamischen Akt, in dem das Subjekt sich von den feindlichen Objekten »gewaltsam losreißt« [287], mit Bewußtsein in Verbindung: Die Erhebung zum ästhetisch-erhabenen Zustand muß – so Schopenhauer – »mit Bewußtsein nicht nur gewonnen, sondern auch erhalten werden«.[12] Und wenn Schopenhauer für diese Einstellung eine »freie bewußte Erhebung über den Willen«[13] postuliert, dann wird offenbar mit dem Epitheton ›frei‹ noch ein gewichtiger zusätzlicher Akzent gesetzt.

11(...Fortsetzung)
Macht vorhalten die allen Widerstand aufheben würde, eine ihn also bedrohende Macht; und diese Art nenne ich, mit dem Kantischen Ausdruck, das *dynamisch* Erhabne: oder auch ihre Größe ist unermeßlich und vor derselben wird der menschliche Leib zu Nichts verkleinert; dies ist das *mathematisch* Erhabne.« (*MdSch*, 102.) Anschauliche Beispiele für beide Arten des Erhabenen gibt Schopenhauer in sehr lebendiger Darstellung 104-111.

12 ibid., 288. Cf. auch *MdSch*, 103.

13 Schopenhauer, *WWV I*, 296. Analog 287: »freies von Bewußtsein begleitetes Erheben über den Willen«.

Ist nicht das bei ästhetischer Betrachtung des Schönen als defizitär zu Kritisierende für den Fall ästhetischer Einstellung zu Erhabenem gerade gewährleistet, wenn Schopenhauer diesen bewußten Akt hier dezidiert dem ästhetischen Subjekt zuschreibt?

Diese apologetische Überlegung scheint sogar noch Bestätigung zu erfahren durch den dritten Teil der philosophischen Vorlesungen Schopenhauers von 1820, der von der *Metaphysik des Schönen* handelt. Dort thematisiert er im 9. Kapitel »Vom Eindruck des Erhabenen« die Position des kontemplierenden Subjekts, das »jenes Feindliche und Uebermächtige« in den Dingen »zwar wahrnimmt und anerkennt, allein es aus den Augen läßt, sich absichtlich [!] und mit Bewußtsein davon *abwendet*«.[14] »Das Gefühl des Erhabnen« entsteht (wie Schopenhauer wenige Seiten später mit Bezug auf das Mathematisch-Erhabene ausführt) »durch den Kontrast der Unbedeutsamkeit und Abhängigkeit unsres Selbst als Individuum, als Willenserscheinung gegen das Bewußtsein unseres Selbst [!] als reinen Subjekts des Erkennens.«[15]

Dieser Beleg für ein ästhetisches Selbst bietet, so mag es scheinen, eine schlechterdings ideale Ergänzung zu den Nachweisen ästhetischen Bewußtseins. Und der reflexive Selbstbezug eines dergestalt konzipierten ästhetischen Subjekts erfährt fundamentale Bereicherung um die im ersten Zitat belegte Absichtlichkeit. Einem so ausgestatteten Subjekt vermag, wie es scheint, dergleichen wie eine Rezeptivitätskritik gar nichts mehr anzuhaben. Unversehens wehrhaft geworden, glaubt es sich nunmehr imstande, solch kritischem Ansinnen entschieden, ja gleichsam in voller Rüstung entgegenzutreten. Denn wird nicht durch »gewaltsames Losreißen«,[16] »freie bewußte Erhebung« [296], die »absichtlich«[17] sich vollzieht und mit dem »Bewußtsein unseres Selbst als reinen Subjekts des Erkennens« [110] verknüpft ist, buchstäblich alles gewährleistet, ›was das (apologetische) Herz begehrt‹: Freiheit, Spontaneität, Intentionalität eines für seine dynamische Aktivität verantwortlichen ästhetischen Selbst?

---

14 Schopenhauer, *MdSch*, 103. Parallelstelle (allerdings ohne »absichtlich«) in *WWV I*, 287.

15 Schopenhauer, *MdSch*, 109f. Diese Textstelle korrespondiert mit *WWV I*, 293, wo allerdings das zweite – ästhetische – »Selbst« fehlt. Ein Vergleich der zitierten Belege aus den ästhetischen Vorlesungen zur *Metaphysik des Schönen* von 1820 (S. 103 (s.Fußn.14), 109-110) mit den bis in den Wortlaut übereinstimmenden Formulierungen in der im März 1818 abgeschlossenen und Anfang 1819 erschienenen *Welt als Wille und Vorstellung* (*WWV I*, 287 (s.Fußn.15), 293) läßt erkennen, daß Schopenhauer nachträglich eine Radikalisierung vorgenommen hat.

16 Schopenhauer, *WWV I*, 287.

17 Schopenhauer, *MdSch*, 103.

V
Inkonsistenzen in der Konzeption des Erhabenen

Mag diese rhetorische Frage auch noch so suggestiv wirken: man tut gut daran, ihr skeptisch zu begegnen. Denn was bislang als glaubhafter Anschein sich präsentierte, erweist sich bei näherem Zusehen teilweise als bloßer leerer Schein. Um ihn als solchen zu entlarven, bedarf es weiterführender Untersuchungen. Ein kritisch geschärfter Blick muß die Oberflächendimension des rein Verbalen durchdringen und, diese problemfreie Zone hinter sich lassend, den Zugang zur verborgenen Tiefendimension des Problematischen freilegen. Ein solcher Blick hinter die Kulissen bloßer Buchstäblichkeit, der zugleich ein Tor zum ›fruchtbaren Bathos‹ systematischer Analyse öffnet, soll im folgenden riskiert werden.

a. Die Problematik ästhetischer Absichtlichkeit und Autonomie

Bereits im Hinblick auf die Absichtlichkeit, mit der angeblich ein ästhetisches Subjekt in die Kontemplation von Erhabenem eintritt, ist die kritische Frage zu stellen, ob sie systemimmanent, also auf dem Hintergrund der ästhetischen Konzeption Schopenhauers, überhaupt plausibel werden kann.

Daß man diese Frage mit einem klaren Nein beantworten muß, zeigt sich rasch angesichts von Textstellen, die ebenfalls Absichtlichkeit thematisieren. Dort etwa, wo Schopenhauer Absicht und Willen durch identifizierend-erläuterndes »d.h.« verbindet,[18] tritt seine Überzeugung von deren Koinzidenz zutage. Solche auf die Willenssphäre festgelegte Absicht indessen kommt für die ästhetische Einstellung willenlos gewordener Subjekte prinzipiell nicht mehr in Betracht. Und wenn er von »dem absichtlichen (durch Motive bestimmten) Tun der Person«[19] spricht, dann gibt die explizierend für Absichtlichkeit eintretende Motivbestimmtheit mit ihrem unverkennbaren Willensbezug[20] ebenfalls einen deutlichen Hinweis auf die Inkompatibilität von Intentionalität mit ästhetischer Kontemplation. Auf der Basis von Schopenhauers Postulat ästhetischer Willenlosigkeit einerseits und der Zuordnung von Absicht zum Willen andererseits läuft also die Annahme einer ästhetischen Absichtlichkeit auf nichts anderes hinaus als auf die Absurdität einer *contradictio in adjecto.*

Ganz innerhalb des selbstgesteckten Rahmens seiner Ästhetik dagegen verharrt Schopenhauer, wenn er anderenorts für ästhetische Einstellung eine Erkenntnis postuliert, die »absichtslos tätig, folglich willenlos«[21] ist, und wenn er den Adressaten solcher Erkenntnis als »eine reine Intelligenz ohne Absichten und Zwecke« [491] charakterisiert.

---

18 Schopenhauer, *Nachlaß*, Bd. 1. 312.

19 Schopenhauer, *WWV I*, 553.

20 cf. z.B. ibid., 239, 346; *WWV II*, 443.

21 Schopenhauer, *PuP II*, 494.

Abweichend von dem zitierten Beleg für ästhetische Intentionalität in seinen Vorlesungen zur Ästhetik will Schopenhauer in seiner *Welt als Wille und Vorstellung* nicht einmal für den Übergang in den Zustand willenloser Kontemplation einen aus Absichtlichkeit entspringenden Willensakt in Anspruch nehmen, behauptet er doch mit unmißverständlicher Dezidiertheit und ohne Einschränkung auf den Bereich des Schönen: die für ästhetische Einstellung zu Objekten »erforderte Veränderung im Subjekte kann, eben weil sie in der Elimination alles Wollens besteht, nicht vom Willen ausgehn, also kein Akt der Willkür sein, d.h. nicht in unserm Belieben stehn«.[22]

Angesichts einer überwältigenden Mehrzahl der Textstellen, die Schopenhauers Postulat ästhetischer Willen- und Absichtslosigkeit dokumentieren, tritt der singuläre Beleg für Absichtlichkeit in ästhetischer Einstellung zu Erhabenem in den Hintergrund.

Einblick in eine aufschlußreiche Inkonsistenz gewährt der Kontext dieses Intentionalitätsbelegs: Wenn der Betrachter von Ästhetisch-Erhabenem in den Objekten

> jenes Feindliche und Uebermächtige in Ihnen zwar wahrnimmt und anerkennt, allein es aus den Augen läßt, sich absichtlich und mit Bewußtsein davon *abwendet*, indem er nämlich seine Erkenntniß von seinem Willen und dessen Verhältnissen gewaltsam losreißt, sie für sich bestehn läßt, so wird er der reinen Erkenntniß allein hingegeben seyn und in dieser eben jene dem Willen furchtbaren Gegenstände ruhig kontempliren, als reines willenloses Subjekt des Erkennens.[23]

Insofern als dem Willen in dieser Aussage explizit lediglich die Position des Objekts zukommt, auf das der Akt der Abwendung und des Losreißens sich richtet, scheint auf den ersten Blick die Kompatibilität dieser These mit jenem Postulat Schopenhauers problemlos gesichert zu sein, nach dem die zum Eintritt in ästhetische Kontemplation »erforderte Veränderung im Subjekte [...] nicht vom Willen ausgehn«[24] kann. Denn offenkundig stimmen beide Aussagen darin überein, daß Schopenhauer – hier explizit, dort implizit – den Willen als eigentliches Agens aus seiner Ästhetik herauskatapultiert. Doch mit Befremden wird man angesichts der von ihm für die Sphäre menschlicher Strebungen prinzipiell vorausgesetzten Koinzidenz von Willen und Absicht registrieren, daß er diese Einheit in der oben zitierten Aussage zerfallen läßt. Dem Willen als Objekt respektive Patiens der besagten Elimination oder Abwendung steht dort frappanterweise nämlich eine als Subjekt beziehungsweise Agens fungierende Absichtlichkeit diametral gegenüber.

Gerade die Weise, in der die zitierten Belegstellen zwischen plausibler und problematischer Konzeption zu oszillieren beginnen, läßt Folgendes erkennen: Wollte Schopenhauer mit seiner im Kontext des Erhabenen wohl singulären, jedoch nachdrücklich zu befürwortenden These von einer ästhe-

---

22 Schopenhauer, *WWV II*, 473f.

23 Schopenhauer, *MdSch*, 103.

24 Schopenhauer, *WWV II*, 473.

tischen Intentionalität tatsächlich Ernst machen, so könnte er nicht umhin, den mit Absichtlichkeit als Motivbestimmtheit im Falle des Menschen koinzidierenden Willen selber zum Agens zu erheben, dessen Präsenz im Zustand ästhetischer Kontemplation also gerade zu erhalten anstatt sie aufzuheben. Im Rahmen eines solchen Entwurfs müßte der Wille den Status eines bloßen Objekts, auf das der Eliminationsakt zielt, erheblich transzendieren und folglich zum Subjekt oder Agens in ästhetischer Einstellung avancieren. Unter der Voraussetzung einer dergestalt mit ihren Konsequenzen ernstgenommenen Einheit von Absicht und Willen bestünde die willkommene Aussicht, Autonomie und Spontaneität ästhetischer Subjekte wenigstens in ihrer Begegnung mit Erhabenem zu sichern.

Bedauerlicherweise stellen sich einer solchen plausiblen Konzeption ästhetischer Einstellung, zu der grundlegende Ansätze gerade in Schopenhauers Theorie des Erhabenen präfiguriert sind, zwei Hindernisse in den Weg: Erstens verliert der Absichtlichkeitsbeleg aufgrund seines singulären Erscheinens an Durchschlagkraft, zweitens stellt darüber hinaus die entfaltete Problematik systemimmanenter Inkonsistenz seine exponierte Rolle in Frage. Zu sehr geschwächt, um weiterhin als Baustein an einer Apologie des Erhabenen reibungslos mitwirken zu können, droht er, verarmt an systematischer Relevanz, auf das Niveau eines bloßen sprachlichen Lapsus herabzusinken.

Klaren Vorrang haben in Schopenhauers Ästhetik die Belege gerade für die Negation jedweder Absichtlichkeit. Weiteren Aufschluß verspricht eine Textstelle, in der Schopenhauer diese These in folgenden Begründungszusammenhang integriert: Seines Erachtens »ist bei allem [!] absichtlichen Nachdenken der Intellekt nicht frei, da ja der Wille ihn leitet und sein Thema ihm vorschreibt« [490]. Prägnanter läßt sich die Inkompatibilität von Absichtlichkeit und Freiheit wohl schwerlich artikulieren. *Ex negativo* geht aus diesem Kausalverhältnis von Unfreiheit und Willen oder Absicht hervor, daß Schopenhauer ästhetische Freiheit als Willensfreiheit im Sinne einer Freiheit vom Willen versteht, mithin als Willenlosigkeit. Eine andere Textstelle, nur wenige Seiten von der zitierten entfernt, unterstreicht diesen Sachverhalt: Das Auseinandertreten von Willen und Intellekt »erreicht im Genie seinen höchsten Grad, als wo es bis zur völligen Ablösung des Intellekts von seiner Wurzel, dem Willen, geht, so daß der Intellekt hier völlig frei wird«.[25] Beide Belege dokumentieren eindringlich die Auffassung Schopenhauers, daß die für ästhetische Einstellung zu Schönem wie zu Erhabenem erforderliche Freiheit des Intellekts zu ihrer *conditio sine qua non* eine Aufhebung der gewöhnlichen, durch Instrumentalität gekennzeichneten Abhängigkeit des Intellekts vom Willen hat. Dieser Konditionalzusammenhang tritt auch in Schopenhauers Aussage zutage, »willensfreie Aktivität des Intellekts« sei »die Bedingung der reinen Objektivität«.[26] Für ästhetische Kontemplation setzt Schopenhauer voraus, daß der Intellekt sich »vom eigenen Willen gänzlich abwen-

25 ibid., 493. Cf. auch 470: »Er schwebt alsdann frei, keinem Willen mehr angehörig«.

26 Schopenhauer, *PuP I*, 218.

det«,[27] sich von ihm »emanzipiert« [498], um »höchst energisch« [482; cf. 492] und »aus eigener Kraft und Elastizität frei tätig«[28] zu sein.

Textbelege dieser Art konsolidieren zunächst den Eindruck, zwar sei der apologetische Versuch gescheitert, den Sonderstatus des Erhabenen durch eine Synthese von Absichtlichkeit und Freiheit abzusichern, weil sich einer der beiden Faktoren, die besagte Intentionalität, systemimmanent bereits als unhaltbar erwiesen habe, doch lasse sich immerhin ästhetische Freiheit tatsächlich gewährleisten.

Dieser Eindruck indessen trügt. Und zwar aus folgendem Grund, der infolge der engen Grenzen, die dem vorliegenden Aufsatz gesetzt sind, hier nur knapp skizziert werden kann. Zwischen Willen und Intellekt besteht laut Schopenhauer eine gravierende Differenz, die ontologisch fundiert ist und funktional sich offenbart. Sie tritt dort zutage, wo er dem Willen als Primärem[29] den Intellekt als »das Sekundäre, Bedingte, Hervorgebrachte«[30] gegenüberstellt, das aus dem Willen als seiner Wurzel nicht allein entsprossen ist,[31] sondern darüber hinaus in dessen Dienst als »bloßes Werkzeug«[32] aufgeht. Und dies so nachhaltig, daß er ohne Willensantrieb »aus eigenen Mitteln gar keiner Tätigkeit fähig«[33] ist.

Wie soll Schopenhauers Postulat ästhetischer Freiheit des Intellekts sich gegen derart fundamentale Instrumentalität behaupten können? Und verschärft sich die Problematik angeblicher Autonomie nicht sogar noch, wenn Schopenhauer die Auffassung vertritt, daß der Wille solche ephemere Emanzipation des Intellekts nicht allein nicht begünstigt, sondern als »Wurzel des Intellekts [...] sich jeder auf irgend etwas anderes als seine Zwecke gerichteten Tätigkeit desselben« sogar »widersetzt« [491]?

Als verfehlt hat demnach die Annahme zu gelten, von der ursprünglich vermuteten Synthesis von Absichtlichkeit und Freiheit in ästhetischer Einstellung zu Erhabenem bleibe nach dem Ausfall ästhetischer Absichtlichkeit immerhin ästhetische Freiheit noch erhalten. Die hypothetische Konjunktion des Sowohl-als-auch kehrt am Ende dieser Überlegungen mit umgekehrtem Vorzeichen wieder. Entgegen der vorherigen Erwartung, beide Momente

---

27 Schopenhauer, *WWV II*, 473.

28 ibid., 500. Cf. ferner 486: »aus eigener Elastizität und *zwecklos*«, 490: »ganz allein aus freien Stücken tätig«, *PuP I*, 32: »bloß aus eigenem Antriebe tätig«. – Der Eindruck, in Textbelegen dieser Art sei Autonomie des ästhetischen Intellekts tatsächlich gewährleistet, scheint sich zunächst zu bestätigen, wenn Schopenhauer die Auffassung vertritt, der Intellekt gehe in ästhetisch-willenloser Einstellung »seinen eigenen Zwecken« nach (*WWV II*, 501) und verfolge »ein *objektives* Interesse« (*PuP II*, 86). Zur Problematik, die diese Formulierungen – im Hinblick auf Schopenhauers grundlegende Ästhetik-Postulate – dennoch involvieren, cf. Neymeyr, *Interesse*.

29 cf. Schopenhauer, *PuP II*, 58, 59; *WWV I*, 403; *WWV II*, 261.

30 Schopenhauer, *WWV II*, 277.

31 cf. Schopenhauer, *WWV I*, 256; *WWV II*, 476; *PuP II*, 117, 494.

32 Schopenhauer, *WWV II*, 276, 291, 298. Cf. auch *WWV I*, 403; *WWV II*, 277, 285, 297, 514.

33 Schopenhauer, *WWV II*, 491. Cf. auch 275.

zugleich seien imstande, sich gegenüber kritischem Zugriff zu behaupten, scheinen sich nunmehr sowohl ästhetische Absichtlichkeit als auch ästhetische Freiheit systemimmanent als Schimäre zu entpuppen, als bloße Kulisse ohne Hintergrund.

b. Die Problematik eines ästhetisch-erhabenen Selbst

Auf einen zweiten, analytischen Blick wird außerdem das vermeintliche ästhetische Selbst suspekt, und zwar in analoger Weise wie bereits die ästhetische Absichtlichkeit. Wenn nämlich Schopenhauer den Willen als »das eigentliche Selbst«[34] bezeichnet und ihn auch mit dem »Bewußtsein des eigenen Selbst«[35] in unmittelbaren Zusammenhang bringt, dann muß es – ungeachtet der problematischen Implikationen – als systemimmanent folgerichtig gelten, daß er hinsichtlich der ästhetisch-willenlosen Einstellung von einem »Akt der Selbstverleugnung« [473] spricht. Und wenn Schopenhauer dem »Bewußtsein von *andern Dingen*« als der einen Bewußtseinsseite das »Bewußtsein vom *eigenen Selbst*, welches der *Wille* ist« [474], als die andere Seite gegenüberstellt, dann erscheint es – ebenfalls allein unter dem Blickwinkel systemimmanenter Konsistenz – verständlich, daß seines Erachtens das ästhetische Subjekt »des leidigen Selbst entledigt«[36] ist. »Zum reinen, willenlosen Erkennen kommt es also, indem das Bewußtsein anderer Dinge sich so hoch potenziert, daß das Bewußtsein vom eigenen Selbst verschwindet.«[37] Mit der Einheit von Selbst und Willen läßt es sich prinzipiell nicht vereinbaren, daß Schopenhauer im Zusammenhang mit Erhabenem den Begriff ›Selbst‹ als Gattungsbegriff verwendet und ihn zu willensbezogenem und ästhetisch-willenlosem Selbst als vermeintlichen Artbegriffen spezifiziert. Bei der Rede von ästhetischem, also willenlosem Selbst kann es sich deshalb nur um eine *contradictio in adjecto* handeln. Um so erstaunlicher mutet dieses Phänomen an, als Schopenhauer nicht nur in der *Welt als Wille und Vorstellung*, sondern auch in seinen Vorlesungen zur *Metaphysik des Schönen* – nicht weit entfernt übrigens von dem Beleg für die problematische Duplizität des Selbst – grundsätzlich und ohne artkonstituierende Spezifikation das Selbst aus ästhetischer Einstellung eliminiert.[38]

Bereits beim gegenwärtigen Stand der Überlegungen zeichnet sich ab, daß der apologetische Ansatz zugunsten des Erhabenen zunehmend ins

---

34 ibid., 475. Cf. 309.

35 Schopenhauer, *WWV II*, 475.

36 Schopenhauer, *WWV I*, 283. Cf. auch *PuP II*, 491: »Reines Subjekt des Erkennens werden heißt sich selbst loswerden«.

37 Schopenhauer, *WWV II*, 475.

38 cf. Schopenhauer, *MdSch*, 94: Der Schönheit der Natur gelingt es »fast immer [...], uns loszureißen von der Beschäftigung mit unserm leidigen Selbst und dessen Zwecken«; 97: für das ästhetische Subjekt postuliert Schopenhauer: »sein eignes Selbst muß aus seinem Bewußtseyn verschwinden«.

Wanken gerät. Denn schon drei seiner vermeintlichen Eckpfeiler, Selbst, Freiheit und Absichtlichkeit ästhetischer Einstellung, haben sich nachträglich als Stolpersteine erwiesen. Von dem, was anfangs den Eindruck erweckte, für eine Argumentation zugunsten des Erhabenen sogar in besonderem Maße geeignet zu sein, scheint in dieser Hinsicht allein die Vordergründigkeit des Buchstäblichen noch erhalten zu bleiben. Die Positivität der sprachlichen Oberflächenstruktur täuscht offenbar hinweg über die Negativität eines bloßen Verbalismus, den sie nur notdürftig zu kaschieren vermag.

VI
Tendenzen zur Nivellierung der spezifischen Differenz zwischen Schönem und Erhabenem

Eine zusätzliche Einbuße an Überzeugungskraft erleiden die apologetischen Überlegungen zum Erhabenen, wenn die Standfestigkeit weiterer stützender Argumente nachläßt. So wird nun der Frage nachzugehen sein, inwieweit die Formulierungen »gewaltsames Losreißen«,[39] »freie bewußte Erhebung über den Willen« [296] die ästhetische Einstellung zu Erhabenem in Abgrenzung von der zu Schönem positiv zu charakterisieren vermögen. Ihre Beantwortung erscheint um so dringlicher angesichts des offenbar lediglich verbalistischen Charakters von Selbst, Freiheit, Absichtlichkeit des Subjekts in seiner Begegnung mit Ästhetisch-Erhabenem. Sofern diese Faktoren als reine Postulate ohne sachhaltige Basis auftreten und in einen Widerspruch zu konstitutiven Thesen von Schopenhauers Ästhetik geraten, erweist sich eine solide Fundierung der spezifischen Differenz zwischen Schönem und Erhabenem hier als entsprechend offenkundiges Desiderat.

Angesichts des thematisierten dynamischen Impetus, dessen Notwendigkeit für den Eintritt des Subjekts in ästhetische Einstellung zu Erhabenem Schopenhauer wiederholt betont, überraschen Formulierungen, in denen er ein derartiges Maß an Aktivität erheblich unterbietet: Über das in ästhetischer Kontemplation erhabener Gegenstände befindliche Subjekt sagt Schopenhauer aus, es werde, »bei ihrer Betrachtung weilend, [...] über sich selbst, seine Person, sein Wollen und alles Wollen hinausgehoben« [287]. Diese passivische Aussage läßt eine frappierende Übereinstimmung mit Schopenhauers Bemerkungen zum Schönen erkennen. Und mit Bezug auf das Trauerspiel behauptet Schopenhauer, seine Wirkung sei »analog der des dynamisch Erhabenen, indem es wie dieses uns über den Willen und sein Interesse hinaushebt und uns so umstimmt, daß wir am Anblick des ihm geradezu Widerstrebenden Gefallen finden«.[40] Die Wirkung, die Trauerspiel und Erhabenes in der Natur auf den Kontemplierenden ausüben, scheint – solchen Formulierungen zufolge – den pseudo-intentionalen Usurpationsakten schöner

39 Schopenhauer, *WWV I*, 287.

40 Schopenhauer, *WWV II*, 556.

Objekte allenfalls in quantitativer Hinsicht noch nachzustehen. Dem Erfordernis spezifischer und damit qualitativer Differenz zwischen den »beiden Arten der ästhetischen Auffassung«[41] wird auf diese Weise wohl schwerlich Genüge geleistet. Denn die zitierten Belege eliminieren offenbar den fundamentalen Unterschied zwischen aktivistischem Übergriff schöner Objekte auf lediglich passiv-rezeptiv verharrende Subjekte und dynamischer Erhebung von Subjekten, die beim Eintritt in kontemplative Einstellung zu Ästhetisch-Erhabenem die notwendige Aktivität selbst aufbringen müssen.

Als weiteres Moment, das einen über die Sphäre des Schönen hinausreichenden und das Ästhetische insgesamt betreffenden Primat aktivierter, pseudo-spontaner Objekte indizieren könnte, ließe sich schließlich auch das Faktum interpretieren, daß Schopenhauers Differenzierung zwischen Schönem und Erhabenem letztlich auf spezifischen Objekteigenschaften basiert. Ist es nämlich im Bereich des Schönen das Objekt, von dem Schopenhauer behauptet, es komme dem Kontemplierenden entgegen, so ist es im Felde des Erhabenen ebenfalls das Objekt, das den Eintritt in ästhetische Einstellung durch ein Hindernis sui generis erschwert, nämlich durch sein »ungünstiges, feindliches Verhältnis«[42] zum Willen des Subjekts. Auch hierin könnte man Ansätze zu einer anthropomorphistischen Objekt-Konzeption vermuten, die in symptomatischer Weise wiederum eine dominierende Aktivität ästhetischer Objekte spiegeln.

Tendenzen zur Nivellierung des zentralen Unterschieds zwischen Schönem und Erhabenem zeichnen sich außerdem dort ab, wo Schopenhauer im Zusammenhang mit dem Erhabenen recht undifferenziert von einer Abwendung vom »Interesse des Willens«[43] spricht und so den Eindruck vermittelt, im Grunde genommen könne an dieser Stelle genausogut das Schöne oder – ganz unspezifisch – Ästhetisches überhaupt thematisch sein. Und wenn Schopenhauer in einer Landschaftsbeschreibung ein Beispiel für den »Übergang vom Gefühl des Schönen zu dem des Erhabenen« glaubt gegeben zu haben, weil doch in dem dargestellten Ambiente »schon ein gewisses Erheben über das Interesse des Willens verlangt«[44] ist, dann drängt sich die Frage auf, worin hier das spezifisch Erhabene, ein feindliches Verhältnis des Objekts zum Willen des Subjekts, überhaupt bestehen soll. So wenig scheint Schopenhauer an solchen Stellen die von ihm mehrfach außerordentlich klar exponierten Charakteristika ästhetischer Einstellung gegenüber Erhabenem festzuhalten, daß gerade ihr Spezifisches sich zu verflüchtigen und in global-undifferenzierte Beschreibung ästhetischer Kontemplation generell sich gänzlich aufzulösen droht. Dieser Eindruck verstärkt sich noch angesichts der folgenden Aussage: Im Hinblick auf die, wie er meint, wohltätige, beruhigende, erhebende Wirkung des Vollmondes spricht Schopenhauer davon, er sei

41 Schopenhauer, *MdSch*, 103.

42 Schopenhauer, *WWV I*, 296. Cf. ferner 287 (sogar dreimal) und 288.

43 Schopenhauer, *WWV II*, 556.

44 Schopenhauer, *WWV I*, 289.

»*erhaben*, d.h. stimmt uns erhaben, weil er ohne alle Beziehung auf uns dem irdischen Treiben ewig fremd dahinzieht«, so daß der Wille aus dem Bewußtsein verschwindet und »es als ein rein erkennendes«[45] zurückläßt. Anders als in den vorangegangenen Textbelegen wird die spezifische Differenz zwischen Schönem und Erhabenem hier nicht bloß nivelliert, vielmehr schlägt im Moment des Wohltätigen, Beruhigenden die feindliche Relation des Objekts zum Willen geradewegs in ihr Gegenteil um. Die Differenz gegenüber den charakteristischen Aspekten ästhetischer Einstellung zu Erhabenem nimmt dadurch an dieser Stelle noch zu. In die Kette der Fragwürdigkeiten reiht sich schließlich auch diejenige ein, daß Schopenhauer im Hinblick auf die Musik gleichsam in einem Atemzug von »ihrer wesentlichen Schönheit, Reinheit und Erhabenheit« [576f] spricht. Indem diese parataktische Konstruktion die Annahme nahelegt, daß Schönheit und Erhabenheit hier geradezu synthetisiert werden, bleibt von ihrer Opposition an dieser Stelle als Relikt allein der begriffliche Unterschied noch bewahrt.

VII
Ansätze zu platonistischer Universalität der Schönheit

Die Tendenzen zur Aufhebung der spezifischen Differenz erreichen ihren Zenit, wenn das Erhabene in Schopenhauers platonistisch inspirierter Totalisierung des Schönen vollends aufgeht: Daß »jedes Ding *schön*« sei, führt Schopenhauer darauf zurück, daß »jedes vorhandene Ding rein objektiv und außer aller Relation betrachtet werden kann [...] und [...] Ausdruck einer Idee ist«.[46] Daß solche überraschende Omnipotenz des Schönen in der an Platon orientierten Ideenlehre Schopenhauers verwurzelt ist, erhellt aus seiner Behauptung, der Idee sei »als solcher die Schönheit wesentlich«,[47] schön sei demnach dasjenige, was »die Idee seiner Gattung deutlich an den Tag legt« [500].

Hat Schopenhauer seine Differenzierung zwischen Schönem und Erhabenem in den zitierten Textbelegen vollständig aus dem Blick verloren? Man könnte diesen Eindruck hier durchaus gewinnen, scheint doch für das Erhabene neben dem Schönen gar keine Existenzmöglichkeit mehr erhalten zu bleiben.

45 Schopenhauer, *WWV II*, 483.

46 Schopenhauer, *WWV I*, 297-298.

47 Schopenhauer, *PuP II*, 500.

VIII
Das Erhabene als Spezies des Schönen?

Doch voreilig wäre es, wollte man daraus folgern, die Unmöglichkeit von Erhabenem *neben* dem Schönen, wie sie in den oben zitierten Belegen sich abzuzeichnen scheint, impliziere per se die Aufhebung seiner Existenz überhaupt. Einer Nachlaßstelle zufolge bleibt nicht *neben*, wohl aber *im* Schönen für das Erhabene durchaus noch Platz: »das Erhabne [ist] eine Gattung des Schönen, nämlich das Extrem des Schönen«.[48] Wenn Erhabenes sich hier *eo ipso* als Schönes erweist, dann kann man Schopenhauers Ästhetik mit seiner Theorie des Schönen[49] identifizieren, und zwar ohne daß dadurch eine zur Elimination des Erhabenen führende Verengung ihres Gegenstandsbereichs erfolgt. Anders, als es anfangs schien, hat das Schöne hier nicht mehr als ein lediglich Partikulares gegenüber der Totalität von Ästhetik zu gelten.

Die auf den ersten Blick plausibel wirkende Apologie mit ihrer Intention, zumindest die ›bessere Hälfte‹ von Schopenhauers Ästhetik gegenüber kritischen Ansätzen zu rechtfertigen und deren Geltungsbereich auf die Sphäre des Schönen zu beschränken, scheint – auf dem Hintergrund der entfalteten Argumente – ihre Überzeugungskraft einzubüßen. Selbst diese vermeintlich ›bessere Hälfte‹ von Schopenhauers Ästhetik erweist sich nun offenbar als problematisch, sofern sie sich in der Konsequenz einer Subsumtion des Erhabenen unter das Schöne gar nicht wirklich als besser herausstellen, ja nicht einmal als Hälfte mehr gelten kann.

Nach einer Aufhebung vermeintlicher Partikularität des Schönen, das anfangs noch gemeinsam mit dem ebenfalls Partikularen eines als selbständig konzipierten Erhabenen die Ästhetik zu konstituieren schien, wird sogleich die Unterstellung hinfällig, indem man auf Schopenhauers Aussagen über Schönes rekurriere, sei man auch allenfalls zu einer Partikular-Kritik an seiner Theorie des Schönen berechtigt, nicht jedoch an seiner Ästhetik insgesamt. An die Stelle dieser ursprünglichen Annahme lassen Textbelege wie die oben zitierten nun die Überzeugung treten, Schopenhauers Auffassung der Subjekt-Objekt-Relation im Bereich des Erhabenen sei *re vera* nicht weniger problematisch als im Terrain des Schönen, ja strenggenommen vielleicht sogar noch mehr: Denn nicht allein hebt Schopenhauer in der zitierten Nachlaßstelle die vermeintliche systematische Gleichrangigkeit von Schönem und Erhabenem auf, indem er Erhabenes als Spezialfall in das Schöne integriert, vielmehr vollzieht er dort noch einen weiteren Schritt, indem er Erhabenes sogar als »das Extrem des Schönen« apostrophiert. Hielte man sich allein an diese Formulierung, so müßte man eigentlich folgern, das für ästhetische Einstel-

48 Schopenhauer, *Nachlaß*, Bd. 1, 45.

49 Dafür spricht auch der Titel *Metaphysik des Schönen*, den Schopenhauer für den dritten Teil seiner Vorlesungen gewählt hat; offensichtlich zählt das Erhabene mit zum Gegenstandsbereich einer solchen *Metaphysik des Schönen*: ihr 9. Kapitel trägt die Überschrift *Vom Eindruck des Erhabenen*.

lung zu Schönem charakteristische Subjekt-Objekt-Verhältnis mitsamt der in ihm angelegten Problematik werde im Falle des Erhabenen nicht nur nicht beseitigt, sondern stattdessen geradezu auf die Spitze getrieben. Und das würde bedeuten: ein radikal gesteigertes Entgegenkommen der ästhetischen Objekte, extreme Wucht ihres Usurpationsaktes, eine forcierte, ja bis zum Zenit getriebene deterministische Vereinnahmung ästhetischer Subjekte, die sich mit Autonomie nicht vereinbaren ließe. Im Zuge einer Subsumtion des Erhabenen unter das Schöne also wächst die nur scheinbar in zwei Komponenten gleichen systematischen Ranges sich differenzierende Sphäre des Ästhetischen – hinsichtlich der Subjekt-Objekt-Relation – letztlich wieder zusammen zu einer alles Spezifische nivellierenden Einheit von Problematischem.

IX
Systematische Autonomie des Erhabenen als Basis für eine Konsolidierung ästhetischer Spontaneität

So stellt sich abschließend die Frage, ob im Verlauf der problematisierenden Analyse, die insbesondere die ästhetische Subjekt-Objekt-Relation kritisch beleuchtete, auch die eingangs exponierten positiven Impulse aus Schopenhauers Theorie des Erhabenen sich vollends verflüchtigt haben. Sind mithin selbst sie, deren spezifische Relevanz für eine plausible Spontaneitätskonzeption ästhetischer Einstellung sich gerade durch ihre Abgrenzung gegenüber seiner Konzeption des Schönen zu bewähren schien, einer ungehemmt destruktiven Kritik nunmehr restlos zum Opfer gefallen? – Mitnichten. Sowenig ist dies der Fall, daß es – gemäß einer andersgearteten Intention dieses Aufsatzes – vielmehr mit Nachdruck klarzustellen gilt: Erst im Vollzug einer kritischen Interpretation von Schopenhauers Theorie sowohl des Schönen als auch des Erhabenen, die systemimmanente Inkonsistenzen nicht außer acht läßt, entsteht überhaupt die Basis für eine differenzierte Beurteilung und Gewichtung heterogener und miteinander konkurrierender[50] Perspektiven in seiner Ästhetik. Ein Vergleich der disparaten Argumentationsstränge zeigt zweierlei:

Erstens: Genau in dem Maße, wie Schopenhauers Ästhetik in den Sog platonistischer Ontologie gerät, droht das Spezifische seiner Konzeption des Erhabenen sich in eine undifferenzierte Totalität des Ästhetischen gänzlich aufzulösen. Und zwar mit der fatalen Konsequenz, daß problematische Aussagen Schopenhauers, die eine passiv-rezeptive Haltung des ästhetischen Subjekts angesichts des Schönen behaupten, dann tatsächlich als pars pro toto

50 Die beschriebenen divergierenden Pfade, die Schopenhauer hier in seiner Theorie des Erhabenen beschreitet, erweisen sich in seiner Ästhetik durchaus nicht als singulär. Weitere Konkurrenzverhältnisse vergleichbarer Art, deren Gemeinsamkeit darin besteht, daß sie Schopenhauer selbst offenbar nicht aufgefallen sind, werde ich in meiner (derzeit im Entstehen begriffenen) Dissertation über Schopenhauers Ästhetik analysieren.

zu lesen wären. Eine solche Deutung müßte also das Refugium vollständig preisgeben, das Schopenhauers Ansätze zu spontaner Aktivität des Subjekts in ausgezeichneter Weise in seiner Theorie des Ästhetisch-Erhabenen finden könnten.

Zweitens: Gerade diesen Frei- und Schonraum also, der von der oben skizzierten Rezeptivitätskritik weitgehend unangetastet bliebe, gilt es zu bewahren und zu behaupten gegenüber globalen Vereinnahmungstendenzen, die dem Erhabenen seinen autonomen Status neben dem Schönen streitig machen. Dezidiert sind deshalb solche Ansätze in Schopenhauers Ästhetik zu favorisieren, die eine Degradierung des Erhabenen zur bloßen Spezies des Schönen ausschließen. Denn eine dynamische Eigenaktivität ästhetischer Subjekte ist eben hier, im Felde des Erhabenen, wohl weniger als irgendwo sonst in Schopenhauers Ästhetik der Gefahr ausgesetzt, dem kraftvollen Impetus entgegenkommender Objekte widerstandslos zu erliegen, und durch eine Haltung passiver Rezeptivität substituiert zu werden.

Kritische Distanz ist also zu wahren gegenüber solchen Textbelegen, in denen Schopenhauer das Erhabene als bloße Komponente unter eine mit Ästhetischem schlechthin vorschnell koinzidierende Totalität des Schönen subsumiert, die lediglich interne Differenzierungen noch zuläßt. Einem solchen Ansatz entgegen gilt es im Rahmen kritischer Rekonstruktion der in Schopenhauers Ästhetik nachweislich auch gegenwärtigen Spontaneitätsmomente[51] unbeirrt festzuhalten an systematischer Eigenständigkeit des Erhabenen als eines ästhetischen Sektors, der sich durch spezifische Charakteristika vom Schönen unterscheidet und *neben* statt *in* ihm seinen Platz findet. Mehrere Textstellen in Schopenhauers Ästhetik belegen eine derartige systematische Gleichrangigkeit von Schönem und Erhabenem und schließen dadurch *eo ipso* eine Subsumtion des letzteren unter das erstere aus:

Bereits in seiner Einleitung zu derjenigen Passage seiner Ästhetik, in der er seine Konzeption des Schönen und Erhabenen entfaltet, prätendiert Schopenhauer durch »philosophische Betrachtung des Schönen und Erhabenen beide in der Natur und in der Kunst zugleich erörtern«[52] zu wollen. Diese Differenzierung kommt noch deutlicher dort zum Ausdruck, wo Schopenhauer Schönes und Erhabenes explizit als »Arten der ästhetischen Auffassung«[53] bezeichnet. Das disjunktive Nebeneinander beider Bereiche erhellt schließlich auch aus Schopenhauers Einordnung der Tragödie innerhalb seiner Ästhetik: »Unser Gefallen am *Trauerspiel* gehört nicht dem Gefühl des Schönen,

---

51 Explizit postuliert Schopenhauer in *WWV I*, 270, eine »spontane Anspannung [...] zur willensfreien Auffassung der Ideen«. Gravierende Schwierigkeiten ergeben sich für diese nachdrücklich zu befürwortende These allerdings aufgrund mehrerer andersgearteter Aussagen Schopenhauers über Spontaneität. Die durch sie generierte Problematik habe ich analysiert in Neymeyr, *Genie*, Kapitel VIII.

52 Schopenhauer, *WWV I*, 279.

53 Schopenhauer, *MdSch*, 103.

sondern dem des Erhabenen an.«[54] Als Spezies kann das Erhabene im Anschluß an diese Zitate nur dann gelten, wenn als übergeordnetes Genus nicht etwa das Schöne, sondern das Ästhetische überhaupt fungiert.

Verglichen mit der weiter oben belegten Subsumtion des Erhabenen unter das Schöne haben diese Ansätze zu systematischer Gleichstellung von Schönem und Erhabenem die besseren Argumente offenkundig auf ihrer Seite. Denn nicht allein vermag die These von einer Autonomie des Erhabenen die Ansätze zur Spontaneität eines Subjekts zu konsolidieren, das erst aufgrund spezifischer Eigenimpulse den Widerstand überwinden kann, mit dem das Erhabene durch sein feindliches Verhältnis zum Willen des Subjekts dessen Eintritt in ästhetische Kontemplation erschwert. Außerdem läßt sich nur auf der Basis systematischer Gleichrangigkeit von Schönem und Erhabenem jene gravierende Inkonsistenz vermeiden, die das Subsumtionskonstrukt vollends *ad absurdum* führt: Einerseits nämlich behindert die besagte Feindlichkeit des Erhabenen den Übergang in ästhetische Einstellung zu ihm erheblich, so daß das Subjekt willenlose Kontemplation durch besondere Anspannung seiner eigenen Kräfte, durch spontan-dynamische Aktivität allererst erringen muß. Andererseits jedoch bemißt Schopenhauer den Grad der Schönheit eines ästhetischen Objekts danach, in welchem Maße es »jene rein objektive Betrachtung erleichtert, ihr entgegenkommt, ja gleichsam dazu zwingt«.[55] Vergegenwärtigt man sich auf der Folie dieser offensichtlichen Differenz erneut jene oben zitierte These Schopenhauers, in der er das in die Sphäre des Schönen integrierte Erhabene sogar zum »Extrem des Schönen«[56] avancieren läßt, so ergibt sich ein fundamentaler Widerspruch: Der Erschwerung ästhetischer Einstellung aufgrund der Feindlichkeit erhabener Objekte steht deren Erleichterung qua Schönheit des Erhabenen diametral gegenüber. Dabei verschärft sich die Opposition zwischen diesen divergenten Ansätzen genau in dem Maße, wie die Schönheit des Erhabenen stufenweise bis zum Zenit sich steigert. Im Horizont von Schopenhauers Ästhetik erweist sich eine Subsumtion des Erhabenen unter das Schöne als verfehlt. Denn die laut Schopenhauer für das Erhabene gerade konstitutive und typische Widerständigkeit, die dem ästhetischen Subjekt besonderes Engagement abverlangt, ist prinzipiell inkompatibel mit der proportional zum Grade seiner Schönheit sich potenzierenden Befähigung des Objekts zur Erleichterung ästhetischer Einstellung. Aufgrund dieser Konstellation kann eine Subsumtion des Erhabenen unter das Schöne allein auf Kosten seiner spezifischen Charakteristika, ja – präziser –: um den allzu hohen Preis ihrer Umkehrung ins genaue Gegenteil erfolgen. Die systematische Heteronomie des Erhabenen, das dann nur noch eine Komponente innerhalb der expandierenden Sphäre des Schönen ist, involviert letztlich also seine Liquidierung.

---

54 Schopenhauer, *WWV II*, 556.

55 Schopenhauer, *WWV I*, 298.

56 cf. Fußn.48.

Um diese Konsequenz zu vermeiden, gilt es, dezidiert an der im Kapitel III vorgestellten Kontrastierung[57] von Schönem und Erhabenem festzuhalten. Die dort sich abzeichnenden klaren Konturen des Schönen und des Erhabenen, die zugleich als Grenzen nach außen, gegenüber dem jeweiligen Opponenten fungieren, bieten im Rahmen kritischer Rekonstruktion von Schopenhauers Ästhetik eine willkommene Chance, zur eingangs skizzierten Subjekt-Objekt-Problematik ein produktives Gegengewicht zu schaffen. Die systemimmanenten Schwierigkeiten, die zu exponieren eine kritisch-differenzierende Interpretation sich nicht versagen darf, lassen sich so durch einen – seinem Ansatz nach – überzeugenden Gegenentwurf zumindest kompensieren. Bedauerlicherweise hat Schopenhauer dieses Konzept allerdings nicht weit genug entfaltet und es auch in seiner Theorie des Erhabenen von internen Unstimmigkeiten nicht freizuhalten vermocht.

Im Rahmen einer ästhetischen Konzeption, die bei Schopenhauer zwar durchaus ansetzen kann, sich zugleich aber auch entschieden von ihm distanzieren muß, rückt dann ein ästhetisches Subjekt ins Blickfeld, das aus spontanem Antrieb die Sphäre interessegebundener Bedürftigkeit transzendiert und zu ästhetischer Einstellung aus genuinem Impuls (wenngleich natürlich nicht ohne eine – wie auch immer geartete – ›Beteiligung‹ des Objekts) selbst sich aufschwingt: als ästhetische Subjektivität, die zwar ihrer lebenspraktischen Interessen sich entledigt, jedoch im Vollbesitz ihrer Intentionalität nach wie vor verbleibt.

---

57 Schopenhauer polarisiert Schönes und Erhabenes mit Nachdruck. Aber könnte nicht gerade die Radikalität dieser Abgrenzung mitverantwortlich sein für die überwiegend rezeptive Haltung, die das ästhetische Subjekt Schönem gegenüber an den Tag legt? Einige Textstellen geben Anlaß zu der Vermutung, daß Schopenhauer im Zuge dieser Differenzierung die dynamische Aktivität, durch die er das ästhetisch-erhabene Subjekt charakterisiert, einem in kontemplativer Einstellung zu Schönem befindlichen Subjekt gerade entzieht. Treibt diese Polarisierung von Schönem und Erhabenem die Problematik seiner Konzeption des Schönen auf die Spitze, so daß eine Annäherung beider Bereiche unter Wahrung ihrer Spezifika erforderlich wird?

Schopenhauers Position in der Produktionsästhetik der modernen bildenden Kunst

Hannes Böhringer *(Berlin)*

In der kleinen Skizze, die ich hier vorstellen will, geht es mir nicht um den Einfluß Schopenhauers auf den einen oder anderen Künstler durch eine Lektüre seiner Schriften. Es geht auch nicht um Schopenhauers eigentümlichen Willensbegriff und Kulturpessimismus. Ich möchte vielmehr seine Kunstphilosophie als eine markante Position skizzieren, die im Kräftefeld der modernen Kunst immer wieder bemerkbar wird. Dabei muß ich zugegebenermaßen Schopenhauer ein wenig zurechtstutzen, bestimmte Merkmale seiner Philosophie berücksichtige ich nicht, lasse sie sozusagen als Akzidentien unter den Tisch fallen. Es bleibt eine Theorie, welche die Kunst und unter den schönen Künsten gerade die Musik zum Organ metaphysischer Erkenntnis erklärt. Die Kunst wird als *Poiesis* begleitet von einer asketischen Praxis der Entsagung, die auf Seelenruhe im Nirwana abzielt. Diese Praxis dient der Kunstproduktion und Kontemplation, der metaphysischen Erkenntnis, die sich über das Kunstwerk auch dem Kunstbetrachter mitteilt. Die Betrachtung wiederum verstärkt die in der asketischen Übung angestrebte Seelenruhe. Schopenhauers Philosophie erscheint so besehen als eine in kantische Gewänder gehüllte neuplatonische Mystik, als ein Aufstieg aus der Welt der Vorstellung, einer in Vielheit zerfallenen und an dieser Vielheit leidenden Welt zu einer Welt der Ideen und schließlich zur Schau des Ureinen und zu einer *Unio mystica* mit ihm. Dieser Aufstieg ist ein Weg der Läuterung und Reinigung, der Verneinung des Willens zum (sinnlichen) Leben. Schopenhauer knüpft zwar am französischen Quietismus an, entkleidet ihn aber des christlich-jüdischen Theismus und ersetzt die Theologie durch eine am Buddhismus orientierte Kosmologie und Mystik. Die Sprache als Wort Gottes verliert ihren Vorrang an die Musik, eine *harmonia mundi*, die auf keinen Schöpfer- und Erlösergott mehr verweist, an ein monistisches *Tat twam asi* (Dieses bist du).

1959 veröffentlicht John Cage einen *Vortrag über Nichts*. Er beginnt mit den Worten:

> Ich bin hier, und es gibt nichts zu sagen. Wenn unter Ihnen die sind, die irgendwohin gelangen möchten, sollten sie gehen – jederzeit. Was wir brauchen, ist Stille; aber was die Stille will, ist, daß ich weiterrede.

»Ein Musikstück« machen heißt »Stille erzeugen«. Stille, das heißt Musik erzeugen aber bedeutet »etwas momentan Sichtbares« betrachten, etwas wahrnehmen »wie vom Fenster aus, wenn man reist« durch erhaben-eintönige Landschaften wie Kansas oder Arizona.

Das Fenster ist der Ausschnitt der Wahrnehmung, die notwendige Struktur, in deren Grenzen das Unbegrenzte des Lebens, des Dings an sich, überhaupt erst zur Wahrnehmung kommen kann. »Struktur ohne Leben ist tot. Aber Leben ohne Struktur ist nicht wahrzunehmen. Pures Leben drückt sich in und durch Struktur aus.«[1] Die Welt als Wille zum puren Leben der Kontemplation braucht einen strukturierenden, objektivierenden Schleier der Maja.

Man hat ein Ziel, will irgendwohin fahren, sitzt in einem Zug. Doch die Fahrt ist lang. Gedankenverloren schaut man aus dem Fenster. Ereignislos ziehen die Landschaften vorbei. Da reißt sich die Erkenntnis vom Willen los und wird kontemplativ. Die Bahnfahrt ist ein Quietiv, das Zugabteil wie eine Mönchszelle, das Fenster in ihm ein Weltauge der Kontemplation, das die Objektivationen des Willens, des puren Lebens betrachtet.

Wenn man nichts will, nirgendwohin gelangen möchte, sind Leben und Stille eins: Musik. Die Wahrnehmung ist nur auf die Stütze einer einschränkenden Struktur, auf einen Ausschnitt angewiesen. Die Gelassenheit des Betrachters, des Horchenden, entspricht dem Stilleben des Fensterausschnitts. Das Fenster des Zugabteils ersetzt für Cage das holländische Stilleben, das Schopenhauer zum Beispiel für die innere Ruhe des Künstlers nimmt, aus der heraus er schafft.

Die Modernität, die Cage von Schopenhauer, das Zugfenster vom traditionellen Stilleben und Landschaftsgemälde trennt, besteht in der Erfahrung der Geschwindigkeit, die von den Futuristen bis Virilio gefeiert wird. Die mobilisierte Wahrnehmung löst den Betrachter aus seiner Fixierung auf eine fest geglaubte Vorstellungswelt. Die Zeiterfahrung, die damit verbundene Temporalisierung des Kunstwerks, begünstigt wiederum die Musik als Paradigma der schönen Künste, ohne daß jedoch diese Temporalisierung die metaphysische Dignität der Musik in Zweifel zöge. Das Fenster im Zugabteil radikalisiert die in der Stillebenmalerei angelegte Tendenz, Gegenstände des alltäglichen Lebens zum Gegenstand der Kontemplation zu machen. Der Ausschnitt, die Kontemplation, sie sind es, die den Gegenstand der Betrachtung erst herstellen. – Am Black Mountain College hat Cage Pop-Künstler wie Jasper Johns oder Robert Rauschenberg geprägt. Das Vorbild quietiver Praxis aber ist für Cage und Schopenhauer das gleiche: der Buddhismus.

Die Ausstellung *Vom Klang der Bilder* 1985 in der Stuttgarter Staatsgalerie hat in aller Ausführlichkeit auf das Paradigma der Musik für die moderne bildende Kunst hingewiesen, besonders für die abstrakte, die absolute Malerei. Sie hält ihren Anspruch, metaphysische Erkenntnis zu sein, über Kandinsky, Malewitsch bis zu Newman und Yves Klein aufrecht. Die absolute Malerei ist die Erkenntnis des Erhabenen, der suprematistischen Natur jenseits aller Gegenständlichkeit, das schwarze Quadrat ein Fenster zu ihr. Zugleich basiert die Farbtheorie der abstrakten Malerei, wie vor allem Kandinskys Schriften zeigen, weitgehend auf der Analogie von Farbe und Klang. Im Hintergrund steht oft eine spekulative, aus der Romantik bekannte Äthertheorie. Denn der Äther schwingt als Licht *und* Klang.

Neben der ungeniert metaphysisch ambitionierten abstrakten Malerei, die dann wie bei Stella in Skepsis umschlagen kann, gibt es in der modernen Kunst eine weitere Traditionslinie, welche die begleitende asketische Praxis

---

1 Cage, *Silence*, 6ff.

der Willensverneinung pflegt. Sie wird zur Hauptanstrengung, bei der die Kontemplation quasi nebenbei als Parergon abfallen kann. Es kommt auf die richtige Einstellung an, dann ist jeder Blick aus dem Fenster kontemplativ. Dabei muß nun der Schopenhauersche Begriff der Resignation wieder auf das Niveau des christlichen Quietismus gehoben werden: die Resignation darf sich selbst von der Resignation nicht ausschließen. Sie muß in ihrer höchsten Form auf sich selbst verzichten und auf das Ziel der Kontemplation. Diese Reflexion der Resignation, diese Verneinung der Verneinung des Willens zum Leben, die gelassene Gelassenheit, soll dann die Kontemplation in der Form von Spontaneität und Produktivität (*poiesis*) des Lebens freisetzen. Der im Pessimismus versteckte Rest wichtigtuerischer Bedeutsamkeit verschwindet. Der Nihilismus gewinnt die philosophische Heiterkeit zurück. Er wird libertinistisch: dadaistisch.

Dada ist nicht Unsinn, sondern Ohne-Sinn, schreibt Hans Arp, und Richard Huelsenbeck: »Dada ist die amerikanische Seite des Buddhismus, es tobt, weil es schweigen kann, es handelt, weil es in Ruhe ist.« Da es »die Beziehungslosigkeit gegenüber allen Dingen ist«, hat es »daher die Fähigkeit, mit allen Dingen in Beziehung zu treten.« – »Dada schiebt seinen Handlungen keine Motive unter, die ein ›Ziel‹ verfolgen.« Daraus folgt für Huelsenbeck: »Dada ist die schöpferische Aktion in sich selbst.«[2]

Dadas amerikanischer Buddhismus weist voraus auf den Beatnik-Zen eines Kerouac und Ginsberg, eines in Kalifornien im Blick über den Stillen Ozean nach Ostasien wiederentdeckten kynischen Bettelmönchtum des modernen Künstlers. Stille, *silence*, *tranquillitas animi* ist nicht an einen bestimmten Ort, an eine bestimmte Dogmatik und Meditationstechnik gebunden. Es kann auch heißen, schreibt Alan Watts, Autos zu stehlen, mit ihnen herumzufahren und dabei Musik von Charly Parker zu hören. Es kommt auf die innere Haltung der gelassenen Gelassenheit an, der Beziehungslosigkeit gegenüber allen Dingen.

Zur amerikanischen Seite des Buddhismus in der Tradition des europäischen Dadaismus gehört auch die Fluxus-Bewegung. Fluxus ist das, was Cage mit einer langen Eisenbahnfahrt beschreibt und dem absichtslosen Blick aus dem Fenster des fahrenden Zuges: Fluxus als Stilleben.

Der franco-amerikanische Fluxus-Künstler Robert Filliou, der in einem buddhistischen Kloster in Südfrankreich starb – Initiator der Biennale des Friedens – stellt ein universelles Äquivalenz-Prinzip auf, er ließ einen Stempel mit der Aufschrift anfertigen: »Principe d'équivalence Création permanente: Bien fait = mal fait = pas fait«. Gut gemacht = schlecht gemacht = nicht gemacht, wobei im Französischen *pas fait* = nicht gemacht, akustisch nicht von *parfait* = vollkommen unterschieden werden kann. Die asketische Ethik ist zugleich eine dadaistische Poetik: alles, was man macht, aber auch lassen kann, in dreifacher Ausfertigung zu machen, gut, schlecht und nicht zu machen. Alle drei Modi sind gleich gültig. Doch hinter ihrer Gleichwertigkeit

---

2 Huelsenbeck, *Dada*, 3ff.

verbirgt sich der Aufstieg der Erkenntnis zur Vollkommenheit, die in der Einsicht der Indifferenz von *bien fait*, *mal fait* und *pas fait* besteht. Diese Indifferenz – Huelsenbeck bezog sich mit diesem Begriff wahrscheinlich auf Salomon Friedländer – ist zugleich schöpferisch, die Quelle einer *création permanente*, das innere »sitting quietly/doing nothing« (Filliou) in jedem Handeln und Herstellen. *Doing nothing* wiederum heißt: absichtslos aus dem Fenster des fahrenden Zuges zu schauen, zum Weltauge zu werden, den Willen, oder wie Filliou und Cage sagen, das Leben selbst wahrzunehmen, die *création permanente*, die Emanation des Lebens. Doch dazu ist ein Minimum an Struktur, oder wie Filliou schreibt, Fiktion, *doing something*, notwendig, das heißt Kunst, der luftigste Schleier der Maja. »Ich dachte«, schreibt Filliou, »wir sollten Kunst als eine Funktion des Lebens plus Fiktion betrachten, wobei die Fiktion gegen Null geht«. Und weiter: »Warum soll man nicht das ›Leben‹ durch das Universum ersetzen, warum soll man nicht sagen, daß das Universum eine Funktion der Leere plus Fiktion ist, wobei die Fiktion gegen Null geht«.[3] – Die Kunst als *performing art* parodiert gewissermaßen den Performance-Charakter der Welt, die Welt als Vorstellung, um die Welt als Willen, den permanenten Event des Lebens selbst, die Leere, das Nichts transparent werden zu lassen. Außerdem macht, die Kunst in ihrer Indifferenz von gut, schlecht oder nicht gemacht auf das *tat twam asi* aufmerksam: jeder ist ein Künstler, das Leben selbst eine Performance-Kunst, wobei die Kunst gegen Null geht. Die lachende Philosophie des Dadaismus ist nur eine, nicht ohne Nietzsches Hilfe, weiterentwickelte Theorie des weinenden Philosophen Schopenhauer.

So sehr man große Teile der dadaistischen Tradition und der absoluten Malerei systematisch auf Schopenhauers Philosophie beziehen kann, die Künstler haben sich selbst nicht auf ihn berufen. George Macunias, der litauische Gründer und Organisator von Fluxus, berief sich auf die LEF-Gruppe, die marxistisch-konstruktivistischen »Lebenserbauer«, die Kunst und Leben miteinander versöhnen wollten. Die Maler der großen Abstraktion: Kandinsky, Malewitsch, Mondrian oder Klein aber waren theosophisch inspiriert, beriefen sich auf die Blavatskaia, auf Ouspensky, Schoenmaeker und Heindel. Zu ergänzen wären hier noch vor allem Steiner und Gurdieff.

Die von Harald Szeemann inszenierten Ausstellungen *Monte Verita* (1978) und *Der Hang zum Gesamtkunstwerk* (1983) und die neuerliche Ausstellung *The Spiritual in Art* (LA 1986) konnten einen Eindruck davon vermitteln, daß die moderne Kunst nicht bloß am Rande mit okkulten, spiritistischen und esoterischen Traditionen zu tun hat, sondern ein noch nicht richtig erfaßtes Thema der Religionsgeschichte ist: die moderne Kunst als Ausdrucksform von Neopaganismen und einer über den Martinismus ins 19. Jahrhundert vermittelten Theosophie.[4] Wie in Schopenhauers Philosophie gegenüber dem christlichen Quietismus, so verlagert sich auch in der von der

3 Filliou, *Ereignis*, 52f, 70, 94f.

4 Gründer, *Aufklärung*.

Blavatskaia erneuerten Theosophie, von der sich Steiners Anthroposophie später abspalten wird, gegenüber der älteren christlichen Theosophie eines Valentin Weigels, Paracelsus, Johann Valentin Andreae und Jakob Böhmes das Gewicht vom Christlich-Jüdischen zum Christlich-Indischen und immer mehr zum Indisch-Persisch-Ägyptischen. Schopenhauer lüftet den Schleier der Maja, Madame Blavasky entschleiert die Göttin Isis.

Trotzdem bleibt auch die neuere Theosophie in der von Joachim von Fiori vermittelten eschatologisch-chiliastischer Tradition: in der Erwartung eines nahen dritten Reiches, eines *new age*, das nach den Zeitaltern des Gesetzesgottes und Jesu Christi das Zeitalter des heiligen Geistes, der *plenitudo intellectus* sein soll. Das »Geistige in der Kunst«, wovon Kandinsky schreibt, antizipiert dieses pneumatische Reich, Yves Kleins monochrome Bilder sind Ikonen des neuen Zeitalters, Mondrian sieht es als durchgestyltes konstruktivistisches Gesamtkunstwerk, Hugo Ball in rückwärtsgewandter Utopie als »Byzantinisches Christentum«. – Das säkularisierte Pendant dieser Eschatologie war vielen Künstlern die marxistische Geschichtsphilosophie, Weltkrieg und Oktoberrevolution waren Geschichtszeichen, Zeichen einer Zeitenwende. Die marxistische Geschichtsphilosophie oder die theosophische Geschichtsspekulation gaben den Künstlern eine theoretische Basis für das Bewußtsein, modern zu sein, als Avantgarde Künder und Wegbereiter einer neuen Epoche, in der die Kunst mit dem befreiten Alltag verschmilzt.

Darum tritt eine Schopenhauersche Position, das heißt ein kantisch-indisch eingekleideter Neuplatonismus, der die *création permanente* des Ureinen musikalisch auffaßt, in der modernen Kunst erst hervor, wenn ihre Geschichtsspekulation zurücktritt, wenn die moderne Kunst geschichtsphilosophisch resignative Züge annimmt. Man kann in der Geschichte der modernen Kunst immer wieder Exponenten der quietiv-resignativ-individualistischen Richtung Schopenhauers und der chiliastisch-schwärmerischen, politisch-revolutionären Richtung ausmachen. So ist ein Gegentypus zu Huelsenbeck, der später nach Amerika ging und in New York das bürgerlich-unscheinbare Leben eines erfolgreichen Psychotherapeuten führte – eine moderne Form des epikuräischen *lathe biosas* –, bis er im Alter doch wieder nach Europa und hier wiederum in die Nähe des Monte Verità zurückkehrte, im Berliner Dadaismus nicht nur Hartfield, sondern auch Johannes Baader, der Oberdada, der für die Wahl zum Reichspräsidenten kandidierte und sich für den wiedergekehrten Christus hielt oder sich zumindest als solcher ausgab. Dem serenen, von Thoreau, Emerson und von asiatischer Weisheit geprägten Cage aber kann man auf einem ganz anderen künstlerischen Niveau als Baader den Eiferer Joseph Beuys gegenüberstellen.

Kunst und Pseudokunst

Virginia Cutrufelli *(New York)*

I
Kunst und Pseudokunst

Jeder weiß, was Kunst ist – bis er aufgefordert wird, Kunst zu definieren. Wir tun uns schwer, die richtige Haltung einzunehmen, sind unsicher, einen geeigneten Zugang zur Kunst zu finden. Allein, »ohne Leitbild«, wie Adorno sagt, stehen wir dem Kunstwerk gegenüber und greifen blind um uns. Gefühl, Geschmack, Willkür, individuelle Lebenserfahrung, allgemeiner Konsens oder wirtschaftliches Interesse beeinflußt nicht selten unser Kunsturteil. Abhilfe versprechen wir uns zuweilen vom Vergleich. Durch die Unterscheidung zwischen wahrer und falscher Kunst ließen sich vielleicht einige Bestimmungsmerkmale entwickeln. Weiß nicht schließlich jeder, was schlechte Kunst ist? Glücklich einen Ansatz gefunden zu haben, nehmen wir uns nun zwei vermeintlich gegensätzliche Werke vor. Doch kann es uns dann durchaus passieren, daß wir noch übler dran sind als zuvor. Das für unproblematisch gesehene »schlechte« Werk erweist sich möglicherweise als doch nicht so schlecht, und das Kunstwerk, dem unser Definitionsversuch eigentlich galt, könnte dadurch einen Verlust erleiden und nicht länger unanfechtbar sein. Ist der Künstler ein längst verstorbener Meister, oder aber ein jüngst Verschiedener, dessen letzten Werke hohe Summen erzielt haben, dann werden unsere Zweifel nicht allzu stark oder anhaltend sein. (Ich denke hier auch, aber nicht in erster Linie, an den so spektakulär versteigerten Warhol-Nachlaß, der das weitere Problem aufwirft, wie sich Kultwert und Kunstwert zueinander verhalten.) Kann es im Streit der Meinungen schaden, auf der Seite der Expertenmehrheit zu stehen? Entscheidend ist, daß uns überhaupt Zweifel kommen. Das Dilemma entsteht am häufigsten, wenn wir mit einem zeitgenössischen Werk konfrontiert werden. Hier sind die Zweifel auch am ergiebigsten. Wer in seiner Zeit die gegenwärtige Kunst zu bestimmen sucht, gerät stets in dieselbe Schwierigkeit: Je heftiger auf Definition gedrängt wird, um so sicherer entzieht sich das Phänomen. Jedes neue Kunstwerk, jede neue Kunstform stellt auch die hartnäckigst überlieferten Theorien über Kunst in Frage; jedes Kunstwerk fordert seine Ahnen heraus.

Unsere Sprachlosigkeit vor der Kunst steht im paradoxen Widerspruch zu deren Expressivität. Besonders die Gegenwartskunst straft unserer Interpretationskunst Lügen. Platon links, Schopenhauer rechts aufgeschlagen, lesen wir Horst Tomayers Gedicht *Klaus der Wichser* in seinem inzwischen beschlagnahmten Band *Hirnverbranntes und Feinziseliertes* – wen wundert es, daß es uns die Sprache verschlägt.[1] Dies hält uns natürlich nicht davon ab, weiter zu reden. Aus dem Zweifel geboren und von ihm genährt, könnten leidenschaftliche und schöpferische Debatten darüber, ob ein Werk Kunst oder Pseudokunst sei, uns dem Phänomen näherbringen. Die Offenheit und Unabschließbarkeit des Fragens entspricht dem Kunstwerk, selbst wenn wir zu der Einsicht kommen, diese Frage sei überholt.[2] Denn einem Kunstwerk, das uns zum wiederholten Hinsehen, zur Reflexion, zum Aufschrei verführt, kann es gleichgültig sein, wie wir es nennen. Es existiert und wirkt weiter. Je sprechender die Kunst, desto stummer die Interpreten, und wir sind nie so sprachlos als dann, wenn wir durch viele Worte und ausgeklügelte Theorien unser Verstummen zu übertönen suchen.

Auf den hier eingeführten Begriff ›Pseudokunst‹ muß näher eingegangen werden. Beabsichtigt wird mit dieser Bezeichnung nicht nur eine Distanzierung von den unzulänglichen Gegensätzen gute oder schlechte, wahre oder falsche, hohe oder triviale Kunst. Pseudokunst weist zugleich auf die bisher geleugnete Nähe hin von ›etablierter‹ Kunst und jenen Werken, denen diese Anerkennung verweigert wird. Aber die traditionellen Polaritäten erfüllten durchaus eine Funktion und sollten nicht nur Kitsch aus dem Reich des Erhabenen verbannen. Wer wahr und falsch, gut und schlecht, ernst und trivial unterscheidet, eröffnet die Möglichkeit zu einem Gespräch zwischen der Kunst und dem Betrachter und beansprucht dabei die Rolle des Vermittlers. Ob dieser Anspruch je eingelöst wurde, ist allerdings eine andere Frage.

Die Pseudokunst hat viele Gesichter, ist immer eine andere, oft mißverstanden, meist verschmäht. Wendet sich ein Interpret der Pseudokunst zu, dann häufig deswegen, weil sie der Kunst zum Verwechseln unähnlich sieht. Die Pseudokunst ist nicht schlicht eine neue Kunstform, die ihre Zeit bloß abzuwarten braucht. In einigen Fällen kann es zwar stimmen, daß eine Pseudokunst in den Kanon der Künste aufgenommen wird, sobald Künstler wie hinterherhinkende Kunstkritiker sie eingeholt haben. Aber vor allem ist die Pseudokunst ein gefährlicher Widersacher der traditionellen Kunst. Sie kann ein völlig verändertes Kunstverständnis und eine revidierte Kunstbewertung erzwingen (und hat dies schon bewiesen). Nicht einmal die Pseudokunst selbst geht aus diesem von ihr in Gang gesetzten Prozeß der Umwertung aller Kunst unverwandelt hervor. Um die Jahrhundertwende und in der Zeit danach konnte man noch vom Pseudokünstler sprechen, der als literarische Figur den künstlerischen Selbstzweifel angesichts einer Welt im Umbruch verkörperte. Heute jedoch muß man vom ›täglichen Künstler‹ reden, der im Werk wie im Leben gleich unbefangen auftritt und wie selbstverständlich ohne Maßstäbe auskommt. Was früher eine tiefgreifende Identitätskrise des Künstlers anzeig-

---

1 Tomayer, *Hirnverbranntes*. Zur Beschlagnahme des Buches beim Zinnober-Verlag cf. Jakobeit, *Hymnenschänder*, 21. - Schopenhauer wird (mit Ausnahme *MdSch*) nach *ed. Löhneysen* zitiert.

2 Den Gesprächscharakter jeder Interpretation betont Gadamer, *Gedicht*.

te, ist heute zum alltäglichen Kunstverständnis geworden. In den Kunstwerken selber wurde dieser epochale Wandel sichtbar.

Die Gestalt des Pseudokünstlers in der Literatur der Jahrhundertwende[3] ließ erkennen, daß die Kunst des kommenden Jahrhunderts die engen Grenzen der abgesegneten Themen, Formen und Materialien sprengen würde. Denn die Kunst, nicht die Kunsttheorie, nimmt die Zukunft der Kunst vorweg.

Der Pseudokünstler wie der Künstler litten unter den Forderungen, die eine an der Wahrheit und dem Leben sich orientierende Kunst an sie stellte. Erwartet wurde von ihnen eine Kunst der Mimesis, des erkennbaren Abbildes, der natur- und realitätstreuen Darstellung, und dies zu einer Zeit, in der das Verhältnis zur ›Natur‹ längst brüchig geworden war. Die Wahrnehmung von ›Realität‹ wurde von Zersetzung gezeichnet, und der Künstler wie der Pseudokünstler reagierten feinfühlig auf diesen Vorgang. In den Mitteln ähnelten sie sich, doch blieb die Pseudokunst zumeist unschöpferisch, leblos, und setzte höchstens als Schattenseite des authentischen Kunstschaffens ein Zeichen. Die naive Wahrheit war als Leitstern erloschen; der Schein leuchtete um so heller. Die Lüge erwies sich als verlockender als die unschuldige Wahrheit. Ein bloßes Auswechseln der Macht liegt hier nicht vor, denn eine Wahrheit, die der Lüge entspringt, ist eine grundsätzlich andere. Gerade als Lüge, als Illusion ist sie eine entidealisierte, weit unerbittlichere Wahrheit, da sie ihre Herkunft nicht leugnet, nicht leugnen will. Sie ist eine Wahrheit, die weiß, daß sie sterblich ist. Sie weiß, daß sie lügt.[4]

Damit wird ein immer noch wirksames Kriterium der Kunsttheorie ausgesprochen: Wahrheit als *adaequatio* aufgefaßt, die ungebrochene, scheinlose Wahrheit als Kategorie des ästhetischen Urteils. Schopenhauers Kunstphilosophie baut auf Wahrheit; die Kunst dient der Erkenntnis und wird zugleich im Horizont der Ethik gesehen. In der Kunst erkennen wir anschaulich das ›wahre Wesen der Welt‹, und durch die Kunst wird unser Wille zum Leben, der alles Leiden in der Welt verursacht, für ethisch kostbare Augenblicke ruhiggestellt.

II
Schopenhauers heile Kunstwelt?

Kann Schopenhauers Ästhetik sich mit einer Kunst vertragen, die vom Wechselspiel von Wahrheit und Lüge lebt? Kann sie einen Beitrag dazu leisten, die moderne, vielleicht sogar unsere postmoderne Kunst zu verstehen, läßt die Ästhetik Schopenhauers die Gegenwartskunst überhaupt als Kunst gelten? Schopenhauers Kunstphilosophie ist der Wahrheit verpflichtet. Das Kunstwerk ist das Besondere, welches das Allgemeine in Erscheinung treten läßt, das Konkrete, Individuelle, welches »die ewigen Ideen, das Wesentliche und

3 cf. hierzu ausführlich Cutrufelli, *Pseudokünstler*.

4 cf. Cutrufelli, *Dichter*, 159-164.

Bleibende aller Erscheinungen der Welt auffaßt«. Die »ewigen Ideen« zeigen sich, und dies heißt, das Wahre wird veranschaulicht. Die platonischen Ideen sind für Schopenhauer die adäquate Objektivation des Willens. Indem er aber das Kunstwerk als Darstellung einzelner Dinge bestimmt, in welchem die nun anschauliche Idee zu betrachten und durch Kontemplation zu erfahren ist, verwandelt Schopenhauer das Negativum der Platonischen Lehre in ein Positivum. Die Kunst ist nicht länger ein trügerisches, unvollkommenes Abbild der Ideen; vielmehr vermögen wir die Erkenntnis dieser Ideen durch die Objektivation des Willens. Allerdings wird diese Erkenntnis auch nur mittelbar, d.h. mittels der Ideen geleistet. Die Musik nimmt Schopenhauer bekanntlich davon aus – nur in ihr erkennen wir das Wesen der Welt unmittelbar, allein die Musik übergeht die Ideen. Folglich nimmt Musik auch den ersten Rang bei Schopenhauer ein, ist höchste Kunst. Schopenhauer hat nicht näher erklärt, wie die Veranschaulichung der Ideen im Kunstgeschehen vor sich geht. Er hat den *Prozeß* der Kreativität vernachlässigt. Welche Rolle spielt das Schöpferische in Schopenhauers Verständnis der Kunst und des Künstlers?

Die Stellung, die der Künstler in Schopenhauers Metaphysik des Schönen einnimmt, ist keine zentrale: das Kunstwerk ist bestimmend. Der Künstler erhält seinen Platz vom Zweck der Kunst zugewiesen, der eindeutig auf die Mitteilung der Erkenntnis der Idee ausgerichtet ist. Der Künstler wird als Medium beschrieben, als das rein erkennende Subjekt, durch das die Mitteilung erfolgt. Doch die Fähigkeit dazu, sich (willenlos) »rein anschauend« zu verhalten, ist ein Hauptmerkmal der Genialität, eine Eigenschaft, die er mit dem Philosophen teilt, und zeichnet also keineswegs den Künstler allein aus. Der Beschaffenheit des Genies widmet sich Schopenhauer ausführlich und legt dar, daß der Genius jedem Künstler innewohne.

Doch es ist das gesteigerte Erkenntnisvermögen, welches das Genie, den Künstler ausmacht. Das interesselose Erkennen ist zwar vom Dienst des Willens entbunden, aber es läßt sich fragen, ob nicht diese Erkenntniskraft ein bedingtes Mittel zum Zweck sei, das Abweichungen kaum Spielraum bietet. Das Schöpferische erscheint bei Schopenhauer lediglich als die Gestaltung eines Kunstwerkes nach dem subjektiven Gefühl des individuellen Künstlers. Diese Ansicht findet sich durchaus in der Tradition. Ungewöhnlich ist aber die ausgesprochen negative Beurteilung des »subjektiven Bildes« des Künstlers, das sich unerwünscht in den Vordergrund drängt, und von dem sich jeder gute Künstler befreien müsse.[5] Je neutraler der Einfluß des Künstlers sich auswirkt, je unbefangener er bleibt, desto besser ist dies für die Kunst. Eine solche Auffassung kommt der romantischen Vorstellung vom Künstler als Organ eines allwaltenden Geistes nahe.

Dennoch spricht Schopenhauer dem Künstler, besonders dem Dichter, die bewundernswerte Begabung zu, etwas Neues hervorrufen zu können. Er räumt

5 cf. Schopenhauer, *MdSch*, 189.

ein, daß der Dichter zweifellos auf das Werk einwirke, aber er bleibe auch dann noch Medium der Anschauung:

> Alle große Dichter haben die Gabe der Anschaulichkeit: weil sie von Anschauungen ihrer Phantasie ausgehn, nicht von Begriffen, wie die Nachahmer. Das ist ein tolles Wagstück in Andren lebhafte Anschauung erregen zu wollen, während man selbst bloße Begriffe hat: Wärme mittheilen zu wollen, während man selbst kalt ist. [185]

Dies ist jedoch kein Plädoyer für den Realismus in der Literatur, denn Dichter haben Zugang zur »Wahrheit der wirklichen Welt« ebenso wie zur »Wahrheit des Traums«:

> Aber am wunderbarsten wird jene Gabe da, wo sie uns Dinge anschauen läßt, die wir nicht aus der Wirklichkeit kennen, weil sie in der Natur nicht vorkommen, und also auch der Dichter selbst sie nicht in der Wirklichkeit gesehn hat; sie dennoch so schildert, daß wir fühlen, daß wäre Dergleichen möglich, so müßte es so und nicht anders aussehn. [185]

Dante habe diese Traumwirklichkeit einzigartig darzustellen vermocht, schildert er doch in allen Einzelheiten, was nie ein Mensch erblickte, geleitet allein von seiner düsteren Phantasie. Die Hölle wurde bei ihm

> so wahr, daß wir Alles sehn, die Stadt der Ketzer, deren Wohnungen glühende Särge sind, darin sie liegen; – den Sumpf von siedendem Pech, daraus die Verdammten die Köpfe herausstecken, wie Frösche aus dem Sumpf. [185]

Das künstlerische Gestalten als schöpferischer Akt wird bei Schopenhauer vielleicht vorausgesetzt, aber nicht ausdrücklich behandelt. Die Arbeit des Künstlers scheint ihm zweitrangig. Schopenhauer betont das ›Was‹ des Kunstwerkes, was nicht überraschen kann bei einer Kunstphilosophie, welche die Erkenntnis der Idee als »Zweck aller Kunst« bezeichnet. Trotz der Vielheit der Formen, die in der Welt der Vorstellung – und besonders bei den Kunstvorstellungen – zu beobachten ist, wird das Gelingen eines Kunstwerkes danach bemessen, wie adäquat sich die Idee darin objektiviert, d.h. veranschaulicht. Schopenhauer geht es hier nach wie vor um die gelungene Vermittlung von Ideen, um das künstlerische Vermögen als Erkenntnisvermögen. Solange sein Augenmerk auf ein Ziel der Kunst gerichtet blieb, solange er sie unter dieser Optik der Erkenntnis betrachtete, mußte Schopenhauer das Hinausweisende seines Gedankens zwangsläufig übersehen: Kunst ist Medium. Wie in der zitierten Passage deutlich geworden, preist Schopenhauer die Einbildungskraft des Dichters, aber nur sofern sie unseren Erkenntnissinn schärft; er bestaunt das geschaffene Bild, aber nur sofern es uns etwas anderes als sich selbst allein zeigt. Indem er immer nach dem Sinn der Kunst fragt, entgeht Schopenhauer der Sinn seiner eigenen Fragestellung zur Kunst als Medium.

Das Prozeßhafte der Kunst, das Schopenhauer bei der Behandlung des Künstlers übergeht, kommt jedoch in der Rolle des Kunstbetrachters zur Geltung. Hier nimmt Schopenhauers Kunstauffassung erstaunlich moderne Züge an. Denn das Kunstwerk wird wesentlich durch das Schauen, das Anschauen bestimmt. Damit ist kein bloß optisches Schauen gemeint, sondern der Prozeß der Einsicht, in dem für Augenblicke der Wille zum Leben zur

Ruhe komme. Nach Schopenhauer wird die Idee im »klaren Spiegel der Welt«, und dies ist nur ein anderer Name für den Künstler und seine Kunst, mit Deutlichkeit erkennbar. So heißt es von der Kunst, sie sei die »Erkenntnisart, die die Ideen betrachtet«.[6] Man könnte versucht sein, die These zu wagen, das Kunstwerk entstehe somit durch das Betrachten, denn auf diese Weise allein erfüllt die Kunst ihren Zweck. Schopenhauers hohe Einschätzung des Kunstbetrachters, dem er eine gewichtige Rolle im Kunstgeschehen zusprach, kann als Vorwegnahme der Rezeptionsästhetik verstanden werden.

Auffällig ist, wie heil Schopenhauers Kunstwelt sich darstellt, und wie wenig dies zum Gesamtcharakter seiner Philosophie zu passen scheint. Schopenhauer hat ohne jede Beschönigung das Leiden für unvermeidlich gehalten, denn Leben sei Leiden, aber dennoch von der Kunst ein Heilmittel erwartet, das dieses Leiden zu kurieren vermag. Gewiß geschieht diese Heilung nur gelegentlich und wirkt nicht dauernd, aber daß der notorische Realist überhaupt an die heilsame Wirkung der Kunst glaubt, muß überraschen. Die Negativität der Welt, die Schopenhauer nicht müde wird zu beschreiben, scheint für Kunstwerke nicht zu gelten. Selbst dort, wo das Grauen und Elend der Welt in der Kunst abgebildet wird, hat es dennoch »schön« zu sein. Die Bedeutung von »schön« leitet Schopenhauer aus der etymologischen Verwandtschaft mit dem altenglischen »shew« oder »show« her: »es zeigt sich«.[7] Der Betrachter würde trotzdem nicht aufschreien vor Entsetzen, denn ein gelungenes Kunstwerk lädt zum Anschauen ein. Die heutige Ästhetik des Häßlichen ist Schopenhauer darin gefolgt. Der Betrachter muß sich im Betrachten verlieren können, seine Person und ihre Meinungen sowie deren Beziehung zur Welt vergessen, Motive werden gestillt. Dies geschieht durch reine Kontemplation, als so selbstvergessene wie potentiell kreative Rezeption. Die dadurch erreichte Erkenntnis der Idee führt nicht zur Welt der Vorstellung zurück, sondern fungiert als ihr momentaner Ausweg.

Walter Schulz nennt diese Abwendung von der Welt »Entlastung vom Willensdruck«,[8] und Wolfgang Schirmacher hat darin einen Zugang zur »intuitiven Erkenntnis« gesehen, deren Praxis die Lebensform des Heiligen ist.[9] Volker Spierling macht auf den von Schopenhauer selbst verwendeten Ausdruck »Palliativum« aufmerksam, welcher der Heilkunst entstammt.[10] Ist Kunst aber lediglich eine Medizin oder eine Vorform des besseren Lebens, wird Kunst nicht reduziert, wenn man sie als Ort einer Abwendung vom Leben bestimmt? Eine so verstandene Kunst weist einen deutlich eskapistischen Charakter auf, und es wäre zu fragen, ob dies nicht eine Verkennung und Mißachtung der Kunst bedeutet. Selbst innerhalb des Schopenhauerschen

---

6 Schopenhauer, *WWV I*, 265.

7 Schopenhauer, *PuP II*, 500. Schön sei »also das deutlich hervortretende Anschauliche, mithin der deutliche Ausdruck bedeutsamer (Platonischer) Ideen«.

8 Walter Schulz, *Metaphysik*, 36ff.

9 Schirmacher, *Heiliger*.

10 Spierling, *Zärtlichkeit*, 562.

Systems ist Kunst mehr als bloße Weltflucht. Aber verfehlt der ethische Anspruch, den Schopenhauer erhebt, nicht das Phänomen der Kunst? Ließe sich der Wahrheitsanspruch aufrechterhalten, wenn die Ethik entfiele? Mit der Droge Kunst, die uns Schopenhauer verabreichen will, wären wir auch unserer Sorgen ledig, und Wahrheit hätte keinen Stachel mehr. Die positive interesselose Erkenntnis bliebe vielleicht ausgespart, aber innerhalb einer Auslegung, die sich gegen eine wirkungslose Entrücktheit der Kunst verwahrt, wäre auch eine Erkenntnis ohne Konsequenzen nicht annehmbar. Durch das Schopenhauersche Quietiv wird allzu früh eine Versöhnung der Gegensätze erreicht, die Spannung von Kunst und Wirklichkeit unterbrochen.

III
Die erfundene Wirklichkeit

Die gegenwärtige Kunst kennt keine Versöhnung, Schopenhauers »klarer Spiegel der Welt« ist mehrfach zerschlagen, und den ›täglichen Künstler‹ interessieren erkenntnistheoretische Fragen nicht. Wolf Wondratschek verrät uns: »Was man von der Wirklichkeit wissen kann, müssen wir erfinden.«[11] Die Rückbeziehung der Kunst auf die Ideen ist der wichtigste Grund dafür, daß Schopenhauers Ästhetik zeitgebunden bleibt und seine Kunsttheorie überholt erscheint. Zwar reißen die wenigen zukunftsweisenden Widersprüche schöne Löcher auf, doch das Gesamtkonzept ist zu glatt, als daß ihre Wirkung sich zeigen könnte. Das Ideal der Vollkommenheit hat Schopenhauer im Hinblick auf die Kunst nicht aufgeben können, so sehr er auch andererseits der Philosoph der Schattenseiten des Daseins war. Das wahre, abgerundete Werk wird vorausgesetzt, und vor allem die Form ist wenig flexibel. Auch Schopenhauers Hierarchisierung der Kunstformen, von »niedriger« Baukunst zur Sphärenmusik, ist suspekt. Aber paradoxerweise bietet diese Hierarchie einen willkommenen Ansatz, Schopenhauers allzu enge Ästhetik zu erweitern. Die Musik nimmt einen so hohen Rang unter den Künsten ein, weil sie kein Abbild der Ideen ist wie die anderen Künste; sie ist von der erscheinenden Welt ganz unabhängig, sie ignoriert die Welt der Erscheinungen. Die Musik ist vielmehr das Abbild des ganzen Willens, ist unmittelbare Objektivation, und erfüllt damit das Erstrebenswerte jeder Kunst.

Kann man hier nicht einen Wink vernehmen, einen Hinweis in Richtung ›abstrakte Kunst‹ erhalten? Das sind nachträgliche Interpretationen, die aber Schopenhauers Intentionen folgen. Von ›Gesamtkunstwerken‹ im Stile Richard Wagners hielt er wenig, da hier das Material der Welt in der Form von Sprache und Erzählung den »reinen Spiegel« nur verdunkelt hätte. Aber die Entwicklung der Künste von seiner Zeit bis zur Gegenwart zeigt einen Zug zum freien Spiel von Form und Materie, ohne Rücksicht auf die Erscheinungswelt. Die »Ideen« verändern sich, und die »anschauliche Idee« bildet

---

11 Wondratschek, *Zeitmuseum*, 12.

keineswegs Realität einfach ab, sondern »simuliert« (Baudrillard) Wirklichkeit in reiner Form, Farbe, im Klang, Symbol. Dieses Phänomen wurde zunächst als »Verlust der Mitte« (Sedlmayr) beklagt, als Realitätsverlust und Sinnentleerung. Fehlende Kontinuität, Unverständlichkeit und willkürliche Besetzung von Symbolen gehören zu den Vorwürfen gegenüber einer Kunst, die Sinn und Bedeutung zersetzt. Die tägliche Kunst unserer Medienwelt unternimmt den Versuch, mit Hilfe der Oberfläche, im Geist einer von Autorität befreiten Differenz, das Spiel von Wahrheit und Lüge immer wieder neu zu spielen.

Diese künstlerische Gestaltung ist »interesselos« in Schopenhauers Sinn, auch wenn handfeste ökonomische Interessen leicht nachzuweisen wären. Können wir Wahrheit und Lüge unterscheiden, dient ihr Wechselspiel der Erkenntnis? Ist es wirklich von Belang, ob wir ein Kunstwerk korrekt einordnen, es Kunst, Pseudokunst oder tägliche Kunst nennen? Ob falsche Kunst, Kunst als Ware, Kunstbetrug, Scharlatanerie: Kunst übersteht sie alle. Das Gedicht hält viele Interpretationen aus – gute wie schlechte – und überdauert. Ob dies auch für die philosophische Ästhetik gelten kann?[12] Das Verdienst auch der vorausahnendsten Ästhetik ist zweischneidig. Möglich daß sogar ihre eigene Liebe zur Kunst sie zu Fall bringt. Denn sie muß verstehen. Aber wieviel von unserem Verstehen verdanken wir einer Zähmung der Ideen?

DIE POSAUNENSTELLE
tief im glühenden
Leertext,
in Fackelhöhe,
im Zeitloch:

hör dich ein
mit dem Mund.[13]

---

12 cf. Bubner, Cramer & Wiehl, *Ästhetik*.

13 Celan, *Zeitgehöft*, 104.

Ist Schopenhauers Musikästhetik noch aktuell?

Wilfried Wenzel *(Frankfurt)*

> Die Musik ist [...] keineswegs, gleich den andern Künsten, das Abbild der Ideen, sondern *Abbild des Willens selbst*, dessen Objektität auch die Ideen sind: deshalb eben ist die Wirkung der Musik so sehr viel mächtiger und eindringlicher, als die der andern Künste: denn diese reden nur vom Schatten, sie aber vom Wesen.[1]

Schopenhauers Musikästhetik gründet in seiner Metaphysik. Metaphysisches Interesse und die daraus abgeleiteten Prämissen prägen sein Verständnis von Musik, drängen erlebte mimetische Impulse von Musik ab in die Passivität einer betrachtenden Willensgnostik und erheben und beschränken zugleich den Komponisten zu einem »reinen, willenlosen Subjekt der Erkenntniß«,[2] das intuitiv eine Musik schafft, die sich definiert als »unbewußte Übung in der Metaphysik, bei der der Geist nicht weiß, daß er philosophirt«.[3]

Um die Frage nach einer möglichen Aktualität der Schopenhauerschen Musikästhetik beantworten und beurteilen zu können, müssen wir uns vergegenwärtigen, daß seine Musikästhetik durch die Bindung an den Entwurf seines philosophischen Systems – oft gegen eigene Erfahrungen, was zu zeigen ist – zu einer »Metaphysik der Musik« wurde, die in ihrer genialen Abstraktion und Kunstwerksferne bei den unterschiedlichsten Komponisten durch Anverwandlung fruchtbar werden konnte. Es ist zu vermuten, daß auch bei einem Teil der »nachmodernen« Komponisten ganz bald Schopenhauer wiederentdeckt werden wird, um geeignet erscheinende Bruchstücke seiner Musikphilosophie zu einer neuerlichen Aufbereitung nutzbar machen zu können.

Zu folgenden Themen möchte ich einige zusammenhängende Anmerkungen machen:

Schopenhauer als Begründer des metaphysischen Musikbegriffs der Romantik; zum Problem der Möglichkeit einer »Aufhebung der Individualität«; zu Schopenhauers anzunehmenden eigenen Erfahrungen als Flötist; zum Schematismus der Melodiebildung; Schopenhauer, Hegel und Rossini; gibt es eine Musikästhetik Schopenhauers, und ist sie noch aktuell?

Schopenhauer war ein romantischer Philosoph, dessen Musikalität ihn zudem mit den musischen Dichtern verband. Die Entdeckung des außer-

---

1 Schopenhauer, *WWV I*, 324. - Schopenhauer wird nach der *Zürcher ed.* zitiert.

2 ibid., 231.

3 ibid., 332.

logischen, die Welt bewegenden und bestimmenden Prinzips des »Willens« verschaffte die Möglichkeit, der romantischen Musikästhetik eine metaphysische Begründung zu geben. Der »Wille«, der alle Bedürfnisse, Emotionen, die unterschiedlichsten Gefühle und Neigungen, alle Affekte also, aus sich entläßt: er hat eine so große Aufwertung erfahren durch die Erhöhung aus einer bloßen Materialsammlung für die psychologisierende Gefühlsästhetik zum philosophischen ›Ding an sich‹-Begriff, daß der Weg sichtbar wurde für die metaphysische Grundlegung einer Ausdrucksästhetik, einer ins Unendliche zielenden Kunstreligion. Voraussetzung dafür war das Bekenntnis zu einer jetzt emanzipierten Instrumentalmusik und ihrem Schöpfer und Nachgestalter: dem genialen Künstler.

Wilhelm Heinrich Wackenroders Schrift: *Phantasien über die Kunst für Freunde der Kunst*, herausgegeben von Ludwig Tieck 1799, muß in Schopenhauers Bibliothek (N, 1582) einen bevorzugten Platz eingenommen haben. Auch für Wackenroder steht die Musik unter den Künsten an oberster Stelle, weil sie kontemplativ entrückt »die mannigfaltigsten und widersprechendsten Bewegungen unseres Gemüts auf dieselben schönen Harmonien zurückführt«,[4] weil sie »unkörperlich« ist und ein Refugium vor der Welt vermittelt, »wo wir alles Gekrächze der Welt vergessen«[5] können wie in einem kindlichen, traumverlorenen Paradies. Schopenhauer formuliert das so:

> Das unaussprechlich Innige aller Musik, vermöge dessen sie als ein so ganz vertrautes und doch ewig fernes Paradies an uns vorüberzieht, so ganz verständlich und doch so unerklärlich ist, beruht darauf, daß sie alle Regungen unsers innersten Wesens wiedergiebt, aber ganz ohne die Wirklichkeit und fern von ihrer Quaal.[6]

Übereinstimmung bis in die Wahl der Worte! Und doch kann Schopenhauer diese dichterische Sehweise allein nicht genügen. Er versucht den Zwiespalt zwischen Gefühl und Erkenntnis in der romantischen Musikästhetik zu überbrücken. Dazu bestimmt er für die Musik, »daß ihr Objekt nicht die Vorstellung [...] sondern ihr Objekt unmittelbar der Wille« sei und das künstlerische Subjekt durch »unmittelbare Erkenntniß des Wesens der Welt, seiner Vernunft unbewußt«, die Analogie zwischen seiner Komposition und den »Willensregungen« herstellen könne.[7]

Gestaltet der Künstler bei Wackenroder in einem Werk seine innere Erwärmung und Bewegung mit »Lust und Liebe« nach, so sieht Schopenhauer den Komponisten aus »allen Relationen zum Willen« heraustreten. Er ist »*reines*, willenloses, schmerzloses, zeitloses *Subjekt der Erkenntniß*«: man kann »also nicht mehr den Anschauenden von der Anschauung trennen«.[8]

---

4 zit. nach Dahlhaus, *Musik*, 184.

5 ibid., 181.

6 Schopenhauer, *WWV I*, 331.

7 ibid.

8 ibid., 232.

Schopenhauer kommt zu diesen Beschreibungen weniger, weil ihm daran gelegen ist, den Akzent vom ästhetischen Subjekt auf den ästhetischen Gegenstand zu verlagern, »in dessen Bedeutung sich der Hörer versenken soll«,[9] als durch den Versuch, die besondere Sprache der Musik zu erkennen, deren theologischer Aspekt nun durch die Höherbewertung der absoluten Musik, die sich von der allgemeinen Sprache völlig zu befreien sucht, ein Fascinosum darstellt. Die musikalische Sprache weist über sich hinaus, zielt auf das Absolute, ist befreit von bloß empirischen Darstellungen: sie spricht »das innere Wesen, das Ansich der Welt« aus.[10]

Dies Absolutsetzen eines bloßen Meinens des Absoluten, ein Zielen auf dieses in der Musik: das ist es, was Schopenhauer in die aporetische Situation bringt, nun die notwendige Annahme eines willensfreien Erkennens bei aufgehobener Individualität im künstlerischen Schaffen beweisen oder rechtfertigen zu müssen. Er entwirft dazu eine Ausdrucksästhetik mit sozusagen umgekehrter Zielrichtung: Nicht der Künstler drückt sich aus, sondern dieser hält nur fest – erkennend und intuitiv genial – wie und was der »Wille« ausgedrückt hat. Das ist keine Schaffens-, sondern eine souverän-geniale Erleidensästhetik.

Entgegen jeder Möglichkeit verwandelt Schopenhauer – im Absprung von Hegel – den Scheincharakter der Musik in einen absoluten Aussagecharakter. Voraussetzung dafür ist die Überzeugung, daß die Musikentwicklung jetzt zu einem gewissen Ende gekommen sein muß. Diese Überzeugung teilt er mit der romantischen Musikästhetik, die an den anerkannten Werken der Gegenwart und Vergangenheit sich orientiert und daraus ihre Anschauungen gewinnt. Er fundiert den wesentlichen Aussagecharakter dieser Werke, indem er eine Aura von deren Unfehlbarkeit schafft.

> Auch muß jene ihre nachbildliche Beziehung zur Welt eine sehr innige, unendlich wahre und richtig treffende seyn, weil sie von Jedem augenblicklich verstanden wird und eine gewisse Unfehlbarkeit dadurch zu erkennen giebt, daß ihre Form sich auf ganz bestimmte, in Zahlen auszudrückende Regeln zurückführen läßt, von denen sie gar nicht abweichen kann, ohne gänzlich aufzuhören Musik zu seyn.[11]

Das metaphysische Ziel dieser Deutungsversuche führt zu Reduktionen und Vereinfachungen, die sich an eingeschränkten, unveränderbaren und aus mittelmäßigen Werken abgeleiteten Beurteilungskriterien orientieren müssen.

Schopenhauer hat zudem durch seine metaphysischen Prämissen sich noch ungleich mehr gebunden an ein einschränkendes Vorverständnis als die romantische Musikästhetik. Für diese war der lebendig-schöpferische Nachvollzug – das mimetische Verhalten – ein durchaus »wollendes« Verhalten bei jeglicher Musikausübung: ein Lebenselixier. Auch Schopenhauer, der nach mehrstündiger, morgendlicher Geistesarbeit zur Flöte gegriffen hat, muß dies

---

9 Dahlhaus, *Handbuch*, Bd. 6, 74.

10 Schopenhauer, *WWV I*, 332.

11 ibid., 322.

erfahren haben. Wir alle wären glücklich, wenn wir nur für einige Minuten Schopenhauer bei seinem Flötenspiel hätten beobachten und ihm zuhören können. Er hat aber ein bewußtes Zuhören mit einer Ausnahme (L.Drouet)[12] strikt abgelehnt. Der scharfe Beobachter der Welt und des eigenen und fremden Leib- und Seelenlebens hätte dann nämlich seine eigene sicht- und hörbare »Lust sich musikalisch auszudrücken« (Klausmeier) und deren Motive möglicher Beobachtung exhibitionistisch preisgegeben. Dies aber – der Ursprung des Lampenfiebers – wäre dem leidenschaftlichen und lustbetonten, aber schamvollen Musiker unangenehm gewesen. Jedoch, auch das Musizieren im stillen Kämmerlein ist zwar ein von der Außenwelt zurückgezogenes, aber ein sehr wohl *auf sie* bezogenes Handeln, das in schöpferischem Nachgestalten den Sinngehalt eines Werkes mitteilen möchte. Das Flötenspiel hatte Arthur schon früh (1799) begonnen zu erlernen. Es war die Zeit des Höhepunktes einer »Flautomanie«, die das ganze 18. Jahrhundert über gedauert und in den weitesten Kreisen die Flöte geradezu zum Modeinstrument erhoben hatte. Abgelöst wurde diese Vorzugsstellung der Flöte als Liebhaberinstrument erst um 1830 durch das inzwischen technisch perfektionierte Pianoforte.

Die libidinöse Komponente des Instrumentalspiels ist offenkundig.[13] Vermittelt schon das Spielen der Querflöte als Instrument sinnliche und lustvolle Erlebnisse – sie wird an den Mund geführt, durch Ein- und Ausatmen schwingen vor allem Unterlippe und Zunge, der Atem strömt über das Instrument hinweg in die Welt, zu anderen Personen, zu geliebten oder ersehnt geliebten wie der Mutter – so enthält das Musizieren mit diesem Instrument selbst ein zum *gestischen und psychischen Ausdruck* kommendes sublimiertes Triebpotential, das aggressiver und libidinöser Herkunft ist. Der *gestische Ausdruck* ist gut sichtbar beim musizierenden Flötisten wahrzunehmen. Wie zu einer besonderen Art von Kuß öffnet er den Mund, hält die Lippen bereit und schöpft tief durch diesen einen verheißungsvollen Atem. Während des gesteuerten Ausatmens beim Spielen schwingt der Körper teils in einer verneigend zustimmenden oder in einer manchmal weit tänzerisch-ausladenden, horizontalen Bewegung, immer unterbrochen durch ein zuweilen erschreckend schnelles Luftschnappen durch den Mund, als ob der Spieler befürchtete, nicht nur die musikalische Phrase, sondern auch der Kontakt zu Instrument und Außenwelt könne verloren gehen. Der *psychische Ausdruck* beim hingebungsvollen Musikmachen schenkt dem Musizierenden – so auch Schopenhauer – seelische Gesundheit und gestärkte Überlebenskraft. Wie beim gestischen Sich-Ausdrücken werden überschüssige Triebenergien in Ichleistungen abgeleitet, die hier nicht nur Libido, sondern auch Aggressionen, Ängste, Frustrationen: ein Gefühl des Ausgeliefertseins an Mächte der Außenwelt lustvoll zu einem guten Ende führen können. Diese Ausdrucksleistungen halfen Schopen-

12 Louis Drouet (1792 – 1873), hervorragender und berühmter Flötist; lebte in Paris, London, Coburg (Hofkapellmeister), ab 1854 in Frankfurt am Main und zuletzt in Bern, wo er starb.

13 cf. Klausmeier, *Lust*, Kapitel V.

hauer unzweifelhaft, seine schon kräftige Konstitution gegen die mannigfaltigen Unbilden seines Lebens noch zu stärken. Die produktiven und reproduktiven Arbeiten des Musikers werden in einem Prozeß geschaffen, der zu jeder Zeit auf diese aktiven Ichleistungen angewiesen ist. Es ist nicht vorstellbar, daß »das Subjekt aufhört ein bloß individuelles zu seyn und jetzt reines, willenloses Subjekt der Erkenntniß ist«.[14] Selbst die mögliche künstlerische Grenzsituation des Schwindens eines Evidenzgefühls im Zustand regredierenden Verhaltens, das Schopenhauer vielleicht selbst erlebt und bewogen haben mag, eine »Aufhebung der Individualität« anzunehmen, selbst diese Grenzerfahrung kann zu einer Versenkung in die Tiefe der Person, in frühkindliche Phantasiebilder und Tagträume führen, welche die Realität, das Zeit- und Raumgefühl verdrängen, aber sie bedeutet keine »Aufhebung der Individualität«. Doch dem metaphysischen Entwurf zuliebe muß bei Schopenhauer »der Mensch vom Künstler ganz getrennt und unterschieden« werden.[15] Denn die Form der Erkenntnis der Individuen ist der Satz vom Grunde, und das Erkannte erscheint zu einer Zeit, an einem Ort, in einem Bezug zu anderem. Erst wenn der Gegenstand der Betrachtung aller Beziehung auf den Willen des erkennenden Subjekts enthoben ist, ist er in einer der Kunst angemessenen Weise vorgestellt. Die überromantische, scheinbare Erweiterung und Erhöhung des genialen Komponisten zu einem »erkennenden« Subjekt führt hier wie bei der Fassung des Melodiebegriffs zu systembedingten Reduktionen. Schopenhauer erkennt, »[...] wie in der stets erneuerten *Entzweiung und Versöhnung* des rhythmischen Elements der Melodie mit dem harmonischen das Wesen derselben besteht«.[16] Das ist »[...] metaphysisch betrachtet, das Abbild der Entstehung neuer Wünsche und sodann ihrer Befriedigung. Eben dadurch schmeichelt die Musik sich so in unser Herz, daß sie ihm stets die vollkommene Befriedigung seiner Wünsche vorspiegelt«.[17] Der Scheincharakter der Musik reduziert sich hier auf *die* Momente in ihr, die geeignet erscheinen, eine »Als-Ob-Versöhnung« zu leisten. In dem besonderen Bereich der Musik erfährt so für eine gewisse Zeit das »metaphysische Bedürfnis« des Menschen optimistisch und lebensbejahend eine scheinbare Befriedigung. In der Melodie erkennt Schopenhauer »die höchste Stufe der Objektivation des Willens wieder, das besonnene Leben und Streben des Menschen«.[18] Vom Grundton weicht sie auf unendlich vielfältige Weise ab;

> auf allen jenen Wegen drückt die Melodie das vielgestaltete Streben des Willens aus, aber immer auch, durch das endliche Wiederfinden einer harmonischen Stufe, und noch mehr des Grundtones, die Befriedigung.[19]

---

14 Schopenhauer, *WWV I*, 231.

15 ibid., 327.

16 Schopenhauer, *WWV II*, 534.

17 ibid., 536.

18 Schopenhauer, *WWV I*, 326.

19 ibid., 327.

Schopenhauer folgt der Unersättlichkeit der musikalischen Liebhaber seiner Zeit nach eingängigen Melodien, die in großer Zahl als Transkriptionen und Variationen für Flöte und andere Melodieinstrumente oder als *Quatuors d'airs connues* für Streichquartett verfertigt wurden.[20] Und zugleich gibt er die metaphysische Rechtfertigung für diese Vorliebe. Durch Zeitgeschmack vorgeprägtes Erleben und metaphysische Aussageabsichten wirken bei Schopenhauer komplementär. Sein Melodiebegriff ist ein populärer, in dem durch Varianten »der Hörer überrascht werden soll, ohne sich in seinen Gewohnheiten gestört zu fühlen«.[21] Eine mögliche Vielfalt auch von ungewohnten, sozusagen gegen den rhythmischen und harmonischen Strich erfundenen »Melodien« wird als unnatürlich verworfen. Melodien werden vielmehr in wiederholbare, schematische Grundmuster gewiesen – ganz im Rossinischen Komponierstil – die in dieser Festschreibung nicht das Wesen einer allgemeinen Melodiebildung ausmachen können. Enthält eine Mozart-Oper eine Zeitstruktur, die – nicht voraushörbar – das Unvorhergesehene einschließt, so reduzierte Rossini diese aus wohlbedachten Gründen auf einen berechenbaren Ablauf. Seine Neuerung des Belcanto zu einer unverwechselbaren Melodiesprache durch wohlproportionierte, eingängige Themen, auf deren Verarbeitung im klassischen Sinn er verzichtete: diese Betonung des melodischen Elements in der Musik deckte sich mit den musikästhetischen Vorstellungen Schopenhauers. Wenn das Motiv und der Willensakt jedoch vollständig auseinandertreten können beim Menschen – wie Schopenhauer in seiner *Preisschrift über die Freiheit des Willens* ausführt – dann ist auch im schöpferischen Bereich der Musik die Möglichkeit gegeben, motiviert durch eine Art von »Widerspruchsgeist«,[22] erwartete Entspannungstendenzen, z.B. Kadenzierungen, bewußt zu enttäuschen. Zwar hatte das 18. Jahrhundert in der Musik tonale Entschiedenheit obenangestellt, aber bereits durch geschickte, ja geniale Verzögerungstechniken eine allzu schnelle Gewißheit zu verhindern versucht. Es war deutlich zu spüren, daß diese Tendenzen weiter vorangetrieben werden würden. Schopenhauers normativ-ästhetischen Urteile hingegen, abgeleitet aus seiner Metaphysik der Musik und verifiziert vor allem an den Werken Rossinis, haben ihn überzeugt, daß das Fortschreiten der musikalischen Materialbeherrschung nun einen abschließenden Höhepunkt erlangt haben muß. Komponisten sollten sich an die Vorausgaben des erreichten Komponierstils halten. Hierin unterscheidet Schopenhauer sich von Hegel, für den die Musik mit der Emanzipation der autonomen Instrumentalmusik die »ächte Wahrheit und Lebendigkeit verloren« hat und nur als »*Wissenschaft* der Kunst« für die Selbsterkenntnis des sich bewußtwerdenden Geistes von Bedeutung ist.[23] Für ihn war die Musik als Ausdruck reiner Subjektivität nur *ein* Moment der Geschichte des zu sich selbst gekommenen Geistes. Den

---

20 cf. Finscher, *Bericht*, 37-39.

21 Dahlhaus, *Melodielehre*, 13f.

22 Schopenhauer, *Freiheit*, 82.

23 Hegel, *Ästhetik*, 32 ff.

Versuchungen des Rossini-Taumels allerdings war auch er erlegen. Sah er doch in der Kompositionsweise Rossinis einen Ausweg, der die ihm verdächtige Autonomie der Musik und die Darstellung des »Charakteristischen« in ihr – wie z.B. in C.M. von Webers *Freischütz* – umgehen und verhindern konnte.[24] Sowohl dem apodiktischen Universalsystem Hegels als auch dem überzeugten Pathos der großen Oper Meyerbeers steht bei Schopenhauer wie bei Rossini ein resignativ-gelassenes Lebensgefühl gegenüber, das hier Musik über Musik, »Musik zweiten Grades« (Dahlhaus) schafft und dort den »Willen« erkennt und in Distanz zur »Vorstellung« geht. Zwar treffen sich Schopenhauer und Rossini in der Geringachtung des Textes und der Hochschätzung der Melodie. Doch besteht in dem kontemplativ-ästhetischen Verhalten beider ein bemerkenswerter Unterschied. Es ist bei Rossini ein bewußt interesseloses, aber kein neutrales Verhalten. Deutlich zu merken ist bei ihm, was Th.W. Adorno als unabdingbar für ein künstlerisches Schaffen erkannte: »Nur Kunstwerke, die als Verhaltensweise zu spüren sind, haben ihre raison d'être«.[25] Rossini bezog Stellung zur »Negativität der Realität«[26] – ein Grund, warum heute eine Rossini-Renaissance sich ankündigt – indem er sein resignierendes Desinteresse an ihr dadurch kundtat, daß er mit den ihm angemessen erscheinenden Kunstmitteln seine »Ichwelt« ironisch-distanziert entgegensetzte. Zum Beispiel in den Opern: Meist gleichförmige, austauschbare Nummern in Seria- wie Buffaopern; Wiederholungen an Stelle von Durchführungen und Bevorzugung simpler, rondoähnlicher Formen: dadurch Selbstrücknahme durch Leerlauf; durch »Mittler« transportierte, unterkühlt-verdinglichte und an materielle Werte gebundene Gefühle, oft in Crescendopassagen und virtuos-kalkulierten Koloraturen herausgeschleudert: all das koinzidiert mit den metronomisierten Rhythmen, abgelauscht der fortschrittsträchtigsten Erfindung, der Dampfmaschine, die Rossini verabscheute.[27] Schopenhauers Begriff des kontemplativ-ästhetischen Verhaltens dagegen, das er an dem des Genies expliziert, ist passiv-neutral. Das Genie wandelt übersensibel und einseitig konzentriert zwischen Ichbezogenheit, Loslösung vom »Willen« und »gesteigerter Erkenntnißkraft«[28] und verewigt in einem geschichtslosen Kunstwerk »die geniale Auffassung der Welt«.[29] Damit bezieht Schopenhauer auch Stellung, aber in der Weise, daß er das ästhetische »Nicht-Stellung-beziehen« zum metaphysischen Prinzip erklärt. Jegliches Widerstehen ist aufgegeben.

Dem ästhetischen Platonismus Schopenhauers ist mit C. Dahlhaus entgegenzuhalten: »[...] der Bereich der Ästhetik ist der des Scheins, und ihm verfallen auch die Ideen, wenn sie einzig der ästhetischen Betrachtung anver-

---

24 cf. Dahlhaus, *Hegel*.

25 Adorno, *ÄT*, 26.

26 ibid., 25.

27 cf. Palézieux, *Programmheft*, und Dahlhaus, *Handbuch*, Bd. 6, 47-52.

28 Schopenhauer, *WWV II*, 460.

29 ibid., 255.

traut werden.«[30] Die immense Aufwertung der ästhetischen Betrachtung war es – nun der drängenden Kraft des Willens selbst, die als immer weiter und weiter, und dann auch als höher treibend gesehen ward – welche Schopenhauers Metaphysik der Musik die außerordentlich inspirierende Wirkung auf Musiker und Schriftsteller der nachfolgenden Generationen verschafft hat. Von einer *Musikästhetik*, die unterwegs ist, sich dem musikalischen Kunstwerk zu nähern, kann bei Schopenhauer nicht gesprochen werden. Seine »*Metaphysik der Musik*« hingegen ist eine grandiose, wenn auch von system- und zeitbedingt-immanentem Vorverständnis geprägte, divinatorische Deutung des Wesens der Musik. Sie wird immer faszinieren. Mit ihr ist Innerlichkeit zu einem Geistigen verwandelt und die Autonomie der Instrumentalmusik über das Zeitalter des Positivismus gerettet worden.

30 Dahlhaus, *Musikästhetik*, 70.

Denken gegen sich selbst

Martin Hielscher *(Hamburg)*

In dem Abschnitt »Vor Mißbrauch wird gewarnt« aus den *Minima Moralia* beschäftigt sich Adorno mit der dialektischen ›Methode‹, die sein eigenes Denken und das der Kritischen Theorie überhaupt konstituiert, und der Dialektik, die ihr selbst noch einmal innewohnt: daß sie einerseits »Asyl allen Gedankens der Unterdrückten, selbst des nie von ihnen gedachten« sei, andererseits »formale Technik der Apologie«: »Ihre Wahrheit oder Unwahrheit steht daher nicht bei der Methode als solcher, sondern bei ihrer Intention im historischen Prozeß«.[1]

In immer neuen Anläufen wird, bezogen auf die Geschichte der Dialektik, im besonderen auf Hegels System, die immanente Problematik der Dialektik als Vermittlung des Partikularen und des Ganzen so gedacht, daß diese Vermittlung als brüchig, transitorisch, per se fragwürdig erscheint. Sie wird zu einer immer erneut zu leistenden Denk- und Ausdrucksweise, in der das Falsche, der dagegen aufgebotene Gedanke und die ihn motivierende Erfahrung so formuliert werden, daß das Verschlungene von Wahrheit und Unwahrheit stets präsent bleibt. Der Gestus privilegierten Wissens, des Durchblicks, der sich erhaben und schlau wähnende Standpunkt, der sich einem Meer von Unwissenheit und Verblendung gegenüber weiß, ist immer noch einer, der mit der Selbstverkennung, auf der die falsche Welt beruht, nicht gebrochen hat, ja der sie nicht einmal bemerkt.

Die Kraft des Subjekts, im Eingedenken des Ganzen, das bloß Partikulare zu zersprengen und ebenso im Einklagen des vom Ganzen Weggeschnittenen, in dem sich die Bewegung des Ganzen als Unterdrückung, bloße Selbsterhaltung überhaupt enthüllt, dieses noch einmal aufzuheben, wird im Falschen selbst zu einer Gestalt von Falschheit: eben das ist der Mißbrauch, vor dem gewarnt wird.

»Die neue Gestalt«, in der die negative Philosophie Aufgelöstes, die apologetische Ideologie des schlecht Bestehenden, und Auflösendes, das Instrumentarium der Kritik, aufheben will, kann, »solange Herrschaft sich reproduziert«, nicht »rein hervortreten«. Die kritische Philosophie, die noch sich selbst aufheben will, wird, mit der ihr eigenen Stringenz, »stets und mit Erfolg den Spieß umzudrehen«, zu einer Gestalt von Herrschaft, paktiert mit der »bürgerlichen Selbstbehauptung des Subjekts«.

Was anders wäre, als die Welt der Tauschgesellschaft und des universalen Verblendungszusammenhanges, in der die negative Dialektik das adäquate Organon der Erkenntnis darstellt – wenn sie als »zweite Reflexion«, als Reaktion auf einen konstitutiven Bruch im Subjekt nicht das einzig adäquate Organon von Erkenntnis überhaupt darstellt – tritt *in* dieser Welt nicht rein

---

1 cf. Adorno, *MM*, 330. – Schopenhauer wird nach der *Zürcher ed.* zitiert.

zutage. Es wäre eins mit einem radikalen Sprung in der Geschichte, mit dem »Ereignis«, wie Adorno es mit dem Wort Heideggers nennt, das »hinausführt«.

Wie bei Heidegger scheint Adornos Denkhaltung von jenem Ereignis ›angesprochen‹ zu sein, darauf bezogen, ohne es je benennen zu wollen, eine Denkhaltung, die im letzten Abschnitt der *Minima Moralia* beschrieben wird: eine Philosophie des »als ob«, die den Versuch unternähme, »alle Dinge so zu betrachten, wie sie vom Standpunkt der Erlösung aus sich darstellten« [333]. Dieser Versuch ist aber, wie Adorno in einer Art Reprise des vorherigen Abschnittes über die Dialektik so sehr von »Unmöglichkeit« gezeichnet, daß »die Frage nach der Wirklichkeit oder Unwirklichkeit der Erlösung selber fast gleichgültig« [334] angesichts der Forderung an den Denkenden wird, »ohne Willkür und Gewalt, ganz aus der Fühlung mit den Gegenständen heraus« [334] zu denken, während doch der Blick auf diese Gegenstände von vornherein bestimmt ist vom »Bannkreis des Daseins« [334], der ihn entstellt.

Wenn das Subjekt, wie Adorno in der *Negativen Dialektik* ausführt, »die späte und dennoch der ältesten gleiche Gestalt des Mythos« ist, aber nur durch die Anstrengung des subjektiven Gedankens hindurch das Andere uns zugeeignet werden kann, wird sichtbar, was im Titel mit »Denken gegen sich selbst« gemeint ist. Das Selbst, das von bestimmten psychologischen Richtungen zum »Kern« unseres Wesens hypostasiert wird, subjektive Identität, ist immer schon entstellt von Selbsterhaltung, die, wie Adorno und Horkheimer dachten, in ihrer institutionalisierten Form, als Verhärtung und Versteinerung der Verhältnisse und damit der Subjekte, eben das Selbst abschafft, das sie erhalten sollte.

Die Anstrengung, die Adorno dem Subjekt abverlangt, um authentisch zu denken, authentisch zu erfahren, ist eins mit dem, was Hegel in der Einleitung zur *Phänomenologie des Geistes* »Weg der Verzweiflung« nennt und was er in der Vorrede als »Leben des Geistes« beschreibt, das den Tod erträgt und beim Negativen verweilt. Aber jene »Zauberkraft«, die bei Hegel im Prozeß der Selbsterfahrung und Selbstergreifung des Geistes auf dem Weg zum absoluten Wissen das Negative ins »Sein umkehrt«, ist für Adorno potentiell Trug, Wegrationalisieren dessen, was der Gedanke, um verbindlich zu sein, schon verdunkelt hat.

Die Differenz von Denken und Gedachten kann für Adorno innerhalb der von totaler Zweckrationalität beherrschten Welt nicht hinfällig werden, aber es ist sehr die Frage, ob Adorno nicht geschichtsphilosophische Argumente für die Selbstkritik des Subjekts – daß es im emphatischen Sinne noch gar nicht sei (übrigens eine typische Denkfigur Adornos) – vermischt mit solchen ontologischer Qualität, die die Seinsweise von Subjektivität zwischen Selbstbewußtsein, Sprachlichkeit, Sexualität und Tod überhaupt betreffen und sich je geschichtlich neu konstituieren, die den fundamentalen Riß, der mit der Endlichkeit, Sterblichkeit gesetzt ist, aber nicht kaschieren:

> Unsere sterbliche Natur ist es, die uns jene Erfüllung im emphatischen Sinn verwehrt. Zwischen unserem Potential und dem Tod klafft ein Abgrund, vor dem selbst das Reden vom erfüllten Augenblick, von Adorno einst als Flucht-

punkt essayistischen Philosophierens ins Spiel gebracht, von einem ›im Glanz fragmentarischer, wenngleich genuiner Erfahrung‹ aufgehenden Sinn eitel wird.[2]

Leiden und Geschichte als »Inbegriff des Leidens« werden zu Ausgangspunkten des Denkens der Kritischen Theorie; sie werden es ebenso aufgrund der Treue zur Wahrheit über den Geschichtsverlauf und den Zustand des Menschen in einer Welt, die für Adorno als »Gestalt des Unrechts« aufzufassen ist, wie aufgrund einer fundamentalen Erfahrung, die Leiden als wesentlichen Motor von Erkenntnis begreift: »Das Bedürfnis, Leiden beredt werden zu lassen, ist Bedingung aller Wahrheit«.[3]

Dieser Satz verweist zurück auf Schopenhauer, in dessen Philosophie, so Adorno, »das Leiden [...] in seiner Armseligkeit als ›bloße Erscheinung‹ mit ganzem Ernst erscheint.«[4]

Schopenhauer ist der Philosoph, der dem bloß Bestehenden, der Empirie, die Welt der Ideen und des An Sich weiterhin entgegenhält, den traditionellen Dualismus also fortsetzt, und doch das An sich, das »eigentliche Wesen«, »nicht vergottet hat«, wie Horkheimer formulierte. Schopenhauer identifiziert sich an keiner Stelle mit dem, was ist, er durchstößt den Fortschrittsglauben des 19. Jahrhunderts, die Vorstellung, es gäbe einen Sinn in der Geschichte, und jeglicher Optimismus, den er bekanntlich »ruchlos« nennt, zerbricht für ihn am namenlosen, perennierenden Leiden der meisten. Schon Hegel, worauf jüngst Alfred Schmidt wieder hingewiesen hat, sprach von der Geschichte als der »Schlachtbank, auf welcher das Glück der Völker, die Weisheit der Staaten und die Tugend der Individuen zum Opfer gebracht worden« sind, aber Schopenhauer ist derjenige, der diesem Prozeß jeglichen Sinn verweigert.

Subjektivität ist nach Schopenhauer an sich schon Schein und Leben, das sich, angesichts Alter, Krankheit und Tod schon im voraus verurteilt, in immer gleicher Zwangsläufigkeit schattenhaft und unerlöst, verblendet und einem Weg durch glühende Kohlen überantwortet vollzieht, mit wenigen Augenblicken des Ausruhens, des Friedens, die die Maschinerie der Selbsterhaltung nur fortzusetzen helfen.

Ist das bloße Dasein schon schlimm genug, so ist es noch unheimlicher, schrecklicher, wenn es sich als bloßer Schein enthüllt:

> [...] wie auf dem tobenden Meere, das, nach allen Seiten unbegränzt, heulend Wasserberge erhebt und senkt, auf einem Kahn ein Schiffer sitzt, dem schwachen Fahrzeug vertrauend; so sitzt, mitten in einer Welt voll Quaalen, ruhig der einzelne Mensch, gestützt und vertrauend auf das *principium individuationis* [...] seine verschwindende Person, seine ausdehnungslose Gegenwart, sein augenblickliches Behagen, dies allein hat Wirklichkeit für ihn [...] Bis dahin lebt bloß in der innersten Tiefe seines Bewußtseyns die ganz dunkle Ahndung, daß [...] jenes Alles doch wohl [...] einen Zusammenhang mit ihm hat, vor

2 Wergin, *Strukturalismus*, 372.

3 Adorno, *ND*, 29.

4 Adorno, *Wagner*, 136.

welchem das *principium individuationis* ihn nicht schützen kann. Aus dieser Ahndung stammt jenes so unvertilgbare und allen Menschen [...] gemeinsame *Grausen*, das sie plötzlich ergreift, wenn sie [...] irre werden am *principio individuationis* [...].[5]

Schopenhauers Philosophie ist das tobende Meer, in das der einzelne Mensch getaucht wird und in dem er voll Grausen des Zusammenhanges inne wird, den er mit allem anderen hat und der ihn in eine Geschichte gegenseitiger Vernichtung, dauernden Leidens, eines unhintergehbaren Abstiegs und Untergangs verstrickt. Während dies seinen notwendigen Zusammenhang im Begriff des Willens findet, fehlt diesem jeglicher Sinn, jeglicher Anspruch auf Wahrheit. Schopenhauers Denken, das in seiner Kritik an Hegel den Optimismus seines Systems attackiert, den später auch Adorno angreifen wird, fehlt ein letzter Halt, es ist fundamental unabgesichert, wie Alfred Schmidt zeigt.[6]

Horkheimer macht in *Die Aktualität Schopenhauers* darauf aufmerksam, daß das Auseinandersprengen von Weltprozeß und Geist den Begriff der Wahrheit selbst tangiert, der ohne einen Rest Theologie nicht zu halten sei:

Wahrheit ist dann nirgends mehr aufgehoben als in den vergänglichen Menschen selbst und so vergänglich wie sie [...]. Die [...] bei Schopenhauer von jedem äußerlich gesetzen Dienst befreite Anstrengung zur Wahrheit treibt in seinem Werk in zwingender Logik dahin, daß sich der Begriff der Wahrheit negiert. Aus dem [...] blinden Willen als dem Wesen folgt [...] die Antinomie, daß die Affirmation des ewigen, des wahren Seins vor der Wahrheit nicht bestehen kann [...].[7]

Diese Antinomie, die dem Subjekt aufzwingt zu denken, was seine Identität zerbricht und einem Wesen überantwortet, das Unwesen ist, nimmt jene Anstrengung vorweg, die dem Subjekt bei Adorno aufgenötigt wird. Schopenhauers Metaphysik wird zu einer Hermeneutik der Erfahrungswelt, bei der letztlich mit einer intuitiven Leiberfahrung die Unmittelbarkeit als Weg zur Klärung des »Rätsels der Welt« aufgefaßt wird. Sie ist die jedem Wissen vorausgehende und es immer schon bestimmende Willensnatur des Leibes und die durch Analogie gedachte aller übrigen Wesen. Das Ding an sich, das Wesen der Welt, »dieses Substrat aller Erscheinungen, mithin der ganzen Natur«, ist nichts Anderes, »als jenes uns unmittelbar Bekannte und sehr genau Vertraute, was wir im Innern unsers eigenen Selbst als Willen finden«, Selbst und Wesen der Welt werden identisch, aber auf eine Weise, die das, was wir in der Welt der Vorstellung, der Individuation, der Selbsterhaltung als Selbst empfinden, zerstört: Denken (mit sich, durch sich selbst) gegen sich selbst. Dieser mystische Gedanke der Einheit von Welt und Selbst wiederholt sich dort, wo Schopenhauer erklärt, die Welt sei »Selbsterkenntniß des Willens«.[8]

---

5 Schopenhauer, *WWV I*, 439.

6 Schmidt, *Idee*, 114.

7 Zitiert nach ibid., 115.

8 Schopenhauer, *WWV I*, 506.

Der Gedanke, daß der Wille »sich wendet«, daß er, »zur vollen Selbsterkenntniß gelangt [...] sich selbst frei verneinte«, führt auf das epikuräische Motiv in Schopenhauers Pessimismus, in seiner Philosophie des Schmerzes und des Leidens: die Verneinung des Willens, seine Wendung gegen sich selbst, »zeigt« eine Dimension der Erfahrung, die uns im allgemeinen unzugänglich bleibt und die umgekehrt den Affekt Schopenhauers, sein Insistieren auf der Glücklosigkeit des Daseins zu motivieren scheint: »jener Friede, [...] jene gänzliche Meeresstille des Gemüths, jene tiefe Ruhe, unerschütterliche Zuversicht und Heiterkeit«.[9]

Wie Adorno bemerkte, ohne diesen Schluß im Auge zu behalten, könnte »Bewußtsein [...] gar nicht über das Grau verzweifeln, hegte es nicht den Begriff von einer verschiedenen Farbe, deren versprengte Spur im negativen Ganzen nicht fehlt«[10] und hielt Schopenhauer vor, er sei »Sprecher des Bannes«. Wenn Schopenhauer mit seinem Bild des Glücks als jener Heiterkeit auch den »Begriff von einer verschiedenen Farbe« nachliefert, bleibt Adornos Vorbehalt gegen die totale Subsumtion, in der das Dasein bei Schopenhauer immer schon in seinem Verlauf, seiner Zwangsläufigkeit feststeht, so daß Glück, wie Nietzsche mißtrauisch festhielt, nur als Quietismus erscheint.

Das Selbst, das sich seiner Scheinhaftigkeit innegeworden ist und sich der Welt als »Nichts« gegenübersieht, festigt sich erneut an dem Bild jener Heiterkeit, die uns wesentlich versperrt bleibt:

> Wir aber blicken dann mit tiefer und schmerzlicher Sehnsucht auf diesen Zustand, neben welchem das Jammervolle und Heillose unsers eigenen, durch den Kontrast, in vollem Lichte erscheint. Dennoch ist diese Betrachtung die einzige, welche uns dauernd trösten kann, wann wir einerseits unheilbares Leiden und endlosen Jammer als der Erscheinung des Willens, der Welt, wesentlich erkannt haben, und andererseits, bei aufgehobenem Willen, die Welt zerfließen sehn und nur das leere Nichts vor uns behalten.[11]

Während bei Adorno in der komplizierten Dialektik, in der das Subjekt, aus sich herausgehoben durch den Schmerz, die Natur oder die ästhetische Erfahrung, über sich und das Bestehende hinauszugelangen sucht und dabei von einer objektiven Tendenz angesprochen ist, die sie zugleich zeigt, und sich in diesem Prozeß erhält, in dem es den Versuch unternimmt, die Welt im Lichte der Erlösung zu sehen, in der keine Gewalt mehr die Intentionen und Beziehungen der Dinge und Wesen entstellt, so unternimmt Schopenhauers Subjekt den Versuch, die Welt als Wille im Lichte jener Heiterkeit zu sehen, »deren bloßer Abglanz« auf Gesichtern auf Gemälden Raffaels und Corregios uns überwältigt und die Qual des Daseins zwischen Jammer und Nichts zu transzendieren hilft: Licht der Erlösung und Licht der Heiterkeit, die das Subjekt davor bewahren, im Denken dessen, was es aufhebt, gänzlich unterzugehen.

---

9 ibid., 507.

10 Adorno, *ND*, 370.

11 Schopenhauer, *WWV I*, 507.

Bei Schopenhauer führen die ästhetische Erfahrung und das Mitleid in eine Erfahrungsdimension, in der sich die Selbsterhaltung und damit das Subjekt aufheben, der Wille erlischt, in der mit dem Erlöschen des Willens alles zum »Nichts« wird, dem berühmten Schlußwort der *Welt als Wille und Vorstellung*, aber jenes epikuräische Motiv und der Blick auf das Glück der Heiligen enthüllen eine Intention, die sich nur negativ erhalten kann: in radikaler Dichotomie zwischen der Welt der Zwecke und der zweiten Welt der Kontemplation und des Willens, der sich wendet, treibt die Erkenntnis des Subjekts, die vom Wunsch vorangetrieben wird, *dauerhaft* dem Schmerz enthoben zu sein, sich selbst durchzustreichen, den Tod vorwegzunehmen. Weil uns ohnehin das Nichts erwartet, wird es zum einzigen positiven Inhalt.

Bei Adorno, der wie Schopenhauer das Leiden als Ausgangspunkt des Denkens begreift und im Schmerz, in der Erschütterung ebenso wie in der ästhetischen Erfahrung ausgezeichnete Momente sieht, die das Subjekt jeweils an das erinnern, was es eigentlich einzeln und gesellschaftlich intendiert, wird diese Erfahrung nicht zum Nichts schlechthin, sondern zum Maßstab für eine andere Vergesellschaftung.

Die aber kann jenen fundamentalen Riß im Subjekt auch nicht abschaffen, der mit unserer »sterblichen Natur« selbst gesetzt ist und der zum »versagenden Prinzip« schlechthin wird, das Adorno aufheben möchte. Zweite Reflexion, die den subjektiven Zugriff auf sein Anderes, die Natur im Subjekt und die Objekte, bricht und die das Andere das Andere sein läßt, wird potentiell zu einem Erkenntnisschritt, der eine Geschichtsphilosophie der Erlösung aufhebt. Die Dichotomie zwischen Jammer und Nichts, das zugleich ineins fällt mit Glück, wird bei Adorno zu einer Bewegung, in der Wahrheit ineins gedacht wird mit *promesse du bonheur* und doch jede greifbare Gestalt davon unwahr bleibt.

Adorno rückt seinen Begriff einer »verwandelten Sinnlichkeit« an die Stelle, wo bei Schopenhauer das Nichts steht und die doch so etwas Ähnliches meinen mag:

> Es ist die Sehnsucht, in der das Begehren nicht nur über jedes Bestimmte, über jeglichen Besitz hinaus ist, die vielmehr in sich selbst als ihr eignes Ziel mündet.[12]

12 Wergin, *Strukturalismus*, 371.

Ästhetik des Todes
Batailles Erneuerung der Kunstphilosophie

Wolfgang Schirmacher *(New York)*

I
Todeslust und Kunst

Tod, Liebe und Kunst – diesem Dreigestirn folgt eine romantische Kunstphilosophie, die sich auch in Schopenhauers Ästhetik unüberhörbar ausspricht. Ohne die Grunderfahrung des Todes gäbe es keine Philosophie, und allein in der Kunst ertragen wir offenbar den Anblick unseres unwiderruflichen Endes, den Tod als anschauliche Idee. Unser »wahres Wesen« kann der Tod nicht zerstören, betont Schopenhauer allerdings, und wie oft haben flüchtige Leser daraus die Hoffnung auf ein persönliches Fortleben nach dem Tode geschöpft. In der Tat widerspricht Schopenhauer entschieden dem weitverbreiteten Vorurteil, das uns die Angst vor dem Tod suggeriert, daß Tod gleichbedeutend mit dem Abbruch des Lebens sei und daher auf extreme Weise Diskontinuität verkörpere. Aber seine nähere Erläuterung enttäuscht alle anthropozentrische Erwartungen. Denn nicht unsere Person, der Schatz unserer Erfahrungen oder eine vorgeblich unsterbliche Seele überstehen den Tod, sondern einzig und allein der blinde und gewalttätige Lebenswille, dieser Hohn auf jegliche Humanität. Gerade als Würmerfraß und neue Humuserde erfüllen wir getreulich unsere Bestimmung, im Kreislauf des Kosmos Stoffwechsel zu garantieren. Liebe ist für Schopenhauer der wirkungsvollste Schleier der Maja und doch zugleich, mit unüberbietbarem Realismus, genuiner Ausdruck der wahren Sachlage. In der Liebe täuschen wir uns am stärksten über die *condition humaine*, halten für intim und nur unsere Person betreffend, was die öffentlichste Angelegenheit ist und der Zweck der Gattung. Die Geschlechtsorgane sind der wahre Mittelpunkt der Welt, hat Schopenhauer lange vor Sigmund Freud festgestellt, und »Geilheit« die schamhaft versteckte Haupttätigkeit des Hegelschen Weltgeistes. Doch es bedarf der Kunst, nicht der Pornographie, um diese Grundwahrheit des Humanen zu gestalten.

Mit Georges Bataille hat es auch im 20. Jahrhundert einen Philosophen gegeben, der den Zusammenhang von Eros und Thanatos, Liebe und Tod mit schockierender Deutlichkeit behandelt hat. Nach Martin Heideggers Urteil hat Bataille tiefer als jeder andere Denker den Tod, dieses »Gebirg des Seins« (Heidegger), in sein Leben hineingelassen. Bataille war vom Tod besessen, den er als Hauptkraft des Lebens erfuhr. Batailles »Vorlaufen zum Tod«, das Heidegger als Signum des »eigentlichen« Daseins aufwies,[1] gelang so vollendet, daß er vom Tod nicht mehr zurückkehrte. Als exzessives Leben und wahre Kontinuität erschien dem Todesenthusiasten jenes verketzerte Phäno-

1 Heidegger, *Sein*, §53. - Schopenhauer wird nach *ed. Löhneysen* zitiert.

men, das angstbesetzt ist wie kein zweites. »Lebenwollen auf der Höhe des Todes«[2] war Batailles Ziel, und seine Neugierde auf den Tod galt als unersättlich. Er soll Schwarze Messen besucht und an geheimen Sitzungen teilgenommen haben, die dazu dienten, daß man wißbegierig Zeuge des Selbstmordes eines der Anwesenden wurde. Denn für Bataille war der Tod keine Metapher, sondern eine die gewohnte Welt radikal umstürzende Erfahrung, wie sie der todeskundige Dichter Paul Celan wiedergab:

EIN DRÖHNEN: es ist
die Wahrheit selbst
unter die Menschen
getreten
mitten ins
Metapherngestöber.[3]

Das jähe Durchbrechen der Alltagsordnung beschrieb Bataille sachgerecht als Gewalt, deren unaufhebbare Zweideutigkeit sein Lebensthema war. Der befreienden Gewalt des Todes, der alle anderen Zwänge souverän löst und dem Novum sein Recht verschafft, ist Bataille in jeder erdenklichen Hinsicht nachgegangen. Denn er war fasziniert vom Paradox, daß Sterben der einzige Weg zum Leben ist. Als vereinzelte Wesen hängen wir eifersüchtig an unserem Sein, das uns trennt von der Natur wie von den Mitmenschen. Auch Schopenhauer hat dieses *principium individuationis* als Krebsschaden diagnostiziert, das »wahre Menschenliebe« unmöglich mache und überwunden werden müsse.[4] Erst wenn wir das Ich verleugnen, es sterben lassen und uns ohne Bedenken »leidenschaftlich verschwenden«, wie Bataille es den Mystikern nachträumte, beginnt die eigene Existenz, das so ekstatische wie zwanglose Einstimmen in den universalen Prozeß. Was die Existenz mit allem übrigen verbindet, ist der Tod. Im Angesicht des Todes gehören wir zu nichts mehr, werden zum freien Spiel. Diesen Ausbruch aus den Zwängen erfahren wir jedoch nicht auf dem Totenbett, denn dann wäre es längst zu spät, sondern mitten im Leben. Der »kleine Tod«, wie die Franzosen den Orgasmus nennen, ist ein alltägliches Ereignis und durchbricht doch elementar das sichere Gehäuse von Zeit und Raum. Der Genuß der höchsten Wollust, die Raserei der Religion und der poetischen Aufruhr waren für Bataille die drei Ereignisse, die von der Lebendigkeit des Todes zeugen.

Batailles Todeslust antwortet auf diese kreative Energie des Todes, die sich in aktiver Sinnlosigkeit und im intensiven Überschreiten der Grenzen auslebt. Die Heiterkeit des Künstlers verlacht die Todesangst, die dafür verantwortlich ist, daß unser heutiger Lebensstil von einem Sicherheitsnetz überwuchert wird. Der Künstler setzt sich in jedem Werk ebenso entschlossen aufs Spiel wie der bedenkenlos Liebende oder der heilige Narr, der von Gott trunken ist. »Ekstatische Ichlosigkeit« kennzeichnet diese subjektivsten aller

2 cf. die Einleitung in Mattheus, *Bataille*.

3 Celan, *Atemwende*.

4 Schopenhauer, *GdE*, 808ff.

Menschen, die rücksichtslos gegen überkommene Norm und gesunden Menschenverstand ihrer inneren Stimme folgen. In seiner Todeslust nimmt Bataille Motive auf, die im 19. Jahrhundert von Schopenhauer und Nietzsche ausgearbeitet wurden. Schopenhauer hatte dem künstlerischen Genie ebenso wie dem Heiligen die Überwindung der Todesangst zugetraut, die uns zur fortdauernden Aktivität im Dienste des Lebenswillens treibt. Allerdings war Beruhigung und Resignation sein Rezept. Nietzsche dagegen setzte auf das dionysische Element, den Rausch des Schaffens und der Zerstörung, die Bejahung des Lebens in all seinen Gestalten. Doch Schopenhauers Allbejahung und Nietzsches Allverneinung ergänzen einander,[5] und nur zusammen bilden sie eine philosophische Mystik, die als Kunstphilosophie maskiert ist. Bataille braucht diese Maske nicht und beruft sich unmittelbar auf die Heilige Theresia und deren Einsicht: »Ich sterbe, weil ich nicht sterben kann«. Sexuelle und mystische Erfahrungen verschmelzen für Bataille, und immer wieder blitzt auch die poetische Erfahrung auf. Aufruhr und Unordnung, Ekstase und überschüssige Kraft begleiten diese entgrenzenden Handlungen, von einer Freiheit durchzogen, die allein der Tod verbürgt.

Aber Bataille kennt auch die andere Seite des Todes, die schwarze Dunkelheit, in der die kreative Gewalt in unmenschliche Grausamkeit umschlägt. Angesichts der Lustmorde und der Selbstverstümmelungen weint Bataille die *Tränen des Eros*,[6] die bei ihm keine Krokodilstränen sind, und wagt doch zugleich, diese monströsen Untaten in sein Todesbild zu integrieren. Zweifellos liegt hier das eigentlich Anstößige bei Bataille, seine flagrante Herausforderung unserer Humanität durch eine eingefleischte Morbidität. Menschen zu Tode quälen, um »extreme Erfahrungen« zu machen, finden wir nach Auschwitz nicht einmal als Gedankenspiel erträglich. Als »Simulation« mag das »Medientheater der Grausamkeit« (Baudrillard) hingehen, jede Nähe zur Realisierung jedoch erregt unseren Abscheu. Gesteigert wird dies, sobald Lust und Tod in verbrecherischer Komplizenschaft verbunden werden. Gewiß hat der Schmerz noch jede Liebe begleitet, und ist Liebe, wie Bataille uns erinnert, eine Sehnsucht nach dem Tod, die noch den Tod überschreitet. *Im Reich der Sinne*, zeigte der japanische Filmregisseur Nagisha Oshima, ist der Ekel erloschen, die Tötungshemmung beseitigt und will Lust – wie auch Nietzsche wußte – Ewigkeit. Batailles Erotismus hebt jedoch die Unterscheidung zwischen freiwilligen und unfreiwilligen Opfern auf, will die Vernunft vollständig aus dem Spiel lassen, und feiert die Gewalt als Zugang zum Unmöglichen.

Im Zeitalter von AIDS erleiden Millionen von Menschen die Folgen einer grausigen Hochzeit von Lust und Tod und erfahren, wie wenig sie vorbereitet sind auf ein Schicksal, das den Tod in jeden Geschlechtsakt bringt. »Ist das Rectum ein Grab?« Diese Frage von Leo Bersani[7] macht schlagartig klar,

5 cf. Margreiter, *Allbejahung.*

6 Bataille, *Tränen.*

7 cf. Bersani, *Rectum.*

daß die Vermählung von Lust und Tod auf der Ebene der Alltagsrealität bloß obszön ist. Denn dem Tod, der im Geröchel und im Gestank über uns kommt, als Verbluten und Ersticken, fehlt jede Größe, jede Erhabenheit. Ob fürs »heilige Vaterland« gekämpft wird oder tapfer im Krankenhaus die letzten Stunden überstanden werden, es ändert nicht das geringste am brutalen Faktum des sinnlosen Leidens. Batailles Todesenthusiasmus scheint sich daher lediglich einzureihen in die lange Schlange der Versuche, den Tod abzuleugnen oder doch so umzudichten, daß der Gedanke an ihn für uns zu ertragen ist. Aber solche ideologiekritische Lektüre Batailles, so berechtigt sie sein mag, verschüttet jeden konstruktiven Ansatz, den die Zweideutigkeit der Batailleschen Behandlung des Todes doch zuläßt. Schließlich will Bataille dem Tod gerade keinen Sinn abgewinnen und unterscheidet sich darin krass von allen ideologischen Rechtfertigern des Todes. Ebensowenig geht es ihm darum, im Geiste der Dekadenz den Niedergang zu verherrlichen oder den Tod als »Abfalleimer eines zusammenbrechenden Lebens« zu mißbrauchen. Bataille spürt ganz im Gegenteil ein »Erwachen«, das dem Augenblick gilt und die Grenzen unserer Erfahrung verspottet. Das Leiden und die Hölle, betonte die belgische Psychoanalytikerin Lili de Vooght,[8] haben bei Bataille mit der »ästhetischen Schöpfung« zu tun, eine Spur, die besonders von Julia Kristeva aufgenommen wurde.

Hier trifft sich Bataille mit Schopenhauer und Nietzsche, deren Kunstphilosophien so offensichtlich entgegengesetzten Temperamenten entstammen und doch derselben Anschauung folgen. Der Tod ruft das metaphysische Bedürfnis hervor, die nie verstummende Frage nach dem Sinn, und diese kann nach Schopenhauer nie beantwortet, aber doch im Werk der Kunst für Augenblicke gestillt werden. Bei Nietzsche hat die häßliche Wahrheit des Todes Schönheit bitter nötig, und das ironische Maskenspiel der Kunst hilft uns, die Wirklichkeit in eine perspektivenreiche Metapher zu verwandeln. Nietzsches neuer Kunstbegriff folgt der Intuition, daß alle Tragödien Komödien sind, sobald das Vorurteil von Ordnung und Übersichtlichkeit verlassen wurde. Interpretieren wird dann zum kreativen Akt, der niemals endet, und dessen flüchtige Gestalten dem Chaos abgerungen sind.[9]

---

8 De Vooght explizierte diesen Zusammenhang in ihrem Vortrag beim Kurs »Schopenhauer und der Diskurs über Liebe und Tod«, den die Internationale Schopenhauer-Vereinigung 1989 am Inter-University Centre in Dubrovnik abhielt.

9 cf. Goedert, *Dekonstruktion.*

II
Zur Erneuerung der Kunstphilosophie in der Postmoderne

Von der »Diktatur sekundärer Diskurse« werden die Kunstwerke in der Postmoderne befreit, wie George Steiner[10] bemerkt, und so muß jeder Anspruch, eine erneuerte Kunstphilosophie vorzulegen, suspekt erscheinen. Ob alltägliche Kunst, Neue Prächtigkeit, Neue Wilden, Alte Narren – die Pluralität reicht so weit wie unsere Punk-Welt Wortspiele hat. Gewiß läßt sich ein Zug zur Nivellierung der Kunst beobachten, denn Kunst scheint in Leben aufzugehen, nicht ohne sich an diesem Leben durch Beliebigkeit zu rächen. Wer feststellt, daß Kunst existenziell wird, sollte gleich hinzufügen, daß die Existenz dabei jeden emphatischen Sinn verloren hat, und kein Zeitgenosse »entschlossen« in den Tod (oder ins Leben) »vorläuft«. Der New Yorker Künstler Jeff Koons treibt es mit Italiens beliebtestem Pornostar Cicciolina (bürgerlich die Parlamentsabgeordnete Ilona Staller), in Holz auf der Biennale, wird dort verbrannt, und feiert seine Wiederauferstehung im Fleisch, nein, nicht zu Ostern 1991, sondern am Valentinstag, Medienbeteiligung garantiert. Existenziell ist, was mich *nicht* unbedingt angeht (um Paul Tillichs Beschreibung Gottes postmodern abzuwandeln). Im Zeitalter der Medien herrscht eine »Ästhetik der Vermittlung«, die jeden Ursprung verlacht, und noch das vermarktbare Resultat, das einst als Werk geheiligte Produkt, kaum beachtet. Es wird gekauft und schon vergessen. Wie sollen wir da noch die »Vibrationen des Ursprünglichen«[11] wahrnehmen? Die Kunst des Schreckens hat jeden Schrecken verloren, wie jüngst der Fernsehfilm »Golfkrieg« zeigte, und lediglich in nostalgischer Stimmung genießen wir die in großer Kunst geronnenen Schrecken der Vergangenheit. Denn dort wird uns die Fabel vom Grimm der Natur erzählt, von *deus sive natura sive substantia*, deren Wucht nur aushielt, wer sich als Opfer darbrachte. Kunstwerke erhielten ihren Rang durch Opferung, ihre Aura der Heiligkeit verdankte sich dem Mut zur Selbstaufgabe. Als freieste Lebenstechnik setzte sich Kunst ungeschützt dem Leben aus, ging unter und wurde wiedergeboren. Kunst verließ die Sicherheit gewohnter Weltbezüge, die »Festung Menschenwelt«, und erweiterte im Selbstopfer den Handlungsspielraum für uns andere. Alles Neue hat die Kunst zuerst entdeckt. Aber wenn es nichts Neues mehr gibt, alles schon gesagt ist, und die kulturellen Versatzstücke lediglich neu arrangiert werden können – was bleibt dann einer Philosophie der Kunst noch anderes zu tun, als mit gedämpfter Ironie, dem Anlaß entsprechend, den Totenschein für die Kunst auszustellen?

Bataille teilt unsere Nostalgie nicht. Die Kunstwerke, die er präsentiert, um die »Identität dieser vollkommensten Gegensätze: der göttlichen Ekstase und des äußersten Grauens«[12] nachzuweisen, vermögen auch uns noch

10 G. Steiner, *Gegenwart.*

11 cf. Strauß, *Aufstand.*

12 Bataille, *Tränen*, 247.

aufzustören. Postmoderne Behaglichkeit und die Leichtigkeit von Hyperrealität will sich nicht einstellen, wenn wir Zeugen einer besonders widerwärtigen Perversion werden: der »Verbindung religiöser Ekstase mit der Erotik, und im besonderen mit dem Sadismus – des Uneingestehbarsten mit dem Erhabensten«.[13] Gewalt durchbricht Beliebigkeit, und plötzlich werden wir gewahr, daß der Serienmörder *Henry*, von dessen kühler Menschenschlachtung wir uns im Kino gerade haben die Zeit vertreiben lassen, jederzeit durchs Badezimmerfenster einsteigen kann. Den Grimm der Natur, die Bedrohung durch die Anderen, den heimtückischen Schicksalsschlag hat keine Postmoderne beseitigen können – wir haben uns nur etwas vorgemacht, noch intensiver uns selbst belogen, um das Leben erträglich zu finden. Eine »Falle« ist jeder andere Mensch für uns, schreibt Bataille im *L'Abbé C.*[14] und erinnert an die »Natur in uns«, deren Gewalttätigkeit der äußeren Natur in keiner Weise nachsteht. Haben wir auch durch Technologien die Umwelt berechenbar gemacht, sie scheinbar gezähmt, so bleibt uns doch der Heilige wie der Mörder in uns, das banale Böse und das unverhofft Erhabene. Bataille hat den Niedergang des Heiligen, der unsere Selbstvergessenheit anzeigt, mit der Souveränität des modernen Schriftstellers in Verbindung gebracht. Der Dichter René Char hatte Bataille herausgefordert, und dieser verglich prompt den heutigen Schriftsteller mit einem »lebenden Leichnam, einem fröhlichen vielleicht«.[15] Wer sich nicht opfern kann, wer dem Tod nicht gegenübertritt und ihn nicht im Sterben verlacht, lebt nicht, ist kein Künstler, sondern durch den Popanz der Selbstermächtigung »tödlich gelähmt«.

Kunstphilosophie erneuert sich, wenn sie selbst zur Kunst wird, die in der Abwesenheit des Heiligen eine »Spur« (Derrida) legt. Am »Buch, das die Welt endet und eine neue schafft«, wird in der Kunst ununterbrochen weitergeschrieben, doch »am Ende der Bücher steht die Apokalypse«.[16] Dies ist anspielungsreich wörtlich wie metaphorisch zu verstehen, will keine Zukunft, sondern ewige Gegenwart. Batailles apokalyptischer Ton in der Philosophie verspricht uns keinesfalls, wie es gnostische Tradition ist, das Heil nach der Krise. Im Gegenteil, die Verdammung ist seine Perspektive, in der sich das vielbeschworene »Ende der Kunst« unversehens als Verzweiflungsschrei entpuppt: Laßt die Kunst zu Ende gehen, denn sie bringt Tod und Gewalt, den Schrecken und das Ungeheure in unser simuliertes Dasein! Die »Perspektive der Kunst«, so droht Bataille dem »täglichen Künstler« (Cutrufelli), sei die Perspektive »der heftigen Lust, des Grauens, des Todes«.[17] Kunst als das Spiel auf Leben und Tod möchten wir allzugerne als romantische Wiederholung abtun, als Text, der uns Variationen erlaubt, aber durchaus nicht zu Zyankali einlädt. Guter Gott, böser Gott, magische Praxis, schwarz oder weiß

13 ibid.

14 cf. Bataille, *L'Abbé C*, 107.

15 cf. Bataille, *Letter*, 43.

16 Nancy, *Exscription*, 57.

17 cf. Bataille, *Unmögliche*, 8.

– die Überlebenshilfen sollen mit einem Lächeln serviert werden. Mit dem Verschwinden der realen Bedrohung durch die Natur sollte auch ihre Beschwörung durch Kunst beendet sein. Hat Schopenhauers Wille sich nicht längst gekehrt, ist Nietzsches Übermensch, ohne zu Blinzeln, nicht unser Vorbild? Oder ist dies bloß ein bitteres Trugbild? Zeigt sich nicht in der ökologischen Krise, daß »es« so unbeherrschbar ist wie eh und je? Hat der *Schrecken* nur den Ort gewechselt, ist Schrecken und Leid jetzt *unsere* Antwort geworden, so selbsterzeugt wie selbsterlitten? Dann wäre die gelassene Heiligkeit der Kunst noch immer die menschliche Lebensform, die dem Unerforschlichen neues Land abgewinnt und dem Ungeheuren einen anderen Sinn.

III
Der Akt der Kunst und die Erfahrung des Scheiterns

So alltäglich und ohne Schrecken die Kunst heute erscheint, im »Kulturbetrieb« (Adorno) eingeordnet und als ökonomischer Faktor von wachsender Bedeutung, so wenig hat Kunst den Charakter des »riskierten Lebens« verloren. Aber eine Philosophie der Kunst, die dieses in den Blick bekommen will, muß sich entschieden von einer Soziologie der Kunst abwenden. Die »Kunst als Ware«, als Massenartikel im »Zeitalter ihrer Reproduzierbarkeit« (Benjamin), verstellt das Phänomen der Kunst und erzeugt den Schein ihrer Banalität. Auch die Rezeptionsästhetik hört nur sehr undeutlich, wie Kunst sich ausspricht, ist sie doch auf Zeugnisse zweiter Hand, auf Hörensagen angewiesen. So bleibt nur der Künstler selbst, durch den sich Kunst ausspricht, und der aus innerer Erfahrung von ihr weiß. Aber ist dem heutigen Künstler zu trauen, der seine Befindlichkeiten professionell zu Markte trägt, und seine Rezeption so scharf beobachtet wie ein Börsenmakler die Aktienkurse? Gerade weil der kreative Akt – von der Werbung bis zur konzeptionellen Kunst – so alltäglich geworden ist, daß jedermann sich daran beteiligen kann, ist die Unterscheidung in Künstler, Kunstwerk und Rezeption abgestumpft. Der Prozeß gegenwärtiger Kunst vermengt alle drei Momente und erzeugt einen so undefinierbaren wie schmackhaften Brei. Wie läßt sich da der Künstler herauslösen? Nur idealtypisch, also besonders gut erlogen, kann man noch von einer ästhetischen Erfahrung sprechen, die im Falschen das Wahre erfaßt.[18] Phänomenologisch deskriptiv wird lediglich ein Kunsthandwerker sichtbar, der gute Einfälle vermarktet, und schnell seinen Stil wechselt, sollte der Zeitgeist dies verlangen. Natürlich werden diese marktgerechten Schwenks ideologisch verbrämt (besonders im kulturbewußten Europa), und dafür bietet sich dann das reiche Arsenal längst veralteter Kunstphilosophien an. In der Praxis jedoch verhält sich der heutige Künstler wie der Medienguru Marshall McLuhan, der einem Kritiker antwortete: »Wenn Ihnen diese Theorie nicht gefallen sollte, ich habe noch viele andere anzubieten.«

---

18 cf. Hielscher, *Kunst.*

Der deutsche Schriftsteller Botho Strauß erkennt die Übermacht der »medialen Sprechweisen« durchaus an, aber erinnert uns an unsere Alpträume. Denn die so selbstverständlich herrschende und scheinbar durchgängig anwesende Alltäglichkeit kann jederzeit und ohne Vorwarnung durch abwesende Gewalten durchbrochen werden. »Wenn der Schein wild wird nach Gestalt, wird er den Spiegel zum Bersten bringen«, notiert Strauß. Vor diesem »Blitz«, der die Welt »umordnet«, vermag uns nichts zu schützen.[19] Es hat nichts mit Künstlerpsychologie zu tun, wenn der Ort dieser blitzartigen Umordnung in den kreativen Akt verlegt wird. Was der einzelne Künstler als seine seelische Verfassung erlebt, ist in Wahrheit eine Spur, die ins Potential der Gattung Mensch führt. Gewiß ist dies keine Spur, der man leicht folgen könnte, denn sie wird vom Abwesenden und Unbewußten in uns gelegt. Erst das Scheitern schreibt diese Spur in den künstlerischen Menschen ein - wie die teuflische Maschine in Kafkas »Strafkolonie«. Die Angst vor dem Scheitern ist jedem Kreativen nur allzu vertraut, und oft genug der Anreiz für höchste Leistungen – in der Kunst rennt man buchstäblich um sein Leben. Zwar bleibt zutreffend, daß die heutige Zivilisation und der dominierende Zeitgeschmack solche Extreme nicht fördert, sondern im Gegenteil zu entmutigen sucht. Man soll sich nicht zu ernst nehmen, flexibel sein und in Gruppen arbeiten, und die Figur des einsamen Genies verfällt der Lächerlichkeit. Ein guter Psychiater wird denen empfohlen, die sich ständig in Krisen befinden und mit dem Gedanken an Freitod spielen. Aber die Einreden des Alltagsverstandes erreichen solche Menschen nicht und sollen den Schrecken vergessen machen, den das leere Blatt Papier, der mit erwartungsvollen Zuschauern gefüllte Saal, die nackte Material wie der allzu blaue Bildschirm im Kreativen hervorruft. Keine Geburt ohne die Nähe des Todes, keine Brücke, die nicht einstürzen könnte! Die Erfahrung des Scheiterns kann aus dem Akt der Kunst nicht eliminiert werden und vertritt dort auch noch unter den Bedingungen »täglicher Kunst« das Ungeheure und Heilige. Nur was ins Verderben schicken kann, ist zur Ganzheit fähig; im Bruch erscheint die Wahrheit unserer Existenz. Der Künstler ist ein Lebenstechniker, todesgewohnt, und kein Funktionär, den die Apparatur trägt.[20]

Bataille mißtraut der Fiktion, hinter der sich der Mensch versteckt, und will in der Kunst »gelebte Erfahrungen«, schreibt mit seinem »Blut«.[21] Die Kommunikation, mit anderen und mit mir, soll nicht erleichtert, sondern erschwert werden. Den selbstzerstörerischen Aspekt des Schreibens, das Selbstopfer, die Sinnentleerung sind Anzeichen eines heiligen Scheiterns, das uns Kontinuität verbürgt.[22] Im »Un-Sinn der Poesie«[23] erreichen wir nach Bataille eine tödliche Unordnung, die den Sinn zerbrechen und uns lachend

---

19 Strauß, *Aufstand*, 57.

20 cf. Schirmacher, *Ereignis*.

21 Bataille, *Œuvres*, 261.

22 cf. Strauss, *Icarus*.

23 Bataille, *Unmögliche*, 123.

frei werden ließ. Scheitern und Poesie erreichen eine mystische Intensität, die uns die gewohnte Welt zu Nichts zerfließen läßt. Bataille war kein Romantiker, der sich zur Poesie flüchtete, sondern hat das Spiel der Kunst in Ernst umschlagen lassen. Die postmoderne Ironie verliert ihre Souveränität, sobald sie der Batailleschen Ironie von Grauen und Ekstase ausgesetzt wird. Wenn für den Künstler gilt, daß der kreative Akt das Menschenbild zerbricht und unsere Weltspiegel zerschlägt, dann wird auch der »verständige Leser« und der »aufmerksame Kunstbetrachter« in Mitleidenschaft gezogen. Denn das Pathos von Leben und Tod kann den Kunstliebhaber ebenso plötzlich überfallen wie den Künstler, und weder Gelehrsamkeit noch Blasiertheit vermag davor sicher zu schützen. Kunstwerke, die zur Neuschöpfung verführen, ähneln daher Zeitbomben, die durch innere Erschütterung zur Explosion gebracht werden. Wie Schopenhauers Mitleid oder Nietzsches dionysischer Rausch kann dieses Pathos der Kunst jederzeit und ungewollt über uns kommen, und uns in Batailles Sinn in heilige Narren und Todesenthusiasten verwandeln. Wir werden dann im Scheitern entgrenzt, kein Ich rettet uns, und der schöpferische Akt wird zur Höllenfahrt, die im Himmel endet. Erneut erweist sich Kunst als diejenige Lebenstechnik, mit der sich der Mensch am weitesten vorwagt, am meisten riskiert, und in der die Kriterien für Scheitern und Gelingen austauschbar sind. Entgrenzende Erfahrung gewährt der kreative Akt und verläßt damit mit Angst und Zittern, was uns sicher schien. Bataille erneuert die Kunstphilosophie, da er uns zumutet, das Archaische der Kunst aus dem Gefängnis der Tradition zu befreien, und im beruhigenden Horizont ihrer Vermarktung plötzlich die Hunde des Todes und des Schreckens loszulassen.

IV
Das Wagnis der Kunst – eine Lebenstechnik

Der Natur, die uns ins Offene und Gefährdete rief, folgte ohne zu Zögern innerhalb der Metaphysik allein die Kunst. Im Kriegszustand mit der Natur, auf den die Metaphysik reagiert, waren solche ungeschützten Ausfälle eine »Verlockung zum Tode«,[24] das Böse schlechthin. Die Literatur sagte dies, denn sie konnte alles sagen, und der offene Ursprung der Kunst verschloß und eröffnete in *einer* Bewegung. Poesie führt zu Ewigkeit, Tod und Kontinuität, betont Bataille,[25] aber wie wir diese Botschaft *vernehmen*, hängt davon ab, ob wir noch von der Metaphysik befangen oder schon am Prozeß ihrer Verwindung beteiligt sind. »Die Kunst des Vergessens«[26] ereignet sich, wenn wir Poesie als »Enteignis«[27] aufnehmen und in Lebenstechnik verwandeln.

24 cf. Comay, *Gifts*, 83.

25 cf. Bataille, *Erotism*, 25.

26 cf. Cutrufelli, *Vergessen*.

27 Heidegger, *Denken*, 23.

Als eine *Aufhebung der Ökonomie* hat Bataille diese Verwandlung beschrieben, die in der »Verschwendung« ihr Prinzip hat und die Unzulänglichkeit aller Diskurse der Nützlichkeit bloßlegt. Der Mensch verschenkt sich wie die Sonne, verliert sich ohne Berechnung, verschwendet sich grundlos.[28] Solches Wagnis der Kunst als *Lebenstechnik der Verschwendung* nimmt das Motiv des Heiligen auf, des Menschen ohne Bedürfnisse, der den Göttern gleichkommt, da er alles hat und ihm nichts fehlt. Von seiner Freundin Laure hat Bataille gelernt, wie poetische Heiligkeit in ihrer »Nacktheit« jenseits aller Laster und Tugend zum »Lebens- und Todesgrund« wird.[29]

Klingt dies wie eine Ästhetisierung der realen Welt, eine Flucht in das Schöne? Wird die Kunst zum letzten Zufluchtsort der Wahrheit, zur Ausrede für ratlose Philosophen? Adorno wie Heidegger ist von zahlreichen Interpreten unterstellt worden, sie hätten in der Kunst die einzige noch verbliebene humane Lebensform gesehen, oder doch wenigstens deren negativen Widerschein, und sich so einer völligen Überforderung des Fiktiven und Phantastischen schuldig gemacht. Lebt der Mensch dichterisch oder doch von Gehaltszahlung zu Gehaltszahlung, ist das fortlaufende Medientheater mehr als ein Vorhang, hinter dem die Mächtigen in Wirtschaft und Politik umso ungestörter ihren Geschäften nachgehen können? Rhetorische Fragen, möchte man meinen, denn natürlich kann Kunst die Wirklichkeit nicht ersetzen, lebt in einer Scheinwelt, wer seine Maßstäbe der Kunst entnimmt. Kunst ist in dieser gewohnten, allzugewohnten Sichtweise ein Randbezirk des Lebens, der Ort des Schönen, abgegrenzt vom alltäglichen Getümmel. Schopenhauers Quietiv, die Ruhigstellung des Willens zum Leben, zielt in diese Richtung ebenso wie Nietzsches »Interpretieren«, durch das Leben verschönt und lebenswerter wird. Aber gerade in dieser grundsätzlichen Bestimmung der Kunst trennt sich Bataille von Schopenhauer wie Nietzsche. Seine Kunstphilosophie handelt von einer Kunst, neben der nichts anderes existiert. Ekstase und Tod, das Lachen wie das Grauen fallen zusammen in einer Kunst, die uns als Einzelwesen umbringt und damit in die Kontinuität des Kosmos einschwingen läßt. Erotik nennt Bataille eine Kunst, die »das Jasagen zum Leben bis in den Tod« durchhält.[30] Die »starke poetische Kommunikation« vereinzelt uns nicht als souveräne Wesen, sondern opfert uns in der Sinnlichkeit, in den Festen, im kleinen wie im großen Tod.[31] Bataille wird von Philistern wie eine Anweisung zu S&M gelesen, aber in den Spielen dieser Talmi-Künstler fließt bloß Blut, das keiner Rede wert ist. Intensives Leben, nicht die Armseligkeit realer Tode, ist das Gelingen, das Batailles Todesenthusiasmus erfährt. Die durch ihn erneuerte Kunstphilosophie will Lebenstechnik wagen und im scheinbar Abseitigen deren Zeichen erkennen.

---

28 Bataille, *Ökonomie*. Cf. auch Richman, *Bataille*.

29 Laure, *Schriften*, 41.

30 Bataille, *Literatur*, 14.

31 ibid., 181f.

Unsere Gegenwart wird durch Batailles enthusiastischen Blick erst erkennbar und fremd zugleich. Was wir das Zeitalter der Medien nennen, gekennzeichnet durch die Ästhetik der Vermittlung, die oberflächliche Hyperrealität, »Simulacrum« (Baudrillard) und Ironie, erweist sich als eine Beschreibung im Horizont der Metaphysik. Als Abwendung von den gewohnten Denk- und Fühlweisen, als Auflösen ontologischer Verfestigungen, sind diese Bestimmungen geeignet, aber wie wenig glänzen sie, vergleicht man ihre Postmodernität mit Batailles »Sprung« in ein Ereignis ohne Zeit und Sein. Die Kunst des Schriftstellers Bataille ist von einer anderen Welt angezogen, die eine kunstgerechte Welt zu werden verspricht, in der leichtesten wie schwersten Bedeutung dieses Wortes: *artificial life*.

Zum Begriff der Allegorie in Schopenhauers Religionsphilosophie

Hent de Vries *(Baltimore)*

> Wahrhaftig, man sollte denken, daß ihr Philosophen die Wahrheit schon ganz fertig liegen hättet und es nur noch darauf ankäme, sie zu fassen.[1]

Die kleine, aber, wenn sie zutrifft, folgenreiche These, die ich hier – in aller Kürze – erläutern möchte, lautet: die Allegorie ist die zentrale Denkfigur, welche Schopenhauers Verhältnisbestimmung von Metaphysik und jener konkreten Sehnsucht nach Erlösung, welche in den Religionen ihre Spuren hinterlassen hat, trägt *und*, denkt man sie zu Ende, zum Scheitern verurteilt. In seiner Verwendung des Allegoriebegriffs hat Schopenhauer seinen Interpreten allerdings einen wichtigen hermeneutischen Schlüssel für das Verständnis des religiösen Denkens und Verhaltens und wohl des moralischen Handelns insgesamt vor Augen geführt. Dieser, ursprünglich aus dem Bereich des Ästhetischen oder, genauer, des Rhetorischen stammende Schlüssel kann jedoch nur dann für die religionsphilosophische Fragestellung wegweisend sein, *insoweit* es uns gelingen wird, ihn aus seiner Verankerung in Schopenhauers, im schlechten Sinne des Wortes, *restmetaphysischer* Optik und Begrifflichkeit zu lösen. Eine solche Kritik kann sich zwar auf versprengte Motive in Schopenhauers Texte selber berufen, muß aber zugleich zugestehen, daß Schopenhauer versäumt hat, aus diesem Sprengstoff die naheliegenden systematischen Konsequenzen zu ziehen. In der Erläuterung dieser Arbeitshypothese werde ich nicht mehr beanspruchen können, als nur wenige, wenn auch, wie ich meine, ins Herz unseres Themas hineinführende Betrachtungen vorauszuschikken, die die Frage nach einer möglichen Rezeption des Werkes von Schopenhauer, gleichsam *von einer religionsphilosophischen Seitenansicht her*,[2] beleuchten können. Die Frage nach den eventuellen immanent-religiösen, atheistischen oder religiös-atheistischen Zügen in Schopenhauers Lehre können wir dabei genügsam beiseite lassen. Im Zentrum soll hier allein die Frage nach dem Modus oder nach der Redensart der Religion, der Theologie bzw. der Metaphysik stehen, wenn es sich darum handelt, ein »Ab-solutes«, d.h. ein sich von aller Phänomenalität immer wieder Lösendes, zur Sprache zu bringen. An der Philosophie Schopenhauers läßt sich ablesen, daß jene Dimension des jeweils Anderen nur auf *uneigentliche* Weise zugänglich ist,

1 Schopenhauer, *PuP I*, 398. – Schopenhauer wird nach *ed. Löhneysen* zitiert.

2 cf. dagegen Schmidt, *Wahrheit*, 15: »In dem Masse, wie das Schopenhauersche Werk den Gegenstandsbereich ›Religion‹ in rein philosophischer Absicht behandelt und dabei eine ihm selbst immanente ›Religiosität‹ zu erkennen gibt, kann es durchaus als ›religionsphilosophisch‹ gelten.«

d.h. sie kann und soll nur von jeweils verschiedenen Perspektiven aus *übersetzt* werden. Nur so können wir ihr nachspüren.

I
Schopenhauers Bemerkungen über das metaphysische Bedürfnis des Menschen

Es gibt nach Schopenhauer bekanntlich zwei Gestalten oder, genauer, Verkleidungen, in denen das metaphysische Bedürfnis des Menschen in dem geschichtlichen Wechsel der Lebensformen, mehr oder weniger offen und eingestanden, tritt. Unter Metaphysik versteht Schopenhauer, im distanzierten Anschluß an Kant

> jede angebliche Erkenntnis, welche über die Möglichkeit der Erfahrung, also über die Natur oder die gegebene Erscheinung der Dinge hinausgeht, um Aufschluß zu erteilen über das, wodurch jene in einem oder dem andern Sinne bedingt wäre.[3]

Die »eigentlich philosophische Anlage« des Menschen bestehe darin, daß er als *animal metaphysicum* und im Unterschied zum forschenden Verfahren der Realwissenschaften, die sich »nur über ausgewählte und seltene Erscheinungen verwundern« und diese »auf bekanntere zurückführen«, eben »das *Allgemeine* der Erscheinung« [207] und eine diesem Ganzen entsprechende Deutung zum Problem zu erheben vermag. Ein solches philosophisches Erstaunen wird wohl jederzeit ein »bestürztes und ein betrübtes« [222] sein, denn es entspringt »aus dem Anblick *des Übels und des Bösen* in der Welt, welche, selbst wenn sie im gerechtesten Verhältnis zu einander ständen, ja auch noch vom Guten weit überwogen würden, dennoch etwas sind, was ganz und gar und überhaupt nicht sein sollte.« [222] Eine naturalistische Weltbetrachtung, d.h. eine »absolute« Physik ohne Metaphysik, würde jede Möglichkeitsbedingung des Ethischen und damit der wirklichen Erlösung aus der Phänomenalität zerstören. Zwar kann man nicht annehmen, ohne Religion sei die Moralität nicht gewährleistet, aber eine »*Metaphysik überhaupt*« [227] sollte es doch geben. Nur sie garantiert die Einsicht, daß die Ordnung der Dinge nicht das Letzte sei: »Daher kann man als das notwendige Kredo aller Gerechten und Guten dieses aufstellen: ›Ich glaube an eine Metaphysik‹« [227]. Allerdings vermag, nach Schopenhauer, nur eine »tiefere Spekulation« diesen Ausbruch aus dem naturalistischen Schein alles Lebendigen *argumentativ* einleuchtend zu machen.

Die zu einer solchen Betrachtungsweise erforderlichen Verstandeskräfte sind aber, so meint Schopenhauer zu wissen, nicht gleichermaßen über die Menschheit verteilt worden, so daß »nicht wohl *eine* Metaphysik für alle ausreichen kann« [212], denn, »eine jede zieht nach Gesetzen der Wahlverwandtschaft dasjenige Publikum an sich, dessen Bildung und Geisteskräften

3 Schopenhauer, *WWV II*, 212.

sie angemessen ist«.[4] Deswegen findet man bei den »zivilisierten Völkern«[5] – in denen der Wille zum Leben allmählich zur Selbstbesinnung gelangt ist, nachdem die verschiedenen Stadien seiner Objektivationen in den Reichen der bewußtlosen Wesen wie auch der Tiere »rüstig und wohlgemut«[6] durchschritten hat und der anfänglichen Rohheit des Menschen entstiegen ist –, *zwei Ausprägungen*, in die die Frage nach dem Letzten sich hüllen kann. Schopenhauer apostrophiert jene Verkörperungen des einen metaphysischen Denkgestus in seinen Darstellungen, in denen zynische, grobe Aufklärungsrhetorik einerseits und subtile Würdigung der unterschiedlichen Akzente jener Deutungsrahmen andererseits einander die Waage halten, als »Überzeugungslehre«[7] bzw. als »Glaubenslehre«.[8] Er definiert diese Verkörperungen folgendermaßen: die Überzeugungslehren, die die metaphysischen Denksysteme im eigentlichen und strengen Sinne sind, haben ihre Stütze, ihre Beglaubigung *in sich*, während die Glaubenslehren, d.h. die positiven Religionen, die nach Schopenhauer allein imstande sind, der Menge die wesentlichen metaphysischen Gehalte zu übermitteln, ihre Begründung nur *außer sich* finden können. Diese den beiden Polen der Menschheit, d.h. der »Weisheit der Einzelnen« und der »Bestialität der Menge«,[9] entsprechenden Modalitäten des Nicht-Phänomenalen und in diesem Sinne Ab-soluten, *konvergieren* in der *moralischen Endabsicht*, die Schopenhauer seinem System zugrundegelegt hat.

Nun sind, wie Schopenhauer wohl weiß, reine Metaphysik und reiner Offenbarungsglaube nur begriffsanalytisch zu trennende Extreme, zwischen denen es in Wirklichkeit in gleichsam endlosen Variationen zahlreiche Vermischungen geben kann; dessen ungeachtet versucht sich Schopenhauer dieser *einzig vernünftigen* Voraussetzung jeder religionsphilosophischen Betrachtung auf jeder Seite seiner diesbezüglichen Analysen zu entledigen.

Die Religion biete dem Menschen zwar in Gestalt einer allegorischen »Einkleidung der Wahrheit« eine eigenartige »Auslegung des Lebens«, doch leiste sie zur gleichen Zeit »in praktischer und gemütlicher Hinsicht, d.h. als Richtschnur für das Handeln und als Beruhigung und als Trost im Leben und Tode vielleicht ebensoviel, wie die Wahrheit, wenn wir sie besässen, leisten könnte.« [383] Dieser Sachverhalt darf aber nicht darüber hinwegtäuschen, daß, wenn Mythen, Mysterien, gleichnishafte Darstellungen und Allegorien das eigentliche Element der Religion bilden, sie im Grunde genommen doch nur als »die Wahrheit im Gewande der Lüge« [393] oder als »pia fraus« [397] betrachtet und bezeichnet werden können. Nach Schopenhauer müsste man sich, in der Nachfolge Kants, der Religion denn auch »weniger von der theoretischen und mehr von der praktischen Seite« [401] nähern. Wenn auch

---

4 Schopenhauer, *PuP II*, 400.

5 ibid.

6 Schopenhauer, *WWV II*, 206.

7 ibid., 213.

8 ibid.

9 Schopenhauer, *PuP II*, 400.

die »Befriedigung« des metaphysischen Bedürfnisses, das jedem Menschen von der Natur eingeschliffen worden ist, verlangt, daß der »Horizont seiner Gedanken abgeschlossen werden muß, nicht unbegrenzt bleiben darf« [395], so bleibt doch vor allem die der Kantischen Moraltheologie entlehnte Bestimmung wesentlich, daß sie nicht viel mehr als »Hypothesen zu praktischem Zwecke« [403] liefern kann. Darin gleichen ihre Dogmen, so Schopenhauer, den regulativen Schemata der Physik, welche man sich ebenfalls

> hütet als objektiv wahr festzustellen, jedoch Gebrauch davon macht, um die Erscheinungen in Verbindung zu setzen, da sie in Hinsicht auf das Resultat und das Experimentieren ungefähr dasselbe leisten als die Wahrheit selbst. Sie sind Leitsterne für das Handeln und die subjektive Beruhigung beim Denken [403].

Aber, obwohl die metaphysische Hülle der religiösen Lehren, gemessen an der begrifflichen Schärfe, welche die Philosophie sich angeblich zu eigen machen könnte, *falsch* genannt werden muß, so kann dennoch ihre moralische Perspektive, d.h. ihre Pointe, *richtig*[10] genannt werden. Schopenhauer betont, daß »selbst unter der rohesten Hülle monströser Fabeln und grotesker Zeremonien, ein Fünklein Wahrheit fortglimmt«. [400]

II

Die mitteilbaren Erkenntnisse der Philosophie und der Bildcharakter des Religiösen: *sensu proprio versus sensu allegorico*

In den religiös-dogmatischen Systemen und Mysterien scheint also die ebenfalls, ja auf bevorzugte Weise, in der Metaphysik erörterte Wahrheit selbst anvisiert zu werden, aber dies nur hinter dem »Schleier der Allegorie« [404], im mythisch-allegorischen »Gewande« [405, 406] oder in einer »Einkleidung« [416], wobei die Allegorie der »profane« Begriff dessen ist, was in den Religionen »Mysterium« heißt [428]. Anders gesagt, weil das Licht der Wahrheit »das gemeine Auge blenden würde«, lehrt die Religion »das, was nicht an sich selbst, wohl aber dem hohen darin enthaltenen Sinne nach wahr ist: und so verstanden ist sie die Wahrheit« [404]. Die schwankenden, keineswegs eindeutigen Begriffsbestimmungen, die Schopenhauer in Bezug auf die religiöse Wahrheitsfrage macht, weisen aufschlußreich auf ein nicht ganz gelöstes Problem hin, das sich vielleicht auch nie ganz lösen oder bewältigen läßt, obwohl Schopenhauer oft das Gegenteil suggeriert.

Schopenhauer formuliert einmal sehr schön die unverwechselbare Stellung der Religion in dem metaphysischen Stoffwechsel der Menschheit und versucht den eigenen, ebenfalls unverwechselbaren Ort der Philosophie anzugeben. Die Glaubenslehren bezeichnet er als »heilige Gefäße«, durch die

---

10 Irreführend genug, heißt es bei Schopenhauer: »Vielleicht ist in allen Religionen das Metaphysische falsch, aber das Moralische ist in allen *wahr*.« Schopenhauer, *PuP II*, 402 - Hervorhebung von mir, HdV.

eine, »vielleicht seit dem Beginn des Menschengeschlechts erkannte und ausgesprochene große Wahrheit«,[11] als ein für die meisten undurchdringbarer und verborgener Inhalt den Geschlechtern übermittelt und verdaulich gemacht wird. Einmal heißt es programmatisch:

> Weil jedoch alles, was nicht durch und durch aus dem unzerstörbaren Stoff der lauteren Wahrheit besteht, dem Untergange ausgesetzt ist; so muß, sooft diesem ein solches Gefäß durch die Berührung mit einer ihm heterogenen Zeit entgegengeht, der heilige Inhalt irgendwie durch ein anderes gerettet und der Menschheit erhalten werden. Die Philosophie aber hat die Aufgabe, jenen Inhalt, da er mit der lauteren Wahrheit eins ist, für die allezeit äußerst geringe Anzahl der zu denken Fähigen rein, unvermischt, also bloß in abstrakten Begriffen, mithin ohne jenes Vehikel darzustellen. Dabei verhält sie sich zu den Religionen wie eine gerade Linie zu mehreren neben ihr laufenden Kurven; denn sie spricht sensu proprio aus, erreicht mithin geradezu, was jene unter Verhüllungen zeigen und auf Umwegen erreichen.[12]

Ein anderes Mal jedoch kann Schopenhauer, fast beiläufig und freilich ohne daß er bereit zu sein scheint, die daraus resultierenden, weitreichenden Konsequenzen zu ziehen, die Vermutung äußern,

> die überhaupt nicht anders als mythisch und allegorisch aussprechbare Wahrheit gliche dem Wasser, welches ohne Gefäß nicht transportabel ist; die Philosophen aber, welche darauf bestehn, sie unversetzt zu besitzen, glichen dem, der das Gefäß zerschlüge, um das Wasser für sich allein zu haben. Vielleicht verhält es sich wirklich so.[13]

Die Religion scheint, so gesehen, indem sie dem unausrottbaren metaphysische Bedürfnis *und* der Beschränktheit der geistigen Vermögen der Menge entgegenkommt, als Platzhalterin »der unendlich schweren und vielleicht nie zu erreichenden reinen philosophischen Wahrheit« [395] auftreten zu können.

Dessen ungeachtet beabsichtigt Schopenhauer eine scharfe Trennung, zwar nicht des Gegenstandbereichs, wohl aber der Denkfigur von Philosophie und religiöser Rede einsichtlich zu machen: »Entweder glauben oder philosophieren! Was man erwählt, sei man ganz.« [461] Glaube und Wissen verhalten sich zueinander »wie die zwei Schalen einer Waage: in dem Maße, als die eine steigt, sinkt die andere« [409]. *Rationalisten* und *Supranaturalisten* können von dieser Perspektive aus besehen denn auch nur als Vertreter eines *komplementären Irrtums* betrachtet werden. Daß das Christentum eine Allegorie sei, die zwar einen wahren Gedanken abbilde, aber nie an sich wahr sein könne, wird von ihnen gemeinsam verkannt, denn die Supranaturalisten wollen die Allegorie »als an sich wahr behaupten«, wo die Rationalisten sie vielmehr »umdeuteln und modeln, bis sie so nach ihrem Maßstabe, an sich wahr sein könne« [460, 461]. Unermüdlich ruft Schopenhauer weiter in seinen Darstellungen einen unaufhebbaren Antagonismus ins Leben zwischen

11 Schopenhauer, *WWV II*, 807.

12 ibid.

13 Schopenhauer, *PuP II*, 393.

den realwissenschaftlichen und philosophischen Erkenntnissen einerseits, und den nur durch äußerliche Zeichen und Autoritäten verbürgten Glaubensweisen andererseits:

> Physik und Metaphysik sind die natürlichen Feinde der Religion und daher diese die Feindin jener, welche allezeit sie zu unterdrücken, wie jene sie zu unterminieren versuchen. [463]

Wobei sich dann die Inkongruenz in Schopenhauers Beurteilung dieser Wertsphären treffend ausdrückt in der Beteuerung, daß das Wissen aus härterem Stoff geschmiedet sei als der Glaube. Bei einem Zusammenstoß muß letzterer wohl zerbrechen.

Nach dieser von der Philosophie her unternommenen Sphärentrennung, liegt der wichtigste »Stein des Anstoßes«[14] der Religionen darin, daß sie »ihre allegorische Natur nie eingestehn dürfen, sondern sich als sensu proprio wahr zu behaupten haben«.[15] Diesen »Eingriff« in den Bereich der »eigentlichen« Metaphysik brauchen die Glaubenslehren, nach Schopenhauer, *einerseits*, um ihre praktische und gemütliche Wirksamkeit zu garantieren. Denn, wenn die Religion, um mit Goethe zu reden, wie alles Vergängliche, »nur ein Gleichnis« wäre, würde sie wohl kaum mit Autorität imponieren und sittlich anregen können. *Andererseits* aber muß sie »eine große Faßlichkeit mit einer gewissen Dunkelheit, ja Undurchdringlichkeit an den rechten Stellen«[16] verbinden können und ist »eine kleine Beimischung von Absurdität ein notwendiges Ingredienz« [429] ihrer motivierenden Kraft im Leben und Leiden. Würde sie in einem fatalen »Rigorismus« [404] zugeben, »daß bloß der allegorische Sinn ihrer Lehre das Wahre daran sei« [404], so würde sie verkommen. Damit scheint Schopenhauer die *conditio sine qua non* des religiösen Bereichs auf eine Aporie zurückzuführen, aus der angeblich nur die saubere Trennung der beiden Arten der Metaphysik und die reine Begrifflichkeit des philosophischen Diskurses den Menschen herausführen kann.

Indessen, sieht man von diesem Anspruch des Schopenhauerschen Systems ab, dann kann man sich des Eindrucks nicht erwehren, daß die wiederholt betonte Differenz zwischen der argumentativ einholbaren, »unverschleierten«, »trockenen«, »buchstäblichen« Wahrheit einerseits, die die Philosophie anzustreben habe, und der »indirekten«, nur symbolisch-allegorisch zu habenden Wahrheit andererseits, nicht aufrecht gehalten werden kann. Die Duplizität von »Kern« und »äußerer Schale«,[17] d.h. von moralischer Substanz und mysteriöser Hülle, von Inhalt und Form, wird am Ende wohl derselben Kritik verfallen müssen wie die Annahme, der Intellekt verfalle dem Schein doch wohl nur »accidentaliter« [228], weil er eben in sich selbst auch die Stütze finde, jenen »Irrtum zu rektifizieren« [228]. Wo nämlich die Metaphysik aus *Erfahrung* gespeist werden soll, wie es Schopenhauer, der

---

14 Schopenhauer, *WWV II*, 216.

15 ibid.

16 Schopenhauer, *PuP II*, 399.

17 Schopenhauer, *WWV II*, 228; cf. 231.

sich gegen die inhaltsleeren Begriffskonstruktionen des Idealismus zur Wehr setzt, vorschreibt, kann sie keine *apodiktische* Wahrheit mehr beanspruchen [cf. 235]. Schopenhauer begründet dieses Eingeständnis unter anderem mit dem Hinweis auf den Pluralismus und den Wechsel der metaphysischen Systeme, sowie mit dem Hinweis auf die ihnen in der ganzen Tradition wie ein Schatten folgende philosophische Skepsis. Dessen ungeachtet versäumt Schopenhauer aber, diese Bemerkungen auf die Frage nach dem Status seines eigenen philosophischen Diskurses zurückzubeziehen. So bleibt bei ihm der Anspruch der Metaphysik, der auf »Unwandelbarkeit« [235] und der auf eine Durchdringung der »Erfahrung im Ganzen und Allgemeinen« [236]. Das Metaphysische bleibt nach Schopenhauer »das in die Erscheinung bloß Gekleidete und in ihre Form Verhüllte, [...] das, was sich zu ihr verhält wie der Gedanke zu den Worten« [238]. Die Peripetie der philosophischen Darstellung ist, dieser Auffassung zufolge, »nicht eine wesentliche, sondern nur eine künstliche Form«,[18] die der Entfaltung eines »einzigen Gedankens«[19] als Mittel der Mitteilung dient.

In befremdlichem Gegensatz zu jenem Ziel und dieser Auffassung der metaphysischen Auslegung des Wirklichen stehen allerdings die subtile(re)n Deskriptionen der hermeneutischen Wege, der philosophischen Entzifferungsarbeit einer »Geheimschrift«,[20] die wohl zu jener Bestimmung und zu einem »richtige[n] Alphabet« [239], als »ein[em] Rechenexempel, welches aufgeht« [240], nie führen werden. Dieser einzige »Grundgedanke [...], der an alle Erscheinungen der Welt als ihr Schlüssel gelegt wird« [239], läßt sich wohl kaum zusammenführen mit der ebenfalls von Schopenhauer betonten Einsicht, daß der konzeptuelle Horizont des Menschen, der durch ein »Nebeneinander, Nacheinander und Kausalitätsverhältnisse« [240] konstituiert wird, »von tiefer Nacht umgrenzt« [240] bleibt. Insofern kann es die »letzte positive Lösung des Rätsels der Welt« [240] nie geben, eben weil wir in unserer »Nachweisung eines von der Erscheinung verschiedenen Kernes derselben« [237], wie Schopenhauers metaphysische »Erfahrungswissenschaft« [238] beansprucht, *immanent* verfahren.

A. Schmidt faßt in seiner neulich erschienenen Monographie über Schopenhauers Religionsphilosophie die sich dergestalt abzeichnende, unabweisbare Milderung der qualitativen und methodischen Differenzen und Bestimmungen der religiösen Rede und des philosophischen Argumentierens wie folgt zusammen:

> Ist der mythisch-allegorische Aspekt der Religion verwiesen auf die erscheinende Welt und die ihr gemäße Sprache, so gilt das ebenso von der Metaphysik, deren Aussagen über den Willen als Ding an sich nicht ablösbar sind davon, daß er in eben jener (materiellen) Welt zur ›Sichtbarkeit‹ gelangt. Es

18 Schopenhauer, *WWV I*, 394.

19 ibid.

20 Schopenhauer, *WWV II*, 236.

> ist deshalb kaum auszuschließen, daß auch die auf Wahrheit *sensu proprio* abzielende Philosophie Elemente eines nur *sensu allegorico* Wahren transportiert.[21]

Dies gilt allerdings, so möchten wir diese Bemerkungen ein wenig zuspitzen, nicht nur *faktisch*, sondern immer schon, d.h. *prinzipiell*. Damit freilich scheint sich die Rede vom *sensu proprio versus sensu allegorico* zu erübrigen. Zu handhaben ist sie eben nur noch im Sinne eines kritischen Korrektivs.

Daß Schopenhauer die jeweiligen sprachlichen, symbolisch-allegorischen und rituellen Inkarnationen des Sinnhaften, eben weil sie eine Heteronomie und Autorität implizieren, die immer nur »durch Zeit und Umstände«[22] begründet werden kann, zugunsten einer bildlosen Wahrheit, die »nichts als Gründe für sich hat« [238], abwertet, markiert vielleicht die Schwäche seines Unternehmens. Denn damit verflüchtigt sich die beabsichtigte Wahrheit am Ende ins Wort- und Zeitlose, das nur noch das Genie und den Heiligen fesseln und verzücken kann, d.h. ins Nichts. Schopenhauer hat wohl auch aus einer *systematischen Not* heraus den Tugenden der Mystik das Wort geredet.

III
Romantik und Moderne: die Rettung des Allegorischen

A. Schmidt hat Schopenhauers Metaphysik »ein gerade in seiner Brüchigkeit bedeutendes Dokument der Moderne« [52] genannt, das zugleich – »mehr noch als die Hegelsche – vom brüchigen Boden der Moderne« [167; cf. 168] zeuge, nicht zuletzt weil die Metaphysik Schopenhauers eben zwischen den äußersten Polen einer starr-dogmatischen »Allwissenheit« und einer Kantischen »Verzweiflung« oder zwischen »kirchlicher Dogmatik« und »flacher Freidenkerei« [14] einen *dritten Weg* zu gehen versuche. In Schopenhauers letztendlich positiver Einschätzung der Religion, die er von Anfang an im Sinne seiner eigenen Metaphysik des Mitleids interpretiere und stilisiere, zeichne sich, so Schmidt, der Versuch ab, die Kritik mit »einer versöhnlichen Geste des Rettens« [164] jener Dimension, wovon die Religion auf ihre besondere Weise zeugt, zu verbinden. Fragen ließe sich allerdings, wie man dieses gebrochene Verhältnis zur Religion, wie auch zur modernen Kritik, innerhalb eines von religionsphilosophischen Fragestellungen ausgehenden Denkens *produktiv* machen kann.

Es ist, wie gesagt, eben die allegorische Deutung des religiösen Bereichs im Menschen, die dem Schopenhauerschen Denken als »ein wichtiges Korrektiv« – innerhalb der im Sog des klassischen deutschen Idealismus mitgezogenen modernen Religionskritik – seine besondere Aktualität verleiht. Denn es ist bei näherem Hinsehen gerade die Denkfigur der Allegorie, die »die Abkehr von kämpferischem Atheismus, hegelianischer Geschichtsauffassung und

21 Schmidt, *Wahrheit*, 53; cf. 174.

22 Schopenhauer, *PuP II*, 396.

anthropozentrischer Spekulation«[23] ermöglicht. Freilich hat Schopenhauer die Konsequenzen des Begriffs der Allegorie nicht zu Ende denken wollen oder können, denn er benutzt das Potential dieses Denkgestus, wie ich zum Schluß zeigen möchte, nur teilweise oder halb.

Im dritten Buch der *Welt als Wille und Vorstellung* definiert Schopenhauer in der Nachfolge der klassischen Abwertung der allegorischen Stilfigur einmal:

> Eine Allegorie ist ein Kunstwerk, welches etwas anderes bedeutet, als es darstellt. Aber das Anschauliche, folglich auch die Idee spricht unmittelbar und ganz vollkommen sich selbst aus und bedarf nicht der Vermittelung eines andern, wodurch es angedeutet werde.[24]

Wo Schopenhauer die Religion als das leider unumgängliche »Vehikel« einer metaphysisch-moralischen Weltansicht zu deuten versucht, wird er aber gleichsam Opfer seiner eigenen, schon mehrmals bemerkten, »terminologischen Unschärfe«,[25] die die Begriffsunterschiede zwischen Mythos, Allegorie, Symbol, sowie ihre Anwendungsmöglichkeiten vernachlässigt und verwischt. In Schopenhauers Abwertung des Allegorischen oder, genauer, in den von ihm postulierten Rangunterschieden zwischen einem am Ende unmittelbaren, adäquaten und einem immer nur mittelbaren, inadäquaten Zugriff der *theoretischen* Dimensionen des metaphysischen und moralischen Weltbildes mag sich eine Spur des klassischen und romantischen Erbes und seiner Ambivalenz gegenüber dem philosophischen und ästhetischen Wert der Allegorie kennbar machen.[26] Zwar hieß es schon bei Friedrich Schlegel, in seinem »Gespräch über die Poesie«: »[...] alle Schönheit ist Allegorie. Das Höchste kann man eben, weil es unaussprechlich ist, nur allegorisch sagen«.[27] Schopenhauer folgt aber dem allgemeinen Verdacht gegenüber der Allegorie, indem er ihrer vermeintlich zweitrangigen Redeweise eine der Philosophie angeblich erreichbare klare Begriffsprache gegenüberstellt.

Daß aber gerade der allegorische Blick, die Trauer über die Vergänglichkeit und die Gefallenheit der Dinge zum Ausdruck zu bringen vermag, und daß gerade die Brüchigkeit der allegorischen Darstellungsweise Einspruch gegen die Nichtigkeit des Wirklichen zu erheben vermag, dies freilich um *ihrer* Rettung willen, ist zuerst, und von niemandem prägnanter ausgesprochen worden als von Walter Benjamin. Diese Konzeption einer Rettung der

---

23 Margreiter, *Religionskritik*, 66. – Schmidt bezeichnet die Differenz zwischen Feuerbach und Schopenhauer wie folgt: »Das ›Anthropologische‹ nämlich, auf das Schopenhauer Theologisches zurückführt: der im Menschen treibende Wille ist nur *eine* Ausdrucksform des vielgestaltigen, die Natur insgesamt durchpulsenden Willens. Dieser bleibt letztlich opak, undurchdringlich. Deshalb ist selbst die zum Atheismus gesteigerte Religionskritik außerstande, das ›metaphysische Bedürfnis‹ des Menschen zum Schweigen zu bringen.« (Schmidt, *Wahrheit*, 35).

24 Schopenhauer, *WWV I*, 332.

25 Schmidt, *Wahrheit*, 171.

26 cf. Hübscher, *Denker*, 30-63.

27 Zit. nach De Man, *Rhetoric*, 190.

hinfälligen Phänomene darf man nicht im Sinne der Hegelschen Aufhebung interpretieren.[28] Gerade dadurch vermag sie auch zu revoltieren gegen die klassische Auffassung des Symbols als eine Totalität, die die Einheit von Allgemeinem und Besonderem zu repräsentieren vorgibt und damit das Leiden zum Schweigen bringt. Indem Schopenhauer die Hegelsche Theodizee gleichsam umkehrt und mit negativem Vorzeichen versieht, d.h. das Wesen der Welt, den Willen, nicht als das absolut Vernünftige und Positive, sondern als das absolut Irrationale und Negative liest, bleibt er, wie Adorno es am Ende seiner *Negativen Dialektik* einmal pointiert und thesenhaft formuliert, »Idealist malgré lui-même«.[29]

IV
»Nur ein Gleichnis«?: Von Schopenhauer zu Adorno

Daß es »barbarisch« sei, »die Verheißungen der Theologie wörtlich zu nehmen«,[30] darauf hat Adorno, wohl kaum weniger vehement als Schopenhauer, bestanden. Nur begründet er diese Ansicht nicht mithilfe einer, wie immer gearteten, lebensphilosophischen und geschichtsfremden[31] Willensmetaphysik, sondern gerade *geschichtsphilosophisch*. Denn vor allem »geschichtlich angehäufter Respekt« [164] hütet die Urteilskraft des modernen Menschen davor, die religiösen Vorstellungen »à la lettre« [164] zu nehmen. Die ruft aber unabweisbar »die Antinomie theologischen Bewußtseins heute« [392] hervor. Würde man nämlich von den theologischen Redeweisen alle möglichen inhaltlichen Bestimmungen fernhalten wollen und würden sie »vollends sublimiert« [392], dann würde man kaum noch sagen können, »wofür sie

---

28 cf. Steinhagen, *Allegorie*, 666-685, 673.

29 Adorno, *ND*, 370. Schon im Text seines frühen Vortrages »Die Idee der Naturgeschichte« heißt es bei Adorno, »daß eine Philosophie wie die Schopenhauers zu ihrem Irrationalismus kommt durch nichts anderes als durch die strikte Festhaltung der Grundmotive des rationalen Idealismus, des Fichteschen transzendentalen Subjekts.« (Adorno, *Idee*, 552f). Diese kritische Distanz Adornos gegenüber der Schopenhauerschen Umkehrung und moralischen Denunzierung der Prämissen der absolut idealistischen Identitätsphilosophie darf nicht darüber hinwegtäuschen, daß es auffallende Parallelen gibt zwischen der Adornoschen und Schopenhauerschen Ästhetik sowie, sei es weniger ins Auge springend, zwischen den Denkfiguren ihrer metaphysischen Spekulation. A. Wellmer hat diese beiden Aspekte auf eine Formel gebracht in seiner Bemerkung, daß Adornos ästhetische Theorie »in mancher Hinsicht einem zugleich eschatologisch und sensualistisch gewendeten Schopenhauerianismus näher (steht) als einem theologisch aufgeklärten Marxismus. Das Licht der Erlösung, das nach Adorno durchs Medium der Kunst auf die Wirklichkeit fallen soll, ist nicht nur von dieser Welt; es kommt, schopenhauerisch gesprochen, aus einer Welt jenseits von Raum, Zeit, Kausalität und Individuation«. Wellmer, *Dialektik* 19; cf. 20: »So ist, wie bei Schopenhauer, die ästhetische Erfahrung eher eine ekstatische als eine real-utopische; das Glück, das sie verspricht, ist nicht von dieser Welt.«

30 Adorno, *ND*, 391.

31 cf. Schopenhauer, *WWV I*, 378, 384ff.

stehen«: »Symbolisiert jedes Symbol nur ein anderes, abermals Begriffliches, so bleibt sein Kern leer und damit die Religion« [392].

Im offenen Ende von Goethes *Faust* meint Adorno, das Echo dieser modernen Aporie schon hören zu können. Die Goethesche Dichtung, so Adorno, »entscheidet nicht, ob ihr Stufengang die Skepsis des mündig Denkenden widerlege, oder ob ihr letztes Wort wiederum Symbol – ›nur ein Gleichnis‹ – sei« [392]. Was Adorno hier aber als einen schlichten Antagonismus darstellt, deutet er subtiler in einer kurzen Bemerkung »Zur Schlußszene des Faust« in den *Noten zur Literatur*, mit dem wir unsere Betrachtungen über die allegorische Denkfigur gleichsam zusammenfassen können. Dort nämlich heißt es, daß es eine unausweichliche Differenz gibt zwischen dem in der versenkenden Auslegung von überlieferten Texten Entdeckten einerseits und den metaphysischen Intentionen andererseits, die man verraten würde, wenn man sie unmittelbar auszudrücken versuchte:

> In solcher Differenz drückt sich das Negative, die Unmöglichkeit aus; ein O wär' es doch, gleich weit von der Versicherung, daß es so sei, wie von der, es sei nicht.

Adorno erläutert diese änigmatische Aussage, die, wenn ich recht sehe, Schopenhauers Bestimmungen der Allegorie modifizieren könnte, wie folgt:

> Die Interpretation beschlagnahmt nicht, was sie findet, als geltende Wahrheit und weiß doch, daß keine Wahrheit wäre ohne das Licht, dessen Spur in den Texten sie folgt. Das färbt sie als die Trauer, von welcher die Behauptung des Sinnes nichts ahnt und welche von der Insistenz auf dem, was der Fall sei, krampfhaft verleugnet wird.[32]

Ein solcher dritter Weg wäre nicht mit »bloßer Skepsis« vereinbar, denn sie rettet eben die semantischen Potentiale der ehemaligen theologischen Symbolwelt in einen Denkgestus hinüber, in dem die Reminiszenzen an Benjamins Allegoriefigur unüberhörbar sind. So ließe sich das hier artikulierte, quasi-hermeneutische Modell Adornos, wenigstens in dieser Hinsicht und zweifellos ungewollt, als eine plausible Antwort auf die von Schopenhauer wohl am Ende zu grob skizzierte philosophische Deutung des religiösen Erbes verstehen. Denn, wie Adorno es programmatisch und doch kaum nachvollziehbar formuliert:

> die Autorität der großen Texte, säkularisiert, jene unerreichbare, die der Philosophie als Lehre vor Augen steht. Profane Texte wie heilige anschauen, das ist die Antwort darauf, daß alle Transzendenz in die Profanität einwanderte und nirgends überwintert als dort, wo sie sich verbirgt.[33]

---

32 Adorno, *Noten*, 129.

33 ibid.

Wackenroder, E.T.A. Hoffmann und Schopenhauer
Ihre Antworten auf das Leiden in und an der Welt

Wolfgang Pleister *(München)*

I
Biographisches

Im Dezember 1804 war der sechzehnjährige Arthur, wie er es seinem Vater versprochen hatte, in das Handelsgeschäft des bekannten Hamburger Großkaufmanns und Senators Jenisch eingetreten.[1] Mit Hilfe der Mutter und ihres Freundes, des Altertumsforschers und Ästhetikers Karl Ludwig Fernow (1763-1808), bringt er es erst im Mai 1807 über sich, die Kaufmannslehre abzubrechen. Gerade weil sein Vater – wahrscheinlich durch Selbstmord – im April 1805 zu Tode gekommen war, fühlte er sich an sein Versprechen gebunden. Aber er erfüllte es nur höchst widerwillig und in dem quälenden Bewußtsein, einen falschen Lebensweg eingeschlagen zu haben: »Nie [...] hat es einen schlechteren Handlungsbeflissenen gegeben als mich«, wird er in seinem lateinisch abgefaßten Lebensrückblick (1819) bekennen. Voller Gewissensbisse führte er ein Doppelleben als unfroher, widerborstiger Kaufmannslehrling und bildungshungriger, lektüreversessener »Geistes«-Mensch, der verzweifelt darum bemüht ist, sich eine innere Welt gegenüber der als trostlos und leidvoll erfahrenen Außenwelt aufzubauen.[2]

In dieser trübseligen Galeerenzeit[3] ist Arthur auf der Suche nach Helfern, die ihm den Weg aus dem Dunkel der Welt weisen können. Einer dieser hilfreichen Geister war sicherlich Matthias Claudius (1740-1815), dessen er in Bd. I des Hauptwerks und noch in den *Paralipomena* liebevoll gedenkt.[4]

Nicht weniger stark und nachhaltig ließ er sich durch den frühvollendeten Wilhelm Heinrich Wackenroder (1773-1798) inspirieren,[5] freilich nicht, wie durch Claudius, bei seiner Ethik der Willensverneinung, sondern bei seiner Kunst- und Musikphilosophie und – allgemeiner noch – bei seiner zwischen 1812 und 1814 entwickelten »Geheimphilosophie« des »besseren Bewußtseins«,[6] soweit diese sich auf Gegenstände der Ästhetik bezieht.

---

1 Safranski, *Schopenhauer*, 865. Schopenhauer wird nach *ed. Hübscher* zitiert (in Klammern: Seitenangaben nach *ed. Löhneysen*).

2 Schopenhauer, *Briefe*, 50f (651); Safranski, *Schopenhauer*, 88.

3 Safranski, *Schopenhauer*, 86; cf. Hübscher, *Jugendjahre*, 11ff.

4 Schopenhauer, *WWV I*, 466f, 471, 477 (535, 537, 541, 548); Schopenhauer, *PuP II*, 320f (356); Zur Claudius-Lektüre cf. Safranski, *Schopenhauer*, 92ff; Siebke, *Schopenhauer*.

5 cf. Hübscher, *Romantik*, 7f; Hübscher, *Jugendjahre*, 14f, 19; Hübscher, *Denker*, 33f, 41, 51, 65f, 84.

6 cf. Safranski, *Schopenhauer*, 201ff, 320-232, 242f, 297-299, 311f, 324f; Kamata, *Schopenhauer*, 101ff, 123ff, 200ff.

Im folgenden soll zunächst Wackenroders Kunsttheorie kurz entwickelt werden, wobei ich den Schwerpunkt auf die Musikästhetik und die Gestalt des Kapellmeisters Joseph Berglinger lege. Sodann befasse ich mich mit der Figur des »wahnsinnigen« Kapellmeisters Johannes Kreisler, dem alter ego E.T.A. Hoffmanns (1776-1822), und der Art, wie dieser den Konflikt zwischen Körperwelt (realem Leben) und Geisterwelt bewältigte. Abschließend möchte ich erläutern, welcher Strategeme (philosophischer und lebenspraktischer Natur) sich Schopenhauer bediente, um den tief empfundenen Riß zwischen der Nichtigkeit des Lebens und dem Unvergänglichen in Wissenschaft, Kunst und Religion auszuhalten.

II
Kunstenthusiasmus und reale Zerrissenheit (Wackenroder/Berglinger)

Wackenroders »Kunstreligion«[7] entfaltet sich in zwei Richtungen: In die Vergangenheit des »Mittelalters« mit ihren ehrwürdigen Protagonisten Raffael und Dürer – der unfrommen, im Rationalismus befangenen Gegenwart wird eine heile Welt des »goldenen Zeitalters« entgegengestellt, in der Glaube und Kunst, Kunst und Leben, Individuum und Gesellschaft noch in glücklicher Harmonie lebten. Demgegenüber tritt Berglinger als Typus des zerrissenen Künstlers, der im »dualistischen Charakter«[8] seines Schöpfers Wackenroder wurzelt: die Welt der Gegenwart wird als dürftig, elend und leidvoll (Armut der häuslichen Umgebung, verbitterter Vater)[9] oder als borniert, verständnislos und letztlich kunstfeindlich (Zuhörerschaft bei den musikalischen Darbietungen, Hofgesellschaft in der bischöflichen Residenz Bamberg) erfahren und zu der als himmlische Wirklichkeit erlebten und genossenen Welt der Musik (vor allem der Kirchenmusik) in einen grellen Kontrast gesetzt.[10] Die mit Hilfe der Musik erhoffte Erhebung in die Sphäre des Göttlichen bleibt eine Illusion, Berglinger schreibt zutiefst deprimiert:

> Ich gedachte, in meiner Jugend dem irdischen Jammer zu entfliehen und bin nun erst recht in den Schlamm hineingeraten. Es ist wohl leider gewiß; man kann mit aller Anstrengung unserer geistigen Fittiche der Erde nicht entkommen; sie zieht uns mit Gewalt zurück, und wir fallen wieder unter den gemeinsten Haufen der Menschen.[11]

Erlösung ist nur um den Preis des Lebens zu haben: durch gewaltsame

---

7 cf. Bollacher, *Wackenroder*, 43ff, 82ff, 90ff, 97ff, 102ff, 114, 121ff, 139f; cf. Safranski, *Schopenhauer*, 98ff; Safranski, *Hoffmann*, 122f, 218f, 233ff, 340; Kleßmann, *Hoffmann*, 107f, 111, 138, 143, 422f.

8 cf. Bollacher, *Wackenroder*, 53f.

9 Zum problematischen Verhältnis Wackenroders zu seinem Vater, einem nüchternen und trockenen Justiz-Beamten, cf. ibid., 39f.

10 Wackenroder & Tieck, *He*, 102f, 105f, 107, 110f, 116-119; resp. Wackenroder, *WuB*, 111, 113-115, 118-120, 124-127.

11 Wackenroder & Tieck, *He*, 118; Wackenroder, *WuB*, 126.

Anspannung seiner versiegenden Kräfte gelingt es Berglinger, eine Passionsmusik zu schreiben, »die mit ihren durchdringenden und alle Schmerzen des Leidens in sich fassenden Melodien ewig ein Meisterstück bleiben wird«.[12] Doch Berglinger überlebt diesen Triumph der Schöpferkraft nicht lange, er stirbt an einer »Nervenschwäche«.

Ähnlich ergeht es dem nackten Heiligen im morgenländischen Märchen, das zu den fiktiven musikalischen Aufsätzen Berglingers im II. Abschnitt der *Phantasien* gehört:[13] der Heilige kommt Tag und Nacht nicht zur Ruhe, »ihm dünkte immer, er höre unaufhörlich in seinen Ohren das Rad der Zeit seinen sausenden Umschwung nehmen«. In rasender Bewegtheit vollzieht er die Umschwünge des kosmischen Rades nach und duldet keine nebensächlichen Beschäftigungen in seiner Nähe – ein grandioses Bild für die Befangenheit des Menschen in der Zeit, die Verkettung an seine irdische Existenz. Die den Seelen zweier Liebender entströmende »ätherische Musik« erlöst den Einsiedler von seiner Qual, er wird als »engelschöne Geisterbildung« zum Himmel entrückt.[14]

Andererseits wird die Kunst von Berglinger als dämonische Kraft erfahren, die den Kunstjünger wie Opium berauscht und für »die tätige, lebendige Welt« untauglich macht; der Künstler wird zum »Schauspieler«, der »jedes Leben als Rolle betrachtet«, seine Kunst entreißt die »menschlichen Gefühle [...] dem mütterlichen Boden« und treibt »mit den entrissenen Gefühlen frevelhaften Handel und Gewerbe«.[15] Berglinger/Wackenroder nimmt eben alles sehr ernst: er reißt Distanzen zwischen Kunst und Leben auf, um letzteres zu transzendieren, und beklagt diese Distanz, weil er sich nun vor der Lebensfremdheit der Kunst und des Kunstschaffenden ängstigt,[16] ohne im »dunkeln, unergründlichen Ozean« der Welt einen Halt finden zu können.[17]

Zuwenig gelingt es Berglinger (und mit ihm Wackenroder?), sich die in eine vorsichtige Frage gekleidete weise Empfehlung seines fiktiven Biographen, des frommen Klosterbruders, zu eigen zu machen: »Und muß der Immerbegeisterte seine hohen Phantasien doch auch vielleicht als einen festen

---

12 Wackenroder & Tieck, *He*, 122; resp. Wackenroder, *WuB*, 130.

13 Es dürfte wie die folgenden fünf Arbeiten Wackenroder und nicht Tieck zuzuschreiben sein, cf. Bollacher, *Wackenroder*, 18, 97f.

14 Zitate: Wackenroder & Tieck, *Phantasien*, 59, 62, 63; resp. Wackenroder, *WuB*, 197, 200, 201.

15 Wackenroder & Tieck, *Phantasien*, II.6, 87ff; resp. Wackenroder, *WuB*, 229ff; Zitate: 88, 90; resp. 230, 232; dort auch (87, resp. 229) der interessante Satz über die künstlerische Schöpfungskraft: »Es ist ein so göttliches Streben des Menschen zu schaffen, was von keinem gemeinen Zweck und Nutzen verschlungen wird, – was, unabhängig von der Welt, in eignem Glanze einzig prangt – was von keinem Rade des großen Räderwerks getrieben wird und keines wieder treibt«; zum zweideutigen Wesen der Tonkunst cf. ibid., I.5, 86; resp. 227.

16 cf. Bollacher, *Wackenroder*, 123, 128.

17 Wackenroder & Tieck, *Phantasien*, I.2, 64; resp. Wackenroder, *WuB*, 203.

Einschlag kühn und stark in dieses irdische Leben einweben, wenn er ein echter Künstler sein will?«[18]

III
Der ironische Enthusiast:
Die Versöhnung der Gegensätze im und durch den Humor
(Hoffmann/Kreisler)

a) Genau um diese feste Verbindung der Kunst mit dem Leben, dessen mechanistische Eintönigkeit auf der einen und dessen dunkles Elend auf der anderen Seite er weit schärfer und illusionsloser noch als Wackenroder sah und beschwor, hat Hoffmann sich stets bemüht.[19] Man kann ihn kaum gröber mißverstehen, als wenn man ihn für einen ins Blaue hinein fabulierenden Geister- und Gespensterseher ausgibt: vielmehr war er ein phantastischer Realist und ein »skeptischer Phantast«,[20] der das Wunderbare im wirklichen Leben festmachte. Genau deshalb gilt er als Begründer des »Wirklichkeitsmärchens«,[21] dessen Technik er in den *Serapions-Brüdern* wie folgt beschreibt:

> Ich meine, daß die Basis der Himmelsleiter, auf der man hinaufsteigen will in höhere Regionen, befestigt sein müsse im Leben, so daß jeder nachzusteigen vermag. Befindet er sich dann immer höher und höher hinaufgeklettert, in einem fantastischen Zauberreich, so wird er glauben, dies Reich gehöre auch noch in sein Leben hinein, und sei eigentlich der wunderbar herrlichste Teil desselben.[22]

Diesem energischen Wirklichkeitsbezug entspricht eine gesteigerte Verve der Kreisler-Hoffmannschen Kritik an der als gleichgültig bis feindselig, jedenfalls immer als ungenügend und frustrierend empfundenen gesellschaftlichen Umwelt.

Bei seiner Kritik setzt Hoffmann gezielt ein Mittel ein, das bei Wackenroder noch fehlt: das der Satire und Ironie. Dabei lehnt er sich an den von ihm bewunderten Tieck[23] an, radikalisiert ihn aber im Hinblick auf die Schärfe der Polemik und die Skurrilität der dargestellten Situationen. Hoffmann/Kreisler leidet also nicht nur wie der arme Berglinger, der seinem

---

18 Wackenroder & Tieck, *He*, 123; resp. Wackenroder, *WuB*, 131.

19 cf. Safranski, *Hoffmann*, 399ff, 408ff, 425ff; Wittkopp-Ménardeau, *Hoffmann*, 66ff; Müller-Seidel im Nachwort zu Hoffmann, *Werke*, III, 1012ff, 1024ff; Pikulik, *Hoffmann*, 22ff, 32ff, 39ff; Fühmann, *Hoffmann*, 7ff, 35ff.

20 Eben einer, der, entsprechend der eigentlichen Bedeutung des griechischen Wortes *sképtein*, genau hinsieht; zur skeptischen Komponente bei Hoffmann: Safranski, *Hoffmann*, 230ff.

21 Zumindest führte er es zu einem ersten Gipfelpunkt. Cf. das Nachwort von Ewers, *Märchen*, 341ff; Klotz, *Kunstmärchen*, 196ff; Feldges & Stadler, *Hoffmann*, 64ff; Martini, *Märchendichtungen*; Just, *Blickführung*; Fühmann, *Hoffmann*, 55ff.

22 Hoffmann, *Werke*, III, 599.

23 Zur Ironie bei diesem Prang, *Ironie*, 35ff – bei Hoffmann, ibid., 54ff.

Leiden manchmal in etwas larmoyanter Weise Ausdruck verleiht, er wehrt sich gegen die Zumutungen einer unkünstlerischen Umwelt: Hauptangriffspunkte der Kritik sind der Philister, der am normalen, geregelten Alltagsleben sein Genüge findet, und das von diesem kultivierte, aus der Aufklärung überkommene eindimensionale Denken im Schema von Ursache und Wirkung sowie in platten Zweck- und Nützlichkeitserwägungen.[24] Dementsprechend dient die Kunst, insbesondere in Form der von Hoffmann oft karikierten Hausmusik, nur der Verschönerung und feiertäglichen Überhöhung des auch vom Philister manchmal als reichlich strapaziös empfundenen Berufs- und Erwerbslebens. Sie ist eine hübsche Arabeske wie (mäßiger) Weingenuß und Kartenspiel, ein nützlicher Reiz, um der monotonen Alltäglichkeit wieder besser gewachsen zu sein.

b) Aber bei dieser negativen Abgrenzung bleibt Hoffmann nicht stehen. Er entwickelt eine Musikästhetik, die in wesentlichen Punkten mit derjenigen in der Berglinger-Novelle und der Berglinger-Aufsätze übereinstimmt, jedoch in der fachmännischen Durchdringung des musikalischen Materials, der genauen Kenntnis der Instrumente und der Aufführungspraxis weit über Wackenroder hinausgeht.[25] Besonders symptomatisch ist das Prosastück *Ombra Adorata*.[26] Dieselbe Grundstimmung herrscht – tiefe Niedergeschlagenheit und Irritation angesichts des irdischen Elends und der »nichtswürdigen Erbärmlichkeiten« des Lebens hier (Kreisler), des »gedrängten, leise murmelnden Gewimmels der Volksmenge« dort (Berglinger);[27] die Brust ist »beengt« (Kreisler), der Kopf von »leeren, irdischen Kleinigkeiten betäubt« (Berglinger). Doch dann erhebt »die Gewalt der Töne« die Gequälten aller Trübsal, Berglinger ist es, »als wenn auf einmal seiner Seele große Flügel ausgespannt, als wenn er von einer dürren Heide aufgehoben würde«, Kreisler fühlt sich von Beethovens gewaltigem Geist wie mit »metallnen, glühenden Armen erfaßt und fortgerissen«, beide befinden sich in einer anderen Welt – einem »lichten Himmel« (Berglinger), im Reich des Ungeheuren, des Unermeßlichen (Kreisler).[28]

c) Es bleibt jedoch das Problem der Vermittlung dieses als Ideal geschauten »Geisterreichs« der Musik mit der prosaischen Alltagswelt. Der Kreisler

---

24 Besonders symptomatisch Hoffmann, *Kr*, I.3, 18ff; resp. Hoffmann, *Werke*, I, 36ff, aber auch *Kr*, I.6, II. 3-5, 50ff, 75ff, 81ff, 94ff; zum Aspekt der Aufklärungs- und Wissenschaftskritik: *Werke*, IV, 15ff, 21f, 828ff.

25 Über Hoffmann als Musiker und Musikästhetiker: Ehinger, *Hoffmann*, insbes. 225ff, 240ff; Moos, *Musikästhetiker*; Kroll, *Musiker*; Sölle & Seifert, *Hoffmann.*

26 Hoffmann, *Kr*, I.2, 14ff; resp. Hoffmann, *Werke*, I, 33ff.

27 Wackenroder & Tieck, *He*, 105; resp. Wackenroder, *WuB*, 114.

28 Bemerkenswert ist Wackenroders wie Hoffmanns hohe Wertschätzung der Kirchenmusik: Wackenroder & Tieck, *He*, 105; resp. Wackenroder, *WuB*, 114; Wackenroder & Tieck, *Phantasien*, II.3, 69ff; resp. Wackenroder, *WuB*, 209ff; cf. den wichtigen Aufsatz: *Alte und neue Kirchenmusik*, in: Hoffmann, *Werke*, V, 209ff – teilweise in: III, 409ff; cf. auch III, 349f, 601, 602-604 und das Erlebnis eines musikalisch untermalten Hochamts durch den kleinen Medardus in: II, 16f.

der *Kreisleriana* zerbricht an dieser Dualität und verfällt dem Wahnsinn.[29] Hoffmann aber spart nicht mit Kritik an seinem Helden:

> Die Freunde behaupteten, die Natur habe bei seiner Organisation ein neues Rezept versucht und der Versuch sei mißlungen, indem seinem überreizbaren Gemüte, seiner bis zur zerstörenden Flamme aufglühenden Phantasie zu wenig Phlegma beigemischt und so das Gleichgewicht zerstört worden, das dem Künstler durchaus nötig sei, um mit der Welt zu leben und ihr Werke zu dichten, wie sie dieselben, selbst im höheren Sinn, eigentlich brauche.[30]

Die von Kreisler verkündete Kunstreligion, die ein Produkt dieser glühenden Phantasie ist, erfährt dadurch eine skeptische Brechung,[31] sie wird von außen gesehen durch die kritische Brille des *Juristen* Hoffmann, der seinem Brotberuf nachgehen mußte und diesem in vorbildlicher Pflichterfüllung Genüge tat.

Die »Lösung«, Kreisler im Wahnsinn enden zu lassen, kann daher auch nicht Hoffmanns letztes Wort sein. Der *Kater Murr* und die *Prinzessin Brambilla*[32] machen die seelische Haltung und das künstlerische Prinzip namhaft, welches die Basis für eine Versöhnung des Gegensatzes von Kunst und Leben in existenzieller und künstlerischer Hinsicht bilden kann: den Humor. Der durch künstlerische und menschliche Enttäuschungen ernüchterte Kreisler bleibt zwar immer noch der bittere Ironiker, der seinen Scherz über die Befangenheit im Kreise der irdischen Existenz in der Form des Scherzes äußert.[33] Aber die Erkenntnis seines Zustandes gibt ihm die Möglichkeit, die Einseitigkeit des Versuches zu durchschauen, der Misere des Menschseins durch die Flucht in eine Welt der Kunst zu entkommen. Leben *und* Kunst, so meint der reife Hoffmann, sind hienieden nur um den Preis ironischer Doppelgängerei zu haben und nur durch den Humor miteinander zu vermitteln, der in der *Brambilla* definiert wird als

> die wunderbare, aus der tiefsten Anschauung der Natur geborne Kraft des Gedenkens, seinen eignen ironischen Doppeltgänger zu machen, an dessen seltsamlichen Faxen er die seinigen und – ich will das freche Wort beibehalten – die Faxen des ganzen Seins hienieden erkennt und sich daran ergötzt.[34]

---

29 Hoffmann, *Kr*, I, Vorbem. 5; resp. Hoffmann, *Werke*, I, 25.

30 Hoffmann, *Kr*, I, Vorbem. 3/4; resp. Hoffmann, *Werke*, I, 25.

31 Zur Kreislerfigur cf. Safranski, *Hoffmann*, 230ff; zu Kreislers romantischer Kunstreligion 417ff.

32 Hoffmann, *Werke*, IV, 209f; Mühlher, *Brambilla*.

33 Hoffmann, *Werke*, II, 352.

34 ibid., IV, 258, 256, 324, 325; zu diesem Märchen, das er als »das große Lachen« charakterisiert, cf. Safranski, *Hoffmann*, 441ff.

IV
Selbstvergessenheit in der Kontemplation (Schopenhauer)

Schopenhauer legte sich ein ganzes Arsenal geistiger Rüstzeuge an, um den Zumutungen der Welt gewachsen zu sein. Man kann sein Werk als die heroische Anstrengung interpretieren, sich und seine Leser gegen die Enttäuschungen des Lebens immun zu machen.

a) Was seine geistige Begegnung mit Wackenroder anbelangt, so läßt sich diese dokumentarisch nur anhand zweier fragmentarisch überlieferter Briefe aus der Hamburger Zeit[35] nachvollziehen. Diese belegen, daß Schopenhauer sich besonders intensiv in die Musikästhetik der Berglinger-Aufsätze in den *Phantasien* vertieft hat und daß er Wackenroder nur unter dem Namen seines Herausgebers und Mitautoren Ludwig Tieck (1773-1853) zur Kenntnis nahm.[36] Das erste Fragment malt die Vergänglichkeit und Armseligkeit des Lebens aus.[37] Das zweite beschwört gut Wackenroderisch die göttliche Tonkunst, ohne aber Wackenroder/Berglingers tiefe selbstquälerische Zweifel an dieser Kunst und an der Kunst überhaupt aufzugreifen. Die Musik ist das »himmlische Samenkorn auf unserem harten Boden, auf welcher Nothwendigkeit und Mangel um jedes Plätzchen streiten«.[38]

In den Werken wie im Nachlaß fehlen weitere Hinweise auf die *Phantasien.* Aber es gibt Partien darin, die von Wackenroders ästhetischen Einsichten zumindest inspiriert erscheinen: So sein Gedicht von 1808/09 mit dem bezeichnenden Titel *Polyhymnia*, der wohl die Muse der Tonkunst meinen dürfte.[39] Oder die bekannte Metapher von der Kunst, die das »Rad der Zeit« anhält; »die Relationen verschwinden hier: nur das Wesentliche, die Idee, ist ihr Objekt«.[40] Dem entspricht der »schmerzlose Zustand« des selbstvergessenen Kunstbetrachters, der nicht mehr als »Subjekt des Wollens [...] auf dem drehenden Rad des Ixion« liegt, ihm ist »mit einem Male [...] völlig wohl«, denn »das Rad des Ixion steht still«.[41] Mit Recht fühlt man sich hier an

---

35 Schopenhauer, *Briefe*, 1/2 (Nr. 3, 4), November 1806; bereits Kluckhohn, *Romantik*, erkannte, daß Wackenroders Äußerungen zur Musik den Theorien Schellings und Schopenhauers vorgearbeitet haben (56).

36 Zu diesem Irrtum Schopenhauers (er erklärt sich daraus, daß das Titelblatt der *Phantasien* von 1799 nur den Namen Tiecks trägt; die *He* erschienen anonym) cf. Hübscher, *Romantik* – beide Schriften Wackenroders befanden sich in seiner Bibliothek: cf. Schopenhauer, *Nachlaß*, V, 435 (Nr. 1581, 1582).

37 Zitiert wird aus Wackenroder & Tieck, *Phantasien*, II. 2, 68; resp. Wackenroder, *WuB*, 208.

38 Schopenhauer, *Briefe*, 3; Original Schopenhauerisch scheint mir das Bild vom mitleidenden Engel (4) zu sein, der die »himmlische Blume« für uns erfleht hat; ich habe es bei Wackenroder nicht gefunden. Bei Wackenroder & Tieck, *Phantasien*, 67; resp. Wackenroder, *WuB*, 207 ist nur von der Musik als »Sprache der Engel« die Rede.

39 Schopenhauer, *Nachlaß*, I, 6 (Nr. 9); cf. Wackenroder & Tieck, *Phantasien*, II. 2, 64f; resp. Wackenroder, *WuB*, 203-205.

40 Schopenhauer, *WWV I*, § 36, 218 (265).

41 ibid., § 38, 231 (280).

Wackenroders *Märchen von einem nackten Heiligen* mit seinem »Rad der Zeit« erinnert.[42]

b) Die übrigen Strategeme Schopenhauers, sich über das »Possenspiel der Welt«[43] zu erheben, können im Rahmen dieser Skizze nur stichwortartig erwähnt werden: Zunächst seine teilweise von Tieck beeinflußte Philister-Kritik:[44] Der Philister ist ihm ein Mensch, der im Theoretischen wie im Praktischen nur an dieser Welt der Zeitlichkeit sein Genüge findet, der sich mit dem Leben, wie es ist, zufrieden gibt. Der Gegentypus zum Philister ist das Genie, der wahre Ritter vom »besseren Bewußtsein«, vor dem das Leben als etwas Fremdes liegt, mit dessen Beschaffenheit er sich niemals abfinden kann. Schopenhauer entfaltet einen regelrechten Geniekult,[45] der ausgeprägte Züge eines idealen Selbstporträts aufweist und weitgehend eine Legitimation seines Denk-, Erkenntnis- und Lebensstils darstellt: »Genialität als Fähigkeit zu erlösender Idealität«.[46]

Diese Fähigkeit ist eine Frucht des »besseren Bewußtseins«, das sich im Theoretischen als Genie, im Praktischen (den Handlungen der Menschen) als Tugend und Askese äußert.[47] In einer 1813 verfaßten, für die Genese seiner Ästhetik höchst wichtigen Kurzabhandlung[48] gibt er einen ersten umfassenden Überblick über die Wirkungen bzw. über die Darstellung der Wirkungen

---

42 Hübscher, *Denker*, 34f; Safranski, *Schopenhauer*, 100: cf. ferner das obige Zitat in Fußn. 15. M.E. darf aber nicht die antike Komponente dieses Schopenhauerschen Bildes vernachlässigt werden: »Das Rad des Ixion steht still« ist eine fast wörtliche Übersetzung von »stupuitque Ixionis orbis« aus Ovid, *Metamorphosen*, X, 42; der dortige Kontext – bei Orpheus' Gesang verstummen die Qualen der großen Frevler Tityos, Sisyphos und Ixion im Hades – paßt sehr gut zu Schopenhauers Gedankengängen in Schopenhauer, *WWV I*, § 38; zur Macht der Musik cf. die Jugendgeschichte von der »Speicherinsel«: Safranski, *Schopenhauer*, 32f.

43 Schopenhauer, *Nachlaß*, I, 10 (Nr. 13) von 1805.

44 Hübscher, *Romantik*, 10; Hübscher, *Denker*, 91f; Schopenhauer, *Nachlaß*, I, 44 (Nr. 85), bringt ein Zitat aus Tiecks »Zerbino«; weitere Belegstellen: ibid., I, 3 (Nr. 4), 13 (Nr. 18), 23 (Nr. 35), 108 (Nr. 195), 211 (Nr. 339), 298 (Nr. 451/52), 391 (Nr. 576); seine Philisterkritik weist manche Ähnlichkeiten mit derjenigen Hoffmanns auf. Nur noch ibid., IV, 1, 51 (Anm.) und Schopenhauer, *PuP II*, §273, 536 (Anm.); resp. (593) – cf. Wagner, *Register*, 410 – bringen Tieck-Zitate – ein bemerkenswert dürftiger Befund. Über Hoffmann schweigen sich Schopenhauers Schriften völlig aus (cf. Hübscher, *Denker*, 52); kein Werk dieses ihm in manchen so verwandten Dichters stand in seiner Bibliothek (von Tieck immerhin 4 Bände: cf. Schopenhauer, *Nachlaß*, V, 429 (Nr. 1545), 434f (Nr. 1575-1577)). Dabei wäre ein geistesgeschichtlicher Vergleich, der auch die Persönlichkeiten mit einbezöge, zwischen ihnen höchst reizvoll; er kann hier nicht geleistet werden. Hingewiesen sei nur auf die erstaunlichen Ähnlichkeiten, die die Passage über Beethovens Instrumentalmusik in Schopenhauer, *WWV II*, 514f (577) mit Hoffmanns Aufsatz über »Beethovens Instrumentalmusik« in Hoffmann, *Kr*, I. 4, 26ff (insbes. 28f, 30, 32, 36); resp. Hoffmann, *Werke*, I, 41ff (42f, 44, 45, 48) erkennen läßt.

45 Schopenhauer, *WWV I*, § 36, 217ff (264ff); Schopenhauer, *WWV II*, 429ff (484ff); weitere Fundstellen: Wagner, *Register*, 126-130, Schopenhauer, *Nachlaß*, IV.2, 379.

46 Schmidt, *Genie*, I, 467ff; cf. demgegenüber die tiefe Problematisierung genialer Subjektivität und Weltlosigkeit, ibid., II, 1ff.

47 cf. die Systematisierungsversuche in Schopenhauer, *Nachlaß*, I, 22f (Nr. 35) von 1812 u. 38f (Nr. 72) von 1813.

48 ibid., I, 45-49 (Nr. 86).

des besseren Bewußtseins in den verschiedenen Künsten. Schon dort wird der lebenspraktische Impetus seiner Ästhetik klar angesprochen, wenn er gegenüber der subjektiven Erkenntnisweise, bei der wir »an den Dingen nichts sehen als ihre Beziehung auf unser Individuum und dessen Bedürfnisse«, hervorhebt:

> Sobald wir aber dagegen die Dinge der Welt *objektiv betrachten, d.h. kontempliren*, ist für den Augenblick die *Subjektivität* und somit die Quelle alles Elends geschwunden, wir sind frei und das Bewußtsein der Sinnenwelt steht vor uns als ein fremdes uns nicht mehr bedrängendes, auch nicht mehr in der für unser Individuum nützlichen Betrachtung des Nexus von Raum, Zeit und Kausalität, sondern wir sehn die Platonische Idee des Objekts.[49]

49 ibid., I, 47; auch hier arbeitete Wackenroder vor, wenn er in Wackenroder & Tieck, *Phantasien*, II.3 – resp. Wackenroder, *WuB*, 211 – fordert, man solle über dem Genuß eines Kunstwerks alle übrigen vergessen, es als möglichst relationsfrei betrachten.

Jenseits der Illusionen und diesseits der Erlösung –
Kunst und ästhetische Erfahrung bei Leopardi

Sabine Mainberger *(Bergamo)*

Das Denken Giacomo Leopardis und das Schopenhauers vergleichend zu betrachten ist historisch gerechtfertigt: Schopenhauer erkannte einen Grundgedanken seiner Philosophie in den Schriften des italienischen Zeitgenossen wieder und fügte für die 3. Auflage der *Welt als Wille und Vorstellung*, 1859, dem Kapitel *Von der Nichtigkeit und dem Leiden des Lebens* die folgende Hommage an:

> Keiner jedoch hat diesen Gegenstand so gründlich und erschöpfend behandelt wie in unsern Tagen *Leopardi.* Er ist von demselben ganz erfüllt und durchdrungen: überall ist der Spott und Jammer dieser Existenz sein Thema, auf jeder Seite seiner Werke stellt er ihn dar, jedoch in einer solchen Mannigfaltigkeit von Formen und Wendungen, mit solchem Reichtum an Bildern, daß er nie Überdruß erweckt, vielmehr durchweg unterhaltend und erregend wirkt.[1]

Umgekehrt machte die italienische Schopenhauer-Rezeption des 19. Jahrhunderts ausdrücklich den Vergleich mit Leopardi auf.[2] Die Annäherung beider war wirkungsvoll, und sofern man überhaupt versuchte, Leopardi philosophisch zu lesen, beherrschte sie lange das Bild des Schriftstellers. Heutige Arbeiten dagegen, die versuchen, den ›Denker‹ Leopardi aus seiner Isolation herauszulösen und ihn in den Kontext der zeitgenössischen europäischen Philosophie zu stellen, zeigen Parallelen zum Kant der *Kritik der Urteilskraft* auf, zu Novalis, Friedrich Schlegel, Schleiermacher, oder sie gehen Leopardis Rezeption des französischen Materialismus und den Reflexen der französischen Restaurationsideologie in seinem Werk nach, aber sie enthalten sich der Erwähnung Schopenhauers. Vielleicht weist diese Abstinenz einmal mehr auf eine Gemeinsamkeit beider hin: Leopardi wie Schopenhauer standen am Rand der zeitgenössischen Romantik, und ihre Integration in Bilder der Epoche bleibt immer schwierig.

Ich verzichte hier auf den Versuch einer philosophie- oder literaturgeschichtlichen Einordnung, lasse auch die Rezeptionsgeschichte und das Biographische beiseite. Stattdessen gehe ich von der Frage aus, was bei Leopardi ästhetische Erfahrung heißt (I), und beziehe das auf den Hintergrund seiner frühen Philosophie, d.h. auf Äußerungen der ersten Jahre in dem von 1817 bis 1832 geführten *Zibaldone di pensieri*[3] (II). Hier entwickelte

---

1 Schopenhauer, *WWV II*, Kap. 46, 754 – *ed. Löhneysen.*

2 De Sanctis, *Schopenhauer.*

3 Leopardi, *Zib.* – *Zibaldone* bedeutet wörtlich Sammelsurium; die Aufzeichnungen Leopardis sind ein Konvolut von über 4000 Seiten, auf denen Leopardi fortlaufend in Form von Skizzen, Essays, manchmal auch ausgeführten Abhandlungen seine Überlegungen notierte; sie erschienen erstmals postum 1898. – Die Zitatangaben im folgenden geben die Numerierung des Manuskripts wieder; Angaben nach *dt.* geben die Seite der deutschen Ausgabe an.

Leopardi das, was er – das Wort im Sinne des 18. Jahrhunderts genommen - sein »System« nannte. Zentrale Begriffe darin sind »Natur«, »Vernunft«, »Einbildungskraft«, *illusione*, *piacere* u.a.m., die einander spannungsvoll komplementär zugeordnet sind. Dieses eine Ausgewogenheit repräsentierende »System der Natur« gerät zunehmend in eine Krise, die entscheidende Umdeutungen der Grundbegriffe zur Folge hat; insbesondere die Auffassung von »Natur« wird bis ins Gegenteil verkehrt, was zu jener der Schopenhauerschen Philosophie verwandten Position führt (III). Es stellt sich dann die Frage, wie sich dies für die ästhetische Erfahrung und die Kunst auswirkt; eine Antwort darauf gibt die späte Lyrik Leopardis, eine Dichtung, die ihrerseits Konsequenzen aus der Unmöglichkeit einer harmonistischen Naturanschauung gezogen hat. Es sind Konsequenzen, die für Schopenhauer, dem die Kunst die Lichtseite der Welt bedeutete, undenkbar gewesen wären (IV).

I

Wenn man sich klarmachen will, was für Leopardi ästhetische Erfahrung bedeutet, kann man sich an sein berühmtestes Gedicht halten, *L'Infinito* (*Das Unendliche*), entstanden 1819 in Recanati.

L'Infinito

Sempre caro mi fu quest'ermo colle,
e questa siepe, che da tanta parte
dell'ultimo orizzonte il guardo esclude.
Ma sedendo e mirando, interminati
spazi di là da quella, e sovrumani
silenzi, e profondissima quiete
io nel pensier mi fingo; ove per poco
il cor non si spaura. E come il vento
odo stormir tra queste piante, io quello
infinito silenzio a questa voce
vo comparando: e mi sovvien l'eterno,
e le morte stagioni, e la presente
e viva, e il suon di lei. Così tra questa
immensità s'annega il pensier mio:
e il naufragar m'è dolce in questo mare.

Das Unendliche

Lieb war mir stets hier der verlaßne Hügel
und diese Hecke, die vom fernsten Umkreis
so viel vor meinem Blick verborgen hält.
Doch hinter ihr – wenn ich so sitze, schaue,

endlose Weiten formt sich dort mein Denken,
ein Schweigen, wie es Menschen nicht vermögen,
und tiefste Ruhe; da beschleicht die Seele
ein leises Graun. Und wenn des Windes Rauschen
durch diese Bäume geht, halt ich die Stimme
dem Schweigen, dem unendlichen, entgegen,
ihm zum Vergleich: des Ewigen gedenk ich,
der toten Jahreszeiten und der einen,
die heute lebt und tönt. Und so versinken
im Unermeßlichen mir die Gedanken,
und Schiffbruch ist mir süß in diesem Meere.[4]

Von den letzten Zeilen her scheint das Gedicht unmißverständlich: der »süße Schiffbruch« – das ist selige Selbstverneinung, Genuß des sich selbst aufgebenden Ichs, eine Art ästhetisches Nirwana. Leopardi kommentiert dieses Gedicht in seinem *Zibaldone* allerdings anders:

> Die Eindrücke, die allein des Unendlichen wegen erfreuen, kann man in meiner Idylle *L'Infinito* wiederfinden und dabei sich eine Landschaft vergegenwärtigen, so steil abfallend, daß der Blick über eine gewisse Entfernung hinweg nicht bis zum Tale hinunter dringt; und eine Baumreihe, deren Ende sich für das Auge verliert, sei's wegen ihrer Länge, sei's weil auch sie in die Tiefe führt usw. usw. Ein Bauwerk, ein Turm etwa, so gesehen, daß er sich allein über dem Horizont, den man selber nicht sieht, zu erheben scheint, schafft einen überaus wirksamen und gewaltigen Gegensatz zwischen dem Endlichen und dem Unendlichen usw. usw.[5]

Der Akzent liegt also weniger auf der Selbstauslöschung, als vielmehr darauf, daß gleichzeitig Gegensätze wahrgenommen werden. Tatsächlich bewegt das Gedicht sich fast in jeder Zeile, jedem Satz, mit allen Motiven, die es anschlägt, in Gegensatzpaaren, und die Vorstellung geht jeweils vom einen zum anderen über: vom unscheinbaren Bekannten zum fast beängstigend Fremden und nicht mehr Menschlichen; vom Gefühl des Befangenseins in einer kleinen vertrauten Welt zu dem, ein winziges Nichts im Kosmos zu sein; das Bewußtsein einer konkreten Situation, die ihr historisch-autobiographisches Datum hat, entschwindet in einem Zustand, in dem jede Orientierung in der Zeit aufgehoben ist.

Grundlegende Operation der Einbildungskraft hier ist der *Vergleich*; die Imagination versetzt den Betrachter nicht mit einem Schlag in eine andere Welt, aus der er dann zurückstürzt in die Prosa der Verhältnisse; die materialen Grenzen, in denen das Individuum sich findet, sind vielmehr Ausgangspunkt und Voraussetzung, die nicht vergessen werden: Die Natur läßt sich hören, während die Imagination sich in ganz anderen Dimensionen bewegt, und nur in diesem Kontrast tut die Imagination ihre außerordentliche Wirkung. Die Natur ist ein Widerpart, den die Einbildungskraft nicht verwandelt

4 Leopardi, *Gesänge.*

5 Leopardi, *Zib*, 1430f (1. Aug. 1821); dt. 287.

– im Vergleich aber stellt sich ein Schwebezustand her zwischen der ersehnten Weite und der beengenden Natur, der sich das Individuum zugehörig weiß; die Begrenzung wird ins Bewußtsein gehoben und imaginierend überschritten. Die ästhetische Lust am Unendlichen oder am Unbegrenzten und Unbestimmten[6] ist die am Umspielen der Grenze; zwischen Realität und Erdachtem, Gegenwart und lebendig werdender Vergangenheit geht das Empfinden hin und her. Während das Denken sich normalerweise in Unterscheidungen wie den hier genannten orientiert, läßt die Imagination sie ganz und gar relativ werden. Ästhetisch faszinierend sind also Vorstellungen, in denen der Gegenstand sich vor der Leere konturiert, und die der Leere, die sich nur im Verhältnis zum Gegenstand zeigt, *gleichgewichtig* sind. Das Denken, das sonst alle Vorstellungen zentriert, gibt sich in einer derartigen Relativität auf.

Lustvolle Dezentrierung meint bei Leopardi keine Selbstauslöschung, sondern *piacere*, »Lebensfreude«. Die Lust am Unendlichen ist dabei die höchste Lustmöglichkeit, die es für den Menschen gibt, denn als Wesen, das sich unbegrenzt selbst liebt, verlangt er nach Befriedigungen, die ebenfalls grenzenlos sind. *Piacere* aber gewinnt der wesentlich von seiner Sensibilität her definierte Mensch nie aus der Beruhigung, sondern aus der *Steigerung des Fühlens*, aus einem Zustand höchster Belebung seiner geistigen und seelischen Kräfte. In diesem Sinne wird man auch die Gegensätzlichkeiten in dem programmatischen Gedicht verstehen dürfen.

II

Der hier entworfene Harmoniezustand wird ontologisch abgesichert durch das »System der Natur«; einige wichtige Aspekte davon sollen umrissen werden.

Das Unbegrenzte und Unbestimmte, das uns beglückt, ist nicht unsere Fiktion, vielmehr wird der Natur selbst eine poetische Art zu sein zugeschrieben;[7] »die Gesamtheit der Dinge« sei »auf eine poetische Wirkung hin komponiert, geformt und geordnet oder doch daraufhin ausgerichtet und absichtlich angelegt..., eine allgemeine poetische Wirkung zu tun«.[8] Die Einbildungskraft, bei Leopardi stets auch ein Erkenntnisvermögen, richtet sich auf diese poetische Seinsart der Natur und hat den gleichen Rang wie die Vernunft oder ist ihr sogar überlegen, da sie Beziehungen zwischen den entlegensten Dingen zu entdecken vermag. Ihren spezifischen Gegenstand bezeichnen Stichworte wie »das Ganze« oder »der Geist der Natur«, »Sinn und Wechselbezug der Teile«, die »Idee des Lebens«, die sich dem analyti-

6 Die Erfahrung des *infinito* ist eigentlich eine des *indefinito*; cf. ibid., 472f (4. Jan. 1821), 1744-47 (20. Sept. 1821), 1927-30 (16. Okt. 1821); dt. 342f; und passim.

7 cf. ibid., 1838f (4. Okt. 1821); dt. 330.

8 ibid., 3241 (22. Aug. 1823); dt. 466.

schen Denken stets entzieht.[9] Die Vernunft wird dementsprechend in ihrem Geltungsbereich eingeschränkt und in ihrem Anspruch korrigiert: sie »bedarf der Einbildungskraft und der Illusionen, die sie zerstört«, und ebenso bedürfen »die Wahrheit des Irrtums; die Wirklichkeit des Scheins: die vollkommenste Empfindungslosigkeit der lebhaftesten Empfindung...; die Geometrie und die Algebra der Poesie usw.«.[10] Das Wechselspiel der geistigen Vermögen geht so weit, daß an anderer Stelle Intellekt und Imagination nur noch nominell unterschieden werden, während Reflexion und Vernunft auf der einen, Gefühl, Leidenschaften und Poesie auf der anderen Seite in Wirklichkeit aus einer einzigen Quelle stammten.[11] Die Produkte der Einbildungskraft heißen *illusioni* – ein Ausdruck, der sich nur manchmal mit dem deutschen Wort Illusion deckt, im übrigen aber etwas Reales meint, das mit »(schönen) Täuschungen«, »(süßen) Irrtümern«, »Einbildungen«, »Wahn« umschrieben werden kann. Beispiele solcher Illusionen sind Gerechtigkeit, Glaube, Vaterlandsliebe, Freundschaft, Ruhm, Weisheit. Das alles sind lebenserhaltende Fiktionen, die die Existenz vor dem Absturz in die Verzweiflung schützen und als mächtige Stimuli der Kultur schöpferisch wirksam sind.

Wenn man dieses Denken mit der grundlegenden Bedeutung von Illusion und Imagination auf eine These bringen will, kann man sagen: Zu Illusionen in diesem Sinne fähig sein heißt die Welt und sich selbst unter das Vorzeichen eines teleologischen Wirkens der Natur stellen. Die Natur hat furchtbare Seiten, aber sie hat für die Kompensation ihrer Defekte gesorgt; sie selbst ist die Urheberin der Illusionen, so daß Bedrohung und Schutz, Zerstörung und Förderung des Lebens im Gleichgewicht sind. Gefährdet ist diese Harmonie in der modernen Zivilisation, die mit der Nähe zur Natur die Kraft zu jenen kollektiven Illusionen verliert; in den Spuren Rousseaus gehend kritisiert Leopardi seine eigene Zeit; der Lyrik der Idyllen kommt dagegen die Aufgabe zu, die Stimme jener Natur zu rekonstruieren. Leopardis frühes Denken bringt in seiner philosophischen, poetischen, auch in seiner politischen Ausrichtung das Modell einer Welt im Gleichgewicht zum Ausdruck; die Natur hat darin den Menschen nicht bloß zum Dasein bestimmt, sondern zum Leben in einem qualifizierteren Sinne des Wortes: zur Intensität des Fühlens, zum Handeln und zur Erweiterung seines Wesens.

III

Diese Balance wird allmählich zweifelhaft, und mit vielen Vorstößen und Rückzügen gelangt Leopardi zu einer vollständigen Umwertung seines Naturbegriffs und zu einer Philosophie des Leidens, der er nach Schopenhauers Einschätzung ihre so überzeugende dichterische Form verliehen hat. Die

9 cf. ibid., 3237-46 (22. Aug. 1823); dt. 463-68.

10 ibid., 1838 (4. Okt. 1821); dt. 333.

11 cf. ibid., 2132-35 (20. Nov. 1821).

Entwicklung dorthin vollzieht sich nicht stetig und geraden Wegs. Um das Jahr 1825 findet in Leopardis intellektueller Biographie eine Wende statt, aber nur bis zu einem gewissen Grad ist die Chronologisierung seines Denkens in ein früheres und ein späteres berechtigt. Störfaktoren gibt es in der harmonischen Ansicht der Natur von Anfang an, und die negativen Aspekte in ihrem Bild kommen nicht als neue Inhalte dazu; was sie schließlich mit dem »System« unverträglich werden läßt, ist eher, daß das Vertrauen in die Momente des Gegenhalts schwindet. Die Entwicklung von Leopardis Denken kann man am angemessensten wohl als ein Ausloten der Frage beschreiben: wieviel Einsicht kann der Mensch sich leisten, und wieviel Trost braucht er? Seine Philosophie verändert sich nicht im Versuch, Forderungen nach größerer theoretischer Konsistenz Rechnung zu tragen, sondern gemäß dem Anspruch, das eigene Denken, die dichterische Praxis und die Versuche gesellschaftspolitischer Wirksamkeit konsequent mit den Bedingungen der Moderne und d.h. vor allem jener der ausschließlich negativen, desillusionierenden Erkenntnis in Einklang zu bringen.

Mit der Rezeption des französischen Materialismus befestigt sich so z.B. nur das Bewußtsein, daß die erkannte Natur nicht poetisierbar ist und es immer weniger sein wird. In der frühen *teoria del piacere* findet sich schon das Wissen um die Nichtigkeit, von der die menschliche Glückserfahrung gezeichnet ist: Für ein Leben, das grenzenlose Eigenliebe bedeutet und auf entsprechende Befriedigungen aus ist, kann jede Freude nur enttäuschend sein, und auch die Lust am Unendlichen, die dem Begehrten doch am nächsten kommt, ist nicht vollkommen, »da das Unbegrenzte nicht Besitz sein kann, ja gar nicht ist«.[12] Der Mensch kann gar nicht glücklich werden und zwar aufgrund seiner Konstitution, die paradox ist; die Eigenliebe ist mit dem Glück nicht vereinbar, doch andererseits ist jene Voraussetzung für die Glücksidee. Ein solches Dasein aber, das sein Ziel per se nicht erreichen kann, steht im Widerspruch zu sich selbst; es ist die zur Unvollkommenheit verurteilte Existenz, die besser nicht wäre.[13] Entscheidend für die Destruktion des »Systems der Natur« ist die ab 1825 strikt durchgehaltene Perspektive des einzelnen Lebewesens, aus der Leopardi nun alle Betrachtungen der Natur anstellt. Es gibt kein Zurücktreten mehr in die Position eines unbeteiligten Zuschauers, aus der bei allem Leiden im einzelnen doch noch eine alles durchwaltende Ordnung sichtbar würde. Die Ziele des Lebens im allgemeinen und die des Individuums sind miteinander nicht vereinbar; philosophieren aus der Perspektive der *esistenza sentita* bedeutet nun ohne Beschönigungen den Widerspruch konstatieren, der in der Natur selbst liegt. War sie es vorher, die für die Illusionen gesorgt hat, so ist sie nun diejenige, die sie zerstört; nicht eine verfehlte Zivilisationsgeschichte entreißt den Menschen einer mütterlichen Natur, nicht der Verlust einer Lebensverfassung nach dem Modell der

---

12 ibid., 646f (12. Feb. 1821); dt. 203.

13 cf. ibid., 4099f (2. Jun. 1824); dt. 529f.

Antike entfremdet ihn ihr, sondern die Natur selbst ist dem Individuum feind; sie ist in sich unlösbar widersinnig.

Das Ganze und das Innere der Dinge, das die Imagination aufschließen sollte, heißt nun »das schreckliche Geheimnis der Dinge und des gesamten Daseins«;[14] es ist für die Vernunft undurchdringlich, und »das Dasein [...] seinem allgemeinen Wesen nach« nennt Leopardi nun »eine Unvollkommenheit, eine Unregelmäßigkeit, eine Ungeheuerlichkeit«.[15] Jede teleologische Deutung der Natur ist jetzt aufgegeben; nichts sei für das Individuum, dieses vielmehr nur für das allgemeine indifferente Dasein da.[16] Die Illusionen sind damit zu bloßen Täuschungen geworden, zu deren Auflösung die Aufklärer mit Recht angetreten sind. Leopardi hatte einem zu weitgehenden Rationalismus die Forderung einer *ultrafilosofia* entgegengesetzt, die Wahrheit und Irrtum bzw. Illusion mit jener Gleichrangigkeit von Imagination und Intellekt balancieren sollte; nun insistiert er selbst auf den charakteristischen Eigenschaften einer modernen Philosophie, die uns immer mehr die Nichtigkeit der Dinge und unserer selbst begreifen läßt. Die Vernunft, die von der Einbildungskraft anfangs relativiert wurde, erfährt nun eine starke Aufwertung: sie ist es, die die Würde des Menschen ausmacht. Das letzte Geheimnis der Dinge ist ihr zwar verschlossen, aber sie kann allenthalben die Aporien der Natur aufzeigen. Mit dem Verlust der Illusionen stellt sich auch die Frage nach der Gesellschaftsbildung neu, denn während die Illusionen Garanten der freiheitlichen Verbindungen waren, die von Institutionen nicht begründet werden können, gibt es jetzt Gemeinschaft nur in der unmittelbaren Brüderlichkeit des Leidens. Das Leiden ist die allgemeinste Erfahrung aller Lebewesen; der Mensch, ausgezeichnet mit seinem Privileg der Vernunft, macht sich kraft seiner Erkenntnis zum Zeugen dieser Erfahrung und stellt damit, über die Isolation jedes Individuums hinweg, die Verbindung zu den anderen her.

IV

Welche Bedeutung kommt nun auf diesem Hintergrund der ästhetischen Erfahrung zu? Welche Konsequenzen hat die Umdeutung der Natur zur Stiefmutter und die Aufwertung der Vernunft für die Dichtung? Grundsätzlich kann man sagen, die Lust am Unendlichen bleibt das Modell, aber mit einem gravierenden Unterschied: auch der glückliche Zustand des Schwebens ist jetzt illusorisch und rückt in den Status der Fiktion. In den späten *Canti* erscheint er unter Formen der Distanzierung: Idyllische Momente stehen im Irrealis, werden mit »vielleicht« oder einer Reflexion eingeleitet, oder sie treten in einem Tempus der Vergangenheit als Erinnerungen auf. Das erlebende Ich verschwindet hinter einem unpersönlichen Referat von Dingen oder

14 ibid., 4099f (2. Jun. 1824); dt. 529f.

15 ibid., 4174 (22. Apr. 1826); dt. 538.

16 cf. ibid., 4171 (11. März 1826); dt. 536.

einer allegorisch allgemeinen Darstellung der Natur; die Zeit des Erlebens wird tendenziell getilgt zugunsten des gnomischen Präsens.

Auf diese Weise werden ästhetische Erfahrung und Kunst entscheidend relativiert. Die Dichtung vertritt nicht mehr die Sprache der Natur, die in einer verderbten Gegenwart mit bereits gestörter gesellschaftlicher Kommunikation noch auf eine gemeinsame Ebene mit dem Leser hoffen konnte; die Dichtung zeigt auch keine verborgenen Ordnungen auf und errichtet keine Gegenwelt, wo in der Abgeschiedenheit ruhiger Kontemplation etwas wie Erlösung von der leidenden Existenz erfahren würde; Leopardi trägt vielmehr die Einsicht von der Nichtigkeit und dem Leiden des Lebens auch in die Sphäre der Kunst hinein. Auch sie gehört dieser Welt an und hat deren Merkmale an sich. Charakteristisch in diesem Sinne ist für die späte Dichtung das Alternieren von Erkenntnis der nicht humanisierbaren Natur und notwendiger Verschleierung dieses Wissens – letzteres mit dem klaren Bewußtsein von der Selbstillusionierung. Die Lyrik dieser Phase ist, der philosophischen Einsicht in das Wesen der Natur gemäß, vom Unpoetischen durchzogen und tendiert zur Prosa. Im letzten Gedicht, *La Ginestra o il fiore del deserto* (*Der Ginster oder die Blume der Wüste*) von 1836 wechseln Partien der Reflexion ab mit solchen lyrischer Emotion. Die Situation aus dem Programmgedicht *L'Infinito* kehrt verändert noch einmal wieder: Die Anhöhe, von der aus der Betrachter den Menschen und die ihn umgebende Weite vergleicht, ist hier der Vesuv, dessen Feuerschein bisweilen unheilvoll über dem öden Land sichtbar wird, als Todesfackel, in deren Licht die Ruinen von Pompeji nicht mehr zu einem neuen Leben der Antike erwachen. Vor diesen Bildern erleidet das Denken keinen »süßen Schiffbruch« mehr; die trostlose Landschaft ist der Ort der Erkenntnis, an dem alle anthropozentrischen Anmaßungen zunichte werden. Von da aus ergeht – letzte Position in der Philosophie des unglücklichen Daseins – an die Menschen die Aufforderung zur Solidarität; ohne jegliche Hoffnung auf Versöhnung mit der Natur oder Erlösung von ihr sollen sie die menschliche Gemeinschaft aus der klaren Erkenntnis der eigenen Situation gegen diese Natur gründen.

Mit Recht zitiert Schopenhauer Leopardi in den Anmerkungen zum vierten Buch der *Welt als Wille und Vorstellung*, zu dem seine Ästhetik in so scharfem Gegensatz steht. Wollte man sich eine Kunst vorstellen, die den Einsichten des vierten Buches entspräche, dann könnten das die späten *Canti* von Leopardi sein: sie sind eine Kunst nach dem oder zugleich mit dem Zerbrechen der Illusionen – auch der Illusion von einer Erlösung an der Erkenntnis des ›Was‹ der Dinge und des ›Ansich‹ des Lebens. Für Leopardi gibt es bei diesen Einsichten auch kein Reservat mehr für die Symbole der Kunst: Wenn die Welt von einer ziellosen, feindlichen Natur bestimmt ist, wenn es Vereinigung nur im gemeinsamen Leiden gibt und wenn diese Erkenntnis die Würde des Menschen ausmacht, dann muß die Kunst sich transformieren. Sie kann nicht all das im Stoff transportieren und, wie Schopenhauer sich der Dichtung oft bedient, bestätigen, daß die Welt wert ist, verneint zu werden, und andererseits sich selig davon abschließen wollen; sie muß auch ihre Aufgabe anders verstehen. Bei Leopardi ist es die der Zeugenschaft; Kunst soll Zeugnis ablegen vom Leiden als der von allen Seienden gemeinsam erlebten Erfahrung. Implizit sind darin im Vergleich zu zeitgenössischen romantischen Ästhetiken wesentliche Zurücknahmen enthalten; die Machtäußerung einer produktiven verwandelnden Einbildungskraft etwa wird reduziert, die Sonderstellung des Genies und die Hochschätzung des Artisten sind nebensächlich. Kunst ist hier auf Wahrheit verpflichtet, und diese Wahrheit ist nicht eine der privilegierten intuitiven Erkenntnis. Leopardis antispekulative Haltung und sein Verzicht auf Metaphysik bestimmen auch die Kunst; die Skepsis wird hier zu einem inneren, formschaffenden Moment der Dichtung.

In der Linie, auf die Leopardis späte Lyrik weist, trägt die moderne Kunst den Zweifel an sich selbst mit künstlerischen Mitteln aus. Schopenhauers Ästhetik (und mit ihr ihre Rezeption) geht in eine andere Richtung: Die Philosophie, der die Kunst zeitweiliges Loskommen vom Leiden ist, blickt zurück auf Höhepunkte des Kunstvertrauens und nach vorne, soweit die moderne Kunst dieses fortsetzt – um den Preis eines immer weitergehenden Bruchs mit der Welt und der Verkapselung in sich selbst.

Über ein Motiv Schopenhauers im Werk Prousts

Muriel W.T. Maia *(Porto Allegre)*

In der Ästhetik Schopenhauers und Prousts spielt ein Motiv eine geheimnisvolle Rolle: es ist das Motiv der Freude in der ästhetischen Anschauung. Ich finde in diesem Motiv den vollkommensten Ausdruck eines Appells im Kern von Schopenhauers metaphysischem Willen zum Leben, einen Ausdruck, den ich als zu entziffernde Spur des Nichts im Leben interpretieren werde. Uns allen ist die mysteriöse Art bekannt, wie Schopenhauer am Ende seiner Ethik über die Relativität des »Nichts« sprach. Ich zitiere:

> [...] was nach gänzlicher Aufhebung des Willens übrigbleibt, ist für alle die, welche noch des Willens voll sind, allerdings nichts. Aber auch umgekehrt ist denen, in welchen der Wille sich gewendet und verneint hat, diese unsere so sehr reale Welt mit allen ihren Sonnen und Milchstraßen – nichts.[1]

Der Wille in seinem das Leben *bejahenden* Akt ist hier also als Nichts interpretiert; jedoch auch von seinem An-sich als dem *Jenseits* des Willens zum Leben wird hier behauptet, es sei die »unendlich vorzuziehende Ruhe des seligen *Nichts*«.[2] Schopenhauer macht also offenkundig zwei radikal unterschiedliche Standpunkte geltend, in denen sich eine Entscheidung *für* oder *gegen* das Leben manifestiert. Meiner Überzeugung nach gründet Schopenhauers Metaphysik in der letztgenannten Perspektive, also in der prinzipiellen Verneinbarkeit des Willens zum Leben. Das bedeutete, daß alle seine Gedanken aus diesem Unvorstellbaren, d.h. Unsagbaren entwickelt sind. Deshalb bezeichnet er dieses Nichts nur auf negative Weise, nämlich als »Nichtwollen« des Lebens oder als »Zusammenziehung« der Welt.[3]

In diesem Beitrag möchte ich nun genau dieses »Nichts« als eine »abwesende Gegenwart«[4] im Kern des Willens zum Leben in den Blick rücken. Der Wille zum Leben, der mit seiner Entscheidung für das Leben irregegangen ist, verdrängt, so meine Behauptung, gerade dasjenige, was Schopenhauer die »Ruhe des seligen Nichts« nannte. Im täglichen Leben ist dieses Verdrängte nur als Gefühl eines nicht objektivierbaren Verlustes spürbar. Wir haben es hier mit einer metaphysischen Ebene im Bewußtsein zu tun, in der dieser verlorene Zustand des Willens sich negativ, und zwar als Sehnsucht nach einem verlorenen Paradies ausdrückt. Diese »abwesende Gegenwart« des Nichts durchdringt die phänomenale Welt Schopenhauers; sie erreicht uns beständig als schweigsamer Appell eines Unmöglichen, welches, Schopenhauer zufolge, allein in der Kunst konkret werden könne. Die Kunst muß deshalb selbst diese zwei Standpunkte hinsichtlich des Nichts enthalten: den

---

1 Schopenhauer, *WWV I*, 558. – Schopenhauer wird nach *ed. Löhneysen* zitiert.

2 Schopenhauer, *WWV II*, 822.

3 Schopenhauer, *PuP II*, 368.

4 cf. Maia, *Jenseits*.

eines oberflächlichen Nichts, das der Idee der Welt in ihrer ungeheuren Schönheit entspricht; und den eines viel tieferen, dunklen, rein chiffrierten Nichts, das sich hinter der Nichtigkeit des Wollens verhüllt. Ich interpretiere das letztere als ein *verstecktes Versprechen des Glücks* in Schopenhauers Werk, das überhaupt nichts mit dem zu tun hat, was man normalerweise als Streben nach Glück versteht. Dieses Versprechen des Glücks bezieht sich auf etwas dem Leben Fremdes, das sich im Gefühl als ein verschwommenes, opakes Moment ausdrückt. Es ist aber auch kein utopisches Moment, das ein Zukünftiges antizipierte, da es dann schon im Stoff des Lebens positiv eingraviert wäre. Dieses unsichtbare Moment gehört dem Leben gerade nicht, also auch nicht der Ideenwelt als Objektivierung des Willens zum Leben an. Drückt es sich jedoch in der ästhetischen Anschauung aus, wirkt es nur als geheimnisvoller Appell aus dem Jenseits dieses Willens, ein Appell, der sich in der unausgedehnten Materie der Ideenwelt als Freude entfaltet. Diese Freude nun wird zum hauptsächlichen Motiv meiner Überlegungen, weil dieses Motiv mehr als jedes andere die Geistesverwandtschaft zwischen Schopenhauer und Proust dokumentiert. Ich werde deswegen einige Momente der ästhetischen Anschauung Prousts vorstellen, um diese Verwandtschaft zu charakterisieren.

Wenn ich von ästhetischer Anschauung spreche, lege ich allen meinen Betrachtungen ein individuelles, fühlend-denkendes Ich zugrunde, welches tief in seine eigene Sinnlichkeit versinkt. Und ich gehe, mit Schopenhauer, davon aus, daß es in der Materie dieses leiblichen Ich zwei versteckte Elemente gibt: *erstens* den Willen als Wesen des besonderen Daseins dieses Individuums, der das An-sich der Welt als Wille zum Leben ist; und *zweitens* etwas, das *in ihm* diesem Willen *nicht* entspricht sondern *zu ihm* als ein Gefühl »abwesender Gegenwart« hinzukommt. Es wird als eine Art »Zögern« im Zentrum des Gefühls wahrgenommen, und zwar nur in den Momenten, in denen eine unbegründete, beziehungslose, unerwartete, ver-rückte Freude das Ich überflutet.

Schopenhauer hat sich über diese Freude folgendermaßen geäußert: »Das eigentliche Problem der Metaphysik des Schönen läßt sich sehr einfach so ausdrücken: wie ist Wohlgefallen und Freude an einem Gegenstande möglich ohne irgendeine Beziehung desselben auf unser Wollen?«[5] Daß eine solche Freude oder Zuversicht überhaupt in einem Kunstwerk erreichbar ist, beweist nur, »daß sie doch irgendwo vorhanden«[6] sein muß. Sie ist kein normales Gefühl, das, als solches, ja immer einen Bezug zum Willen hat. Vielmehr geht es um ein abnormes, nicht natürliches, dessen geheimnisvoller Impuls in einer unerklärlichen Gewißheit von unserer eigenen Ewigkeit besteht. Mit dieser Fragestellung Schopenhauers stimmt die wie in einer Echokammer sich immer wiederholende Frage Prousts überein: »Woher strömte diese mächtige

5 Schopenhauer, *PuP II*, 490.

6 ibid., 491f.

Freude mir zu? [...] Woher kam sie mir? Was bedeutete sie? Wie konnte ich sie fassen?«[7]

Viele Motive von Schopenhauers Ästhetik sind in Prousts Werk gegenwärtig und auch im Sinne Schopenhauers verarbeitet, aber gerade dasjenige der Freude bildet den Kern in Prousts Werk. Dieses Thema durchzieht die ganze *Suche* als ein stummes Versprechen des Glücks, das nicht als ein passives Vergnügen im Genuß zustandekommt, sondern auch bei Proust den Sinn eines Rätsels hat. Das Gefühl der Freude begegnet uns hier, genau wie bei Schopenhauer, als ein geheimnisvoller Appell in der ästhetischen Anschauung, ein Appell, der uns eine Entzifferung abverlangt. Es geht also auch bei Proust um Erkenntnis, welche die heikle Aufgabe eines Entziffems erfordert. Wie bei Schopenhauer erreicht die Kunst in Prousts Werk die Tiefe einer metaphysischen Erkenntnis der Welt. Die *Suche* sollte deshalb, so Gilles Deleuze, in einem prägnanten Sinne als »die Suche nach der Wahrheit«[8] verstanden werden.

Die Verdoppelung der Welt, von der bei Proust immer die Rede ist, bringt den Dingen eine unerwartete Anziehungskraft: sie schließen geheime Zeichen und gespenstische Stimmen ein, die zu entziffern sich aufdrängen: »Hasche mich«, sagt dem Ich-Erzähler jede neue Vision, »wenn du die Kraft in dir hast, und versuche das Rätsel des Glücks, das ich dir aufgebe, zu lösen«.[9] Hier wiederholt sich die Auffassung Schopenhauers, dem das »Ganze der Erfahrung« einer »Geheimschrift«[10] ähnelt, die erst entziffert werden müsse. Dieses Entziffern kann nur im Stoff der empirischen Welt stattfinden, deren Spuren sich nur im Leib wie in einem Palimpsest einschreiben...

Gerade wegen dieser Verdoppelung der Welt als Wesen und Erscheinung in beiden Autoren findet sich eine unkonventionelle Auffassung des Schönen wieder. Die ausgesuchte Wahrheit, welche sich auch für den Autor der *Suche* als »schön« darstellt, versteckt sich in jedem scheinbar noch so zweck- und sinnlosen Gegenstand. Alle Dinge sind schön und alle verhalten sich den Menschen gegenüber als schweigsame Einladung, die »Pforte« nach der unsichtbaren, obwohl immer präsenten Welt der Ideen[11] zu durchschreiten. Schopenhauer drückte dies mithilfe eines Zitats Augustins so aus: »Die Pflanzen bieten ihre mannigfachen Formen, durch die der sichtbare Bau dieser Welt sich formschön gestaltet, den Sinnen zur Wahrnehmung dar, so daß sie,

7 Proust, *Suche*, Bd. 1, 64.

8 Deleuze, *Proust*, 9.

9 Proust, *Suche*, Bd. 10, 3936.

10 Schopenhauer, *WWV II*, 236.

11 Auch für Proust ist diese Erkenntnis eine von Ideen, die sich in der sinnlichen Materie verhüllen: »Sie sind wie Göttinnen die zuweilen geruhen, einem einsamen Sterblichen an der Biegung des Weges sichtbar zu erscheinen, sogar in seinem Zimmer, in das sie während er schläft, im Türrahmen stehend, ihm ihre Verkündigung tragen« (Proust, *Suche*, Bd. 5, 1778).

da sie nicht erkennen können, wie es scheint, gleichsam erkannt werden wollen«.[12]

Tauchen wir also mit Proust in die Empirie ein! Hier sind die Eindrücke unsere einzigen Lehrer, sind wie »undurchlässige Gefäße«,[13] die die Wahrheit einschließen. Proust gleichwie Schopenhauer legt auf die Rohheit der Sinne das Pfand der Wahrheit. Nehmen wir bei Schopenhauer die Idee nur im »Futteral« einer Empfindung wahr, gilt auch für Proust, daß die Welt nur in und durch die Materie des Leibes ihre Wahrheit ausdrücken kann. Die Empfindung wird als ein Zeichen gedeutet, das aus dem Schoße des Leibes entstammt, um in der alchimischen Magie des Geistes ihr »spirituales Äquivalent« [3952] zu finden. In der proustschen Anschauung ist nur der Eindruck »Kriterium der Wahrheit« [3954], wenn der Geist imstande ist, die Wahrheit festzuhalten. Jeder Eindruck ist wie ein »Riß« im Leib; jedes noch so unbedeutende Moment unseres Lebens schreibt sich in uns ein und bleibt in seinem ganzen Umfang erhalten, ohne daß wir dessen bewußt wären. Angesichts dessen ist das wahre Leben dasjenige, das wir nie bemerken und manchmal auch nicht einmal ahnen können; nur sehr selten und auf unerwartete Weise kommt es uns zur Anschauung. Erst mit dem Schock dieser plötzlichen sinnlichen »Vision« der anderen, in uns liegenden Welt kommt die Besinnung zustande, eine Besinnung, die den Verstand als präzises Instrument zur Bewältigung und Orientierung unseres täglichen Lebens überwindet. Das Denken der Wahrheit kommt nur nach einer plötzlichen Erschütterung der Sinnlichkeit zum Bewußtsein, wenn der Intellekt die normalen logischen Bestimmungen beiseite läßt und in diesem Augenblick sein Licht den bis zu diesem Moment unsichtbaren Wesen ausleiht, die das dunkle Innere unseres Leibes bevölkern: die Ideen.

Auch bei Proust ist in der Anschauung der Dinge der innere Teil des Bewußtseins der wichtigere; der Teil nämlich, der in das Dunkel hineinragt, wo die letzte Wahrheit unseres Lebens verhüllt ist. Der Eindruck ist halb im Gegenstand, also außerhalb von uns versteckt; »mit der anderen Hälfte«, ragt er indessen in uns hinein und »gerade diese letztere, das heißt die einzige, an die wir uns halten sollten« [3969f], haben wir die Tendenz zu übersehen.

Die Entzifferung der Welt ist also auch bei Proust eine innere: das darin enthaltene wahre Leben gewinnt deshalb für das oberflächliche Bewußtsein des gesellschaftlichen Ich keine Bedeutung. Die wahre Welt ist hinter der Schale der äußerlichen versteckt und bricht nur bei der Zerstörung der letzteren, dieser äußerlichen, hervor. Weder bei Proust noch bei Schopenhauer gibt es eine Versöhnung der beiden Welten; die erscheinende, von beiden Autoren als schlechte Welt verstandene wird im Kontakt mit dem neuen, wahren Bewußtsein keineswegs besser. Wir haben es vielmehr mit zwei fremden, ja feindlichen Welten zu tun, die sich nie treffen können. Ja oder Nein zu einer

---

12 Schopenhauer, *WWV I*, 286, Anm.

13 Proust, *Suche*, Bd. 10, 3939.

dieser Welten zu sagen, ist sowohl in der *Suche* als auch in der Welt Schopenhauers die einzige Alternative.

Hier nun haben wir den Punkt erreicht, an dem wir nach dem Sinn der Freude in beiden Autoren fragen müssen. Bei Schopenhauer war sie immer schwer zu beschreiben;[14] auch bei Proust ist sie kein vulgärer Genuß. Auch bei ihm geht es »um etwas ganz anderes als ein Vergnügen, nämlich vielmehr [um] die Begegnung mit Wahrheiten, die einer wirklicheren Welt angehörten als der, in welcher«[15] er lebte.

Diese Freude deutet in keinem Fall auf die Möglichkeit, die tägliche Welt zu verbessern; im Gegenteil, sie entspringt sozusagen dem Sachverhalt einer blinden Gnade, allerdings ohne Gott. Das proustische Universum ist ebenso dunkel und undurchschaubar wie das schopenhauerianische. Die Dinge und Wesen im Leben gleichen Schattenpuppen, deren Kraft und Wissen aus ihrem Innern kommen.

Auch bei Proust wird das tragische Maskenspiel nie zum Trauerspiel, weil das Lächerliche im menschlichen Handeln den Schrei des Grauens beständig unterdrückt.

Welches ist dann der Sinn der Freude? Was bringt sie? Bei Proust liegt die Antwort in der Entdeckung eines »tiefen Ich« hinter dem gesellschaftlichen – ein Ich, das im Moment der Erkenntnis *Eins* mit dem kontemplierten Gegenstand wird.[16] Ein Ich also, das kein »Selbst« im herkömmlichen Sinn mehr hat, sondern Träger aller Masken oder Personen des Individuums ist. Es ist ein Ich, als »Essenz«[17] gedacht, für das weder Tod noch Sorgen und Leiden des Lebens existieren. Ich zitiere: »Das Wesen, das in mir wieder geboren war [...], dieses Wesen nährt sich einzig von der Essenz der Dinge und findet in ihr allein seinen Bestand und seine Beseligung«.[18] Die Lösung des Rätsels der Freude liegt in diesem Wesen, weil in ihm nur die wahre Welt eingeschrieben und deshalb wiederzuerkennen möglich ist. Das Geheimnis dieses Wesens liegt in seiner »Macht« [3942], die wahre ewige Welt als mysteriöse Dimension außerhalb der Ordnung der Zeit sichtbar zu machen; diese Dimension ist »viel wesentlicher« [3942] als Vergangenheit und Gegenwart; sie gehört beiden zugleich zu.

Auch bei Schopenhauer finden wir dieses »tiefe Ich« in dem, was er als »Wille des Menschen, an sich individuell«,[19] d.h. als den Grund jedes menschlichen Individuums charakterisierte. Es ist der Wille in uns, wenn auch nicht der Wille schlechthin, sondern dessen merkwürdige wesentliche Individualität, welche den Grundstein der einmaligen Identität des Menschen

---

14 cf. Pothast, *Tätigkeit*, 93f.

15 Proust, *Suche*, Bd. 2, 584.

16 ibid., Bd. 1, 64.

17 ibid. Ich behalte den Begriff »Essenz« bei, wie er in Prousts Text steht; seine Übersetzung mit »Substanz« scheint mir nicht geeignet, diese metaphysische Schicht des Ich zu erfassen.

18 ibid., Bd. 10, 3943.

19 Schopenhauer, *WWV II*, 642.

ausmacht. In Schopenhauers Worten gesagt: »Dieses, was unverändert stets ganz dasselbe bleibt und nicht mitaltert, ist eben der Kern unsers Wesens, welcher nicht in der Zeit liegt«.[20] Gegen Schopenhauer behaupte ich nun, der Träger der wahren Erkenntnis der Welt sei nicht der Wille schlechthin, sondern diese »individuelle Idee« auf dem Grund des Ich, oder der an sich individuelle Wille eines Menschen. Ich nenne diese an sich individuelle Idee, Schopenhauers Begrifflichkeit folgend, das *Aevum.*[21]

Was in beiden Autoren die Möglichkeit des reinen »Sehens« oder »Erinnerns« begründet, ist das tiefe Ich oder *Aevum*. Nur weil es ewig, d.h. unsterblich und unzerstörbar ist, ist diese Erkenntnis dem Menschen zugänglich. Der Unterschied zwischen beiden liegt in der Antwort auf die Frage, wo jeweils die Freude verankert wird: im Fall von Schopenhauer weist die Freude auf das unsagbare und unvorstellbare Nichts hin, auf den dunklen und unerkennbaren Abgrund der Welt also – auf das, was für immer in der vergessenen oder unterdrückten Welt des Nichts verloren gegangen ist. Seinem Standpunkt gemäß enthält die im ästhetischen Gefühl spürbare Freude ein stummes Versprechen, das sich uns nicht zu erkennen geben kann, sondern im Dunkel bleiben muß. Nur in der Freude erreicht uns dieses Versprechen als Signal; es ist etwas, das aus dem Nichts kommt und uns ins Nichts zieht. Die Freude bleibt hier deshalb ein Rätsel, weil sie aus dem Jenseits aller Bejahung des Willens zum Leben stammt. Sie überschreitet nicht nur die letzte Grenze des Bewußtseins, sondern auch die Bühne, auf der Leben und Tod ihren grotesken Tanz spielen. Wenn wir dem Wink dieser Freude folgten, wäre dies eine ebenso blinde Entscheidung unseres Willens wie diejenige es war, durch die die Welt des Lebens entstand. Diesmal jedoch würden wir *bewußt blind entscheiden wollen*, also in eine unauflösbare Paradoxie geraten.

Proust seinerseits verankert die Freude in dieser Welt der Ideen selbst, d.h. die Befreiung von dem wirklichen Leben hat *in dem wahren Leben selbst* ihren »Ort«. Er geht also über das Leben nicht hinaus, sondern bleibt in ihm, bei dessen Kontemplation stehen. Entsprang also bei Schopenhauer die Freude im ästhetischen Gefühl dem Nichts, so entspringt sie bei Proust einer tieferen Schicht des Lebens selbst. In der reinen Anschauung, die ihm die Wahrheit des Lebens enthüllt, verspürt der Erzähler »eine unbändige Lust zu leben«.[22] Ihm genügt also die Erkenntnis, die nach Schopenhauer, mit dem »Genuß alles Schönen«[23] gegeben ist. In diesem Sinn wäre der Schriftsteller Proust, folgte man der These Schopenhauers, nichts anderes als die Inkarnation des Künstlers schlechthin. Als Künstler braucht Proust beide Seiten der Münze, um sein Werk zu schaffen: er braucht das Leben, d.h. das Leiden, und er braucht dessen Aufhebung, die einer Aufhebung des Leides gleichkommt. Das

---

20 ibid., 309.

21 »Von diesem Gesichtspunkt aus erscheint es mir nicht zufällig, daß aevum, alle zugleich die einzelne Lebensdauer und die endlose Zeit bedeutet [...]«: ibid., 642.

22 Proust, *Suche*, Bd. 10, 3942.

23 Schopenhauer, *WWV I*, 372.

Kunstwerk ist auf die Inskription des immer schmerzerfüllten Lebens in uns angewiesen; es ist aber zugleich das Ergebnis einer geheimnisvollen Suspension dieses Schmerzes im »Genuß des Schönen«. Vor diesem Hintergrund folgen beide, Proust wie Schopenhauer, den unterschiedlichen Voraussetzungen ihrer argumentativen Ausgangslage.

Der Künstler Proust bzw. der Künstler in Proust wählt das Leben; er muß es behaupten, weil ohne es kein Kunstwerk mehr geschaffen würde. Außerdem kann man wahre Erkenntnis ohne Durchgang durch das Leiden *nicht* erreichen. Diese Erkenntnis nun bricht in unser Bewußtsein immer im Mantel der Qual verkleidet ein, um sich viel später oder vielleicht nie in der Vision des Schönen darzustellen. Proust läßt sich von diesem Schauspiel des Lebens betäuben; Schopenhauer geht da weiter. Er blickt aus der schönen Welt hinüber bis ins Dunkel des Undenkbaren. Er wendet sich dem »Ernst« [372] des Lebens zu. Dennoch widerspricht Prousts Konzeption der These Schopenhauers keineswegs; er beweist vielmehr diese, wo er an dem eigentlichen Element der Kunst selbst festhält, nämlich an der steten Wiederholung des ewigen Dramas des Lebens. Schopenhauer hatte recht, als er sagte:

> Ihn [den Künstler, MM] fesselt die Betrachtung des Schauspiels der Objektivation des Willens: bei demselben bleibt er stehn, wird nicht müde es zu betrachten und darstellend zu wiederholen und trägt derweilen selbst die Kosten der Aufführung jenes Schauspiels, d.h. ist ja selbst der Wille, der sich also objektiviert und in stetem Leiden bleibt. Jene reine wahre und tiefe Erkenntnis des Wesens der Welt wird ihm nun Zweck an sich: er bleibt bei ihr stehn [372].

Ob der Künstler mit seiner Bejahung des grausamen Lebens recht hat oder nicht, um dessen augenblickshafte Schönheit immer von Neuem vermitteln zu können, wird nun zu einer Frage der Perspektive, d.h. zu der Frage, worauf man seinen »Ernst« richtet. Der Künstler wird das Leben notwendigerweise weiter wollen müssen; für den aber, der den Willen zum Leben in seinem Innersten verneint – und vielleicht auch für den Künstler – wird ein Moment kommen, in dem er das Finstere nicht mehr wie ein Kind fürchtet, sondern das »Nichts« zu seinem »letzten Ziel« [558] macht. Auf diesen geheimnisvollen Augenblick in Schopenhauers Werk beziehen sich Formulierungen seiner Ästhetik wie die folgende:

> Die Schrecknisse auf der Bühne halten ihm [dem Zuschauer, MM] die Bitterkeit und Wertlosigkeit des Lebens, also die Nichtigkeit alles seines Strebens entgegen: die Wirkung dieses Eindrucks muß sein, daß er, wenn auch nur im dunkeln Gefühl, innewird, es sei besser, sein Herz vom Leben loszureißen, sein Wollen davon abzuwenden, die Welt und das Leben nicht zu lieben; wodurch dann eben in seinem tiefsten Innern das Bewußtsein angeregt wird, daß für ein anderartiges Wollen es auch eine andere Art des Daseins geben müsse.[24]

24 Schopenhauer, *WWV II*, 558.

Schopenhauer, Kafka, Ansichten zur Theorie der Parabel
oder »Die Entdeckungen haben sich dem Menschen aufgedrängt.«[1]

Ralf Blittkowsky *(Hamburg)*

Das Thema dieses Beitrages hat auch ein Gran von »einem Bericht für eine Akademie«. Aber anders als der von Hagenbecks afrikanischen Waidmännern malträtierte Schimpanse Rotpeter, werde ich schon nicht mit dem Bauch weiterdenken wollen. Denn Affen, so weiß diese anthropomorphe Ausgeburt zwischen Primatentum und Sprachbegabung zu berichten, »denken mit dem Bauch«.[2]

Der berichterstattende Schimpanse Rotpeter inszeniert, so möchte ich sagen, die Urgeschichte des Individuums als einen Brückenschlag von der Primatenkreatur Affe zum Zivilisationsmenschen. Die genetische Höherentwicklung zeichnet sich doch als Katastrophe ab. Rotpeter schätzt seine Situation innerhalb der in seiner Kreatur rapide vorangeschrittenen Evolution pessimistisch ein. Er sucht nach einem »Ausweg« vor dem Hineinsinken in die Konvention Mensch. Das Resumee im Bericht, zu welchem Rotpeter kommt, ist typisch für die aporetischen Situationen der Figuren in der Parabeldichtung Franz Kafkas.

Ich wählte als einleitende Bemerkung die Erinnerung an den Schimpansen Rotpeter aus *Ein Bericht für eine Akademie*, um ein einleuchtendes Beispiel vom Zusammentreffen des Gleichnischarakters des reflektierenden Schimpansens mit der Spekulation des Autors über Freiheit in Verbindung zu bringen. Wie am Einzelfall, dem existenzwerdenden Affen, steht in der in den Brennpunkt meiner Untersuchung gerückten Literatur die Resignation.

Ich möchte nun behaupten, daß Kafkas *Ein Bericht für eine Akademie* auf die Intentionalität rationalen menschlichen Zusammenlebens anspielt als eine mit der Sprachkompetenz erworbene Konvention. Und darum möchte ich den Gleichnischarakter für die ausgesagten Bekenntnisse Rotpeters in Anspruch nehmen.

Der historische Ort des Gleichnisses ist die Aufklärung. Gleichnisse besitzen eine Appellstruktur im Text. Sie animieren den Leser zur Selbstreflexion über den in ihnen berührten verbindlichen moralischen Charakter, welcher die historische Bedeutungsdimension des Gleichnisses ausmacht. Schopenhauers Lehre über Gleichnis, Parabel und Fabel zeigt sich wenig emanzipiert von jenem aufklärerischen Impetus des Gleichnisses. Dagegen zeigt sich Kafkas schriftstellerische Theorie der Parabel so ganz entfernt von jeder allgemeinen verbindlichen Aussagefunktion. Wir werden sehen, die ihr

---

1 Kafka, *Tagebücher*, Eintrag vom 10. Dezember 1913, 248. – Schopenhauer wird (mit Ausnahme *Nachlaß*) nach *ed. Löhneysen* zitiert.

2 Kafka, *Bericht*, 142.

einwohnende Reflexionsstruktur läßt sich kaum mehr kraft der ineinandergreifenden Ökonomie einer aufklärerischen Rationalität ermitteln.

Durch Kafka ist der Theorie der Parabel ein anderes Aussehen verliehen. Seine Parabeln müssen gelesen werden als literarische Inszenierungen absurder Selbstverhältnisse. An eine transzendentale Bedeutungsstruktur seiner Texte wird dann kaum noch appelliert werden können. Ich möchte eine These wagen und behaupten, Franz Kafka sei gerade in dem Moment Philosoph, wo er die ungewöhnlichsten grotesken Parabelsituationen herausschreibt, um das Leiden an der eigenen Leiblichkeit durch die paradoxale Situativik geeigneter Erzählkontexte zu beschreiben. Am Ende aber steht jedesmal die Aporie gegen den Wahrheitsbesitz, welchen er mittels seiner polyvalenten Textualität nirgends hat einlösen können, genau in demselben Abstand zum Erzählten wie zu Beginn des Narrationskonzepts.

Für den Schimpansen Rotpeter bedeutet die Teilhabe an Wahrheit die Zurückstufung zur Affennatur. Konsequent flechtet Kafka den Kern der Wahrheitsdoktrin Platons in das Vexierspiel um Wahrheit zwischen Mensch und Affe ein, wenn der Autor in seinen *Betrachtungen über Sünde, Leid, Hoffnung und den wahren Weg* notiert: »Wahrheit ist unteilbar, kann also selbst nicht erkennen; wer sie erkennen will, muß Lüge sein.«[3]

Wenn jemand wie ich das vielfältige Schreibwerk dieses existenzverdunkelnden Prager Schriftstellers auf einen Nenner zurückholen möchte, so möchte ich mit der anfänglichen Illustrierung des einen Fabelwesens Mensch, als Zwitterwesen mit Januskopf, bei Kafka einer Studie hinsichtlich des Anspruchs auf Wahrheit bei ihm und Schopenhauer nachgehen. Dabei soll einiges Licht auf die Vermittlungsqualitäten von Sprache und Wahrheit fallen.

Ich komme nun zu unserem Philosophen. Für Schopenhauer gibt es keine autarke Theorie der Parabel! Gleichnis, Allegorie und Parabel gebraucht der Philosoph, an den Stellen, an denen er auf die Bedeutungsträger der Sprache zu sprechen kommt, formäquivalent. Doch eine Nuance wird anerkannt, er gesteht ihnen »eine Unterschiedenheit durch die Länge und Ausführlichkeit ihrer Darstellung zu«.[4] Man merkt gleich beim Lesen dieser Annonce, daß hier der Denker spricht, der im übrigen mit der Kanonisierung der Literaturgattungen wenig im Sinn hat. Da ist die Differenz zwischen der Philosophie und der Kunst, zwischen ihr und der Poesie, zwischen allem und jedem, und so soll es bleiben, denkt der Philosoph. Warum sich mit akademischen Spaltungen zwischen »Parabel« und Allegorie herumschlagen, wenn Welt und Vorstellung kreuz- und querbewegende Problemlagen der Menschheit unter den Nägeln brennen?

Ich blättere nach in den *Parerga und Paralipomena*, die eine kleine Sammlung von »Gleichnisse[n], Parabeln und Fabeln« enthalten und zitiere daraus den Paragraphen 388:

---

3 Kafka, *Hochzeit*, 30.

4 Schopenhauer, *WWV I*, 337.

Ich fand eine Feldblume, bewunderte ihre Schönheit, ihre Vollendung in allen Teilen und rief aus: ›Aber alles dieses in ihr und Tausenden ihresgleichen prangt und verblüht, von niemanden betrachtet, ja, von keinem Auge auch nur gesehen.‹ - Sie aber antwortete: ›Du Tor! Meinst du, ich blühe, um gesehen zu werden? Meiner und nicht der andern wegen blühe ich, blühe, weil's mir gefällt: darin, daß ich blühe und bin, besteht meine Freude und meine Lust‹.[5]

Auf der einen Seite der wundergläubige Philosoph, der staunend in der Landschaft einherspaziert und dieser Naturschönheit Feldblume naiv begegnet. Auf der anderen Seite die für ihre Artenindividualität votierende Blume. Der Philosoph erkennt in der Bekanntschaft am Wegesrand weniger das ästhematische Äußere als ein vergängliches Gegenwartsmoment, eine Determination kraft Evolution von Leben und Tod, von Erblühen und Verwelken. Wir erkennen den Philosophen, der mit dem prosaischen Bild noch einen zweiten philosophischen Topos (im literarischen Gleichnis) anrührt: die vergängliche Schönheit, die von wenigen Augen besehen, ein einsames Dasein fristet. Unser Spaziergänger zeigt Mitleid und bleibt verwundert wegen dieser scheinbar verlorenen Ausstrahlung der Feldblume für Niemand. Doch diese kontert, verschmäht eine Wirkung auf andere, zeigt sich selbstinteressiert. »Darin, daß ich blühe und bin, besteht meine Freude und Lust.«

Die ansehliche - unansehliche Feldblume erteilt hier dem ach so gelehrten Philosophen mores und gibt ihm ein Beispiel, wie man zwar einsam aber von charismatischer Austrahlung existieren kann. Der Irrtum des Philosophen, der darin besteht, daß ein Naturding nur von Geltung und Austrahlung sein kann, was Wirkung auf eine immer noch angenommene Außenwelt zeigte, wird beim Formulieren von der Feldblume als »Torheit« diskreditiert. Für die Auffassung, daß die Kurzprosa als Parabel zu lesen ist, spricht der mehr oder minder ungelenke Versuch Schopenhauers, ein grundlegendes wirkungsästhetisches Problem in die Konzeption einer Metaphysik des Leides und des Todes behutsam zu integrieren. Es geht schließlich um die Qualität des Sinns, der eine Intention im Textstück selber zukommen muß. Was sagt die parabolische Lesart über die Philosophie Schopenhauers aus? Genau besehen, und das heißt hier, die gegenläufigen Charaktere beim Wort zu nehmen, bleibt der Widerspruch zwischen dem Blick des Philosophen und einem Profildenken seitens der Feldblume bestehen. Ihr kommt ein monolithisches Ichbedürfnis zu. Sie argumentiert: ich bin, also werde ich so bleiben wie ich bin und keinem anderen als mir zur Freude; an meiner Kreatur kommen Sein und Schein unwandelbar überein. Der Philosoph begegnet dem Stolz der Feldblume mit Dünkel, er erkennt die Selbsttäuschung. Tod und Vergänglichkeit durchkreuzen wie Meteore die vielen Existenzen der Individuen.

Wie aber nimmt Franz Kafka die ungeheure Konzeption der Willensmetaphysik auf, die wie in der Parabel vom Philosophen und der Feldblume aus den Paralipomena schon ganz wirkkräftig ist.

---

5 Schopenhauer, *PuP II*, §338, 762.

In einem späten Brief aus dem Jahre 1921 scheint Kafka den ganzen Stolz und die ichhafte Behaglichkeit der Feldblume aus dem Beispiel mit Verweis auf Schopenhauer dementieren zu können, wenn er an die dem Nachnamen nach Unbekannte Minze E. schreibt:

> Doch nicht anderes als die Welt, wenn sie nichts weiter wäre als ein Guckkasten, wirklich unendlich schön wäre, aber leider ist das nicht, sondern das schöne Leben in der schönen Welt will auch wirklich durchlebt werden in jeder Einzelheit jedes Augenblicks, das ist dann gar nicht mehr schön, sondern nichts als Mühsal.[6]

Mit dem Zitat aus Kafkas Briefwechsel ist ein kursorisches Einverständnis des Autors mit dem Philosophen reklamiert. Daß der Schriftsteller Franz Kafka in den Büchern des Philosophen Arthur Schopenhauer gelesen haben muß, steht außer Frage. Die Begegnung durch Lektüre hat Geschichte.

Die problematische Figur im Leben des Franz Kafka heißt Max Brod. Der eine achtzehn-, der andere neunzehnjährig lernen sich um 1903 anläßlich eines Vortragsabends in der Prager Universität kennen. Der jüngere Brod debütiert vor Publikum mit einem Vortrag über seinen »Lieblingsphilosophen« Arthur Schopenhauer. Unter den Zuhörern des Universitätsclubs befindet sich Franz Kafka. Nach Brods rhetorischem Auftakt zeigt sich der junge Mann unzufrieden mit dem, was er von dem begeisterten Gewährsmann im Andenken Schopenhauers vernommen hatte. Antipodisch gesinnt spricht Kafka den Redner an und führt das Wort gegen ihn im Interesse der Philosophie Nietzsches. Der enthusiasmierte Wortstreit, der aus dieser Bekanntschaft erging, stiftete eine für die Literatur des zwanzigsten Jahrhunderts folgenreiche Freundschaft zwischen einem für sich verschwiegenen Franz Kafka und dem Förderer Max Brod. Sicherlich kann das jugendliche Streitgespräch der beiden über eine Vorrangstellung Nietzsches oder Schopenhauers als eine Art bildungsbürgerliches Geplänkel im verbalen Kräftemessen gesehen werden. Doch sagt es noch mehr aus. Es geht ja um die Annäherung eines der bedeutendsten Schriftsteller dieses Jahrhunderts an den Philosophen Arthur Schopenhauer, der um die Jahrhundertwende bei den Bohemes von Berlin und Paris, von Wien und eben Prag Hochkonjunktur hatte.

Innerhalb dessen Briefen, Erzählungen und Romanen klafft immer wieder eine Sinnlücke hervor, oder »Wunde«, wie es der Autor nennt. Für den heutigen Leser gelten diese Fleckmale im Text als Dokumente einer selbstempfundenen selbstverhaßten Fehlbarkeit Kafkas. Mit der Formel, die er dafür gefunden hat, »wer Wahrheit erkennen will, muß Lüge sein« findet hier der Aphoristiker einen Ausdruck für die eigene Pathodizee gegen eine verkehrte Welt. Wahrheit und Moral leisten sich einen Kleinkrieg, Franz Kafka heißt der federführende Guerrillero, den es unaufhörlich von der Front der Moral zur Partei der Wahrheit überzuwechseln verlangt. Doch dann, an den entscheidenden Wegmarkierungen, stellt sich jedesmal der Zweifel, hart und unerbittlich, ein und läßt das Geschäft des Schreibens zur Farce werden. Ist

---

6 Kafka, *Briefe*, Brief an M.E. Matliary, Ende März 1921, 310.

der begangene Weg auch der wahre (?), fragt er sich immer wieder mit maliziöser Schärfe. Auch dafür besitzt Kafka Formeln wie »das Negative zu tun, ist uns noch auferlegt; das Positive ist uns schon gegeben«.[7]

Genauso früh wie der Gedanke mit ontologischer Qualität, von jeder Unvereinbarkeit beider Pole Wahrheit gegen Moral (Lüge) in Franz Kafkas philosophischer Gedankenwelt sich Platz geschaffen hatte, genauso früh mußte der Wunsch sich ihm vermittelt haben, mit dem ganzen Fassungsvermögen seiner reflektierenden Existenz den bipolaren Ausgleich zwischen diesen feindlichen Polen schaffen zu wollen. Auch für den Menschen und Schriftsteller wie hundert Jahre vor ihm für Schopenhauer verbirgt sich die ontologische Erkennbarkeit vom Urgrund der Dinge im Postulat der Rationalitätsverneinung. Nur, Kafkas Denken ist beherrscht von einer nahezu manischen literarischen Rationalität. Der Leib soll den Existenzerweis erbringen, wozu der Intellekt sich als zu schamhaft zeigt. Kafka findet dafür die »Brükken«-Metapher. Den Reflexionsgehalt übersetzt er literarisch in eine Parabel und gibt ihr selben Namen. Ich zitiere aus dem ersten Teil:

> Ich war steif und kalt, ich war eine Brücke, über einem Abgrund lag ich. Diesseits waren die Fußspitzen, jenseits die Hände eingebohrt, in bröckelndem Lehm habe ich mich festgebissen. Die Schöße meines Rockes wehten zu meinen Seiten. In der Tiefe lärmte der eisige Forellenbach. Kein Tourist verirrte sich zu dieser unwegsamen Höhe, die Brücke war in den Karten noch nicht eingezeichnet. - So lag ich und wartete; ich mußte warten. Ohne einzustürzen kann keine einmal errichtete Brücke aufhören, Brücke zu sein.[8]

Passworte zu höheren Welten, für den Juden Kafka immer im Zeichen religiöser Erlösung, gibt es in dieser Prosa viele. Nicht ein Passwort jedoch bringt zumindest ein wenig Erleichterung für das Leben nach sich. Oder wenn, dann bloß dadurch motiviert, daß Leben gleichbedeutend mit Etappen zum Tode steht. Der Schriftsteller hält lieber ein Erinnerungsbild vom Tode parat. »Der Tod ist vor uns wie das Bild der Alexanderschlacht. Es kommt darauf an, durch unsere Taten noch in unserem Leben das Bild zu verdunkeln oder gar auszulöschen.«[9] Hier mischt die Religion sich unter die im Bild festgehaltene Ästhetik des Todes. Kafka hatte zuvor an der selben Stelle den paradoxen Vergleich benutzt: »Ein Glaube wie ein Fallbeil, so schwer, so leicht.« Der Vergleich zwischen Glaube und künstlerischer Darstellung des historischen Todes transponiert die Bildinterpretation zu einem metaphysischen Ereignis.

Für Arthur Schopenhauer wie für Franz Kafka sind Leiden und Tod zentrale Themen ihres Denkens. Trotzdem gibt es gravierende Unterschiede zwischen dem Philosophen des 19. Jahrhunderts und dem Schriftsteller des zwanzigsten. Für Schopenhauer, den Philosophen, markieren Wahrheit und Lüge niemals die riesenhaften Gegensätze wie für den horizontalen Brücken-

---

7 Kafka, *Hochzeit*, 32.

8 Kafka, *Beschreibung*, Die Brücke, 84.

9 Kafka, *Hochzeit*, Die acht Oktavhefte, 77.

bauer und Prager Dichter Franz Kafka. Bei Schopenhauer nennt sich ein blinder Wille, der bis zur Besinnungslosigkeit um Leib und Stirn der Menschen kreist, gerade so wie das träge zirkulierende Mühlrad im Auf und Nieder unabänderlicher Drehbewegungen, Qual und Sorge, wie das ganze Übel aus der Büchse der Pandora über die Lebenden und die Toten verteilend. Die menschliche Individualexistenz, die als einzige Anerkennung vor des Philosophen Unerbittlichkeit zu finden vermag, bleibt dem brutalen Rotationsgesetz der unendlichen Wiederkehr des selben irrationalen Willens hilflos gegenüber. Ein Mensch, der Vermittlung gegen die Willensgewalt einklagt, macht seine Rechnung ohne den Wirt Wille. Allein die Kunst bietet Ausnahmen. Unser Autor, Kafka, spürte zwar den Weg, begehen hatte er ihn nie können. Es fehlte ihm die Gewißheit der einen Motivation, die sein Leben auf den Kopf stellen sollte. »Zu diesem Zweck [der Trübung des Geschehenen; R.B.] entstehen die Motivationen. Die ganze Welt ist ihrer voll, ja die ganze sichtbare Welt ist vielleicht nichts anderes als eine Motivation des einen Augenblick lang ruhenwollenden Menschen«.[10] Das Leben ohne Motivation bleibt dem Schein verhaftet, wahre Erkenntnis gibt sich nur wenigen, sie ›gibt‹ sich, existentielle Betroffenheit ist Lug, und zeigt einer sie, heißt man um sein Bestes, was diese Welt den Menschen erträglich macht, betrogen. Bei dieser grassierenden Ohnmächtigkeit gegenüber den frequenten Turbulenzen der Zeit wird die Ethik des Mitleids zum Gebot der Stunde. Hier ein Zug des Philosophen, der bei Kafka niemals auftauchte. Der kleidet lieber seine Abstinenz von Mitleid für andere (er hat zuviel für sich selbst) ein in einen von der Dialektik von Wahrheit und Sein motivierten Rechtfertigungszusammenhang. »Wer der Welt entsagt, muß alle Menschen lieben, denn er entsagt auch ihrer Welt. Er beginnt daher, das wahre Menschliche zu ahnen, das nichts anderes als geliebt werden kann, vorausgesetzt, daß man ihm ebenbürtig ist.«[11] Darin bleibt er gläubiger Jude, die Menschheitsgeschichte steht im Fokus der Erlösung des Menschen von ihr, des Gottesstaats. Der Sündenfall der Vertreibung aus dem Paradies provoziert das Einsichtsgebot zunehmender Erkenntnis. Literatur als Verfolgung des wahren Wegs? Man muß es bei Kafka annehmen. Er gestattete sich selten die Abkehr von dem Treuegelübde an die Literatur, und tat er es einmal, so gehen die Selbstgeißelungen immer härter einher. Das religiöse Bild vom Gottesstaat dispensierte den jüdischen Autor davon, andere, etwa substitutive Utopien oder Idealvorstellungen aus dem Zauberhut seiner schriftstellerisch ambitionierten Gleichnisproduktion hervorzuholen. Was anderes als Staffage könnte das Leben sein, tumbe Scheinrealität, immerzu vom Willen betrogen, Literatur Schwindel? Ich möchte mich mit dem Philosophen und Wahrheitssucher Franz Kafka näher beschäftigen. Am Ende wird sich eventuell herausgestellt haben, wie sehr der Themenkomplex Wahrheit - Tod - Leid in der Philosophie Schopenhauers innerhalb der polyvalenten parabolischen Situationen in

---

10 ibid., 76.

11 ibid., 69.

den Texten Kafkas wiederzufinden sind. Oder aber darstellen, wie das eine oder andere Schreibkonzept unvermittelt nebeneinander niemals zueinander finden wird.

Außer Frage stehen darf, daß Kafkas bestens sortierter Bücherschrank Buchausgaben von *Die Welt als Wille und Vorstellung* sowie den *Parerga und Paralipomena* enthielt. Daß der beflissene Literat inhaltlich sich auch mit den Werken Schopenhauers auseinandergesetzt haben muß, und das innerhalb einer großen Zeitspanne von der Bekanntschaft mit Brod bis zu seinem Tode, deuten die zahlreichen Bemerkungen und Hinweise auf den Philosophen an. Franz Kafka war an der europäischen Ideengeschichte interessiert, er las Platon, Kant, Hegel, die Schullektüren der humanistischen Bildung, auch eben Schopenhauer, den Vordenker des Irrationalismus. Wie angestrengt und motiviert die Lektüre Kafkas gewesen sein mag, könnte allerhöchstens eine mühevolle Interpretationskleinarbeit aus seiner Prosa ermitteln. Da kommt in das Dorf aus dem *Schloss* der Landvermesser K. und behauptet, er wäre von der einwohnenden Beamtenaristokratie beordet worden, dort als Geometer zu arbeiten. Niemand jedoch weiß mit K. etwas anzufangen, außer vielleicht die unkeuschen Frauengestalten, die K. umgeben, wie die Fliegen die Lampe. Wirklichkeit und Schein sind im Dorfe schwer auseinanderzuhalten. Landvermesser K., hat dieser nomadisierende Landvermesser K., der ohne Geschichte lebt, nicht den ausgesuchtesten Beruf, den jemand, der in der Tradition der abendländischen Metaphysik steht, nur haben kann? Verhindert die geheime Aristokratie des Schlosses über dem Dorf nicht K.'s Gedankenarbeit über den Raum an sich, den leeren Raum, den Anschauungsraum, den Wahrnehmungsraum? Und muß K., weil man das Denken nach seiner Façon unterdrückt, sein, und Kafkas, eigenes Thema: die Grenzen eigener Rationalität, im Dorf unter Beweis stellen? Nach mehr als 150 Seiten notiert der junge Philosoph Schopenhauer, noch nicht dreißigjährig, in dessen Kopf gerade wuchtige Denkgerüste entstehen, in *Die Welt als Wille und Vorstellung* folgende Textpassage:

> Wir sehn schon hier, daß *von außen* dem Wesen der Dinge nimmermehr beizukommen ist: wie immer man auch forschen mag, so gewinnt man nichts als Bilder und Namen. Man gleicht einem, der um ein Schloß herumgeht, vergeblich einen Eingang suchend und einstweilen die Fassaden skizzierend. Und doch ist dies der Weg, den alle Philosophen vor mir gegangen sind.[12]

Und welchen Weg wird Schopenhauer einschlagen?

Als sein legitimer Nachfolger hat er sich auf Kant berufen. Die *Kritik der reinen Vernunft* liest der selbstermächtigte Nachlaßverwalter (man höre und staune) bloß in der ersten Fassung von 1781 und vor dem Reflexionshintergrund der Zweiweltentheorie Platons. Er definiert das Kausalitätsgesetz von Ursache und Wirkung sich zum Vorteil (weitestgehende Elimination der Zeitkomponente) und bläst zu allem Überfluß das Prinzip der Wechselwirkung in den Wind. Entgegen der Art der Philosophentradition trennt Schopen-

12 Schopenhauer, *WWV I*, 156.

hauer auch nicht zwischen Erkenntnistheorie, Ethik und Ästhetik. Er setzt das Apriori des Leibes. Menschen haben in seiner Philosophie immer an allem teil. Der Eingriff des Willens in die Sphäre der humanen Motivationen und Intention verhindert die Nähe zur Wahrheit. Kummer, Leid und Sorge für sein Dasein zeichnen den Menschen aus. Sein Sinnbild ist die an Leib und Seele geschundene Kreatur, die bloß einem evolutionistischen Glücksfall zu verdanken hat, daß diese Kreatur Mensch nicht Tier geblieben ist. Innerhalb dieser Welt des Pessimismus bleiben die Menschen Gefangene, bleiben hinter Gittern von der Verwirklichung existenzialer Möglichkeit ausgeschlossen. Im Innersten der Welt tobt sich blind aber mächtig der Wille aus, die Urkraft, welche kraft der Gewalt des Bösen den Menschen immer öfters in luzidhasarden Situationen gegen die Natur stellt. Der dann eingeschlagene Weg der Selbsterkenntnis, der Vorstellung, wie Schopenhauer den schwachen Opponenten des Willens benennt, führt in die Ferne unendlicher Geschichten. Wahrheitsgewißheit läuft ins Schimärische des Uneinholbaren. Ganz so wie im berühmten *Höhlengleichnis* stellt Schopenhauer den durch Erkenntnis des Scheins enthusiasmierten Menschen die Aufgabe, wenn auch für wenige Augenblicke nur, die Rätsel der Welt zu lösen. Dann ist es einem solchen Kandidaten auf Wahrheit gelungen, eine adäquat wahre Vorstellung von seiner Existenz in dieser Welt getroffen zu haben. Der Philosoph sagt, den Schleier der Maja zu zertrennen. Für einen kleinen Zeitraum vermittelt sich dem vorstellenden Menschen eine ästhetische Wirklichkeit. Die Gesetze der Welt scheinen aufgehoben. Der Mensch begreift sich als Individuum und erblickt in dem, woraus er geworden ist, sein Wesen. Danach aber rumort wie zuvor der Wille aus Abgründen der Wirklichkeit und klagt sein Faustrecht der zerstörerischen Natur ein gegen die soeben erwachte Autarkie des Individuums. Sie stellt sich unablässig als Schein, als Selbstbetrug gegen die grausame Realität heraus.

Bevor ich zum Schluß komme, möchte ich ein Zitat aus dem *Cholerabuch* von 1831/32 bringen. Schopenhauer begibt sich auf die Flucht vor der Seuche, die Berlin heimsuchte. Ihr namhaftestes Opfer: der Professor der Philosophie Hegel.

> Bei gehörigem Nachdenken muß man gänzliches Nichts als diesem Daseyn vorzuziehen erkennen. Folglich kann ihn der Gedanke des Aufhörens desselben, oder eine Zeit, wo er nicht wäre, durchaus nicht betrüben; so wenig als der Gedanke, daß er nie geworden wäre. Nun ist aber das Daseyn, von welchem hier die Rede ist, wesentlich ein persönliches. Das Enden der Persönlichkeit ist also keineswegs als ein Verlust anzusehn. Wie verkehrt ist die stets wiederkehrende Forderung der Fortdauer persönlicher Existenz![13]

Wie aber steht es um die Wahrheit bei Kafka? Was schreibt er über die gefallenen Menschen, über ihr Leiden und ihr Sterben? Schopenhauer ist nicht wie Kafka, der Philosoph zeigt sich weise, er sucht nicht und schweigt, denn für ihn ist klar, Wahrheit ist überzeitlich, metaphysisch, durchlaufene Grade

---

13 Schopenhauer, *Nachlaß*, Bd. 1830-1852, Abs. 78, 109.

der Selbsterkenntnis sind immer auch Grade des Scheins. Wahrheit ist niemals dem Menschen vorstellbar, allerhöchstens ein wahres Leben in der Askese zu führen. Da ist Schopenhauer schon Religionsphilosoph.

Der Literatur aber, die ich hier vorstelle, und gerade der, kommt es weniger darauf an zu sagen, was Wahrheit sei oder vielmehr was sie nicht sei. Wahrheit innerhalb der literarischen Darstellungen zu suchen, kann nur heißen, eine Perspektive auf das Leben zu wagen, um zu überprüfen, ob das Gewagte, der Einsatz, ihr gegenüber Stand hält, ob es den Schein eines im übrigen uneindeutigen Schleiers, eines Nebels, zerbirst, oder umgekehrt und weiterhin den behaltenen Schein für die poetische Realität nehmen läßt. Aufgrund der Tatsache, daß das Leben des Pragers Kafka zwischen zwei Schreibtischen, dem bei der Arbeiterunfallversicherung und im elternhäuslichen Arbeitszimmer sich abspielte, er aber ein Genie besaß, die äußerliche Erfahrungsarmut kraft eines innerlich motivierten Erlebnisreichtums als Literatur zu kompensieren, nimmt diese Darstellung mikroskopisch genauer Erlebnisabläufe öfters als vergleichweises Schreiben Zugriff auf prosaische Kleinformen wie Allegorie, Metonymie, und eben auf höherer Stufe, Fabel und Parabel. Schopenhauer, ich sagte es bereits, würde in allen diesen Formen der literarischen Darstellung »Gleichnisse« erkannt haben. Bei dem Philosophen kehrt solcher Hang zum Simplen wieder, sobald er auf die Bedeutungsfunktion der poetischen Sprache zu sprechen kommt. Das große Gleichmachen der verschiedenen genannten Begriffe ist mit zwei Stellen aus den *Manuskriptbüchern* von 1815/16 zu belegen. Unter der Paginierungsnummer 484 aus dem Jahr 1815 notiert der junge Denker zum Thema: »In der Poesie unterscheiden sich Metapher, Gleichniß [sic!] oder Parabel, und Allegorie nur durch die Länge, die ihre Darstellung einnimmt.« Der sprachbegabte Schopenhauer wirft hier wichtige [1804-1818, Abs. 484, 325] Begriffe der Literaturtheorie in den Schmelztiegel der vielen Namen! Man merkt sogleich, daß er den Wert der poetischen Formgestaltung als entscheidendes Kriterium der literarischen Moderne noch nirgends erkannt hat. Ein Jahr später, im *Manuskriptbuch* von 1816, stellt er sich dem gleichen Thema wie ein Jahr zuvor. Jetzt gelingt ihm ein differenzierteres Ergebnis. »Jede Parabel«, heißt es da, »Gleichnis, [sic!] und taugliche Allegorie ist nur die Zurückführung irgendeines Verhältnisses [auf] seine einfachste, anschaulichste und handgreiflichste Darstellung.« [Abs. 514, 344].

Schopenhauers Paradeparabelstück enthält der 396 der *Paralipomena*: Es ist die Parabel von der Gesellschaft der Stachelschweine:

> Eine Gesellschaft von Stachelschweinen drängte sich an einem kalten Wintertage recht nahe zusammen, um durch die gegenseitige Wärme sich vor dem Erfrieren zu schützen. Jedoch bald empfanden sie die gegenseitigen Stacheln; welches sie dann wieder voneinander entfernte. Wann nun das Bedürfnis der Erwärmung sie wieder näher zusammenbrachte, wiederholte sich jenes zweite Übel; so daß sie zwischen beiden Leiden hin- und hergeworfen wurden, bis sie eine mäßige Entfernung von einander herausgefunden hatten, in der sie es am besten aushalten konnten. - So treibt das Bedürfnis der Gesellschaft, aus der Leere und Monotonie des eigenen inneren entsprungen, die Menschen zueinander; aber ihre vielen widerwärtigen Eigenschaften und unerträglichen

Fehler stoßen sie wieder von einander ab. Die mittlere Entfernung, die sie endlich herausfinden und bei welcher ein Beisammensein bestehen kann, ist die Höflichkeit und feine Sitte. Dem, der sich nicht in dieser Entfernung hält, ruft man in England zu: ›Keep your distance!‹ (Wahre deinen Abstand!) – Vermöge derselben wird zwar das Bedürfnis gegenseitiger Erwärmung nur unvollkommen befriedigt, dafür aber der Stich der Stacheln nicht empfunden. – Wer jedoch viel eigene innere Wärme hat, bleibt lieber aus der Gesellschaft weg, um keine Beschwerde zu geben noch zu empfangen [Abs. 396, 765].

Aus Sorge gegen ihre Lebensnot besteht die Wahlentscheidung der Stacheltiere darin, entweder eines winterlichen Kältetods zu sterben oder durch wärmendes Zusammenrücken mit den Borsten gegenseitig zu malträtieren. Die qualvolle Entscheidung führt zu einer ständigen Hin- und Herbewegung.

Mit seiner Parabel spielt Schopenhauer ohne Zweifel auf das frostige Klima des politischen Nachmärz in Deutschland an. Beinahe typisch für sein klassisches Parabelverständnis beschließt Schopenhauer sein politisches Studierstück mit einer Maxime, mit einer Botschaft an sein Leserpublikum wie sie die *Aphorismen zur Lebensweisheit* enthalten. Auch hier wenn Schopenhauer sich als Parabeldichter mit konservativ-politischem Engagement in Positur rückt, hebt er nicht eine Reflexionskomponente in das Zentrum der Aussage. Parabeln sind für ihn, anders als für Kafka, Illusionierungsformen des immer schon festgestellten Bedeutungshorizontes. Wo der Philosoph parabolische Aussageformen, die immer im Rang von Gleichnissen stehen, verwendet, wird niemals ihr traditionell verbriefter Lehrcharakter aufgegeben. Sie stehen im Zeichen der Vermittlung von Besonderen und Allgemeinen, wobei, anders als später bei Hegel, die dialektische Komponente fehlt. Sehr verehrte Zuhörer, Sie wird es interessieren, worin kommen der Dichter und der Philosoph überein, wobei besteht kein Einverständnis. Anklänge, wie die theoretischen Differenzen bezüglich Parabel, Parabolik verteilt sind, habe ich Ihnen zu liefern versucht. Bei Schopenhauer kam es mir darauf an zu zeigen, daß die mit der Frage nach der Funktion der Parabel aufgeworfene Problemlage, sei es eine kunstphilosophisch konnotierte (Feldblume) oder eine politisch konnotierte (Stachelschweine), an einen transzendentalen Bedeutungshorizont des Lesers appelliert.

Parabeln machen Sinn, sie stellen diesen narrativ dar, so wie Bedeutungen von Beginn der Geschichte an überliefert sind. Sie schreiben Urgeschichte.

Parabeln rekurrieren Stück für Stück auf die reflexionslogische Urgeschichte des Individuums. Der Begriff des Reflexionslogischen ist nur zu verstehen, wenn die beiden ihm präponierenden Qualitäten des Anthropomorphen und des Transzendentalen, als Bedingung der Möglichkeit allen menschlichen Seins, hinzugedacht werden. In der Moderne bricht gerade dieser Allheitsglaube in die Ganzheit einer anthropomorph transzendentalen Weltstruktur auf und zusammen. Parabeln wurden geschrieben, die jede für sich den umfänglichen Kollaps sämtlicher tradierter Sinndimensionen expressive Ausprägungen geben konnten. Mangel und Verlust an zweifelhaft eingebüßtem Sinn lassen sich keiner zivilisatorisch noch so ausprobierten Ersetzungsstruktur mehr zuordnen. An die Stelle des Auferbietens von wahllosen Ersetzungsmodi tritt das Erzählen in der Moderne, der junge Kafka nennt es »betrachten«, von Selbsthaß, Verzweifelung, Schweigen.

Gerade die Parabeln Kafkas sind welche der Reflexion! Bei ihm wird gerade das Ich (die agierende Instanz seiner Textstücke) zum Problem der Reflexion. Es beschwört den Indifferenzpunkt unendlicher Selbstverhältnisse. Überein kommen sie in dem Moment, sobald im Gestrüpp aggressiver Bildkonstruktionen, die immer noch eine Bedeutung mehr austragen, eine Perspektive im Unwirklichen anberaumt werden muß. Ich möchte, wie mein Referat belegt, die Parabeldichtung Franz Kafkas als *Produktion von Narrationsmodellen paradoxal-erdachter Selbstverhältnisse* bezeichnen. Ich halte keine andere Interpretation der Parabolik Kafkas für Sie bereit.

Der Autor beantwortet seinen motivierten Erkenntniszweifel gegen jede taktlos kollabierende Umwelt mit einer Textkonstruktion paradoxaler Erzählkontexte. Eine solche, ich möchte sie mehrstellige Gebrochenheit nennen, seiner Parabeln bei der Anspielung auf Sinn und Bedeutung erzeugt mehr als Unbehagen. Selbst die Sprache scheint vor den Blicken des Autors sich zersetzen zu wollen. Darin hat sich immer schon die resolute Absage an transzendentales Denken vollzogen. Kafka begegnet der Aporie an Transzendentalem im Gestus des Klagenden:

> Kein Wort, das ich schreibe, paßt zum anderen, ich höre, wie sich die Konsonanten blechern aneinanderreihen, und die Vokale singen dazu wie Ausstellungsneger. Meine Zweifel stehen um jedes Wort im Kreis herum.[14]

Auch für das aporetische im-Kreis-herumstehen schrieb Kafka eine Parabel. Sie heißt *Der Kreisel.* Wir sehen, bei der Dichtung Kafkas von einer Dualität von Sein und Schein zu reden bleibt äußerlich und ohne Einlassung auf die provokante Wirklichkeitsphänomenalität, die darin zum Austrag kommt. Das Erzählerich der Parabel kann kaum eine umfassende Bergung realer Wirklichkeitsanteile im situativen Kontext einer poetischen Montage betreiben.

Ich glaube, hiermit Antworten auf ungelöste Interpretationsprobleme des Sinns in der Literatur Franz Kafkas gegeben zu haben. Vielleicht ist es mir gelungen, ein in der neueren Literaturwissenschaft allseits beliebt verhandeltes Problem zu fokussieren: wer ist das Ich, das schreibt. Parabeln sind, wie keine andere uns bekannte literarische Darstellungsform des Sinns, Medien, um die Diametralität von Ichnähe und Ichferne im Lichte montierter Wirklichkeit zu streuen.

Ich schließe und möchte zum Schluß zwei unter den Fingernägeln brennende Fragen anrühren, ohne weiter darauf eingehen zu können. Vertragen sich die Parabeln Kafkas noch mit einer Theorie von poetischer Autorintentionalität (das Autorich als Vollstrecker seiner Texte)? Oder verbindet Kafka mit seinen Texten die Lebensart des auf Wahrheit gehenden Philosophen? Aber anders, als beispielsweise Schopenhauer, entwickelt er keine Theorie von

14 Kafka, *Tagebücher*, 27f.

Welt, kein lückenloses Weltmodell. Franz Kafka, so mag Ihnen mein Interpretationsversuch verdeutlicht haben, bahnt sich mit einer, wie »Austellungsneger« zur Verfügung stehenden poetischen Logik, einer kombinierenden Rationalität den Weg, der im Zeichen des Selbstzweifels und der paradoxalen literarischen Wirklichkeitskonstitution entfaltet ist.

Style and the Aesthetic Self

Wolhee Choe *(New York)*

I. Style as the Identity of the Self

The notion of style as a person's identity occurred to the Romantics, particularly to the last of the great Romantics, Walter Pater, who went farthest in theorizing about it. He declared that »Style is the man«. When Victorian reality could no longer hold Victorian ideals, Pater sought stability in a self that held together despite flux, and he found style in the structure of the changing self. His search had an urgent and grand purpose: to repair Western civilization, for the West one hundred years ago felt an erosion of cultural identity similar to that which the world is now undergoing. As certain scientific and technological developments were disfiguring the familiar mental and physical habitat, it was necessary to make sense of this new reality by making some semantic readjustments, as we shall see. During such a period of transition, a culture, like a self, is in danger of, what I would call, stylistic derailment. Unfortunately, Pater's insight into identity has not been continued by a tradition of constructive discourse; neither the admirers nor detractors of his prose helped continue the thought he began. His poetic language, thought of as sensuous indulgence, triggered misreadings and interfered with experiencing the new meaning of style as he conceived it (much as Cellini's mannerist hand seemed to bury the startlingly fresh form of *The Nymph of Fontainebleau*). These misreadings are examples of much wider impulses in culture, coming from a need to separate art works from other artifacts. The argument over whether the high-flown nature of his prose was art or artifice obscured the more fundamental stylistic dynamics of his writing and his more fundamental points. It is just such a fragmenting impulse that a fuller notion of style can counteract. The tendency to separate the poetic artifact from other artifacts may have heightened the desirableness and mystery of art works but vitiated the possibility of observing the operational structure of creative productivity, which all artifacts (human-made objects) have in common.

Style, as the formal principle of selecting and shaping, has long been narrowly conceived as an artistic trait and unique to things aesthetic. To subvert this notion and explore possibilities of a new perspective on the habit of production, this paper develops the concept of style to define the making self. Although the present focus is on textual activity, style stamps all creative output from understanding another human being (who becomes for the understander a stylistically projected being), to producing mental and physical artifacts (a speech act, a poem, or a computer). The »personality« of the making self is style as Pater wrote about a hundred years ago.

For a fresh look at Pater's idea of style, steering away from one hundred years of Paterian scholarship is as necessary as transforming the Paterian language of poetic experience into a new discourse. Thus I begin with a non-Paterian question: What are the semantic constituents of style and how do they relate to each other?

I'll presently suggest a conceptual schema designed to examine the semantic structure of style. But, first, where do we find style? In artifacts, in all human-made objects, in fact. It has no separate existence apart from an artifact; thus it makes no sense to talk about style except in the context of a particular or a group of artifacts. Once incorporated, it exists as a structure, independent of the maker and making of an artifact but not apart from the created. Thus it relates to the maker's creative intelligence, the technology and technique of making.

To begin with, we may presume that style has three semantic components: creative intelligence, technology and technique. Obviously these components are not some semantic simplexes which can be analytically referred to. They are historically contingent notions, each with a distinct lineage which needs to be traced if we want to get even a rough understanding of what we are talking about.

The maker's intelligence and imagination embedded in an artifact reflect a constituent structure including temperament, hand, body, consciousness, and the making self. The technology with which the making self creates and to which he contributes is bound by cultural values and purpose, while the technique of making distilled from technology molds habit, tradition, and mode. Creativity approximated through the structure of the generative self suggests the following operational and evolving axes.

1		Style	
2	Intelligence/ Imagination	Technology	Technique
3	Temperament	Selecting	Habit
4	Hand	Culture	Tradition
5	Body	Purpose	Mode
6	Consciousness	Energy	Way
7	Self	Re-regeneration	
8	Creativity		

The chart offers a possible tree for conceptualizing style, each branch being open to shifting contents. For example, within the branch, »tradition«, a modernist poet might choose a sonnet form over free verse and any number of available verse forms currently in fashion, and within the branch, »culture«, the poet might choose a blue stocking over a femme fatale and all other possible characters as the poet's heroine. By such choices a poet may portray a »modern« woman in a lyrical poem that reveals the poet's perception of the new woman. In fact, looking very briefly at Pound's poem, *Un Portrait d'une Femme*, we can conjecture that he has made just such a pattern of stylistic choices.

The above semantic tree defines only the context of style; it does not determine style. Style, always particular, emerges as a selectively evolving structure; it effects a choice within a physically, culturally, and traditionally determined context. A new text, always occurring within this context, is a fabric of quotations from others' texts. Only selection and the resulting configuration are new, reflecting the authorial style. Text is thus experienced only in activity (level 3) as new production.[1] At the moment of reading, the object text is dissolved to fulfill various constitutive roles in a new discourse. Once a textual activity is complete, it is inert material until it becomes part of another's style (level 4).

The closer to the bottom of the diagram the semantic marker is the more inclusive conceptually. The higher items are analyzable as constituents of the lower. For instance, one may read »intelligence/imagination« and »technology« and »technique« as conceptual components of »temperament«, »selecting«, and »habit«, or »habit« a production of »tradition«, etc.. However, it is the particular configuration of possible content within these semantic markers (as with the Pound example above) that gives character, not the structure of style/creativity presented in the above chart. A creative configuration arises from selectively organizing a particular discourse. In this selective activity, a consistent pattern of semantic priority may be discerned within »the self-regenerative structure«. In this activity, cultural materials get organized into a few selected clusters creating a characteristic structure. Because of such structural shaping, a discourse becomes meaningful in a formally definable way.

The self redefines the other and itself through the other; the self's redefining discourse can also be considered as an artifact; and the stylistic configuration of such an artifact sustains the identity of the authorial self. Style explains how the self, changing through the Other, nevertheless survives as self. In other words, the self lives and »stylistically« survives contact with the Other, when it communicates. The Other, in the present context, refers not only to human interrelations but to all other objects of the self's vital interests which include its own past self, a poem, a landscape, a theory, and history. The focus of this paper, however, is textual activity limited to speech acts, reading, and writing.

Every act presupposes its own subject, whether the subject is designated or omitted. Whether the subject is I, he, or is hidden behind scientific objectivity in speech acts, they all reflect forms of the cultural image-repertoire. The choice the subject makes from the repertoire, whether it is the first person, the third, or no person at all, constitutes a part of the selective system for the self in discourse. This does not, however, imply that the choice is direct and simple; the choice between literary and scientific modes or between

---

1 Barthes, *Rustle*, 58.

the direct and indirect modes (level 3) is merely one semantic component in the selecting system of production involving all levels of interlocking cultural forms. There is an intricate interplay between temperament and choices it makes. For example, it is not immediately obvious which strategy a secretive writer should use for hiding himself. Should it be behind a seemingly objective stance of no personal pronoun, or behind the first person singular by using a double mask, so to speak? For the selected grammatical form makes sense only in relation to other formal choices made, say, at levels 2, 3, 4, 5, & 6, choosing a particular genre of narrative, narrative technique, the skills and habits of a story maker, and the maker's possible need for new skills in order to break away from habitual materials and modes. Thus in this system of selective operations, any one choice made by the subject at, let us say, level 4 (skill & material) affects the other components that enter into relation with it such as temperament, constructing habit (level 3), and techniques derived from available technology (level 2).

II. Communication as Stylistic Transformation

Can we talk constructively despite our quarrels as men and women, as Easterners and Westerners, or as »rationalists« and »deconstructionists«? What does it mean to talk constructively? Another way of asking this is, what does it entail for the self to be critically and creatively adjusting its relationship to the world? In short, what does it entail for the self to communicate? Keeping these questions in mind, I'll argue that a discourse is constructive if the discoursing self does not have a stylistic derailment, that is, if it does not have a breakdown in its selecting principle; and – a corollary – that for the self to survive as an identity, while undergoing changes, its selecting and recombining operation, that is, its style, has to be maintained. What takes place in a constructive discourse is not an exchange of the same ideas but a production of new discourses. And there are characteristic ways of putting a discourse together. When viewed as a selective combining operation, such a characteristic way defines the discoursing self's style. The self produces artifacts, whether they are speech acts, written texts, or other artistic and technological products. Style is a system that, as part of the self's productive capacity, selects and combines semantic representations of the object world for comprehension and production. The self alters the object world by shifting semantic representations for itself, thus recreating forms of reality.

Style transforms a text (a person, a poem, or a culture) by making it into the self's new discourse; it dismantles this text to have its components placed in a new discourse. Reading may thus be construed as the »transformative reflection on a text«.[2] Semantic conditions are generated and imposed on the object in accordance with the reader's operating structure. Stylistically thus

2 Wood & Bernasconi, *Derrida*, 65.

conditioned, a new text is neither purely textual nor purely authorial. The representable relation between the text and the self, therefore, may be sought in the semantic context of style. A study of communication, translation, and misreading may be fruitful in this context of style, in which we may observe the self's mental gearshift in relation to the other. Communication from this vantage point refers to successfully shifting the semantic contents of a stylistic structure at the moment of appropriating a text.

Production of any kind, including generating a text in the process of reading, involves a particular subject with its particular history. In a sense, the body of the subject, to quote Barthes again, »posits and perverts its order«; opening up its own stylistic structure and replenishing it with new meanings, the subject decomposes and recomposes given texts. In this process, the body in a particular cultural setting with its definable traditions can nevertheless be said to choose forms like grammatical stratagems of the first person, the second person, or the impersonal speech with the concomitant epistemological and ethical representations. For instance, a woman, in addition to being conditioned by her language and culture, has as part of the material for her life and for her art, forms of physical labor in child-bearing and raising, which her culture shapes and maintains in the manner largely dictated by the tradition of her particular time. But the choice she makes in defining her life, including the choice to refuse certain forms of labor, child-bearing within marriage, for instance, depends on the constitution of her body, her temperament (intelligence and imagination) and a particular set and sequence of her personal experiences with inherited forms, meanings, and narrative traditions. Thus regardless of choices made at each semantic marker in the diagram, the components within these markers interact formally and habitually in her discourse, because the primary function of style is to shape the material chosen into a new form, meaningful and pleasing to the subject.

Verbal artifacts, reiterated as the collective wisdom of a culture, are called cliches when uttered seemingly without formal change. Are cliches counter examples of the transformative nature of discourse? No, the transformative nature of discourse can simply be realized to a greater or lesser extent, but even the lesser bits of discourse, cliches, can be constructively appropriated. A cliche is appropriated in a variedly creative manner when the user stylistically transforms it. Even when a cliche is uttered without a formal change, the speaker decomposes it by changing its context. By inserting it into a new discourse, into a new stylistic structure, the reader not only frees the cliche from its previous context (relatively ossified context) but also perverts its meaning. It enters into a new structure as it is being reconstituted. Let's take a cliche about the female body being her destiny and examine what may happen to it in the course of trying to make sense of it. Dorothy Richardson writes: »Women always know their questions are insincere, a treachery towards their silent ›knowledge‹«.[3] Uttered as it is, repeated as it is in

3 Richardson, *Pilgrimage*, 68.

isolation, it is another cliche about the body being a woman's destiny. But if it can achieve sense in the present context, it can attain a new life, altered and lifted above the status of cliche. A cliche as an inherited form carries, of course, some common semantic significance as material for discourse. But the material can always be transformed into a new discourse. A reading of the above quoted passage might go as follows. The »silent knowledge«, grounded in her body, compels not only her »treachery«, but, more significantly, a particular set of formal choices in understanding the world, the »insincerity« and »treachery« being part of the set. That is to say, her »treachery« or »insincerity« are the chosen forms of culture to provide semantic content for the stylistic structure. These are chosen to accommodate the dictates of the Other in her discourse, in order to be »as good as men«. Arguments abound which show that a woman who dares to express her secret knowledge – experiences, dilemmas, qualities or vision as peculiar to her body – must contend with her own objections as well as with her culture's. Her »insincerity« is more a formal choice than a moral choice in the context that includes the secret knowledge of her body. So what the body (let me refer to the tree on page 3, for a moment, where the body's stylistic significance lies in its temperament which may be defined in terms of intelligence and imagination) dictates is only partially physically and culturally grounded; its major grounding, from the generative or productive perspective, is formal. Her body is her destiny only to the extent that history is her destiny; in her discourse her destiny is in fact formally realized.

A new text, like a poem being read, may be endlessly reinterpreted by new readings. Textual matter and manner become new through readers' stylistic conceptualizations. Once conceptualized they remain inert until read once more by a reader. This is not to negate that a stylistically vibrant object induces the textual activity of producing a new form more readily than those less vibrant.

The way we perceive, know, and construct involves a selective generation. Thus perceiving and understanding, like constructing, produces texts. Physically, socially, and politically we cannot be simple receptors or reactors to the world of changing texts. We process/produce texts – percepts, cogitations, and other abstractions – which stylistically transform the given text as well as the discoursing self. One may loosely speak of popular style, classical style, referring to compositional characteristics of a culture, a tradition, or a genre, but when speaking of style, severed from a particular person, a poem, a painting, or a philosophical theory, one tends to be merely assertive, in addition to being vague and often contradictory. By contrast, speaking of Milton's baroque prose style in *Paradise Lost* or Beethoven's romantic style in his violin concerto, for instance, critics have been able to present stylistic patterns that recur in the work in a precise and systematic way and relate to the sense structure of the work under discussion. However, even their painstaking studies of style have not yet clarified the meaning of style, nor have they explored its link to the creative act, in any coherent way. In the process of producing new forms of discourse, text, or a poem, the authorial temperament may seek liberation from inherited forms or refinement of inherited forms. Romantic vs. classical, liberal vs. conservative, revolutionary vs. reactionary, global vs. regional, refer to such distinctions, creating »temperamental« shifts in syntactic and semantic forms.

III. Transformation as Self-definition

The quest for self-definition can be precarious, since it must, with proper speed and without destroying the extant system, accommodate the Other – a changing reality in itself. It is perilous because disorientation is part of this process, whether the world to be accommodated is the postmodern condition brought about by a sudden surge of new technology, or a foreign land to be confronted by an immigrant whose native place, people, and language are left behind, or the so-called man's world, the world centered on law and on profitability which a »liberated woman« must face, after abandoning her moral discourse »centered on love and the transactions of her own body in exchange for love«.[4] The quest for self-identity gets undermined, as a matter of course, by feelings of loss, damage and danger, even while the self feels exhilaration at breaking into a new territory of discourse. For stepping out of oneself incurs splits and instabilities in meaning and duplicity in the new discourse. Moving into the future without loss or injury for the self is in fact formulating new meanings within the same stylistic structure. An ability to hold in mind conflicting semantic material and multiple perspectives not only strengthens style as a productive system and strengthens imaginative life of the self.

But there is something else which can be fatal to a constructive discourse. As George Eliot warns us: »we all of us, grave or light, get our thoughts entangled in metaphors, and act fatally on the strength of them«.[5] Metaphors provide forms of argument that work in both ways: constructively and decompositionally. As an organizing principle, the metaphor shapes a new construct, but it is fatal if the construct is rigidly adhered to beyond the moment of composition. To avoid the closing of a metaphoric construct and to create a living system of thought, the discoursing self must move beyond its chosen metaphor; that is, the metaphoric construct has to be made once more into an open structure if the self's discourse is to continue.

The self's survival as self depends first on its ability to construct forms of reality for understanding and for making artifacts. To understand is also to construct in the sense of producing new forms of reality for the self. What forms we choose and how we put them together for our understanding of the Other are »stylistically conditioned«. I have dwelt, at length, on a simple fact about style – matter and manner, selectively gathered, entering into all human

4 Miller, *Women*, 42.

5 Eliot, *Middlemarch*, chapter 10.

artifacts, including constructive discourse – partly because it has been left out of the current discourse on communication.

If to construct is to gather matter and manner selectively into shape, to discourse is to discourse in style. For all textual activity, style is involved, not ornamentally but organically inducing transformation while »structurally« incorporating the Other. In this sense there is no autonomous textual activity, even when language seems to write itself. That is because even if all selected forms are culturally determined forms like words, they are chosen for a structural function from a host of other words; that is, choices are made formally in accordance with stylistic structure. In this sense, a discourse is culturally conditioned but never determined. At the moment of reading a text, a textual change occurs because of style. I'd add parenthetically that style thus conceived explains the source of *différance*, the shifting gear, arduously ignored in the current deconstructionist discourse. Style thus conceived restores the identity of the discoursing self, whose desires and intentions are woven into textual activity. As David Wood argues, »neither difference nor differance can be thought except in relation to identity and presence«.[6] The structure that gives a formal identity to the making self generates a text; that is through stylistic activity a text acquires an authorial self. In other words, the patterns of semantic and syntactic forms chosen for textual activity define the authorial self.

By identity I do not mean the interiority of the subject but the linguistic network the self weaves with formal choices made at various joints in the stylistic structure. This structure produces and shapes its own forms of reality. What this network speaks is formally chosen. Thus it is language as selective network that the self speaks; as Roland Barthes says, »to write is to reach, through a preliminary impersonality – which we can at no moment identify with the realistic novelist's [...] ›objectivity‹ – that point where not ›I‹ but only language functions, ›performs‹«.[7] Great works of art manifest impersonality in this sense. The self that constructs a »great« work exists only through the network, the formal perfection, that holds the artifact together. In other words, formal perfection by definition leaves no place for raw material (the author's passion, madness, eccentricity, etc.) which has not been sifted through the stylistic net. Style sets the stage for its language to perform, for passions, madness, and eccentricity to take on forms and to be constructed into the stylistic structure. Here a multidimensional semantic space is being created as ideas are contested and incorporated into a new discourse. The way the authorial self makes a stage for its speech act to occur is style, and it has a definable pattern, an identity.

Style linked to the structure of the making self points to the self that uses a hand, acquires habit, adopts cultural material and in turn contributes to initiating and consolidating a particular tradition of making particular objects.

---

6 Wood & Bernasconi, *Derrida*, 63.

7 Barthes, *Rustle*, 50.

In so doing, it utilizes traditional and new techniques, often derived from technology. The technique involved even in the most mundane textual activity points to such a self (Levels 4, 5, 6). »›Clerks grow expert from habit. – They must begin with some quickness of sight and hand, and exercise improves them... they are paid for it. That is the key to a great deal of capacity‹«.[8] Making is manual. That we make ourselves manually may not be as obvious as making other things by hand, but we have seen how the psychological self *manipulates* the world for recognition. Our thoughts end up in *manuscripts* or in *manuals*. We *manure* a plant, and, in a sense, even the body or mind [1797].

The making self is primarily aesthetic for several obvious reasons. It is aesthetic because it recreates the self and the world as it exists, while adjusting itself to the world. When it cannot adjust to the world, the person remains alien to the world, ceasing to be creative and to grow as an identity. This identity comes with dwelling in the human ground stylistically. Hume's cool skepticism about self, »I can never catch myself at any time without a perception, and never can observe anything but the perception« is disheartening if one wants to catch the self as something perceivable.[9] If *to be is to be perceived* as Bishop Berkeley says, then the self which is imperceptible must not exist.[10] Coleridge understandably feared that man is without an inner logic or a necessary principle of coherence, ephemeral, and unknowable: »Dark fluxion, all unfixable by thought, / A Phantom dim of past and future wrought« [6ff]. Conceiving the self as the power, not the object, of perception was Kant's contribution, which, however, did not shift the direction of the search for the self. The existence of the self in Kant is something logically presupposed, a form of consciousness »identifying itself as the ground of all its contents over time« [12]. It remains inner directed without bodily existence because it leaves out the constructive act that involves hand. The self is not complete until it is reified in constructive act. Since Kant, the self was largely abandoned by structuralists and semioticians.

Postmodern critics like Barthes, Ricoeur, and Lacan have, however, rescued and given the self a psychological life in terms similar to those evolved in psychoanalysis. This psychological self centers around the notion of the Other, and is defined by the Other. It is a thing among other things defined from without. In the presence of others who understand, recognize, and confirm its being, we find the self [16f]. Thus the search for personal identity is resumed. But the psychological concept of the self, this paper argues, projects a man which resembles an automaton no less than the self conceived as an object of consciousness by empiricists. The psychological self, because it is an object for others to judge and interpret as it adjusts and manipulates others for recognition and approval, presupposes the Other as the

---

8 Austin, *Emma*, chapter 34.

9 Hume, *Works*, I, 534.

10 Rzepka, *Self*, 11.

sole moral center from which the self gains a personal identity. Jacques Lacan describes the Other as that entity through which one's »desire finds its meaning [...] not so much because the other holds the key to the object desired, as because the first object of desire is to be recognized by the ›other‹«.[11] This concept of the Other is problematic. For one thing, desire for recognition may be universal, but it is not indiscriminate.

As Emerson asserts, »man is [...] a selective principle, gathering his like to him wherever he goes. He takes only his own, out of the multiplicity that sweeps and circles round him«.[12] Every conscious move we make attests to this principle. The principle Emerson refers to is an aesthetic principle which builds a functioning system, an open system that incorporates new elements provided they are formally, that is, stylistically compatible.

Communication occurs when the self acquires a new meaning without collapsing as a system, when it creatively appropriates a new semantic dimension into the self as a functioning system. For the self to survive, it requires a critical and creative appropriation of outer reality, whether it is a traditional value freshly discovered or a technological artifact newly invented. For the self making indiscriminate demands for recognition will neither succeed nor survive. The self that enacts a new self by interpreting and embodying the Other, whether it is a new fact or value, may receive its selective recognition. In short, recognition relates to making things which define the self within a culture which changes with the making self's creative input. The psychological self, on the other hand, does not include the style that »constructively« changes passions, motivations and values into forms that redefine the self. The psychological self, striving for recognition from the Other, does not tell the whole story of the self's life. A particular style of the self creates meaning for itself. How it generates meaningfulness when challenged by the world is a vital process for the survival of the self's identity.

The self in discourse with the Other is neither solipsistic as in the Romantic conception of the self as mind, nor mechanistic as in the empiricist's *tabula rasa*. The self as style operates in space and time and projects formally into the future. The self as style then has a function and destiny: a perpetual recreation of itself and its bodily finality. The temporal and spatial existence of style in creativity and artifacts adjusts the self to the world in a new configuration of itself, adjusting the points of view of others to its own. Let me say in closing that a constructive discourse moves toward a language into which discourses can be merged, and because of the merge the human spirit can survive. The self's transforming discourse, far from being solipsistic, embodies the creative spirit of the other in a concrete artifact: understanding.

---

11 Lacan, *Self*, 31.

12 Emerson, *Works*, 84.

Phantasie und Phronesis
Zum Verhältnis von Vorstellungskraft und *sensus moralis* der Literatur

Christoph Wall *(Berlin)*

Der Mensch ist in Geschichten verstrickt, schreibt der Phänomenologe Wilhelm Schapp und versucht damit zu erklären, wie ein Individuum sein momentanes Sein und Tun dem Fluß des Bewußtseinsstroms entheben und im Kontext eines ganzen Lebens als sinnvoll und berechtigt begreifen kann.[1] Bei dem englischen Moralphilosophen Alasdair Macintyre lesen wir, der Mensch sei »essentially a story-telling animal«[2] und könne sein Handeln nicht anders orientieren denn durch einen Rekurs auf die Erzählung, in welche er sich den Ablauf seines Lebens eingebettet vorstellt. Ähnlich begreift der Berliner Ästhetiker Franz Koppe in seinen *Thesen zu einer Literaturwissenschaft in handlungsorientierender Absicht*[3] ästhetische Rede als Vermittlung zwischen Theorie und Praxis, während der amerikanische Pragmatist Hilary Putnam[4] Vorstellungskraft und Literatur als unabdingbare Instrumente moralphilosophischen Argumentierens thematisiert.

Sind diese zeitgenössischen Ansätze verzweifelte ad hoc Hypothesen zur ästhetischen Kompensation des Verlustes an praktischem Wissen in einer durch ihre Beschränkung auf gesichertes theoretisches Wissen orientierungslos gewordenen Spätmoderne? Im Folgenden soll es darum gehen, diesem Verdacht entgegentretend zu zeigen, daß die moralphilosophische Indienstnahme ästhetischen Erkennens durch Vorstellungsbilder ihre Wurzeln bis zu Plato zurückverfolgen kann und seit Aristoteles in dieser Tradition dem Tatbestand Rechnung getragen ist, daß der moralphilosophische Gegenstand des guten Lebens nicht Gegenstand eines rein theoretischen Wissens sein kann. Beginnen wir zur Widerlegung obigen Verdachtes nun die titelträchtige Darstellung der Verknüpfung von Vorstellungskraft und Literatur im Kontext der Frage nach dem praktischen Wissen mit dem ersten Protagonisten dieser Tradition: Plato.

Das von Plato als Hintergrund seiner Auseinandersetzung mit der Dichtung vorgefundene Reservoir überlieferten Wissens enthielt je eigene Bereiche für die Darstellung historischer Ereignisse, naturphilosophischer Einsichten sowie – durch Sokrates initiiert – für die sittliche Einsicht in die Prinzipien der Lebensführung. Aus dieser Situation heraus galt Plato die Dichtung in ihrem vom Mythos herstammenden umfassenden Wahrheitsanspruch als

1 Schapp, *Geschichten*. – Schopenhauer wird nach der *Zürcher ed.* zitiert.

2 Macintyre, *Virtue*, 216.

3 Koppe, *Thesen*, 318-330.

4 Putnam, *Literature*, 83-94.

überholt,[5] speziell insofern das in den einzelnen Bereichen vermittelte Wissen sich nicht der göttlichen Inspiration des Dichters sondern der Erkenntnis durch die zur Wissenschaft systematisierte Philosophie verdankt. Die Gewinnung solchen Wissens setzt nun allerdings eine nur mühsam und durch lange Übung zu erlangende Fähigkeit der philosophischen Einsicht voraus und muß somit einigen wenigen Spezialisten vorbehalten bleiben. Während dies in Ansehung nicht direkt sozial relevanter Gegenstände des Wissens unproblematisch blieb, mußte für die allen Mitgliedern des Gemeinwesens abgeforderte sittliche Einsicht eine Alternative zur philosophischen Tugenderkenntnis gesucht werden, die deren Ergebnisse dem Laien auf einfachere Weise zu vermitteln vermochte. Für diese pädagogische Aufgabe bot sich im Rekurs auf ihre traditionelle Funktion als Ort gemeinschaftlichen Wissens die Dichtung an,[6] die somit vom Sprachrohr der Götter zum Transportmedium philosophisch erkannter Wissensinhalte transformiert wird.

Damit ist der Dichtung als Protreptik zur sittlichen Einsicht auch in der platonischen Republik ihr Fortbestehen gesichert. In Hinblick auf den angestrebten erzieherischen Effekt wird die Rezitation der überlieferten Dichtung jedoch auf diejenigen Passagen beschränkt, deren Darstellung tapferer und besonnener Männer den dieselben nachahmenden Zögling bei der Ausbildung ebensolcher Tugenden unterstützt. Der Dichter ist dieser Auffassung gemäß zunächst ein Philosoph, der die idealen Urbilder der Tugenden erkennt und das so Erkannte dann dichterisch zur Darstellung bringt. Grundlage hierzu ist das Konzept der ebenbildnerischen Darstellung, das die Kompetenz des Darstellenden impliziert, »jenes selbst zu verrichten, wovon die Darstellungen eben Abbilder sein wollen«.[7] Für die Moralentwicklung der Rezipienten solcher Dichtung bedeutet dies, daß sie in der Rezitation derselben sich mit Blick auf die entsprechende Idee in deren Darstellung einüben und damit die zugehörigen Kompetenzen erwerben.

Obwohl Plato der ebenbildnerischen Darstellung durch den Dichter-Philosophen somit eine gewichtige soziale Funktion einräumt, wird eine hierzu benötigte Fähigkeit zur dichterischen Verbildlichung nicht eigens thematisch. Lediglich dort, wo dieses Abbildungsverhältnis gestört ist und nicht in Ebenbildern – *Eikones* –, sondern in Trugbildern – *Phantasmata* – resultiert, führt Plato ganz marginal ein niederes Seelenvermögen namens *Phantasia* ein, welches in den Bereich der Sinnlichkeit gehört und dessen Abbildproduktion den gleichen Verzerrungen unterliegt wie alle Angelegenheiten dieser niederen Fakultät.[8] Im dianoetischen Bereich jedoch ist der Bezug auf die idealen Urbilder unverzerrt und die Anwesenheit von getreuen

5 cf. hierzu die Analyse des Wandels der antiken literarischen Kommunikation als Hintergrund der platonischen Dichtungstheorie bei Rösler, *Fiktionalität*, bes. 308.

6 cf. hierzu und für das Folgende Platos Auseinandersetzung mit der Dichtung in: Plato, *Politeia*, III.

7 ibid., 395b.

8 ibid., 510a.

Abbildern derselben in der Seele eine keiner weiteren Erklärung bedürftige Selbstverständlichkeit.

Einem erklärungseinfordernden Staunen weicht diese Selbstverständlichkeit erst dort, wo die Uminterpretation der Architektonik des Erkennens dasselbe von seinen urbildlichen Verbindlichkeiten ablöst und doch der Bildlichkeit zu seiner Rekonstruktion nicht entraten kann. Dies ist der Fall bei Aristoteles, dessen Überlegungen zur Frage nach Ursprung und Funktion der Vorstellungsbilder wir die erste umfassende Theorie der Phantasie verdanken.

Für das Verständnis der veränderten Bedeutung der Vorstellungsbilder ist zunächst darauf zu verweisen, daß nach Aristoteles bekanntlich die Erkenntnis ihr Ziel nicht durch unmittelbare anamnetische Einsicht in die Ideen selbst erreicht, sondern die zu erkennenden wesentlichen Formen aus den konkreten Einzeldingen zu abstrahieren hat. In diesem Abstraktionsprozeß sind die Vorstellungsbilder nicht mehr Surrogat unerreichter Unmittelbarkeit, sondern ermöglichen als *notwendiges* Vermittlungsmedium den Übergang von der Sinnlichkeit zur Abstraktion, indem sie der Verstandestätigkeit einen von der Veränderlichkeit der Materie befreiten Ausgangspunkt bereitstellen. »Darum«, so betont Aristoteles wiederholt, »denkt die Seele niemals ohne ein Vorstellungsbild.«[9]

Die Phantasie hat ihrer erkenntnistheoretischen Verortung gemäß also eine Zwitterstellung zwischen der *Aisthesis*, welcher sie ihr aus den Sinneseindrücken gewonnenes Material verdankt, und dem *Nous*, mit welchem sie die Abstraktion von der Flüchtigkeit des Werdens verbindet. In dieser Doppelnatur geht sie auch mit unterschiedlichen Leistungen in das für uns im Blick stehende aristotelische Denken über das Handeln ein. Die Aufgabe der Vorstellungskraft in diesem Kontext ist ihrer Funktion im Erkennen analog zunächst die Präservation der strebungsbestimmenden Sinnesempfindungen und ermöglicht ein kontinuierliches Handeln auch dann, wenn in dessen Verlauf der sinnliche Gegenstand des Begehrens verschwindet. Nicht nur im Erkennen, sondern auch im Handeln sind wir also konstitutiv auf die Leistung der Phantasie verwiesen: »Das Strebungsvermögen ist [...] nicht ohne das Vorstellungsvermögen.«[10]

Diese theoretisch wie praktisch grundlegende Funktion der Phantasie macht nun eine Auseinandersetzung mit den platonischen Vorbehalten gegen ein solches der Sinnlichkeit verhaftetes und deren Verzerrungen unterworfenes Vermögen unumgänglich. Auch Aristoteles konzidiert, daß die Vorstellungen uns in Bezug auf das wahrhaft Gute täuschen können: Folgen wir in unserem Begehren dem in der Vorstellung aufgehobenen aktualen Sinneseindruck, so sind wir partikulären Begierden und Leidenschaften unterworfen und erstreben ein momentanes Gut anstelle des mit dem guten Leben auch zukünftig zu vereinbarenden wahrhaft Guten. Die in diesem Falle wirksame Vorstellung nennt Aristoteles ihrer direkten Auslösung durch die Wahrnehmung wegen

---

9 Aristoteles, *Anima*, III, 431a.

10 ibid., III, 433b.

phantasia aisthetiké und kontrastiert sie in ihrer Möglichkeit, auch unrichtig und auf das nur scheinbar Gute gerichtet zu sein, der vernunftbegabten Wesen vorbehaltenen *phantasia logistiké*.[11] Diese denkende Vorstellung ist für ihre Tätigkeit nicht auf einen sinnlichen Anlaß angewiesen, sondern produziert aus dem ihr eigenen Fundus an Vorstellungsbildern von der Gegenwart entbundene überzeitliche Visionen. Hierdurch ist sie in der Lage, auch ein zukünftiges Gut vorzustellen, welches durch den in ihr wirksamen *Nous* bestimmt nicht mehr nur ein scheinbares sondern ein wahrhaft Gutes ist. Mit dieser Verkopplung von Geist und Vorstellung lassen sich die Vorbehalte gegen eine mit der Phantasie assoziierte Erkenntnis als gegenstandslos ausräumen, insofern die *phantasia logistiké* durch ihre Verbindung mit dem *Nous* eine der bildvermittelten Ideenerkenntnis bei Plato analoge Richtigkeitsgarantie erhält.

Während allerdings bei Plato der Verwirklichungsanspruch der Ideen ein imperativisches Element für das Handeln enthält, muß Aristoteles noch in einem weiteren Schritt darlegen, wie das zukünftige allgemeine Gut mit dem je konkreten Handlungsanlaß zu einer situationsadäquaten richtigen Strebung verbunden werden kann. Zu dieser Synthesis, in welcher sich *phantasia aisthetiké* und ihr vernunftbestimmtes Pendant dem praktischen Syllogismus gemäß zu einer in Hinblick auf das gute Leben optimalen Strebung vereinigen, bedarf es einer Fähigkeit, die von Aristoteles als *Phronesis*, als dianoetische Tugend der sittlichen Einsicht eingeführt wird.

> Als Merkmal des Menschen mit sittlicher Einsicht gilt, daß er fähig ist, Wert und Nutzen für seine Person richtig abzuwägen, und zwar nicht im speziellen Sinn, z.B. Mittel und Wege zu Gesundheit oder Kraft, sondern in dem umfassenden Sinne: Mittel und Wege zum guten Leben.[12]

Hierzu muß der *Phronimos* von seiner eigenen Person und seinem Leben ausgehend durch intuitive Erkenntnis herausfinden, was für ihn wertvoll im umfassenden Sinne des wahrhaft Guten und zur *Eudaimonia* führenden Lebens ist. Da für unterschiedliche Lebewesen Verschiedenes wertvoll und dem Lebensglück förderlich ist, findet hier die auf universale Wesenheiten gerichtete philosophische Einsicht ihre Grenze. »Die philosophische Weisheit nämlich betrachtet nichts von dem, woraus dem Menschen das Glück erwächst«,[13] formuliert Aristoteles prägnant die systematische Beschränktheit der Philosophie, wo es im je konkreten Handeln um die Frage geht, wie das praktische Wissen um das gute Leben zu gewinnen sei.

Trotz dieser in den Augen Platos schlechterdings ketzerischen Kapitulation der Philosophie vor ihrer idealstaatlichen Erzieherrolle finden sich Lehrer und Schüler an dieser Stelle vereint vor einem Problem: was hilft, die philosophische Absenz dort zu kompensieren, wo dem Handelnden aufgrund der Inkompetenz der Philosophie (Aristoteles) bzw. der philosophischen Inkompetenz des Handelnden (Plato) ein Orientierungsdefizit entsteht? Die platoni-

11 ibid.

12 Aristoteles, *Ethik*, VI, 1140a.

13 ibid., VI, 1143b.

sche Antwort auf dieses Problem haben wir bereits vorgestellt, und in diesem Punkt sind sich Lehrer und Schüler einig: die gesuchte Hilfestellung findet sich in der Dichtung. Wie aber die Funktion der Literatur konkret zu denken sei, muß der unterschiedlichen Binnenstruktur des Problems in beiden Ansätzen folgend auf verschiedene Weise konzipiert werden.

War bei Plato die Dichtung didaktisches Medium eines wohldefinierten praktischen Wissens, ist für Aristoteles die Gewinnung solchen Wissens selbst der Kontext, in welchem eine moralisch relevante Funktion der Dichtung anzusetzen ist. Dieses Wissen versagt sich einer intersubjektiv verbindlichen Bestimmung durch die Dichtung allerdings genauso wie schon der Philosophie, so daß die Funktion der Dichtung jenseits des Inhaltlichen an den allgemeinen Voraussetzungen zu dessen Realisation verortet werden muß. Entsprechend sind Phantasie und intuitive Erkenntnis als Voraussetzungen eines durch sittliche Einsicht zu gewinnenden praktischen Wissens die zentralen Ansatzpunkte zur Bestimmung der dichterischen Relevanz im Sinne einer phronetischen Propädeutik: In der adäquaten Rezeption der Tragödie übt der Zuschauer das Auge seiner Seele[14] in das Erkennen des Allgemeinen im je Besonderen ein, insofern das vom Dichter dargestellte Handeln nicht – wie etwa die Geschichtsschreibung – ein je besonderes Ereignis meint, sondern aus dem Individuellen heraus auf ein Allgemeines verweist.[15] Weiterhin vermittelt die Tragödie sittlich relevante Erfahrungen, indem sie zeigt, wie mangelnde Phantasie sowohl in der Betrachtung der Situation selbst wie auch des über die jeweilige Faktizität hinausgehenden Zieles einer in ihr beschlossenen Handlung zu katastrophalen Folgen im Gesamtrahmen des guten Lebens führen kann. In einer aktuellen Forschungsarbeit zur Theorie des Tragischen bei Aristoteles kommt auf dieser Grundlage Viviana Cessi zu dem Ergebnis:

> Die Tragödie hat daher ihre Hauptfunktion in der Bildung und Vervollkommnung des Vorstellungsvermögens, dessen richtige Betätigung auf die Vermeidung von Fehlhandlungen (hamartiai) im praktischen Leben hinzielt.[16]

Damit wird die Dichtung zum Medium der Veranschaulichung und Einübung des als Ermöglichungsgrund sittlicher Einsicht erkannten Zusammenspiels von intuitiver Erkenntnis, *phantasia aisthetiké* und *phantasia logistiké*. Die von der Dichtkunst zur moralisch richtigen Betätigung angeleitete Phantasie ihrerseits sieht sich zur materialen Grundlage philosophischer Ethik nobilitiert, insofern sie dem Geist in Form von handlungsleitenden Vorstellungsbildern den Gegenstand moralischer Reflexion bereitstellt.

Diese Architektonik des Zusammenhanges von Vorstellungskraft und Handlungsorientierung tradiert sich in der stoischen Moralphilosophie und wird erst im Neuplatonismus durch eine alternative Konzeption der Phantasie als Medium des mystischen Aufstiegs abgelöst, welche von Augustinus dem

---

14 ibid.

15 Aristoteles, *Poetik*, 9, 1451b.

16 Cessi, *Erkennen*, 267.

christlichen Denken anverwandelt den mittelalterlichen Begriff der *Imaginatio* bis ins 13. Jh. bestimmt.[17] Dergestalt langfristig durch religiöse Interessen überlagert erfährt die Auseinandersetzung mit der aristotelischen Psychologie der Vorstellung eine entscheidende Weiterentwicklung erst durch Albertus Magnus, der die *Imaginatio* als die »Kraft, die die Bilder sinnlicher [Qualitäten] beibehält« unterscheidet von der Phantasia als der Kraft, »›die die Bilder durch Komposition und Division aufeinander bezieht‹, um neue Kombinationen existierender Dinge oder auch völlig neue Gegenstände, wie Kentauren, zu bilden«.[18] Die Phantasie ist damit von ihrer allgemeinen Bedeutung als Vermögen der Bereitstellung von Sinneseindrücken für die Seele zu einem Vermögen geworden, das – moderne Verwendungsweisen des Begriffs antizipierend – *ausschließlich* mit abwesenden Gegenständen operiert. Als solches ist die Phantasie im extremen Maße der Gefahr des Irrtums ausgesetzt und wird damit zum Problem für Erkennen und Handeln. Aus dem rezeptionsgeschichtlich langzeitwirksamen Horizont dieser Problematik heraus bleibt die Phantasie von Anbeginn aus dem neuzeitlich naturwissenschaftlichen Denken ausgeschlossen als ein Vermögen, welches – wie Bacon schreibt – »exceeds the measure of nature, joining at pleasure things which in nature would never have come together, and introducing things which in nature would never have come to pass«.[19] Eine Rehabilitation erfährt die Phantasie in der Ästhetik im Anschluß an Wolff und Gottsched als ›Erdichtungsvermögen‹, welches mimetisch der ›Logik der Sachen‹ folgend dem Irrtumsverdacht enthoben der Dichtung ihre didaktische Rolle als Vermittlerin allgemeiner Wahrheiten zurückerobert.[20] Wie im Anschluß daran der Phantasie ihre *eigenständige* erkenntnistheoretische und moralische Dimension zurückerstattet wird, soll nun bei Schopenhauer gezeigt werden.

Zunächst zur Erkenntnisfunktion der Kunst, welcher nach Schopenhauer die Wahrheit zum Grunde liegt,

> daß das Objekt der Kunst, dessen Darstellung der Zweck des Künstlers ist, dessen Erkenntniß folglich seinem Werk als Keim und Ursprung vorhergehn muß, – eine *Idee*, in Plato's Sinne, ist und durchaus nichts Anderes [...].[21]

Anders als bei Plato ist diese künstlerische Ideenerkenntnis nun aber nicht anamnetisch unmittelbar, sondern muß aristotelisch von den individuellen Dingen ausgehen: »daher der Genius der Phantasie bedarf, um in den Dingen nicht Das zu sehn, was die Natur wirklich gebildet hat, sondern was sie zu bilden sich bemühte« [241].

Über diese hochwichtige Funktion der Phantasie als »Mittel zur Erkenntniß der Idee« [241] vergißt der Philosoph mit dem scharfen Blick für die

---

17 Für eine ausführliche Darstellung der hier angesprochenen Geschichte des Phantasiebegriffs cf. die hierfür bis heute einschlägige Arbeit von Murray Wright Bundy, *Imagination.*

18 Zitiert nach Park, *Pico*, 27.

19 Bacon, *Dignity*, 292.

20 cf. hierzu Schmidt, *Sinnlichkeit*, bes. 71-177.

21 Schopenhauer, *WWV I*, 295.

menschlichen Schattenseiten jedoch nicht ihr Potential, »um Luftschlösser zu bauen, die der Selbstsucht und der eigenen Laune zusagen, momentan täuschen und ergötzen« [241f]. Solche Gaukeleien der Phantasie sieht Schopenhauer in den gewöhnlichen Romanen für gewöhnliche Menschen – »Fabrikwaare der Natur« [242] – vorliegen und reproduziert damit die platonische Unterscheidung in ebenbildnerische Ideendarstellung und trugbildnerische Phantasieprodukte aus einer aristotelischen Differenzierung im Gebrauch der Phantasie selbst. Mit dieser Differenzierung der *Phantasmata* in Verbildlichungen des Wahren einerseits und Vorstellungen, welche nur momentane Launen befriedigen auf der anderen Seite, übernimmt Schopenhauer als produktionsästhetisches Kriterium einen Topos, der seinen ursprünglichen Kontext bei Aristoteles in der Unterscheidung handlungsleitender Vorstellungen in scheinbar und wahrhaft gute hatte und Plato zur Spezifizierung der einzig legitimen moralpädagogischen Kunst diente.

Einen solchen engen praktischen Rahmen sprengt die erkenntnistheoretisch orientierte Ästhetik der Willensmetaphysik zwar, aber dennoch bleibt die durch den richtigen Phantasiegebrauch ausgezeichnete Kunst für Schopenhauer nicht ohne moralische Relevanz. Bereits der bloße Umgang mit solch genialer Kunst beinhaltet eine in sich moralisch wertvolle Abkehr vom individuellen Wollen und die Überwindung des *principium individuationis*, bevor er dann zur Erkenntnis auch praktisch bedeutsamer Ideen führt. Diese Ideen sind allerdings nicht wie bei Plato unmittelbare Direktiven des Handelns. Schopenhauer kann und will keine derartigen Moralprinzipien aufstellen, da dem ewig freien Willen nichts vorgeschrieben werden darf. Stattdessen lokalisiert er sein moralisches Regulativ im Durchschauen des *principium individuationis*, in der vedischen Formel:

> ›*Tat twam asi!*‹ (›Dieses bist du!‹) Wer sie mit klarer Erkenntniß und fester inniger Ueberzeugung über jedes Wesen, mit dem er in Berührung kommt, zu sich selber auszusprechen vermag; der ist eben damit aller Tugend und Säligkeit gewiß und auf dem geraden Weg zur Erlösung [464].

Echte Tugend muß nach Schopenhauer entsprechend in der nicht abstrakt mitteilbaren, sondern nur intuitiv zu erlangenden Erkenntnis gründen, »welche im fremden Individuo das selbe Wesen erkennt, wie im eigenen« [456].

Die hier als Voraussetzung tugendhaften Handelns geforderte Wesenserkenntnis zielt auf eine ideenerkennende Transzendierung des *principium individuationis*, wie sie uns die Kunst ermöglicht. Und in der Tat ist es für Schopenhauer die vornehmste Leistung der Dichtkunst, »die Menschheit, ihrem innern, in allen Erscheinungen und Entwicklungen identischen Wesen, ihrer Idee nach« [310] zur Darstellung zu bringen. Damit avanciert die Dichtung durch die Leistung der in ihr ideenerkennend wirksamen Phantasie zum Medium höchster Einsichten und darüberhinaus zur Propädeutik einer Tugendhaftigkeit, die von der dichterisch vermittelten Erkenntnis des *tat twam asi* ausgehend sich in der mitleidig betroffenen Teilnahme am fremden Leid bzw. dessen Prävention realisiert.

Es mag nun so scheinen, als wäre mit dieser Verknüpfung abendländischer Kunstmetaphysik und östlicher Mystik die betrachtete Tradition in einen absterbenden Zweig der Moralphilosophie eingemündet, der bald darauf durch Nietzsches Metaphysikkritik endgültig vom philosophischen Baum der Erkenntnis abgesägt worden ist. Und doch ist es gerade die Radikalisierung des Gedankens einer Überwindung der Metaphysik und die damit einhergehende Anknüpfung an das naturwissenschaftliche Methodenideal, deren Ausdünnung philosophischer Handlungsorientierungskompetenz heute zur Rückbesinnung auf eine Funktionalisierung von Vorstellungskraft und Literatur zur Konstitution moralischen Wissens drängt.

Auffällig ist, wie nahe sich dabei über den unüberbrückbaren methodischen Hiatus hinweg beispielsweise die in unseren Tagen von Ursula Wolf vertretenen moralischen Prämissen und die skizzierten Ergebnisse Schopenhauers kommen. So reklamiert Wolf analog zur literarischen Einsicht in das *tat twam asi* die Literatur als Medium »der Einsicht, daß alle Menschen auf dieselbe Weise leiden und vom Tod bedroht sind«, was dazu führt, »alle Menschen als gleiche« zu sehen und zum grundlegenden Aspekt eines moralisch guten Lebens wird, dessen Universalisierungsprämisse im »Ideal der gleichen Achtung aller« besteht.[22]

Über diese Grundlage einer ästhetisch vermittelten intuitiven Einsicht in die Wesensverwandtschaft aller Menschen hinaus entwickelt Wolf dann allerdings eine neoaristotelische Ethik, die jede Einzelhandlung als Teilrealisation eines je individuell zu konstituierenden Entwurfs des guten Lebens begreift. Da ein allgemeines Sinnganzes wie das gute Leben nun im konkreten Lebensvollzug nie faktisch realisiert sein kann, ist hier die im Bereich des Kontrafaktischen operierende Phantasie gefordert, als deren paradigmatischen Ort Wolf die Kunst begreift. »Der Künstler kann auf eine Weise ein geschlossenes Ganzes herstellen, auf die der Mensch im Vollzug seines Seins das gerade nicht kann«,[23] schreibt Wolf und hebt weiterhin hervor, daß im kontrafaktischen Bereich des Ästhetischen verschiedene solcher Entwürfe durchgespielt werden können, bis sich schließlich eine Einheit ergibt, die sinnvoll und der konkreten Lebenssituation angemessen erscheint. Wolf resümiert:

> Man kann daher vermuten, daß die Erzeugung von Kunstwerken und der Umgang mit Kunstwerken gerade die Funktion hat, die Beschränkungen, denen wir bei der faktischen Suche nach dem guten Leben unterliegen, zu kompensieren.[24]

Diese sehr problematische generelle Inanspruchnahme der Kunst, die beispielsweise an der Realität einer Malerei der individuellen Geste im Tachismus ebenso vorbeigeht, wie sie die Krise des Werkbegriffs als Ganzheitsgaranten einfachhin ignoriert, wird bei Macintyre, auf dessen *After Virtue*[25] sich Wolf verschiedentlich bezieht, auf die Einheit in einer Erzählung zen-

---

22 Wolf, *Sollen* 182f.

23 ibid., 173.

24 ibid., 174.

25 Macintyre, *Virtue*.

triert. Macintyre begreift den Rahmen, in dessen Kontext einer Einzelhandlung ihre Kontingenz genommen und ein rechtfertigender allgemeiner Sinnbezug gegeben wird als Geschichte, als diejenige Erzählung, deren Realisation ein Leben darstellt. Für die Handlungsorientierung heißt dies: »I can only answer the question ›What am I to do?‹ if I can answer the prior question ›Of what story or stories do I find myself a part?‹«.[26] Über die Funktion als symbolischer Ort experimenteller Entwürfe des guten Lebens hinaus wird hier Literatur mit Wissen verbunden, das als Wissen um einen komplexen Möglichkeitsrahmen der Lebensführung für kohärentes Handeln unabdingbar ist.

Auch in diesem Kontext wird ein imaginatives Element konstitutiv, welches uns die Elemente einer Geschichte in die Ganzheit eines einzigen Vorstellungsbildes zu überführen erlaubt. Ein solches Bild bezeichnet Putnam als ›moral image of the world‹[27] und grenzt das im Rahmen dieses Bildes generierbare Wissen um das gute Leben als praktisches ab vom theoretischen Wissen der Naturwissenschaften. Putnam etabliert dieses praktische Wissen als eigenständigen und unabdingbaren Wissenstypus, der eigene Voraussetzungen und Regeln für seine rationale Akzeptierbarkeit beanspruchen kann.[28] Begreift man moralisches Argumentieren mit Putnam als »conscious criticism of ways of life«,[29] erweist sich die Vorstellungskraft in diesem Ansatz als essentielle Voraussetzung für den Gegenstandsbezug solcher Argumentation, ohne dabei jedoch einen erkenntnistheoretisch illegitimen Einfluß auf den ausschließlich in den bereichsspezifischen Kriterien rationaler Akzeptanz gründenden Ausgang der Kritik zu nehmen. Vorstellungskraft und Literatur sind lediglich im aristotelischen Sinne als »*instruments* of practical reasoning«[30] qualifiziert und gefährden nicht die anderweitig garantierte Objektivität praktischen Wissens. Vor diesem Hintergrund begreift Putnam in Fortführung der dargestellten Tradition Vorstellungskraft und Literatur als praktische Propädeutik und betont, gleichzeitig vor einer allzu direkt moralisierenden Funktionalisierung warnend: »Novels and plays do not set moral knowledge before us, that is true. But they do (frequently) do something for us that must be done for us if we are to gain any moral knowledge.«[31]

Damit ist der im heutigen Philosophieren tief verwurzelten Einsicht Wittgensteins,[32] daß das Ethische theorieunfähig sich lediglich *zeige* und damit dem Ästhetischen gleiche, eine Interpretation abgewonnen, die uns gleichwohl nicht die berühmt-berüchtigte Konsequenz aufnötigt, wo dergestalt sich nichts *sagen* ließe nun auch zu schweigen. Vielmehr ist es gelungen, mit der verbildlichenden ästhetischen Rede als Vermittlungsmedium einen nicht-

---

26 ibid., 216.

27 cf. Putnam, *Realism*, Lecture III.

28 cf. Putnam, *Vernunft*, bes. Kap. VI und IX.

29 Putnam, *Literature*, 87.

30 ibid., 93.

31 ibid., 87.

32 cf. Rhees, *Wittgenstein*, bes. 4, 11f.

theoretischen Typus des Wissens moralphilosophisch zu rekonstruieren, dessen Gegenstand bereits Aristoteles als zwar philosophisch nicht konstituierbar aber dennoch qua Vorstellungsbild der Bewertung durch den *Nous* zugänglich analysiert hatte. In Beantwortung der einleitenden Fragestellung ist somit der gegen eine Verbindung von Phantasie und *Phronesis* gehegte Verdacht der illegitimen Ästhetisierung der Moral als Vorurteil eines szientistischen Reduktionismus entlarvt und der Philosophie ein wichtiges Stück verlorengeglaubten Terrains wiedergewonnen worden.

Simulationen

Rhetorik und Repräsentation im Werk Schopenhauers und Becketts

Edgar Pankow *(New Haven)*

Nicht erst seit der Aufklärung bestimmt sich die Philosophie als eine Anrufung des Lichtes, der Klarheit und der Durchsichtigkeit. Die spekulative Bewegung der Philosophie, ihre Selbstreflexion im Medium des Begriffs, sie zielt von der Platonischen Ideenlehre bis zu Hegels *Phänomenologie des Geistes* auf das erscheinende Wissen. Auch Arthur Schopenhauer läßt die Erkenntnis und die Anschauung ineinander aufgehen. Als Vorstellung eines Subjekts betrachtet, so Schopenhauer, ist die Philosophie die Anschauung selbst.

> Keine Wahrheit ist also gewisser, von allen andern unabhängiger und eines Beweises weniger bedürftig, als diese, daß Alles, was für die Erkenntniß daist, also die ganze Welt, nur Objekt in Beziehung auf das Subjekt ist, Anschauung des Anschauenden, mit Einem Wort, Vorstellung.[1]

Dennoch ist Schopenhauer nicht der Philosoph der reinen Anschauung, der sein Werk in der Selbstgegenwart der Vorstellung zur Erscheinung zu bringen meint. Es ist vielmehr die Welt als *Wille* und *Vorstellung*, die Schopenhauer mit einer doppelten und zugleich in sich gespaltenen Geste zu denken gibt – eine Geste, deren oszillierender Charakter das gesamte Werk Schopenhauers erfaßt, ohne von diesem Werk selbst wiederum begriffen und in die Ordnung der Vorstellung, des Logos und der Episteme überführt werden zu können. Mit diesem stetig sich entziehenden Bezug der Vorstellung auf den Willen *eröffnet* sich, so lesen wir Schopenhauer, die innerweltliche und erkenntnisorientierte Situierung der Vorstellung selbst; und zwar auf zweifache Weise: denn die *Vorstellung*, die Schopenhauer mit der Möglichkeit der Erkenntnis verbunden sah, wird von ihm nun zugleich als Objektivation eines blinden und bewußtlosen Willens gedacht.

Daß die Welt eine Projektion des Bewußtseins sei, in der sich der Wille, unter dem Schein der Rationalität, objektiviere, dies ist eine These, die Samuel Beckett in seinem frühen Aufsatz über Marcel Proust[2] mit expliziter Bezugnahme auf Schopenhauer übernommen hat.[3] Wie Schopenhauer, so verweist auch Beckett auf diesen namenlosen Strudel des Irrationalen, der sich in den Zeichen und Begriffen kundgibt, der von den Worten hervorgebracht und erneuert wird, ohne doch *als solcher* benannt und gedacht werden zu können. Eine formlose Unruhe und ein wesentlicher Schatten begleiten diese Diskurse, in denen die ursprüngliche Gewalt des Lichts von seiner eigenen Erscheinung verdunkelt wird. In dem Roman *Molloy* spricht

---

1 Schopenhauer, *WWV I*, § 1, 29. Schopenhauer wird nach der *Zürcher ed.* zitiert.

2 Beckett, *Dialogues*.

3 cf. Pankow, *Worte*.

Beckett von der »verrückten Anmaßung [prétention], etwas ans Licht ziehen zu wollen«.[4] Aber beide, Schopenhauer und Beckett, machen die Erfahrung, daß der Wahn und die Verfehlung, die zum Licht drängen, nicht erst in akzidentieller Weise zum Diskurs hinzutreten, sondern mit ihm zusammen geboren werden. Der *Wahnsinn des Tages*, wie Maurice Blanchot dies nennt, das ist für Schopenhauer und Beckett die Diskursivität selbst.

Dabei sollte *Die Welt als Wille und Vorstellung*, wie Schopenhauer sagt, nur der »Entfaltung eines einzigen Gedankens« dienen.[5] Ein Traum, so alt wie die Philosophie. Privileg des Einen, Konzentration auf die Mitte, ruhiger Pol der Erkenntnis. Nun ist sich Schopenhauer sehr wohl der Zumutung und dem vielleicht unverantwortlichen Risiko bewußt, die in dieser Behauptung liegen. Gleichwohl:

> Bei uns ist diese Zumuthung nothwendig, da die Zerlegung unsers einen und einzigen Gedankens in viele Betrachtungen, zwar zur Mittheilung das einzige Mittel, dem Gedanken selbst aber nicht eine wesentliche, sondern nur eine künstliche Form ist.[6]

Was Schopenhauer über den Willen und die Vorstellung sagt, ist also gemeint in übertragener Bedeutung, es hat einen uneigentlichen Sinn und ist – ungeheuerlich für eine Philosophie – rhetorische Figur. Man wird Schopenhauer demnach nicht mehr wörtlich nehmen dürfen, und dennoch, es sind allein Worte, die Schopenhauer uns zu lesen gibt. Aber vielleicht sind dies noch nicht einmal mehr Worte – eher *sogenannte* Worte, Simulationen von Worten, die unentscheidbar zwischen der Sprache und der Sprachlosigkeit Platz greifen. Im Moment seiner Repräsentation also spaltet und vervielfältigt sich der einzige Gedanke der *Welt als Wille und Vorstellung* auf *bezeichnende* Weise. Er eröffnet sich dem Raum und der Zeit einer Sprache und einer Schrift jenseits der Eigentlichkeit und des Wesens. Verstehen wir Schopenhauer recht, dann haben wir von ihm keine *Lektion* über die *Welt als Wille und Vorstellung* zu erwarten.

Jenseits der Möglichkeit eines wesentlichen Dialogs mit diesem Werk, das seine Aufgabe im Unbewirkten und Schweigen sucht, zeugt seine Philosophie, wenn man noch so sagen darf, vom Leiden, aber nicht von der Arbeit des Begriffs, die im System Hegels die Artikulation des Sinnes herbeiführen sollte.

Auch im Werk Becketts nähert sich die Praxis des Schreibenden jener simulierten Sprachlosigkeit, die sich der Worte bedient, um zum Ausdruck zu kommen, die das Wort gegen das Wort mobilisiert, die es verschweigen oder niederschreien möchte, die aber dennoch, immer wieder, zurückgeworfen wird auf ihre eigene linguistische *conditio sine qua non*. In dem Text *L'Innommable*, dem letzten Teil der Romantrilogie (*Molloy* und *Malone meurt* gehen diesem Roman voraus), schreibt Beckett: »Alles ist letzten Endes auf Worte

---

4 Beckett, *Molloy*, 37; in der frz. Ausgabe, 47.

5 Schopenhauer, *WWV I*, § 54, 360.

6 ibid., § 54, 360.

zurückzuführen [Tout se ramène à une affaire de paroles], das darf man nicht vergessen. Ich habe es sagen müssen, da ich es sage.«[7] Da dies also gesagt ist, und da es zudem die Sprache ist, auf die das Gedächtnis des Sprechenden immer wieder zurückkommen muß, um sich seiner selbst zu erinnern, so wird auch dieser Sprechende selbst zu einem Zeichen und zu einem Wort neben anderen. Der Namenlose, der spricht, das Namenlose, das spricht – sie befinden sich nicht vor oder außerhalb der Sprache. Das Ich, das sich so nennt, es ist ein Moment in der unbeschränkten Ökonomie des Textes.

> [...] die Worte sind überall, in mir außer mir, [...], unmöglich sie aufhören zu lassen, unmöglich aufzuhören, ich bin in Worten, ich bin aus Worten gemacht, [...], ich bin all diese Worte, all diese Fremden, dieser Wortstaub [poussière de verbe], ohne Boden, um sich darauf zu legen, ohne Himmel, um sich darin zu zerstreuen [...].[8]

Diese Wendung zu einer unreduzierbaren Sprachlichkeit, zur Welt als Text, den es zu lesen gilt, ohne letztendliche Lesbarkeit zu gewähren, diese Wendung zur *buchstäblichen* Metaphorisierung des Sinnes findet sich auch bei Schopenhauer. In einem Essay seines Buches *Die Lesbarkeit der Welt*, der Schopenhauers Vorläuferschaft für die Traumdeutung erkennbar machen möchte, hat Hans Blumenberg auf die Text- und Buchstabenmetaphorik in Schopenhauers Werk hingewiesen.[9] Diese bisher noch so seltene Wendung zur rhetorischen Lektüre eines Philosophen, das heißt eines philosophischen Textes, dem wie der Schopenhauers bisher fast ausschließlich ein thematisch orientiertes Interesse zuteil wurde, ist sicherlich neu und fruchtbar. Dennoch wird man die Beschränkungen, die Blumenberg seinem Vorhaben auferlegt, nicht übersehen können. Der erkenntnistheoretische Optimismus, der sich mit dem Titel von Blumenbergs Buch ankündigt, ist nicht nur Schopenhauer fremd, er reduziert auch das Moment der Textualität, dem sich Blumenberg hier zuwendet. Schopenhauer sah sehr wohl, daß das Hervortreten der Welt als Text zugleich deren Lesbarkeit in Frage stellt und verrätselt. Und zwar selbst dann, wenn sich der Text umstandslos einer bestimmten Lektüre anzubieten scheint. Daß es sich in Schopenhauers Perspektive um Buchstaben handelt, die die Erscheinung der Welt regeln, ist ein Problem, welches durch einen innerweltlich regionalisierten Begriff des Textes nicht mehr in Angriff genommen werden kann. Hätte Edgar Allan Poe nicht auch an die *Welt als Wille und Vorstellung* denken können als er schrieb: »It was well said of a certain German book that ›es lässt sich nicht lesen‹ – it does not permit itself to be read.«[10] Diese Textualisierung des Verstehensprozesses ist nun durchaus ein bemerkenswerter Vorgang, wenn man bedenkt, daß die Reduktion des Buchstabens, der Schrift und der Metapher am Ursprung sowohl des platonischen wie des christlichen Diskurses steht. Schopenhauer setzt sich von dieser

---

7 Beckett, *Namenlose*, 67; in der frz. Ausgabe (L'Innommable, Paris 1953), 98.

8 ibid., 137; frz., 203f.

9 cf. Blumenberg, *Lesbarkeit*.

10 Poe, *Man*, 179.

Tradition, die den Geist vom Buchstaben trennt, entschieden ab, und er betont, daß »die Weltbegebenheiten nur noch sofern sie die Buchstaben sind, aus denen die Idee des Menschen sich lesen läßt, Bedeutung haben, nicht aber an und für sich«.[11]

Das unsägliche Leiden, dem sich Schopenhauer und Beckett in ihren Werken zuwenden, fließt aus der offenen Wunde des Wortes. Das Leiden wird von ihnen nicht nur mit Worten repräsentiert bzw. vorgestellt, es ist nicht *nur* das thematische Objekt der Philosophie und der Literatur, das es auch ist, sondern zugleich die *ursprüngliche Versagung* – der Mangel am Ort des Ursprunges, der zur Sprache drängt, der die Sprache bewegt und motiviert, der aber von den Worten, die man ihm geben mag, nicht mehr vollständig, nicht mehr in seiner Fülle gewogen werden kann, sondern von ihnen aufs neue verteilt und vervielfältigt wird.

Zurecht hat Maurice Blanchot die Romantrilogie Becketts mit der Frage nach der Möglichkeit des Buches in Verbindung gebracht.

> Die ästhetischen Empfindungen sind hier nicht mehr am Platze. Vielleicht befinden wir uns nicht mehr in der Gegenwart [présence] eines Buches, sondern vielleicht handelt es sich um viel mehr als ein Buch: um das reine Anwesen [l'approche pure] der Bewegung, aus der alle Bücher hervorgehen, um diesen Ursprungspunkt [point originel], an dem sich ohne Zweifel das Werk verliert, der das Werk ruiniert, der in ihm eine Entwirkung [désoeuvrement] ohne Ende restauriert, mit welchem es aber auch, auf die Gefahr hin zu Nichts zu zerfallen, eine immer anfänglichere Beziehung unterhalten muß.[12]

Bereits Schopenhauer bemerkt, daß die Philosophie *selbst*, die ungeteilte Einheit des Wesens der Philosophie, eigentlich nicht geschrieben und in der Form eines Buches präsentiert werden kann, sondern daß sie, notwendigerweise, die Bücher und Schriften produziert, die sie hintergehen und verraten müssen, um in ihnen, wie in einem ursprünglichen Exil, zerrissen in Form und Inhalt, zu überleben. Für Schopenhauer geht es jedoch nicht darum, dem Buch gegenüber ein anderes Medium (die Stimme, den Traum etc.) zu privilegieren. Es handelt sich vielmehr darum, daß der Raum des Buches, der den Modalitäten des Satzes vom Grunde unterworfen ist, und der Raum der Philosophie, wenn man so sagen darf, nicht miteinander zur Deckung kommen.

> Ein Buch muß inzwischen eine erste und eine letzte Seite haben und wird immer insofern einem Organismus allemal sehr unähnlich bleiben, so sehr diesem ähnlich auch immer sein Inhalt seyn mag: folglich werden Form und Stoff hier im Widerspruch stehn.[13]

Auch die Lesbarkeit der Idee des Menschen, von der Schopenhauer spricht, ist von diesem produktiven Mangel ergriffen. Sich selber lesend erblindet der spekulative Blick des Subjekts, der Spiegel der Reflexion zerbricht. In der Wendung auf sich selbst, die das Subjekt konstituiert, ver-

---

11 Schopenhauer, *WWV I*, § 35, 236f.

12 cf. Blanchot, *Livre*, 260, meine Übersetzung.

13 Schopenhauer, *WWV I*, 8.

doppelt sich die Subjektivität jenseits der Möglichkeit zur vereinheitlichenden Reintegration. Der lesende Geist des Menschen produziert eine gespenstische Lektüre. Schopenhauer schreibt:

> Jedes Individuum ist einerseits das Subjekt des Erkennens, d.h. die ergänzende Bedingung der Möglichkeit der ganzen objektiven Welt, und andererseits einzelne Erscheinung des Willens, desselben, der sich in jedem Dinge objektivirt. Aber diese Duplicität unsers Wesens ruht nicht in einer für sich bestehenden Einheit: sonst würden wir uns unserer selbst an *uns selbst und unabhängig von den Objekten des Erkennens und Wollens* bewußt werden können: dies können wir aber schlechterdings nicht, sondern sobald wir, um es zu versuchen, in uns gehn und uns, indem wir das Erkennen nach innen richten, ein Mal völlig besinnen wollen; so verlieren wir uns in eine bodenlose Leere, finden uns gleich der gläsernen Hohlkugel, aus deren Leere eine Stimme spricht, deren Ursache aber nicht darin anzutreffen ist, und indem wir so uns selbst ergreifen wollen, erhaschen wir, mit Schaudern, nichts, als ein bestandloses Gespenst.[14]

Im Willen zur völligen Selbstbesinnung, im Willen zum Wissen seines eigenen Grundes nähert sich das Subjekt dem Wahnsinn. Es wird zu einem gespenstischen Bewußtsein, zu einer aus der Leere geborenen Stimme. Phantasmagorie des Ortes und der Sprache also. Alle Namen, auch der Name des Subjekts sind für Schopenhauer in diesem irritierenden Sinne ein Pseudonym. Ein Pseudonym, das nicht mehr auf die Möglichkeit eines Eigennamens zurückverwiesen wäre, sondern Statthalter ist für den Zustand der Namenlosigkeit, der den Objektivationen der Sprache vorausliegt. » [...] ich werde von mir sprechen, wenn ich nicht mehr sprechen werde«, schreibt Beckett in *L'Innommable.*

> Es handelt sich übrigens nicht darum, von mir zu sprechen, es handelt sich darum, zu sprechen, es handelt sich darum, nicht mehr zu sprechen, diese leichte Verwirrung [désarroi] kommt mir verheißungsvoll vor, es wird schon wieder nötig sein, daß ich einen Namen finde, für diesen letzten Stellvertreter [subrogé] mit seinen vor gemeinen Gewißheiten berstenden Puppenaugen, später, später [...].[15]

Weder für Schopenhauer noch für Beckett gibt es also eine scheinlose Realität des Subjekts. Wie alles, was zum Bereich der Vorstellung zählt, die dem Satz vom Grunde unterworfen ist, das heißt den Ordnungsformen der Kausalität, der Zeit und der Sukzession im allgemeinen, so zählt auch das Subjekt mitsamt der Sprache, die es hervorbringt und der es zugehört, zu den Phantasiestücken einer allzu lebendigen Einbildungskraft. Nun sehen Schopenhauer und Beckett sehr wohl, daß es nur ein törichtes Unterfangen wäre, den inkriminierten Begriff des Subjekts aus dem Lexikon des kritischen Vokabulars zu streichen oder durch andere Begriffe zu ersetzen, wie dies so häufig in zeitgenössischen Arbeiten anzutreffen ist, die sich diesem Problemkreis nähern. Der Ersatz, das nachträglich hinzugefügte Supplement steht

---

14 ibid., § 54, 351.

15 Beckett, *Namenlose*, 145; frz., 216.

vielmehr am Ursprung des Subjekts und der Sprache selbst, die dadurch – ohne eigentlich zu sprechen, noch ohne die Uneigentlichkeit selbst zu sagen – der Herrschaft der Anführungsstriche unterworfen werden. Man kann diese a-semiotische Gegenbewegung zur Referentialität des sprachlichen Zeichens sehr gut an Schopenhauers Nicht-Begriff des Willens verfolgen. Der Wille, so sagt Schopenhauer zunächst, sei das allen – durch die Erfahrung des Leibes – bekannte. Mehr noch, Schopenhauer fügt sogar hinzu, der Wille sei *unmittelbar* bekannt. Dies heißt aber auch: Der Wille sei eigentlich das, was nicht vermittelt und nicht selbst gesagt sein kann; er sei das, was sich im Sprechen immer nur verspricht, was sich vorstellt und zugleich verstellt, was sich objektiviert und dadurch *als ein solches* eine ihm andere Gestalt annimmt. Der »Wille« – Schopenhauer also *benennt* diesen blinden Fleck, um den herum immer gesprochen wird, und der die Sprache ermöglicht. Und er nennt ihn Wille. Und er ist sich dessen bewußt, soweit man sich dessen bewußt sein kann, daß dieses Wort in Anführungsstriche zu setzen ist. Schopenhauer schreibt:

> Dieses *Ding an sich* (wir wollen den Kantischen Ausdruck als *stehende Formel* beibehalten [ich hebe die Wendung ›stehende Formel‹ hervor, E.P.]), welches als solches nimmermehr Objekt ist, eben weil alles Objekt schon wieder seine bloße Erscheinung, nicht mehr es selbst ist, mußte, wenn es dennoch objektiv gedacht werden sollte, Namen und Begriff von einem Objekt borgen, von etwas irgendwie objektiv Gegebenem, folglich von einer seiner Erscheinungen: aber diese durfte, um als Verständigungspunkt zu dienen, keine andere seyn, als unter allen seinen Erscheinungen die vollkommenste, d.h. die deutlichste, am meisten entfaltete, vom Erkennen unmittelbar beleuchtete: diese aber eben ist des Menschen *Wille*. Man hat jedoch wohl zu bemerken, daß wir hier allerdings nur eine *denominatio a potiori* [Benennung nach dem Vorzüglicheren] gebrauchen, durch welche eben deshalb der Begriff Wille eine größere Ausdehnung erhält, als er bisher hatte.[16]

Der Begriff und das Wort des Willens ist also – im Dienste des Wissens – »geborgt« und damit in eine diskursive Ökonomie verwoben, von der weder gewußt, gesagt noch vorgestellt werden kann, wie sie sich dieser Schuld entlasten könnte.

Es ist bekannt, daß Schopenhauer gegen Ende des den Künsten gewidmeten 3. Buches der *Welt als Wille und Vorstellung* (»*Der Welt als Vorstellung zweite Betrachtung:* Die Vorstellung, unabhängig vom Satze des Grundes: die Platonische Idee: das Objekt der Kunst«) die Beziehung der Musik zum Begriff des Willens erörtert. Die Position dieser wenigen Seiten zum übrigen Korpus der *Welt als Wille und Vorstellung* ist in gewisser Weise die eines nicht-integrierbaren Fremdkörpers. Schopenhauer behauptet, daß es sich bei der Musik – die »von unserer Betrachtung ausgeschlossen geblieben ist und bleiben mußte, da im systematischen Zusammenhang unserer Darstellung gar keine Stelle für sie passend war« [§52, 321] – um eine »*unmittelbare* Objektivation«, um ein »Abbild des ganzen *Willens*« handele. »Die Musik ist also

16 Schopenhauer, *WWV I*, 1, § 22, 155.

keineswegs, gleich den anderen Künsten, das Abbild der Ideen, sondern *Abbild des Willens selbst* [...]« [§52, 324]. Doch auch hier, angesichts dieser außerordentlichen Behauptung, die in a-systematischer Weise den Willen *selbst* in Anspruch nimmt, wird man gewisse Ähnlichkeiten und Affinitäten mit dem System, das heißt der organisierten Rhetorik der *Welt als Wille und Vorstellung* im Auge behalten müssen, die die Grenzziehung im allgemeinen zwischen A-systematizität und Systematizität, zwischen Wille und Vorstellung oder, wie im gegebenen Falle, zwischen der Musik und den übrigen Künsten bereits im Moment ihrer Möglichkeit unterlaufen hat. Die Abbildfunktion der Musik (»der Wille selbst«), die die Thematik der Vorstellung wieder ins Spiel bringt, wird von Schopenhauer in einem nachdrücklich gleichnishaften Sinne aufgefaßt. Sie ist eine Vorstellung, man wird sagen müssen: eine sogenannte Vorstellung des Willens, der der Zugang zu jeder angeblich ursprünglichen Stellung des Willens versagt bleibt: das »Nachbild eines Vorbildes, welches selbst nie unmittelbar vorgestellt werden kann« [§52, 323].

Im Dienste des Wissens zu sprechen, ohne zu wissen, das Wort »Wissen« zu gebrauchen, ohne es zu meinen, meinen zu können – dieses sogenannte »Wissen« nach dem Wissen beunruhigt auch die Prosa Becketts. In seinem Roman *Molloy* schreibt Beckett:

> Denn nichts wissen, das hat keine Bedeutung [c'est rien], nichts wissen wollen auch nicht, aber nichts wissen können, wissen, daß man nichts wissen kann, das ist die Tür, durch die der Frieden in die Seele des Forschers ohne Wißbegierde gelangt. [...] Aber ich möchte darüber nichts Sicheres sagen.[17]

»Wissen, daß man nichts wissen kann« – man wird hier sicherlich von der Ironie des Wissens sprechen müssen, von der Ununterscheidbarkeit zwischen dem Wissen und dem Nichtwissen, mit der sich diese um sich selbst kreisende Rede auf ihren Ursprung hin öffnet. Das Objekt des Wissens, und das heißt hier auch: das Wissen selbst, entzieht sich im Moment der Selbstreflexion dem cartesianischen Ideal klarer und distinkter Benennungen und hinterläßt mit den Spuren dieses Entzuges die diskursive Gestalt einer nichtauflöslichen Rätselhaftigkeit. Dieses dezentrierte Sprechen, das nicht auf sich selbst zurückkommen kann, aber auch nicht des anderen habhaft wird, das es selber ist, ist also unweigerlich gehalten sich zu übersteigen oder hinter sich zurückzufallen. »[...] ich sage immer entweder zu viel oder zu wenig [...]«,[18] schreibt Beckett an einer anderen Stelle dieses Romans.

Zuviel oder zuwenig zu sagen, ist das Geschick eines Diskurses, der sich der Sprache entfremdet hat und der doch in dem, was der Sprache per definitionem fremd sein muß – zuletzt dem Schweigen –, heimisch zu werden versucht. Allein, das Schweigen wird im Wort, hier im Wort »Schweigen«, wieder beredt und gerät so zur Metapher seiner eigenen Abwesenheit. Um diese Abwesenheit herum, die der Diskurs zugleich erzeugt und aufschiebt, konzentriert sich Becketts Prosa. In dem Text *L'Innommable* heißt es:

---

17 Beckett, *Molloy*, 74f; frz., 96.

18 ibid., 39; frz., 50.

> Ich kann nicht schweigen. Über mich selbst brauche ich nichts zu erfahren. Hier ist alles klar. Nein, es ist nicht alles klar. Aber der Diskurs muß weitergehen. Also ersinnt man Obskuritäten. Soweit von der Rhetorik [C'est de la rhétorique].[19]

Im 3. Buch der *Welt als Wille und Vorstellung* (»*Der Welt als Vorstellung zweite Betrachtung*: Die Vorstellung, unabhängig vom Satze des Grundes: Die Platonische Idee: das Objekt der Kunst«) hebt Schopenhauer hervor, daß das Subjekt der ästhetischen Erfahrung zum »reinen und willenlosen« Subjekt der Erkenntnis wird. In der Romantrilogie Becketts nun versuchen die einander sich ab- und auflösenden Erzähler diesen Rückzug vom Willen gleichsam am eigenen Leibe zu vollziehen.

> Nicht sagen wollen, nicht wissen, was man sagen möchte, nicht herausbringen, was man sagen zu wollen glaubt, und immerzu sprechen – oder doch beinahe –, das ist ein Punkt, den man im Eifer der Formulierung keinesfalls aus dem Auge verlieren sollte [ce qu'il importe de ne pas perdre de vue, dans la chaleur de la rédaction].[20]

Am Ende, von dem sie sich immer wieder lossagen müssen, ist es für Schopenhauer, wie für Beckett, schließlich das Nichts, das den Horizont der Willenlosigkeit und des Schweigens bildet. Das Nichts, das Schweigen, der Tod – all dies läßt sich weder zitieren, noch in die Form eines ursprünglichen Diskurses fassen. Dem Nichts gegenüber gibt es nur die Inkompetenz. Aber es ist, letzten Endes, einzig die Inkompetenz, die die Sprache hat kommen lassen und die zur Sprache kommt, es ist die Inkompetenz, die die Suche nach dem Sinn, der Bedeutung, dem Ursprung etc. im allgemeinen motiviert und die Grundlosigkeit dieser Suche in allen Bedeutungen des Wortes ausmacht.

Die Unsagbarkeit des Nichts ist die Bedingung der Möglichkeit der figürlichen Rede und zugleich der Horizont einer Defiguration ohne Rest, ohne Gedächtnis und ohne Auferstehung. Wenn im Horizont des Nichts, das sich weder erreichen, noch aufschieben läßt, die Sprache zur Metapher ihrer eigenen Unzulänglichkeit wird, dann hat diese Metaphorisierung gleichwohl *endlichen* Charakter. Die Metapher ist niemals nur sie selbst. Insofern sind auch die rhetorischen Simulationen des Nichts und des Schweigens, derer Schopenhauer und Beckett sich bedienen, niemals rhetorisch und simulativ genug, um nur Rhetorik und Simulation zu sein. Der Effekt, den das Nichts in und mit der Sprache hervorbringt, hängt in diesen Diskursen in mehrfachem Sinne von der Möglichkeit ab *verschieden* zu sein. Durch den Entzug, den es initiiert, bringt es, innerhalb des literarischen, wie des philosophischen Diskurses, jene differentiellen Effekte hervor, die eine Logik der Unentscheidbarkeit und des Ereignisses formen.

Beide, Beckett und Schopenhauer, referieren also auf ein Etwas, das nicht *als ein solches* existiert – weder der Wille noch das Nichts sind für Beckett

---

19 Beckett, *Namenlose*, 10 (Die Übersetzung wurde von mir geringfügig geändert); frz., 13.

20 Beckett, *Molloy*, 32; frz., 40.

und Schopenhauer mögliche Gegenstände eines Diskurses. So muß also diese Referenz scheitern. Und zwar notwendigerweise. Niemals wird ein Diskurs sich genügend entleeren oder erfüllen, um sein zu können, wofür eine absolute Referenz auf den »Willen« oder auf das »Nichts« ihn in Anspruch zu nehmen glaubt. Dennoch (aber es handelt sich hier nicht um einen Widerspruch im klassischen Sinne) ist dieses Ungenügen der philosophischen Rede produktiv, es bringt Ersetzungen, Geschichten und auch *die* Geschichte, es bringt Romane, Philosophien und Texte hervor, um jenen Einbruch der Diskursivität zu ergänzen, der durch seine Supplementierungen erneut simuliert und in Szene gesetzt wird.

Ich denke, daß das Werk Becketts nicht mehr zu jenen Gestalten der Kunst oder der Literatur zu zählen ist, die durch einen Widerspruch zur Philosophie bestimmt werden könnten. Die nicht-dialogische Vielstimmigkeit der Prosa Becketts, die sich sicherlich von der Linearität der philosophischen Tradition absetzt, gibt sich dennoch zu denken – auch wenn dieses Denken nicht mehr in der Präsenz des Logos aufzufangen ist. Aber diese Erschütterung der reinen Selbstgegenwart des Sinnes, diese Unterbrechung der Kontinuität, ist heute vielleicht auch in jenen Diskursen besser vernehmbar, die wir aufgrund einer Nostalgie noch immer als Philosophie bezeichnen. Schopenhauer und Beckett haben sich von dieser Nostalgie verabschiedet, die sich immer darauf verstehen wollte, Philosophie und Literatur gegeneinander zu setzen und dem Werk einen gesicherten Platz im Feld der Diskurse anzuweisen, einen Ort oder eine Behausung innerhalb der Geschichte des Denkens oder der Literatur.[21]

Der Exzeß des Irrationalen, der aus den Werken Schopenhauers und Becketts häufig herausgelesen wird, ist die Kehrseite des dogmatischen Wissens, mit dem er auf gleicher Höhe und mit gleicher Intensität verbunden bleibt. Dieser Widerspruch von Wissen und Irrationalität, der die Entzweiung von Philosophie und Literatur grundiert, ist von Schopenhauer und Beckett nachdrücklich in Frage gestellt worden. Und es ist diese Frage, die vielleicht nicht einmal mehr eine Frage ist, es ist dieser ungesichert fragende Gestus, der keine Antwort, sondern das Nichts erwartet, in dem Schopenhauer und Beckett miteinander kommunizieren. Denn auch die *Welt als Wille und Vorstellung* ist – wie Becketts Schriften – ein *texte pour rien*:

> Wir bekennen es vielmehr frei: was nach gänzlicher Aufhebung des Willens übrig bleibt, ist für alle Die, welche noch des Willens voll sind, allerdings Nichts. Aber auch umgekehrt ist Denen, in welchen der Wille sich gewendet und verneint hat, diese unsere so sehr reale Welt mit allen ihren Sonnen und Milchstraßen – Nichts.[22]

---

21 cf. Ulrich Pothast, der in seiner geduldigen und materialreichen Studie (Pothast, *Tätigkeit*) die Beziehungen von Kunst und Philosophie im Werk von Schopenhauer und Beckett untersucht.

22 Schopenhauer, *WWV I*, § 71, 508.

III. Rezensionen

Rezensionsredaktion:
Reinhard Margreiter & Barbara Neymeyr

1. Schopenhauer

Ludger Lütkehaus (ed.), *Arthur Schopenhauers Werke in fünf Bänden. Nach den Ausgaben letzter Hand*, Haffmans Verlag, Zürich 1988, zus. 3205 Seiten

Die Ausgabe gibt den Text der Werke »wort- und zeichengetreu« nach den jeweils letzten Ausgaben, die zu Lebzeiten des Philosophen erschienen, also ohne die Zusätze der Handexemplare. Die Anordnung folgt der letztwilligen Verfügung Schopenhauers, mit der sowohl die bei Frauenstädt, der Hübscher folgte, vor allem aber das »Potpourri« der Edition Löhneysen überwunden ist, die sich noch dazu anmaßte, *Sämtliche Werke* herauszugeben, weil Schopenhauer eine geplante Ausgabe aller Werke als »opera omnia« bezeichnet hatte. Rezensent fand allerdings in dieser Ausgabe nur die gleichen Texte vor. Auch weicht die Anordnung L.s nur in einem Falle von der bei Löhneysen ab: im dritten Band steht die Abhandlung *Ueber das Sehn und die Farben* den anderen Schriften nach. Welch Unterschied! In der *Einleitung* mit dem Titel *Schopenhauers Werke erstmals nach der Ausgabe letzter Hand* (Beibuch, 9-24) hält L. ein wahres Scherbengericht über (fast) alle bisherigen Ausgaben ab, besonders über die letztgenannte. »Trotz einiger bedenkenswerter Lesarten und beherzigenswerter Überlegungen« (26) ist sie längst als »wissenschaftlich bedeutungslos« eingestuft. Doch auch für die vorliegende Ausgabe ist sie noch nützlich, um die Entwicklung des Denkens bei Schopenhauer zu dokumentieren. Denn man findet darin z.B. die Zusätze und Streichungen angemerkt, die Schopenhauer bei neuen Auflagen, wie etwa in der Dissertation *Die vierfache Wurzel des Satzes vom zureichenden Grunde* vornahm. Ihr gegenüber entzieht L. die Zürcher Ausgabe des Diogenes Verlages (1977) seiner Kritik, vielleicht aus Höflichkeit.[1] Wie schön, daß man sich noch um Worte streiten kann, wenn es nichts Wichtigeres gibt. Jetzt wird man, wie auch L. in seiner *Einleitung* bemerkt, wieder auf die echten Unebenheiten und sogar auf Widersprüche stoßen.

Das *Beibuch* enthält nach der *Einleitung* die Übersetzung der fremdsprachlichen Zitate, ferner eine *Schopenhauer-Chronik*, sowie ein Namen- und ein Sachregister, für die Michel Bodmer verantwortlich zeichnet. Da die Register sich in Aufbau und Auswahl der Stichworte auf das enzyklopädische Register von Friedrich Wagner (Karlsruhe, 1909, Reprint 1960) beziehen, hätten – nach dem Vorbild der Kant-Ausgabe von Wilhelm Weischedel – kleine senkrechte Striche den Seitenwechsel kennzeichnen und am Fuß der Seite die Frauenstädtische Seitenzählung stehen sollen, um die Benutzung zu erleichtern. Die Synopsis der Inhaltsverzeichnisse leistet dies nicht.

In einem weiteren Band sind die *Reisetagebücher* abgedruckt, deren neue Edition seit langem aussteht. Leider werden sie weder durch sachliche Erläuterungen noch durch ein Register als kulturgeschichtliche Quelle ersten Ranges erschlossen. Denn die Anmerkungen Charlotte von Gwinners für die erste Ausgabe müßten vielfach ergänzt und berichtigt werden, um Schopenhauers jugendliche Weltkenntnis genauer bestimmen zu können. Jetzt wird diese Arbeit kaum noch geleistet werden können, es sei denn, der Herausgeber übernimmt diese Aufgabe bei einer zweiten Auflage dieses Bandes.

Die typographische Gestaltung durch Urs Jakob ist sehr gut. Die Umsetzung der Fraktur, die mit griechischen und lateinischen Zitaten durchsetzt ist, ließ bei der jetzt üblichen Antiqua kaum eine andere Wahl zu. Für den ursprünglichen Sperrdruck wurden Kapitälchen eingesetzt, was anfänglich die Lektüre etwas verwirrt. Die griechischen Zitate erscheinen wie bei Schopenhauer, wenn auch nicht in allen Fällen, ohne Akzent.

---

1 cf. Haffmans, *Schopenhauer*, 169 f.

Gerade wegen der rigorosen Beibehaltung des authentischen Textes wäre hierzu eine Erklärung angebracht gewesen. Im ganzen muß man die Korrekturleistung bewundern. Die Namen der Korrektoren möchte ich nicht ühergehen: Lilo Hess und Pedro Zimmermann, zu denen für den ersten Band Rudi Schweikert und für den dritten Band Thomas Schreiber hinzukamen. Die Schlußredaktion übernahm der Verleger Gerd Haffmans. So blieb für den Herausgeber die *Einleitung* im Beibuch und das *Nachwort* zu den *Reisetagebüchern.*

Da Rezensent sich seit dreißig Jahren dem Fluche Schopenhauers ausgesetzt hat, weil er »sinn- und pietätlos die Verhunzung der deutschen Sprache« (Beibuch, 16) betrieben hat, hofft er zuversichtlich, daß L. nunmehr den Segen der letzten Hand des Philosophen erhält.

Wolfgang von Löhneysen *(Berlin)*

Arthur Schopenhauer, *Die Welt als Wille und Vorstellung*, Faksimiledruck der ersten Auflage von 1819 (1818). Mit einem einleitenden Essay von R. Malter, Insel, Frankfurt/Main 1987, 740 Seiten

Für mich galt es eigentlich als ausgemacht, daß mit den Editionen Arthur Hübschers die Geschichte der Schopenhauer-Ausgaben abgeschlossen sei.

Nun bringt das Jubiläumsjahr dennoch zwei »neue« Editionen: die *Sämtlichen Werke* in der Ausgabe letzter Hand, besorgt von Ludger Lütkehaus, und das Hauptwerk Schopenhauers in der Erstauflage, herausgegeben von Rudolf Malter.

Nur im erstgenannten Falle ist damit eine Kritik an Hübschers Werk verbunden; bei dem hier zu rezensierenden Werk handelt es sich hingegen um die Realisierung eines Anliegens, das laut Malters Einleitung noch auf Hübscher selbst zurückgeht:

> mühelos soll der Leser direkt, d.h. ohne sich selber der philologischen Anstrengung des kritischen Editors unterziehen zu müssen, den Text in seiner ursprünglichen Druckfassung vor Augen haben, um sich selber ein Bild davon machen zu können, wie das Werk bei seinem ersten Erscheinen aussah, in welcher Weise es sich von der späteren Fassung unterscheidet [...] (9f).

Malter hofft, auf diese Weise den alten Streit entscheiden zu können, ob die zweite Auflage des Hauptwerkes gegenüber der ersten philosophische Positionsänderungen oder nur – wie Schopenhauer selbst es behauptet hat – gewisse Akzentverschiebungen aufweise.

Während Schopenhauer die Zweitauflage seiner Dissertation stark dem im später entstandenen Hauptwerk entwickelten System anpaßt, findet in den insgesamt drei Auflagen dieses Hauptwerks, die Schopenhauer selbst besorgt hat, eine Veränderung dieses Ausmaßes eindeutig nicht statt. Ich bin geneigt, Malters Aussage, daß es sich hier nur noch um Akzentsetzungen handle, zuzustimmen und den angeblichen Materialismus des alten Schopenhauer darauf zurückzuführen, daß er später stärker als in seinen jüngeren Jahren den anderen von zwei nebeneinander berechtigten Standpunkten behandelt und analysiert hat.[2]

Eine Frage, die sich mir angesichts dieser Konstanz Schopenhauers stellt, ist, ob sie eher seine jugendliche Genialität oder seinen Altersstarrsinn dokumentiert. Da Revisionen des Denkens in der Regel durch eine kritische Diskussion mit Zeitgenossen

---

2 Ich habe diese Standpunkte näher erläutert in Weimer, *Schopenhauer*, 76ff.

erforderlich werden, eine solche Diskussion zu Schopenhauers Lebzeiten aber kaum geführt worden ist, sollte man ihn in dieser Hinsicht nicht zu hart beurteilen.

Eine andere Frage ist, ob allein dieses Problem die Lektüre oder gar die Anschaffung des hier vorgelegten, nicht gerade billigen Faksimiledruckes rechtfertigt.

Dies ist zu bejahen natürlich für Forscher, die sich speziell mit dem genannten Problem wissenschaftlich befassen möchten. Um die Entwicklung von Schopenhauers Denken beurteilen zu können, darf man nicht – wie es früher wohl öfters geschehen ist – einfach den zweiten mit dem ersten Band des Hauptwerks vergleichen, sondern muß sich schon der Mühe unterziehen, den ersten Band auch in der Erstauflage zu studieren, da auch der erste Band in der »Normalfassung« (etwa der Hübscher-Edition) eben eine spätere Bearbeitung darstellt.

Unter den in dieser Spezialfrage nicht Engagierten kommen für diese Ausgabe aber wohl doch nur ausgesprochene Schopenhauer-Enthusiasten in Frage, insbesondere solche mit bibliophilen Neigungen.

Erwähnt sei abschließend, daß Malters einleitender Essay sorgfältig über die biographischen und vertragsmäßigen Entstehungsbedingungen des Werkes informiert. Der im Anhang abgedruckte Briefwechsel zwischen Schopenhauer und seinem Verleger Brockhaus, diese Erstauflage betreffend, enthält im Gegensatz zu Hübschers Ausgabe der Gesammelten Briefe Brockhaus' Antworten, die Schopenhauers Mißtrauen und barschen Umgangston erst im rechten Licht erscheinen lassen.[3]

Wolfgang Weimer *(Düsseldorf)*

Alfred Estermann & Karl Riha (ed.), *Arthur Schopenhauer: Kritzeleien*, Insel, Ffm 1987, 133 Seiten

Das wird – nachdem derzeit (wieder) alles, was er je geschrieben hat, gedruckt zu haben ist –, das Letzte »aus der Feder« sein: Schopenhauers Kritzeleien in Büchern seiner Bibliothek, zum größten Teil Männerköpfe, Profil nach links, gezeichnet auf Innenseiten von Buchdeckeln oder Vorsatzblättern. Nicht viele seiner Leser mögen von dieser graphischen Monokultur schon gewußt haben. Wilhelm v. Gwinner, dem Schopenhauer die meisten seiner Bücher vermachte, erwähnt die »Köpfe« in der sonst nicht wortkargen Biographie des Philosophen nirgends (nur die Randglossen). 1880, im Katalog der Frankfurter Buchhandlung Baer, tauchen die »Studienköpfe und Caricaturen« neben den »oft sehr derben Glossen« auf: »Es ist diese Sammlung ein wahrer Schatz für jeden der zahlreichen Verehrer des großen Mannes.« Arthur Hübscher hat in *Der handschriftliche Nachlaß*, 5. Bd., *Randschriften zu Büchern*, die in »zahlreichen Bänden« vorhandenen Profilzeichnungen jeweils angeführt. Aber in *Kritzeleien* werden sie nach den Worten der Herausgeber »erstmals ans Licht gezogen und als eine bislang verborgene, aber doch signifikante Seite Schopenhauers vor das Auge des Lesers gestellt«: 33 Beispiele, der Vielfalt nach wohl repräsentativ für diese physiognomischen Studien und Karikaturen, die, an ungewöhnlichem Platz, seit der Studienzeit und bis ins Alter betrieben worden sind.

Zusätzlich sind noch geometrisch-figürliche Kritzeleien reproduziert und mehrere Randglossen. Wenn schon, dann hätte man sich bei diesen nicht die spontane gehaltvolle Anmerkung und den grandiosen Witz des Schreibers entgehen lassen sollen; denn

---

3 Schopenhauer, *Briefe*.

vorherrschend sind schlechte Zensuren, Grimm und Hohn. Ausstattung, Papier und Qualität der ganzseitigen Abbildungen des Buches – einmalige Ausgabe in tausend Exemplaren (das hat seinen Preis) – sind tadellos.

Schopenhauers Mutter, Schriftstellerin, war auch zum Malen leidlich begabt, die Kunstfertigkeit der Schwester Adele erwies sich in zierlichen Silhouetten, »wahrhaftigen Gedichten mit der Schere« (Immermann). Der junge Arthur legte bildnerisches Talent auf seine Weise an den Tag, indem er etwa während der Logik-Vorlesung von Professor Schulze im Sommersemester 1811 Köpfe, zumeist Karikaturen, in dessen Lehrbuch kritzelte, auf das »hintere Vorsatzblatt, Vorder- und Rückseite, und die Innenseite des Rückdeckels«, notiert Hübscher (Abb. 71, 73). Unterricht oder Üben im Zeichnen belegt schon ein Brief der Mutter nach Wimbledon, 1803: »Zeichnen, Bücher, Flöte, Fechten [...] ist denn doch ziemlich viel Abwechslung.«

Daß beim Studenten fürs Zeichnen Buchdeckel herhalten mußten, wäre nicht ungewöhnlich, daß es aber, offensichtlich, dabei geblieben ist – es gibt nur eine frühe, von den Herausgebern als Beleg der Ausbildung angeführte »erdkundliche Zeichnung« – ist seltsam. Die »Köpfe«, die physiognomischen Übungen, konnten nicht *nur* die Funktion gehabt haben, Pausen bei der Lektüre auszufüllen, es ist hier ein vorwaltendes Interesse zu vermuten. Wenn man überschlägt, wieviele Kritzeleien es gewesen sein mögen, dann kommt das Ausmaß der Un-Art zur Geltung: Hübscher gibt bei 111 der 1848 Titel von Schopenhauers Bibliothek Zeichnungen an; man kann auf 120 aufrunden, denn neun der 33 reproduzierten hatte Hübscher dabei übersehen. Zwei Drittel aller Bücher waren nicht mehr erfaßbar (»Verbleib?«, »verloren«, »verschollen«, »verschenkt«), und nur ein kleiner Teil dieser ist vor dem Abgang auf Bildliches und Glossen geprüft worden. Das heißt, es muß ursprünglich weit über 300 Zeichnungen gegeben haben.

Auch die Herausgeber der *Kritzeleien* fragen sich: »Weshalb werden ausgerechnet Bücher als Zeichen-Unterlage hergenommen, weshalb dient die eigene Bibliothek als Terrain für solche graphischen Imaginationsübungen und spontanistischen Physiognomieskizzen?« Die Antwort, glauben sie, lege Schopenhauer selbst nahe, wenn er schreibt: »Wann wir lesen, denkt ein anderer für uns«; »*vieles* Lesen nimmt dem Geist alle Elasticität«; »in Hinsicht auf unsere Lektüre (ist) die Kunst, nicht zu lesen, höchst wichtig«. Dies und noch viel mehr dergleichen Zugespitztes hat der durchaus belesene und sehr gründliche Leser bekanntlich auf die »Gelehrten« gemünzt, die das viele Lesen »noch geistloser und einfältiger macht, als sie schon von Natur sind«. Im Nachwort jedoch wird gefolgert: »Der ›Selbstdenker‹ Schopenhauer ist wohl als ein Leser zu konstruieren, der sich nicht allzu tief in den Bann seiner jeweiligen Lektüre ziehen [...] läßt, [...] er wird zu Distanzierungen tendiert haben, um so immer wieder dem eigenen Denken Raum zu geben.« Und möglicherweise war eben das Kritzeln – dann, »wenn sich der ›eigene Gedanke‹ rührt« – der »Ablenkung vom Lesen und abwartenden Konzentration auf das ›Selbstdenken‹ förderlich«.

Schopenhauers Zeichnungen: nahezu ausschließlich »Köpfe« im Profil, vielfach nur der Umriß davon. Das Gesicht wird »in Physiognomie und Mimik anhaltend variiert«, man stößt auf »serielle Variation durch leicht veränderte Details« (Abb. 75, 77). Gewiß, die Debatten über die »Physiognomik« lagen noch in der Luft. Schopenhauer, der eine wissenschaftliche Physiognomik (wie vor ihm Kant) für unmöglich erklärte, läßt, einem kompromißlosen Gedanken nach zu urteilen, den vermutlich nur er von der »Hieroglyphe« Menschengesicht hatte, eigentlich keinen Zweifel daran, daß bei den Zeichnungen ein besonderes Interesse zum mindesten mitspielte. Der 1821 niedergeschriebene und 1844 fast unverändert in den Zweiten Teil des Hauptwerks eingegangene Gedanke:

> Wenn man erwägt, wie etwas so ganz Ursprüngliches, so durchaus Originelles und eine aus lauter nothwendigen Theilen entsprungene *Einheit in jedem Menschengesicht* liegt, [...] so muß man zweifeln, daß dieses so ganz Ursprüngliche je aus einer andren Quelle

zu hoffen sei, als der, welche in den geheimnißvollen Tiefen der Natur selbst liegt, daß folglich kein Künstler es vermöge, die ursprüngliche Eigenthümlichkeit eines Menschengesichts wirklich zu ersinnen, sondern was er dafür geben mag nur eine fade und halbwahre Zusammenstellung seyn kann, mithin auf allen Bildern eigentlich nur Porträts vorkommen sollten, wenn tiefe Wahrheit im Bilde seyn soll. Um dies einzusehn, betrachte man die *vollkommne Einheit* in jeder wirklichen und lebenden Physiognomie, die Ganzheit derselben mittelst ihrer Teile: wie sollte der Künstler, ohne doch eigentlich das Princip dieser Einheit zu kennen, jemals eine *wahre Physiognomie* ersinnen können? – Muß man nicht zweifeln, daß irgend ein nur so vom Künstler ersonnenes Gesicht in der That *möglich* sei?[4]

Mit einem Mal scheint einem, die Kritzeleien seien allesamt Experimente mit den »notwendigen Teilen«, als sollten die nur wenig veränderten Nasen-, Lippen- und Kinnformen einander ein »mögliches« Gesicht zuspielen. – Zum mindesten ist anzunehmen, daß jener Gedanke in den Kritzeleien seine Spuren hinterließ.

Die Herausgeber fassen das Zeichnen Schopenhauers als »reine Phantasietätigkeit« auf und erwägen Beziehungen zu dessen Anschauungen vom Kunstschaffen. »Mit der Apostrophierung des Augenblickshaften und Spontanen, des Unwillentlichen und Unakademischen sowie der reinen Phantasietätigkeit als ausschlaggebendem Moment schließen sie einen solchen Bezug zumindest nicht aus.« Für die Selbsteinschätzung der »Kritzel-Zeichnungen« könne gelten, was Schopenhauer zu seinen Gedichten[5] äußerte, so vor allem sein Wort, daß es sich um Verse handle, »die auf poetischen Werth keinen Anspruch zu machen haben; schon weil man nicht Dichter und Philosoph zugleich seyn kann«.

Hans Haller *(Innsbruck-Rum)*

Gerd Haffmans (ed.), *Der Rabe. Magazin für jede Art von Literatur – Nummer 19*, Haffmans Verlag, Zürich 1988, 209 Seiten

Schon der Reihentitel verspricht, was das Inhaltsverzeichnis hält: ein *Magazin für jede Art von Literatur*. Pünktlich zum 200. Geburtstag Schopenhauers hat der Herausgeber und Verleger Gerd Haffmans ein Kaleidoskop aus philosophischen, literarischen und graphischen Versuchen der Auseinandersetzung mit dem Philosophen zwischen Buchdeckel gebracht: Saloppes und Ernsthaftes, Amüsantes und Boshaftes geben sich in diesem Band ein fröhliches Stelldichein. Auf der bunten Palette von Beiträgen zu Schopenhauer sind philosophische Analysen und Vergleiche aus reflexiver Distanz (O. Breidbach, M. Hielscher) ebenso vertreten wie das persönlich gefärbte Statement (H. Kinder). Andere Texte lassen eine Beziehung zu Schopenhauer nur indirekt oder gar nicht erkennen (J. Euler, M. Hierholzer, L. Lütkehaus, C. Sprick). Mit einer im Alter von 16 Jahren verfaßten Reisebeschreibung kommt auch Schopenhauer selbst zu Wort. Die ohnehin legere Komposition wird durch eingestreute Karikaturen von unterschiedlicher Qualität aus Feder, Bleistift und Pinsel von F. W. Bernstein, V. Dehs, N. Heidelbach, V. Kriegel und anderen noch weiter aufgelockert. Mit einem umfangreichen, in Rat und Abrat gegliederten Rezensionsteil sowie Nach- und Hinweisen zu den Autoren klingt das Potpourri aus.

---

4 Schopenhauer, *WWV II*, Kap. 36.

5 Schopenhauer, *PuP II*, »Einige Verse«.

Einige Beiträge sind hervorzuheben:

Unter dem Titel *Nukleares Nirwana* interpretiert der vor allem als Literat bekannt gewordene Ulrich Horstmann (Kleist-Preisträger 1988) die Philosophie Schopenhauers als »geistesgeschichtliche Frühgeburt« (14). »Die Machbarkeit der Apokalypse« (15) im 20. Jahrhundert komplettiert und stabilisiert – so Horstmanns These – »als Schlußstein« das Gebäude des Schopenhauerschen Entwurfs, dessen frappierende antizipatorische Kraft »erst heute, in der aurea aetas des Pessimismus« (14), offenbar wird und den bereits von Schopenhauer als »wahrhaft ruchlose Denkungsart«[6] gebrandmarkten Optimismus vollends obsolet macht. Ästhetische Kontemplation, Resignation und Askese, die von Schopenhauer empfohlenen Mittel, um der leidvollen Existenz zumindest vorübergehend zu entfliehen, läßt Horstmann nur als dürftige Surrogate für die erst durch das technische Vernichtungspotential unseres präapokalyptischen Zeitalters möglich gewordene umfassende Anihilation gelten. Horstmanns provokanter Text fordert zu kritischer Auseinandersetzung heraus, reizt zum Widerspruch. Lesenswert ist er nicht zuletzt wegen seiner auffälligen stilistischen Brillanz – auch wenn Horstmanns Gelenkigkeit bei seiner bild- und begriffsakrobatischen Kür stellenweise etwas übertrieben erscheint.

Ludger Lütkehaus, der Herausgeber der 1988 im Haffmans Verlag erschienenen Schopenhauer-Ausgabe letzter Hand, präsentiert unter der Überschrift »Die Teufelsbeweise« fiktionale Fragmente einer »Summa diabolica« (29). Mittelalterliche Theo-Logik malt er auf jokos-blasphemischen Goldgrund, indem er bekannte Versatzstücke der klassischen Gottesbeweise genüßlich parodiert. So entfaltet sich vor den Augen des Lesers Schritt für Schritt die diabolische Lehre vom Teufel als »Ursprung und Ziel der Dinge und im besonderen der unvernunftbegabten Geschöpfe« (29).

Rüdiger Safranski, Autor der 1987 bei Hanser publizierten Schopenhauer-Biographie, empfiehlt »Die Welt als Wille zum Weiterwursteln« als würdigen Gegenstand der Philosophie. Schopenhauer lehrt uns – so Safranski – das philosophische Staunen darüber, daß spekulative Höhenflüge und Gipfelerlebnisse stets mit einem Rückfall in die Banalität der alltäglichen Existenz enden.

Safranskis Schlußwort: »›Du hast keine Chance‹, sagt die philosophisch einschlägig belehrte Vernunft; ›aber nutze sie‹, sagt unser unausrottbarer Wille zum Weiterwursteln« (52).

Martin Hielscher verfolgt in seinem Beitrag *Schopenhauer und Adorno oder das Unrecht, überhaupt ›ich‹ zu sein* die Intention, die Verwurzelung grundlegender Thesen der Kritischen Philosophie Adornos in Schopenhauers Konzeption aufzuzeigen. Adornos Überzeugung von der Schuldhaftigkeit des Ichseins und vom Primat des Objekts in der Subjekt-Objekt-Dialektik sind nach Hielschers Auffassung bereits bei Schopenhauer präfiguriert. Analogien zwischen den philosophischen Entwürfen Adornos und Schopenhauers bestehen laut Hielscher auch in der Überzeugung von der Perpetuierung des Leidens und in dem besonderen Stellenwert ästhetischer Erfahrung als einer Chance des Subjekts zur Abkehr von Zweckorientierung und Objekt-Instrumentalisierung. Adornos Perspektive auf »Tragik und Vergeblichkeit« (87) der menschlichen Existenz begreift Hielscher als Fortsetzung des Schopenhauerschen Pessimismus im 20. Jahrhundert – allerdings in einer durch Adornos Gedanken einer Versöhnung von Mensch und Natur »in Selbsterhaltung, Vergängnis und Ausdruck« (90) gebrochenen Form.

Im Schlußteil des *Raben* präsentiert Frans Hals ein *Kleines aktuelles Bücherverzeichnis*. In seiner anregenden Zusammenstellung neuerer und neuester Publikationen zu

---

6 Schopenhauer, *WWV I, ed. Löhneysen*, 447.

Schopenhauer sind die verfügbaren Editionen ebenso vertreten wie Textsammlungen, Monographien, Aufsätze, Erzählungen und Varia. Daß seine Kommentare »behutsam« ausgefallen seien, wie der Untertitel verlauten läßt, entpuppt sich bei der Lektüre als eindeutig ironischer Hinweis. Weniger (d.h. kommentarlose Titelnennung) wäre in einigen Fällen mehr gewesen. Eine reizvolle Zugabe stellen die beigefügten Fundstellen von Rezensionen zu einigen der Schopenhaueriana dar.

Streiten läßt sich über den inhaltlichen und stilistischen Wert von etlichen der unter den Rubriken *Der Rabe rät*, und *Der Rabe rät ab* versammelten Kurzrezensionen. Mehrere sind erfrischend und witzig geschrieben, andere wirken auch in ihrer salopp-maliziösen Einseitigkeit amüsant, nicht wenige allzu leger aus Ärmel bzw. Feder geschüttelte Stellungnahmen erscheinen jedoch schlichtweg überflüssig. Aber von Texten, die in einigen Extremfällen kaum mehr als 40 Wörter umfassen, kann man vermutlich nicht mehr erwarten.

Barbara Neymeyr *(Freiburg)*

Otto A. Böhmer (ed.), *Vom Nutzen der Nachdenklichkeit. Ein Schopenhauer-Brevier*, Deutscher Taschenbuch Verlag, München 1987, 211 Seiten

»Kommt es erst dahin, daß die Leute irgendein Buch von mir aufmachen und hineinsehn, so habe ich gewonnenes Spiel« (209), glaubte Schopenhauer. Mit seinem 1987 bei dtv erschienenen *Schopenhauer-Brevier* versucht der Herausgeber Otto A. Böhmer, einerseits dem Philosophen einen Weg zum Publikum zu ebnen, andererseits dem Leser ein Bekanntwerden mit Schopenhauer zu erleichtern. Indem Böhmer seine opulente Blüten- und Früchtelese aus dem umfangreichen Opus Schopenhauers unter dem Titel *Vom Nutzen der Nachdenklichkeit* offeriert, scheint er sich im Einklang mit dessen Überzeugung zu befinden, »kein Buch« könne »den eigenen Geist« ersetzen, Bücher seien »nicht als Quellen der Erkenntnis, sondern nur als Beihülfe« zu benutzen.[7]

Das *Schopenhauer-Brevier* ist in elf Kapitel gegliedert, die folgende, recht allgemein gehaltene Überschriften tragen: I. Über die Philosophie, II. Die Welt als Wille und Vorstellung, III. Der Aufbau des Wirklichen, IV. Das klare Weltauge: Vom Schauen und Vergessen, V. Das wahre Wesen der Dinge, VI. Von der Natur des Menschen, VII: Alter und Jugend: Vom Lauf der Zeit, VIII. Das Leben – eine strenge Lektion, IX. Vom Tod, X. Geistesprodukte: Über Philosophen, Schriftsteller und Bücher, XI. Notizen in eigener Sache. Das elfte Kapitel unterscheidet sich von den zehn vorangegangenen insofern, als es statt philosophischer Reflexionen eine Zusammenstellung überwiegend autobiographischer Notizen aus Schopenhauers Feder enthält. Sie gewähren Einblick beispielsweise in seine Enttäuschung über die zu Lebzeiten weitgehend ausgebliebene Resonanz beim Publikum, aber auch in sein selbstbewußtes Vertrauen in die eigene Fähigkeit, mit den Früchten seiner Geisteskraft »Jahrhunderte der Menschheit zu bereichern« (189); außerdem werden Aspekte sowohl seiner Lebens- und Arbeitsweise als auch seines problembelasteten Naturells deutlich.

Zu begrüßen ist Böhmers Entscheidung, solchen teils sehr privaten und eindringlichen Mitteilungen des Philosophen den Vorzug zu geben vor der Sterilität eines aufs äußerste reduzierten Textes von der Art eines Lexikonartikels.

---

7 Schopenhauer, *PuP II, ed. Hübscher*, 61.

Um Verständnisbarrieren vorzubeugen, hat der Herausgeber Termini technici und fremdsprachige Zitate in Schopenhauers philosophischen Ausführungen mit erläuternden Klammerzusätzen versehen.

Sämtliche Werke, *Der Handschriftliche Nachlaß* und *Gesammelte Briefe*: diese von Arthur Hübscher herausgegebenen Schopenhauer-Ausgaben stellen die Quelle der von Böhmer getroffenen Auswahl dar; die einzelnen Zitatnachweise zu den elf Kapiteln des Schopenhauer-Breviers finden sich auf den letzten beiden Seiten.

In seinem gewandt und schwungvoll geschriebenen Nachwort thematisiert Böhmer die zu Schopenhauers Leidwesen zunächst von weitaus weniger Verve geprägte Rezeptionsgeschichte, unterstreicht die Aktualität seines pessimistischen Entwurfs und die Attraktivität auch der »sackgroben Formen« (201), die zwar dem Autor beispielsweise im Umgang mit seinem Verleger nicht gerade förderlich waren, später jedoch »zum Modeschmuck seiner Philosophie« (201) avancierten. Als literarisch-philosophisches Dokument besonderen Ranges betrachtet Böhmer die *Parerga und Paralipomena*. Dieses Werk, in dem Schopenhauer – so Böhmer – »aus dem weltweiten Garten des Menschlichen im Stile eines brillanten Reiseschriftstellers zu berichten wußten« (203), verhalf ihm endlich zu dem intendierten Erfolg beim Publikum, allerdings ohne daß sich zugleich seine weiterreichende Hoffnung erfüllte, in der Leserschaft auch Interesse für sein *Opus magnum* zu wecken.

»Was macht den Philosophen?« fragt Schopenhauer. Und seine Antwort lautet: »Der Mut, keine Frage auf dem Herzen zu behalten« (16). In diesem Sinne ist dem Buch zu wünschen, daß es zum Anlaß wird für viele Fragen.

Barbara Neymeyr *(Freiburg)*

Rudolf Malter (ed.), *Kleines Schopenhauer Brevier: Gedanken aus dem Handschriftlichen Nachlaß*, Insel, Ffm 1987, 285 Seiten.

Der Nachlaß Schopenhauers hat nicht die gleiche Bedeutung für seine Philosophie wie etwa Nietzsches Nachlaß der Achtzigerjahre, der das Material für ein geplantes Hauptwerk darstellt, das nicht zustande kam. Man kann aus ihm auch nicht bisher verschwiegene Gedanken zu Tage fördern, da die Texte nicht selten wörtliche Übereinstimmung mit Schopenhauers veröffentlichtem *magnum opus* aufweisen. Aber ihre oft aphoristische Kürze provoziert Fragen an den Philosophen, der das ›An sich‹ (oder dessen nächste Annäherung) der Welt als Vorstellung im irrationalen und – wie Schopenhauer betont – erkenntnislosen Willen feststellt. Zu dessen Verhältnis zur Vorstellungswelt sagt Schopenhauer: »Meine ganze Philosophie läßt sich zusammenfassen in dem einen Ausdruck: die Welt ist die Selbsterkenntnis des Willens« (245).

Welches Interesse aber kann der erkenntnislose und dumpfe, das Unbewußte behausende Wille an einer vielfarbigen, durch das *principium individuationis* in lauter Einzelheiten zerfallenden Erscheinungswelt haben? Sie ist dem Satz vom zureichenden Grunde unterworfen, um Assoziationen, Synthesen und Ganzheiten herzustellen. Nur der Wille als solcher untersteht nicht dem Satz vom zureichenden Grunde. So grundlos wie er ist, ist auch seine Gestaltung in der Vorstellungswelt, und zwar einer Welt *unserer* Vorstellung. Nur in ihr gibt es Grund und Begründung. So sehr also Schopenhauer uns einschärft: »Meine Philosophie wird nie im mindesten das Gebiet der Erfahrung, d.h. des Wahrnehmbaren, im ganzen Umfang des Begriffs, überschreiten« (245), so sehr muß man sich vor Augen halten, daß mit der Frage nach dem Warum? der Selbsterkenntnis des Willens das ›Gebiet der Erfahrung‹ überschritten ist in eine Transzendenz, die Schopenhauers Immanenz von sich ausschließt.

In der Ethik, die *prima facie* ganz innerweltlich ist, ergibt sich gleichfalls als »*das schwerste aller Probleme*: woher, bei der Identität und metaphysischen Einheit des Willens als Dinges an sich, die himmelweite Verschiedenheit der Charaktere? die hämische, teuflische Bosheit des Einen? die desto greller abstechende Güte des Andern?« (161). Das offene Eingeständnis der Anwortlosigkeit seines Systems auf diese grundlegenden Fragen hat in der europäischen Philosophie wenige Analogien (eine solche findet sich bei dem von Schopenhauer hochgeschätzten britischen Philosophen David Hume, der im Nachtrag zu seinem Hauptwerk eingesteht, innerhalb seines Systems das Problem der Einheit des Bewußtseins nicht lösen zu können).

Die von Malter getroffene Auswahl aus dem Nachlaß zeigt, wie nahe Schopenhauer die Tatsache des Todes und noch mehr die der Furcht vor dem Tod gingen. Er ist auch mit dieser Frage nicht ins Reine gekommen. Er sucht Argumente, die Todesfurcht intellektuell zu widerlegen: wie Spinoza glaubt er, durch Einsicht einen Affekt stillstellen zu können.

Zunächst führt er aus, es sei der individuelle Wille, der sich gegen den Tod sträubt. »Das ganze Individuum sträubt sich nicht gegen den Tod: dem Intellekt ist er gleichgültig« (215) – der Intellekt ist ein Organ des Willens, dem er Motive zum Handeln vorstellt. Der Intellekt kann sich nach dem Tod des einen im anderen ›Ich‹ verwirklichen. Dasselbe kann der Wille zum Leben. Demnach ist seine Todesfurcht ein Mißverständnis. »Das in uns, das allein den Tod fürchten kann und ihn fürchtet, wird von ihm nicht getroffen: was aber von ihm getroffen und wirklich vernichtet wird, kennt keine Todesfurcht, denn es ist seinem Wesen nach gleichgültig gegen Sein und Nichtsein, und das ist die Erkenntnis, das Bewußtsein« (217); es ist das der Organismus, dessen ›Idee‹ unsterblich ist.

Aus diesen verwickelten Gedankengängen geht vor allem Schopenhauers ganz persönliches Bedürfnis nach Aussöhnung mit dem Tod hervor. Man sollte meinen, daß er des Philosophen grundsätzlicher Abwertung des Daseins nicht unwillkommen sein sollte. Denkt man sich einen schaffenden Dämon, so wäre man doch berechtigt, auf seine Schöpfung weisend, ihm zuzurufen: »Wie wagtest du die heilige Ruhe des Nichts abzubrechen, um eine solche Masse von Wehe und Jammer hervorzurufen!« (204f)

Es ist ein Verdienst der Textauswahl Malters, die von Schopenhauer philosophisch begründete Anordnung der Themen zu befolgen (269) und den Leser auf die in verschiedenen Lebensepochen entstandenen *Manuskriptbücher* zu verweisen (266). Der Versuch, anhand von Aphorismen aus dem *Handschriftlichen Nachlaß* in Schopenhauers Gedankenwelt einzuführen, dürfte gelungen sein.

Alfred Schäfer *(Berlin)*

Rudolf Malter, *Der eine Gedanke. Hinführung zur Philosophie Arthur Schopenhauers*, Wissenschaftl. Buchgesellschaft, Darmstadt 1988, 149 Seiten

Die Jubiläen sind vorüber, doch die Popularität Schopenhauers scheint ungebrochen – und zwar nicht nur bei den Vorsitzenden von Schopenhauergesellschaften. Ein Grund dafür könnte in dem sehr zeitgemäßen, anthropofugalen Zug seiner Ethik liegen (insofern man überhaupt von einer Ethik reden kann). Daß der Mensch etwas sei, »das besser nicht wäre«, könnte man als die provokante Umkehrung jeder Aufklärungshoffnung nach Fortschritt zur Freiheit oder wenigstens zur Erkenntnis sehen. Entsprechend steht Schopenhauer in scharfem Gegensatz zu den meisten auch heute noch propagierten ethischen Varianten des 18. u. 19. Jh. und »paßt« in eine geistige Situation, in der die Zweifel an unseren allgemeinen Handlungsnormen die selbstgefälligen Rechtfertigungen einer zu kurz greifenden Fortschrittlichkeit und Aufklärung zu überwiegen beginnen.

Malter geht insofern akademisch abgesicherte Pfade, als er den Willensmetaphysiker Schopenhauer in den Vordergrund bringt und das Frühwerk unter diesem Gesichtspunkt behandelt. Gleichzeitig aber stellt er auch den zweiten, heute womöglich wichtigeren Gesichtspunkt heraus, der Schopenhauer auch zum Einzelfall in der Tradition des 19. Jh. macht: Die Grunderfahrung, »daß diese Welt kein Werk eines allgütigen Wesens seyn könnte, wohl aber das eines Teufels, der Geschöpfe ins Daseyn gerufen, um am Anblick ihrer Qual sich zu weiden [...]«. Die Leidensexistenz des Menschen als anthropologischer Stolperstein aller Fortschrittshoffnung macht Schopenhauers Philosophie zur »Soteriolologie«.

Ursprung und Aufhebungsmöglichkeit der Leidensexistenz zu durchdringen, ihr einen Ausweg zu bieten; eine »wirkliche Befreiung«, statt einer bloß abstrakt bleibenden (wie etwa bei Kant oder Hegel) – dazu bedarf es jener »komplizierten und langwierigen Exposition«, die die vorliegende Einführung rekonstruiert.

Malter geht seinen Weg behutsam und entfaltet auf wenigen Seiten die Umrisse der Frühphilosophie, den Umschlagspunkt in der Dissertation Schopenhauers und die entscheidende Gleichsetzung von »Wille«, »Ding an sich« und »Idee«, womit auch die großen Quellen genannt sind, aus denen Schopenhauers Philosophie lebt: Plato, Kant und ein besonderes Verhältnis zur Ästhetik, das auch die Willensmetaphysik bestimmt.

Das Zusammenwirken der drei Aspekte kommt bereits in der Frühphilosophie zum Tragen: Von Kant könnte die Zweiteilung von »empirischem« und »besserem« Bewußtsein stammen. Empirisches Bewußtsein ist das Bewußtsein der realen Welt und diese selbst, das »bessere Bewußtsein« ist jenseits aller positiven Bestimmbarkeit ein Bewußtsein, das nicht »denkt« oder »erkennt«, von dem man nur »ex negativo« sprechen kann, zu dem es jedoch Zugänge gibt: die »Moral« und die »Kunst«. – Hier ist Plato erkennbar. Schopenhauer wird es, was seine »wirkliche Befreiung« anbelangt, auch im Hauptwerk, der Welt als Wille und Vorstellung, immer um jenes »bessere Bewußtsein« gehen, das er auch als »Contemplation« bezeichnet.

Am Beispiel der Kunst wird dies im Hauptwerk demonstriert. Das Eingangstor zu diesem Hauptwerk ist die Dissertation von 1813 und ihre erkenntnistheoretischen Topoi der Kausalität, der Begrifflichkeit, der Anschauungsformen und der Motivation.

Malter hält sich an die enge, von Schopenhauer bereits behauptete Anbindung der Dissertation ans Hauptwerk. Er geht sogar noch einen Schritt weiter, indem er den Willensbegriff direkt aus der Dissertation und frühen Fragmenten ableitet. Das Programm des »besseren Bewußtseins« wird sichtbar im Ziel der Willensaufhebung durch Einsicht und in den Schritten, die nacheinander zu einer ersten, unvollständigen Willensaufhebung in der Kunst und einer zweiten in der Mitleidsethik führen.

Die Vollendung dieses Weges ist die Möglichkeit, eine Motivation des Willens herbeizuführen, die sich gegen sich selber kehrt und aufhebt, das »nihil negativum«, welches nicht als »Vernichtungsprozess« oder Auslöschung mißverstanden werden dürfe. »Nichts« ist nach Malter für Schopenhauer »ein relativer Begriff«. »Welche positive Erfahrung dem zuteil wird, dem die Welt zu ›Nichts‹ geworden ist, entzieht sich der Erfahrung«, es zeigt sich jedoch an den Individuen und »an den künstlerischen Darstellungen von Individuen«, die zu dieser Art der Selbstverleugnung gelangt sind.

Die systematische Darstellung des Hauptwerkes ist in dieser Einführung von einer topologischen teilweise überlagert. So treffen Gliederungsabschnitte wie *die ästhetische Kontemplation, vorläufige und endgültige Befreiung des Subjekts*, mit anderen zusammen, die etwa *Sexualität u. Egoismus* oder *Aggression und Staatsgewalt* heißen. Das irritiert zunächst und läßt Beliebigkeit wie sogar unzulässige Aktualisierungen zumindest in der Titelauswahl vermuten. Inhaltlich folgt die Darstellung Schopenhauers eigener Didaxe und schließt mit einer Betrachtung über den Pessimismus als »kritischem« Begriff.

Insgesamt hat Malter den nützlichen Versuch gemacht, Schopenhauers Philosophie aus dem »einen Gedanken« heraus zu verstehen, daß die Welt weder ein wissenschaftlich zu erforschendes empirisches Objekt ist, noch, daß sie sich in die wissenschaftstheoretischen Spekulationen der Erkenntniskritiker auflöst, daß sie vielmehr Selbsterkenntnis des Willens ist. Dies ist zugleich das nicht gerade neue Ergebnis, das in aller akademischen Treue unkommentiert bleibt und das vielleicht auch sehr wichtige Aspekte außen vor läßt, wie etwa den des großen Ironikers Schopenhauer: Daß das *Lachen* hinter den lamentierenden Darstellungen »des Lebens als Leiden« im Hauptwerk stets präsent ist, hätte man sich zum Thema der Soteriologie eigentlich behandelt gewünscht. Durch die Abwehr der Interpretation Schopenhauers als metaphysisch verbrämter »Weltnörgelei« (in der Pessimismusreflexion) ist dies nur teilweise wettgemacht.

Ein Vorteil der Arbeit könnte sein, daß sie sich weitgehend der Wendungen und zitierbaren Formulierungen Schopenhauers bedient, ein Nachteil, daß durch dieses Verfahren die hermeneutische Distanz und die Möglichkeiten gedanklicher Engführung streckenweise geopfert sind. Dies jedoch kann genausogut als Stärke eines Büchleins gelten, das ja nur eine »Einführung« sein will, eine Einführung, die nicht zuletzt wegen ihrer Vollständigkeit und akademischen Treue zwar nicht als unkompliziert, aber als gewinnbringend und orientierend anzuempfehlen wäre.

Reinhard Knodt *(Nürnberg)*

Alt-Neues aus Frankfurt

Angelika Hübscher (ed.), *Arthur Schopenhauer: Ein Lebensbild in Briefen*, Insel, Ffm 1987, 437 Seiten (I)

Schopenhauer, *Die Welt als Wille und Vorstellung*, Zwei Bände. Mit einem Nachwort von H.-G. Ingenkamp, Reclam, Stuttgart 1987, 736 und 871 Seiten (II)

R. Malter, W. Seelig & H.-G. Ingenkamp (ed.), *68. Schopenhauer-Jahrbuch*, Kramer, Ffm 1987, 314 Seiten (III)

(I) Der Bücherboom zu Schopenhauers 200-Jahr-Jubiläum beschert uns hier eine Auswahl von Schopenhauer-Briefen, geordnet, zusammengestellt und kommentiert von Angelika Hübscher, die »in neuartiger Verschmelzung von Brief und Biographie, in den sich immer wieder rundenden Bögen der Darstellung vom Anfang zum Ende einzelnen Lebensgeschehens, neue Einsichten in das Wesen des Philosophen ermöglichen« und so – ganz im Sinne Schopenhauerscher Selbstapotheose – »ein Geschenk an ›die Menschheit‹« stiften will (9). Die über elf Kapitel hinweg ›sich immer wieder rundenden Bögen‹ (*Familie Schopenhauer*, *Freunde der Kindheit*, *Jugendfreunde*, *Goethe*, *Frauen um Schopenhauer*, *Der Philosoph als Geschäftsmann*, *Verleger*, *Ein erfolgloser Hochschullehrer*, *Aus der Gelehrtenrepublik*, *Die Schule*, *Die Komödie seines Ruhms*) ergeben – als Potpourri von (meist gekürzten) Briefen, Gegenbriefen und Hübscherschen Erläuterungen – über mehr als 400 Seiten zwar ein notgedrungen vielfältiges und im Detail informatives, aber letztendlich doch ein *allzu* abgerundetes Bild. Es scheint der

Fluch einschlägiger Schopenhauer-Darstellungen zu sein, daß dabei fast immer süßliche Hagiographien herauskommen. Dennoch ist es zu begrüßen, daß dieser Band – der freilich, wie gesagt, gegenüber der Person Schopenhauers weniger devot und harmonisierend hätte gestaltet werden können – herausgekommen ist, da die Briefe-Edition von Arthur Hübscher relativ teuer und nicht leicht zugänglich ist.

(II) Die von H.-G. Ingenkamp besorgte Reclam-Ausgabe des Schopenhauerschen Hauptwerks folgt den Bänden 2 und 3 der Edition Hübscher ([4]1988) und kann anhand einer Zweitpaginierung in eckigen Klammern mit dieser verglichen werden. An das Nachwort des Herausgebers im zweiten Band (841-867) schließt sich eine – wenngleich knappe und wenig repräsentative – Auswahl an Sekundärliteratur an (868f). Das Nachwort ist durchaus lesenswert, obgleich sich streckenweise darin Engstirnigkeit und Arroganz eines exemplarischen Schopenhauer-Adepten ausdrücken, der aber gleichwohl ›seinen‹ Meister aufmerksam gelesen hat und von da aus neben den unvermeidlichen Bekenntnisformeln auch einiges Sinnvolle zu sagen hat. Ingenkamp beginnt mit einem kurzen, eng werkbezogenen Abriß der Biographie Schopenhauers, geht dann über zur Genese seiner Philosophie – wobei er freilich vergißt, die für die Konsolidierungsphase seines Denkens nicht irrelevante Rolle der Indologie auch nur zu erwähnen – und wendet sich dann der Editionsgeschichte und, konzentrierter, den möglichen Rezeptionsbedingungen des Schopenhauerschen Denkens zu. Ingenkamp, der es sich apriorisch verkneift, auch nur im Ansatz kritische Fragen an Schopenhauer zu stellen, fordert vom Leser explizit, »nicht mit dem eigenen, sondern mit Schopenhauers Kopf« (850) zu denken: eine entmündigende Forderung, deren ›wahrer Kern‹ allerdings darin bestehen mag, daß eine kritische Auseinandersetzung nur legitim und auch fruchtbar sein kann, wenn ihr eine aufmerksame, aufgeschlossene und lernbereite, alle Vorurteile möglichst zurückstellende Werklektüre vorangeht. Daß Schopenhauers Forderung, seine Werke müßten zweimal gelesen werden, nicht als bloße Wichtigtuerei zu werten ist, sondern als wohlüberlegter rezeptionsmethodischer Hinweis, legt Ingenkamp durch seinen Aufweis der konstitutiven Spannung zwischen dem philosophischen Gedanken als solchem und seiner systematischen Darstellung überzeugend dar. Ebenfalls sinnvoll erscheinen die »Leseregeln« (851) einer Schopenhauer-Lektüre, denen gemäß ›Sondersprache des Autors‹, ›Mehrsprachigkeit‹ und ›Diversität von Erkenntnisarten‹ zu berücksichtigen seien. Einleuchtend ist außerdem die kurze Darstellung der Polysemantik des Willensbegriffs (852ff) und dessen – nicht als platte Synonymität mißzuverstehende – Analogie zum Begriff des Dings an sich. Schließlich ist Ingenkamp auch darin zuzustimmen, daß er den hermeneutischen Einstieg ins Schopenhauersche Denken als notwendige ›Bereitschaft zu initiiertem Denken‹ veranschlagt (wobei dieser aus der Ethnologie stammende Begriff vielleicht geeignet wäre, verborgene Gemeinsamkeiten der Erfahrungen des ›wilden Denkens‹ mit Erfahrungen der Philosophie Schopenhauers und der mystisch-neuplatonischen Tradition zu beleuchten). Freilich müßte sich eine solche Interpretation davor hüten, in eine obskurantistische Form von Mystik abzugleiten. Und sie dürfte auch nicht, wie Ingenkamp es tut, den Begriff der Metaphysik – ohne Gänsefüßchen – als »Realwissenschaft« (855) bezeichnen.

(III) In gewohnter Weise beginnt das Jahrbuch 1987 der Frankfurter Schopenhauer-Gesellschaft mit der Rubrik *Quellen und Dokumente* (7ff), die sich mit zwei – inhaltlich belanglosen, aber bislang unbekannten – Stammbuchblättern von Johanna und Adele Schopenhauer befaßt. Die Rubrik *Abhandlungen* (13ff) bringt Beiträge v.a. von G. Funke, J. Young, M. Fleiter und I. Vecchiotti. Die Rubrik *Miszellen* (189ff) präsentiert neben anderem ein paar unveröffentlichte Randschriften Schopenhauers zur Bibel. Neu eingeführt werden diesmal zwei weitere Rubriken: *Diskussion* (211ff) und *Rezensionen*

(221ff), wo einige der wichtigeren neueren Schopenhaueriana – z.B. die verdienstvolle Arbeit von F. Decher zum systematischen Vergleich der Denkentwürfe Schopenhauers und Nietzsches – ausführlicher besprochen werden. Im einzigen Beitrag der Diskussions-Rubrik geht es um die Staatslehre Schopenhauers, die der Autor eines früheren Jahrbuchbeitrags, M. Hopf, als ›Staatsminimalismus‹ im Sinne neoliberaler Gesellschaftstheorien gefeiert hatte. Nun wird Hopf von einem Metakritiker namens St. Diebitz wortreich abgekanzelt und des ›Anarchismus‹, ja sogar der Gefährdung der freiheitlich-demokratischen Grundordnung beschuldigt. Abgeschlossen wird das Jahrbuch mit den traditionellen Rubriken *Schopenhauer-Bibliographie* (235ff) – inklusive einer von D. Cartwright zusammengestellten Bibliographie der englischsprachigen Schopenhauer-Literatur (257ff) – und *Aus dem Leben der Gesellschaft* (269ff), die Berichte über Frankfurter Vereinsinterna enthält.

Reinhard Margreiter *(Imst)*

Arthur Schopenhauer, *Philosophie in Briefen*, (ed.) Angelika Hübscher & Michael Fleiter, Insel, Frankfurt a.M. 1989, 425 Seiten

Arthur Schopenhauer, *Gesammelte Briefe*, (ed.) Arthur Hübscher, 2., verbesserte u. ergänzte Aufl., Bouvier, Bonn 1987, XII & 732 Seiten

Nach dem *Lebensbild in Briefen* (1987) – mit dem Schwerpunkt auf Biografischem – legt hier die Witwe des Schopenhauer-Philologen Arthur Hübscher, diesmal assistiert von ihrem jungen Mitarbeiter Michael Fleiter, einen weiteren Auswahlband aus den Briefen des Meisters vor, in denen der Schwerpunkt auf der Mitteilung, Klärung und Präzisierung *philosophischer* Fragen liegt. Das *Vorwort* (7-11) ist diesmal in wohltuender Weise kürzer, nüchterner und sachlicher ausgefallen als beim ersten Band. (Daß wieder einmal – wie weiland in den ›Übersetzungen‹ der *Zürcher Ausgabe* zuhauf – ein Fremdwort falsch verwendet wird, fällt nur am Rande auf. Aber auch Adorno hat sich schließlich solcher Fehlgriffe schuldig gemacht.) Die getrennte Präsentation des Briefmaterials in vorwiegend biografisches und vorwiegend philosophisches wird mit der gerade im Falle Schopenhauers in der Literatur nicht immer genügend beachteten relativen Trennbarkeit von Person und Werk begründet. Ungetrübt durch lebensweltliche Bezüge – der Schreck über Safranski sitzt den Herausgebern hier wohl noch im Nacken (cf. 8) – soll der ›reine‹ philosophische Diskurs zum Tragen kommen.

Die insgesamt zehn Abschnitte folgen in der Anordnung den Schwerpunkten der Korrespondenz: Beginnend mit dem Bewerbungsschreiben Schopenhauers 1819 an die Berliner Universität und endend mit seinem Brief an die österreichischen Kadetten Sikic und Schramek 1860 – stehen folgende Themen im Vordergrund: Lebenslauf (I, 12ff), Pessimismus (II, 31ff), Kant (III, 59ff), Farbenlehre (IV, 108ff), Optimismus-Kritik (V, 153ff), Mystik und Religion (VI, 196ff), Ethik (VII, 216ff), Natur (VIII, 296ff) und Materialismus (IX, 323ff). Aus der (hier nun wirklich *kontingenten*) Tatsache, daß Schopenhauers letzter Brief vom 1. September 1860 an die Zöglinge einer Militärschule gerichtet ist, die Überschrift *Der Philosoph der Jugend* (X, 359ff) abzuleiten, wirkt freilich etwas gewollt. Dennoch ist der Band insgesamt zu würdigen als eine nützliche Ergänzung zu den philosophischen Schriften. Manche Themen wie z.B. die Ästhetik kommen zwar so gut wie überhaupt nicht vor, doch sind einige Textstellen dahingehend brauchbar, daß sie bestimmte Überlegungen Schopenhauers abrunden und etwas über seine Reaktion auf vorgebrachte Einwände zu seiner Philosophie mitteilen. Im *Anhang* (393-425) finden sich Kurzinformationen zu den Briefpartnern (365ff), ein Glossar versucht – weitgehend seriös – Fremdwörter und fremdsprachliche Zitate zu erklären (395ff), und ein Namenregister erleichtert die Übersicht (409ff).

Freilich handelt es sich um *Breviere* in populärer Absicht und damit um das Ausschlachten einer von Arthur Hübscher schon längst zu Ende gebrachten philologischen Arbeit. Für eine erschöpfende und wissenschaftliche Auseinandersetzung bleiben daher die 1978 bei Bouvier herausgebrachten *Gesammelte[n] Briefe*, die 1987 in zweiter, verbesserter und ergänzter Auflage wieder erschienen sind, ein unverzichtbares Standardwerk. Es legt die ca. 500 Briefe, Briefentwürfe und -fragmente Schopenhauers in chronologischer Reihenfolge vor und erläutert sie – dazu zählen auch die *an* Schopenhauer gerichteten Briefe -- im sorgfältig gestalteten, umfangreichen Anmerkungsapparat (485-706), der mit einem Register schließt. In der *Einleitung* (I-XII) charakterisiert der Herausgeber den (freilich nicht sehr hoch veranschlagten) Stellenwert und die Funktion – die sich auf die erste Rezeption und das beginnende Adeptentum bezieht – der Schopenhauerschen Korrespondenz im Gesamtwerk des Philosophen und gibt außerdem einen Abriß der die Briefe betreffenden Editionsgeschichte. Arthur Hübscher hat in einer verdienstvollen Arbeit von mehreren Jahrzehnten diese Editionsgeschichte zu einem allgemein anerkannt befriedigenden Ende geführt. Seine Gemahlin, der er »für ihre unermüdliche Mitarbeit« (XII) an seinem Werk dankt, scheint mittlerweile aber unermüdlich damit beschäftigt zu sein, für jedermann lesbare und erschwingbare Breviere unters Volk zu bringen.

RMa

2. Nietzsche, Heidegger

Georges Goedert, *Nietzsche der Überwinder Schopenhauers und des Mitleids* (= Elementa, Bd. 49), Rodopi/Königshausen und Neumann, Amsterdam/Würzburg 1988, 167 Seiten

Goedert begreift die von Nietzsche vollzogene »Zäsur« als einen »Bruch«, der in eins »Abbruch«, »Durchbruch« und »Aufbruch« ist. In der vorliegenden Untersuchung geht es ihm darum, den »genauen Stellenwert« zu erforschen, den Schopenhauer in diesem Prozeß einnimmt (9). Goedert nähert sich dieser Fragestellung von den Themen *Leiden* und *Mitleiden* her. Seiner Ansicht nach gibt es »kaum ein wichtiges Motiv oder Teilgebiet in Nietzsches Denken, das nicht auf irgendeine Weise diese Thematik implizierte« (11). Nun verkennt Goedert keineswegs, daß Nietzsches Ausführungen zu dieser Thematik nicht frei von Widersprüchen sind. Auch will er Nietzsche mit dieser These kein System unterstellen. Immerhin aber ist er der Überzeugung, daß vor allem die Themen Leiden und Mitleiden in der Lage sind, »eine gewisse Kohärenz« des Nietzscheschen Denkens aufscheinen zu lassen (11).

Nach Goederts Ansicht hat bei dem biographischen Faktum, daß der junge Nietzsche sich ausgerechnet Schopenhauer zu seinem Leitbild erkor, die in dessen Werk »thematische Kombination von Leiden und Mitleiden« eine nicht unwesentliche Rolle gespielt (21). Goedert vermag seine These allerdings nur zu formulieren um den Preis, daß er Nietzsches Auskunft, es sei der Atheismus gewesen, der ihn zu Schopenhauer geführt habe,[8] desavouiert. Goederts Argumentation ist hier freilich wenig überzeugend.

8 Nietzsche, *KSA*, Bd. 6, 318.

Überzeugend hingegen werden seine Ausführungen, wenn er im Fortgang der Arbeit seine Deutungsperspektive für inhaltliche Fragen, die Licht auf das Verhältnis Nietzsche-Schopenhauer werfen können, fruchtbar zu machen versucht. Die »eigentliche Zäsur« (21) in der Beziehung Nietzsches zu Schopenhauer erfolgte in der 1871 fertiggestellten *Geburt der Tragödie*. Für Goedert stellt diese Schrift Nietzsches ersten großen Versuch einer »immoralischen Interpretation der Welt« dar (43). Goedert arbeitet heraus, daß Nietzsche diese immoralische Interpretation in der steten Auseinandersetzung mit Schopenhauer entwickelt. So zeigt er im einzelnen auf, daß und wie sich Nietzsche in seinem Erstlingswerk von Schopenhauers »panmoralischer Konzeption des Lebens« abkehrt, sich von dessen »Lebensphilosophie des Schuldigseins und Gestraftwerdens« abwendet (42), dem Mitleidsbegriff Schopenhauers sein Konzept des ›dionysischen Mitleidens‹ entgegensetzt und sich zu einer tragisch-dionysischen Lebensbejahung bekennt, die zu der pessimistischen Willensverneinung Schopenhauers das genaue Gegenteil bildet.

Die Wendung gegen Schopenhauer bleibt Goederts Ansatz zufolge für Nietzsche auch in der mit *Menschliches, Allzumenschliches* beginnenden zweiten Periode seines Philosophierens leitend. Bei der nun anhebenden expliziten Polemik gegen die moralischen und christlichen Werte geht es, wie Goedert meint, weitgehend um eine Kritik an Schopenhauer, »hauptsächlich um die Destruktion von dessen Grundlage der Moral, also dem Mitleid« (64). Schopenhauer hat in seiner *Preisschrift über die Grundlage der Moral* (1840) drei Grundtriebfedern des menschlichen Handelns aufgestellt – nämlich Egoismus, Bosheit und Mitleid. Lediglich das Mitleid kann für ihn beanspruchen, eine moralische Triebfeder zu sein; bei Egoismus und Bosheit handelt es sich hingegen um antimoralische Antriebe. Goedert vertritt nun die These, Nietzsche habe zwecks Kritik der Schopenhauerschen Ethik eine »Gesamtstrategie« entwickelt, die dieser Kritik eine »kohärente Grundstruktur« verleihe (65). Und zwar bestehe diese Strategie darin, daß er versuche, die Moral dadurch zu entwerten, daß er sie auf ausschließlich egoistische Beweggründe zurückführe (70). Bei den von Nietzsche diskutierten Motivationen handelt es sich vornehmlich um den Machtwillen, die Furcht und das Gewinnen von Lust und das Vermeiden von Unlust (73). Darüber hinaus führt Goedert aus, daß Nietzsche das von Schopenhauer postulierte Einssein im Leiden für unmöglich erachtet, daß, anders gesagt, für Nietzsche die Differenz zwischen dem Leiden des Leidenden und dem des Mitleidigen unaufhebbar ist. Ferner (74ff) akzentuiert er die »Nachteile«, die nach Nietzsche das Mitleid mit sich bringt, als da z.B. sind: Mitleiden vermehrt das Leiden in der Welt, es impliziert in Wahrheit Verachtung gegenüber dem leidenden Mitmenschen, und es schließt die Mitfreude aus.

Die Kritik der christlichen Werte vollzieht Nietzsche in Goederts Sicht aus einer dreifachen Perspektive heraus. Erstens deute Nietzsche das Christentum als Krankheits- und Verfallserscheinung. Hinzu komme zweitens die Sklavenperspektive und drittens die Optik des Herdentiers. Goedert zeichnet diese Kritik sehr detailliert und differenziert nach (88ff). Doch dürfte seinen diesbezüglichen Ausführungen insofern eine verkürzte Blickrichtung zugrunde liegen, als er behauptet,

> daß das Christentum, das Nietzsche hinterfragt und umwertet, im wesentlichen stets derjenigen Deutung entspricht, die Schopenhauer, besonders in der *Welt als Wille und Vorstellung* zwecks Bestätigung seiner eigenen pessimistischen Philosophie, d.h. hauptsächlich seiner willensverneinenden Moral, entwickelt hatte. (65)

Mit der Kritik des Schopenhauerschen Mitleidsbegriffs sind, wie Goedert hervorhebt, für Nietzsche nicht nur die Weichen gestellt für eine *Ent*wertung, sondern zugleich auch für eine *Um*wertung herkömmlicher moralisch-christlicher Werte, d.h. für eine Neuverteilung der Gewichte und für die Schaffung neuer, das Leben fördernder und beschwerender Werte (126), für eine Umwertung, die in der im Glauben an die Ewige

Wiederkunft sich aussprechenden bedingungslosen Bejahung der Welt und des Lebens kulminiert. Auch diesbezüglich, so meint Goedert, ließen sich bei Nietzsche »kohärente Grundzüge« herausstellen, die man als »Antithese zu Schopenhauer« werten dürfe (129). So stelle Nietzsche beispielsweise der Schopenhauerschen »Einsfühlung« das »Pathos der Distanz« gegenüber; ferner finde man bei ihm Härte statt Milde, die Notwendigkeit von Konflikt und Gegnerschaft statt Mitleid, Tapferkeit statt Resignation und Bejahung des Lebens mit all seinen Erscheinungsformen anstelle der Verneinung des Willens zum Leben. Von hierher ist es nur folgerichtig, wenn Goedert Nietzsches »politische Philosophie« – und das heißt bei Goedert vornehmlich: Nietzsches Kritik und Ablehnung von Demokratie und Sozialismus – in Verbindung stehen sieht mit der Ablehnung bestimmter Grundgedanken Schopenhauers (138). Freilich weiß Goedert hier selbst um die Gefahr, Nietzsches Kritik einseitig von seiner Wendung gegen Schopenhauer her zu verstehen. So ist er zwar der Auffassung, »weitgehend mitverantwortlich« für Nietzsches negative Bewertung der Demokratie sei »Schopenhauers Lehre vom Einssein der Menschen an sich, mitsamt den damit verbundenen Ansichten über das Mitleid«; er betont aber zugleich, »daß gerade auch Nietzsches elitäre gesellschaftspolitische Konzepte seine ablehnende Einstellung zu Schopenhauer und zum Christentum erheblich mitbestimmten« (150).

Goedert weiß seine These, Nietzsche habe hinsichtlich der Themen Leiden und Mitleiden eine Position entwickelt, die der Schopenhauerschen diametral entgegengesetzt ist, einsichtig zu machen und insgesamt überzeugend zu belegen. Zwar gibt es in der bisherigen Forschung bereits eine ganze Reihe von Arbeiten, die mehr oder weniger ausführlich Nietzsches Kritik an Schopenhauers Mitleids-Konzept zur Sprache bringen; eine systematische Aufarbeitung dieser Thematik, so, wie sie hier von Goedert geleistet worden ist, stand jedoch noch aus.

Friedhelm Decher *(Siegen)*

Reinhard Knodt, *Friedrich Nietzsche – die ewige Wiederkehr des Leidens: Selbstverwirklichung und Freiheit als Problem seiner Ästhetik und Metaphysik*, Bouvier, Bonn 1987, 201 Seiten

In der gegenwärtigen Nietzsche-Diskussion hat das Thema des Leidens eine systematische Reflexion seiner Bedeutung für die Philosophie Nietzsches nicht gefunden. Dies ist um so erstaunlicher, als auf dem Denken wie der Existenz Nietzsche der gar nicht zu übersehende Bedeutungsakzent des »Pathos« liegt. Das heißt: das Leben und Denken Nietzsches ist dasjenige eines Leidenden und eines Leidens, dessen Ausdruck die Schriften Nietzsches ebenso sind, wie sie Zeugnis sind für die Stellung zum Pathos der Existenz. Bereits für den jungen Nietzsche verbindet sich die »Arbeit des Mythos«, wie sie die *Geburt der Tragödie* rekonstruiert, mit dem dionysischen Akt einer *Umwertung* des Leidens durch die Griechen, in welchem sich die späte »Umwertung aller Werte« – auch die des Leidens – vorbereitet.

Knodts Nietzsche-Buch behebt nicht nur ein wichtiges Desiderat der Nietzsche-Forschung, es thematisiert auf dem Hintergrund seiner systematischen Reflexionen zur Bedeutung des Leidens bei Nietzsche auch den unsere Epoche bestimmenden Kampf um ein angemessenes Verständnis von Vernunft angesichts einer zur Unvernunft gewordenen Welt. Insofern ist es auch ein eigenwilliger Beitrag zu einer über sich selbst aufgeklärten Aufklärung, indem es die Überschätzungen wie die Geringeinschätzungen der Vernunft an einer aus dem Studium Nietzsches resultierenden »neuen Praxis« der Bescheidenheit mißt und korrigiert. Das Buch denkt nicht nur über Nietzsche nach, sondern auch mit ihm *weiter*. Hermeneutisch produktiv erweist sich für eine solche Arbeit des Weiter-Denkens die Maxime Nietzsches: »Auslegung nicht Erklärung«.[9]

Diese Arbeit nimmt ernst, daß *Interpretation* das zentrale Motiv der Experimentalphilosophie Nietzsches und ihrer Perspektiven-Lehre ist, und sie zeigt, wie ein angemessenes Nietzsche-Verständnis verbunden ist mit einem Verständnis dessen, was er unter »Interpretation« versteht. Wie tief die von Nietzsche betriebene »Umwertung aller Werte« im Nachlaß der achtziger Jahre mit der Eröffnung einer »neuen Auslegung des Geschehens« verbunden ist, vermag Knodt an den beiden »Haupttheoremen Nietzsches«, der ewigen Wiederkehr und des Willens zu Macht, auszuweisen. In differenzierter Auseinandersetzung mit der maßgeblichen Nietzsche-Literatur – wobei der Beitrag Löwiths vielleicht zu wenig in seiner differenzierten »Dialektik« gewürdigt wird – entscheidet sich Knodt für einen die philosophische Diskussion dieser Theoreme weiterführenden, bereits durch Kaulbach vorgezeichneten Schritt: sie als »Versuche«, als neue Perspektiven auf ein Welt-*Geschehen* darzulegen, das – *jenseits* von »Sinn« und »Unsinn« – »neue Horizonte« (so die Metaphorik Nietzsches) eröffnet, für die »wir nicht mehr den Preis einer starren Ontologie bezahlen« (189) und über die wir nach Maßgabe neuzeitlicher Rationalität nicht verfügen. Das Fazit seiner rekonstruierenden Interpretationsanalysen bringt der Autor auf die These: »Ewige Wiederkehr des Leidens ist das Instanzgefälle der Welt, in welchem sich ›Wille zur Macht‹ interpretierend zeigt, indem er auslegend tätig ist in seinen Perspektiven, oder besser – diese Auslegung ist« (189).

Von dieser Grund-These her erweist sich Leiden als »Thätigkeit« der Willen-zur-Macht-Prozesse im Kreislauf der ewigen Wiederkehr. Eine solche »Thätigkeit« (ohne Täter) entzieht sich als subjektloses Leistungsgeschehen allerdings der Sprache philosophischer Begrifflichkeit, die einen Welt-*Begriff* nach der Vorgabe traditioneller Metaphysik konzipiert. Vielmehr denkt Nietzsche die Bewegung des Seins selber in der Sprache der Kunst (der Autor führt wichtige Ansätze Kaulbachs und Gadamers weiter). Die Bewegung des Seins als »Thätigkeit« verweist aber auch – dies deuten die Analysen der Arbeit an – auf eine unterhalb der Ebene des Verstehbaren spielende »Semiotik« von Lust und Unlust, welche die Patho-Graphie des Lebendigen strukturiert. Diese »Semiotik« bleibt der »Sphäre des Bewußtseins« ebenso verschlossen, wie sie unzugänglich ist für eine stets selbstbezügliche Bewußtseinsphilosophie. Ob sie sich einer hermeneutischen Ontologie erschließt, läßt K. skeptisch offen. (Reizvoll wäre, die Frage weiter zu verfolgen, wie erfolgreich sich die Ansätze von Lacan, Barthes und Derrida für die Erschließung dieser »Semiotik« verwenden ließen.)

Nach der Lektüre der Arbeit von Knodt scheint sich eines erneut zu bestätigen: jenseits von Vernunftmetaphysik und Hermeneutik deutet Nietzsches neue Weltkonzeption, deren Aspekte Knodt am Problem des Leidens differenziert entwickelt, über den Gegensatz von Ich und Welt hinaus auf ein Auslegungs-Geschehen des Willens zur Macht als »Thun und Leiden«, dessen Eigen-Dynamik das interne Notwendigkeits-Spiel der Welt als die in sich kreisenden, souverän sich gestaltenden Lineaturen des Lebens erzeugt. Als den ersten »Leser« dieser Lineaturen hat sich Nietzsche verstanden und als den Nachfolger dieser Lektüre den Philologen als Künstler bestimmt. Als »sich selbst gebärendes Kunstwerk« fordert die Welt den Künstler-Philosophen, dessen »Feder« die im »Instanzengefälle der Welt« schwingenden Lust-Unlust-Grapheme aufzeichnet, dessen »abenteuerliches Herz« (E. Jünger) im Leiden noch das große Stimulans der Lust erkennt und bejaht. Was das »Gedankenexperiment« der ewigen Wiederkehr des Lei-

9 Nietzsche, *KSA*, Bd. 13, 38.

dens betrifft, das auf die kontingente Nichtigkeit des Menschenlebens den schwersten Akzent legt, so liest man nach der Lektüre des Buches von Knodt den Aphorismus Nr. 341 aus dem Vierten Buch von Nietzsches *Fröhlicher Wissenschaft*, der den Schrecken der ewigen Wiederkehr Ausdruck werden läßt, auf die in ihm verborgene »Praxis« einer »göttlichen« Denkweise, deren Macht der »Verwandlung« die Ausführungen Knodts ahnen lassen. Nietzsche hat seinen Aphorismus benannt *Das grösste Schwergewicht*:

> Wie, wenn dir eines Tages oder Nachts ein Dämon in deine einsamste Einsamkeit nachschliche und dir sagte: ›Dieses Leben, wie du es jetzt lebst und gelebt hast, wirst du noch einmal und noch unzählige Male leben müssen; und es wird nichts Neues daran sein, sondern jeder Schmerz und jede Lust und jeder Gedanke und Seufzer und alles unsäglich Kleine und Grosse deines Lebens muss dir wiederkommen, und Alles in der selben Reihe und Folge [...]‹ – würdest du dich nicht niederwerfen und mit den Zähnen knirschen und den Dämon verfluchen, der so redete? Oder hast du einmal einen ungeheuren Augenblick erlebt, wo du ihm antworten würdest: ›du bist ein Gott und nie hörte ich Göttlicheres!‹ Wenn jener Gedanke über dich Gewalt bekäme, er würde dich, wie du bist, verwandeln [...] die Frage bei Allem und Jedem ›willst du diess noch einmal und noch unzählige Male?‹ würde als das grösste Schwergewicht auf deinem Handeln liegen! Oder wie müsstest du dir selber und dem Leben gut werden, um nach Nichts *mehr zu verlangen*, als nach dieser letzten ewigen Bestätigung und Besiegelung? – [10]

Die letzte Frage ist die entscheidende Frage Nietzsches. Auf die Richtung ihrer Lösung deutet die Überschrift des nachfolgenden Aphorismus 342 *Incipit tragoedia*. Die Verwandlung des »grössten Schwergewichts« in ein göttlich Leichtes gelang Nietzsche erst, als er an der Grenze seines Menschseins die Last seines Daseins im lösenden und erlösenden Wahnsinn verlor. Zurück bleibt die schon von Overbeck angesichts der *Zarathustra*-Dichtung gestellte Frage, ob es ratsam sei, die menschliche Existenz überhaupt unter solche extreme Belastungen zu stellen. Die von Knodt reflektierten »Folgelasten« der ewigen Wiederkehr eröffnen erneut das Problem, das Karl Löwith in seiner Unlösbarkeit bedacht hat, weil es die nicht gelöste Theodizee-Frage in die paradoxale »Einheit« eines Zwiespaltes zwischen dem ewigen Sich-selber-Wollen der Welt und dem Sich-immer-wieder-Wollen des Menschen übersetzt und darin die unüberwundene Überwindung des Nihilismus ist. In der Tat scheinen wir heute sowohl von der Welt wie vom Menschen her bescheidener zu denken als Nietzsche. Aber diese »Bescheidenheit« des Denkens weiß sich ihm dort verpflichtet, wo Nietzsche – wie Knodt zeigt – auf die Grenze seines eigenen Denkens hin denkt und darin Räume der Freiheit eröffnet – den »Gewinn« aus dem »Verlust« einer statuarischen Wahrheitsmetaphysik. So liest Knodt Nietzsche als Aufklärer, nicht als Metaphysiker, wenn er betont, was der Aufklärer Nietzsche gegen den Metaphysiker Nietzsche »weiß«: »Daß der Werth der Welt in unserer Interpretation liegt«, vermöge der wir uns »im Leben erhalten« einerseits, andererseits aber:

> Die Welt, die *uns etwas angeht*, ist falsch, d.h. ist kein Thatbestand, sondern eine Ausdichtung und Rundung über einer mageren Summe von Beobachtungen; sie ist ›im Flusse‹, als etwas Werdendes, als eine sich immer neu verschiebende Falschheit, die sich niemals der Wahrheit nähert: denn – es giebt keine ›Wahrheit‹.

Das Einerseits-Andererseits hat Nietzsche ineins gefaßt: die labile Gleich-Gültigkeit zwischen Welt und Mensch, die das Denken als Leiden erfährt und im Denken auf das Denken als »Glück«, wenn es ein Glück ist, dem Denken des Menschen sein Maß zu setzen am Unausdenklichen der Welt.

Wiebrecht Ries *(Hannover)*

---

10 Nietzsche, *KSA*, Bd. 3, 570.

Ernst Behler, Mazzino Montinari, Wolfgang Müller-Lauter & Heinz Wenzel (ed.), *Nietzsche Studien 17: Internationales Jahrbuch für die Nietzsche-Forschung*, Band 17, de Gruyter, Berlin/New York 1988, LX, 595 Seiten

Dieser 17. Band der im Jahre 1972 gegründeten Nietzsche-Studien ist der letzte, der noch von dem im Herbst 1986 verstorbenen maßgeblichen Mann der neueren Nietzsche-Philologie, M. Montinari, mitbetreut und mitherausgegeben wurde. Über Montinaris wissenschaftliche Biographie informiert eingangs G. Campioni (XVff). In seinen letzten Forschungsjahren, in denen Montinari mit der (unvollendet gebliebenen) Kommentierung der von ihm und G. Colli neu edierten Werke und Briefe Nietzsches beschäftigt war, richtete er sein Interesse zunehmend auf eine »Rekonstruktion von Nietzsches ›ideeller Bibliothek‹« (Vorwort der Herausgeber, VI), um so Nietzsches Gedankenwelt sachgerechter im geistesgeschichtlichen Kontext des 19. Jh. placieren zu können. So sind denn auch 6 der 25 Beiträge des vorliegenden Jahrbuchs »Nietzsches Bibliothek und Lektüre« gewidmet (336ff). Sie gelten v.a. den poetologischen und sprachphilosophischen Anregungen, die der junge Nietzsche den Publikationen von G. Gerber verdanken dürfte. R. Okochi (108ff) und K. Oishi (315ff) befassen sich mit der japanischen, E. Kiss (298ff) mit der europäischen Nietzsche-Rezeption. Mit den klassischen Philosophemen Nietzsches vom Tod Gottes und der ewigen Wiederkehr setzen sich St. Aschheim (218ff) und K. Spiekermann (496ff) auseinander. Schopenhauer-Bezüge werden in den hier versammelten Arbeiten immer wieder angesprochen, freilich meist – da eine fundierte Interaktion von Schopenhauer- und Nietzsche-Forschung nach wie vor in den Kinderschuhen steckt – nur am Rande.

In den der *Geburt der Tragödie* und dem Dionysischen gewidmeten Aufsätzen von R. Rethy (1ff), M. Fleischer (74ff) und K.J. Ansell-Pearson (539ff) werden solche Bezüge ernsthafter in den Blick genommen, am zentralsten aber in dem besonders luziden Beitrag von Charles Senn Taylor über *Nietzsche's Schopenhauerianism* (45ff). Die folgenden Bemerkungen beschränken sich auf diesen Text, der neben den jüngsten Buchpublikationen von Decher und Goedert[11] zur wichtigsten Literatur über das Verhältnis Nietzsches zu Schopenhauer zu rechnen sein dürfte.

Angeregt durch Heideggers Intention, das Ungesagte im vergangenen Denken aufzuspüren, und in kritischer Auseinandersetzung mit W. Kaufmanns Nietzsche-Übersetzung und -Interpretation, will Taylor zeigen, daß »much worthy of thought still lurks in the well known story of Nietzsche's attitude towards Schopenhauer« (45), und er liefert eine erhellende hermeneutische Rekonstruktion, die gleichwohl eng am Text bleibt. Er zeigt, in welcher Weise Nietzsche in der *Geburt der Tragödie*, um dort seine eigene ästhetische Metaphysik zu formulieren, Schopenhauers Gedanken und Begriffe übernimmt und wie diese Gedanken und Begriffe im veränderten Kontext einen veränderten Sinn erhalten. Die *Geburt der Tragödie* ist weder eine Wiederholung noch eine Umkehrung Schopenhauers, sondern sie versucht, indem sie die Opposition von ›tragischem‹ Griechentum und dessen ›sokratischem‹ Verfall herausarbeitet, sowohl gegenüber dem Pessimismus Schopenhauers wie gegenüber dem Optimismus der postsokratischen Philosophie und Kultur eine dritte, als ›dionysisch‹ umschriebene Alternative von Denkhaltung und Lebensform zu artikulieren.

Das Dionysische aber kann nur gemeinsam mit seinem Komplementärbegriff, dem Apollinischen, verstanden werden, welches Nietzsche jedoch in seinem Verhältnis zum ›Sokratismus‹ nur unzureichend bestimmt. Hier hilft das hermeneutische Verfahren

11 cf. Decher, *Wille*; Goedert, *Mitleid*.

Taylors, der die historische Perspektive über Schopenhauer bis zu Kant und Platon zurückverlängert, weiter. Nietzsche übernimmt Schopenhauers Dichotomie von Begriff und Idee, setzt letztere aber mit dem Ding an sich gleich, was Schopenhauer nicht getan hatte (47). Entscheidend ist, daß Nietzsches Denken – »as an abandonment of the subject/object duality« (64) – für Schopenhauer wichtige Differenzierungen einebnet, so auch z.B. den »dualism between Schopenhauer's pure contemplation and ordinary consciousness« (67). Wie Taylor darlegt, schließt der Begriff des Apollinischen zwei Ebenen ein: die des bloßen Scheins (die Welt der individuellen Dinge, des Alltags, der Wissenschaft) und die der ästhetischen Kontemplation, also der Ideen qua Formen der Realität (61). Indem Nietzsche das Dionysische als ›Trieb‹ bestimmt, gilt für ihn freilich das – eine Zäsur in der Philosophiegeschichte bedeutende – »privilege of force over form« (58).

Nietzsches ästhetische Metaphysik ist kein Dualismus, sondern ein mit dem Trieb- und Kraftbegriff operierender Monismus, demgemäß das Apollinische (auf beiden der genannten Ebenen) sowohl Selbstentäußerung wie Selbstentfremdung des Dionysischen darstellt (56f). Nietzsches entscheidender Bruch mit Schopenhauer erfolgt also dort, wo er die Kantische Grenzziehung der Vernunft und die Subjekt-Objekt-Spaltung hinter sich läßt. Schopenhauers Funktion im Frühwerk Nietzsches kann demnach als »more of a catalyst than a reagent in Nietzsche's thinking« bestimmt werden (69). In diesem Zusammenhang vergleicht Taylor auch die drei divergierenden Funktionsbestimmungen von Kunst und Künstler bei Platon, Schopenhauer und Nietzsche. Letzterer verabschiedet das rezeptionsfixierte Paradigma der Kunstbetrachtung und ersetzt es unter der leitenden Perspektive des formenskeptisch-Dionysischen durch ein Paradigma der trieb- und kraftbestimmten Kreativität.

RMa

Henning Ottmann, *Philosophie und Politik bei Nietzsche* (= Monographien und Texte zur Nietzsche-Forschung, Bd. 17), de Gruyter, Berlin/New York 1987, 418 Seiten

Ein umfangreiches, vielseitiges und bestinformiertes Werk, das zudem eine Lücke schließt, die es in der Nietzsche-Literatur immer noch gab. Zwar ist viel geschrieben worden über Teilaspekte von Nietzsches Politik, auch fehlt es nicht an Abhandlungen, die durch eine bestimmte Obedienz geprägt sind, aber man vermißte mit Recht eine sowohl umfassende wie auch möglichst objektive Auseinandersetzung mit dieser Thematik.

Nietzsches Politik, in Wahrheit selbst heutzutage noch ein heißes Eisen, auch für denjenigen, der, geteilt zwischen Anerkennung und Ablehnung, sich redlich um Objektivität bemüht und vor allem jegliche Verteufelung ebenso sorgsam vermeidet wie die Rehabilitation *à tout prix*. Jedenfalls hat Ottmann den einzig richtigen Weg eingeschlagen: Philosophie *und* Politik, denn an keiner Stelle von Nietzsches Werdegang lassen sich beide voneinander trennen. Zudem muß der ganze Nietzsche zu Wort kommen, es darf kein Zeitabschnitt fehlen, und der allgemein-philosophische Horizont muß in seiner Gesamtheit präsent sein zwecks korrekter Einschätzung des politischen Diskurses. Ist es doch die stete Sorge um den Menschen gewesen, um seine Bildung und Verbesserung – eigentlich an erster Stelle ein ethisch-pädagogisches Anliegen –, die Nietzsche dazu bewog, sozialphilosophische Fragen aufzuwerfen und Kritik zu üben an den politischen Strömungen seiner Zeit.

Der Inhalt des Buches ist so reichhaltig und vielfältig, daß es dem Rez. kein leichtes ist, auch nur dessen Grundlinien annähernd getreu wiederzugeben. Hier ist außerdem so viel an bibliographischem Material verarbeitet worden, daß jeder Leser seine Kenntnisse über Nietzsche erweitern kann, und zwar nicht nur über seine Politik. Der Diskurs hat stets dialektischen Charakter, er bleibt nach allen Seiten offen, so daß man behaupten darf, der Autor habe nicht den Fehler begangen, wie so mancher vor ihm, sich in einer bestimmten Spur festzufahren.

Nietzsche darf nicht verwechselt werden mit den Extremformen des Anarchismus und Präfaschismus. Ottmann stellt aber auch fest, daß er sich für dementsprechende politische Ziele nutzen ließ. Es kommt ihm folglich u.a. darauf an, Nietzsche-Legenden zu entkräften, wobei das ständige Bezugnehmen auf die zentrale Thematik unerläßlich erscheint. Auch zeigt sich einmal mehr, wie wichtig die Applikation des Drei-Perioden-Schemas zu sein vermag. Bietet doch jede einzelne Periode ihren eigenen unverwechselbaren Gesamtkontext, der für den jeweiligen Diskurs bestimmend ist.

Erste Periode, bis 1876: Nietzsche fast von Anfang an antikonventionell, unzeitgemäß. Das Zweite Reich lehnt er ab, ebenso den Nationalismus und Antisemitismus. Mit Bürgertum und Liberalismus vermag er sich nicht anzufreunden, und er ist ein Gegner von Sozialismus und Kapitalismus. Er diagnostiziert Unfähigkeit zur tragischen Lebenshaltung, zu heroischen Werten. Eudaimonismus und Egalitarismus werden von ihm aber einer Kritik unterzogen, die jede Form moderner Solidarität, Gleichheit und Humanität ausschließt. Folgenschwere Anfänge, besonders auch wenn eine Kulturnotwendigkeit der Sklaverei und des Krieges beschworen wird. Manchmal wahre Provokation, die aber an Schärfe verlieren kann, wenn man einsieht, gegen wen sie gerichtet ist. Nietzsche, dem ›Deutsch-Griechen‹, schwebt das Ideal einer heroischen, agonalen Kultur vor, letztlich mit dem Ziel der Hervorbringung von Genies, wozu der Staat Wegbereiter zu sein hat, anstatt sich die Kultur untertan zu machen zugunsten seines politischen Machtstrebens. Schablonen politischer Nietzsche-Deutungen erweisen sich als zu einfach oder geradezu falsch. Dennoch wird mit Recht vor übertriebener Verharmlosung gewarnt.

Anschließend Nietzsche der ›Freigeist‹: europäisch, frankophil, mit neuen Vorbildern. Es ist die Zeit der ›Aufklärung‹. Staatsfeindlichkeit und Apolitie erscheinen als Wege der Befreiung. Der Einzelne muß zu sich selbst finden, sich selbst erziehen, sich selbst Gesetzgeber sein. Demokratie bietet hier Vorteile, insofern sie die Emanzipation des Einzelnen fördert, ja es gibt sogar eine Annäherung an die bürgerliche und die sozialistische Welt, jedoch nur als Mittel zum Zweck. Auf Moral und Veränderung der Gesinnung kommt es an. Aber auch hier fehlt es nicht an bedenklichen Zügen, besonders die Behauptung, es gebe keine Menschenrechte. Dann Nietzsches Auffassung von der Gerechtigkeit, die auf dem Gleichgewicht der Macht beruhe. Aus dem Naturrecht wird ein Macht-Recht. Eigentlich die Aufforderung zu einem unerhörten Individualismus jenseits aller Machtpolitik der Epoche.

Im *Zarathustra* aber erfolgt der Umschlag vom Ideal der Apolitie zur Herrschaftslehre. Entgegen anderen Interpretationen ist Ottmann der Ansicht, daß die in Nietzsches später Philosophie entwickelte ›große Politik‹ Herrschaft meint. Das hieße natürlich, daß die Größe des Menschen nicht nur vom Individuum allein abhängig gemacht wird, sondern auch von einer ihr entsprechenden und sie fördernden Politik. Hierbei geht es natürlich, wie der Autor richtig zeigt, um die Größe von Kultur, nicht von Imperien. Der Nietzsche der 80er Jahre sei aber auch »ein Meister im Erzeugen selbstverschuldeter Mißverständlichkeiten« (245) gewesen. So beispielsweise mit dem Begriff der ›Züchtung‹: seine rassistisch-biologistische Bedeutung lasse sich nicht in Moralphilosophie auflösen, nur sei dieser Aspekt nicht der primäre. Und die ›blonde Bestie‹? Ein »typisches Beispiel für Nietzsches sorglose, provokante, mißverständliche Wortwahl, [...] nichts, was sich rassistisch deuten läßt« (262). Auch werden Aktualisierungen der

›großen Politik‹, wie Aristokratismus, Monarchismus und Cäsarismus, mit Recht als unzulässig abgelehnt.

Nietzsches ›große Politik‹: modern und antimodern zugleich, jedenfalls eine Kampfansage an die Demokratie, überhaupt an den modernen Rechtsstaat. Wer aber Nietzsche nicht nur ›verteufeln‹ wolle, werde ihn »als Gegner der Demokratie und Moderne achten, von dem man lernen kann« (294). Bemerkenswert auch die Seiten über den Einfluß Machiavellis. Nietzsches Machiavellismus nennt Ottmann »bedenkenswert und bedenklich zugleich« (311).

Zusätzlich dann für die Behandlung dieser dritten Periode, die den Titel »Philosoph des ›Menschen‹ und der ›Erde‹« trägt, eine ganze Reihe von Einzeluntersuchungen zu den fundamentalen Themen, die hier den allgemeinphilosophischen Horizont bilden und auf die man sich auch zwecks einer Analyse von Nietzsches Politik immer wieder beziehen sollte. Wir nennen nur: eine Phänomenologie des Ressentiments; die Subsumtion des ›Nihilismus‹ unter den Begriff ›décadence‹; die einzelnen Wege zum späten Machtbegriff; die ›ewige Wiederkehr des Gleichen‹, speziell auch in ihrer Beziehung zum ›Willen zur Macht‹; der Begriff ›Übermensch‹...

Das Buch läßt übrigens nicht außer acht, wie sehr Nietzsche die Masken liebte und daß bei ihm hinter einer ersten Maske immer noch eine zweite auftauchen kann. Das heißt auch, daß seine Philosophie stratifiziert ist, wobei es eine Menge an Reziprozität in den Hinweisen der einzelnen Schichten untereinander gibt. Eines der solidesten Verdienste Ottmanns besteht jedenfalls darin, diesem extrem wichtigen Faktum Rechnung getragen und damit den Beweis erbracht zu haben – endgültig und falls es dieses Beweises noch bedurfte –, daß hier ein einseitiges politisches Etikettieren auf immer fragwürdig erscheinen muß.

Georges Goedert *(Luxemburg)*

Hans Erich Lampl, *Flair du livre. Friedrich Nietzsche und Theodule Ribot. Eine Trouvaille. 1887-1987 Hundert Jahre ›Zur Genealogie der Moral‹*, Verlag am Abgrund, 1988, 58 Seiten

Außerhalb eines kleineren Kreises von Nietzsche-Forschern war Hans Erich Lampls Name bekannt geworden, als er 1986 in den *Nietzsche-Studien* seine Arbeit *Der Féré-Palimpsest* veröffentlichte. Mit Hilfe der von Mazzino Montinari inaugurierten historisch-kritischen Annäherungsweise erzielten Lampls Forschungen über Nietzsches Féré-Lektüren einen zweifachen Verstoß: erstens stellten sie unter eindeutigen Beweis, daß die wissenschaftlichen, vor allem medizinischen, biologischen und physiologischen Reflexionen des späten Nietzsche keine dilettantischen Ausschweifungen eines im geistigen Auflösungsprozeß befindlichen Denkers sind, sondern vielmehr Versuche, in seine aktuellen Gedankengänge die neuesten Forschungsergebnisse dieser Disziplinen schöpferisch einzubauen. (Nur am Rande sei darauf hingewiesen, daß die ohne dieses grundsätzliche Wissen vorsichgehende Aufarbeitung der betreffenden Nietzsche-Texte sehr wesentlich zu jenem Nietzsche-Bild beitrug, welches beispielsweise die von Elisabeth Förster-Nietzsche und Peter Gast redigierte Kompilation unter dem Titel *Der Wille zur Macht* intonierte: es konnte nämlich der Schein entstehen, daß der wissenschaftliche Dilettantismus unmittelbar bewußten anti-humanen Zwecken diene). Zum zweiten glauben wir, daß Lampls Féré-Fund (zusammen mit anderen, zum Teil noch nicht publizierten Ergebnissen von Montinari, von Lampl selber, aber auch von anderen Forschern) die hermeneutische Einstellung zu Nietzsche auch generell modifiziert.

Während es früher gewiß noch hermeneutisch möglich war, Nietzsche insofern vor einem naiven und direkten Erwartungshorizont zu lesen, muß man sich nun vergegenwärtigen, daß seine Texte aus dem Nachlaß zum Teil nicht seine eigenen Artikulationen, sondern Exzerpte anderer Autoren sind. Man war früher aber ebenso nicht verpflichtet, mit der Hypothese an Nietzsche heranzugehen, daß er sich in der neuesten Naturwissenschaft seiner Zeit mit Kompetenz auskannte. Wie diese beiden Einsichten die hermeneutischen Voraussetzungen jeder Nietzsche-Lektüre verändern, braucht gewiß nicht eingehend erörtert zu werden. Uns scheint jedenfalls diese zweite, allgemeinere Folge jenes Forschungsansatzes von Lampl (aber auch von einigen anderen Forschern) noch wichtiger zu sein: Die Pflicht und die Kunst, Nietzsche zu lesen, kann nach diesen Einsichten einen Schritt dem Optimalen näherkommen.

Dieses Buch handelt über eine längere und durchaus wichtige Übernahme durch Nietzsche aus Ribots 1883 erschienenem großem Werk *Les maladies de la volonte* in die *Genealogie der Moral.* Dieser Fund ist freilich nur ein Beitrag zur Rekonstruktion sowohl des wissenschaftlichen Weltbildes wie auch der Philosophie Nietzsches. Kein Zweifel jedoch, daß solche Schritte den Weg bezeichnen, auf welchem man Nietzsche besser verstehen wird.

Endre Kiss *(Budapest)*

Michael Düe, *Ontologie und Psychoanalyse: Metapsychologische Untersuchung über den Begriff der Angst in den Schriften Sigmund Freuds und Martin Heideggers*, Hain/ Athenäum, Ffm 1986, 248 Seiten (I)

Margret Kaiser-El-Safti, *Der Nachdenker: Die Entstehung der Metapsychologie Freuds in ihrer Abhängigkeit von Schopenhauer und Nietzsche*, Bouvier, Bonn 1987, 326 Seiten (II)

(I) M. Düe stellt zuerst Freuds Untersuchungen und Überlegungen zur Angst dar. Er erörtert die verschiedenen Formen der neurotischen Angst, die Freud unterschieden hat, stellt deren Entstehung dar und berücksichtigt den Wandel in Freuds Auffassungen. Der Mechanismus ist hier die Ablenkung der somatischen Sexualenergie vom Psychischen und eine dadurch verursachte abnorme Verwendung der Erregung (24). Freud versucht nun, mit Hilfe der Signalangst die Wesensgleichheit von Realangst und neurotischer Angst zu ermitteln. Ihr Unterschied beruht nur auf Kenntnis oder Unkenntnis der Gefahr (36). Dies führt ihn darauf, die Geburt als erstes und vorbildliches Erlebnis einer Gefahr einzuführen (41). Aber zum Angstaffekt wird das Gefahrenerlebnis erst in der Wiederholung. Im Affekt der Angst zelebriert das Ich ein uraltes Drama: die Trennung von der Mutter. Er ist Erwartung des Traumas und dessen gemilderte Wiederholung. Auf dieser Grundlage läßt sich der Ödipuskomplex verstehen (42-44). Anschließend stellt Düe den existenzialen Begriff der Angst bei Heidegger dar. In der Angst wird das Dasein vor das Nichts gebracht. In ihr bedrängt es das Wegrücken des Seienden im Ganzen, das es in der Angst umdrängt. Ohne diese ursprüngliche Offenbarkeit des Nichts gibt es kein Selbstsein und keine Freiheit (52). Vor diesem Hintergrund vergleicht Düe die Auffassungen vom Unheimlichen. Während bei Heidegger unheimlich das ist, was im Verborgenen bleiben sollte, und während sich die Angst um das nackte »Daß es ist und zu sein hat« ängstet, worein es als in das Unheimliche geworfen ist (79f), entsteht für Freud das Unheimliche in der Wiederkehr des Verdrängten (83). Vor diesem Hintergrund vergleicht Düe die Ausführungen über Gewissen und Tod und versucht, die einzelnen Strukturmomente im Begriff der Irritation zu vereinen. Da sich die Angst nur in der zeitlichen Interpretation angemessen erfassen läßt, gipfelt der Vergleich in der Betrachtung der verschiedenen Auffassungen von der Geschichte. Freuds Denken zur Geschichte dreht sich einmal um deren Gründungsakt als Mord am Urvater (165) und zum anderen um die Triebe Eros und Thanatos als Bedingungen der Geschichte (166). Der Vater erscheint immer als toter Vater. Der Gründungsakt gehört einerseits zur Geschichte und weist andererseits auf ein Außerhalb (167). In der Trieblehre geht das Streben in die Einheit des Anfangs zurück. Als darin Voran-Schreiten bewegt sich das Leben auf den Tod zu als auf eine vom Anfang verschiedene Einheit. Die Ambivalenz liegt darin, daß das Vorwärtsstürmen des Thanatos eigentlich die Ganzheit der Existenz sucht und dabei die reale Existenz gerade aufhebt. Die hemmende Bewegung des Eros ist folglich bestrebt, Thanatos aufzuhalten. Das Leben verläuft deshalb in einem »Zauderrhythmus« (183-187). Nach Dües Ansicht wäre der »wahre« Andere der Tod als reine Transzendenz, die dann auch die Wahrheit des Mythos zu stiften vermöchte. Da Freuds Denken aber rein auf das Diesseits bezogen ist, muß er in einer diesseitigen Vokabel vom »Vater« sprechen (207). Für Heidegger wird Geschichte eigentlich im Vorlaufen in den Tod (215). Da Tod die Abwesenheit eines jeglichen Anderen ist, fragt Düe, ob nicht das Sein selbst das Andere sein muß, das in der Abwesenheit des Todes west (234). Das Anwesen der ἀλῆθεια ist ein Trug. Der Blick des Seins ist der einer Maske. In λόγος und μῦθος muß der Mensch die Leere des Schweigens zum Sprechen bringen (235). Bei Freud ist die Liebe der Höhepunkt des Lebens und kann doch kein alleiniger Lebensinhalt sein. Heidegger unternimmt eine grandiose Übertrumpfung der Psychoanalyse, indem er die Angst als Erfüllung des Begehrens nach Ganzheit herausstellt. Sie ist die wahre Lust; denn sie verharrt nicht im Mangel, sondern begreift den Mangel als Schenkung (241). Dües Darstellung beruht auf solider Sachkenntnis. Er gibt auch zu, daß eine wechselseitige Ausdeutung Freuds und Heideggers nicht immer gelingt. Auch vermeidet er den Vergleich des Unvergleichbaren: der phänomenologischen Ontologie mit der Psychoanalyse als Versuch einer wissenschaftlichen Theorie. Vom Ende des Buches her wird die Ebene der Vergleichung erst deutlich. Er sieht Freud schließlich nur noch metapsychologisch und versucht geradezu eine phänomenologische Auflösung von dessen positivistischer Stellung.

(II) Ebenfalls zur Metapsychologie ist das Buch von Margret Kaiser-El-Safti geschrieben. Die polemische Absicht wird schon am Titel deutlich. Kaiser-El-Safti weist auch sogleich darauf hin, daß Freud vehement und wiederholt geleugnet habe, Gedanken aus den Werken Schopenhauers und Nietzsches entlehnt zu haben (2). Sie setzt sich folglich das Ziel, nachzuweisen, daß die »Intuitionen« Schopenhauers und Nietzsches den Kern der »Metapsychologie« bilden (5). Aber sowohl die Ausarbeitung als auch das Résumée zeigen eine weitergehende Absicht. Nicht die geleugneten Abhängigkeiten Freuds, sondern seine Schwächen und Fehler sind das wirkliche Thema. Auch an Schopenhauer und Nietzsche besteht kein echtes Interesse. Vielmehr geht es Kaiser-El-Safti darum, zu zeigen, daß die ganze »Geschichte vom Unbewußten«, wie sie von den drei Vertretern vorgetragen wird, hinter Kants »Formalismus« der Transzendentalphilosophie zurückbleibt (315). Nicht die scheinbar aufgeworfene historische Frage ist also der Zweck der Untersuchung, sondern der anthropologische, erzieherische und kulturelle Stellenwert der Psychoanalyse wird diskutiert, und es wird gefragt, inwieweit der Einfluß Schopenhauers und Nietzsches hier bestimmend gewesen ist (315). Unter diesem Gesichtspunkt will die Autorin im 1. Teil eine Darstellung der Psychoanalyse als »Metapsychologie« geben. Von ihrer polemischen Absicht geführt, gelingt es ihr jedoch nicht, zunächst eine Freud angemessene Interpretation vorzulegen. Stattdessen ist die Ausarbeitung zugleich mit der Destruktion beschäftigt. So wird Freud sogleich vorgeworfen, daß er einerseits im Unbewußten kein Realitätszeichen finde, so daß man Wahrheit und mit Affekt besetzte Fiktion nicht unterscheiden könne. Trotzdem ziehe er nicht den Schluß, daß empirisch ätiologische Forschung unmöglich sei, sondern behaupte, statt realer Erlebnisse verdrängte Gedanken zu erforschen (23). Sie kritisiert die These, man könne aus dem Studium des Krankhaften das Normale verstehen lernen, als logisch unhaltbar (33f). Der erkenntnistheoretischen Brisanz des Unbewußten habe Freud sich nicht gestellt. Zum bewußtseinsunfähigen Unbewußten gelange man nur im Ausgang von dessen Wirkungen. Der Schluß von der Wirkung auf die Ursache sei aber logisch unzulässig (39). Der kleine Unterschied zwischen »notwendig« und »bloß hypothetisch« stört sie nicht weiter. Sie tut so, als dürfe keine Wissenschaft Ursachen suchen. Sie diskutiert nun die verschiedenen Züge des Unbewußten: Verdrängung, Räumlichkeit, Zeitlichkeit, Gesetzlichkeit usw., bleibt aber nicht bei Freud, sondern springt vor zu Schopenhauer und Nietzsche, befaßt sich mit Kant, streut Kurzreferate über E.v. Hartmann, J. Volkelt, G. Th. Fechner und andere ein und kehrt auch wieder zur Psychoanalyse zurück. Wenn sie feststellt, daß Freud später nicht mehr am naturwissenschaftlichen Experiment als Methode festgehalten habe, sondern das Vorgehen als »Konstruktion«, als Verfahren der Archäologie, als Kunst der Deutung aufgefaßt habe (75), wird dies nicht als bessere Einsicht gewertet, sondern nur als Niederlage, welche die Unmöglichkeit wissenschaftlicher Erkenntnis auf diesem Felde vorführe. Kaiser-El-Safti hält sich zum Nachteil des Buches nicht an das selbstgestellte Thema, sondern steigert sich in den Versuch hinein, diesen offensichtlich ungeliebten gesamten »Irrationalismus« zu erledigen. Zu diesem Zweck stellt sie im 2. Teil die Transzendentalphilosophie Kants im Abriß vor. Im 3. und 4. Teil folgen ebensolche Kurzdarstellungen der Lehren Schopenhauers und Nietzsches. Diese Gesamtdarstellungen sind außer bei Kant polemisch durchsetzt, erreichen nicht den derzeitigen Stand der Forschung und enthalten neben Unschärfen auch fehlerhafte Interpretationen im Detail. So wird die Einbeziehung des Leibes in die Erkenntnisphilosophie bei Schopenhauer falsch verstanden (179ff), sein Begriff der »intellektualen Anschauung« in die Nähe des Deutschen Idealismus gerückt, Kants Begriff der Kausalität auf äußere Objekte beschränkt (191) und Nietzsches Mißtrauen gegen das System nicht aus dessen Denken begriffen (233). Sie stellt von ihren Gegnern nur schwache Deutungen her, damit ihre Widerlegung mit Hilfe des Kantischen Maßstabes um so sicherer gelingen kann. Zwar versichert sie, nicht pauschal nachweisen zu wollen, daß Kant »recht habe« (111), verwendet aber doch das Abweichen von Kant schon als Gegenargument, z.B. indem sie Schopenhauer vorwirft, mit seiner Fassung der Transzendentalphilosophie führe er weit von den Intentionen Kants weg (177). Es wird hier also der Versuch unternommen, unter Berufung auf eine unwandelbare philosophische Einsicht, nämlich Kants Transzendentalphilosophie, jede Philosophie zu widerlegen, die das Irrationale ins Zentrum der Reflexion stellt oder die Bewußtlosigkeit für das Ursprünglichere erklärt und für welche die Vernunft keine primäre Bedeutung mehr hat (172). D.h. Schopenhauer, Nietzsche und Freud sollen hier mit Hilfe Kants erledigt werden. Da sie aber unter »Irrationalismus« die These versteht, daß das Wirkliche unvernünftig sei, und nicht eine Methode, die sich außerhalb vernünftigen Argumentierens bewegt, muß sie das Ziel zwangsläufig verfehlen. Trotz der mit großem Fleiß zusammengetragenen Stoffülle ist das eigentliche Ziel gerade nicht erreicht. Schon äußerlich ist das Scheitern dem unorganischen Aufbau anzusehen. Die unglückliche Vierteilung ließ sich nicht wirklich durchführen, so daß in Wahrheit in jedem Teil über alles berichtet wird und z.B. wichtige Partien der Metapsychologie erst in jenem Teil behandelt werden, von dem man hätte annehmen sollen, er wäre Nietzsche vorbehalten.

Klaus Wellner *(Freiburg)*

Heideggers Nietzsche: Ewige Wiederkehr, Nihilismus

Martin Heidegger, *Nietzsches metaphysische Grundstellung im abendländischen Denken: Die ewige Wiederkehr des Gleichen*, (ed.) M. Heinz, Klostermann, Ffm 1986 (Gesamtausgabe Bd. 44), VII, 254 Seiten (I)

Martin Heidegger, *Nietzsche: Der europäische Nihilismus*, (ed.) P. Jaeger, Klostermann, Ffm 1986 (Gesamtausgabe Bd. 48), XVI, 339 Seiten (II)

Die rasche Herausgabe zahlreicher Bände der Heideggerschen Gesamtausgabe wird verschiedentlich, im allgemeinen wohl zu Unrecht, mit dem Vorwurf philologischer Ungenauigkeit belastet. Wie in der Editionsgeschichte der Werke Nietzsches oder Schopenhauers ist auch hier zu bemerken, daß nicht selten jene ambitionierten Rezipienten, die philosophisch wenig zu sagen haben, sich umso ernsthafter und ausschließlicher um die Fragen weggelassener oder gekürzter Paraphrasen und späterer Zusätze, Änderungen und Streichungen im Text bis hin zur Problematik authentischer Interpunktion kümmern. Ohne die philologischen Fragen als völlig irrelevant abtun zu wollen, muß im Interesse wirklicher philosophischer Auseinandersetzung mit einem Klassiker des Denkens doch immer wieder daran erinnert werden, daß diese Fragen zweitrangiger Natur sind. Was die nunmehrige Erschließung sämtlicher Vorlesungen Heideggers eben durch die neue Gesamtausgabe betrifft, so schafft sie für die Heidegger-Rezeption gleich mehrfach eine neue, ungemein verbesserte Situation: die für den mündlichen Vortrag konzipierten Texte sind um vieles leichter und flüssiger zu lesen als die von vornherein zum Druck bestimmten, nicht nur was den Sprachstil betrifft, sondern auch jeweils die inhaltliche Übersicht. Weiters erschließt die chronologische Lektüre der Vorlesungen einigermaßen vollständig den breiten und kontinuierlichen Strom des Heideggerschen ›Denkwegs‹ und beseitigt damit viele jener Verständnisschwierigkeiten, die sich aus der bloßen Staccato-Rezeption der einzelnen, entwicklungsgeschichtlich voneinander getrennten ›Wegmarken‹ der bislang veröffentlichten Schriften fast zwangsläufig ergeben mußten. Letztendlich wird durch die Kenntnis der Vorlesungen auch die Vielfalt deutlicher, in der Heideggers Denken mit den Problemstellungen zeitgenössischer und vorangegangener Denkrichtungen verbunden ist. Diese neue Kontextualisierung Heideggers zeichnet sich seit der Bereitstellung der frühen Vorlesungen (eben durch die zuweilen geschmähte Gesamtausgabe) vor allem in der Forschung über den frühen Heidegger ab.

Eine derartige Kontextualisierung müßte unter anderem aber wohl auch für den mittleren Heidegger in Angriff genommen werden, der über viele Jahre hinweg das Mammutprogramm der in *Sein und Zeit* geforderten Destruktion der Geschichte der Ontologie als der Geschichte der Seinsvergessenheit verfolgt hat. Seine Rekonstruktion klassischer Philosophen von Platon über Kant zu Nietzsche steht teils parallel, teils quer zu konkurrierenden Interpretationen. Dies gilt insbesondere auch für seine Rekonstruktion Nietzsches, der Heidegger zwischen 1936 und 1940 mehrere Freiburger Vorlesungen gewidmet hat, die – überarbeitet – 1961 in zwei Bänden bei Neske (Pfullingen) herausgegeben wurden und von denen nicht nur die deutsche Nietzscherezeption der 60er Jahre stark beeinflußt wurde, sondern auch die gegenwärtige Rezeption in Frankreich und Italien, wo zuletzt neue Nietzsche-Renaissancen ihren Ausgang genommen haben. Gerade auf diesem Weg wird gegenwärtig ein neuer Schub Heideggerschen Denkens in die deutsche Philosophenszene zurückvermittelt. Und man kann durchaus behaupten, daß es die rezente Nietzsche-Renaissance ist, die heute dem vorübergehend aus der Mode gekommenen Heidegger wieder neue Leser zuführt.

Bekanntlich ist Nietzsche jener Denker, der Heidegger seit den 30er Jahren – nach Aristoteles und Husserl – am meisten beeinflußt hat. So ist etwa die Zeit- und Kulturkritik Heideggers, die im Denk-Bild des ›Gestells‹ zentriert, mit Nietzsches Konzept der zu destruierenden Metaphysik – die ihrerseits als Ausdruck lebensweltlicher Bedingungen, also einer bestimmten (entfremdeten) Lebensform und Weltverhaltensweise des Menschen begriffen wird – zutiefst verwandt. Auch der strukturelle Zusammenhang von Denken und Gewalt, der im Voluntarismus seine Vermittlungsgröße findet und den Heidegger zuerst in nicht unproblematischer Weise selbst affirmativ betont hat (hierher gehört – symptomatisch – seine Rektoratsrede von 1933), später jedoch zur Kennzeichnung der von ihm abgelehnten Metaphysikgeschichte verwendet und geradezu stilisiert hat, hat mit der Prägung des mittleren und späten Heidegger durch Nietzsche zu tun. Aus der eigenen Nähe zu Nietzsche wird im Verlauf des ›Denkwegs‹ freilich zunehmendere Distanz. Nietzsche wird schließlich zum eindrucksvollsten Exponenten jenes ›metaphysischen‹ Paradigmas erklärt – man kann auch durchaus sagen: teilweise zurechtstilisiert –, das die seinsvergessene Seinsgeschichte des Abendlandes von den Griechen bis zur (immer subjektivistischer, voluntaristischer, nihilistischer werdenden und im ›Gestell‹ resultierenden) Neuzeit durchherrscht. Nietzsche bezeichnet dann nicht mehr und nicht weniger als die »Vollendung der Metaphysik« (II, 3).

Zweifellos ist Heideggers Nietzsche in erster Linie ein Heideggersches Konstrukt und hat erst in zweiter Linie mit dem authentischen Nietzsche zu tun. Freilich wäre es auch nicht richtig, von einer völligen Vergewaltigung des letzteren zu sprechen. Doch liegt sicherlich ein Beispiel ›normativer‹, aneignender Hermeneutik vor, wie sie auch insbesondere für Heideggers Kant-Interpretation und seine Interpretation der Vorsokratiker festgestellt worden ist. Zwar sind es nicht periphere, sondern die von Nietzsche selbst als solche gewerteten Grundgedanken, die im Zentrum der Heideggerschen Rekonstruktion stehen (Wille zur Macht, ewige Wiederkehr), doch werden sie durch ihre Systematisierung und Identifizierung mit den Kategorien der traditionellen Ontologie stark verfremdet. Es kommt dadurch zu einer weitgehenden Ausblendung nicht nur des betont antisystematischen Denkstils Nietzsches, sondern auch bestimmter Inhalte, auf die Nietzsche seinerseits stark insistiert hatte, z.B. der *décadence*-Theorie und des Züchtungsgedankens, die überdies eine starke ideologische Komponente haben. Zudem werden gewisse Widersprüchlichkeiten Nietzsches ignoriert. Und die geäußerte Überzeugung, Nietzsches zentrale Botschaft liege im Nachlaß, genauer: in der Kompilation des ›Willens zur Macht‹, ist ein unbedachter Tribut an den Zeitgeist der 30er Jahre. Heidegger war übrigens selbst – wenn auch nur kurzfristig und am Rande – in die obskure Nachlaßverwalterschaft des Weimarer Nietzsche-Archivs involviert. Die 30er Jahre bedeuten insgesamt eine Zäsur in der Rezeptions- und Rekonstruktionsgeschichte Nietzsches, da sie die Periode der großen systematischen Rekonstruktionen einleiten, die – wenngleich unter verschiedener Optik – Nietzsche als Kettenglied der klassischen Philosophietradition betrachten. Neben Heidegger stehen hier die Namen Baeumler, Jaspers, Lukács und Löwith. Gegen sie alle kann der Vorwurf ›normativer Hermeneutik‹ mehr oder minder stark erhoben werden, doch sie haben das Verdienst, daß seither Nietzsche allgemein auch als philosophischer Denker und nicht ›nur‹ als ›Dichter‹ angesehen wird.

Heideggers Rekonstruktion kann daher folgendermaßen bewertet werden: Ihre Systematisierung und Ontologisierung Nietzsches ist ambivalent, denn einerseits erhellt sie Nietzsches Grundgedanken, andererseits blendet sie manche Seiten dieses Denkens aus. Ihre zentralen Thesen – Nietzsche sei der ›letzte Metaphysiker‹ und reiner Voluntarist – sind zumindest als absolut genommene anfechtbar. Gerade die jüngste italienische Nietzscheinterpretation (z.B. Penzo, Vattimo) zeigt, selbst von einem Heideggerschen Ansatz ausgehend, auf, daß sich bei Nietzsche selbst schon vielfach Verwindungsaspekte der (durchaus im Heideggerschen Sinn verstandenen) Metaphysik aufweisen lassen. Dennoch hat Heidegger für die folgende Nietzsche-Interpretation einen weiten, fruchtbaren Horizont eröffnet. Das bedeutendste Interesse, das seine Rekonstruktion verdient, gilt aber wohl dem Stellenwert, den sie in Heideggers eigenem Denken bzw. innerhalb seiner Aufarbeitung der Philosophiegeschichte innehat.

Es ist daher für ein solches Verständnis nützlich, wenn die besagten Vorlesungen nun durch die Gesamtausgabe auch in ihrer ursprünglichen Gestalt zugänglich gemacht werden. Gegenüber den überarbeiteten Fassungen von 1961 finden sich hier jeweils ein viel detaillierteres – und dadurch den Text strukturell besser erschließendes – Inhaltsverzeichnis sowie gewisse didaktisch motivierte Wiederholungen und Zusammenfassungen zentraler Überlegungen. Zugrundegelegt wurden jeweils Heideggers handschriftliche Texte, denengegenüber die zum Vergleich herangezogenen vorhandenen Hörernachschriften, weil nicht darüber hinausgehend, unberücksichtigt blieben. Die Synopsis mit den Bänden von 1961 ergibt jedoch keine inhaltlichen Korrekturen. Als erster Nietzsche-Band der Gesamtausgabe erschien 1985 *Der Wille zur Macht als Kunst*, herausgegeben von B. Heimbüchel. 1986 folgten zwei weitere Bände, auf die hier kurz hingewiesen werden soll.

(I) Die Vorlesung vom Sommersemester 1937 thematisiert *Nietzsches metaphysische Grundstellung im abendländischen Denken*, die als die letzte metaphysische Grundposition in der Geschichte der abendländischen Philosophie bezeichnet wird, in der es jeweils um eine bestimmte Auslegung des Seins des Seienden geht. Die ewige Wiederkehr des Gleichen stelle die »Grundlehre in Nietzsches Philosophie« dar (2), sofern sie das Seiende in seiner *existentia*, seinem Wie? auslege. Die Auslegung des Was?, der *essentia*, hingegen erfolge durch die Bestimmung des Willens zur Macht. Während Baeumler und Löwith die Wiederkunfts- als mit der Machtwillenlehre logisch unvereinbar betrachten und sie Lukács sogar als bloßen Reflex und mythologische Verbrämung eines gesellschaftspolitischen Konservatismus abtut, wertet Heidegger sie also systematisch auf und betont ihre innere Einheit mit der Machtwillenlehre. Darin und mit der Betonung, daß die Wiederkunftslehre eine besonders radikale Synthese von Sein und Werden, also gewissermaßen von Parmenides und Heraklit darstelle, stimmt Heideggers Darlegung übrigens auch mit der Selbstbeurteilung Nietzsches überein. Bei Heidegger freilich wird diese Konzeption, die Nietzsche selbst als Überwindung der Metaphysik, verstehen wollte, zum ihr zugehörigen »Ende der abendländischen Metaphysik, weil sie in den ersten Anfang derselben zurückläuft und in diesem Zurück- und Einschwenken die ganze bisherige Geschichte der Philosophie wie in einem Ring schließt« (226).

(II) Die im II. Trimester 1940 gehaltene und im Juli jenes Jahres »wegen Erntedienst« abgebrochene (338) Vorlesung thematisiert jene Grundkomponente der abendländischen Philosophie, die als ›Seinsvergessenheit‹ figuriert und bei Nietzsche – als dem Ende dieser Entwicklung der sich selbst verfehlenden Ontologie – kulminiert und gewissermaßen ›ausbricht‹, d.h. ihren offenen, unverstellten Ausdruck findet. Es ist der *Nihilismus* – die Entwertung der Werte, die Erfahrung der völligen Sinnlosigkeit, Ziellosigkeit, Heimatlosigkeit, die Einsicht in den konstitutiven Abgrund des menschlichen Daseins –, neben »Umwertung aller Werte, Wille zur Macht, ewige Wiederkehr des Gleichen und Übermensch« einer der »fünf Haupttitel der Metaphysik Nietzsches« (1), wie es einleitend heißt. Er bezeichnet den »kaum erkannten Grundvorgang der verborgenen abendländischen Geschichte« (12f), der in Gestalt der Nietzscheschen Machtwillenlehre den Voluntarismus auf die Spitze treibt und uns »die Geschichte als Loslassung des Seins in die Machenschaft erfahren« läßt (336). Der Wille zur Macht ist also die Ideologie dessen, was Heidegger später das ›Gestell‹ nennt: eine Denkweise, eine Welthaltung und eine Lebensform, die zwar völlig von Zwecken und Zweckmäßigkeiten beherrscht sind, aus denen aber jeglicher Sinn eliminiert wurde, so daß darin nur noch der leere ›Wille zum Willen‹ in sich selber kreist. Obwohl gerade diese von Heidegger vorgenommene Gleichsetzung des Willens zur Macht mit dem ›Willen zum Willen‹ im Hinblick auf Nietzsches eigene Intentionen höchst fragwürdig ist, wird hier nicht nur die streckenweise (und dennoch einzigartige) Affinität von Nietzsche und Heidegger hinsichtlich des Nihilismus deutlich, sondern auch die Tatsache und die Art und Weise, wie Heidegger mit sicherem Zugriff aus der ihm vorliegenden Denkgeschichte auswählt und eigenständig weiterdenkt.

RMa

Martin Heidegger, *Zur Bestimmung der Philosophie* (=Gesamtausgabe Bd. 56/57), Klostermann, Frankfurt/M. 1987, VIII & 218 Seiten

Im Rahmen der Gesamtausgabe werden hier Heideggers frühest erhaltene Vorlesungen aus der ersten Freiburger Zeit veröffentlicht. Eine Vorlesung aus dem Wintersemester 1918/19 und zwei aus dem Sommersemester 1919 sind in diesem Band zusammengefaßt. Die Vorlesung des Wintersemesters, das wegen der damaligen Zeitwirren kurz nach dem Ende des 1. Weltkriegs als Kriegsnotsemester zeitversetzt vom Jänner bis April 1919 angesetzt wurde, trug den Titel: *Die Idee der Philosophie und das Weltanschauungsproblem.* Diese Vorlesung ist neben den beiden anderen aus dem Sommersemester die bei weitem ergiebigste und hervorstechendste.

> Offensichtlich hatte die Vorlesung sofort eine sensationelle Wirkung in philosophischen Kreisen... Nach einem Bericht Gadamers erreichte ihn 1919/20 das Gerücht, daß Heidegger in einer überaus eigenwilligen und tiefsinnig-revolutionären Vorlesung ... die Wendung ›es weltet‹ gebraucht habe. Das war genau die Vorlesung vom KNS [Kriegsnotsemester]. Nach 65 Jahren übt die Vorlesung beim Lesen noch ihre ursprüngliche Zauberwirkung aus. Sie mußte für H. und seine Zuhörer wie eine Entdeckung von Neuland gewesen sein.[12]

Der erste originäre und alles Spätere bestimmende phänomenologische Beitrag H.s ist in dieser Vorlesung die Thematisierung des Phänomens der Welt im Sinne der alltäglichen Umwelt, die in der bisherigen Philosophie seit Platon und auch noch in der Phänomenologie Husserls immer schon übersprungen wurde. Dieses Überspringen geschieht in der und durch die Theoretisierung. Die Theoretisierung ist ein »Entlebungsprozeß« (114): »der Prozeß sich steigernder Objektivierung als Prozeß der Entlebung« (91). Dieser Prozeß der »Ent-lebung« ist zugleich eine »Ent-geschichtlichung« (89) und eine »Ent-deutung« (89) des Bedeutungshaften der geschichtlich gewachsenen Umwelt. Die Umwelt ist nur erlebbar, d.h. erfahrbar in einem »Umwelterlebnis« (70). Dieser Ausdruck ist einerseits noch ein Zugeständnis an die Husserlsche Terminologie – Husserl spricht zentral von intentionalen Erlebnissen – und andererseits schon eine klare Distanzierung vom »Primat des Theoretischen« (87), d.h. von der »Generalherrschaft des Theoretischen« (87) auch bei Husserl. Das Umwelterlebnis wird an einem alltäglichen Beispiel zum »absoluten, schauenden Verständnis« (70) gebracht:

> in den Hörsaal tretend, sehe ich das Katheder... Ich sehe das Katheder gleichsam in einem Schlag; ich sehe es nicht nur isoliert, ich sehe das Pult als für mich zu hoch

12 Kisiel, *Faktizität*, 34.

gestellt, ich sehe ein Buch darauf liegend, unmittelbar als mich störend [...], ich sehe das Katheder in einer Orientierung, Beleuchtung, einem Hintergrund.(71)

Warum wurde so etwas Einfaches, Selbstverständliches und doch Fundamentales in der Erkenntnistheorie übersehen und übersprungen?

> Die tief eingefressene Verranntheit ins Theoretische ist allerdings noch ein großes Hindernis, den Herrschaftsbereich des umweltlichen Erlebens echt zu übersehen. Das Umwelterleben ist keine Zufälligkeit, sondern liegt im Wesen des Lebens an und für sich; theoretisch dagegen sind wir nur in Ausnahmefällen eingestellt.(88)

Der Herrschaftsbereich des umweltlichen Erlebens ist die Welt selbst in ihrer Phänomenalität. Diese Phänomenalität schließt einen Reichtum von aufeinander bezogenen, ineinander gefügten Phänomenen ein, die es in einer »hermeneutischen Intuition« (117) erst zu heben gilt.

> In dem Erlebnis des Kathedersehens gibt sich mir etwas aus einer unmittelbaren Umwelt. Diese Umweltliche [...] sind nicht Sachen mit einem bestimmten Bedeutungscharakter, Gegenstände, und dazu noch aufgefaßt als das und das bedeutend, sondern das Bedeutsame ist das Primäre, gibt sich mir unmittelbar, ohne jeden gedanklichen Umweg über ein Sacherfassen. In einer Umwelt lebend, bedeutet es mir überall und immer, es ist alles welthaft, ›es weltet‹, ... (73).

Die Subjekt-Objekt-Spaltung als der erkenntnis-theoretische Topos der neuzeitlichen Philosophie ist damit unterlaufen, und so erweist sich diese Spaltung phänomenologisch als unhaltbar. Es war die Spaltung in die Immanenz des transzendentalen Bewußtseins und in die transzendentale Realität der Außenwelt. Mit dem Niederreißen der Mauer, die Innenwelt und Außenwelt voneinander abtrennte – »›außen‹ und ›innen‹ haben hier sowenig Sinn wie ›physisch‹ und ›psychisch‹« (75) – bekommt auch das vormalige Innen einen anderen Sinn.

> Im Kathedersehen bin ich mit meinem vollen Ich dabei, es schwingt mit, ..., es ist aber kein Vorgang, sondern ein Ereignis. Das Er-leben geht nicht vor mir vorbei, wie eine Sache, die ich hinstelle, als Objekt, sondern ich selbst er-eigne es mir, und es er-eignet sich seinem Wesen nach. Und verstehe ich es darauf hinblickend so, dann verstehe ich es nicht als Vorgang, als Sache, Objekt, sondern als ein ganz Neuartiges, ein Ereignis ... Die Erlebnisse sind Er-eignisse, insofern sie aus dem Eigenen leben und Leben nur so lebt. (Ereignischarakter hiermit noch nicht voll bestimmt.) (75)

Was hier lapidar in der Klammer steht, ist nichts Geringeres als die ganze Denkaufgabe, die H. übernimmt und deren Ausarbeitung im eigenen Denken in seiner vollen Länge noch bevorsteht. Erstaunlicherweise taucht das Leitwort ›Ereignis‹ nach dieser Vorlesung lange Zeit wieder unter – wird überhaupt in den bislang veröffentlichten Vorlesungen mit seltenen Ausnahmen nicht gebraucht, um erst in den Vorträgen des späten H. und, wie erst jetzt ersichtlich, in den *Beiträgen* aufzutauchen. Und deshalb ist diese frühe Vorlesung so revolutionär, weil sie so radikal mit der bisherigen metaphysischen Denkart bricht und eine bislang in der Philosophie ungesprochene Sprache spricht. Sie zeigt so unverstellt den eigenen Denkansatz, der später in der Auseinandersetzung mit der Geschichte der abendländischen Philosophie mehr zurücktritt, was sich auch vor allem darin bekundet, daß wieder mehr eine Sprache in einem überkommenen Sinne gesprochen wird.

Viel konventioneller und akademischer gibt sich dann auch die eine der beiden Sommersemester-Vorlesungen mit dem Titel *Phänomenologie und transzendentale Wertphilosophie*. Diese Vorlesung »geht, konkret gefaßt, auf eine phänomenologische Kritik der transzendentalen Wertphilosophie« (127). Es ist vor allem eine Auseinandersetzung mit seinem Lehrer Rickert und damit zugleich eine implizite Kritik an seiner eigenen Position, die H. in seiner Dissertation und Habilitation teilweise noch eingenommen hatte.

> Eine solche Auseinandersetzung wird geradewegs zur wissenschaftlichen Pflicht gegenüber einer Philosophie, die auf ernsthafter Arbeit ruht und den Anspruch auf Wissenschaftlichkeit erhebt und zugleich überzeugt ist, die großen unverlierbaren Traditionen Kants und des Deutschen Idealismus in ihren bleibenden Tendenzen weiterzuführen. Eine Auseinandersetzung mit ihr wird zu einer solchen mit dem 19. Jahrhundert überhaupt.(128)

Die geistesgeschichtliche Genesis der Wertphilosophie sieht H. in dem Begriff der Kultur überhaupt, der zwei hervorstechende Bedeutungsmomente enthält: »1. geschichtliches Bewußtsein, 2. ungewöhnliche, wertvolle Errungenschaft (verkörpert in der Naturwissenschaft und der Erfahrungswissenschaft überhaupt), ...« (131) In der anderen Sommersemester-Vorlesung *Über das Wesen der Universität und des akademischen Studiums* führt H. den phänomenologischen Begriff der Situation und des »Situations-Ich« ein.

> Situation im Lebenszusammenhang: Situation ist eine gewisse Einheit im natürlichen Erleben. Situationen können einander durchdringen: Ihre Dauern schließen einander nicht aus [...]. In jeder Situation ist eine einheitliche Tendenz vorhanden. Sie enthält keine statischen Momente, sondern ›Ereignisse‹. Das Geschehen der Situation ist kein ›Vorgang‹ – wie er etwa im physikalischen Laboratorium in theoretischer Einstellung beobachtet wird, wie z.B. eine elektrische Entladung.(205)

Das Situations-Ich nennt H. im Unterschied zum »theoretischen Ich« auch das »historische Ich« (208). Die höchste Steigerung des theoretischen Ich ist Husserls ›reines Ich‹ und Kants ›transzendentales Bewußtsein‹. Vom Leben in seiner Geschichtlichkeit und Faktizität her gesehen ist es ein reines ›Phantom‹. Eine hermeneutische Phänomenologie der unumgänglichen und nicht hintergehbaren Faktizität bricht sich in diesen drei hier kurz besprochenen Vorlesungen ihre Bahn.

Siegfried Reinalter *(Telfs)*

Um einen Heidegger von innen (nochmals) bittend

Hugo Ott, *Martin Heidegger. Unterwegs zu seiner Biographie*, Campus, Frankfurt/New York 1988, 355 Seiten (I)

Victor Farías, *Heidegger und der Nationalsozialismus. Mit einem Vorwort von Jürgen Habermas*, Fischer, Frankfurt 1989, 439 Seiten (II)

(I) Otts Heidegger-»Biographie« ist eigentlich keine Biographie. Sie ist auch nicht »unterwegs« zu ihr. Das Buch ist eher ein Beitrag zur Aufklärung des »Falls H.«, d.h. der dazugehörenden »Fakten« und mutmaßlichen »Motive«, vor allem derjenigen, die H. selbst nicht als seine »wahren« erkannte oder (später) erkennen wollte. Diese Einschränkung stützt sich zunächst im *Äußeren*. H. wurde am 26. September 1889 geboren und starb am 26. Mai 1976. Otts Buch befaßt sich von S.43 bis S.127 (also rund 80 von ca. 350 Seiten) mit der Zeit zwischen 1889 und 1930, anschließend S.129 bis 340 (also ca. 210 Seiten!) mit der Zeit zwischen 1930 und 1950, wobei aus diesen 20 Jahren im Leben H.s das eine (!) Jahr 1933 etwa 100 Seiten umfaßt. Natürlich waren Heideggers letzte 25 Jahre für die Klärung des Falles unerheblich. Waren sie das?

Aber auch im *Inneren* klaffen bei Ott Anspruch und Wirklichkeit auseinander. Es geht um den Anspruch des »Historikers«, der scheinbar bemüht ist, mit seinem »Rüstzeug« nicht dem Philosophen »am Zeug zu flicken« (138), sondern »die sehr schwierige Strecke des Lebensweges« (13) (die bekanntlich nicht 1951, sondern 1976 »endete«) zu gehen. Der Versuch aber, »die philosophiegeschichtliche Komponente« auszuklammern, ist, zumal im Falle der Biographie eines Philosophen (!), genauso unverständlich und letztlich, wie sich noch zeigen wird, undurchführbar wie die Tatsache, daß er nahezu alle Zeugnisse von »Wegbegleitern« ausklammert (die Ott kurz erwähnt: 13-14), zumal, wenn diese nichts zum »Fall H.« beizutragen haben. So ist der Hinweis auf die Ausklammerung von Hannah Arendt kaum verständlich: die vorhandenen Quellen erlauben hier wohl die Einbeziehung. Mit diesem Argument (Unzugänglichkeit der Quellen) müßte man den ganzen »Fall H.« auch auf sich beruhen lassen, da wichtige Quellen wohl nicht zur Verfügung stehen.

Ott will seine »Biographie« von einem aus H. gewonnenen »Prinzip« her (also doch nicht »rein historisch«) strukturieren (12). Dieses »Prinzip« ist eine Bemerkung H.s (in einem Brief an Jaspers 1935), in der er den christlichen Glauben sowie das »Mißlingen des Rektorats« als die »zwei Pfähle« kennzeichnet für das, was »überwunden sein möchte« (42). Das ist natürlich kein von H. aufgestelltes »Prinzip« zum Schreiben von Biographien, sondern eine, freilich wichtige, Bestandsaufnahme seines Lebens! Das eigentliche »Prinzip«, das der Analyse eines menschlichen Lebens letztlich würdig ist, hat José Ortega y Gasset zum Ausdruck gebracht: Es ist nämlich, so möchte ich das nennen, das »Prinzip Schiffbruch«.[13] Menschliches Leben – im biographischen und nicht biologischen Sinne des Wortes also – ist ein Drama, das sich »von innen«, d.h. von der Aufgabe (oder »Berufung«) her begreifen läßt. Es gab viele Um- und Irrwege im Denken und Leben Heideggers, nämlich in bezug auf seine(n) »Denker-Beruf[ung]«.

Im Mittelpunkt von Otts »historischer« Deutung steht jene Aussage (aus der Freiburger Studentenzeitung vom Nov. 1933) über »den Führer« als die »heutige und künftige deutsche Wirklichkeit und ihr Gesetz«, und nicht »Lehrsätze und ›Ideen‹«. Darunter interpretiert (!) Ott (160): die kirchlichen Dogmen und Platons Ideenlehre! Dabei könnte (!) auch das gemeint sein, was H. 1945 (188 in Otts Buch) sagte, nämlich »Parteidoktrin« und die »Idee« der »politischen Wissenschaft« (bzw. eine andere »Ideologie«, welche die Autonomie, d.h. »Selbstbehauptung« der Wissenschaft bzw. der Universität verhindert). Ott nimmt im Falle dieser *für ihn* entscheidenden Aussage keinen Bezug auf H.s Antwort im *Spiegel*-Gespräch,[14] im Sinne eines »Kompromisses« nämlich. Wie brüchig ein solcher Kompromiß war, d.h. wie schnell sich für H. (!) zeigte, daß nicht die vermeintliche (und wohl erhoffte) »geistige Revolution«, sondern eben »Parteidoktrin« und »politische Wissenschaft« die Richtung diktierten, zeigt bekanntlich H.s öffentliche (!) Weigerung einer weiteren Zusammenarbeit (»Kollaboration« wäre m.E. zu diesem geschichtlichen Zeitpunkt noch der falsche Begriff). Sechs Monate (!) später distanzierte sich also H., indem er eben »den Führer« nicht mehr für die Regel seines Seins und zwar »ganz offiziell« (also »historisch« nachprüfbar) nahm. Daß H. diese oder ähnliche Sätze nicht mehr[15] aufstellte, ist aber für den Historiker Ott kein »Beweis«, daß er sie nicht mehr vertrat. Man lese Penzos Buch über die Nietzsche-Rezeption im »Dritten Reich«, um einen ungefähren Vergleich über die eigentlichen (!) NS-Intellektuellen, und zwar in ihren vielen Schattierungen, zu bekommen.[16] Man staunt u.a. darüber, daß H.s eigentliche Auseinandersetzung mit dem Nationalsozialismus, nämlich seine Nietzsche-Vorlesungen, von Ott nicht zur Kenntnis genommen

---

13 cf. Ortega y Gasset, *Goethe*; zu Ortega y Gasset cf. Capurro, *Ortega*.

14 86 in der Original-Ausgabe bei Neske, *Antwort*.

15 H.: »Dergleichen habe ich schon 1934 nicht mehr gesagt«, ibid., 86.

16 Penzo, *Nietzsche*; cf. Capurro, *Nietzsche*.

werden. Gerade hier sieht man, wie abgrundtief seine metaphysische Deutung Nietzsches etwa von der »politischen« Deutung Baeumlers oder von der »psychologisch-biologistischen« Deutung Klages' sich abhob.[17] Aber alles dreht sich bei Ott eben um das Jahr 33. H. als einen schlimmen Intriganten und Denunzianten (Fall Staudinger) darzustellen (Otts »Stil« wirkt hier schon sehr, im pejorativen Sinne des Wortes, »journalistisch«), ist m.E. schief: Auch Ott weiß nicht, wer den eigentlichen (!) Anlaß zu den »Gerüchten« gegeben hatte und wie »offiziell« diese zu ihm, der immerhin ein »Amt« bekleidete, kamen. H. selbst hatte wohl keine Ambitionen bezüglich des Chemie-Lehrstuhls. Es geht hier nicht darum, H. von einer »Sünde« zu entlasten bzw. ihn zu kanonisieren. Vieles bleibt im Bereich der Vermutungen (und manchmal auch der Unterstellungen). Der »Fall« ist »glimpflich abgelaufen« (208). Dabei ist Ott ständig darum bemüht, H.s eigene »Apologie« (oder die sonst kursierenden) im Licht einer »objektiven Überprüfung mit Hilfe der historischen Methode« (212) zu hinterfragen, was ja auch legitim, notwendig und »heilsam« ist, was aber auch seine Grenzen hat. Auf diese Grenzen scheint wiederum Ott nicht genau zu achten, wenn er dem Buch gleich drei »Wegweisungen« (Hölderlin, katholische Kirche, Jaspers) voranschickt. Diese sollen den Schlüssel für das Leben, und das heißt eben auch für das Denken (!) H.s liefern. So ist H.s Denken als eine Säkularisierung des Christentums, in »Advent-Stimmung«, unbeirrt, stets auf die Stimme des Seins-Orakels hörend (162).

Ott scheint »das Wesen Heideggerschen Denkens« genau zu kennen, wenn er eben dieses Denken (vor und nach 33) am Satz über den »Führer« festnagelt... Alles wird auf 33 vor- und zurückprojiziert, so daß dieses Jahr überdimensional (und zwar auch bei Gefahr, die Geschichte von hinten nach vorne zu lesen!) im Leben H.s erscheint. Daher auch die düsteren Töne, mit denen das Bild von H. (und von seiner Frau: aufgrund von Oehlkers Darstellung, 135, und den Mutmaßungen (!) von E. Castelli, 158. Daß sie ihren Mann zu »verteidigen« suchte, 195, ist wohl verständlich) gezeichnet wird. Kein Wort, wie gesagt, über so wichtige Freundschaften wie mit Medard Boss (langjährige interdisziplinäre Zusammenarbeit im psychiatrischen Bereich, mit einem wichtigen gemeinsamen Buch!),[18] C.F. von Weizsäcker, R. Char usw. Alles trägt eben nicht zum »Fall H.« bei. Vom »Sein« sagte H. übrigens schon 1936, daß es »Nichts« wäre, also am wenigsten »etwas«, woran »man« sich halten könnte. 341: »Das Spätwerk reifte«, aber leider nicht Otts Biographie. Das »Geschäft des Historikers«, der sich der »Deutungsversuche« entziehen will (113), scheitert, indem er eben diese Deutungen immer wieder ins Spiel bringen muß, und zwar im Sinne der »eigentümlichen Sehnsucht nach Härte und Schwere«.[19] Franzen konzentriert seine Deutung auf 242-249 einer 532 Seiten (!) umfassenden Vorlesung,[20] in der H. »in aller Härte« von der »wesentlichen Not unseres Daseins« spricht und dabei die »Zumutung« der »Existenz« deutet, dergegenüber wir »stark sein« müssen, und zwar um unsere Schwäche (!) bzw. das Ausbleiben einer Sicherheit unseres Daseins überhaupt zu ertragen... Die Rektoratsübergabe endete nicht mit dem Horst-Wessel-Lied, sondern[21] mit Wagners Huldigungs-Marsch! und – es begann mit Brahms akademischer Fest-Ouvertüre. Nur eine kurze Darstellung

17 Heidegger, *Nietzsche*, Bd. I, 31; aus den Jahren 1936/37.

18 cf. Boss, *Grundriss*; im Vorwort steht u.a., daß die »unzähligen Gespräche« mit H. in diesem Buch (das H. »seine ganze Werdezeit über« begleitete und stets mit seiner Kritik der »philosophischen« Aussagen mitgestaltete) ihren Niederschlag finde.

19 Franzen, *Sehnsucht*, 78ff.

20 Heidegger, *Grundbegriffe*.

21 Schneeberger, *Heidegger*, Dok. Nr. 45.

(lediglich 242-245) über die Verspottung H.s etwa durch Krieck 1934 (!): »Deine Sprache verrät dich, Galiläer!«.[22] Nichts Über H.s »Wege zur Aussprache« (1937): H.s Blick auf Frankreich erfolgte nicht aus »taktischen« Gründen erst 1945 (304). Die Grenzen einer solchen Auffassung von »Biographie«, zumal der eines Denkers, sind zu offensichtlich.

(II) Farías' Buch *Heidegger und der Nationalsozialismus* hat einen Bonus: Habermas' Einleitung! Dort ist z.B. von der »ohne Beispiel« »in *Sein und Zeit* durchgeführten *Dezentralisierung* des weltkonstitutierenden Ich« (13) die Rede, die »einen entscheidenden argumentativen Schritt zur Überwindung des bewußtseinsphilosophischen Ansatzes tut« (16). Neben dem verkehrten Vorwurf vom »methodischen Solipsismus« (17) betont Habermas, daß durch H.s »innovativen Blick auf die Geschichte der Metaphysik« sich »vernünftige Einsichten« erschließen, »die bis heute nicht überholt sind« (24). Die Behauptung, daß die »Überwindung der neuzeitlichen Subjektivität die Bedeutung eines Geschehens« erhält, »das *nur* zu erleiden ist«, zeigt, daß Habermas den Unterschied von »Überwindung« und »Verwindung« nicht wahrgenommen hat. Zu H.s Schweigen über die NS-Massenverbrechen sollte man (ich meine auch Habermas) sowohl J.-F. Lyotards *Heidegger und ›die Juden‹*[23] als auch Philippe Lacoue-Labarthes *La fiction du politique*[24] lesen. Im Nachtrag von 1988 zu seinem Buch *politische Philosophie im Denken Heideggers*,[25] der die Überschrift *Um einen Heidegger von innen bittend* trägt, schreibt A. Schwan, daß Farías' Buch »ohne Neuigkeitswert« ist und daß er »in der Einlösung des selbstgestellten Anspruchs, Philosophie und Politik bei Heidegger aufeinander zu beziehen«, »versagt« (222). Mir scheint, daß Farías' Ansatz in dieser Hinsicht konsequenter und »richtiger« ist als die vermeintliche »Objektivität« Otts. Allerdings geht Farías mit bestimmten »Vorurteilen« an das Leben und Werk H.s heran, die er aber nur zu bestätigen bereit ist. So schreibt er gleich zu Beginn (44):

> Sein Denken ist angemessen nur zu verstehen, wenn man diese Doktrinen [nämlich ›einige Doktrinen des Nationalsozialismus‹, RC] nicht aus den Blick verliert: die überzeugte Rede von der geistigen Überlegenheit der Deutschen, [...] die Stilisierung der eigenen Gedanken und derjenigen Hölderlins zu einem Leitparadigma der geistigen Entwicklung der Menschheit sowie schließlich eine erklärte Gegnerschaft gegen jede Gestalt der Demokratie.

Bekanntlich waren Antisemitismus, Rassismus, Kriegsführung, politischer Faschismus u.dgl. die wesentlichen NS-Doktrinen, von denen auch eine kritische Analyse wie die von Schwan keine Spuren bei H. nachweisen kann. Bei Farías überschattet ein Augustinermönch H.s Leben und Werk! Außerdem: keine der bereits zitierten Punkte sind spezifische NS-Doktrinen, am wenigstens Hölderlin. Nicht jeder »Gegner« (oder »Kritiker«) der Demokratie muß gleich ein Nazi sein... Auch die »geistige Überlegenheit der Deutschen« (die »geistige«, nicht die »rassische« also) ist keine spezifische NS-Doktrin, so fragwürdig sie natürlich auch sonst ist. *Sein und Zeit* als Vorstufe von H.s Verhalten 1933 zu deuten, zeugt nicht nur von der Unerschütterlichkeit von Farías' Vorurteilen, sondern auch von der Begrenztheit seiner philosophischen Deutungen: *Sein und Zeit* wird in anderthalb Seiten (!) analysiert, wobei die »Existenzialien« als »kategoriales« (sic!) »System« verstanden werden, Heidegger soll dort ein »ursprüngliches

---

22 ibid., Dok. Nr. 160.

23 Lyotard, *Heidegger*.

24 Lacoue-Labarthe, *Fiction*.

25 Schwan, *Heidegger*.

Verhältnis« zwischen »dem Empirischen und dem Transzendentalen« »etablieren«, was ihm nämlich »den Übergang zu einer Form von Wirklichkeit, die weder subjektiv noch empirisch ist«, ermöglicht. Das wird von Farías als eine »zentrale Definition« H.s ausgegeben usw. usf. Anschließend werden einige »Autoritäten« (Löwith, Tugendhat, Ebeling) erwähnt, um die »These« zu untermauern, daß *Sein und Zeit* eine Vorformulierung von H.s Beziehung zum NS ist... Lyotard und Lacoue-Labarthe sind da ganz anderer Meinung...

Vieles weiß Farías wiederum historisch genau darzustellen, und zwar in einer z.T. informativeren Art als Ott (so z.B. die Umstände um die Berliner Berufung, 121 ff). H.s Rektoratsrede wird von Farías geschickt mit kriegerischen Parolen (Hitlers, Clausewitz' usw.) assoziiert (!): »Die Berufung Hitlers auf Clausewitz erinnert an [...]« (162). Über diese Rede und ihren Bezug zum Griechentum, der bei Farías in die »Nachbarschaft« Hitlers gestellt wird, schrieb am 27. Mai 1933 Karl Jaspers: »Der große Zug Ihres Ansatzes im frühen Griechentum hat mich wieder wie eine neue und zugleich wie selbstverständliche Wahrheit berührt.«.[26] Davon erwähnt Farías nichts. Farías' »Analysen« anderer Werke Heideggers (etwa der Nietzsche-Vorlesungen oder des Kunstwerk-Vortrags) sind philosophisch »dürftig« bzw. stets so angelegt, daß sie seine »Vorurteile« bestätigen. Dagegen zeigt Schwan (auch in seinem Nachtrag), daß H.s Distanzierung vom NS zunehmend deutlich wurde und daß sein Denken mit der NS-Ideologie (insbes. mit dem Rassismus) nichts gemein hat. So wirken also Farías' Zitate wie eine collage (Lacoue-Labarthe spricht von einer »opération montée«).

Ich meine, daß H.s *denkerische* Auseinandersetzung mit dem NS eine viel zu wichtige Sache ist, als daß man sich mit der Erklärung zufrieden gibt, H.s »Distanzierung« sei in Wahrheit der Weg zum »wahren« Nationalsozialismus (341). Ich meine auch, daß H.s politisches Engagement ein (im Sinne Ortegas) »Schiffbruch« war, und zwar in bezug auf die eigentliche »Berufung« H.s, nämlich die des Denkens. Farías' Versuch, H.s Denken stets in die NS-Sprache zu »über-setzen«, wirkt teilweise grotesk. Der ständig wiederkehrende Vorwurf, H. denke innerhalb der »Achse Griechenland-Deutschland« mit einer »radikalen anti-lateinischen Xenophobie« (299-300), läßt sich vielleicht am deutlichsten anhand der Seminare von Le Thor »widerlegen«. Dort heißt es u.a., daß das »Ereignis« sich nicht »mit Hilfe des Griechischen, *über das vielmehr gerade« hinauszugehen »ist«*, denken lasse.[27] Der Vorwurf, H. sei »ein Nazi«, ist insofern von kritischer Bedeutung, weil »man« dadurch den Nazis eine Höhe des Denkens zuspricht, die sie nicht besaßen, bzw., was noch schlimmer ist, man verschleiert den eigentlichen »harten Kern« der NS-Ideologie. Anstatt H.s »Schiffbrüche« *als* »Schiffbrüche« zu entlarven, liest »man« in sie stets etwas hinein und erweist so den (Neo-)Nazis u.U. einen »Dienst«. Stattdessen gilt es m.E. *genau* und *differenziert* gerade in diesem »sensiblen« Punkt zu denken. Es ist gefährlich, wenn man Begriffe wie »Nazi«, »Mörder« u.dgl. pauschal anwendet bzw. sie undifferenziert ausdehnt. H.s »Berufung« war nicht, glaube ich, die eines »politischen Denkers«, zumindest im engen Sinne des Wortes »Politik«. Farías' (gefährliche bzw. fahrlässige) Karikatur steht somit weit hinter Schwans Ansatz zurück. Er ist m.E. einseitig. Deshalb: Um einen Heidegger von innen (nochmals) bittend.[28]

Rafael Capurro *(Stuttgart)*

---

26 Zitat nach Ott, *Heidegger*, 192.

27 Heidegger, *Seminare*, 104 – meine Hervorhebung.

28 cf. Schirmacher, *Heidegger*.

Günther Neske & Emil Kettering (ed.), *Antwort. Martin Heidegger im Gespräch*, Neske, Pfullingen 1988, 289 Seiten

Um Martin Heidegger war es still geworden. Dies läßt sich zumindest für die Zeit der siebziger Jahre sagen, für eine Zeit also, in der es galt, den Naturwissenschaftlern möglichst exakt erklären zu können, was diese schon längst in ihrer wissenschaftlichen Praxis erprobt hatten. Nachdem nun im vergangenen Jahrzehnt die in den Szientismus mit seiner positiven Vernunft gehegten Erwartungen aus den verschiedensten Gründen nicht in Erfüllung gingen, ist Heidegger wieder »en vogue«. Dies gilt nicht nur für die Schulphilosophie, die sich ja auch in den siebziger Jahren ungebrochen um die textexegetische Aufarbeitung von Heideggers Werk bemühte, sondern gleichermaßen für ingenieurwissenschaftliche Disziplinen, die Heideggers Ansatz nunmehr für etwaige Lösungsvorschläge in ihrer Fachdisziplin fruchtbar machen. Aber auch in einer anderen Hinsicht ist Heidegger wieder fragwürdig geworden. In jüngster Zeit läßt sich der merkwürdige Umstand beobachten, daß Heideggers Denken nicht nur sachbezogen als Ansatz für eine Lösung der Probleme der Gegenwart herangezogen wird, sondern »gleichzeitig« wegen seiner möglichen Verflochtenheit mit der NS-Ideologie radikal in Frage gestellt wird. Und das gilt, obwohl diesbezügliche Untersuchungen schon in den sechziger Jahren vorlagen (z.B. Schneeberger), damals aber keine breite Beachtung fanden. Die Frage nach dem Zusammenhang von Heideggers Denken und (politischem) Handeln ist jetzt das Thema. Darauf eine »Antwort« zu geben, ist die Absicht des vorliegenden Buches.

Gesucht wird allerdings nicht nach einer Antwort mit »definitorischem und abschließenden«, sondern mit »auf- und erschließenden« Charakter (9). Das liegt schon daran, daß die in dem Sammelband ausgewählten Dokumente wegen der Vielfalt der Stellungnahmen zum Thema Heidegger und Politik keinen Anspruch auf Vollständigkeit erheben.

Das Buch gliedert sich in drei Teile. Der erste Teil enthält das seit Jahren vergriffene Fernseh-Interview von Richard Wisser mit Heidegger aus dem Jahre 1969 (21ff). Ergänzt wird das Interview durch Wissers Bericht über die Begleitumstände zu diesem Interview. Der Bericht ist deshalb wertvoll, da er u.a. auch ursprünglich vorgesehene Fragen nennt, die Heidegger vor laufender Kamera nicht beantworten wollte. Wünschenswert wäre jedoch eine wesentliche Straffung des langatmigen Beitrags (29-76) gewesen. Die informativen Stellen wären dadurch deutlicher zum Vorschein gekommen.

Neben diesem Fernseh-Interview wurde noch das erst posthum erschienene Interview mit der Zeitschrift *Der Spiegel* mitabgedruckt (81ff). Da die beiden Interviews die einzigen sind, die Heidegger zeit seines Lebens gegeben hat, und beide im Buchhandel nicht erhältlich waren (das Interview mit dem *Spiegel* war nur über Zeitschriftenarchive zugänglich), ermöglicht erst diese Zusammenstellung in einem Sammelband den bequemen Zugriff zu zwei zentralen Dokumenten für die Heidegger-Forschung.

Gerade das *Spiegel*-Interview enthält Heideggers »Antwort« auf sein Engagement in der Zeit seines Rektorats (wenn auch freilich mit der ihm eigenen persönlichen Färbung) und ebenso die für ihn so wesentliche Einschätzung der Kybernetik. Fragen zu seinem philosophischen Denken beantwortet das Interview mit Wisser, hervorzuheben sind dort insbesondere die aufschlußreichen Bemerkungen zur Technik. Das *Spiegel*-Interview wurde in der von Heidegger autorisierten Form abgedruckt, wobei Änderungen der *Spiegel*-Redaktion wieder rückgängig gemacht wurden.

Den beiden Interviews mit Heidegger folgt ein dritter Teil, der »Dokumentarisches« zu Heideggers Beziehung von Denken und Handeln enthält. Daß es sich hierbei nur um eine Auswahl handeln kann, ist in Anbetracht der Vielfalt an Publikationen verständlich. Die Auswahl der Dokumente verrät allerdings deutlich, auf welcher Seite die Herausgeber stehen, fehlen doch Stellungnahmen beispielweise von Adorno, Farias und Habermas. Die Arbeit von Farias wird in einem Übersichtskapitel von Kettering zum Thema Heidegger und Politik explizit als unseriöses Machwerk abgetan (130). Beanspruchen die Herausgeber bei ihrer Auswahl zwar einen Standpunkt völliger Objektivität, so scheint mir die Begründung für das Fehlen kritischer Stimmen doch etwas dürftig zu sein. So wird das Fehlen von Beiträgen etwa von Adorno und Habermas damit begründet, daß diese ohnehin leicht greifbar seien. Gleiches ließe sich allerdings auch gegenüber den Stellungnahmen von Hugo Ott (144f) und von Hans-Georg Gadamer (152ff) zu Farias' Studie behaupten, da zumindest einschlägige Texte dieser Autoren auch anderweitig verfügbar sind. Dennoch behaupten die Herausgeber, im Unterschied zu anderen Publikationen der Diskussion nicht das Wort abschneiden zu wollen. Vermittelt werden sollen dagegen »interessante Stimmen und triftige Argumente« (15), Antworten können nämlich laut Heidegger nur die letzte Station des Fragens sein (9). Ich würde hier allerdings meinen, daß eine solche Grundabsicht wohl für jede Veröffentlichung zutrifft, und sehe zumindest keinen Grund, mit welchem Vorzugsrecht gerade der vorliegende Sammelband in »ausgezeichnetem« Sinne von sich beanspruchen kann, nicht »das letzte Wort« (15) gesprochen zu haben. Für den Leser, der Heideggers Werk wohlwollend gegenübersteht, enthält der Sammelband allerdings einen repräsentativen Querschnitt, wobei auch einige Kritiker zu Wort kommen. Hierzu zählen beispielsweise die Stellungnahmen von Hugo Ott (144ff), der Bericht von Karl Löwith über sein letztes Treffen mit Heidegger (170ff) und Karl Barths Bemerkungen zu Heideggers Vortrag »Vom Ursprung des Kunstwerks« in der Neuen Zürcher Zeitung (265ff).

Der dritte Teil des Sammelbands gliedert sich in vier Abschnitte: Stellungnahmen, Erinnerungen, Würdigungen und Zeitzeugnisse. Im Zentrum der Beiträge steht die Frage, ob mit Heideggers politischem Versagen auch sein Denken erledigt sei (12). Gerade für die Relevanz dieser Frage erscheint mir aber die inhaltliche Auswahl selbst der kritischen Beiträge als etwas gekünstelt. So erschöpft sich Otts Beitrag in einer Auseinandersetzung mit Farias' Studie, seine andernorts auffindbare Auseinandersetzung mit Heideggers NS-Engagement sucht man allerdings hier vergeblich. Von historischem Interesse ist die Würdigung von Hannah Arendt zu Heideggers achtzigsten Geburtstag. Auch ihr Beitrag ist anderweitig schwer zugänglich. Er beschreibt anschaulich die persönliche Ausstrahlung, die von dem jungen Heidegger bereits vor dem Erscheinen von *Sein und Zeit* ausging. Ihre versöhnlichen Worte zu Heideggers NS-Engagement sollten jedem Kritiker, der unter Absehung der damals gegebenen historischen Umstände aus heutiger Sicht Heideggers Denken aus der Observer-Perspektive maßregeln will, zu denken geben. Wenn auch mir der Anspruch des Buches, hier eine nicht abschließende Antwort auf Heideggers NS-Engagement zu finden, etwas überzogen erscheint, möchte ich doch ausdrücklich mit der Bemerkung schließen, daß dieser Sammelband wegen der glücklichen Zusammenstellung von anderweitig nur schwer zugänglichen Dokumenten in keiner Bibliothek zur Heidegger-Forschung fehlen sollte.

Karl Leidlmair *(Innsbruck)*

Jean-Francois Lyotard, *Heidegger und ›die Juden‹* (ed. P. Engelmann, aus d. Frz. übers. von C.-C. Härle), Edition Passagen, Wien 1988, 116 Seiten

In den beiden Essays des vorliegenden schmalen Bandes – *Die Juden* (11-62) und *Heidegger* (63-110) – exemplifiziert Lyotard, der »nicht Haß schüren, sondern den Widerstreit achten und ihm Gehör verschaffen« (53) will, seine Anti-Identitätsphilosophie an zwei Themen, die sich zumal in der jüngsten Diskussion berühren und überschneiden. Dabei wird klar, daß diese Berührung nicht nur eine äußerlich-zufällige ist, sondern eine, die im *Widerstreit*-Charakter der europäischen Philosophie – dem Widerstreit zwischen den Identitätsstiftungen und dem sie tragenden und umschließenden, bedrohenden und verschlingenden Horizont des *Nichtidentischen* – fundamental angelegt ist. Eine Berührung, die schmerzt und Verdrängung geradezu provoziert, weil Inkommensurables aneinandergerät, das nicht und vermutlich niemals zur Synthese und Versöhnung gelangt und, solange das Andere nicht als Anderes geachtet wird, einander fremd und unverständlich bleibt.

Lacoue-Labarthes Anklage, daß Heidegger, also gerade jener Denker, der das ›Vergessene‹ thematisierte, bis zuletzt über die Judenmorde schwieg – »das Schweigen eines Stummen, das nichts zu verstehen gibt. Ein bleiernes Schweigen« (65) –, wird von Lyotard *als Frage* aufgenommen und *als Indiz* dafür gewertet, daß Heideggers Anspruch, das Ungedachte der Vergessenheit zu entreißen und in der Dimension der Nichtidentität, Nichtgegenständlichkeit und Nichtheimat Fuß zu fassen, gescheitert sei. Daß Heideggers Bemühungen sehr wohl in diese Richtung gehen und er *nicht* der hanebüchene Identitätsdenker ist, als den ihn Adorno vorstellt, wird freilich vorausgesetzt. So wie Adorno hatte ihn denn auch die französische Rezeption gerade *nicht* verstanden, sondern vielmehr als Überhöhung der eigenen Tradition, die seit der Aufklärung das Vergessene, Vernachlässigte, Verfemte in der Kultur zur Darstellung zu bringen und dem Verdrängten eine Sprache zu geben versucht hatte. Und diese französische Tradition konvergiert ihrerseits mit dem ›Geist des Judentums‹ (Lyotard, der Identitätsformeln fürchtet, nennt es übrigens nicht so und spricht lieber, wenngleich kaum weniger mißverständlich, von ›den Juden‹): mit »der jüdischen Achtung des Unvordenklichen« (34). Heidegger wäre demnach ›strukturell‹, der Intention seines Denkens nach, *Philosemit* gewesen – eine Zuteilung, die angesichts seines realen Engagements für den Nazismus absurd, aber als Stachel im Fleisch der *Sache* seiner Philosophie zu verstehen wäre. (Krieck immerhin, Heideggers brauner Kontrahent, sähe sich in seinem Urteil unversehens bestätigt.)

Worin aber besteht nun Heideggers Halbherzigkeit: seine *halbe* Nicht-Nichtidentität, seine Flucht ins Schweigen, *seine* Verdrängung und Vergessenheit? Was macht – ›strukturell‹ – Heidegger schließlich *doch* zum (halben) Antisemiten? Es ist, so Lyotard, die auch bei ihm wirksame Grundeinstellung der christlich-abendländischen als einer *Identitäts*philosophie, die diese Identität auch dann noch sucht, wenn sie diese problematisiert und überwinden will. Es ist der *Schrecken* des Nichtidentischen, der Heidegger zögern und ihn auf seinem Weg ebenso viele Schritte vor wie zurück gehen läßt.

Lyotard bestreitet die Einheit der ›jüdisch-christlichen‹ Kultur als intellektuellen Mißgriff, als unhaltbare Vermengung des Inkommensurablen. Zwar gibt es eine jüdische Grundierung der christlichen Kultur, aber ›die Juden‹ sind doch deren *Anderes*. Diese ›Einheit‹ wäre, *als* Identität, die *unmögliche* Einheit des auf Identitätsstiftung bedachten ›Christen‹, der das Unvordenkliche domestiziert, und des sich dem Spiel der Differenz, des ›Nomadentums‹, der Nichtidentität aussetzenden ›Juden‹.

Für den christlichen Mystiker, der die Nichtidentität in ihrer Abgründigkeit und ihrem Schrecken durchaus wahrnimmt, bedeutet sie eine Stufe und einen Durchgang zu neuer, höchstgesteigerter Identität. Die ›Juden‹ aber – Lyotard nennt sie »eine Schar von

Seelen« (11) und verweist exemplarisch auf Kafka und Celan (aber auch er selbst und Derrida wären hier anzuführen) – sind die Geiseln und zugleich Vollstrecker einer Tradition, die sich diesem Schrecken *aussetzt*, aussetzen *muß*, weil sie die Authentizität aller Identitätsstiftungen als Betrug und Selbstbetrug der also Stiftenden wahrnimmt und die Wahrnehmung ihrer *eigenen*, nichtidentischen Wirklichkeit als *die* Wirklichkeit begreift. Es geht um eine Befindlichkeit und eine Haltung, die aus dem quälenden Bewußtsein eines Nicht-mehr (der in der Vorzeit verlorenen Heimat) und eines Noch-nicht (der unendlich hinausgeschobenen realen Versöhnung) denkt und lebt: aus einer nie befriedigten Sehnsucht, einer Ungeborgenheit und Ausgesetztheit *par excellence*. In der ›Schrift‹ – d.h. in ihren kulturellen Äußerungen: Religion, Kunst, Literatur – findet besagte Haltung ihr Medium. Hier bringt sie das sie bewegende Ungesagte und Unsagbare zwar nicht zur Sprache, aber *inszeniert* es. Die jüdischen ›Zeichen‹ werden jedoch durchaus verstanden, und der Antisemitismus ist insofern *mehr* als bloße Xenophobie. Der Ernst des jüdischen Bekenntnisses zur Nichtidentität, zur Unabweisbarkeit des Schreckens, zur Abgründigkeit des Unvordenklichen, irritiert die ›abendländische‹ Kultur. Und diese reagiert auf die jüdische Herausforderung *entweder* mit der Forderung nach Integration, Versöhnung, Konversion *oder* mit Ausgrenzung und Vernichtung. *Andere* Reaktionsweisen scheinen nicht möglich zu sein, obwohl beide dem Sachverhalt, um den es geht – Einsicht in die Inkommensurabilität von ›Jude‹ und ›Christ‹ – nicht gerecht werden.

Die reale Politik, so philanthropisch oder barbarisch sie immer auftreten mag, schafft das Problem des ›Juden‹ als des *Anderen* nicht aus der Welt. Die jüdische Grundierung *auch* im Identitätsdenken bleibt virulent, das Identitätsdenken selbst bleibt auf sein Anderes verwiesen. Kants Taxierung des ›Erhabenen‹, Freuds ›unbewußter Affekt‹, Heideggers ›Seinsvergessenheit‹ und Adornos ›Nichtidentität‹ konvergieren in der Berührung dessen, was bei Anerkennung aller Identität im Zuge unverstellter Erfahrung ans Nichtidentische rührt: an den Abgrund, die Irritation, die unerfüllte Sehnsucht, den Schrecken und die (rationale wie emotionale) *Uneinholbarkeit* des Nichtidentischen, das ›Jüdische‹ (als das in der jüdischen Kultur zum bestimmenden Weltgefühl Gewordene).

Wenn Lyotard ein Denker des ›Widerstreits‹ ist, so bedeutet dies, neben der Zurückweisung von Identität, *auch* die Zurückweisung des Ausgrenzens (die ja nur die negative Seite des Identifizierens darstellt), somit *auch* der (moralisierenden) Ausgrenzung und Liquidierung *Heideggers* aus der philosophischen Diskussion. Es sei zu »unterscheiden zwischen dem, was am Denken selbst politisch ist; dem, was dem Denken fehlt und womit es sich ergänzt, um Politik zu machen, und dem, was das Denken, eben weil es diese Politik erlaubt, verfehlt und vergißt« (78). Heidegger ist *als Fall* zu begreifen, und die Auseinandersetzung mit ihm ist weiterzuführen. »Denn das Denken überschreitet den Kontext, in den es gestellt ist [was Farias vergißt].« (70)

RMa

3. Aufklärung, Postmoderne

Walther Ch. Zimmerli (ed.), *Technologisches Zeitalter oder Postmoderne?*, Wilhelm Fink Verlag, München 1988, 227 Seiten

Renommierte Namen versammelt der von Walther Ch. Zimmerli herausgegebene Band zum Thema *Technologisches Zeitalter oder Postmoderne*. Aber nicht nur das. Die Aufsatzsammlung trägt auch zweifellos vieles Klärende zur Postmoderne-Debatte bei. Die Beiträge versuchen eine Antwort auf die immer noch provokante Frage zu geben, ob die Postmoderne nur eine moderne, modische Spielerei ist oder ob sie wirklich eine Epochenschwelle markiert und dabei – mag ihre eigene Bestimmung noch ungesichert sein – allemal jedenfalls die Moderne ob als Geschichte oder als Projekt beendet. Das allein würde den vorliegenden Band jedoch kaum aus der Vielzahl der Neuerscheinungen herausheben, wenn er nicht eine zweifellos hervorstechende zweite Eigenschaft der fraglich gewordenen Zeit thematisierte, nämlich die Technik, und vor diesem Hintergrund sich darum bemüht, den Begriff der Postmoderne im Blickwinkel der ökologischen Debatte abzugrenzen.

Das Buch gliedert sich in vier thematische Abschnitte, die jeweils von zwei Beiträgen behandelt werden. Außerhalb der vier Abschnitte und das Buch abschließend befaßt sich Hermann Lübbe mit der technologischen »Verkürzung des Aufenthalts in der Gegenwart« als Signum eines Zeitalters, das sich auch postmodern versteht – ein gelungener philosophischer Abschluß der Technologie-Problematik, auch wenn er die ökologische Krise am wenigsten bedenkt. Für Lübbe ist unsere Zeit dadurch charakterisiert, daß die Gegenwart als ein sich permanent verkürzendes Moment wahrgenommen wird. Vergangenheit und Zukunft werden immer umfassender. Die Geschichte läuft technologisch informiert bis zur Gegenwart vor. Die Zukunft greift prognostisch sowohl weiter aus, wie sie auch auf die Gegenwart zueilt. Zumindest psychologisch, so Lübbe, ist es daher verständlich, wenn sich im Denken der Zeitgenossen die Zukunft mit Schreckensvisionen anfüllt.

Andererseits sieht Lübbe die Schreckensvisionen des orwellschen Zeitalters einer zunehmend informatisiert aufgerüsteten Herrschaft in der gegenwärtigen Epoche gerade nicht in Erfüllung gehen. Durch die zunehmende Perfektion der Informationstechnologie wird die Gesamtheit vorhandener Informationen nicht beherrschbarer, sondern diffundiert gleichzeitig in informationstechnologisch auch weniger zugängliche gesellschaftliche Bereiche. »Kurz: Mit der wachsenden technischen Verfügbarkeit von Information nimmt die Informationsverschmutzung unserer Zivilisation zu.« D.h. »Je weiter die moderne Informationstechnologie Lügen zu verbreiten vermag, um so kürzer werden ihre Beine.« Es fragt sich allerdings, in welchem Interesse diese »Informationsverschmutzung« steht. Ob dabei die Wahrheit allzu gut wegkommt? Hoffentlich nicht, wenn sie in postmoderner Zeit zur Schimäre verkommen ist! Ist die Verkürzung der Gegenwart nicht das Ergebnis des Bewußtseins ihrer hermeneutischen Struktur, die sich gerade durch die Informationstechnologie bestätigt?

Bernhard Waldenfels, der nach Hans Lenk den vierten Abschnitt »Szientismus, Technik und Rationalitätskrise« beschließt, versucht ebenfalls der Alternative von Dämonisierung und Verharmlosung der Technik zu entgehen. Zweifellos ist auch für Waldenfels die moderne Technik keine naturgemäße mehr, wie sie noch bei Aristoteles gedacht wird. Aus der modernen Technik ist vielmehr eine Welttechnik geworden. Sie ist nicht bloße Verlängerung der Organe, wie sie Gehlen entwirft, sondern eine Organisationsweise des menschlichen Lebens, wenn dies auch nicht einfach als bloße Überwältigung der Lebenswelt gedacht werden kann, sondern auch als schöpferische Formkraft, an der der Mensch Anteil zu nehmen vermag. Daher verbinden sich für Waldenfels heute auch wieder Technik und Kunst. So will er die Technik als die wesentliche weltkonstitutierende Dimension des menschlichen Lebens nicht einfach diffamieren, sondern den sich darin öffnenden Möglichkeiten nachspüren. Denn er sieht wohl zurecht keinen Ausweg aus der Technik. Die einzige Chance für Waldenfels hat der Mensch, wenn er sich die Spielräume öffnet, die die Technik bietet. Trotzdem fragt sich, ob nicht gerade die Unumgänglichkeit der Technik für den Menschen jetzt, aber noch mehr in Zukunft, Ambitionen stärkt, nach nichttechnischen Spielräumen Ausschau zu halten. Warum sollte die Technik, die an die Stelle der mittelalterlichen Metaphysik getreten ist, nicht einst eine ähnliche Rolle spielen wie die Religion heute? Der Herausgeber plädiert mit seinem Beitrag im ersten Teil, der den Titel »Kunst und Technik« trägt, neben seinem Bamberger Kollegen Wolfgang Welsch, einem gemäßigt postmodernen Modernen, ebenfalls für einen vernünftigeren Umgang mit der Technik. Die Postmoderne beendet zwar ob ihres technologischen Denkens die platonische Metaphysik, setzt aber experimentell das Projekt der Moderne fort. Gleichzeitig bleibt auch sie dem Logozentrismus verfallen, denn sie vermag nicht ohne Allgemeinbegriffe zu denken. Die Postmoderne, so Zimmerli, öffnet zwar die modernen technischen Uniformisierungstendenzen für die Pluralität und leistet somit notwendigen zivilisatorischen Veränderungen Vorschub. Ihr antiplatonischer Charakter verschränkt sich jedoch, indem sie der Ordnung des Kosmos die Vielheit des Chaos entgegensetzen möchte. Damit fällt sie als blanker Antipode in das zurück, was sie bekämpfen möchte. Dieses Problem begreift Zimmerli vor dem Hintergrund eines angesichts ökologischer Krisen zunehmend leitwissenschaftlichen Charakter annehmenden, hochkomplexen und technologisch informierten Naturbegriffs. Das postmoderne antiplatonische Experiment vermag dabei keine neuen Wege aus der Krise aufzuzeigen, während es antiplatonisch wie technologisch darum ginge, aus dem Kreislauf disjunkter Alternativen, entweder z.B. umfassender Prognostik oder blinden Wachstums, durch Halbordnungsverfahren und korrigierendes Eingreifen auszusteigen.

Einzuwenden wäre aber zumindest, ob nicht technologische Halbordnungsverfahren den Platonismus der Technik durch aristotelische Metaphysik modifiziert fortsetzen. Auch scheint mir, daß Zimmerli bei seiner Postmoderne-Kritik die Position von Gianni Vattimo nicht beachtet, der im Anschluß an Heideggers Begriff der Verwindung disjunkten Denkmodellen genauso entgehen möchte wie Umberto Eco. Allerdings kann philosophisches Denken sich an keinem Effizienz-Kriterium ausrichten. Sonst wäre es Technologie.

Besonders interessant für eine ökologisch angereicherte Postmoderne ist der Beitrag von Rainer Piepmeier »Finis hominis?« Es geht ihm darum, daß der Mensch die Unverfügbarkeit der Natur aus Freiheit anerkennt, um dadurch zu einer neuen vernünftigen Praxis zu gelangen, die moderne Wissenschaft und Technik miteinbezieht. In der Geschichte der abendländischen Zivilisation zielen alle Mittel der Naturbeherrschung darauf, Natur als das Fremde und Andere aufzuheben, zum Teil menschlicher Selbstverwirklichung zu degradieren, so daß am Ende der Mensch nur noch sich selbst begegnet (Heisenberg). Doch was auf menschliche Selbsterhaltung ausgerichtet ist, wird zunehmend kontraproduktiv. In der technisch immer perfekteren Weise, das Selbst zu retten, löst sich das Selbst zunehmend auf. Piepmeier erläutert seine Thesen am Beispiel von Heidegger, Derrida und Lyotard und legt damit eine interessante postmoderne Interpretationslinie frei. Er kritisiert Heideggers Identifikation von technischer Herrschaft und metaphysischer Wirklichkeitskonstruktion als nicht in der Lage, das praktische Problem der Freiheit im europäischen Denken zu thematisieren. Stattdessen sucht Piepmeier bei Derrida und Lyotard nach Vermittlungsschritten von der technischen Verfügbarkeit von Natur zu ihrer Unverfügbarkeit aus Freiheit, z.B. bei Derrida den

Begriff der »Physis in différance« oder Lyotards Idee der Gerechtigkeit als Anerkennung der Unverfügbarkeit des Anderen, was unter postmoderner Bedingung technischer Rekonstitution bedarf und ebenfalls auf Natur bezogen werden kann.

Explizite Verbindungslinien zwischen Postmoderne und Ökologie werden unter dem Schlagwort »Umwelt und Technologie« von Reinhard Maurer und Wolfgang Kluxen gezogen. Zimmerli formuliert es in seiner Einleitung beinahe programmatisch: »Das Denken in Um-Welt-Kategorien, seien diese nun ökologisch, sozial oder systemisch aufzufassen, muß als Kennzeichen technologischen Denkens in der Postmoderne aufgefaßt werden.« In einer durchaus ökologischen Dimension versucht Kluxen postmodernes Denken als dialogischen Umgang mit Natur zur verstehen und führt das am Beispiel der Landschaftsarchitektur vor. Vor allem aber Reinhard Maurers These ist in dieser Hinsicht beachtenswert. Postmoderne bleibt nämlich für Maurer eine bloße Spielerei, die keine epochalen Ansprüche zu erheben vermag, es sei denn, sie wird durch das ökologische Denken im Zeitalter der Umweltkrise erweitert. Denn es sind für Maurer die katastrophalen ökologischen Folgen, die das Projekt Moderne in Frage stellen, wenn seine Kosten auch bei Habermas eben weitgehend ausgeklammert werden. Das gilt auch noch für die postmodernen Denker, die diesen Aspekt kaum ins Feld führen. Vor dem Hintergrund der Umweltkrise postuliert Maurer die Ökologie als eine mögliche neue Dachwissenschaft einer neuen Epoche, die er auch Postmoderne nennen würde. Zweifellos ist Maurer zuzustimmen, daß ökologisches Denken und postmoderne Problematik im Angesicht der Destruktionen und des Scheiterns moderner Hybris eine zunehmend befruchtende Verbindung einzugehen vermögen. Allerdings unterbewertet er die Eigenständigkeit nicht-ökologischer Moderne-Kritik seit Nietzsche, die vielleicht nicht durch Zufall auch epochal anmutende Schlaglichter auf die Kulturentwicklung zu werfen vermochte und daher umgekehrt gerade auch das ökologische Denken in entscheidender Weise befruchtet. Aber Maurer hat sicherlich insoweit Recht, wie die Postmoderne vor dem Hintergrund der ökologischen Diskussion ein viel größeres Gewicht erhält.

Hans-Martin Schönherr *(München)*

Hans Lenk & Günter Ropohl (ed.), *Technik und Ethik*, Reclam, Stuttgart 1987, 333 Seiten

Der Band enthält zwölf Aufsätze und einen dokumentarischen Anhang mit Ethikkodizes sowie Richtlinien und Entwürfe von Ingenieursvereinigungen. Die Aufsätze stammen mit zwei Ausnahmen (Adorno 1953 und Sachsse 1972) aus den 80er Jahren; sieben davon sind Originalbeiträge.

Im ersten Beitrag, seinem 1953 an der TH Karlsruhe gehaltenen Vortrag *Über Technik und Humanismus*, bedauert *Adorno*, daß Grundfragen, an denen unser Leben hängt, verschiedenen Ressorts überantwortet werden. Bildung und Humanismus werden eher mit den geisteswissenschaftlichen Disziplinen verknüpft. Dennoch, betont er, sind Gesellschaft und Technik »so ineinander verflochten, daß die Frage nach der Priorität [...] an die mahnt, ob das Huhn oder das Ei zuerst dagewesen ist« (24). Eine Antithese von Humanismus und Technik gehört s.E. einem falschen Bewußtsein an.

Rapp konstatiert in *Die normativen Determinanten des technischen Wandels* eine Krise des Technikbewußtseins. Die Auswirkungen der modernen Technik reichen über die intendierten ingenieurwissenschaftlichen Resultate hinaus. Auch wenn das Individuum nicht mehr Träger der technischen Entwicklung ist, so bleibt der Rekurs auf es als

Handlungsträger dennoch erforderlich. Rapp erinnert daran, daß die Kontrolle der Technikentwicklung kein Problem technischer Verfahrensweisen, sondern ein normatives bzw. historisches ist. »Eine Steuerung des technischen Wandels ist nur insoweit möglich, wie der Verlauf des historischen Geschehens sich dem Modell des technischen Wandels fügt. Um vollkommen kontrollierbar zu sein, müßte Geschichte in Technik übergeführt werden.« (41) Was der Steuerung der Technikentwicklung entgegenwirkt, ist also die im Geschichtsprozeß wirksame Spontaneität und Freiheit des Menschen. Zwischen seiner ›Flucht nach vorne‹-Haltung, die ein verbindliches Menschenbild festlegen muß, und einer ›laissez faire‹-Haltung sieht Rapp einen pragmatischen Mittelweg, der darin liegt, die technischen Probleme öffentlich zu machen und in einer deskriptiven Technologiefolgenabschätzung ›wenn-dann‹-Zusammenhänge aufzuzeigen.

In *Ethische Probleme des technischen Fortschritts* von 1972 fordert *Sachsse* eine Aufklärung, die die Unwissenschaftlichkeit der Wissenschaftsgläubigkeit aufdeckt. Mit dem technischen Fortschritt müssen s.E. die Ausführungsbestimmungen der Ethik verändert werden. Anhand einer Analyse des Informationsbegriffes – dem auch nach eineinhalb Jahrzehnten nichts Wesentliches hinzuzufügen ist – versucht er seine Forderung zu verdeutlichen. So bestreitet er, daß die Informationen auf dem freien Markt einer Reinigung in Bezug auf ihren Wahrheitswert unterzogen werden, oder, daß es die Menge der Informationen ist, die den einzelnen besser informiert. Ecos Satz von der Bedeutung des ›Spuren-lesen-lernens‹ in der Informationsgesellschaft ist hier vorweggenommen. Eine Konsequenz von Sachsses Darlegungen ist die Neubesinnung auf die Bedeutung der wissenschaftlichen Lehre:

> [...] die Aufgabe des Lehrens besteht darin [...] den Stoff zu sichten und zu bereinigen [...] das Wesentliche auszuwählen, Beziehungen aufzuweisen und das Beiwerk zu beschneiden. Diese [...] Verdichtung [...] der anschwellenden Stoffülle ist heute eine ebenso schwierige wie notwendige Arbeit, die schöpferische Intelligenz [...] erfordert, um die Desintegration des Wissens und die babylonische Sprachverwirrung zu vermeiden [...] Jeder, der sich für sein Metíer verantwortlich fühlt, muß [...] mithelfen, daß unser naturwissenschaftliches Wissensgut [...] tradierbar bleibt. (76)

Zimmerli versucht die Frage des ebenso betitelten Beitrags *Wandelt sich die Verantwortung mit dem technischen Wandel?* zu beantworten. Er kommt zur Einsicht, daß der heute nach wie vor gängige Verantwortungstypus in der Technikdiskussion weitgehend an der spätmittelalterlich-zünftischen Handwerkskultur orientiert ist. Viele Schwierigkeiten resultieren aus dieser Unangemessenheit. Kernproblem der gegenwärtigen Debatte ist das Auseinandertreten von Handlungs- und Verantwortungssubjekt. Dennoch bleibt, trotz der Tatsache, daß sich die handelnden Subjekte immer mehr auf Gruppen verlagern, das Individuum Verantwortungssubjekt. Maßgabe der Verantwortung sollte eine subjektiv reflektierte Haftbarkeit sein, die über die persönliche Handlung hinausreicht. Zimmerli gewinnt diesen Verantwortungstypus aus einem idealtypischen Stufenbau der Technikentwicklung, auf deren letzter und gegenwärtiger Stufe er einen technologischen Aufwachtypus ausmacht: »Durch die Einsicht, daß heute alle Wissenschaft und Technik informationstechnologievermittelt ist, entsteht so etwas wie eine reflexive Wendung der schon vorher stets vorhandenen technikkritischen Elemente.« (96)

Obwohl *Lenk* in *Über Verantwortungsbegriffe und das Verantwortungsproblem in der Technik* wie Zimmerli daran festhält, daß moralische Verantwortung nicht zwischen Individuen aufgeteilt werden kann, ist er bemüht, ein Verantwortungskonzept zu entwickeln, das aus einer Mischung von persönlicher und institutioneller Verantwortung besteht (»Konzept der proportional zu Eingriffsmacht und Wissen anteilig zu tragenden persönlichen Verantwortung«, 128). Leider ist ein wichtiger Teil in Lenks Beitrag in den Fußnotenteil gerutscht, wo er nachweist, daß verschiedene Ansätze Jonas', wie die Theorie der erweiterten Verantwortlichkeit etwa, keineswegs neu sind.

In *Neue Wege, die Technik zu verantworten* versucht *Ropohl*, das Konzept der individuellen Verantwortung und das der institutionellen Steuerung und Kontrolle durch das ›Konzept der konzertierten Technikbewertung‹ zu überwinden. Dieses versucht

> die institutionelle Unterstützung der Individuen und die individuelle Unterstützung der Institutionen miteinander zu verbinden. Einerseits ist eine Pluralität von Institutionen zu entwickeln, welche die individuelle Verantwortungsbereitschaft und Verantwortungsfähigkeit stärken und absichern, und andererseits sind Aufklärung und Engagement der Individuen zu fördern, damit diese sich an geeigneten Institutionen wirksam beteiligen. (170)

Auch wenn Ropohls Kritik am individualistischen Konzept (»Wer allein auf hippokratische Eide [...] setzt, hält eine schöne Sonntagsrede«, 173) und am reglementierenden Konzept der institutionellen Steuerung schlüssig ist, so bleibt doch sein eigenes vage und läuft selbst Gefahr, zur Sonntagsrede zu verkommen.

MacCormac entfaltet im gleichnamigen Artikel *Das Dilemma der Ingenieursethik*. Er fordert eine stärkere Beteiligung der Ingenieure an gesellschaftlichen Zielsetzungsprozessen. Deutlich wird die Tendenz, die ›technic community‹ nach außen abzuschotten; z.B. wenn der Autor technische Gerichtshöfe fordert. Dabei ist sein erklärtes Anliegen, »das Ingenieurwesen zu einem Berufsstand mit größerer Autonomie« (239) zu machen. Ob aber die Herstellung einer größeren Autonomie der Technikerverbände einen besseren Umgang mit technischen Problemen zeitigen wird, muß bezweifelt werden.

Hunning vertritt in *Technik und Menschenrechte* eine Konvergenztheorie zwischen Technik und Menschenrechten, die ausdrücklich auch auf die gesellschaftliche Determiniertheit der Technik verweist:

> Konkrete Konsequenzen aus abstrakten Formulierungen der Menschenrechte sind historisch bedingt und in der Geschichte immer neu zu leisten; diese Konkretisierungen sind dann aber nicht ablösbar vom jeweiligen historischen sozio-ökonomisch-technisch-politischen Kontext oder Systemzusammenhang. (255)

Capurro enthält sich im letzten Beitrag *Zur Computerethik – ethische Fragen der Informationsgesellschaft* aller pragmatisch-utilitaristischen Erwägungen und empfiehlt eine ethische Grundhaltung der vorsichtigen Gelassenheit. Sein Beitrag versteht sich als Bestandsaufnahme, nicht als Lösungsversuch der bestehenden Probleme. Ausdruck der von ihm geforderten ethischen Grundhaltung sind nicht ethische Prinzipienaussagen, sondern Fragen. So heißt es konsequenterweise am Ende des Beitrags: »Es liegt in unserer Verantwortung, ob wir aus dem Computer einen Fetisch oder, im Sinne Umberto Ecos, ein ›offenes Kunstwerk‹ machen.« (270)

Im *Anhang* wird deutlich, daß die Ethikkodizes innerhalb der Ingenieursgemeinden noch nicht über eine Mischung zwischen Ständekodex und allgemein-moralischem Appell hinausgelangt sind.

Insgesamt erscheint der stark auf die Förderung der Ethikdiskussion innerhalb der Ingenieursgemeinden ausgerichtete Band eher zu umfangreich ausgefallen. Einige Diskussionen wiederholen sich, auf einen vor Platitüden strotzenden Beitrag, wie ihn *Alpern* vorgelegt hat, hätte man verzichten können. Stattdessen wäre es nützlich gewesen, einen rechtsphilosophischen Beitrag in die Sammlung aufzunehmen, zumal einige Argumentationsstränge rechtsphilosophische Fragen aufwerfen. Offenkundig ist in einigen Beiträgen eine, auch vom pragmatisch-analytischen Denken her bedingte, Amerikozentrik, die gelegentlich in ihren Problemübertragungen sozialhistorische und psychologische Differenziertheit missen läßt.

Die dokumentarische Absicht des Bandes ist hingegen durchaus gelungen, auch wenn die Dokumentation gelegentlich eine Krise in der Diskussion von ›Ethik und

Technik‹ anzeigt, die sicherlich in der zunehmenden Differenzierung des Problemfeldes gründet. Neben der Dokumentation des derzeitigen Diskussionsstandes ist in vielen Beiträgen das Bemühen um Begriffsdifferenzierungen gelungen.

Klaus Wiegerling *(Wiesbaden)*

Dietmar Kamper & Willem van Reijen (ed), *Die unvollendete Vernunft: Moderne versus Postmoderne*, Suhrkamp, Frankfurt a.M. 1987, 573 Seiten

Peter Kemper (ed.), *›Postmoderne‹ oder der Kampf um die Zukunft*, Fischer, Frankfurt a.M. 1988, 330 Seiten

Die Postmoderne zeichnet sich durch Pluralismus aus. So ist es kaum erstaunlich, daß die postmoderne Publikationsform *par excellence* der Sammelband zu sein scheint. Sammelbände werfen die Frage nach ihrer Konzeption auf, die so oft das Geheimnis der Herausgeber bleibt. Anstelle von Konzeption tritt oft die Hoffnung, je breiter sich das Spektrum der Beiträge ausnimmt, desto näher werde man dem Thema kommen. Im Falle der hier zu besprechenden Bände mögen auch der Sache eher fremde Auswahlkriterien eine Rolle gespielt haben: Der von Kamper und van Reijen herausgegebene Band geht auf zwei Vorlesungsreihen, in Berlin und Utrecht, zurück; Kempers Band ist aus einer Sendereihe des Hessischen Rundfunks hervorgegangen. Die Annahme, daß Postmoderne etwas mit Autopoiesis und Selbstreferenz zu tun hat, bestätigt sich hier offensichtlich. Man kann sich des Eindrucks nicht erwehren, daß manch einer der Beiträge seine Auswahl einem intellektuellen Recycling verdankt.

In dem von Kamper und van Reijen herausgegebenen Band sind außer den Herausgebern folgende Autoren mit Beiträgen vertreten: Hans Bertens, Manfred Frank, Wayne Hudson, Ihab Hassan, Jürgen Peper, Gottfried Boehm, Friedrich Kittler, Hans Robert Jauß, Helmut Lethen, Evert van Uitert, Adi Martis, Walther Ch. Zimmerli, Luuk Utrecht, Leo Samama, Henk Manschot, Norbert Bolz und Jean-Pierre Dubost. In Kempers Band finden sich Aufsätze von Wolfgang Welsch, Jochen Köhler, Hans-Jürgen Heinrichs, Helmut Scheffel, Philipp Rippel, Axel Honneth, Hermann Lübbe, Gérard Raulet, Jutta Georg-Lauer, Klaus Laermann, Gert Mattenklott, Hans-Peter Schwarz, Stephan Schmidt-Wulffen, Peter Bürger und Peter Kemper. Damit stellen in beiden Bänden vor allem Philosophie und Kulturwissenschaften (insbesondere Literaturwissenschaft) die fachliche Heimat der Autoren dar; in Kempers Band sind nicht nur Autoren aus dem universitären Bereich, sondern auch aus der Publizistik gut vertreten.

Texte, die sich um die Klärung dessen, was Postmoderne ausmacht, bemühen, lassen sich grob in drei Kategorien einteilen: (1) Texte, die in einem gesellschaftlichen oder kulturellen Teilbereich postmoderne Erscheinungen beschreiben; (2) Texte, die einen Autor oder Künstler (oder mehrere) als postmoderne interpretieren; (3) Texte, die kaum etwas zur Klärung der Postmoderne beisteuern und genausogut in etlichen anderen Textsammlungen Platz finden könnten, vorausgesetzt, deren Titel wären breit genug gefaßt; zu dieser Kategorie sind auch solche Arbeiten zu rechnen, die sich – wenn auch informativ – mit der Moderne auseinandersetzen, aber nicht zu Aussagen über die Postmoderne vorstoßen. Die beiden hier zu besprechenden Bände enthalten Beiträge aus allen drei Kategorien. Da eine eingehende Würdigung der insgesamt 35 Aufsätze den Rahmen dieser Rezension sprengen würde, sollen hier die Texte des ersten Typs hervorgehoben werden.

Zunächst zu einigen Aufsätzen in Kamper/van Reijen: H. Bertens' *Die Postmoderne und ihr Verhältnis zum Modernismus* bietet einen detaillierten Überblick über die historische Entwicklung des literarischen Postmodernismus und versucht, diese mit breiteren kulturellen Strömungen zu verbinden. Was postmoderne Philosophie heißen könnte, wird in vorsichtigen Schritten in W. Hudsons Beitrag *Zur Frage postmoderner Philosophie* herausgearbeitet, während I. Hassan mit *Pluralismus in der Postmoderne* mutig und pragmatisch elf Merkmale des Postmodernismus benennt. Im Vergleich zu Hassans prägnanten Ausführungen wirken J. Pepers auf einen Vortrag aus dem Jahre 1976 zurückgehende Ausführungen (*Postmodernismus: Unitary Sensibility*) zu einer postmodernen Ästhetik etwas weitschweifig. Daß sich Postmodernität nicht nur in Philosophie und Literatur, sondern auch in Malerei und Musik identifizieren läßt, machen die Beiträge von A. Martis (*Die Verantwortung der Bilder*), L. Utrecht (*Postmoderne-Tanz*) und L. Samama (*Neoromantik in der Musik: Regression oder Progression?)* kenntnisreich deutlich.

Vergleichbare Versuche, kulturelle Teilbereiche auf postmoderne Tendenzen hin zu durchforsten, finden sich in dem von Kemper herausgegebenen Band vor allem in den informativen Aufsätzen von H.-P. Schwarz (*Architektur als Zitat-Pop? Zur Vorgeschichte der postmodernen Architektur*) und P. Kemper (*Flucht nach vorn oder Sieg des Vertrauten. Postmoderne Tendenzen im Jazz und Avantgarde-Rock*). Breiten Raum erhielten in beiden Sammelbänden Aufsätze, die sich mit philosophischen und literarischen Autoren befassen, deren Namen fast zwangsläufig in der Debatte um die Postmoderne fallen (Nietzsche, Heidegger, Pynchon, Derrida, Foucault, Baudrillard, Lyotard und Habermas ohnehin, aber auch Adorno, Lacan, Leiris und schließlich sogar Montaigne, Marx, Proust, Apollinaire, Botho Strauß, Tournier, Handke und Sloterdijk); dabei wird nicht immer zwingend klar, weshalb die theoretischen oder literarischen Produktionen dieser Autoren für die Postmoderne von Bedeutung bzw. symptomatisch sein sollen.

Leider steht die Postmoderne im Verdacht der Beliebigkeit, des strukturlosen ›anything goes‹. So hätte man sich auch in den beiden Bänden mehr Struktur gewünscht, etwa durch synthetisierende, den Rahmen absteckende und die einzelnen Beiträge aufeinander beziehende Aufsätze der Herausgeber. Kamper und van Reijen entziehen sich diesem Versuch völlig. Ihrem Band ist das sogenannte *Post-scriptum* van Reijens vorangestellt, das einen Rückblick auf moderne Philosophie und Kunst mit einigen Gedanken zur Postmoderne und Hinweisen auf ein paar der ausgewählten Beiträge in eher zufälliger als systematischer Weise verbindet. Kamper begnügt sich damit, seinen schon vor Jahren andernorts erschienenen Aufsatz *Aufklärung – was sonst? Eine dreifache Polemik gegen ihre Verteidiger* in veränderter Fassung zu publizieren. Auch van Reijens die Sammlung abschließender Beitrag *Miss Marx, Terminals und Grands Récits oder: Kratzt Habermas, wo es nicht juckt* (sic!) enthält zwar im Detail scharfsinnige Teilreferate zu Habermas, Lyotard und Rorty, befriedigt aber keineswegs das Bedürfnis nach einer Zusammenfassung oder Perspektive für die weitere Debatte. Hingegen steht dem von Kemper herausgegebenen Band die prägnante Einführung in die Thematik durch W. Welsch (*›Postmoderne‹. Genealogie und Bedeutung eines umstrittenen Begriffs*) hilfreich voran.

Obwohl sich auch in Kempers Band Beliebiges, Beiläufiges und scheinbar Bedeutungsvolles findet (z.B. G. Mattenklotts *Körperpolitik oder das Schwinden der Sinne*) und manche analytische Schwäche durch literarische Patina zu verdecken versucht wird, vermögen doch immerhin die Aufsätze H. Lübbes (*Der verkürzte Aufenthalt in der Gegenwart. Wandlungen des Geschichtsverständnisses*) sowie G. Raulets (*Leben wir im Jahrzehnt der Simulation? Neue Informationstechnologien und sozialer Wandel*) mehr Licht in die Gegenwartsdiagnose zu bringen; in diesen beiden Aufsätzen wird immerhin der Versuch unternommen, kulturelle Phänomene mit gesellschaftlichen Tendenzen nachvollziehbar zu verknüpfen und Leitmotive des Gegenwartsverständnisses herauszuarbeiten.

In beiden Sammelbänden kommt leider die Analyse des gesellschaftlichen ›Unterbaus‹ postmoderner Phänomene zu kurz. Es wäre schade, wenn kulturwissenschaftliche Analysen der Postmoderne einerseits und sozialwissenschaftliche Diskussionen, die auch unter den Stichworten Postindustrialismus, Postmaterialismus, Informationsgesellschaft oder Neue soziale Bewegungen geführt werden, aneinander vorbeiliefen. Auf jeden Fall stellen die beiden Textsammlungen brauchbare Steinbrüche dar, aus denen das Gebäude der Postmoderne (re-/de-)konstruiert werden kann. Man sollte die Texte zusammen mit anderen, systematischeren Büchern zum Thema lesen. Dabei ist nicht zu vergessen, daß die Postmoderne andernorts schon länger diskutiert wird und zahlreiche Monographien und Sammelbände vor allem in englischer Sprache erschienen sind.

Heinz-Günter Vester *(München)*

Nicolàs Gomez Dàvila, *Einsamkeiten*, Karolinger Verlag, Wien 1987, 181 Seiten.

Wenn der Gedanke das Gepräge jenes menschlichen Gesichts erahnen läßt, das ihn ausgesprochen hat, haftet an ihm seit den Tagen des Sokrates, dessen Philosophie in seiner Person vollendeten Ausdruck fand, der Zauber besonderer Anziehungskraft. Nicht jeder Mensch vermag jeden Gedanken zu denken; nur zum kleinsten Teil ist es das unterschiedliche Niveau der Intelligenz, das die unübersteigbaren Hürden errichtet. Solcher Betrachtung muß die Behauptung eines reinen, vom denkenden Subjekt losgelösten, gleichsam frei konvertierbaren Gedankens als verhängnisvolle Chimäre erscheinen, und wenn sich auch die Philosophie mit ihrem Anspruch auf Wissenschaftlichkeit gegen den Einbruch der Subjektivität in das Reich ihrer Axiome immer wieder zur Wehr setzt, so haben doch im Grenzland zwischen Literatur und Philosophie zu allen Zeiten Schriftsteller versucht, die psychologische und moralische Kontur des Menschen zu umreißen, der Hervorbringer und Gegenstand ihrer gedanklichen Systeme war. So wird bei Baldassar Gracian, dessen Werk in Schopenhauers Übertragung ein Stück deutscher Literatur geworden ist, der Weltmann mit seiner diskret wie ein Bußgürtel verborgenen Heiligkeit zum Träger eines pessimistisch-skeptischen Einsamkeitsheroismus; die Einkleidung der Gracianischen Lehre in die Form von Lebensregeln läßt die Verschmelzung von intellektueller Einsicht und Charakter deutlich sichtbar werden. In einer Zeit, in der es nicht mehr darum ging, sich in einer Ordnung angemessen zu bewegen, weil die Legitimität jeder Ordnung durch die Revolution zerbrochen war, beschrieb Baudelaire in *Mon coeur mis à nu* den Typus des Dandy, dessen radikaler Ästhetizismus ihn in den Stand setzte, die moralische Schwäche der aus der Revolution hervorgegangenen Welt zu durchschauen, und ihr eine Mischung aus Gebet und Schöpfungswut entgegenzusetzen. In unseren Tagen tritt nun in diese Reihe poetischer Philosophen die in ihrer Bedeutung noch gar nicht abzuschätzende Gestalt des kolumbianischen Aphoristikers Nicolàs Gomez Dàvila, der in seinem Werk den »Reaktionär« als den Charakter einführt, dem er seine Gedanken anvertraut und zutraut.

Einsamkeiten hat der Wiener Karolinger Verlag unter Verwendung des Titels der Gongora-Verse die Auswahl genannt, die er aus der umfangreichen Sammlung hat vornehmen lassen; diese Titelwahl spiegelt die Stimmung der Aphorismen, während der Originaltitel *Escolios a un texto implicito* die Methode dieses Denkers beleuchtet, der ein riesenhaftes, ungeschriebenes Werk mit Anmerkungen versieht, deren voller Gehalt nur in Hinsicht auf die Textstelle, auf die sie sich beziehen, erkannt werden könnte. In dieser Fiktion gründen auch die zahlreichen Widersprüche, mit denen Dàvila den flüchtigen Leser verwirrt, die sich aber bei tieferem Eindringen aufheben, wenn nämlich hinter den Gedanken das leidende, leidenschaftliche, todesmutige denkende Ich sichtbar wird. Es steckt Mutwillen und Lust an der Maske in dem Einfall, dieses Ich »Reaktionär« zu nennen, ein Ausdruck, der aus dem Vokabular des marxistischen Klassenkämpfers stammt, denn der geistige Kampf Dàvilas erschöpft sich keineswegs in der zersetzenden Analyse des Marxismus; ein umfassender Widerstand gegen alle Erscheinungen der nachrevolutionären Welt formuliert sich vielmehr in der hakenschlagenden Fortbewegungsweise dieser Gedanken, deren herausragende Gemeinsamkeit in ihrer Freiheit gegenüber allen Zwängen der Epoche besteht. »Der Reaktionär ist der Anstifter dieser radikalen Auflehnung gegen die moderne Gesellschaft, die die Linke predigt, aber in ihren revolutionären Possen sorgsam meidet«, beschreibt er sein Vorhaben, zu seiner Verwirklichung aber erklärt er:

> Die Taktiken der herkömmlichen Polemik scheitern am unerschrockenen Dogmatismus des zeitgenössischen Menschen. Zu seiner Zerstörung bedürfen wir der Kriegslisten eines Guerillakämpfers. Wir dürfen ihm nicht mit systematischen Argumenten gegenübertreten noch ihm methodisch mit alternativen Lösungen aufwarten. Wir müssen mit jeder x-beliebigen Waffe aus jedem x-beliebigem Gebüsch auf jede x-beliebige moderne Idee schießen, die allein auf dem Weg vorrückt.

Dabei verschmäht er konkret politische Mittel: »Der Reaktionär, der in demokratischen Zeiten zu regieren versucht, würdigt seine Prinzipien herab, indem er sie mit jakobinischen Methoden aufzwingt. Der Reaktionär darf nicht auf Abenteuer vertrauen, er muß auf eine Mutation des Geistes warten.« Wie also behauptet sich der Reaktionär? »Die Kunst ist das gefährlichste reaktionäre Ferment in einer demokratischen, industriellen und fortschrittlichen Gesellschaft« – an anderer Stelle wird er genauer: »Die moderne Literatur – dieses kolossale reaktionäre Unterfangen« – er mag dabei an Joyce, Proust und Doderer denken. Und noch deutlicher: »Gegen die heutige Welt konspirieren wirksam nur die, die insgeheim die Bewunderung der Schönheit verbreiten.« Mit solchen Maximen ist freilich keine Partei zu gründen – »Der Reaktionär wird nur in den Epochen ein Konservativer, die etwas bewahren, was wert ist, erhalten zu werden.« Dàvilas Reaktionär läßt vielmehr die Parteienlandschaft tief unter sich: »Der Reaktionär ist der Wächter des Erbes. Selbst des Erbes des Revolutionärs.«

Die Gefahr solcher Zitatketten besteht in der Möglichkeit, einen verengten Eindruck von dem Reichtum, den Dunkelheiten und der jedem Einwand vorauseilenden Geschmeidigkeit des Dàvilaschen Denkens zu vermitteln. »Imitieren wir nicht jene, die systematisieren, um ihre Unordnung zu verbergen: bringen wir in Unordnung, um unser System zu verwischen, – und solche Unordnung ist eben nicht nur ein taktisches Versteckspiel mit dem rationalistischen Feind, sondern Abbild der Wirklichkeit«: Das demokratische Denken pflegt die Konsequenzen der Handlung mit demselben gradlinigen Vertrauen abzuleiten, wie die Implikationen eines Prinzips. Was der Reaktionär hingegen zu sehen weiß, ist das paradoxale Wesen der Handlungen, der Menschen, der Welt. »Dieses paradoxale Wesen ist der menschlichen Ratio durchaus erschließbar, dem Rationalismus hingegen eine Denkunmöglichkeit.« Dem Rationalismus, dem eigentlichen Feind des Reaktionärs, widmet er eine seiner tiefsten Definitionen:

> Linke und Rechte sind durch die verschiedenen Deutungen charakterisiert, die sie dem zweideutigen Motto geben, das Goya für ein Capricho wählt: El sueno de la razon produce monstruos. Die Linke übersetzt: schlafen. Die Rechte: träumen.

Es ist der Traum der Vernunft, ihr nächtlich ungehemmtes Entarten, das die Schrecken des aufgeklärten Säkulums geboren hat.

Dàvila ist Katholik, oder besser: »ein Heide, der an Christus glaubt«. Für die Menschheitsvergötzung der nachkonziliaren Kirche kennt er nur schäumende Verachtung. Seinem komplexen Geist und seiner Lust am Kampf entspringen jedoch immer wieder Zeugnisse einer seltsamen Dankbarkeit gegenüber den historischen Prozessen, die zerstört haben, was er liebte. »Die Ideen der Linken erzeugen die Revolutionen, die Revolutionen erzeugen die Ideen der Rechten.« So begreift er sich selbst als Frucht der Revolution.

»Nicht eine Restauration ersehnt der Reaktionär, sondern ein neues Wunder«. Für den europäischen Leser ist die Wiener Dàvila-Auswahl bereits Bestandteil eines solchen Wunders. Die Kette der Zufälle, die dazu geführt haben, den im eigenen Land weitgehend unbekannten Kolumbianer ins Deutsche zu übersetzen – es handelt sich unseres Wissens um die einzige Übersetzung – hat mysteriöse Dimensionen. Dàvila selbst hat nichts dazu getan, um sich ein breiteres Publikum zu verschaffen. »Der Kampf gegen die moderne Welt muß in Einsamkeit geführt werden. Wo zwei sind, ist Verrat.« Sein Wiener Verlag aber sollte sich ermutigt fühlen, bald in einer vollständigen Ausgabe die Erforschung des bis jetzt noch unbekannten Kontinents Nicolas Gomez Dàvila zu ermöglichen.

Martin Mosebach *(Frankfurt)*

Anon. (ed.), *Peter Sloterdijks »Kritik der zynischen Vernunft«*, Suhrkamp, Frankfurt a.M. 1987. 389 Seiten. (I)

Peter Sloterdijk, *Zur Welt kommen – Zur Sprache kommen. Frankfurter Vorlesungen*, Suhrkamp, Frankfurt a.M. 1988, 176 Seiten. (II)

Peter Sloterdijk, *Eurotaoismus. Zur Kritik der politischen Kinetik*, Suhrkamp, Frankfurt a.M. 1989, 346 Seiten. (III)

(I) Die vorliegende Aufsatzsammlung, die keinen Herausgeber nennt, zieht Bilanz aus einem ans Kulturkämpferische heranführenden Intellektuellenspektakel, das sich im Frühsommer 1983 an Peter Sloterdijks umfänglicher Zeitdiagnose *Kritik der zynischen Vernunft* entzündet hatte. Die insgesamt 13 Beiträge bemühen sich mit unterschiedlicher Intensität um eine Erklärung von dessen exzeptioneller Wirkungsgeschichte und nehmen den Anlaßfall auch wahr zur Eröffnung eigener Denkräume. Das streng Kritische ging dabei oft den leichtesten Weg, indem einige wenige, von Sloterdijk zumeist auch nur in Fußnoten ausgestreute *en passant*-Analysen mit polizistischer Penibilität aufgegriffen wurden. Vor allem die Marx-Spezialisten legten immer wieder den Finger auf ungenaue Differenzierungen. Von einer »Hommage« kann daher mitnichten die Rede sein, es ergibt sich vielmehr folgendes grob schematisierende Bild: Sloterdijks Bestseller dient nur als ein Aufhänger (Kallscheuer, Macho, Bouveresse); das Buch wird bestenfalls marginal bis gar nicht erwähnt (Niehues-Proebsting, Ebeling, Miklenitsch); es wird in kritischer Ausführlichkeit behandelt von Meyer (polemisierend), Eldred, Sens, Greffrath, Glotz, Lethen (differenzierend), Heintel/Macho (affirmierend).

Das konfluente Phänomen eines Bestsellers mit Seriositätsanspruch, das die *Kritik der zynischen Vernunft* (*KrdzV*) zu einem fast obskuren Objekt innerhalb der Zirkulationsmechanismen des kulturellen Kapitals gemacht hat, interessierte *Otto Kallscheuer* (*Spiritus Lector. Die Zerstreuung des Zeitgeistes*) Anhand des ihm vom Suhrkampverlag zur Verfügung gestellten Rezensionsmaterials benützt Kallscheuer das Sujet »Die ekstatische Reaktion der bundesdeutschen Intelligenz auf das Erscheinen von Sloterdijks *KrdzV* im Jahre 1983« dazu, um unter Bourdieuscher Anleitung feinsäuberlich westdeutsche Rezensentenusancen zu analysieren. Somit übernimmt es strenggenommen unsere neuerliche Rezension, eine Rezension, die Rezensionen rezensiert, zu rezensieren, d.h. also sich womöglich in der x.ten Potenz einzulassen auf den Intellektuellensport der Grandiositätsüberbietungen. Ist doch bereits dem Rezensionstheoretiker Kallscheuer die verschwiegene Freude anzumerken, sich *cool* analysierend über das Kritikergeschnatter erheben zu können. Der Beitrag ist trotzdem spannend zu lesen, weil er die *rush-hour* einer überaus turbulenten Buchrezeption auf Zeitlupe zurückdreht, um mittels ausgetüftelter formeller Netze die wesentlichen Einflußvariablen im Kulturgeschäft dingfest zu machen. Man bekommt dabei einen bitteren Geschmack von dem idiosynkratischen Betrieb in den verschiedenen Rängen der Intellektuellenhierarchie und von den höchst verwickelten Zirkulationsgesetzen auf dem Buchmarkt.

Auf den »spiritus lector« Kallscheuer folgt sogleich die Abhandlung des wahrhaftigen »spiritus rector« der *KrdzV*, des Kynismus-Spezialisten *Niehues-Proebsting*, der das von Sloterdijk wie immer geistreich, vom Standpunkt der philologischen Forschung aber etwas frivol betriebene Spiel mit den kynischen Gedankenkomplexen wieder auf sozusagen ehrwürdigeres Terrain zurückholt.

Michael Eldred, der Übersetzer der *Kritik der zynischen Vernunft* ins Englische, schreibt über *Kynismus, Existentialontologie und Formanalyse* (und noch über manches andere Esoterische, z.B. über *Speläonautik*). Eldred mobilisiert die antrainierten Spitzfindigkeiten einer subtilen Marx-Exegese, um Sloterdijks zumeist aus guten Gründen in Fußnoten versteckte hyperkritische Anmerkungen zu Marx und Hegel bloßzustellen. Später mutiert der Aufsatz, gewiß auch stimuliert von einzelnen Passagen in der *KrdzV*, in Heidegger-Gefilde und entwickelt das Konzept einer formanalytisch bestimmten Existentialontologie. Da Sloterdijks Sexualzynismus im Ganzen als zu leicht befunden wird, stellt Eldred eine eigene Untersuchung in Aussicht, mit dem verheißungsvollen Titel *Der Mann: Geschlechtsontologischer Auslegungsversuch der phallologischen Aufrechtheit.*

Nur eben beiläufig gestreift wird Sloterdijks *KrdzV* in *Hans Ebelings* auch schon anderswo publiziertem Aufsatz über *Heidegger und die Linke.* Um zu erfahren, wie Ebeling zu Sloterdijk steht, muß man wissen, was ein plagiatorischer »Promulgator« ist. Das »exoterisch« angegangene Thema ist aber dem Titel entsprechend Heideggers Verhältnis zu Marx bzw. zur Linken insgesamt. Begriffliche Überschneidungen (»Entfremdung«) sollten Ebeling zufolge über die gänzliche Divergenz zwischen Marx und der Philosophie Heideggers nicht hinwegtäuschen, sodaß Anbindungen Heideggers an die linke Philosophie im 20. Jahrhundert ein Versuch am untauglichen Objekt seien. Immerhin beweist aber der Autor Generosität, indem er es auf sich nimmt, an Stelle der seiner Meinung nach verteidigungsunfähigen Heidegger-Apologeten (»Heideggerians«) die Adorno-Polemik gegen Heidegger als völlig unhaltbar zu entlarven. Für die »Philosophie nach Heidegger« empfiehlt er demzufolge auch nicht Sloterdijk, sondern sein eigenes Buch über *Vernunft und Widerstand.*

Hans Blumenbergs Metaphorologie, die der absoluten, in Begrifflichkeit unüberführbaren Metapher erkenntnisleitende Funktionen zuspricht, ist der methodologische *starting point* für *Th. Machos Explosion und Gebirg: Überlegungen zu Martin Heideggers Vortrag über ›Das Ding‹.* Gleichwie sprachlos, weisen vor allem solche aufschließenden »Sprengmetaphern«, wie sie vielfach bei Heidegger angetroffen werden können, wesentliche Erfahrungsspuren auf. Macho gesteht selber ein, daß sein Dekodierungsversuch von Heideggers »Geviert« auf der riskanten Grenze zwischen einer erklärenden Substitutionslogik und einer tautologischen Metaphernandacht balanciert. Um die Plausibilität von Heideggers Hinweisen auf das Zersprengungsgefüge des Gestells zu stützen, nimmt er Baudrillards und Sloterdijks Diagnosen der Moderne zu Hilfe. Das in die Explosivkraft der Dinge hineinversprengte moderne Subjekt vollendet sich in der

Wirklichkeit-Möglichkeit der Atombombe, dem einzigartigen Exekutionsmittel der blitzartigen Seinsentbergung.

Vieles zum Vorwurf macht *Thomas Meyer* der *KrdzV* in einem ans Polemische streifenden Aufsatz. Die Liste der Ankreidungen ist lang, wohl auch überspitzt. Nicht nur betreibe Sloterdijk eine findige Camouflage, indem er es »zynisch« unterlassen habe, die Quelle (Lao-Tse!) seiner transaufklärerischen Inspirationen preiszugeben, Sloterdijks *KrdzV* wird hier ganz entschieden auf den Kantischen Begriff gebracht. So weit, so gut, aber dem mangelnden Differenzierungsbewußtsein(-vermögen?) Sloterdijks und seinem als »magisch« verfemten, mit der Natur einsinnig gewordenen entpolemisierten Subjekt wird bloß Altbekanntes gegenübergestellt, ja sogar das szientistische Paradigma eines naturwissenschaftlichen Objektivismus. Im *2. diskursiven Hauptstück* (zumindest nomenklatorisch hat die *KrdzV* offenbar doch großen Eindruck gemacht) wird die Sloterdijksche Undifferenziertheit vollends entlarvt. Wieder steht wie schon im Falle Eldreds ein beleidigter Marx-Apologet Gewehr bei Fuß, um »Sloterdijks antimarxistischen Rundumschlag« (217) zu parieren (als leuchtendes Beispiel für eine differenzierte Behandlung der Marxschen Theorie wird u.a. K.R. Popper hingestellt. Ausgerechnet). Daß Sloterdijk an den tiefen Ambivalenzen der Marxschen Grundbegrifflichkeit und an den disparaten Traditionssträngen des Marxismus unkundig vorübergegangen sei, mag ja hingehen, doch reckt wahrscheinlich Ressentiment gegenüber der grandiosen Zettelkastenausräumungsarbeit (189) sein Haupt, wenn die Differenzierungsinsuffizienz »der ihrerseits ›großtheoretisch‹ überzogenen Zynismuskategorie« (199) zu einer »heil- und hilflosen« Mixtur von gänzlichen Inkompatibilitäten herabgestutzt wird. Meyer hält mit seiner Ranküne auch gar nicht hinter dem Berg. Denn so sehr hätte er sich gewünscht, Sloterdijk wäre ein taoistischer Weiser geworden, der sich in unwegsames Gebirge zurückzieht, statt seine *KrdzV* auf die Öffentlichkeit loszulassen. (227: »Kynische Schlußgeste«)

Ein Gewaltstreich ist der Beitrag von *Wilhelm Miklenitsch* über Opferökonomie bei Bataille, Adorno und Foucault, nicht allein seiner syntaktischen Satzlabyrinthe wegen. Der Aufsatz ist nur intimen Kennern der drei genannten Autoren zuzumuten. Mit Sloterdijk hat die synthetische Künstlichkeit dieser 20-Seiten-Kompression übrigens rein gar nichts zu tun.

In seiner Reflexion über *Tun und Lassen* unternimmt es *Eberhard Sens*, dem Luftikus, weil der Gesellschaft gegenüber intransigenten Diogenes alias Peter Sloterdijk die unvermeidlichen Gravitäten des ernsten Lebens als Spiegel vorzuhalten. Es ergeht an die Philosophie der gelassenen Heiterkeit ein Ordnungsruf, wofür keine Geringeren als Habermas und Gehlen angerufen werden. Diesen Berühmtheiten kommt die Aufgabe zu, der unverantwortlichen Leichtigkeit des kynischen Spieltriebs wieder schwere Beine zu machen.

Ähnlich optiert *Mathias Greffrath*, vor die jahreszahlbedingte Entscheidung gestellt zwischen *Kynischer Hund oder Orwellscher Wurm?*, für letzteren, weil dessen negative Utopie nicht unsinnigerweise versuche, aus dem ausweglosen Zirkel des unverrückbaren Zivilisationsgeschehens herauszurotieren, sondern, im temperierten Protest eines halben Mitmachens, der Gesellschaft das Ihre gibt, d.s. allerhand bügerliche Sekundärtugenden wie Dynamik, Durchblick und Leistung. Gegenüber der ferial-sektiererischen Kynikergeste malt Greffrath die schöne alte Welt einer vermittelten Unmittelbarkeit von Halb-Aussteigern, die sich bei ihrer Abmeldung gleich einmal wieder zurückmelden. Die schwärenden Schizophrenien, die Sloterdijk mit dem Zynismus-Syndrom so überzeugungsstark auf den Begriff gebracht hat, werden hier als Idealtypen (der Leistungsgesellschaft) angepriesen, wie beispielsweise jene »Redakteurin der Öko-Seite«, die sich mit dem Bauunternehmer, den sie wegen seiner Effizienz bewundert, einen feinen Wochenendtrip nach Sylt leistet (278).

Während *Peter Glotz* unter Beihilfe von ausführlichen Antonio-Gramsci-Zitaten zu erkennen gibt, daß ihn die Lektüre der *KrdzV* in seinem sozialdemokratischen Intellektuellenselbstverständnis doch etwas irritiert hat, basiert der Beitrag von *Peter Heintel/ Th. Macho* als einziger des Sammelbandes auf einer uneingeschränkten Zustimmung zu Sloterdijks kynischen Analysen, indem er für ein Weiterdenken des Leibaprioris der kynischen Vernunft zu einer praxisrelevanten Arbeit an den »sozialen Körpern« plädiert.

Den mannigfachen Äußerungsformen des »Zynismus« in der Literatur der Weimarer Republik widmet sich *Helmut Lethens* Untersuchung. Immerfort werden dabei die Diagnosen in der *KrdzV* akkompagniert von Musil-Zitaten, die sich nach dem Willen des Verfassers den Anschein geben, alles ein wenig schärfer zu sehen. Dafür wurde auf eine in diesem Zusammenhang unabdingbare Referenz verzichtet, nämlich auf Sloterdijks eigene Studie über die Literatur der Zwanziger Jahre, allein schon deretwegen das von Lethen behandelte Thema sich nahelegte.

Den Sammelband beschließt *Jacques Bouveresses* Plädoyer für Oswald Spenglers philosophischen Extremismus, indem er diese singuläre Gestalt der deutschen Philosophie zum Erblasser zahlreicher späterer, nicht allein »irrationalistisch« getönter Philosophien kürt. Gelegentlich (nachträglich?) eingesprengte Zitate aus der *KrdzV* dürfen beiher die Spenglerschen Prophetien bestätigen. Die ins Auge springenden Differenzen im Denken Sloterdijks, der ja längere Zeit als ein »Spengler redivivus« kursierte, werden dabei leider gar nicht bemerkt. Denn Spengler, dieser Poseur der politischen Praxis und Ideologe der Fatalität, huldigte ganz entschieden einem anti-utopischen Pragmatismus, dessen Herrenreiterattitüde ein furioses Zeugnis ablegte für ausgesprochen »zynische« Mentalitäten. (Nach eigener Aussage träumte Spengler davon, »die Welt wie ein guter Reiter durch den Schenkeldruck zu regieren«.) Einem hochberühmten Münchner Zeitgenossen Spenglers war nachgerade der Zynismus-Verdacht noch zu gelinde. »Wäre er zynisch wie ein Teufel! Aber er ist nur fatal«, höhnte schon seinerzeit Thomas Mann über den »Affen Nietzsches«.

(II) In seiner Frankfurter Poetik-Vorlesung im Frühsommer 1988 brachte Peter Sloterdijk eine Philosophie des Gebärens zur Welt. Diese »Para«-Philosophie ist der Versuch, die Vorstruktur des In-der-Welt-Seins vom Anfang unseres Daseins her neu zu durchdenken. Somit sei vorweg gesagt: Dem, der heute noch den Mut zu einer initialen Philosophie aufbringt, darf etwas Unbescheidenheit füglich eingeräumt werden. Die äußert sich im gegenständlichen Fall in dem ambitiösen Projekt einer »para«-philosophischen Überrundung existentialontologischer Fundamentalannahmen, womit die eingeschränkte Geltung von Heideggers Existential der »Sterblichkeit« gegenüber dem vorgeblich wahreren der »Geburtlichkeit« gemeint ist. Der »Para«-Philosoph glaubt sich dazu legitimiert durch die schlichte Tatsache, daß wir sterblichen Menschen als Geborene zuallererst »Geburtliche« sind. Der Terminus »Geburtlichkeit«, dieser »kleine Wortlöwe« (143), ist eine Anleihe Sloterdijks bei Hans Saner, der daran vor allem den Aspekt des Anfänglichen betont hat. Überdies wollte Saner, der langjährige Assistent von Karl Jaspers, Heideggers nekrophiler »Sterblichkeit« ein biophiles Pendant zur Seite stellen. Er brachte schließlich die angepeilte existentiale Komplementarität auf die dialektisch schillernde Formel: »Der Mensch ist sterblich von Anfang und geburtlich bis in den Tod.«[29]

Gerade dies Anfangen aber macht Sloterdijk in seiner Poetik-Vorlesung zu einem ausgesprochenen Problem. Mit dem dezidierten Willen zum »Sich aussetzen« setzen

---

29 Saner, *Geburt*, 31.

diese Vorlesungen ein, um ihn im nächsten Augenblick wieder auszusetzen. Sloterdijk möchte nicht anfangen, vielleicht der aristotelischen Erkenntnis eingedenk, daß bereits im Anfang das Telos des Fortgangs enthalten ist, vielleicht auch in der persönlichen Erinnerung an das Riskante seiner eigenen, geradezu exemplarischen »Aussetzungsgeschichte« auf dem Tableau des postmodernen Philosophierens. In der Hauptsache aber wegen eines »fötalen Weltvorbehalts«, dem dieses gedämpfte, einen rechten Anfang verfehlende Kommunikationsapriori zuzuschreiben sei. Sloterdijk verschärft damit Hans Saners Initialitätsthese, daß es Freiheit eigentlich nur im Anfangen gibt. »Freiheit«, so wird nun moniert, existiert bloß innerhalb jenes imaginären Raums, der zwischen dem Anfangen-Können und dem Noch-nicht-Angefangen-Haben liegt. Das erzwingt dann ein eigentümliches AufderStelleTreten, wie es auf eine wundersame Weise bereits von Kierkegaards beständig aufhörendem Anfangen vorexerziert worden ist. Sloterdijks philosophischer Charon zurück in das Geburtsdunkel ist aber nicht der dialektische Christ, sondern Heidegger, der einsam Ragende, dem er bis an jene Stätten folgt, wo sich die Revolutionen des Anfangs zugetragen haben – bis zu den Griechen also, obzwar nicht bis zu den Vorsokratikern. Bei Sokrates, dem legendären Geburtshelfer und Inauguratoren der philosophischen Hebammenkunst, wird Halt gemacht. Ihm später nachfolgende große »Muttersöhne« bzw. »Para«-Philosophen sind dann neben Heidegger Nietzsche, Freud und Adorno, und nicht zu vergessen der frankorumänische Nihilist E.M. Cioran, unbeschadet der radikalphilosophischen Geburtlichkeitsresistenz, die dieser in seiner Schrift »Vom Nachteil, geboren zu sein« aufs unwidersprechlichste vorgebracht hat.

Ans Ende dieser mäeutischen Ahnenreihe darf sich nunmehr der im Schein des Geburtsblitzes noch überaus kregle Peter Sloterdijk stellen, dessen Lebendigkeit es ihm erlaubt – auch das ein Argument für die ontologische Auszeichnung des Geburtlichkeitsstatus – ein paar Quintessenzen zu formulieren bzw. im souveränen Rückblick einige unvermutete synoptische Beziehungen zu stiften. Unter anderem werden Heidegger und Marx zueinandergerückt, wobei Marx' Praktizität der Vernunft, die womöglich schneidendste Differenz zu Heideggers Philosophie, vorerst nicht in den Blick gerät. Später jedoch wird diese Frage zu einem Angelpunkt in Sloterdijks gravierenden Vorbehalten gegenüber dem neuzeitlichen »Praxizismus«, den er im verständnisinnigen Anschluß an Heideggers Überlegungen zur Seinsvergessenheit der abendländischen Subjektivität mit postmoderner Aufladung reformuliert. Diese These wird allerdings zurückgestellt (Für das nächste Buch, wie wir inzwischen wissen). Vorderhand ist noch vordringlicher das obstinat virulente Problem des rechten Anfangs. Dessen gynäkophilosophische Urgenz drückt sich in der Frage aus, die den Ursprung allen Anfangs zur Sprache bringt: Wo soll eigentlich das Buch eines menschlichen Lebens aufgeschlagen werden, um die erste Seite zu lesen? Hinabsteigend in den Brunnen der Vergangenheit gelangt man doch niemals an einen definitiven Anfang, weil jedes Geborene eine lange, lange Ewigkeit vor seiner Geburt »angefangen« wurde, im Grunde genommen durch die Gesamtheit der pränatalen Ereignisse. Sloterdijk bemüht sich in der Folge zwar »nur« um eine Aufhellung jener ontogenetischen, im Dunkel unserer eigenen Sprachlosigkeit liegenden und den einen identischen Körper betreffenden »Anfangslücke«, dafür interessiert ihn auch das hermeneutische Problem, das *in extenso* seine Dissertation behandelt hatte, ob die autobiographische Selbstauslegung des Lebens ein durchführbares Projekt ist, wie Dilthey gehofft hat, oder ob uns der Strom der subjektheterologen Überlieferung trägt, wie Heideggers »Seinsgeschick« und Gadamers »Traditionszusammenhang« nahelegen. Fast unnötig zu sagen, daß seine Option zugunsten Heideggers ausfällt. Auch Sloterdijk läßt sich berücken von den Möglichkeiten einer »Rück-Kehre«, wobei insbesondere das Geschichtstrauma der Deutschen ihm das Bild eines heimatlosen, von den bösen Eltern ausgesetzten Kindes suggeriert, das im Rückverfolg seiner fatalen Aussetzungsgeschichte ein Verhältnis zur Welt sich erst wieder von neuem gewinnen muß.

In formaler Betrachtung geben Sloterdijks Poetik-Vorlesungen ein Beispiel für die atemberaubende Kunst des gedankenreichen Impromptus, eines Philosophierens *in statu nascendi*, das unter anderem vorführt, wie aus einigen wenigen Prämissen ganze Erzählungen amplifiziert werden können. Innerhalb dieser sich aufs komplizierteste verschlingenden Gedankengeflechte werden natürlich die Risiken größer, daß die metaphysische Phantasie sich vom streng Beweisbaren losreißt und manchmal bis an die Grenze zur Implausibilität vagabundiert. Dort mag es sogar dem Philosophen des Kynismus passieren, daß der Mutterwitz der Wortspiele hart an den Fürwitz zynischer Pauschalierungen streift, einmal angenommen, es wäre nicht ganz unbedenklich, die Zusammenbindung von »Gewalt« und »Gehalt«, die der Reimcharakter der beiden Wörter nahelegt, gleich auch der Sache nach zu behaupten (131).

Ein weiterer, etwas halbherziger Einwand richtet sich gegen die bloße Quantität: gegen das monomanische »Para«-Philosophieren. Denn so sehr viel wird hergemacht übers Gebären in diesen Vorlesungen, daß sich, unernst gesprochen, mitunter der Verdacht aufdrängt, der Autor habe mit seinen gynäkologischen Weitschweifigkeiten das Eiserne Mutterkreuz visiert. Allein, zieht man in Betracht, daß Sloterdijk im Gegensatz etwa zu Dietmar Kamper und Klaus Theweleit darauf verzichtet hat, *penibel* nach den Herrschaftssubstituten der maskulinen Gebärinsuffizienz zu fahnden, erweist sich dieser spöttische Vorwurf als hinfällig. Schon eher stünde von Alice Miller, der psychogenetischen Decouvreuse aller nur greifbaren Meisterdenker, zu befürchten, sie werde demnächst Sloterdijks Kopfgeburten mit seinem Bedürfnis nach Rückkehr in den Mutterleib erklären. Denn Sloterdijk hat mit der etwas schalen, allerdings innerhalb seines »gynäkologischen« Philosophierens durchaus schlüssigen Gleichsetzung des »Seins« mit der »Mutter« selber die Stichworte zu solchen Psychiatrierungen geliefert. Daß sich der projektive Spürsinn gegenüber den leibphilosophischen Diskursen der Postmoderne bereitfindet zu einer Hermeneutik der baren Indiskretion, ist wahrscheinlich der Preis, der für das Experiment des Panpsychismus zu zahlen ist. Die in diesem Buch an den Tag gelegte philosophische Gebärfreudigkeit lädt ja geradezu ein zu psychologisierenden Unterstellungen. Mit Vermutungen etwa, was es denn eigentlich »besagen« will, wenn jemand eine »kritische Baubologie« im Souterrain auf fötalgnostische Entdeckungsreisen schickt, ohne den Zipfel irgendwelcher »positiver« Erkenntnisse nach Hause zu bringen, schließlich den Intentionen gar derart grundstürzend an die Substanz geht, daß er bald überhaupt jegliches Tun perhorresziert, etc.

Sloterdijk würde gegen derlei Versuche, seine »Para«-Philosophie auf den psychologischen Begriff zu bringen, wahrscheinlich nicht einmal alles einzuwenden haben. Ist doch seiner Meinung nach das ganze, aus der Kindnacht heraufsteigende Dasein ein nachdonnerndes Blitzen der Geburt, in dem Angstbereitschaft und Ekstasefähigkeit nachwettern als existenzieller Born einer »Bekenntnisphilosophie«, die zwar in jedem Moment aufs Ganze geht, aber nicht den geringsten Ehrgeiz hat, weitere Bausteine zur Konstruktion von Welterklärungsmodellen herbeizuschaffen. Daß nämlich gleichwohl ein herausragender »Denker auf der Bühne« allen Zumutungen widersagen kann, die Dramaturgie des gravitätischen Bühnengeschehens um weitere Akte zu bereichern, dazu braucht man sich nur die Szenerie des Frankfurter Hörsaals zu vergegenwärtigen, als die *ex cathedra*-Pose des Redners (»meine Damen und Herren!«) fortwährend von den ironischen Schleifen des Vortrags witzig unterlaufen wurde.

(III) Für Peter Sloterdijk, den Verfasser der berühmten *Kritik der zynischen Vernunft*, dürfte es bereits zu einer Fatalität geworden sein, daß er mit einer jeden seiner weiteren zahlreichen Veröffentlichungen am Maßstab dieses legendären Erfolgsbuches gemessen wird. Der unumgängliche Vergleich würde für diesmal, für den *Eurotaoismus. Zur Kritik der politischen Kinetik*, wahrscheinlich als auffälligstes eine neue Ernsthaftigkeit hervorkehren. Aus der nicht unbegründeten Befürchtung heraus, daß a la longue auch die pantomimische Denk- und Spielfreude des kynischen Philosophierens in den Sog der gängigen Praxis hineingezogen wird und sich in einen mitspielenden Akteur des Kritisierten verwandelt, ist Sloterdijk auf den – von Heidegger vorgezeichneten – Ausweg verfallen, die noch unkompromittierte Subversivität der kynischen Vernunft in den verhaltenen Gestus einer »gelassenen« Abstandnahme zurückzunehmen. So abgeschirmt von allen direkten Zudringlichkeiten, aber mit dem Blick auf die wirklichen Dringlichkeiten wird in diesem Buch Gerichtstag gehalten über die ruinöse *do-it-yourself*-Technopolitie der »Moderne«.

Nun wären diese Fortschrittsverwünschungen vorderhand nichts sonderlich Neues. Längstens seit den 20er Jahren melden sie sich, zumeist mitsammen einer Desavouierung des Politischen, im modernitätskritischen Greinen traditionsbewahrender Geister zu Wort. Auch hat mindestens ein scharfsinniger Apologet der Moderne, nämlich Adorno, gleichfalls Einspruch erhoben gegen losbrechenden Aktivismus, wie nachzulesen in der Nr. 100 seiner *Minima moralia*, worin er den Rat ausgab, Entfaltungsmöglichkeiten zuweilen auch ungenützt zu lassen, »anstatt unter irrem Zwang auf Sterne einzustürmen«. Jedoch Sloterdijks profundes Mißtrauen gegen den inzitativen Schwung der Moderne begnügt sich nicht mehr mit der Aufforderung zu einem reflektierten Innehalten. Seinem bewegungs*phobischen* Affekt gilt bereits die Bewegung an sich als ein Unheil, dem er mit dem Jüngerschen Begriff der »Mobilisierung« beizukommen sucht. Es wird dekretiert, daß über die »richtigen Bewegungen« einzig noch diejenigen – posthistorischen – Mentalitäten verfügen, die vor der Ausweglosigkeit der Lage »mobilisierungstheoretisch« kapitulieren (73). Ehedem von Aristoteles bis Bloch als »unvollendete Entelechie« ein erstrangiger philosophischer Hoffnungsträger, steigert sich die Bewegung in der Moderne, so lautet die Grundthese des Buches, in den chimärischen Wahnwitz ihrer Selbstüberholung. Sie rafft, auf der ständigen Flucht vor der Vergänglichkeit ins neuerlich Flüchtige, alle noch unangetasteten Traditionsbestände an sich, bis im »Lichtsturm« der abendländischen Rationalität jedes Ding um sein Unbeleuchtetes und damit zum Verschwinden gebracht wird. Ersichtlich ist für den postmodernen Betrachter der modernen »Zivilisationsprozesse« nicht mehr die Tradition das Dubiose, sondern im Gegenteil das abstrakte Neue, das in Gestalt der wundertätigen Innovation der Furie des Verschwindens die Peitsche gibt, solange bis im Horizont des bereits Absehbaren die letzten Stabilitäten zu Fall gebracht sind.

Im Anblick des anomisch schlingernden *occidens inflammatus* erhofft sich Sloterdijk für das dringend benötigte Dunkel ins Licht die Wiederkehr dieser ontologischen Disparität unter anderem auch vom asiatischen Denken (*Ex oriente nox*). Entschieden kündigt seine Utopie einer »ontologischen« Rettung die Endogamie der okzidentalen Rationalität, deren imperialer Kosmopolitismus längst nur mehr der Schwindel ist, den sie erregt. In dieser Endzeit des weltgeschichtlichen Großprojekts sei nun »ein erdgeschichtliches Ethos« (218) an der Zeit, dem Sloterdijk beredt zum Ausdruck verhilft. Ein nahezu Bachofenscher Gynäkrokratismus wird ans »Mutterrecht« der Erde zediert, vor allem aber steht Heideggers berühmtes Wort über das Unheimliche des herrschenden Systems, daß es als »Technik die Menschen immer mehr von der Erde losreißt und entwurzelt«, wie ein geheimes Motto über dieser Partitur des Leidens an der terrestrischen Verwüstung. Die jederzeit zugestandene, aber nicht immer sichtbar gemachte Einklammerung Heideggerscher Gedanken läßt sich mit Dutzenden Stellen belegen. Der ganze *poiesis*-Komplex (154ff) lehnt sich an eine Unterscheidung aus Heideggers Vortrag über *Die Frage nach der Technik* an, wonach es »ein ursprüngliches oder dichterisches und ein technisches Entbergen« gibt, und Heideggers Spekulationen über die Anthropozentrik des neuzeitlichen »Gemächtes« finden sich in den zentralsten Gedanken des »Eurotaoismus« aufbewahrt: Daß die mit »Großtechnik und Menschenrechtsmission« operierende neuzeitliche Geschichte den Menschen immer nur zu sich selbst gebracht hat; daß der Selbstherstellungszwang der Moderne zunehmend unter ein Handlungstranszendental gerate, wonach es immer anders kommt, als man gedacht hat, so daß wir im Grunde selber bewirken, was wir verurteilen; daß mit fast tödlicher Sicherheit die Logistik der bestgemeinten Absichten vom Dämon der Kontraproduktivität heimgesucht wird, bis schließlich die verblendete Mobilisierungswut den Trug einer *poiesis* der mühelosen Hervorbringungen erzeugt – den kinetischen Aberwitz von »Erleichterungsanstrengungen« (262).

Dementgegen empfehle sich für das Denken im Zeitalter der Ultrabeschleunigungen, schwach anzufangen, um sogleich stark nachzulassen. Tatsächlich haben die beiden letzten Veröffentlichungen Sloterdijks diese ironische Methodologie getreulich erfüllt. Während nämlich die »Poetik«-Vorlesungen vorführten, was man unter einem schwachen Anfang zu verstehen hätte, beschwört der »Eurotaoismus« mittels eines starken argumentativen Aufwands die Dringlichkeit eines sofortigen Nachlassens.

Wer im Stil eines philosophischen Gesellschaftslöwen nicht vergißt, zwischen seine sublimen Analysen immer wieder auch einige Ungeheuerlichkeiten einzustreuen, setzt sich natürlich einer breitflächigen Kritik aus. Bereits der Titel des Buches ist eine Provokation, wahrscheinlich auch nicht glücklich gewählt. Denn trotz der redlichen Bemühung, sich mittels ironischer Deklassierungen von umlaufenden Populärpsychologien abzusetzen (9), und trotz der besonderen Pointe, daß über die untergründige Chiffre »Eurotao« kein einziges Wort verloren wird, hat Sloterdijk mit dem synthetischen »Eurotaoismus« unter Garantie jener simplen Einschätzung zusätzlichen Vorschub geleistet, die in seinen Veröffentlichungen nichts anderes erkennen will als die esoterische Antwort der Postmoderne auf fernöstliche *new age*-Exoterik. Besonders innerhalb des strikt akademischen Betriebs, sofern dort eine Rezeption überhaupt statthat, dürften Sloterdijks gelegentliche Nonchalancen irritieren, zum Beispiel sprachliche Unbedenklichkeiten, die so weit gehen, selbst mit dem Hurra-Präfix »super« ein terminologisches Einvernehmen herzustellen (»Supersubjekte«) oder sich kopfüber-sehenden Auges in metaphorische Verwirbelungen heinzustürzen (»Für den, der wirklich sieht, ist das Auge ein Ohr des Lichts«, 259). Feuilletonistische Bereitwilligkeiten wie die, daß Sloterdijk zur bildlichen Untermalung eines Extempores über das »Nichts« sich der narrativen Schnurren aus Michael Endes *Die unendliche Geschichte* bedient, sollten wegen ihrer veranschaulichenden, die Phantasie belebenden Wirkung passieren können, ebenso wie ein gewisser philologischer Leichtsinn, der in synoptischem Übermut weiß Gott auch übers Ziel hinausschießt. Unzweifelhaft ist es riskant, den »Boxer« Brecht mit dem »Heroiker« Heidegger zu verbrüdern und noch dazu letzteren in den Geruch eines rationalistischen Seinsingenieurs zu bringen, indem ihm unterstellt wird, daß er »das Unverfügbare hermeneutisch in seine Regie nehmen wollte« (256), aber damit läßt sich nicht der Verdacht der Diversifikation rechtfertigen, der von den Verächtern der Postmoderne als der vielleicht schwerwiegendste vorgebracht wird. So als hätten sich die postmodernen Diskursfabrikanten ein listiges »Redeapriori« ersonnen, eine Poetik der progressiven Universalphilosophie, die sich, ineins mit der neuen Beweglichkeit computerisierter Texte, wie eine unendliche Geschichte beliebig fortschreiben läßt. Denn wer weiß, vielleicht sind die katastrophalen Fakten, zumal es offenbar nichts Interessanteres gibt im *Fantasyland* des postmodernen Philosophierens als das Katastrophale (26), nur der in Erscheinung getretene Mummenschanz eines rabulistischen Denkens. So optimistisch gesehen hätte auch im »Eurotaoismus«, entgegen unserer Ausgangsvermutung, der kynische Epikuräismus gar nie abgedankt.

Franz Zeder *(Graz)*

Manfred Frank, Gerard Raulet & Willem van Reijen (ed.), *Die Frage nach dem Subjekt*, Suhrkamp, Frankfurt 1988, 436 Seiten

Herta Nagl-Docekal & Helmuth Vetter (ed.), *Tod des Subjekts?* (=Wiener Reihe, Band 2), R. Oldenbourg Verlag, Wien/München 1987, 234 Seiten

Die rhetorische Emphase, mit der seit längerer Zeit schon die Rede vom *Tod des Subjekts* vorgetragen wird, kann nur oberflächlich über die implizite Problematik gegenwärtiger philosophischer Vernunft- und Subjektkritik hinwegtäuschen, daß es den Subjektbegriff der Bewußtseinsphilosophie nie gegeben hat. Die Folge sind nicht zuletzt Einbußen an Schärfe der Debatte durch Vermischungen und Überlagerungen ganz unterschiedlicher Motive und Einstellungen aus z.T. gegeneinander weitgehend abgegrenzten Argumentationszusammenhängen. Variiert daher der Umfang des Terminus »Subjekt« je nach spezifischer Ebene der kritischen Diskussion und den dort geltenden Gegensätzen und Differenzen, die jedoch gewöhnlich unexpliziert bleiben, so wird damit die Dringlichkeit seiner begrifflichen Präzisierung unabweisbar. Dieser Aufgabe sind jenseits ihrer antagonistischen Zugänge zur Subjektproblematik die Mehrzahl der in den vorliegenden Bänden versammelten Beiträge verpflichtet, die z.T. auf Vorträgen anläßlich zweier Kolloquien in Wien (1984) und Amsterdam (1985) basieren. Hier wird die Kritik am neuzeitlichen Subjekt in ihren verschiedenen Varianten, insbesondere den von Hermeneutik und Psychoanalyse bzw. Poststrukturalismus bestimmten Formulierungen vorgestellt und auf ihre Tragfähigkeit überprüft. Gleichzeitig wird sie mit transzendentalpragmatischen und sprachanalytischen Überlegungen konfrontiert und im Hinblick auf soziologisch-politische Implikationen entfaltet. Der hohe sachliche Ertrag der beiden Sammlungen rührt nicht zuletzt daher, daß die Beiträge durchweg und ausdrücklich erst in der bewußten Engführung mit den ausschlaggebenden Motiven der kritisierten bzw. transformierten Klassiker der sog. Subjekttheorie die Unterschiede jener kritischen Konzeptionen vom Subjekt zu profilieren bzw. zu befragen suchen, die sie in einer Theorie der irreduziblen Pluralität und historischen Kontingenz der Bedingungen allen Denkens und Handelns auflösen bzw. alle Ansprüche auf Wahrheit und normative Verbindlichkeit genealogisch entlarven wollen.

Die aktuellen Programme zur Verabschiedung der Moderne sind, wie H. Vetter nochmals zusammenfassend darlegt, insbesondere Heideggers Vorbild der »Destruktion der Geschichte der Ontologie« verpflichtet. Heidegggers Deutung der Eigentümlichkeit der Moderne hat dabei vor allem das cartesianische Element des modernen Bewußtseins in den Blick gerückt und es als Ausdruck einer Tendenz verstanden, jegliches Seiende primär als mögliches Thema eines zur Gewißheit gelangten Feststellens des erkennenden Subjekts aufzufassen. Von dieser Deutung zeigen sich hier auch noch jene Versuche beeinflußt, die der Philosophie der Neuzeit eine bruchlose Kontinuität »präsentistischer Aneignung und Geschichtsbildnerei« (W. Hübener) nachsagen oder aber den »Lebenslauf des Subjekts in aufsteigender Linie« darauf zulaufen lassen möchten, daß die absolute Immanenz der modernen Subjektivität »als Programm der Erdherrschaft [...] die Gravitation absoluter Verantwortlichkeit« fordert (N. Bolz).

J. Ragozinskis dekonstruktive Lektüren von Texten von Descartes und Kant aber lassen Zweifel aufkommen, ob die neuzeitliche Metaphysik wirklich so eindeutig ist, wie Heidegger dachte, und seine Lesart trotz aller erhellenden Momente nicht auf einer inadäquaten Descartes-Lektüre beruht, die durch Mißachtung insbesondere der dritten Meditation verkennt, wie labil und stets bedroht die Sicherung des Ego als Subjekt sich hier darstellt. Entscheidend für diese kritische Perspektive einer Auflösung des Subjekts bei Descartes ist die »innere Schwäche des cogito, das von einer unendlichen zeitlichen Zerstreuung bedroht ist«. Strengen Sinnes ist deshalb das cogito »nicht subjektiv, da es sich nicht durch sich selbst Halt verschaffen kann«, sondern aufgrund seiner zeitlichen Begrenztheit als Mal seiner Endlichkeit an die Bürgschaft Gottes appellieren muß. Dieser nimmt durch eine »ontologische Revolution« (Levinas) als das unendliche Andere bei Descartes die Stelle des absoluten Prinzips ein, dessen Idee sich jedoch das Denken vom cogito aus öffnen kann. Letztlich bleibt somit aber »der Neubeginn der Metaphysik [...] von einer Ambivalenz belastet, und diese ontologische Ambivalenz wäre demnach das Vermächtnis Descartes' an die Moderne«, zu der auch Kant gerade durch seine »untreue Treue zu Descartes« gehört. Seine *KdrV* hat für Ragozinski nicht nur das für die nachkantianischen Systeme zentrale Prinzip vom universalen und selbstgenügsamen absoluten Subjekt von vornherein als metaphysische Illusion und transzendentalen Schein entlarvt. Vielmehr eröffne Kant, insofern er in der »Dialektik« die »Möglichkeit einer zeitlichen Zerstreuung des transzendentalen Ichs, einer unbestimmten Enteignung des Ego« nicht wirklich zurücknimmt, darüberhinaus die Perspektive einer Dekonstruktion des Subjekts und der Personalität. Sie aber ist »der Aufruf des Fremden, der mir meine zeitliche Zerstreuung, meine Endlichkeit ins Gedächtnis ruft und mir meine latente Gewalt enthüllt, sie mir als den geheimen Kern meines Wesens (de mon etre) offenbart.«

Ragozinskis an Derrida und Levinas orientierte Lektüre, die mit Hörischs gegen den Transzendentalismus gerichteter Nachzeichnung von »Hegels These vom gedoppelten und deplacierten Subjekt« zu konfrontieren wäre, zeigt, daß diese Form dekonstruktiver Subjektkritik nicht notwendig »philosophisch steril« bleiben muß, wie M. Frank ihr vorwirft. Dieser selbst versammelt in seinem Beitrag in Abgrenzung zu sprachanalytischen und dekonstruktiven Positionen noch einmal seine zentralen Argumente für den notwendigen Rekurs auf das hermeneutische Konzept der Individualität. Auch B. Waldenfels strebt eine hermeneutische Auflösung des individuellen Selbstbewußtseins an, indem er es »jenseits des Subjektprinzips« in die ereignishafte Verflechtung von Wechselrede und -handlung zurückzunehmen sucht. Dagegen sieht Frank in der Individualität deswegen »gerade kein Einheitsprinzip«, weil das vom Subjekt als allgemeinem und der Person als besonderem abgegrenzte Individuum als einzelnes Selbstbewußtsein sich in der Zeit je und je neu, »eingefügt in einen intersubjektiven Verständigungsrahmen, sprechend auf den Sinn seiner Welt entwirft«. Die Konstitution selbstbewußter Individualität muß man sich daher als eine »Folge kontinuierlicher Transformationen vorstellen, die einer Person zu einer Zeit zukommen«.

Dagegen aber bleibt mit Herta Nagl-Docekal einzuwenden, ob dann aber nicht die Rekonstruktion der Konzeption eines Subjekts notwendig zu erfolgen hat, das als allgemeine Bedingung seiner Möglichkeit die Individualität allererst vor dem drohenden Zerfall zu retten in der Lage ist. Schwerer aber wiegen die kritischen Einwände Georg Mohrs, daß Franks Begriff des Selbstbewußtseins überhaupt kein kohärent explizierbarer Begriff sei, weil er als Postulat und Faktum zugleich fungiert. Mohr entfaltet seine Kritik vor dem Hintergrund einer subtilen Rekonstruktion der Argumente aus Peter Strawsons Kant-Analyse für die Aufgabe eines cartesianischen Ich- oder Bewußtseinsbegriffs, in deren Folge sich die Bestimmung des Personbegriffs als »logisch grundlegend« erweisen soll. Innerhalb dieses Argumentationsrahmens zeigt sich, daß bei Frank einerseits Mit-sich-Vertrautsein im Stil eines transzendentalen Arguments gewissermaßen postuliert wird als notwendige Möglichkeitsbedingung für empirisches Selbstbewußtsein, andererseits aber gleichzeitig als alltäglich erfahrenes, empirisches Faktum angezogen wird, das logisch die Grundlage der Beschreibung von Mit-Sich-Vertrautsein überhaupt abgibt. Das angebliche Faktum der Erfahrung der Einheit des Selbstbewußtseins aber basiert nach Mohr auf einer Fehlinterpretation der unmittelbaren kriterienlosen Selbstzuschreibung. Diese Fehlinterpretation läuft in letzter Konsequenz bei Frank (der hier stellvertretend für andere, u.a. Henrich, kritisiert wird) auf einen unbegriffenen

Cartesianismus hinaus, weil wir »dann die Einheit von verschiedenen Einzelerfahrungen in einem Bewußtsein (einer Person) mit einer (vermeintlichen) Erfahrung der Einheit des Selbstbewußtseins bloß als Bewußtsein von Bewußtsein (verwechseln) und [...] unversehens ontologische Dualisten« sind.

Den notwendigen »Abstieg vom Ich zu ›ich‹« hat auch E. Tugendhat mit sprachanalytischen Mitteln zu begründen versucht. Um dabei das Selbstbewußtsein als »nichtinduktives empirisches Wissen« ausweisen zu können, verteidigt er u.a. eine starke verifikationistische und antiessentialistische Konzeption von Bedeutung. Wie jedoch G. Soldatis Rekonstruktion dieser Strategie nachweist, begibt sich Tugendhat damit in eine theoretische Situation, von der her es »unmöglich ist, Worten wie ›ich‹ einen Sinn zuzuschreiben« und »vom Subjekt anders als objektivierend und verdinglichend zu sprechen«. Diese Überlegungen dürften auch für Habermas' Versuch Bedeutung erlangen, sich den Übergang zum Paradigma der Sprache zunutze zu machen, um den begrifflichen Zwang des subjektzentrierten Denkens der Bewußtseinsphilosophie zu brechen. Während H. Kimmerle darauf hinweist, daß Habermas in diesem Kontext verkennt, daß Derridas »Richtungsänderung der philosophischen Begriffe eine gegen die Philosophie gerichtete Strategie ist«, kann L. Nagl überzeugend belegen, daß für die Habermassche Diskurstheorie und ihre »höherstufige Intersubjektivität« ironischerweise sich genau jene Foucaultschen Oppositionspaare (empirisch/transzendental, bewußt/unbewußt, apriorisches Perfekt/adventistisches Futur) als letztlich unhintergehbar erweisen, mit denen doch gerade die Notwendigkeit des Übergangs emphatisch begründet werden soll. Zudem belegen die »politisch-soziologischen Randgänge« H. Schwengels plausibel, daß das zentrale systematische Gegensatzpaar Lebenswelt-System die spezifisch neue Realität einer Gesellschaftlichkeit verfehlen muß, »die sich, abgekoppelt vom Gesellschaftskonzept des 18. Jahrhundertes, zwischen Verfassungsstaat und Intersubjektivität herausgebildet hat«.

L. Nagl rekurriert in seiner Habermas-Kritik vor allem auf die gegen Hegel stark gemachte »plurale Subjektkonzeption« Kants. Dessen Begriff des Subjekts für die Geschichtsphilosophie muß nach H. Nagl-Docekal aber auch Lyotard in seinem Begriff der Geschichtsphilosphie als Legitimationserzählung notwendig verkennen. Denn relevant wird dieser Begriff des Subjekts für Kant nur insofern, »als die praktische Vernunft mit der moralischen Verpflichtung zur Gerechtigkeit die geschichtsphilosophische Fragestellung auslöst«. Würde sich Lyotard zudem auf die für Kants kategorischen Imperativ zentrale Bestimmung der Formalität einlassen, so würde er nicht ohne weiteres in seinem Beitrag *Der Name und die Ausnahme* behaupten können, daß das historisch gewordene Besondere nicht zu harmoniseren sei mit dem universellen Emanzipationsanspruch der Aufklärung. Weniger die Begründung als die Analyse des Subjekts erscheint auch V. Gerhardt im Hinblick auf die »Stellung des Subjekts in der Politik« die eigentlich philosophische Aufgabe, der er selbst durch die Analyse der Funktions- und Konstitutionsbedingungen der zwei Typen politischer Subjekte als aktiver Einzelperson und eines zu politischen Zwecken organisierten Verbandes gerecht zu werden bestrebt ist.

Im Überblick wird deutlich, daß die Klärung der Frage, »ob das moderne Subjekt in der Tat, d.h. mit allen seinen Bestimmungen zu verabschieden ist« (Nagl-Docekal), nur unter zwei notwendigen Bedingungen überhaupt leistbar ist. Zum einen nötigt die Bestimmung des Gehalts der (Post)Moderne und der ihr adäquaten Situierung der Vernunft zum endgültigen Abschied von simplifizierenden Einschätzungen der vorgeblich unmittelbaren Selbstgegenwärtigkeit des Subjekts. Zum anderen aber bedarf es einer insistierenden und konsistenten Reflexion auf die »paradoxe Methodologieflüchtigkeit« zeitgenössischer Subjektkritik, da sie Theorieelemente genau desjenigen Vernunftgebrauchs als funktionsfähig voraussetzen muß, den sie in ihren materialen Dekonstruktionshandlungen in toto zu diskreditieren versucht (so L. Nagl). Auffallend bleibt an der Mehrzahl der Beiträge das Festhalten an den konträren Spannungen finiter Existenz. Gerade dadurch aber leisten sie wertvolle Vorarbeiten zu einer hier nur tentativ zu benennenden negativen Metaphysik des endlichen Subjekts, der im Verzicht auf unendlich-spekulative Versionen »begründender Subjektivität« (J. Hörisch) die nur limitiert transparente Vernunft zum Problemfeld mit offenen Grenzen wird.

Matthias Schmitz *(Hamburg)*

Florian Rötzer, *Französische Philosophen im Gespräch. Mit einem Vorwort von Rainer Rochlitz*, Klaus Boer Verlag, München 1986, 163 Seiten
Florian Rötzer (ed.), *Denken, das an der Zeit ist*, Suhrkamp Verlag, Frankfurt 1987, 345 Seiten

Den teilweise allzu monologisch geführten Kontroversen um eine zur »radikalen Vernunftkritik« (Habermas) stilisierte französische Gegenwartsphilosophie sucht F. Rötzer durch eine Reihe von Gesprächen mit jenen Theoretikern zu begegnen, die für ihn das »Denken als eine Art Herausforderung mit dem [begreifen], was es [noch] nicht zu begreifen vermag«. Damit antworten sie nicht primär auf den »Streit um die jeweilige Deutung des Heute, sondern auf das Problem der Deutbarkeit als zentrales Problem des gegenwärtigen Philosophierens«. Doch der experimentelle Charakter dieses Denkens entpuppt sich in einigen Fällen mit wünschenswerter Deutlichkeit als Verstellung jeglicher Perspektive auf eine qualitativ andere Gesellschaft, indem es mit dem Bewegungsgesetz der »kapitalistischen Moderne« (G. Raulet) verschmilzt. Diesem »transhistorisch und transpolitisch« (P. Virilio) ausgerichteten Blick sind dabei alle Differenzierungen und Vermittlungen jener »Risse, die die Moderne kennzeichnen« (G. Raulet), abhandengekommen. Gebannt vom »vollen Spiel der Simulation« in Systemen leerer Zirkulation, in denen alles vorgeblich »ohne Einsatz« funktioniert, haben daher für Baudrillard konsequenterweise die »Wendungen und Strategien des überlebten Subjekts, sei es des Subjekts des Politischen, des Wissens oder der Geschichte«, jegliches Interesse verloren. Gleichzeitig verflüchtigen sich in dieser Perspektive die Ereignisse, denn »sie bedeuten nichts mehr, weil sie nicht aus Machtverhältnissen entstehen, sondern aus der Gleichgültigkeit«. Ihr aber begegnet man nach Baudrillard am besten durch den Übergang »von einer Perspektive des Subjekts zu der des Objekts, von dem her es keine Kritik mehr gibt«, denn »was aus dem Objekt kommt, kann man nicht vorhersehen, es hat vielleicht keine Konsequenzen, es kommt als reines Ereignis oder als reines Erlebnis«. Damit aber entpuppt sich diese angebliche »Herausforderung an die Wirklichkeit« als jener »Kultus des Neuen«, in dem nach Adorno »dagegen rebelliert wird, daß es nichts Neues mehr gebe«. Der von Baudrillard selbst geführte Nachweis, wie unscharf Realität und Schein heute noch gegeneinander abzugrenzen sind, schlägt nunmehr um in bloße, die gesellschaftliche Zersplitterung, Deterritorialisierung und Identitätsverluste spiegelnde Anpassung an die neuen Technologien. Sie aber muß das Denken in eine »Art animistischer Soziologie« verwandeln, wie G. Raulet treffend die »Gefahr der Postmoderne« charakterisiert, »die kaum zu leugnenden Folgewirkungen der Produktivkräfte so ernst zu nehmen, daß sie diese überschätzt, sie ihren Diskurs gleichsam daran anpaßt und damit jede kritische Distanz verliert«. Gerade das »Verschwinden der Kriterien« aber kennzeichnet für Raulet den Eintritt in die Postmoderne, in der nach dem Zusammenbruch der Geschichtsphilosophie »die Suche nach dem gemeinsamen Konsens [...] über die Kunst« laufen muß. Aus anderem Blickwinkel vermag auch C. Castoriadis in der privatistischen Abkehr von jeglichen sozialen und politischen Absichten nur »eine Art Heulen über die Geschehnisse« zu erkennen. Castoriadis, der im Gespräch über den »Mythos der Gesellschaft« nochmals sein Konzept der imaginären Bedeutungen plausibilisiert, fundiert seine »Sorge, das Verstehen mit einem Projekt der Umwandlung zu verbinden«, im Rückgriff auf eine in der Gegenwart vom sozialen und philosophischen Verfall bedrohte vernehmende Vernunft; denn »es gibt ein denkendes Ergreifen, einen Griff, der kein Begreifen, keine Konzeptualisierung ist«, aber im wesentlichen Kern »Prüfung«, die jedoch als Vernunft »keine inhaltlichen Regeln mit einem wirklich universellen Sinn abgeben kann«.

In anderer Perspektive stellt sich auch für J.-F. Lyotard das Problem universeller Normen, indem er gegen den Terror der »Sehnsucht nach [...] transparenter und kommunikativer Erfahrung« für die Rettung der Differenzen in der Heterogenität der Diskursgenres plädiert. Die daraus resultierende Notwendigkeit, daß man »die Verantwortung auf sich nimmt, reflektiert zu urteilen, ohne jedoch die Regeln zu kennen«, verweist auf den prekär gewordenen Status einer Ethik, die angesichts des Verlustes von Gerechtigkeit »im Sinne einer universellen Gesetzgebung« für Lyotard »keine Meta-Vorschrift« mehr darstellen kann. Auch Derrida sieht sich genötigt, gegen Vorwürfe eines amoralischen Nihilismus die »Sorge um die Verantwortlichkeit« im Zentrum der dekonstruktiven Erfahrung zu betonen und gleichzeitig der Identifikation der Dekonstruktion mit einer Technik zur hermeneutischen Lektüre von Texten im engeren Sinn oder eines tradierbaren Wissens entgegenzutreten. Dekonstruktion wird von ihm verteidigt als ein »affirmatives Denken einer möglichen Ethik, eines Engagements jenseits der Technik des Kalkulierbaren«. Die Dekonstruktion bedarf notwendig eines »gewissen Heraustretens aus dem Legitimationsgebiet, das vom Vernunftprinzip definiert wird«, um dadurch »erst die Möglichkeit« zu eröffnen, »im Namen einer neuen ›Aufklärung‹« die Vernunft zu befragen. Sie ist einzig in der Art und Weise, wie sie »in einem gegebenen Kompetenzgebiet interveniert«, kritisierbar, nicht jedoch »als solche«, denn »der Typus dekonstruktiver Fragen, den ich letzten Endes stellen will und der die Grenzen des Gebietes betrifft, kann nicht der immanenten Kritik des Gebietes unterworfen werden«. Nicht nur Derridas Überlegungen zur Problematik des Ethischen zeigen sich deutlich vom Denken E. Levinas' beeindruckt, der in seinem Gespräch »das Sinnhafte des Antlitzes« des Anderen, das »vom Tode angesehen« und daher »der Befehl zur Verantwortung« ist, als das Ethische begründet. Dieses »ursprüngliche Sich-Ergeben an den Nächsten« aber kann durch die Gerechtigkeit »verwischt« werden, die es durch ein »Denken im Verhältnis zum Dritten und Vierten, die auch meine ›Anderen‹ sind, unter ein Maß bringt oder mäßigt, aber die Gerechtigkeit ist schon die erste Gewalt«. Deshalb wird sie zum Grund einer unentwegten Suche nach einer besseren Gerechtigkeit, denn jene »Gerechtigkeit ist noch nicht ganz gerecht«.

Unbeabsichtigt dokumentiert dieser Band auch, wie stark diese »Fragen an die Philosophie« (Derrida) nicht zuletzt eine spezifische Reaktion auf eine mehr als 200jährige tragfähige Kontinuität einer rationalen Denktradition im französischen »Paradies des Rationalismus« (Castoriadis) darstellen. Die Einsicht in diesen Zusammenhang gilt es auch dann zu berücksichtigen, wenn in Deutschland die Auseinandersetzung mit französischen Philosophien im notwendigen Gedenken an die »untilgbare Erinnerung an die Geschichte gewordene Katastrophe der Unvernunft« (J. Hanimann) geführt wird.

Daß jedoch das reflektierende Gedenken den Blick für die Legitimität der Infragestellung bisheriger Begründungsprinzipien der Rationalität der Moderne nicht notwendig zu verstellen braucht, zeigen 19 Gespräche mit Vertretern der deutschsprachigen Gegenwartsphilosophie über mögliche Weisen eines »Denkens, das an der Zeit ist«. In der Zusammenschau erscheint hier die Postmoderne weniger als eine neue Epoche der Menschheitsgeschichte, denn vielmehr als ein »Gestaltwandel der Hoffnung« (P. Sloterdijk) oder »eine Pause und ein Zweifelszustand vor der nächsten Verständigung der

Moderne über sich selbst« (D. Henrich). Sie aber wurde vor allem durch die »Unglücksentwicklung des einseitig technischen Denkens« (P. Lorenzen) provoziert. Widerstand gegen die »Versuchung des Absoluten« (Krockow) und die Gestalt des Systems grundieren diese Reflexion ebenso, wie sich die Mehrzahl einig ist in der Abwehr skeptischer oder relativistischer Positionen. Dabei geht die generelle Kritik am »Szientismus« (K. Albert) einher mit Überlegungen, ob die Philosophie als »die Differenz, durch die sich die Wissenschaften von sich selbst unterscheiden« (U. Sonnemann), heutzutage »den Takt der gesellschaftlichen und wissenschaftlichen Prozesse nur spiegeln kann oder nicht vielmehr in bestimmter Hinsicht auch vorgeben muß« – was die »Suche nach neuen Ressourcen für derartige Vorgaben« erforderlich macht (St. Otto). Doch werden diese Vorgaben ganz unterschiedlich situiert: der produktiven Aneignung der philosophischen Renaissance, zu der »ein neuartiges Zurgeltungbringen zweier Paradigmata der Erkenntnis: der Erfahrung durch das Sehen und durch das Hören« (Otto) gehört, steht die Kritik an der »Okulartyrannis« und am »tradierten Wahrheitsbegriff in der engen Verkopplung mit einem kontrollierenden Ich« (U. Sonnemann) gegenüber; andererseits wird die Forderung nach einer »neue[n] Einstellung zur Natur« (G. Böhme) ergänzt durch das Bemühen um eine »Verantwortungsethik für die kollektiven Aktivitäten« als »das völlig Neue, das von uns gefordert wird« (K.O. Apel).

Ob überhaupt und wie diese unterschiedlichen Stränge u.U. »im Rahmen einer revidierten und kritischen Theorie der Rationalität auch ein neues Konzept von Aufklärung« (H. Schnädelbach) entwickeln helfen, muß vorerst offen bleiben. Umstritten bleibt nicht nur der Aufklärungsbegriff selbst oder die Frage nach dem Grund einer möglichen Einheit der Vernunft. Darüberhinaus kann noch nicht über ein hinreichendes Konzept von »prozeduraler Rationalität« (Schnädelbach) verfügt werden, das zudem nicht alternativlos ist. Konzepte einer »merkenden Vernunft« (O. Marquard) oder eines »produktiven Sprach-Handlungs-Denkens« (E. Simons) beanspruchen ebenso wie das Beharren auf der »klassischen Priorität ethisch-politischen Denkens« (P. Lorenzen), eine dem modernen Problemniveau angemessene Ausformung des philosophischen Vernunftbegriffs zu leisten. Dies gilt auch für den kritischen Rationalismus, dem selbst die »Theorie der Rationalitätstypen« (Apel) als Transzendentalpragmatik noch ein »Rückfall in den klassischen Rationalismus« mit seiner charakteristischen »Verschmelzung von Wahrheit und objektiver Gewißheit« darstellt. Generell bleibt dabei insbesondere der Status der Metaphysik umstritten, die als Wissenschaft zu betreiben nicht mehr möglich sei. Gleichwohl lassen sich aber metaphysische Bedürfnisse als »grundlegende Orientierungsbedürfnisse unseres Denkens, Erkennens und Handelns« nicht leugnen, und zwar genau solche, »die durch die Wissenschaften notwendig unbefriedigt bleiben müssen« (Schnädelbach), so daß von einem »Komplementärverhältnis« von Metaphysik und Wissenschaft auszugehen wäre. Angesichts dieser Sachlage gewinnt auch der Gedanke Plausibilität, daß »das Verschwinden der Metaphysik [...] die Bedingung dafür [wäre], daß das Projekt der Abschaffung des Menschen gelingen würde« (R. Spaemann).

Grundsätzlich aber bliebe außer der Integrationskraft einer Theorie prozeduraler Rationalität gegenüber den Erklärungsmöglichkeiten konkurrierender Konzeptionen vor allem ihr Verhältnis zu jener »Denkform« genauer zu bestimmen, die »in theoretischer Verantwortung« zwei »Gedanken zusammenführt«, nämlich den, der »das Wesentliche gerade mit dem Zufälligen und Transitorischen verbunden« sieht, mit dem, »daß das Entzogene, das Nicht-Artikulierte, auch das nicht Artikulierbare oder Dunkle nicht nur eine Grenze ist, sondern eine innere Bedingung der Klarheit« (Henrich). Ob überhaupt diese Konzepte der »Apokalypseokkupation« (Sonnemann) widerstehen und zugleich der dekonstruktiven Kritik des Vernunftprinzips entgegentreten können, wird nicht zuletzt davon abhängen, wie weit sie »die Grundsituation des sich unter Konflikten und ohne primär verfügbare Selbstbeschreibung vollziehenden bewußten Lebens« (Henrich) in einer Weise einsichtig zu machen in der Lage sein werden, die zugleich Folgerungen für die Etablierung einer dieser Grundsituation angemessenen Lebensform unter den Bedingungen der Moderne gestattet.

Matthias Schmitz *(Hamburg)*

Wiener Moderne

Allan Janik & Stephen Toulmin, *Wittgensteins Wien.* Aus dem Amerikanischen von Reinhard Merkel (= Serie Piper 519), Piper, München/Zürich 1987, 383 Seiten (I)

Endre Kiss, *Der Tod der k.u.k. Weltordnung in Wien. Ideengeschichte Österreichs um die Jahrhundertwende*, Böhlau, Wien/Köln/Graz 1986, 296 Seiten (II)

(I) Die hier als Taschenbuch vorliegende Studie erschien 1973 unter dem Titel *Wittgenstein's Vienna* in New York und – überarbeitet – in deutscher Sprache erstmals 1984 bei Hanser. Für das genuine Verständnis und die geistesgeschichtliche Einordnung Wittgensteins bedeutet sie eine wichtige Korrektur in der neueren Rezeptionsgeschichte. Die Frage, wie der *Tractatus* zu lesen, ob eine logische oder eine ethische Interpretation zielführend sei, wird im Sinn der zweiten Möglichkeit entschieden. Denn Wittgenstein stehe in einer Geistestradition, die auf Kierkegaard, Schopenhauer und Kant zurückführe und in der sich eine zunehmende Trennung von Ethik und Intellekt herausbilde. Beim frühen Wittgenstein kulminiere diese Trennung in der Weise, daß aus einem bestimmten restriktiven Sprachverständnis heraus über Ethik zwar so gut wie nicht mehr gesprochen, diese aber für das angenommene Ganze des Realitätszusammenhangs stets vorausgesetzt und als unverzichtbar eingeschätzt werde. Demgemäß konnte Wittgenstein zu L.v. Ficker, dem er das Werk zur Veröffentlichung in der Zeitschrift *Brenner* angeboten hatte, äußern, der *Tractatus* bestehe aus zwei Hälften, deren eine Hälfte ungeschrieben sei (und, wie hier verdeutlichend anzufügen ist, auch ungeschrieben bleiben müsse). Worüber man – angeblich – nicht reden könne und daher zu schweigen habe, ist also nicht das Reich des Unsinns, sondern das Reich der praktisch-ethischen Lebensführung.

Die einseitige Wittgenstein-Rezeption, die die ethische Seite seines Denkens unterbewertet bzw. auch unterschlagen hat, führen die Autoren auf Mißverständnisse zurück, die aus der Konfrontation zweier voneinander weitgehend isolierter Denktraditionen – der mitteleuropäischen, in deren Kontext Wittgensteins Denken zustandekam, und der angelsächsischen, in die er biografisch überwechselte und von der er dann hauptsächlich rezipiert wurde – entstanden sind. Auch Wittgenstein selbst war offensichtlich nicht in der Lage, sich über diese Mißverständnisse, die er im Ansatz durchaus empfand, gänzlich klarzuwerden und sie beim Namen zu nennen. Mindestens so wenig wurde Wittgenstein freilich auch in seiner Heimat verstanden, wie die Haltung des erwähnten *Brenner*-Herausgebers oder auch des ›Wiener Kreises‹ zeigen. So saß Wittgenstein letztendlich, trotz aller Anerkennung, mit seiner genuinen philosophischen Absicht und Leistung ›zwischen den Stühlen‹. Daß dem so war und wie es dazu kommen konnte, haben Janik und Toulmin in ihrem vorliegenden kultur- und geistesgeschichtlichen Panorama des Wien der Jahrhundertwende materialreich und überzeugend dargelegt.

Es geht den Autoren darum, »die bedeutsamen Verbindungen zwischen Wittgenstein und der deutschsprachigen Gedankenwelt und Kunst im Wien seiner Zeit« deutlich zu machen, Verbindungen, »die im Schatten seiner späteren Beziehungen zu englischsprachigen Philosophen in Cambridge und Cornell fast vollständig aus dem Blick der Philosophiegeschichte geraten sind« (9f). Dieser Kontext wird so umfangreich geschildert, daß nur zwei der insgesamt acht Kapitel im engeren Sinn von Wittgenstein handeln (Kap. VI Über den *Tractatus* und Kap. VII über die spätere Entwicklung).

Nach den methodischen Überlegungen des Kap. I geht Kap. II auf die politischen Strömungen und Leitfiguren des Wien der Jahrhundertwende ein (Adler, Schönerer, Lueger, Herzl) und zeigt auf, daß schon hier die »Probleme gestörter Identität und Kommunikation [...] die Wiener Gesellschaft auf allen Ebenen« bedrängten. (80) Kap. III ist der schillernden und einzigartigen Persönlichkeit von Karl Kraus gewidmet. Kap. IV geht auf die Künste ein, insbesondere auf Adolf Loos, der in seiner funktionalistischen Architektur den Dekorationsstil verabschiedet, auf Arnold Schönberg und auf Hofmannsthal, dessen Chandos-Brief heute zum Kanon der sprachkritischen Literatur zählt. Gänzlich dem philosophischen Zusammenhang von »Sprache, Ethik und Darstellung« (163) widmet sich Kap. V, das zuerst ausführlich die Sprachkritik Fritz Mauthners referiert (164ff) und schließlich die Differenzierung von Ethik und Logik auch bei Naturwissenschaftlern wie Hertz und Boltzmann aufweist. Wie erwähnt, wird diese Trennungsgeschichte bis zu Kant zurückverfolgt, wobei auch näher auf die Position Schopenhauers eingegangen wird (207ff), der Wittgenstein ja nachweislich beeinflußt hat. Die aufgezeigte bunte Palette von Politik, Journalistik, Kunst, Kunstkritik, Naturwissenschaft und Philosophie hat durchaus einen inneren Zusammenhang, den man in Anlehnung an einen berühmten Begriff Wittgensteins als die, Lebensform des Wiener Großbürgertums um 1900 bezeichnen kann. Diese Lebensform ist u.a. dadurch gekennzeichnet, daß es zwischen all diesen Bereichen noch eine lebhafte Kommunikation und Interaktion gibt und die spätere Spezialisierung und Isolierung noch nicht stattgefunden hat. Kennzeichnend ist aber auch ihre Passivität und Melancholie, das endgültige Auseinanderdriften von Gegensätzen – eben wie Ethik und Logik – und das schizoide ›Aushalten‹ dieser destruktiven Bewegung. Daher spricht das letzte Kapitel (VIII) vom »Selbstmord der Moderne« (319), der sich im wesentlichen mit dem Ersten Weltkrieg vollzog, und von einem Bruch im österreichischen Geistesleben nach 1918. Dessen Hinwendung zu Rationalität und Machbarkeit bedeutete eine – vorübergehende – Verdrängung dessen, was für den großbürgerlichen Denker Wittgenstein existenziell so bedeutsam war, was er zuerst in die Dimension des Schweigens verbannen wollte und von dem er später wieder – wohlweislich jenseits aller Systematik – zu sprechen anfing.

(II) Der Wiener Kultur- und Geistesgeschichte um 1900 widmet sich – von einem eigenständig-enzyklopädischen Ansatz her – auch der 1986 bei Böhlau in deutscher Übersetzung erschienene Band *A ›k.u.k. általános világrend‹ halála Bécsben* (Budapest 1978) von Endre Kiss, den dieser selbst übertragen und dabei noch einmal weitgehend überarbeitet hat. Nach dem Willen des Autors handelt es sich um »eine ideengeschichtliche und z.T. wissenssoziologische« Arbeit, die auf »eine auf Ideengeschichte aufgebaute Kulturgeschichte« der späten Habsburgermonarchie ausgerichtet ist. (20) Teil I (*Die herrschenden Strömungen der Vergangenheit*, 27-64) bietet einen Rückblick auf Barock und Gegenreformation, den Josephinismus und den von Bolzano und Brentano vertretenen ›österreichischen Universalismus‹ des 19. Jh., eine »›offiziell‹ idealistische, harmonistische Konzeption« (48), die in Österreich aufgrund ihrer Affinität zu der reaktionär-katholischen Bildungspolitik des Restaurationszeitalters einen geeigneten Boden vorfand. Die am folgenden Material gut belegte und durchaus originelle These Kiss' über die österreichische Philosophie besagt, diese sei in ihrer Eigenart aus der verspäteten und z.T. überhaupt unterlassenen Kant- und Hegelrezeption in Österreich zu erklären, wobei Themenstellungen und Methodenprobleme von Kant und Hegel – betreffend vor allem Erkenntnistheorie und Geschichtsspekulation – unter den Bedingungen einer Konkurrenzsituation zwischen besagtem Universalismus und einem (gegen Ende des 19. Jh. erwachenden) aufklärerischen Positivismus – reformuliert worden seien. Nur so werde verständlich, »warum Kant gerade im Austromarxismus eine so wichtige Rolle spielt [...] oder warum österreichische Soziologen bzw. Sozialphilosophen ›bipolar‹ zu denken anfingen« (48).

Bipolaritäten und Dualismen sollten offenkundig die nicht rezipierte Hegelsche Dialektik ersetzen. Dem geht Kiss im – umfangreichsten – zweiten Teil seiner Arbeit nach (*Die ›zweite‹ Aufklärung*, 65-195). In unterschiedlich langen lexikonartigen Darstellungen werden die aufklärerischen Technokraten J. Popper-Lynkeus und F. Jodl behandelt, der Kulturkritiker M. Nordau und weitere Intellektuelle, die ein geschichtliches, soziales, biologisches oder psychologisches Ganzes spekulativ – aber stets mit ausgesprochen positivistischen Absichten – als von antagonistischen Prinzipien her bestimmt denken. Gumplowicz, Ratzenhofer, Pribram, Freud, aber auch der »Rassentheoretiker« Chamberlain. Ein Unterkapitel gilt dem Wiener Impressionismus, insbesondere dessen Literaten (Altenberg, Bahr) und den Gegnern aus dem Lager des Symbolismus. Vom Kierkegaardschen Existenzbegriff beeinflußt zeigen sich O. Weininger und der junge Lukàcs.

Teil III (*Von den neubestimmten Elementen zum neuen System der Dinge*, 196-226) bringt kurze Skizzen zu E. Mach, F. Mauthner, K. Kraus, F. Kafka, L. Wittgenstein und H. Broch. Broch, dem Kiss' besonderes persönliches Interesse gilt, ist mit seiner Wiederaufnahme des Wertmotivs aus Nietzsches Philosophie »ein Erneuerer des Universalismus par excellence« (226). Auf dem Boden moderner, d.h. hier positivistischer Wissenschaftskultur zu spekulativen Gesamthorizonten zu gelangen und auf solch prekäre Weise das Einzelne mit dem Allgemeinen, das Konkrete mit dem Universalen in Einklang zu bringen, ist ein gemeinsames Grundmotiv bei all diesen im Niveau oft sehr unterschiedlichen Denkern, die – fixiert auf eine Symbiose von Positivismus und Aufklärung – den »Variationsreichtum und die Vielfalt des positivistischen Ansatzes« in Österreich veranschaulichen (76). Kiss' Arbeit ist dazu angetan, unter der durch sie eröffneten Perspektive weitere Einzelforschungen anzuregen und dabei dennoch die lebensweltliche und kulturhistorische Verflechtung von Philosophie, Sozialwissenschaft, Literatur und bildender Kunst, wie sie sich exemplarisch in der geistigen Landschaft der untergehenden Habsburgermonarchie zeigt, nicht aus dem Blick zu verlieren.

RMa

Hans-Martin Lohmann, *Freud zur Einführung*, Junius, Hamburg 1986, 2. Aufl. 1987 (SOAK-Einführung Bd. 3), 124 Seiten

Seit längerem erscheinen in der ›Edition SOAK‹ (=Sozialistische Aktion) Einführungen zu linken Denkern bzw. zu solchen, die von der Linken in besonderer Weise rezipiert werden. Unter den in ihrer Qualität ziemlich unterschiedlichen Bänden ist die vorliegende Einführung zu Freud hervorzuheben, da sie nicht nur didaktisch hervorragend aufbereitet ist, sondern auch für den mit den Theorien Freuds bereits vertrauten Leser noch einmal eine wertvolle Lektüre darstellt. Der Begründer der Psychoanalyse wird hier nämlich klar von der seine originäre Position oft verdeckenden nachfolgenden Entwicklung der psychoanalytischen Disziplin abgehoben und vor allem zur psychoanalytischen Orthodoxie, wie sie sich vornehmlich in Amerika herausgebildet hat, kontrastiert. So erinnert Lohmann gegenüber dem ›Medicozentrismus‹ an die ursprüngliche

»Einheit von psychoanalytischer Klinik und psychoanalytischer Kulturtheorie« (9), aus deren Synopsis sich Denk-Ort und Funktion der Psychoanalyse wesentlich anders darstellen als im heutigen gemeinen Selbstverständnis der Disziplin: nämlich als »ein neuer Typ von Aufklärung« (98) und nicht als »ganz auf Therapie und gelungene Anpassung des Subjekts fixiert« (11). Dem vorwiegend spekulativen Teil des Freudschen Denkens, der sich schwerpunktmäßig in seiner Kulturtheorie äußert, wird in der Darstellung der ihm zukommende Platz eingeräumt, und Freud wird als philosophischer Denker – genauer: als Kulturphilosoph – veranschlagt. Dies scheint nicht nur sachlich richtig zu sein, sondern auch der Selbsteinschätzung Freuds zu entsprechen, obwohl dieser bekanntlich die ›großen‹ Philosophen als hochgradige Neurotiker betrachtete.

Der Autor wählt für seinen Text die genetische Darstellung, aus der sich der Denkweg Freuds mit seinen Erweiterungen, Präzisierungen und Umformungen der psychoanalytischen Theorie einsichtig verfolgen läßt. Gerade die Transformationen – deren bekannteste ist wohl die Einführung des ›Todestriebs‹ – können so verständlicher und besser vermittelt werden als in einer systematisch-synchronen Darstellung. Die sieben Kapitel bezeichnen sieben Denkstationen Freuds anhand einiger seiner wichtigsten Publikationen, beginnend mit der *Traumdeutung* (1899/1900) und endend mit dem *Unbehagen in der Kultur* (1930). Fast jedes dieser Kapitel weist gängige Klischees überzeugend zurück, die über Freud und sein Werk geläufig geworden sind. So erinnert bereits das 1. Kapitel daran, daß Freud den Priester-Status des Arztes vehement ablehnte und ein wirklich »neues Paradigma der Arzt-Patient-Beziehung« (17) aus der Taufe hob, das sich freilich dann nicht durchzusetzen vermochte. Kapitel 2 wiederum erinnert daran, daß Freud keineswegs der Entdecker, sondern vielmehr der Systematiker der Sexualtheorie war, der »die Erkenntnisse der zeitgenössischen Sexologie neu ordnete, verknüpfte und bewertete« (31), weiters, daß die in der rezenten Diskussion wieder betonte Nichttrennbarkeit des sogenannt Normalen und des Pathologischen auch bei Freud schon selbstverständlich war.

Im 3. Kapitel wird Freuds »Neigung zu philosophischer Spekulation, zu weitausholendem Nachdenken über die Grundvoraussetzungen und Bedingungen menschlicher Existenz« (41) hervorgehoben. Seine Intention sei ursprünglich eine philosophische. Freud gehöre »in die Reihe der großen Entlarvungsphilosophen der Neuzeit« (51), genauso wie Nietzsche oder »der große Denker Schopenhauer« (46), auf den übrigens mehrfach Bezug genommen wird, so auch im 5. Kapitel, das die Revision der Triebiehre und die daraus sich ergebende »tragische« anthropologische Konzeption Freuds darstellt. Kapitel 5 behandelt die Massenpsychologie, Kapitel 6 die Frage der Laienanalyse und den geschichtlichen »Triumph der Ärzte-Priester«, welche »die Psychoanalyse aus einem Instrument der Kritik in eines im Dienste gesellschaftlicher Konformität« umwandelten. Sie eliminierten nämlich den von Freud betonten Doppelcharakter der Psychoanalyse [...] als Heilverfahren und als am Begriff der Wahrheit orientierter Bildungsprozeß«, und zwar durch »Reduktion der Psychoanalyse auf eine Methode der Krankenbehandlung« (81) und durch »Ausblendung der kulturtheoretischen Dimension« (82). Das letzte Kapitel verweist noch auf Freuds Religionskritik und betont – im Hinblick auf die Konzeption von konstitutivem Unglücklichsein und Aggressionstrieb – noch einmal die Nähe zu Schopenhauer. Im Schlußwort rechtfertigt Lohmann den oftmals kritisierten »mythologisierenden, metaphorisierenden und unhistorischen Zug« (95) im Denken Freuds. Es handle sich hier eben um die dem Thema des Unbewußten adäquaten Sprach- und Denkbilder, mit denen Freud »den Fallstricken einer Dialektik der Aufklärung« entgangen sei (98). Zwar sei Freud in vielem konservativ gewesen, prinzipiell jedoch ein Emanzipationsdenker. Auch seine Kulturtheorie sei keine Apologie der bestehenden Institutionen, obwohl er Institutionen als solche für unverzichtbar hielt.

RMa

Brecht als Philosoph

H. Fahrenbach, *Brecht zur Einführung*, Junius, Hamburg 1986, 170 Seiten

Mit indigniertem Blick auf die Postmoderne, die er »eines neu drapierten Irrationalismus« (9) bezichtigt, fordert der Autor »eine zur Zeit unzeitgemäße neue Aneignung Brechts« (10), und zwar, wie es schon im Klappentext heißt, »die überfällige philosophische Aneignung«. Obwohl Brecht, wie Günther Anders und andere Zeitgenossen bezeugen, nur wenig Ahnung von Philosophie hatte und sich vornehmlich an einigen plakativen Thesen des historischen Materialismus orientierte, ist es im Zeichen der anhaltenden Konjunktur praktischer Philosophie nicht verwunderlich, daß Brecht nun in einem neu akzentuierten Kontext, eben dem der Praxisphilosophie, wieder entdeckt wird. Das Einleitungskapitel stellt den Dichter in den »Bezugsrahmen von Philosophie, Marxismus, Kunst« (12ff), der als dreipoliges Spannungsfeld begriffen wird. Das zweite Kapitel erläutert vielfältige Motive in Brechts theoretischen Schriften, denenzufolge marxistische Philosophie als »Lehre vom richtigen Verhalten« zum Tragen kommt (21ff). Was Brecht interessiert, ist eine Philosophie auf dem Theater, die eine »Philosophie der Straße« abhandelt (22). Denken und Erkennen, »als gesellschaftliches Verhalten« begriffen (27), führen zum Postulat des in die sozialen und politischen Verhältnisse »eingreifenden Denkens«, das teilweise auch ideologiekritische Sprachanalyse betreibt und parallele Überlegungen zu Wittgenstein anstellt. Im dritten Kapitel (92ff) wird zuerst die philosophische Diskussion um Brechts Theater- und Kunsttheorie abgehandelt (Benjamin, Adorno, Marcuse, Bloch, Lefebvre, Sartre) und anschließend »Brechts Stellung im Bezugsfeld der zeitgenössischen Philosophie und marxistischen Theorie« erörtert (140), insbesondere seine Nähe zum Pragmatismus. Der anderweitig in der neueren Phänomenologie (z.B. bei B. Waldenfels) zentral gewordene Begriff des ›Verhaltens‹ steht dabei auch in Brechts ›Ethik‹ im Mittelpunkt der Reflexion. Das Schlußkapitel (149ff) versucht ein Résumée und einen Ausblick zu »Brechts Relevanz für die philosophische Diskussion der Gegenwart« (160): mitten im Zeitalter des Szientismus habe Brecht eine wichtige Blickänderung vorgenommen, habe den Schwerpunkt von der Wissenschaftlichkeit hin zur Ethik verschoben und Philosophie als ›Weisheitslehre‹ restituieren wollen.

Peter Ruprechtsberger *(Salzburg)*

4. Historisches, Systematisches

Alfred North Whitehead, *Prozeß und Realität. Entwurf einer Kosmologie*, Übersetzung und Nachwort von H.G. Holl (= stw 690), Suhrkamp, Frankfurt a.M. 1987, 666 Seiten

Alois Rust, *Die organismische Kosmologie von Alfred N. Whitehead* (=Monographien zur philosophischen Forschung, Bd. 248), Athenäum, Frankfurt a.M. 1987, VII & 256 Seiten

Die nur spät und zögernd in Gang gekommene deutsche Whitehead-Rezeption scheint nun doch – sichtbar an der Bereitstellung deutscher Ausgaben des Originalwerks und am Erscheinen einschlägiger Sekundärliteratur – Auftrieb zu erhalten. W.s erst 1979 in deutscher Übersetzung erschienenes Hauptwerk *Process and Reality* (aus dem Jahre

1929!) wurde als Suhrkamp-Taschenbuch neu aufgelegt. Und mit der Monographie von Rust liegt eine umsichtig gestaltete und als Einführung in W.s Denken gut brauchbare Arbeit vor.

Dem von den Traditionen der deutschen Philosophie geprägten Rezipienten bietet W.s Denken ebenso viele methodische Schwierigkeiten wie fruchtbare Einstiegsmöglichkeiten. Die Schwierigkeiten beginnen mit W.s Ausgang von der hauptsächlich platonisch und empiristisch bestimmten angelsächsischen Tradition, die wichtige Schnittstellen des kontinentalen Denkens wie z.B. Kants Transzendentalphilosophie kaum zur Kenntnis genommen hat, und setzt sich fort bei W.s Ablehnung einer Trennung von geistes- und naturwissenschaftlichem Ansatz und bei seinen ausführlichen Spekulationen Über die Themen der am Kontinent längst verabschiedet geglaubten *metaphysica specialis*. Einstiegsmöglichkeiten ergeben sich hingegen, wenn W. in besonders umfassender und vorurteilsloser Weise die Beschränktheiten methodologisch verengter Denkmuster in Wissenschaft und Philosophie kritisiert und auf eine Einbettung aller Phänomene in den Kontext geschichtlicher Lebenswelt drängt. Damit thematisiert er ein Anliegen, das im kontinentalen Denken Lebensphilosophie, Phänomenologie, Fundamentalontologie, Hermeneutik und Dialektik ebenfalls vorantreiben wollten: das Anliegen, eine fundamentale Sicht der Wirklichkeit zu gewinnen, die die Verstellungen des Substanz- und Subjektdenkens genauso zurückweist wie den platten Positivismus, eine Sicht, die vielmehr den Prozeß- und Ereignischarakter unserer Welterfahrung in geeigneten, ihrerseits streng reflektierten Begriffen zu beschreiben sucht.

Rust geht in seiner Arbeit zur Kosmologie W.s in vier Schritten vor. Teil I gibt einen Überblick zur Entwicklung des Kosmologiedenkens bei W., der als Mathematiker und Physiker seine wissenschaftliche Laufbahn begann, aber schon sehr früh die fachwissenschaftlichen Fragestellungen mit philosophischen verband. Teil I klärt außerdem die Rolle der Mathematik für W.s philosophische Methodologie und den darin leitenden Begriff der Spekulation. Teil II erörtert W.s Auseinandersetzung mit antiker und neuzeitlicher Kosmologie vor dem Hintergrund der dabei wirksam gewesenen Wissenschaftsvorstellungen. Der zentrale Teil III gibt in sechs Kapiteln eine Rekonstruktion von *Process and Reality* in Überblick und Detail und erörtert die tragenden Begriffe: spekulatives Schema, aktuale Entitäten, Prehension, Nexus, Gesellschaft, Gott. Der abschließende Teil IV gibt einen Ausblick auf pragmatische Bestätigungen der W.schen Metaphysik insbesondere in Einzelwissenschaften und auf die W.-rezeption bei D. Bohm, I. Prigogine und C.H. Waddington.

Freilich bewegt sich die Arbeit Rusts fast gänzlich in der Immanenz des W.schen Denkens und verzichtet weitgehend darauf, es zu kritisieren. Vielleicht ist für eine distanzierende Betrachtung die deutsche Auseinandersetzung mit W. aber auch noch zu jung und insgesamt zu unentwickelt. – Was H.G. Holls deutsche Übersetzung von *Process and Reality* betrifft, so ist auf eine Anzahl von Übersetzungsschwierigkeiten hinzuweisen. Die Konnotation mancher Schlüsselbegriffe (z.B. event, feeling oder experience) kann mit den deutschen Entsprechungen (Ereignis, Erleben oder Erfahrung) nicht gänzlich eingefangen werden, und die deutschen Ausdrücke sind ihrerseits wieder mit anderen Konnotationen behaftet.

Wenn daher der deutsche Leser streckenweise nicht auf Holzwege geraten will, ist es nützlich, von Zeit zu Zeit den englischen Originaltext vergleichend zu Rate zu ziehen. Für eine neue Übersetzungsausgabe wäre daher zumindest ein ausführlicherer Anmerkungsapparat zu empfehlen.

RMa

Oswald Schwemmer (ed.), *Über Natur. Philosophische Beiträge zum Naturverständnis*, Vittorio Klostermann, Frankfurt a.M. 1987, 164 Seiten

Der vorliegende Band enthält neun Vorträge, die im September 1985 – auf einer wissenschaftlichen Tagung des Engeren Kreises der Allgemeinen Gesellschaft für Philosophie in Deutschland – an der Universität Marburg gehalten wurden. In seiner *Einleitung* bemerkt der Herausgeber, »daß die vielstimmige Aufnahme des Naturmotivs« in der gegenwärtigen politischen und wissenschaftlichen Diskussion »durchaus verschiedene Themen, Perspektiven, Probleme, Intentionen, insbesondere auch Emotionen und Interessen zum Ausdruck bringt, die eine klare Sichtung des ›Problemstandes‹ oder der ›Argumentationssituation‹ schwierig, wenn nicht gar unmöglich machen« (7). Dennoch zeige die »Einheit des Ausdrucks« einen verdeckten begrifflichen Zusammenhang an, der geklärt werden müsse, wolle man »ein verantwortetes Verhältnis zur Natur« gewinnen (8). Die folgenden Beiträge bieten dann ein aktuelles Lesebuch zur gegenwärtigen philosophischen Naturdiskussion, die unter vier Gesichtspunkte gestellt wird: ›Natur und Umwelt‹ (15ff), ›Natur und Geschichte‹ (75ff), ›Natur und Wissenschaft‹ (105ff) und ›Natur und Vernunft‹ (135ff).

Zum ersten Themenkreis äußern sich die Autoren *Lothar Schäfer, Jürgen Mittelstrass* und *Klaus-Michael Meyer-Abich*. Daß wir uns nicht mehr erst kurz vor, sondern längst schon mitten in er ökologischen Katastrophe befinden und daher unser Verhältnis zur Natur generell ändern müssen, darüber sind sich die meisten Beiträger im klaren. Strittig bleiben jedoch das. Ausmaß der Radikalität einer Umkehr, die Bewertung der Rolle traditioneller Natur- und Moralphilosophie, insbesondere die Einschätzung Kants, vor allem aber die Möglichkeiten einer ethischen Begründung des zu fordernden neuen Naturverhältnisses. Leicht macht es sich – und auch seinen Kritikern – Meyer-Abich, wenn er als politisches Ziel den »Frieden mit der Natur« proklamiert, die er als eigenständige, unhintergehbare Größe ontologisiert, für die der Mensch, als ihr höchstentwickeltes Produkt, eine Gesamtverantwortung zu übernehmen habe und mit der er »nach dem Vorbild des modernen Rechtsstaats« eine Rechtsgemeinschaft zu bilden fordert (72). Hier wird deutlich, wie praktische Einsicht in Notwendigkeit eine harmlos bleibende und außerdem wenig überzeugende Ideologie hervorbringt, deren Naivität im Schlußsatz gipfelt: »Es wäre doch schön, wenn die Natur an uns wieder einmal Grund zur Freude hätte.« (73)

Überzeugender äußert sich Lothar Schäfer. Auf die ökologische Krise antworte das Denken heute mit einem »Oszillieren zwischen zwei Polen«, indem man Natur entweder als das objektiv Andere betrachtet, das dem Menschen Verhaltensnormen vorgibt, oder aber weiterhin als bloßes Verfügungsmaterial menschlicher Autonomie. Die philosophische Aufgabe, »daß das Grundverhältnis des Menschen neu bestimmt werden« müsse (16), will Schäfer schließlich im Rückgriff auf Kant und durch eine »Stärkung des Autonomiegedankens« (27) lösen. Denn Kants »These vom Menschen als letztem Zweck der Natur« rede »keiner schonungslosen Ausbeutung oder Zerstörung der Natur das Wort«, weil »die teleologische Betrachtung und der Mittelgebrauch der Natur [...] der Norm sittlichen Handelns unterworfen« sei (28). Anthropozentrismus sei nicht mit Egoismus gleichzusetzen, sondern positiv zu werten und sei die einzig mögliche Basis für eine »Ethik der Verantwortung« (27) – freilich einer anderen als der von Hans Jonas, die Schäfer einer eingehenden methodischen Kritik unterzieht. Er hält auch die Berufung auf den antiken Naturbegriff für unhaltbar, weil dieser nicht im Gegensatz zum Kulturbegriff stehe und wissenschaftlich unhaltbare Annahmen beinhalte, z.B. die der Invarianz der Arten. Schäfer lehnt also die Eigenwert- und Eigenstandskonzeptionen von Natur ab und schlägt, in Abhebung vom ›kosmologischen‹, einen ›physiologischen‹

Naturbegriff vor, aus dem – ohne naturalistischen Fehlschluß – normative Konsequenzen gezogen werden könnten. Die planende Vernunft habe die »Verträglichkeit des realen Stoffwechsels« zwischen Mensch und Natur zu berücksichtigen (31), dabei sei das »Körperempfinden und Leib-Erleben als Meßinstrument« einzusetzen (32). Selbstbestimmung und Naturverhältnis stünden »in einem flexiblen Testverhältnis zueinander« (33). Natur als unsere Lebensgrundlage zu schützen, sei aus dem Prinzip der Selbsterhaltung abgeleitete Pflicht, und »den Schutz der Organismen als Selbstschutz zu betreiben«, ergebe sich aus der Einsicht, daß wir »als Organismen Teil des Metabolismus der Natur« seien (35).

Andere Beiträge arbeiten die geschichtliche Dimension des neuzeitlichen Naturbegriffs unter verschiedenen Verweisungszusammenhängen heraus und fordern dann mehr oder minder unisono die überfällige Verhaltensänderung. J. Mittelstrass thematisiert »die Ablösung des Naturparadigmas [...] durch das Technikparadigma der modernen Naturwissenschaft« (49) und kritisiert die Ausschließlichkeit der Verfügungsoptik. Natur sei »auch in technischen Kulturen wieder als etwas zu begreifen, das wir in seinen wesentlichen Formen *nicht können* und das gleichzeitig für ein Verständnis unseres Lebens im ganzen unverzichtbar bleibt« (61), wie es uns die Erfahrung von Glück und Tod exemplarisch zeige. *Ferdinand Fellmann* untersucht am Leitfaden der mit Vico beginnenden Geschichtsphilosophie sowie des Historismus die Verklammerung von Natur- und Geschichtsdenken, wobei Natur stets als »Grenzbegriff der Geschichte« fungiere (75). Einen in philosophischer Hinsicht eher ärgerlichen Beitrag – der rhetorische Kaskaden, Stilblüten und ideologische Unterbegriffe an die Stelle seriösen Argumentierens setzt – liefert *Odo Marquard*, der im Angriff auf die »Tradition des futurisierten Antimodernismus« (92) und in seiner »Skeptikereigenschaft als Modernitätstraditionalist« (93) – im Klartext: als Neokonservativer – den status quo als »die bewahrenswerteste der uns historisch erreichbaren Welten« verteidigt. Die »neue Utopisierung der Natur« (98) ersetze das verlorengegangene klassische revolutionäre Subjekt der Linken. Das stimmt sicher zum Teil, doch die von Marquard vorgenommenen Generalisierungen bewegen sich auf dem Niveau von Insider-Witzen aus der Konrad-Adenauer-Stiftung.

Von größerem Interesse scheinen dem Rez. *Peter Janichs* Überlegungen zum Verhältnis von Naturgeschichte und Naturgesetz. Wie vordem Schäfer wendet sich auch Janich gegen das »Entanthropologisierungspostulat«, da »ein sorgsamer Umgang mit der Natur nicht durch die Illusion von der Möglichkeit des Nichtstuns erreicht wird, sondern nur durch möglichst kenntnisreiche, wissenschaftlich gestützte und damit interventionalistisch bewährte Entscheidungen« (122). *Ingrid Craemer-Ruegenberg* entführt den Leser in die »Problemgeschichte der antiken Ethik« (135), in der sie das Natur-Vernunft-Verhältnis von seiner Ausdifferenzierung bei Platon bis hinein in den Neuplatonismus verfolgt. Bei Plotin werde dieser Gegensatz versöhnt. Die erleuchtete Seele, in der sich Reflexion und Erleben verschränken, sei »Natur und Vernunft zugleich« (147). Diese Dichotomie behandelt auch *Robert Spaemann* in seinem am Schluß des Bandes placierten Aufsatz. Vernunft und Natur seien Korrelationsbegriffe. »Keiner ist aus dem anderen ableitbar.« (159) Daraus folge ein Eigenrecht der Natur. Vernunft sei nicht mit Gewalt identisch, sondern postuliere »Versöhnung mit dem, was vor ihr ist: mit Natur« (162). Daher überschreite der kategorische Imperativ »die bloße Solidarität der Gattung« hin zu »allem Lebendigen« (163). Spaemann verteidigt also eine Position, die Schäfer und Janich entschieden ablehnen.

Zuletzt sei noch auf den Beitrag *Gernot Böhmes* über »Bedingungen gegenwärtiger Naturphilosophie« verwiesen. Böhme[30] unterscheidet Bedingungen des ›Marktes‹, der ›Wissenschaft‹ und der ›Schule‹ und versteht Philosophie und neuzeitliche Wissenschaft »als zwei verschiedene Wissenstypen« (128), deren Merkmal die Verbindung bzw. Trennung von Wissen und Person darstellt. Obwohl Böhmes Text sehr programmatisch bleibt und im konkreten wenig ausführt, scheint er – in seiner prinzipiellen Perspektive und Stoßrichtung – zum Wichtigsten zu gehören, was der Sammelband präsentiert.

Böhme fordert eine Alternative gegenüber dem Dilemma, Natur entweder als objektiv-irrational oder als bloßes Material subjektiver Rationalität betrachten zu müssen. Die »Dialektik der Zugehörigkeit und Nichtzugehörigkeit des Menschen zur Natur« (131) sei am Leitfaden einer »Kritik an der Vernunft-, der Bewußtseins- und der Subjektphilosophie« sachentsprechend zu entwickeln, wobei »dem menschlichen Leib eine paradigmatische Rolle zufällt«, da »im menschlichen Leib die Naturbeziehung zu einer Selbstbeziehung des Menschen wird« (192). Böhme hypostasiert weder eine objektive Natur, die uns angeblich Normen vorgebe, noch fällt er in einen domestizierten Kantianismus à la Schäfer zurück. Als Problemdenker geht es ihm in erster Linie darum, das Thema des menschlichen Naturverhältnisses phänomengerecht zu explizieren, und nicht darum, schnelle und flüchtige Lösungen anzubieten, die sich doch nur auf den ausgetrampelten Pfaden des Diskurses neuzeitlicher Rationalität bewegen und das, was sie versprechen, inhaltlich nicht einlösen können.

RMa

Wolfgang Welsch, *Aisthesis. Grundzüge und Perspektiven der Aristotelischen Sinneslehre*, Klett-Cotta, Stuttgart 1987, 512 Seiten.

Aisthesis: Schon die Schwierigkeit einer adäquaten Übersetzung (Wahrnehmung? Sinn? Sinnlichkeit?) ist ein Anzeichen für die Probleme und Ansprüche, denen eine philosophische Behandlung des durch den Terminus angezeigten Phänomenfeldes gerecht werden muß. Der griechische Begriff weist ein Bedeutungsspektrum auf, das durch die geläufige Übersetzung mit ›Wahrnehmung‹ – so wie wir den Begriff verstehen – erheblich reduziert wird. Offenbar kein Zufall. Denn der mit *Aisthesis* genannte phänomenale Bereich ist bisher in der philosophischen Tradition (fast) immer nur partiell und restriktiv – in der Regel als Kompetenzgebiet einer bloß sensuellen Wahrnehmungslehre – verstanden worden. Die Reduzierung geht geschichtlich weit zurück und wurde so intensiv betrieben, daß gar die Rede von einer Sinnlichkeitsvergessenheit des Abendlandes naheläge, kämen uns nach Heidegger solche Pauschaldiagnosen nicht von vorneherein suspekt vor. *Aisthesis* steht also als Titel für ein Problemfeld, das zwar seit jeher in der Philosophie als ein Grundthema gilt, das eine Behandlung und disziplinäre Einordnung verlangt, bisher aber kaum vollumfänglich analysiert, geschweige denn in seiner philosophischen Tragweite voll zur Geltung gebracht wurde.

Wie Wolfgang Welsch in seiner ausführlichen Untersuchung zum Problem zeigt, ist die erste und letzte philosophische Gesamtanalyse von *Aisthesis* die Aristotelische gewesen. Auf sie muß jeder zurück, der das Problem philosophisch aufgreifen will. Wieder einmal erweist sich also Aristoteles – wie Dantes Vers aus der »Hölle« sagt –

30 Böhme hat 1983 mit seinem Bruder Hartmut das ebenso provokante wie aufschlußreiche Werk *Das Andere der Vernunft* veröffentlicht (Böhme & Böhme, *Vernunft*).

als »Lehrer derer, die wissen«. Allerdings hatte bisher die Blindheit für das Philosophische offenbar selbst die Aristoteles-Forschung daran gehindert, zu sehen, in welcher Bandbreite und Tiefe das Problem bei Aristoteles ergründet wird, so daß nicht nur eine Gesamtrekonstruktion der Aristotelischen Sinneslehre bis dato ausblieb, sondern darüber hinaus eine Reihe von Halbwahrheiten oder gar Irrmeinungen über wichtige Lehrstücke – mit dem Chrisma der Orthodoxie – in Umlauf gesetzt werden konnte. So kann Welsch heute nicht ganz arglos zitieren (283), was Leibniz vor 300 Jahren schrieb: »Niemand scheint mir der Aristotelischen Lehre mehr unkundig zu sein als die selbst, die sich Aristoteliker nennen.«

Demgegenüber fungiert seine Untersuchung wie ein Antidotarium. Sie will zunächst Aristoteles unversehrt restituieren. Sie ergründet also mit philologischer Akribie und philosophisch konsequenter Gedankenführung sämtliche relevante Texte des Corpus und bietet aufgrund dessen eine Gesamtrekonstruktion der Aristotelischen Sinneslehre. Dabei muß Welsch oft genug gegen die bisherige Forschung argumentieren, die sich im einzelnen zusehends hochspezialisiert hat, an globalem Verständnis jedoch eingebüßt zu haben scheint. Die im Text nicht selten verstreuten oder ohne unmittelbaren Zusammenhang stehenden Mosaiksteine der Aristotelischen Lehre, die die Aristoteles-Philologie oft blindlings im einzelnen glattpoliert hat, werden zu einer schlüssigen Lehre miteinander komponiert und so erst insgesamt zu ihrem veritablen Glanz gebracht. Angelpunkt, um den sich das ganze Interpretationsmanöver im Grunde dreht, ist eine Grundkorrektur, ja die Expunktion der sogenannten Gemeinsinns-Lehre. Was Welsch stutzig macht, ist, daß der Terminus, der diese angeblich Aristotelische Lehre bezeichnen soll, nämlich *koine aistesis* (lat.: *sensus communis*), im Schriftencorpus des Aristoteles insgesamt ganze drei Mal vorkommt. Durch eine ausführliche Konfrontation mit dem, was man aus diesen drei Stellen konstruiert hat, entzieht Welsch der Auffassung, Aristoteles habe einen Gemeinsinn für die Wahrnehmung gewisser Beschaffenheiten wie Gestalt, Größe oder Bewegung postuliert, jeglichen Boden und deutet stattdessen die Aristotelische Lehre weder als eine Lehre von den Einzelsinnen noch als eine vom Gemeinsinn, sondern als eine Lehre von der Sinneseinheit. Soviel zur Restitution der Aristotelischen Wahrnehmungslehre, also zum ersten Verdienst der Untersuchung.

Ein zweites Verdienst ist es, daß sie – meines Wissens zum erstenmal in der Tradition der Aristoteles-Studien – das Spektrum der durch *Aisthesis* angezeigten Probleme auf Gebiete erweitert, in denen bisher die *Aisthesis*-Rolle nie richtig hervorgehoben worden war. Das heißt: nicht nur Wahrnehmung im engen Sinne, nämlich die sensuelle Wahrnehmung, sondern auch die »trans-sensuellen Formen« von *Aisthesis*, oder besser: der trans-sensuelle Gebrauch von *Aisthesis*, namentlich in Ethik und Politik (und zwar nicht akzidentell, sondern mit grundlegender Erschließungsfunktion für diese Bereiche), wird als wesentlicher Bestandteil der Aristotelischen Sinneslehre mit betrachtet. Zweifelsohne eine kühne Erweiterung der traditionellen Umgrenzung der Wahrnehmungslehre, durch die Welsch *am Text* – wenn auch, wie ich zu glauben geneigt bin, mithilfe teilweise überzogener Deutung – herkömmliche Schranken und Okklusionen mit einem Schlage auflöst. *Aisthesis* wird also zu einer Grundachse des Aristotelischen Denkens hochinterpretiert, sie wird zum archimedischen Punkt gemacht, von dem aus das traditionelle logoszentrierte Aristoteles-Bild korrigiert wird.

Drittes Verdienst: Welsch verfolgt keine gelehrsame Restauration, die beim Restaurierten stehenbleibt. Es gilt für ihn durchaus Schellings Wort: »Man versteht den Aristoteles nicht, wenn man bei ihm stehenbleibt. Man muß auch wissen, was er nicht sagt, und selbst muß man die Wege gewandelt haben, die er wandelt, die Schwierigkeiten, mit denen er kämpft, den ganzen Prozeß, den er durchlaufen, durchempfunden haben, um zu verstehen, was er sagt« (30). Von daher seine kritische Perspektive, die sich abermals mit einer Deutung der Ambivalenz der gemeinsamen Sinnesgegenstände (einerseits gründen sie im Sinnlichen, andererseits präformieren sie schon das Logische) starkmachen kann: schon bei Aristoteles setzt eine Logifizierung des Aisthetischen an, durch die das Problemfeld *Aisthesis* den Strukturen, der Dynamik, den Engpässen des Logischen entsprechend initialisiert wird. Die Aristotelische Sinneslehre ist keine ›Aisthetik‹, sondern eine ›Aisthesiologie‹. Mit diesem distanzierten Traditionsverhältnis sucht Welsch zugleich nach Äquivalentbildungen in der Gegenwart. Von daher auch sein kritischer Ausblick auf Entsprechungen der Aristotelischen Aisthesiologie mit Grundintuitionen und Suchbewegungen heutigen Denkens, dem nahegelegt wird, das Korrekturpotential jener zu berücksichtigen.

Die Geschichte von Aristoteles' Denken ist wie die Geschichte eines Pelzmantels. Ein Pelzmantel, der jahrhundertelang getragen, jedesmal auf Größe und Maße des jeweiligen Trägers zugeschnitten, gekürzt, verlängert, erweitert, wieder enger gemacht wurde; einmal in Mode, dann wieder vergessen; zuletzt wird er in einem staubigen Keller abgelegt, wohin so manch heutiger Neoaristoteliker ab und zu hinabsteigt, um sich hastig einen Fetzen davon herauszuschneiden. Also schließlich kaum noch zu erkennen. Welschs Untersuchung ist ein ernster Versuch, diesen Pelzmantel wieder einmal aus dem Keller herauszuholen und ihn richtig von dem Staub zu befreien, damit wir ihn uns noch einmal in Ruhe ansehen und womöglich anprobieren können.

Franco Volpi *(Padova)*

Rupert Riedl & Franz M. Wuketits (ed.), *Die Evolutionäre Erkenntnistheorie (EE)*, Parey, Berlin/Hamburg 1987, 287 Seiten

Wie die Diskussion von Gerhard Vollmers *Was können wir wissen?* in den *Schopenhauer-Studien 2* (1989) aufzeigen sollte, scheint *EE* die einzige rationale, mit moderner Naturwissenschaft verträgliche philosophische Theorie, mit welcher *homo sapiens* sich – vermöge der evolutiven Entstehung seiner Gehirnstrukturen, der realen »Bedingungen der Möglichkeit von Erkenntnis« – des Passungscharakters und damit der *Korrektheit* seines Geistes prinzipiell zu versichern vermag. Dies rekapituliert der vorliegende Band – als Kongreßbericht eines Symposiums gleichen Titels, das vom 18.-20. April 1986 über tausend Teilnehmer nach Wien zog – mit Referaten von Lorenz, Popper, Oeser, Wagner, Riedl, Radnitzky, Vollmer, Kaspar, Leinfellner, Wuketits u.a. – Daß aber diese Theorie, wie keine sonst, auch die – komplementäre – Frage nach der *Vollständigkeit* des so evoluierten Geistes zu stellen erlaubt, demonstriert – mit wie verkehrtem Fazit auch immer – ein eher feuilletonistischer Außenseiter der Runde, Hoimar von Ditfurth, dessen Beitrag wir fürs Folgende exemplarisch herausgreifen wollen. Die Fragestellung resultiert so logisch und zwanglos wie irgendeine aus *EE*:

»Von unserer eigenen Entwicklungsstufe aus betrachtet, also quasi im stammesgeschichtlichen Rückblick«, so v. Ditfurths Ausgangspunkt, »erscheinen alle von den ›Weltbildapparaten‹ nichtmenschlicher Organismen vermittelten Weltbilder als ausgesprochen – mitunter extrem – inhalts- oder merkmalsarm. Der stammesgeschichtliche Vergleich ergibt außerdem eine Korrelation zwischen der jeweiligen Entwicklungshöhe und dem Grad dieser relativen Merkmalsarmut: Das Weltbild einer Amöbe ist ärmer als das einer Zecke. Deren Weltbild wiederum erscheint im Vergleich etwa zu dem eines Huhns auf einige wenige Umweltsignale ›zusammengeschnurrt‹, wie Jacob von Uexküll es ausgedrückt hat. Auf das Huhn wiederum würde ein Menschenaffe, wenn er von dessen Weltbild etwas ahnte, mitleidig herabsehen«. Infolgedessen »scheint es erlaubt, die verschiedenen tierischen (subhumanen) Weltbilder nach Maßgabe ihrer jeweiligen

Entwicklungshöhe als Vorläufer, als *prodromale* Stadien unserer eigenen Weltsicht in einer chronologischen Reihe anzuordnen« (259). Unter *weltimmanenter Transzendenz* versteht der Referent, nach seiner Begriffsbestimmung in einem früheren Erzeugnis, nun eben jenen – relativ zum betrachteten Organismus je unterschiedlich ausgeprägten – Bereich objektiver Realität, der, wie existent auch immer, doch dessen Weltbildapparatur nicht zugänglich und gleichsam zuhanden ist. Positiv ließe er sich in der Weise charakterisieren, daß man ihn als ›prinzipiell bewußtseinsfähig‹ definiert, nämlich als ›grundsätzlich möglichen Gegenstand (oder Inhalt)‹ organismischen Bewußtseins. Eine Perspektive und Fragestellung also, wie sie genuiner und origineller aus *EE* gar nicht erwachsen könnte – so originell, daß man förmlich den Eindruck hat, als sei sie vom zuständigen Kommentator, Günther Schiwy, noch nicht einmal so recht verstanden worden. Soviel ist aber doch klar, daß im Sinne dieser Definition, um Poppers berüchtigte Analogie zu gebrauchen, die – weltimmanente – Transzendenz der Amöbe bedeutend umfänglicher ist als vergleichsweise die eines Einstein – und die Frage bloß, ob diese bei letzterem womöglich nicht auf gerade so wenige Signale transzendenter Umwelt zusammenschnurrt wie vice versa die Wirklichkeit der Zecke relativ zu der des Huhns!

So kommen wir »zum Kern des Problems, zur ›Gretchen-Frage‹« – neben der nach der Korrektheit des Geistes wohl die Schicksalsfrage von Erkenntnistheorie überhaupt: »Was haben wir in dieser Hinsicht eigentlich von unserem eigenen Weltbild zu halten?« Lieferten doch »der beispiellose Erfolg und das in jüngster Zeit beängstigend angewachsene Ausmaß unseres manipulativen Umgangs mit unserer Umwelt [...] Argumente für die Annahme, daß unsere kognitive Ausstattung im Zusammenwirken mit unserer Vernunft uns zu einem Abbild der Welt verhilft, das objektiv und der Welt weitgehend isomorph ist« (261). Gute Argumente, heißt das, für die Vermutung, daß unser Geist von seiner biologischen Ausstattung her über die konzedierte Korrektheit hinaus doch so recht eigentlich auch Vollständigkeit im eingangs nahegelegten Sinn reklamieren könne! De facto wird jedermann, der sich besagten beispiellosen wissenschaftlichen Fortschritt – die Transparenz der Welt vom Quark zum Quasar, vom Genom zum Gehirn, vom Urknall zu Zerfall und Wärmetod – einigermaßen vergegenwärtigt, solche Argumente gar nicht ernst genug nehmen können. Sie wären jedenfalls eingehenderer Diskussion wert gewesen.

Bezeichnend daher nicht so sehr für die objektive Lage, als vielmehr die – aus anderm Zusammenhang sattsam bekannte – mystische Allüre des Mannes selbst, wenn er, noch dazu im Namen von *EE*, die genau entgegengesetzte Bilanz zieht: als »anthropozentrische Verkennung reinsten Wassers« will's ihm scheinen, daß »die in kosmischem Rahmen fortschreitende Evolution in just diesem Weltaugenblick die Perfektionierung weltabbildender neurophysiologischer Strukturen mit jenem äußersten denkbaren Schritt abgeschlossen habe, der erstmals die Welt in ihrer objektiven Totalität Platz finden lasse in einem individuellen Gehirn, nämlich dem unseren« (262); daß also »unserer wissenschaftlichen Erkenntnis, nachdem sie die Grenzen unserer Anschauung einmal überschritten hat, nunmehr sozusagen die ganze Welt offenstehe [...] *hier auf der Erde* und *jetzt in unserem Kopf*« (263). Zugegeben, die Vorstellung ist mindestens so aufregend wie der schon von Vollmer (75) als ›ein erstaunliches (sozusagen empirisches) Faktum‹ konstatierte – im Grunde womöglich *identische* – Sachverhalt, »daß die Wissenschaft der Neuzeit *tatsächlich* und mit Erfolg so weit über die menschliche Erfahrung hinausgegangen ist« (122). Nun erhellt der Kurzschluß v. Dithfurthscher Argumentation aber sogleich aus der Beobachtung, daß ›just dieser Weltaugenblick‹ *so* verschwindend ja gar nicht ist, vielmehr just schon so lange dauert, als die zur kulturellen Evolution befähigte Art Homo sapiens existiert, und gerade so lange perennieren wird, als das Potential *jetzigen* Geistes darin nicht restlos erschöpft ist: Äonen offenbar, und auch im Maßstab der Evolution höherer Organismen, auf die es hier ankommt, durchaus kein unbeträchtlicher Zeitraum. Die *kulturimmanente* Transzendenz – als jener Sektor des Realen, der über augenblickliche Grenzen hinaus dem *wissenschaftlichen* Fortschritt noch offensteht – ist es denn auch, was uns bis auf weiteres den Blick auf mögliche biologische Grenzen verwehrt. Und selbst falls es die geben sollte, scheint, sie zu transzendieren, nicht sowohl Sache biologischer als vielmehr kultureller Evolution selbst: man denke nur der prodromalen Stadien von Gentechnologie, Künstlicher Intelligenz oder der von Vollmer zitierten »biochemischen Maschinen« (I 158f)! Ganz anders daher Vollmers kategorischer Bescheid auf die Frage, ob nicht eine weitere Vergrößerung des Gehirns uns neue Erkenntnisdimensionen, neue Welten – in Ditfurths Worten: neue Transzendenzen – eröffnen könnte: »Nein. Der entscheidende Schritt in der Evolution der menschlichen Erkenntnisfähigkeit war der ›Durchbruch‹ zu einer *argumentativen Sprache.* Dieses Erkenntnisinstrument unterliegt auch Begrenzungen [...]. Es ist aber keine derartige Grenze bekannt, die durch weitere Evolution durchbrochen werden könnte«.

Die Grenze ist eben noch transzendent! würde Ditfurth natürlich kontern. Zugegeben, de dicto und tautologischerweise. Es ist aber – der von ihm strikt ignorierten prinzipiellen *Unentscheidbarkeit* des Problems ungeachtet – nicht einzusehen, warum die spekulative Möglichkeit, »daß diese neuartigen Hirnzentren angesichts der Welt gleichsam ›ins Leere‹ greifen könnten« (265), auch nur im mindesten weniger wahrscheinlich sein sollte als die konträre. »Die wirkliche Welt«, bemerkte Nietzsche in ähnlichem Kontext, »ist viel kleiner als die phantastische«. Greift nicht der Geist, was die – außersubjektive – Wirklichkeit betrifft, schon just in diesem Weltaugenblick, und schon geraume Weile, ins Leere? Für eine Legion rein mathematischer Konstrukte gibt es außerhalb des Denkens selbst offenbar keine Korrespondenz: von der grassierenden Inflation kosmologischer Modelle kann, wie Kanitscheider pointierte, schließlich nur *eines* wahr sein: und worauf deuteten Phänomene wie die ›harmonische Folge der Musik‹ (Habermas), es sei denn auf die Fakultäten des *Subjektes* selbst? Und so gewinnt es nachgerade den Anschein, als sei die Evolution des Geistes schon mit der Subjektivität des Menschen von seinen ›Welt‹-Interessen definitiv *emanzipiert* und in eine Phase getreten, die wir seine *autistische* nennen könnten: Möglich, daß dies ›Subjekt‹ – als Realisierung ontologisch möglicher informationeller Systeme, und als solche selber Bestandteil von Welt – weiter evoluieren wird –, für die vollständige Erfassung des außersubjektiv Realen aber mag das so gegenstandslos sein wie große Kardinalzahlen. Doch dies ist keine Frage von *EE*, sondern der – *Informatik*!

Günther Stark *(München)*

Vittorio Hösle, *Hegels System: Der Idealismus der Subjektivität und das Problem der Intersubjektivität I und II*, Meiner, Hamburg 1987, 675 Seiten

1984 hat Vittorio Hösle zwei Texte über die griechische Kulturwelt veröffentlicht, von denen der erstere – *Wahrheit und Geschichte*[31] – eine Interpretation der Entwicklung der griechischen Philosophie von Parmenides bis Platon vorschlägt, und der letztere – *Die Vollendung der Tragödie im Spätwerk des Sophokles*[32] – eine Studie der strukturellen Transformation der Bedeutung des Tragischen bei den Griechen von Aischylos

31 Hösle, *Wahrheit.*

32 Hösle, *Tragödie.*

bis Sophokles ist. Einer der Aspekte, der an diesen Abhandlungen auffällt, ist die starke Präsenz eines Interpretationsschemas, das, worauf der Autor auch selbst hinweist, von den grundlegenden theoretischen Strukturen des hegelschen Denkens abgeleitet ist. Und in der Tat, in *Wahrheit und Geschichte* ist die Entfaltung der griechischen Spekulation als dialektische Entwicklung interpretiert, welche sich, ausgehend von dem *Objektivismus* der Eleaten, über den *Empirismus* des Empedokles, Anaxagoras und der Atomisten und den *Subjektivismus* der Sophisten, schließlich *synthetisch* in der Lehre Platons beschließt. Ähnlich ist, in formaler Hinsicht, das Vorhaben einer Interpretation, welches an der Basis der Forschung über die griechische Tragödie steht, in der Aischylos, Euripides und Sophokles dialektisch, d.h. einer als Überwindung des anderen verstanden werden. Jetzt also gelangt Hösle mit seinem Werk *Hegels System* endlich zu einer Auseinandersetzung mit dieser philosophischen Struktur, welche sich in seinen anderen Arbeiten vom theoretisch-interpretativen Standpunkt als so wesentlich erwiesen hat, d.h. als hermeneutisches Instrument, fähig, über spekulativ-grundlegende Momente der abendländischen Kulturgeschichte Rechenschaft abzulegen. Das Werk ist in zwei Bände unterteilt, welche, wenn sie auch keine wirklichen Abschnitte darstellen, doch die innere Division zwischen *Logik* und *Realphilosophie* des hegelschen Systems betonen, auf welchen Hösle dann im Verlauf seiner Forschung besonders besteht. Und in der Tat hält sich der Autor im ersten Band *Systementwicklung und Logik* bei den philosophischen Voraussetzungen, vor allem bei den Lehren Kants, Fichtes, Schellings und im allgemeinen bei der Struktur und der Methode, auf die sich das ganze System gründet, auf, um dann zu der Erörterung der grundlegenden theoretischen Eigenschaften der Logik zu kommen. Der zweite Band hingegen kann als eine Art *Kommentar* der hegelschen Realphilosophie bzw. der Philosophie der Natur und des Geistes gelesen werden.

Obwohl die Abhandlung im allgemeinen von einer sehr starken theoretischen Spannung durchherrscht ist, scheint doch der spekulativ dichteste und interessanteste Teil derjenige zu sein, in welchem der Autor die Voraussetzungen und allgemeinen Eigenschaften des hegelschen Systems erörtert (3-154), auch wenn es richtig ist, daß die grundlegenden philosophischen Knoten, die in dieser einführenden Erörterung auftauchen, sich folgerichtig auch in den Teilen des Werkes widerspiegeln, die darauf abzielen, die Hauptmomente der Lehre Hegels zu kommentieren. Tatsächlich ist es auch die grundlegende Eigenschaft der Arbeit Hösles, sich als *systemtheoretische* Interpretation der hegelschen Lehre vorzuschlagen; und sie setzt sich, in gewisser Weise polemisch, mit dieser programmatischen Absicht einer bestimmten Art von Interpretation entgegen, welche übertriebenerweise philologisch und sektoriell in der *Hegel-Forschung* nicht selten anzutreffen ist. Eine systemtheoretische Interpretation kann also ihre Aufgabe nicht auf die Untersuchung eines Teils des Systems oder einer Phase der Entwicklung beschränken, sondern muß vielmehr die Ganzheit des Systems in seiner organischen Einheit betrachten, in Bezug auf welche es nicht möglich ist, ein Moment zu isolieren, ohne Gefahr zu laufen, den Organismus, welcher eben das System ist, zu zerstören. Dennoch könnte man sich vielleicht diesem hermeneutischen Vorschlag gegenüber fragen, ob es nicht gerade diese organische Struktur des Systems sei, welche auch der Untersuchung eines einzelnen Teils oder eines bestimmten Moments erlaubt, sich auf das Niveau *des Ganzen* zu erheben.

Es ist jedenfalls kein Zufall, daß eines der Themen, welches Hösle, übereinstimmend mit dem systemtheoretischen Ansatz seiner Forschung, auf besonders analytische Art angeht, in der Beziehung zwischen Logik und Realphilosophie besteht. Eine der Hauptthesen, welche Hösle in dieser Arbeit zu demonstrieren versucht, ist das Fehlen oder zumindest die Fraglichkeit einer wechselseitigen Beziehung (oder Entsprechung) zwischen den von Hegel in seiner *Wissenschaft der Logik* ausgearbeiteten Strukturen und ihrer nicht immer folgerichtigen Entwicklung im Laufe der Realphilosophie.

Die Kritik, welche Hösle hier wie an anderen Stellen seines Werkes am philosophischen Projekt Hegels übt, ist also eine immanente Kritik des Systems, d.h. eine Kritik, die nicht von Thesen ausgeht, welche außerhalb des hegelschen Systems liegen, sondern ganz darauf ausgerichtet ist, die Widersprüche und Schwierigkeiten im Inneren seiner Konstruktion ins Licht zu setzen. In diesem Sinn ist die Erörterung der Beziehung zwischen Logik und Realphilosophie, zwischen der Idee und ihrer konkreten Erläuterung das Moment, wo das Vorgehen Hösles am klarsten hervortritt, und, so scheint es, auch mit dem meisten Erfolg. In der Tat gibt es für Hösle bei Hegel oft Widersprüche zwischen dem logischen und dem konkreten Moment, so wie oft der Übergang vom Zufälligen zum Notwendigen, besonders in der Realphilosophie, zu hastig und nicht immer deutlich gerechtfertigt ist. Und es ist gerade hier, ausgehend von diesen Schwierigkeiten und Unstimmigkeiten innerhalb der Entwicklung der hegelschen Lehre, daß der Autor seine grundlegende Kritik am absoluten Idealismus Hegels, der ganz auf die Beziehung zwischen Subjektivität und Intersubjektivität ausgerichtet ist, erreicht. Und so fragt sich Hösle in der Tat: »Ist das höchste reflexive Prinzip wirklich die (möglicherweise mit der Objektivität vereinte) Subjektivität, wie Hegel mit dem ganzen deutschen Idealismus annimmt? Könnte nicht auch die – ebenfalls reflexive – Intersubjektivität dieses höchste Prinzip sein?« (57).

Außerdem darf man nicht vergessen, daß das Problem der Beziehung zwischen Subjektivität und Intersubjektivität eine der Fragen ist, welche den Übergang einer Epoche, welche Hösle die neuzeitliche nennt, zu der modernen kennzeichnet: Epochen, deren Grenze und Demarkationslinie für gewisse Aspekte Hegel bezeichnet. Die neuzeitliche Epoche, von Descartes bis Kant, Fichte und eben Hegel, wäre so zurückführbar auf ein Denkmuster, welches von dem Begriff des Subjekts als Grundlage beherrscht wird, Mittelpunkt und Stütze eben der Welt in der Mannigfaltigkeit ihrer Äußerungen, während die moderne Epoche durch die Verringerung der fondativen Funktion des Subjekts und des Auftauchens der Sprache als notwendigen Vermittler des Gedankens im Mittelpunkt des philosophischen Interesses und vor allem, wie Hösle meint, der verbindenden Strukturen der Kommunikation und damit des Begriffs der Intersubjektivität charakterisiert ist.

Wenn sich also somit die hegelsche Philosophie einerseits als Vollendung der neuzeitlichen Epoche zeigt und damit für gewisse Aspekte der höchste Ausdruck des Subjektivismus ist, so kennzeichnet sie andererseits den Anfang und den Ausgangspunkt der modernen Epoche. Diese Art Zweideutigkeit spiegelt sich, nach der Meinung Hösles, in eben dem System Hegels wieder, in dem Sinne, daß die Logik als Boden für die Entwicklung der Subjektivität betrachtet wird und die Realphilosophie, und vor allem die Philosophie des objektiven Geistes, hingegen als der Ort gesehen wird, auf dem intersubjektive Abläufe eine bestimmende Rolle spielen.

Auch hier zeigt Hösle ein weiteres Mal in der Analyse der vorliegenden Beziehungen der verschiedenen Teile des Systems einen Riß auf, der die Folgerichtigkeit der gesamten hegelschen Konstruktion bedrohen könnte. Der Autor meint in der Tat, daß die Beziehung von Logik und Realphilosophie, von Prinzip und Prinzipiat und auch von Subjektivität und Intersubjektivität von Hegel nicht überzeugend gedacht worden sei. Es handle sich hingegen, was auch eine der Aufgaben ist, die sich das Werk stellt, darum, zu sehen, bis zu welchem Grad eine Form des absoluten Idealismus, der nicht nur und im besonderen auf den Begriff des Subjekts, sondern vielmehr auf die intersubjektiven Strukturen des Gedankens zentriert ist, denkbar sei. An diesem Punkt sei es jedoch erlaubt, sich zu fragen, ob die hegelsche Logik wirklich, und innerhalb welcher Grenzen, von dem Begriff der Subjektivität so einseitig beherrscht wird, daß sie in Widerspruch zu dem Begriff der Intersubjektivität tritt.

Bis auf den Grund dieser kritischen Überlegung zu gehen, welche nach Hösles Meinung den gesamten deutschen Idealismus miteinbezieht, heißt jedoch nicht, die Idee einer absoluten Tranzendentalphilosophie fallenzulassen, sondern ihr neue Bedingungen zur Verwirklichung und neue Entwicklungspotentialitäten zu schaffen.

Luca Illetterati *(Padua)*

Dieter Henrich (ed.), *All-Einheit: Wege eines Gedankens in Ost und West*, Klett-Cotta, Stuttgart 1985 (Veröffentlichungen der Internationalen Hegel-Vereinigung, Bd. 14), 286 Seiten

Koichi Tsujimura (ed.), *Ichi-soku-issai: Nichi-doku-tetsugaku-korokwiumu ronbunshu (Eins: Alles. Beiträge zum japanisch-deutschen Philosophen-Kolloquium)*, Sobunsha, Tokio 1986, 419 Seiten

Den zwei Büchern liegt das 1981/82 stattgefundene japanisch-deutsche Philosophen-Kolloquium zugrunde, dessen Veranstalter Tsujimura und Henrich waren. Die lange Geschichte der philosophischen Begegnungen beider Länder, in der die Japaner sicherlich viel mehr genommen als gegeben haben, kannte bisher kein Treffen in derart systematischer Form. Auch der Versicherung des deutschen Herausgebers, daß das Kolloquium und somit dessen Dokumentation den höchsten Stand der Wissenschaftlichkeit verträten, ist zuzustimmen, obwohl die Auswahl der japanischen Teilnehmer und des Titels mit der Kalligraphie von Nishitani einen japanischen Leser schon den Diskussionsverlauf einigermaßen vorahnen läßt.

Die japanische Fassung des Sammelbandes, der die deutsche als Vorlage dient, unterscheidet sich von dieser hauptsächlich in der dreiteiligen Zusammenstellung, die, anschließend an den einführenden ersten Teil, die japanischen Beiträge im zweiten und die deutschen im dritten Teil unterbringt. Damit hält der japanische Herausgeben an der Ost-West-Differenz fest, auf die er auch im Nachwort nachdrücklich verweist. Ein weiterer redaktioneller Unterschied liegt darin, daß einige Kolloquiumsteilnehmer (Brockard und Müller) überhaupt nur hier, und noch einige (Buchner und Ueda) mit jeweils andern Beiträgen vertreten sind als im von Henrich herausgegebenen Band.

Nun zum Thema All-Einheit: Es bildet ein zentrales Thema in der Anfangsphase sowohl der europäischen als auch der ostasiatischen Tradition philosophischen Denkens, weshalb es sich für den Anhaltspunkt des Gesprächs empfiehlt. Während aber in der westlichen Geschichte der Gedanke sich gegen die überwiegend widersprechende philosophische Disziplin geltend machen mußte, indem er in neuen Fassungen aufgearbeitet wurde, blieb er auf dem von Indien über China nach Japan führenden Weg in der Dominanz, was aber andererseits eine heikle Frage veranlaßt: Blieb die Bedeutung der ostasiatischen Gedanken von All-Einheit denn wesentlich dieselbe? Die Frage der Vergleichbarkeit ist von aktueller Relevanz, weil z.B. Tsujimura, der japanische Herausgeber, von den alten und den neuen Formen der All-Einheit spricht und die letzteren vor allem in der globalen technischen Zivilisation sieht, deren »Machenschaft« es zu verwinden gelte. Ihm könnte man den optimistischeren Ton Boeders entgegenstellen, der behauptet, in der Moderne als unserer gemeinsamen Welt sei die »gegenseitige Überfremdungsfurcht« von Ost und Welt nicht mehr am Ort: daher »Nichts Fremdes«.

Wenn man auf die einzelnen Beiträge eingeht, so fällt gleich auf, daß viele der japanischen Beiträge als Ost-West-Vergleich gestaltet sind. Ein gutes Beispiel dafür gibt eben Tsujimura, der die »Differenz der All-Einheit im Westen und Osten« an den »exemplarischen Gestalten, die einander am meisten ähnlich zu sein scheinen«, verdeutlicht: Nicolaus Cusanus und Hôzo, dem dritten Patriarchen der *Kegon*-Schule des chinesischen Buddhismus. Im Westen, wo die All-Einheit im allgemeinen »das Verhältnis des Einen Prinzips zu allem Seienden« besage, sei Cusanus eine Ausnahme, da er auf das Verhältnis von jeglichem einzelnen Seienden zu seinem All abziele, analog wie Hôzo und die anderen buddhistischen Denker. Es bleibe dennoch die Differenz, daß Cusanus die Welt als Zusammenziehung Gottes, also doch von dem absoluten Prinzip her konzipiere, während sie bei Hôzo als »vollkommene Verschmelzung« von Ganzem und Teilen aufgefaßt werde. Eine entscheidende Rolle spielt dabei der buddhistische Begriff der Relationalität *Engi*, dem der Aufsatz Saigusas gewidmet ist.

Saigusa versucht eine thesenartige Explikation von *Engi*, d.h. dem *Eins* und *All* miteinander verbindenden »abhängigen Entstehen«, in dem die einzelnen Glieder einerseits durchaus eigenständig, andererseits aber voneinander abhängig seien – anders gesagt bestehe die Eigenständigkeit eines Gliedes nur im Bezug auf und im Vergleich mit den anderen Gliedern. Das jedenfalls sei die Auffassung des frühen Buddhismus, mit der auch das europäische Relationalitätsdenken einverstanden sein könne. Es sei jedoch vor allem Nagarjuna, der im abhängigen Entstehen nicht nur eine unumkehrbare, sondern auch eine wechselseitige Beziehung gesehen habe, womit die Relationalität sich auf das Verhältnis aller Glieder erweitert habe. Das habe zur Folge, daß »die einzelnen Glieder in die Relationalität aufgelöst« und daß »ihnen ihre Unabhängigkeit genommen« werde: der Kern des buddhistischen Gedankens des »Leeren«, in dem überhaupt keine Substantialität anerkannt werde.

Uedas Beitrag, angeblich nur eine Vorarbeit zum Problem der All-Einheit im ostasiatischen Denken, ist aber in seiner phänomenologisch-ontologischen Tragweite alles andere als bescheiden. Die phänomenalen Analysen und Beschreibungen der zenbuddhistischen Frage-Erwiderung, der Begrüßungsweise der Japaner und der japanischen Gedichtform *Renku* ermöglichen Ueda, zu zeigen, wie hinter allem der Grund bzw. die Tiefe des »Nichts« steckt. Besonders interessant ist in diesem Zusammenhang der Vergleich mit der Buberschen Ich-Du-Beziehung, deren tragender Grund das ewige Du ist.

Nagasawa und Ohashi, die der jüngeren Generation angehören und wichtige Phasen ihrer wissenschaftlichen Karriere in der Bundesrepublik verbracht haben, rekurrieren beide auf ihre Kenntnisse des Deutschen Idealismus, um dadurch die Besonderheiten der japanischen Denkansätze hervorzuheben: des Begriffs vom »Üben« bei Dogen (Nagasawa) und des Theorems vom »Ort als Nichts« bei Nishida (Ohashi).

Um die ostasiatische Genealogie der All-Einheitslehre zu erörtern, muß man natürlich auch Indien und China in Betracht ziehen, und zwar etwas eingehender als in Nishitanis zu allgemeinem, wenngleich groß angelegtem Beitrag. Dies übernehmen hier Imamichi mit seiner Erläuterung des Textes Tschuang Tschous und Hattori mit seinem englischsprachigen Beitrag *The Transformation of the Basis in the Yogacara System of Philosophy.*

Wir wollen uns nun den Beiträgen der deutschen Kollegen zuwenden. In Hinsicht auf die Beurteilung der theoretischen Möglichkeit der All-Einheitslehre und in sorgfältiger Abhebung gegen die Mystik aller Spielarten wird man sie in zwei Gruppen klassifizieren können. Zu denen, die von mehr oder weniger positiver Beurteilung auszugehen scheinen, gehört meiner Ansicht nach z.B. Beierwaltes. In seiner Ausführung über die neuplatonische Einheits-Lehre, die den Bezug zum Vielen derart bedenke, daß »das eine im Modus der Andersheit zu ihm selbst sich entfaltet«, und die sich insofern vom Monismus unterscheide, wird die wichtige Rolle der *Henosis* (Einung), das menschliche Bewußtsein die höchste Intensität an Einheit erreichen zu lassen, thematisiert.

Auch Halder zögert nicht, sich auf die gewöhnlich als Mystik bezeichnete Thematik Eckharts zu beziehen; ihm geht es vor allem um den Durchbruch vom Stadium »Sein als Einigung«, das zugleich »Entgegensetzung, Entäußerung, gar Entfremdung«

bleibt, in das der »vollkommensten Einheit«, die als »schlechthinnige Einfachheit – ohne jegliche auch nur gedankliche und namentliche Unterscheidung und Einigung« – nur im »Nichts« zu erreichen ist. Für dieses radikale »Ledigsein« interessieren sich übrigens auch viele Zenbuddhisten, wie Halder anmerkt.

Nicht ganz anders – aber vielleicht etwas methodenbewußter – als Halder und Beierwaltes versucht nun Henrich, die Metaphysik im allgemeinen als eine unverzichtbare Sache unserer Seele geltend zu machen. Er fordert auf der anderen Seite eine »Epistemologie der All-Einheitslehre«, die sich nicht zuletzt mit deren monistischer Tendenz zum Reduzieren auseinandersetzen soll. Er weist auch darauf hin, daß der All-Einheitslehre ein »Denken der zweiten Stufe« zugrundeliegt, das »nicht etwa die Vielfalt der Welt unvermittelt auf Einheit« zurückführt, sondern sich auf die ihm vorausgehenden anderen Denkweisen bezieht, um sie aus ihrer Befangenheit zu befreien.

Damit rücken wir in die Nähe der dialektischen Thematik Hegels. So befaßt sich Buchner mit dem sog. *Systemfragment von 1800*, in dem der Philosophie die negative Funktion des »Aufzeigens und Destruierens der Reflexionsbeschränkungen« zugeteilt wird, damit die religiöse Dimension der »Erhebung von endlichem Leben zu unendlichem Leben« freigelegt werden kann.

Die bisher noch nicht erwähnten drei Arbeiten verfahren eher kritisch gegen das theoretische Potential der All-Einheitslehre. Wiehls Beitrag, dessen Untertitel lautet *Vorbemerkungen zu einer Kritik der metaphysischen Vernunft*, stellt sich eine doppelte Aufgabe, einerseits von einer Metaphysik Abstand zu nehmen, um aus dieser Entfernung die richtige Einstellung zu gewinnen, andererseits aber in eine angemessene Nähe zu ihr zu rücken. Und Cramer läßt die Frage offen, ob das Theorieprogramm der All-Einheitslehre, das Viele »aus dem Gedanken der internen Bestimmtheit des Einzig-Einen« zu entwickeln, überhaupt ausführbar ist. Die mystische Position der Indifferenz von Einem und Vielem sei auf jeden Fall mit Spinoza abzulehnen. Schließlich überprüft Horstmann die logische Möglichkeit eines mit Hegels Position verbundenen relationsontologischen Monismus, dessen Reduktionsbasis im sog. Selbstbewußtsein bestehe, um dann jedoch die Attraktivität dieses Ansatzes zu bestreiten.

Der Leser wird sich vielleicht fragen, ob es sich hier wirklich um »Wege *eines* Gedankens« handelt, wie der Untertitel des deutschen Sammelbandes lautet. Die Frage soll hier offen bleiben. Sicher bleibt, daß jeder Versuch zur interkulturellen Verständigung viele Hindernisse zu bewältigen hat und deshalb immer Respekt verdient. Er setzt vor allem *intra*kulturelle Diskussionen voraus, die wir Japaner aber oft versäumen.

Narifuma Nakaoka *(Osaka)*

Josef Speck (ed.), *Grundprobleme der großen Philosophen, Philosophie der Neuzeit IV: Lotze – Dilthey – Meinong – Troeltsch – Husserl – Simmel*, Vandenhoeck & Ruprecht (UTB), Göttingen 1986, 266 Seiten

In diesem Band werden sechs Philosophen aus dem späten 19. und frühen 20. Jahrhundert dargestellt, die gewöhnlich den Rubriken Lebensphilosophie und Phänomenologie zugezählt werden. Daß solche Etikettierungen jeweils unzureichend sind und stets das eigentliche Werk eines Autors vergröbern, zeigt die genauere Befassung mit dessen Werk. E.W. Orth behandelt *Das Ganze unseres Welt- und Selbstverständnisses* bei R.H. Lotze (9-51), einem der meistdiskutierten Philosophen der Jahrzehnte um die Jahrhundertwende, der in seinem vielseitigen Œuvre vor allem die Vermittlung von Naturwissenschaften und spekulativem Denken verfolgte. Dabei versuchte er aber auch, in breiter

Form die Ästhetik miteinzubeziehen, und bestimmte die Herstellung der »Einheit des menschlichen Wissens« (43) als Aufgabe der Philosophie. Bei Lotze handelt es sich, obwohl er heute so gut wie vergessen ist, um »einen Philosophen des Übergangs«, der »nicht nur den Übergang vom deutschen Idealismus in den historisch-naturwissenschaftlichen Realismus vollzogen, sondern auch den Wandel vom späten 19. Jhdt. ins 20. vorbereitet« hat (48f).

Der zweite Beitrag von H. Johach gilt der *Struktur der geschichtlichen Erfahrung* bei W. Dilthey (52-90), dem Nachfolger Lotzes in Berlin. Diltheys Werk ist auch heute noch imstande, für Geschichts- und Sozialwissenschaften Anregungen zu geben, insbesondere durch sein »Programm einer ›Kritik der historischen Vernunft‹«, das die »grundsätzliche Historisierung des Erkennens« thematisiert (87). Gegenüber idealistischer Spekulation und Empirismus wird »der prinzipielle Erfahrungscharakter der Philosophie« (58) hervorgehoben. Die Einordnung Diltheys als ›Lebensphilosophen‹ oder als ›Hermeneutiker‹ greift zu kurz. Sein Lebensbegriff ist doppelbezüglich, da er »einerseits zur Erkenntnistheorie und Psychologie, andererseits zur Objektivität der geistig-geschichtlichen Welt in Beziehung« gesetzt wird (55).

Neben Dilthey zählt vor allem W. Simmel zu den Klassikern der Lebensphilosophie, obwohl auch bei ihm dieses Etikett den Blick auf die Vielfalt seiner philosophischen Intentionen verengt. Dennoch steht bei ihm *Die Dynamik des Lebens* an zentraler Stelle, wie sein Darsteller M. Schmid ausführt (216-264). Simmels Grundfrage ist, »wie die im Prozeß der Modernisierung des Lebens verlorengegangene Einheit der Weltsicht, wie sie ehemals Religion, Philosophie und Ethik durch das Postulat kontinuitätsverbürgender Substanzen und Instanzen zur Verfügung gehalten hatten, wiederzugewinnen sei« (221), eine Frage, der wir bereits bei Lotze begegnet sind.

Einen Ausläufer von Lebensphilosophie und Historismus bezeichnet das Werk von E. Troeltsch, dem F.W. Graf und H. Ruddies in ihrem gemeinsam verfaßten Beitrag *Geschichtsphilosophie in praktischer Absicht* (128-164) nachgehen. Troeltsch geht es um die »Vermittlung von Geschichte und Normativität« (132) und um die Erarbeitung einer »Gestalt reflektierter Akzeptanz des Historismus, welche dessen relativistische Dynamik und deren destruktive kulturethische Folgen begrenzt« (142). Aufgabe der Geschichtsphilosophie soll es sein, »einer von ethischer Orientierungslosigkeit bedrohten Gesellschaft dadurch Orientierung zu vermitteln, daß Geschichte als Ort der Entdeckung und Begründung von intersubjektiv gültigen kulturethischen Zielsetzungen erschlossen wird« (140).

Die beiden verbleibenden Beiträge gelten der frühen, positivismusnahen Phänomenologie, die sich als Reaktion gegenüber dem ›Psychologismus‹ und der ausufernden Thematik von Lebensphilosophie und Neukantianismus versteht. W. Künne behandelt das Thema der *Intentionalität* bei Husserl (165-215), ein »Problemtitel, der die ganze Phänomenologie umspannt« (173), und geht in seiner kenntnisreichen und detaillierten Darstellung des Husserlschen Frühwerks den Grundbegriffen Erlebnis, Epoché, Akt, Gegenstand usw. nach. – Peter Simons hingegen referiert über die *Gegenstände, die es nicht gibt* bei A. Meinong (91-127), wobei ebenfalls die Intentionalität, »das dem Mentalen eigentümliche Gerichtetsein auf einen Gegenstand« (92), zentrales Thema ist. Wie Husserl, mit dem er einen Prioritätsstreit ausfocht, Schüler Brentanos, sucht Meinongs Gegenstandstheorie – die in den letzten zwanzig Jahren wieder stärker rezipiert wird – jene Bewußtseinsinhalte, die im strengen Sinn keine Referenz zur äußeren Welt der wahrnehmbaren Gegenstände besitzen, sinnvoll zu klassifizieren. Die paradox klingende These, für die Gegenstände gebe es »zwei primäre Standesweisen: Sein und Nichtsein« (100), betrachtet auch das ›Nichtsein‹ von Gegenständen, sofern es eine sinnvolle Denkfigur darstellt, als positive Größe, da nur äußerlich Wahrnehmbares als ›seiend‹ veranschlagt wird und ›Standesweise‹ somit einen vorangehenden ontologischen

Modus meint. Dem Rückzug auf Bewußtseinstheorie entspricht bei Meinong aber auch sein restriktiver Philosophiebegriff, der – im Gegensatz zu Lotze und den Lebensphilosophen – nur noch »ein Bündel von Teildisziplinen ohne einigendes Moment« (94) ausmachen soll.

Simon Rabl *(Bozen)*

Klaus Christian Köhnke, *Entstehung und Aufstieg des Neukantianismus. Die deutsche Universitätsphilosophie zwischen Idealismus und Positivismus*, Suhrkamp Verlag, Frankfurt a.M. 1986, 624 Seiten.

Eine deutsche Wissenschaft vor dem Verfall. Ihre stoisch verharrenden Betreiber zerfurchen sich in Selbstzweifel und Melancholie. Das Schicksal, außer Geltung gekommen zu sein, ist ihr in der Moderne widerfahren. Gemeint ist die Philosophie. Schauplatz Deutschland – genauer, das denkende Deutsche Reich des 19. Jahrhunderts und seine vor- und nachmärzliche Vergangenheit. Namen fallen uns in Reihe ein wie Hegel, Schopenhauer, Nietzsche. Doch die sind nur Randerscheinungen in der Monographie von Köhnke. Wie mit dem Untertitel *Die deutsche Universitätsphilosophie zwischen Idealismus und Positivismus* angedeutet, werden zwei Blickrichtungen fokussiert: zum einen eine historiographische Aufarbeitung der akademischen Philosophie des 19. Jahrhunderts, und zum anderen die Kennzeichnung des wissenschaftlichen Wegs des deutschen Idealismus durch die Institutionen – ein sozialpolitischer Kampf für und wider die Parteilichkeit mit dem Positivismus. Wie sich das alles in das gegenseitige Wohlgefallen der neukantianischen Strömung auflöst, versucht dies gut lesbare und materialreich geschriebene Buch nachzuzeichnen. Von Seite zu Seite blätternd muß sich der Leser darauf einlassen, selbst manchem Fachphilosophen unvertraute Namen, wie Beneke oder Trendelenburg, kennenzulernen. Das macht die Lektüre anstrengend, weckt aber auch Neugierde, mit den Fragestellungen philosophischer Diskurse im 19. Jahrhundert vertraut gemacht zu werden. Köhnke liefert, um nicht falsch verstanden zu werden, nicht die Diskurstheorie zu einem damals wie heutzutage vielschichtig facettierten Berufsfeld Philosoph. Nein, aber aus der historischen Perspektive vermag er Einblicke zu geben in die Strukturwandlungen der universitätsphilosophischen Öffentlichkeit. Mit zahlreichen Tabellen und graphischen Darstellungen werden Überblicke vorgezeigt über die akademischen Veranstaltungskalender zum Fach, über Dienstsuspendierungen aus politischen Gründen oder die Heiratserfolge der Privatdozentenschaft. Doch lesen wir keine soziologische Auswertung der speziellen Entwicklung der Philosophie. Genauso kompliziert wie das Herausschälen einer Denkströmung aus einem historischen Kontext, wie der des Neukantianismus, den wir, in Verpflichtung einer Tradition, heute so nennen, genauso unausgesprochen verzettelt muß es gewesen sein, das Material zu diesem Buch zu recherchieren und ihm eine Paßform in Einstimmung mit der Philosophiegeschichtsschreibung zu geben. Und was ist das eigentlich, eine akademische Philosophiegeschichtsschreibung, Jean Paul würde gefragt haben: ›Selberlebenbeschreibung‹? Die Versuche sind rar, Herbert Schnädelbachs *Philosophy in Germany. 1831-1933* oder das in dieselbe Zeitphase fallende Kompendium Karl Löwiths *Von Hegel zu Nietzsche.* Für diese beiden namhaften Autoren ist die methodologische Entwicklung der Philosophie als Wissenschaft kaum von Belang. Den Anspruch, auf diesem Feld eine methodische Aufarbeitung zu leisten, hat Köhnke. Er schreibt eigentlich eine merkwürdig aufsplitternde Historiologie der Rückwärtsbewegungen auf Kant. Daß in der Folgezeit die deutschen ›Brotphilosophen‹ in mancher bislang unverträglichen Weise auf den Begründer des Deutschen Idealismus aus Königsberg zurückgriffen, hängt zwar vordergründig mit Kants Erkenntnisbegrenzung des menschlichen Denkens zusammen, hat doch auch zu tun mit der Faszination für ein akribisches Gelehrtenpathos, das zweifellos um den Transzendentalphilosophen rangt. Was aber hat dieser Immanuel Kant so gedacht und geschrieben? Im 19. Jahrhundert schien es niemand wissen zu wollen. Trotzdem, alle, ob Hinz und Kunz, Dozent oder Professor, sie konnten nicht anders, als sich auf ihn zu berufen. So einfach blieb es jedoch nicht – eine lineare Geschichtsschreibung von Kant zum Neukantianismus ist nirgendwo zu erspähen. Die Mitte des 19. Jahrhunderts gilt, nach der gescheiterten Revolution von 1848, als die nachmärzliche Zeit der nationalpolitischen Einigungsbewegungen. Daran war auch die deutsche Philosophie, als die starke Repräsentantin einer wohlklingenden Tradition im Hintergrund, beteiligt. Nach einer ausgedehnten Phase der Sammlung, Selbstprofilierung und akademischen Reetablierung standen den staatstreu gesinnten Deutschen zwei 100-Jahr-Feiern ins Haus, die von Schiller (1859) und Fichte (1862). Man wollte idealistisch sich geben unter den aufklärerischen Primaten von Vernunft und Vernunftkritik. Der Idealismus als Wiedererweckung nationaler Größe, lautete die fatale Devise dieser Zeit. Alles andere an Denkströmung galt zu dieser Zeit als zweifelhaft unangesehen. Mit Schiller und Fichte vor dem Gespann der königstreuen Preußen läßt sich gut vorstellen, wie der Name Kant idealistisch verklärt als Kronzeuge für Nationalstolz und Einigungsgedanke zur mißbrauchten Gallionsfigur in Preußen und seinen zahlreichen Anrainerstaaten umgemünzt worden war. Zugunsten einer überschwenglichen Fichte-Begeisterung veranstaltete man geradezu einen Fackellauf im Namen der Austreibung des Positivismus aus den Geisteswissenschaften. Das Etikett ›Geisteswissenschaft‹ war zwar schon zu Mitte des 19. Jahrhunderts vorgebildet, Rickerts ›badischer Neukantianismus‹ erhob den Begriff aber erst zu Beginn des 20. Jahrhunderts in den Rang von Wissenschaftlichkeit.

Trotzdem, die Hitzigkeit, mit welcher die verstärkt von Philosophieprofessoren unterstützte Kampagne zur Durchsetzung einer idealistischen Ausprägung der Philosophie ablief, stellte sich als ein Schlag in das kühle Naß heraus und lavierte sogar ins Gegenteilige. Niemand der auf deutscher Bühne agierenden Philosophen war vor Kollegenneid und Polemik gegen die eigenen Schriften sicher. Daß eine Zeitgeistrenaissance von Fichtes *Reden an die deutsche Nation* das abgegriffene spätaufklärerische Pathos von Einigkeit und Vaterland lediglich wiederholte, konnte nicht darüber hinwegtäuschen, daß die Zeichen der Zeit, historisch und sozial gesehen, sich gewandelt hatten. Nach Hegel lag die große deutsche Philosophie am Boden, ohne Meisterdenker. Man stellte sich den Persönlichkeitszuschnitt der ›neuen‹ Philosophen nach Art von intellektuell regen Doppelbegabungen vor, wie der Kantinterpret und sozialdemokratische Publizist F.A. Lange einer war. Seine mehrbändige *Geschichte des Materialismus* von 1866 hatte selbst auf den im Philosophenkreis unbeachteten Nietzsche eine gefällige Wirkung. Langes Abhandlung kann sich mit einigem Stolz die zuerst diskutierte Problemschrift des anwachsenden Neukantianismus nennen. Aufgrund eines offen artikulierten Naturalismus, der naturwissenschaftliche Erkenntnisse der Sinnesphysiologie in seine Kantinterpretation einzubeziehen sucht, hat sich eine philosophiekritische Spaltung gegenüber einer neoidealistischen Kantrezeption vollzogen. Man ahnt, viele Denker arbeiten während der Gründerjahre des Deutschen Reichs an modernen Konzepten für eine ›neue‹ Philosophie, die zu ihrer Zeit sich in Beziehung stellt. Obgleich alle an der Mutterbrust der kantischen Erkenntnisresultate saugen, stehen sie ein für das Begehren, eine philosophische Zeitenwende voranzutreiben. Die Auswahl zwischen den diversen Richtungen liest sich stattlich. Da tummelt sich, neben dem werttheoretischen Windelbands, der psychologische Kritizismus Fries' und Nelsons, neben der physiologischen Helmholtz' und Langes die logozistische Richtung der berühmten Marburger Schule Cohens, Natorps und Cassirers.

Auch Köhnkes Abhandlung ist Philosophiegeschichtsschreibung der Namen, und, trotz allem Bemühen darum, nicht der Inhalte! Eine historiographische Gesamtdarstellung der philosophisch engagierten Vertreter, des Anbegehrens auf wissenschaftliche Reputation und privativer Sozialisation von Professoren- und Dozentenschaft gibt Einblicke in die Ursachen solchen Meinungs- und Informationsapparats, wie die akademische Philosophie im 19. Jahrhundert ihn darstellte. Was Habilitationsverfahren, Professorenhändel und bescheidene Zukunftseinsichten, eher als Aussichten, anbetrifft, hat sich bis heute wenig geändert. Der Positivismus war und ist keine Philosophie, die Verläßlichkeit auf seine Methodik führt das Denken an den Rand einer Katastrophe. Der soziologische Positivismus Auguste Comtes spielte zunächst für die Entwicklung der Denkbewegungen im 19. Jahrhundert eine nebensächliche und untergeordnete Rolle. Sein subsidäres Drängen an die Oberfläche der großen Kulturbewegungen im später 19. Jahrhundert erhob ihn zu einer gewissen wissenschaftlichen Repräsentanz in der zweiten Jahrhunderthälfte. Zu der Tatsache, daß der Positivismus als Philosophie sich nicht durchsetzen konnte, ist zu bemerken: die kritiklose Betreuung von strukturierten Faktenmaterialien war noch nie Sache der deutschen Denker. Auch das Argument, daß im Positivismus ein methodenrevolutionierendes Potential ruhte, das den Weg weisen konnte, mit anderen, als den idealistischen Denkbestimmungen im Hintergrund, Philosophie zu betreiben, half da nichts. Das abendländische philosophische Denken in Gänze von Platon zu Fichte und Hegel, von Aristoteles zu Leibniz und Kant kehrte im 19. Jahrhundert wieder, eine Zenturie, in welcher die philosophische Lehre erstmals als Kathederberuf repräsentabel galt.

Köhnkes Buch ist ein Bilderbogen durch ein zwitterhaft unsinnliches 19. Jahrhundert. An dessen Ende entbirgt sich unter dem scheinbar demaskierenden Namen »Neukantianismus« ein undurchblickbares Terrain von wissenschaftlichen Philosophien. Ihnen ist gemein die jeweils ideelle Ausrichtung und die nach Graden variierenden Abgrenzungen vom Positivismus. Was aber formt die Methodik dieser neuen nachkantischen Philosophie, die sich weitaus öfter auf Fichte beruft als auf den repräsentativen Namensgeber? In einem berühmten Aufsatz zur Trennung von nomothetischem und idiographischem Verfahren in den später so genannten ›Geisteswissenschaften‹ versucht sich Wilhelm Windelband in der Beantwortung der Frage, ob die Philosophie in den Rang einer modernen Wissenschaft gehöre. Seine Antwort versteht sich als Plädoyer für die Philosophie, wenn auch heutzutage eine rein methodologische Unterscheidung zwischen Verfahrensmodi (eben nomothetisch oder idiographisch) kaum Bestand haben könnte. Dem theologisch ausgebildeten Wilhelm Dilthey gelang zur gleichen Zeit, ohne Zugehörigkeit zu einer neukantianischen Schule, eine hermeneutische Grundierung der wissenschaftlichen Biographik. Die Emanzipationsbewegungen des Neukantianismus zu Ende des 19. Jahrhunderts sind zu werten als Abarbeitungsprozeduren an dem einen Problem, die szientifische Gleichrangigkeit von Philosophie und Naturwissenschaften zu demonstrieren und zu behaupten.

Am Anfang zur Beschreibung dieses Denkwegs stoppt Köhnke. Auf eine nachfolgende problembewußte Erörterung von Höhe und Fall des Neukantianismus seit dem späten Cohen bis Nicolai Hartmann im Stile Köhnkes aber darf man gespannt sein.

Ralf Blittkowsky *(Hamburg)*

Franco Volpi (ed.), *Ansia per l'uomo. Riflessioni sul pensiero di Romano Guardini*, Gualandi, Vicenza 1987, 108 Seiten.

Die leider immer noch zögernde Rezeption des gebürtigen Italieners Romano Guardini (1885-1968) in seinem Heimatland wird mit dem vorliegenden Sammelband dankenswerterweise vorangetrieben. In Deutschland ist nach einem fast zwanzigjährigen Ausblenden des Theologen, Religionsphilosophen und Liturgen Guardini aus der Wissenschaft nunmehr eine neue Generation von Doktoranden (und Universitätslehrern) an dem »Phänomen« Guardini interessiert; er dürfte – lange Zeit ungewollt von der großen Gestalt Karl Rahners verdeckt – jetzt endgültig auf die Ebene der universitären Forschung zurückgekehrt sein. Italien steht noch *vor* dieser Renaissance; um so wichtiger sind die vereinzelten Vortragsreihen (wie 1985 an der Universität Trient) oder Studientage (ebenfalls 1985 in Kooperation der Universitäten Padua/Brixen). Der Herausgeber Franco Volpi, in Italien wie in Deutschland heimisch, legt mit dem obigen Band die Dokumentation eines Studientages vom 6. Oktober 1985 zu Ehren des 100. Geburtstages Guardinis vor.

Die Einführung Volpis und sieben unterschiedlich gewichtige Beiträge konzentrieren sich bezeichnenderweise auf Guardinis Anthropologie, lose gruppiert um dessen Schrift *Sorge um den Menschen* (1962/66). Volpi selbst hebt in der einleitenden *Presentazione* (7-13) auf die Leitmotive guardinischer Anthropologie ab: das Bewußtsein der Endlichkeit bis zur Angst um die Zukunft, die Sinnsuche, die Spannung zum Heiligen – alles unter dem Blickwinkel heutiger Anknüpfung (*Was bleibt von Guardini?*).

Eine knappe *Prolusione* von Giuseppe Faggin (15-19) betont die dringend nötige und mögliche Orientierung heutiger Jugend an Guardini (tatsächlich wird er ja bereits als Vordenker für »Communione e liberazione« betrachtet). Guido Sommavilla, mit Guardini persönlich bekannt, stellt die schon klassisch gewordene Frage, wer er war? (21-36). Im Abschnitt *Der Mensch* folgt in Stichworten biographisch Bekanntes, das durch Bemerkungen zum Menschenbild Guardinis allgemein abgerundet wird. Giovanni Santinelli analysiert den Begriff »Sorge« unter der Anfrage *Pessimismus oder Optimismus bei Guardini?* (37-44). Die konkrete »Sorge« – im Unterschied zur metaphysischen »Angst« Heideggers – sah Guardini demnach in der Bedrohung durch Technik, Staat, Sinnverlust; seine ebenso konkreten Antworten führen dabei über die falsche Alternative Pessimismus/Optimismus hinaus: zur Notwendigkeit innerer Echtheit (Distanz), Verzicht, Verantwortlichkeit für die Welt. Massimo Borghesi thematisiert die bedeutende Frage nach der *Macht über die Macht* in der »Postmoderne« (45-78). Damit schließt er Guardini an die zeitgenössische Diskussion heute an, ohne ihn »aktualisieren« zu müssen – bei aller Wahrung des geschichtlichen Abstandes (wohl der wichtigste Beitrag des Bandes, der weitere Ausarbeitung verdient und eine Klärung des Begriffs »Postmoderne« befördern könnte). Giorgio Penzo konturiert den *Philosophen der Existenz* (79-88) im Umkreis von Heidegger und Jaspers, Ferdinando L. Marcolungo die guardinische Sicht europäischer Friedensverantwortung (89-99), Armando Rigobello den Begriff »Hoffnung« (101-108): drei knappe Beleuchtungen noch weiter auszubauender Themen.

Der Sammelband liefert einen guten, wenn auch nur einleitenden Zugang zu Guardini. Die Kürze der meisten Beiträge entspricht wohl dem konzisen Aufbau des Studientages, präsentiert aber in der vorliegenden Form eher die Aufforderung, sich mit Guardini noch weit intensiver methodisch, inhaltlich, geschichtlich zu befassen. Hilfreich wäre eine Vorstellung der acht Verfasser von Disziplin und Universität her. Für die Zukunft ließe sich über diese Rezeptionsleistung hinaus eine zupackendere, vertiefende Interpretation wünschen.

Hanna-Barbara Gerl *(München)*

Karl Albert, *Philosophische Studien.* Band I: *Philosophie der Philosophie* / Band II: *Philosophie der Kunst*, Academia Verlag Richarz, St. Augustin 1988 & 1989, 634 & 507 Seiten

Metaphysik und gar mystisches Denken galten in der Folge positivistischer und ideologiekritischer Tendenzen lange Zeit als Derivate abenteuerlich irrationaler und unwissenschaftlicher philosophischer Bemühungen. Indes beweist die neuere Literatur, daß eine Wiederaufnahme metaphysischer Gedanken aus innerer Notwendigkeit erfolgen mußte.

Karl *Albert*, aus dessen geplanter siebenbändiger Ausgabe wir hier die ersten beiden Bände vorstellen möchten, unterscheidet sich wesentlich von den Autoren, die – dem Trend der Zeit folgend – noch schnell auf den fahrenden Zug aufspringen. Aus der Lektüre seiner zahlreichen Schriften zeigt sich deutlich, daß sein philosophisches Denken in den 60er Jahren schon um Probleme der Metaphysik und Mystik zentriert war. 1974 hat er bereits in seiner Schrift *Die ontologische Erfahrung* seine an Lavelle anschließende Lehre von der Seinserfahrung dargestellt und im folgenden eine Reihe von weiterführenden und in verschiedene Teilbereiche der Philosophie wirkende Abhandlungen veröffentlicht.

(I) Der erste hier vorliegende Band hat die Philosophie, genauer: das Wesen der Philosophie zum Gegenstand der Betrachtung. Albert bezeichnet die Selbstreflexion philosophischen Denkens als Ausgangspunkt und Grundlage aller weiteren philosophischen Reflexionen und legt dar, was er unter Philosophie versteht. Im Rückgriff auf Platon, für den die Philosophie ein »Aufstieg zum Seienden« (resp. 521c) ist, und in Weiterführung des französischen Existenzphilosophen Louis Lavelle, aus dessen Lehre von der »expérience de l'etre« (3ff) A. tiefgehende Anregungen erhielt, entfaltet er seine Lehre von der Erfahrung des Seins. Zum Begriff der Erfahrung sei vorab angemerkt, daß A. Erfahrung nicht im engen Sinne der empirischen Erfahrung verstanden wissen will, sondern in der Weise der »religiösen Erfahrung« (W. James), der »metaphysischen Erfahrung« (Weischedel) oder der »Erfahrung des Seins« (Lavelle/Heidegger). A. spricht von einer Erfahrung, die das faktisch Gegebene überschreitet und eine »Tiefenschicht« des Menschen anspricht (cf. auch 453ff). Als »ontologisch« bezeichnet A. eine Erfahrung, in der das erfahrene Sein durch den Logos, durch das begriffliche Denken erhellt und auf eine höhere Bewußtseinsstufe gebracht wird. Durch diese zwei Weisen des Erfahrens, die Erkenntnischarakter besitzen, ist auch das philosophische Denken bestimmt, u.zw. durch ein vorbegriffliches und ein begriffliches Moment. Das Zusammenwirken beider aber macht nach A. das Wesen des philosophischen Denkens aus.

Der in drei Teile gegliederte Band enthält im 1. Teil (7-207) die schon erwähnte, 1974 zuerst erschienene Schrift *Die ontologische Erfahrung.* Nach der einleitenden Klärung des Begriffs der Erfahrung des Seins bei Lavelle und Heidegger (12-30) geht A. auf die Diskussion zur ontologischen Erfahrung in der Philosophie des 20. Jh. ein (M. Müller, E. Fink, W. Weischedel, J.B. Lotz, H. Ogiermann, G. Siewerth, J.-D. Robert, Alquié, J. Wahl, 30-48). Die folgenden philosophiehistorischen und phänomenologischen »Reflexionen zur Vorgeschichte der Lehre von der ontologischen Erfahrung« des 1. Teils (49-126) beschäftigen sich mit Platon, Augustinus, Bonaventura, Descartes, dem deutschen Idealismus sowie mit Scheler, wobei der Nachweis einer durch die Philosophiegeschichte gehenden Beschäftigung mit der ontologischen Erfahrung erbracht wird. Es ist der Gedanke des »alles ist eins« (Nietzsche), der in allen philosophischen Lehren enthalten sei und dem A.s Bemühungen der Darstellung einer *philosophia perennis* vor allem gelten.

Die mit einschlägigen Textstellen belegte Deutung geht dabei weit über das Maß einer bloß philosophiehistorischen Interpretation hinaus; sie sollte vielmehr als Zeugnis oder Fundament des eigenen systematischen Ansatzes verstanden werden. Hervorzuheben ist im übrigen A.s Descartes-Deutung, die der üblichen Einordnung in die Systeme des Rationalismus nicht folgt, sondern das »cogito, ergo sum« auf eine ontologische Erfahrung zurückführt. A. kann sich dabei allerdings auch auf die französischen Descartes-Kenner Alquié und Lavelle berufen (cf. auch 535, 538f).

Der folgende zweite Teil des Werkes – *Phänomenologische Reflexionen zur Lehre von der ontologischen Erfahrung* (127-205) – wendet sich unmittelbar dem Phänomen der ontologischen Erfahrung selbst zu. In fünf Kapiteln wird die ontologische Erfahrung dargestellt als »Erfahrung des Gegensatzes des Sein zum Nichts« (128-143), als »Erfahrung der Einheit des Seienden« (144-157), als »Erfahrung der Gegenwart« (158-174), in ihrem »religiösen Charakter« (174-187) und in den verschiedenen »Stufen ihrer Bewußtheit« (188-205). Als leitende Gesichtspunkte zur phänomenologischen Betrachtung nennt der Vf. die transzendentalen Grundbegriffe »ens, unum, bonum und verum«. Daß A. nicht nur philosophische und theologische Texte, sondern auch literarische heranzieht, erweitert nicht nur die Interpretationsgrundlage über philosophisch-wissenschaftliche Bereiche hinaus, sondern entkräftet auch den Verdacht der Präjudizierung theoretischer Annahmen.

Während im 1. Teil der *Philosophie der Philosophie* auf das Wesen der Philosophie und das philosophische Denken als rationale Erörterung des in der ontologischen Erfahrung Erkannten eingegangen wurde, sucht A. im 2. Teil – *Mystik und Philosophie* (208-248) – den Ursprung und das Ziel der Philosophie in der Mystik zu zeigen. Dieses zuerst 1986 erschienene und nun in diesen Band aufgenommene Werk kann als Fortführung und Bestätigung dafür gelten, daß A. neben dem rationalen Moment in der Philosophie philosophisches Denken insbesondere in elementaren und fundamentalen Erfahrungen angesiedelt sieht. Zwar wird die »mystische Intuition« keineswegs an die Stelle der »Mühe des Begriffs« gesetzt, gleichwohl betont A., daß sich alle begriffliche Anstrengung des philosophischen Denkens auf eine Erfahrung von der Art der mystischen bezieht: die Erfahrung der Einheit des Seienden im Sein. Nicht nur die antike Philosophie (Parmenides, Platon, Plotin, 261-300), sondern auch die asiatische (Vedanta, Lao-tse, Zen, 227-258) fundieren A.s These vom mystischen Ursprung und Ziel der Philosophie.

Auch bei den Mystikern des Mittelalters (Augustinus, Pseudo-Dionysius und Eckhart), der Mystik der neuzeitlichen Philosophie (N. von Kues, Böhme, deutscher Idealismus, Schopenhauer) sowie im Abschnitt »Mystische Elemente in der Philosophie des 20. Jh.« (Buber, Lavelle, Heidegger) wird einsichtig belegt, daß es sich bei den behandelten Philosophen nicht um Außenseiter der Philosophie handelt, sondern um ihre Träger und Anreger. So ist es bezeichnend, daß in der Gegenwartsphilosophie das Thema der Einheit als Grundproblem der Philosophie wieder lebhaft diskutiert wird.[33]

A.s Distanz gegenüber den rationalistischen und positivistisch-empiristischen Strömungen in der Philosophie erklärt sich aus seiner Annahme, daß in ihnen das Wesen und der Ursprung der Philosophie nicht hinreichend bedacht werden. Und so stimmt sein Philosophiebegriff mit der abendländischen Tradition überein, die im Platonischen Gedankengut wurzelt und den Einheitsgedanken in der Philosophie zum Fundament macht.

---

33 cf. Gloy & Schmidig, *Einheitskonzepte*; cf. auch den Bericht von Albert, *Wiederaufnahme*.

Ein zentraler Gedanke ist A.s These, die Philosophie gehe nicht nur von einer der Mystik verwandten Erfahrung aus, sondern sie habe auch ihr Ziel in einer solchen Erfahrung. Unter Berufung auf einschlägige Texte von Parmenides bis Lavelle expliziert A. detailliert, was der späte Nietzsche in dem Satz zusammengefaßt hat: »Eigentlicher Zweck alles Philosophierens die intuitio mystica.« (419)

Betrachtet man Mystik als ein überschreitendes Moment und als »eine besondere Form menschlichen Erkennens und Verhaltens, in der die Einswerdung des Geistes oder der Seele mit einer letzten und höchsten Wirklichkeit gesucht wird« (218), so geht es hier um eine unmittelbare, ein Ganzes reflektierende Anschauung (222), die Erkenntnisqualität besitzt. Hinsichtlich einer wesensmäßigen Verbindung von Mystik und Philosophie heißt das, begriffliches Denken auf eine Metaphysik der Erfahrung zurückzuführen, d.h. auf eine Erfahrung, die nicht im rein Sinnlichen zu finden ist, sondern im Geistigen.

Die zwischen den Jahren 1964 und 1987 entstandenen und etwa zur Hälfte noch nicht veröffentlichten Vorträge und Aufsätze des 3. Teils (429-620) erörtern die Frage nach dem Wesen der Philosophie. Zunächst entwickelt der Vf. in vier allgemeinen Erörterungen seinen Philosophiebegriff und schließt in chronologischer Abfolge neun spezielle, an der Geschichte der Philosophie orientierte Arbeiten an (Hesiod, Apuleius, Eckhart, Descartes, Hegel, Jacobi, Lavelle). Ihnen folgen vier Abhandlungen über Wesen und Art der Philosophie, u.a. ein Vergleich östlichen (Lao-tse) und westlichen Philosophierens (Lavelle). Auf einige dieser Studien sei noch kurz eingegangen.

Hervorzuheben sind vor allem die fragmentarisch erscheinenden »Notizen zum Namen der Philosophie« (434-440), denen der Vf. inzwischen ein ausführliches kleines Buch folgen ließ.[34] Tenor der Ausführung ist A.s Auffassung, daß Philosophie im Platonischen Sinne nicht als uferloses Streben zu betrachten sei, sondern als Erreichen des Zieles als Erfüllung des Strebens (437ff).

Die Arbeit »Metaphysik als Erfahrung« (453-467) hebt einen bisher kaum beachteten Aspekt der Metaphysik hervor: ihre Wirklichkeits- und Lebensnähe und damit ihre Lebensbedeutung schlechthin. Konsequent schließt der nun folgende Aufsatz »Von dreierlei Metaphysik« (468-482) an und unterscheidet Metaphysik als Er-fahrung, als Wissenschaft und als Denkgeschichte.

Der Aufsatz »Der philosophische Grundgedanke Meister Eckharts« nimmt noch einmal einen wesentlichen Gedanken der A.schen Eckhart-Forschung auf[35] und bezeichnet als das Ziel der Eckhartschen Philosophie »die Ermöglichung der Erfahrung des reinen Seins« (515-531).

Von ganz anderer Art ist die Wuppertaler Abschiedsvorlesung zu Jacobi (553-562), in der A. zu einem (ihn letztlich selbst als Philosophen charakterisierenden) Wort Jacobis meditiert: »Durch wahre Philosophie wird die Seele still, zuletzt andächtig.« Wahre Philosophie im Platonischen Sinne bedeutet für A. Anabasis zur Erfahrung des Seins. – Gemeinsamkeiten zwischen der Weisheit Lao-tses und Lavelles hebt ein weiterer Aufsatz hervor (606-614). Mit dem auf dem Düsseldorfer Weltkongreß (1978) gehaltenen Vortrag »Über philosophische Rationalität« schließt der 3. Teil des Bandes (615-620). Ein ausführliches Namen- und Sachregister findet sich am Schluß des sehr schön gedruckten Buches, bei dem man nur ein genaueres Gesamtinhaltsverzeichnis vermißt.

---

34 Albert, *Platon*.

35 Albert, *Eckhart*.

(II) Die im zweiten Band der *Philosophischen Studien* enthaltenen Texte sind von dem Bemühen um eine philosophische Theorie der Kunst geleitet, die grundlegend durch den Seinsgedanken und den Gedanken der Erfahrung des Seins bestimmt ist. A. versucht zu zeigen, »daß eine in der Erfahrung des Seins gründende und auf die Klärung dieser Erfahrung abzielende Philosophie sowohl dem Verständnis der Kunst zu dienen vermag als auch von der Kunst weiterführende Anregungen aufnehmen kann« (9).

Der aus fünf Hauptteilen bestehende Band enthält zur Hälfte bisher noch nicht veröffentlichte Arbeiten, so etwa die den 1. Teil bildende Bonner Dissertation aus dem Jahre 1950: *Die Lehre vom Erhabenen in der Ästhetik des deutschen Idealismus*. Das auf den ersten Blick ein wenig abgestandene Thema ist heute wieder von brennender Aktualität, seit J.-F. Lyotard das Erhabene in das Zentrum seines ›postmodernen‹ Interesses gerückt hat.[36] Obwohl A. in seiner Dissertation noch nicht explizit auf den Seinsgedanken eingeht, erscheint in den Beschreibungen des Erhabenheitsgefühls dieses nicht selten als eine metaphysische Erfahrung. Dieser metaphysische Charakter des Erhabenen tritt bei A. besonders in den rückblickenden Schlußbetrachtungen hervor: »Das Erhabene und die Furcht« (126ff), »Das Erhabene und der Ernst« (131ff) und »Das Erhabene und das Staunen« (134ff).

Der 2. Teil des Bandes enthält A.s zuerst 1968 erschienene *Philosophie der modernen Kunst* (139-239), die in den 60er Jahren trotz scheinbarer Unzeitgemäßheit m.E. dennoch zu einem rechten Zeitpunkt veröffentlicht wurde (aber wohl erst jetzt, nach dem Scheitern der damals vorherrschenden Tendenzen, die gebührende Beachtung finden kann). Damals traten sowohl in der Rezeption und Produktion von Kunst (wie auch in der Kunstpädagogik) als auch in der Philosophie einseitig sozio-politisch bestimmte Inhalte und Interpretationsmodelle in den Vordergrund und verstellten den Blick für das eigentliche Anliegen der jeweiligen Disziplin. Solchen Auffassungen stellt A. seine philosophische Deutung von Kunst gegenüber, wobei er von der Philosophie Lavelles entscheidend angeregt wurde und dessen Begriff der *expérience de l'être* übernommen und weitergeführt hat. Mit seiner philosophischen Interpretation von Kunst wendet A. sich gegen jene, die die Deutung ästhetischer Phänomene zum Vehikel ideologisch bestimmter Setzungen machen wollen: denn Kunst und ihre Deutung dürfen nicht als Medium manipulativen Zwecken dienen. A. geht es um die Erfahrung des Wesens von Kunst, um ihren Seinsgehalt, der in der philosophischen Betrachtung zutagetreten könne. Dies wird dann belegt durch Interpretationen zu ausgewählten Werken der verschiedenen Kunstgattungen (Malerei, Plastik, Architektur, Musik, Dichtung), wobei vor allem bei Cézanne, Klee, Mondrian, Maillol, Lehmbruck, Brancusi, Gropius, Le Corbusier, Strawinsky, Broch, Saint-John Perse und Ionesco der ontologische Charakter herausgearbeitet wird. Eine Legitimation der These von der Seinsbestimmtheit bedeutender moderner Kunstwerke findet A. nicht zuletzt auch in Briefen, Tagebuchnotizen und anderen Künstleraussagen, die vielfach nicht nur ganz metaphysisch sind, sondern auch von einer intensiven Beschäftigung mit der Philosophie zeugen. So wird der geistige Gehalt moderner Kunstwerke und der metaphysische Hintergrund des künstlerischen Schaffens transparent. A.s Auffassung des Abstrakten als Ausdruck von Verinnerlichung und Vergeistigung kann auch für die Kunstgeschichte (die sich gegenwärtig wieder stärker für philosophische Interpretationen interessiert) von Wert sein, wenn nämlich nach der formalen Analyse durch die philosophische Deutung eine tiefere Dimension der Begegnung mit dem Kunstwerk erreicht werden soll (233ff).

---

36 cf. Pries, *Erhabenes.*

Thema des 3. Teils ist die *Spirituelle Poesie* (241-338). A. greift damit die Selbstbezeichnung einer österreichischen Lyrikergruppe auf und kennzeichnet deren Arbeiten mit dem Begriff einer »metaphysischen Dichtung«: »Wir verstehen unter ihm nicht eine in Verse gebrachte schon vorher feststehende metaphysische Theorie. Als metaphysisch gilt uns eine Dichtung dann, wenn sie bezogen ist auf die für das metaphysische Denken grundlegende Erfahrung: die Erfahrung des Daseins des Einzelnen und die damit verknüpfte Erfahrung des Seins im Seinsganzen.« (331) Unter dem Begriff des Spirituellen, den er von bloßer rationaler Intelligenz abhebt, versteht der Vf. eine Geistigkeit, die wesenhaft seinsbezogen ist. In Anknüpfung an Heidegger und dessen *Einführung in die Metaphysik* heißt es in diesem Zusammenhang: »Geist und Sein gehören zueinander... So ist das Spirituelle, wenn es in diesem Sinne mit dem seinsbezogenen Geist in Verbindung gebracht wird, wesenhaft mit dem Metaphysischen verbunden. Und die Spirituelle Poesie wäre als metaphysische Poesie von größter Bedeutung für eine Epoche, in der die Geistigkeit des Menschen in Vergessenheit zu geraten droht.« (295f) Daß sich die Lyrik der »Spirituellen Poesie« nicht richtig durchsetzen konnte, ist symptomatisch für unsere Zeit. Daß sie aber ebenso nötig und möglich ist wie auch eine metaphysische Literaturbetrachtung, läßt sich aus der A.schen Interpretation klar erkennen.

Im 4. Teil werden Fragen des Verhältnisses von philosophischer Ästhetik und Philosophie der Kunst erörtert (339-380). A. versucht hier, »den Begriff einer Ästhetik zu entwickeln, die den Namen einer ›philosophischen Ästhetik‹ verdient und von der auch eine diesen Namen verdienende ›Philosophie der Kunst‹ möglich ist« (431). Gegen moderne Verfechter einer metaphysikfreien und anti-traditionellen Ästhetik, denen er mangelnde Metaphysikkenntnisse vorwirft, erinnert A. zunächst an die Frühform der Ästhetik als »Metaphysik des Schönen« bei Platon, Plotin und Thomas von Aquin (344-353) und stellt dann die Entwicklung von der selbständigen Ästhetik zur Philosophie der Kunst in Neuzeit und Gegenwart dar (353-361). Es folgt ein Abschnitt über zwei Formen moderner Kunst: die der klassischen Moderne, die der Vf. schon in seiner *Philosophie der Kunst* ontologisch interpretiert hat, und die von ihm nicht mehr im eigentlichen Sinne als Kunst verstandenen seit den 60er Jahren produzierten Kunstformen. Mit den für die letztgenannten Kunstrichtungen verwendeten Charakteristika (»Ulk«, »Harlekinade«, »Protest«, »Spielerei«) greift A.s Kunstbegriff sicherlich zu kurz, und der Einwand scheint berechtigt, daß er den künstlerischen und weltanschaulichen Hintergründen der experimentellen Kunst und dem erweiterten Kunstbegriff zu wenig Beachtung geschenkt hat.

Die beiden folgenden Abschnitte bemühen sich um eine Antwort auf die Frage nach dem Wesen der Kunst. Ausgehend von der Erfahrung des Kunstwerkes (364-369), werden die Hauptaspekte ästhetischer Phänomene näher ins Auge gefaßt: das Individuelle, das Soziologische und das Ontologische. So heißt es dann: »die Begegnung mit den Werken der Kunst erinnert uns daran, daß wir in der Welt sind, daß wir mit allem anderen Seienden am Sein teilhaben, daß wir sind und daß wir unser Sein erfahren, und zwar als Glück erfahren« (371). Den Abschluß bilden zwei Überlegungen, in denen die ästhetische Erfahrung mit der mystischen resp. der ontologischen Erfahrung verglichen wird (379f). Die alle drei Erfahrungsweisen konstituierenden Strukturmomente sind Einheit, Zeitenthobenheit, Plötzlichkeit, Ichlosigkeit und Ruhe, wobei in der mystischen Erfahrung das Einheitsmoment, in der ontologischen Erfahrung das Seinsmoment betont wird. In der ästhetischen Erfahrung aber sind beide enthalten. Für A. bedeutet das: »Wenn nun die ästhetische Erfahrung in ihren fünf charakteristischen Merkmalen letztlich eine ontologische Erfahrung ist, so ist nicht einzusehen, daß die philosophische Ästhetik und die einen wesentlichen Teil von ihr ausmachende Philosophie der Kunst auf den Seinsgedanken [...] verzichten soll.« (380)

Bemerkenswert sind die im 5. Teil des Bandes gesammelten *Betrachtungen über Kunstwerke*, in denen A. seine Forderung nach metaphysischer Deutung ästhetischer Phänomene anhand von Beispielen aus der bildenden Kunst, Literatur und Musik exemplarisch konkretisiert (381-498). Einige wesentliche Aspekte seien im folgenden hervorgehoben.

Von dem zentralen Gedanken des über das bloß rationale Analysieren hinausgehenden Betrachtens geleitet, zeigt der Vf. an der griechischen Plastik, an der gotischen Architektur und an der Malerei C.D. Friedrichs, Beckmanns, Morandis sowie an literarischen Werken (Hesse, Ionesco, Allmers) und an der Musik, wie das Metaphysische die Kunstwerke fundiert. Einheit, Unendlichkeit, Kontemplation, Abgeschiedenheit, Geistigkeit usf. charakterisieren das in die Weite und Tiefe dringende und das Alltägliche überschreitende Erfahren, das im Kern Seinserfahrung ist. Es geht jeweils um Überschreiten dessen, was Form und Farbe, Gestaltung und Bildmittel an materialen Qualitäten zu offenbaren vermögen, indem ihre konstituierenden Eigenschaften auf ihr Wesen im ganzen hin befragt werden. So zeigt sich z.B. in den Bildern Morandis in der Sparsamkeit der Motive, der monochromen Farbwahl und in den alltäglichen und dennoch dem Alltäglichen enthobenen Gefäßformen eine bewußte Reduktion auf das Wesentliche, das auf alles Überflüssige und die Harmonie des Ganzen Störende verzichtet. Morandis Stilleben zwingen den Blick des Betrachters in sich hinein durch die von ihnen ausgehende Ruhe und Konzentriertheit, durch die das Sein bewußt werden kann (437).

A. geht es um eine geistige Auseinandersetzung mit der Kunst, aus der heraus der Mensch eine Veränderung seiner Wahrnehmungsgewohnheiten und eine Veränderung seines Selbst erlebt. So wird auch die Aufgabe der Kunst nicht darin gesehen, soziopolitischen Ideologien zu folgen oder gar politische Agitation zu betreiben. In der Kunst geht es nach A. darum, den Menschen zu sich selbst zu führen, zu seinem im Sein verankerten Ich. Kunst besitzt auch aus dieser Sicht aufklärerische Funktion, gleichwohl sucht dieser Weg zunächst in der Bewußtmachung der Seinserfahrung eine Veränderung des Individuums, nicht eine voreilige Veränderung der Gesellschaft.

Elenor Jain *(Viersen)*

Schopenhauer-Werkausgaben und Quellen

[WWV I] *Die Welt als Wille und Vorstellung*, Erster Band

[WWV II] *Die Welt als Wille und Vorstellung*, Zweiter Band

[PuP I] *Parerga und Paralipomena*, Erster Band

[PuP II] *Parerga und Paralipomena*, Zweiter Band

[SvG] *Über die vierfache Wurzel des Satzes vom zureichenden Grunde*

[SuF] *Über das Sehen und die Farben*

[WiN] *Über den Willen in der Natur*

[GdE] *Die beiden Grundprobleme der Ethik:*

[Moral] *Preisschrift über die Grundlage der Moral*

[Freiheit] *Preisschrift über die Freiheit des menschlichen Willens*

[ed.Löhneysen] *Sämtliche Werke*, textkritisch bearbeitet und herausgegeben von Wolfgang Frhr. von Löhneysen, 5 Bde., Stuttgart/Ffm 1961ff u. Darmstadt 1968

[ed.Hübscher] *Sämtliche Werke*, herausgegeben vom Arthur Hübscher, 7 Bde., Wiesbaden 1972

[Zürcher ed.] *Zürcher Ausgabe. Werke in zehn Bänden*, folgt der historisch-kritischen Ausgabe von Arthur Hübscher, editorische Materialien von Angelika Hübscher, Zürich 1977

[ed.Lütkehaus] *Werke in fünf Bänden: Nach den Ausgaben letzter Hand*, herausgegeben von Ludger Lütkehaus, Zürich 1988

[ed.Ingenkamp] *Die Welt als Wille und Vorstellung*, 2 Bde., herausgegeben von H.-G. Ingenkamp, Stuttgart 1987

Philosophische Vorlesungen, herausgegeben von Volker Spierling, München/Zürich 1985ff:

[TdV] *Theorie des gesammten Vorstellens, Denkens und Erkennens*

[MdN] *Metaphysik der Natur*

[MdSch] *Metaphysik des Schönen*

[MdS] *Metaphysik der Sitten*

[Briefe] *Gesammelte Briefe*, herausgegeben von Artur Hübscher, Bonn 1978

[Gespräche] *Gespräche*, herausgegeben von Arthur Hübscher, Stuttgart-Bad Cannstadt 1971

[Nachlaß] *Der Handschriftliche Nachlaß*, herausgegeben von Arthur Hübscher, 5 Bde., Ffm 1966-75

[PhiB] *Philosophie in Briefen*, herausgegeben von Angelika Hübscher und Michael Fleiter, Ffm 1989

[SG] *Über die vierfache Wurzel des Satzes vom zureichenden Grunde*, herausgegeben von Elfriede Tielsch, Hamburg 1957

[WWVf] *Die Welt als Wille und Vorstellung, Faksimiledruck der ersten Auflage von 1819*, (1818). Mit einem einleitenden Essay von Rudolf Malter, Ffm 1987

Literatur

Abel, G., [Nietzsche] *Nietzsche. Die Dynamik, der Wille zur Macht und die ewige Wiederkehr*, Berlin 1984

Adorno, Th.W., [ÄT] *Ästhetische Theorie*, Ffm 1973

Adorno, Th.W., [Idee] *Die Idee der Naturgeschichte*, in: *Gesammelte Schriften*, Bd. 1, Ffm 1973, 345-365

Adorno, Th.W., [MM] *Minima Moralia*, Ffm 1951

Adorno, Th.W., [ND] *Negative Dialektik*, Ffm 1973

Adorno, Th.W., [Noten] *Noten zur Literatur*, Ffm 1974

Adorno, Th.W., [Wagner] *Versuch über Wagner*, in: *Ges. Schriften*, Bd. 13, Ffm 1971, 7-148

Albert, K., [Eckhart] *Meister Eckharts These vom Sein*, Ratingen 1976

Albert, K., [Platon] *Über Platons Begriff der Philosophie*, St. Augustin 1989

Albert, K., [Studien] *Philosophische Studien.* Band I: *Philosophie der Philosophie* - Band II: *Philosophie der Kunst*, St. Augustin 1988/89

Albert, K., [Wiederaufnahme] *HEN KAI PAN. Über die Wiederaufnahme eines alten Themas der Philosophie, PhLA 40*, 1987, 158-167

Anon. (ed.), [Sloterdijk] *Peter Sloterdijks »Kritik der zynischen Vernunft«*, Ffm 1987

Aristoteles, [Anima] *De Anima*

Aristoteles, [Ethik] *Nikomachische Ethik*

Aristoteles, [Poetik] *Poetik*

Austin, J., [Emma] *Emma*

Bacon, F., [Dignity] *Of the Dignity and Advancement of Learning, Book II, Ch. 1*, in: Spedding, Ellis, Heath (ed.), *The Works of Francis Bacon*, Vol. IV

Barthes, R., [Rustle] *The Rustle of Language*, trans. R. Howard, New York 1986

Bataille, G., [Erotism] *Erotism – Death and Sensuality*, trans. T.M. Dalwood, San Francisco 1986

Bataille, G., [L'Abbé C] *L'Abbé C.*, trans. P. Facey, London 1988

Bataille, G., [Letter] *Letter to René Char on the Incompatibilities of the Writer*, in: *On Bataille. Yale French Studies 78*, 1990, 31-43

Bataille, G., [Literatur] *Die Literatur und das Böse*, trans. C. Langendorf, G. Bergfleth, München 1987

Bataille, G., [Ökonomie] *Die Aufhebung der Ökonomie*, trans. T. König, H. Abosch, G. Bergfleth, München 1965

Bataille, G., [Œuvres] *Œuvres complètes*, Vol. 6, Paris 1970

Bataille, G., [Tränen] *Tränen des Eros*, trans. G. Bergfleth, München 1981

Bataille, G., [Unmögliche] *Das Unmögliche*, trans. B. Weidmann, München 1987

Beckett, S., [Dialogues] *Proust and Three Dialogues*, London 1976

Beckett, S., [Molloy] *Molloy*, trans. E. Franzen, Ffm 1982 (frz.: Paris 1951)

Beckett, S., [Namenlose] *Der Namenlose*, trans. E. Tophoven, E. Franzen, Ffm 1979 (frz.: L'Innommable, Paris 1953)

Behler, E., M. Montinari, W. Müller-Lauter, H. Wenzel (ed.), [Nietzsche-Studien] *Nietzsche Studien 17: Internationales Jahrbuch für die Nietzsche-Forschung*, Berlin/New York 1988

Bersani, L., [Rectum] *Ist das Rectum ein Grab?*, in: *Lettre International*, Heft 3, 1988, 52-58

Bleeckere, S.d., [Zarathustra] *»Also sprach Zarathustra«: Die Neugestaltung der »Geburt der Tragödie«*, in: *Nietzsche-Studien 8*, Berlin/New York 1979, 270-290

Blumenberg, H., [Lesbarkeit] *Die Lesbarkeit der Welt*, Ffm 1986

Blunck, R., [Nietzsche] *Friedrich Nietzsche. Kindheit und Jugend*, München/Basel 1953

Böhme, G., H. Böhme, [Vernunft] *Das Andere der Vernunft*, Ffm 1983

Böhmer, O.A. (ed.), [Nachdenklichkeit] *Vom Nutzen der Nachdenklichkeit. Ein Schopenhauer-Brevier*, München 1987

Bollacher, M., [Wackenroder] *Wackenroder und die Kunstauffassung der frühen Romantik*, Darmstadt 1983

Böning, T., [Nietzsche] *»Das Buch eines Musikers ist eben nicht das Buch eines Augenmenschen« – Metaphysik und Sprache beim frühen Nietzsche*, in: *Nietzsche-Studien 15*, Berlin/New York 1986, 72-106

Borsche, T., [Sprachansichten] *Sprachansichten. Der Begriff der menschlichen Rede in der Sprachphilosophie Wilhelm von Humboldts*, Stuttgart 1981

Boss, M., [Grundriss] *Grundriss der Medizin und der Psychologie*, Bern 1975

Bubner, R., K. Cramer, R. Wiehl, (ed.), [Ästhetik] *Ist eine philosophische Ästhetik möglich?*, Neue Hefte für Philosophie 12, 1988

Bundy, M.W., [Imagination] *The Theory of Imagination in Classical and Medieval Thought*, Urbana 1927 (Reprint 1970)

Cage, J., [Silence] *Silence*, Ffm 1987

Capurro, R., [Nietzsche] *Nietzsche und die NS-Intellektuellen*, in: W. Schirmacher (ed.), *Schopenhauer in der Postmoderne (Schopenhauer-Studien 3)*, Wien 1989, 347-350

Capurro, R., [Ortega] *José Ortega y Gasset*, in: J. Nida-Rümelin (ed.), *Philosophie der Gegenwart in Einzeldarstellungen*, Stuttgart 1991 (im Erscheinen)

Celan, P., [Atemwende] *Atemwende*, Ffm 1967

Celan, P., [Zeitgehöft] *Zeitgehöft. Gesammelte Werke III*, Ffm 1983

Cessi, V., [Erkennen] *Erkennen und Handeln in der Theorie des Tragischen bei Aristoteles*, Ffm 1987

Comay, R., [Gifts] *Gifts without Presents: Economies of ›Experience‹ in Bataille and Heidegger. Yale French Studies 78*, 1990, 66-89

Craig, E., [Mind] *The Mind of God and the Works of Man*, Oxford 1987

Cutrufelli, V., [Dichter] *Die Dichter lügen die Wahrheit*, in: W. Schirmacher (ed.), *Zeitkritik nach Heidegger*, Essen 1989

Cutrufelli, V., [Pseudokünstler] *Der Pseudokünstler. Ein literarischer Typus in der deutschen Literatur der Jahrhundertwende*, Magisterarbeit Universität Hamburg, 1984

Cutrufelli, V., [Vergessen] *Die Kunst des Vergessens*, in: K. Leidlmair, R. Margreiter (ed.), *Heidegger – Technik, Ethik, Politik*, Würzburg 1991

Dahlhaus, C., [Handbuch] *Neues Handbuch der Musik*, Wiesbaden 1980

Dahlhaus, C., [Hegel] *Hegel und die Musik seiner Zeit*, in: *Hegel-Studien*, Beiheft 22, Bonn 1983, 333-350

Dahlhaus, C., [Melodielehre] *Melodielehre*, Köln 1975

Dahlhaus, C., [Musik] *Musik zur Sprache gebracht*, München/Kassel 1984

Dahlhaus, C., [Musikästhetik] *Musikästhetik*, 3. Aufl., Köln 1976

Dàvila, N.G., [Einsamkeiten] *Einsamkeiten*, Wien 1987

De Man, P., [Allegorien] *Allegorien des Lesens*, Ffm 1988

De Man, P., [Rhetoric] *The Rhetoric of Temporality*, in: ders. *Blindness and Insight. Essays in the Rhetoric of Contemporary Criticism*, Minneapolis 1983, 187-228

De Sanctis, F., [Schopenhauer] *Schopenhauer e Leopardi. Dialogo tra A e D*, 1858 – heute in: *Saggi critici*, (ed.) L. Russo, Bari 1965, II, 136-186 - (dt.) in: *XIV. Schopenhauer-Jahrbuch*, 1927, 129-218

Decher, F., [Wille] *Wille zum Leben – Wille zur Macht: Eine Untersuchung zu Schopenhauer und Nietzsche*, Würzburg/Amsterdam 1984

Deleuze, G., [Pluralité] *l'être est pluralité*

Deleuze, G., [Proust] *Proust et les Signes*, Paris 1976

Derrida, J., [Schrift] *Die Schrift und die Differenz*, Ffm 1972

Düe, M., [Ontologie] *Ontologie und Psychoanalyse: Metapsychologische Untersuchung über den Begriff der Angst in den Schriften Sigmund Freuds und Martin Heideggers*, Ffm 1986

Ehinger, H., [Hoffmann] *E.T.A. Hoffmann als Musiker und Musikschriftsteller*, Olten/Köln 1954

Eliot, G., [Middlemarch] *Middlemarch*

Emerson, R.W., [Works] *The Collected Works of Ralph Waldo Emerson*, Vol. II, Essays: First Series, (ed.) J. Slater, A.R. Ferguson, J. Ferguson-Carr, Cambridge (Mass) 1979

Estermann, A., K. Riha (ed.), [Kritzeleien] *Arthur Schopenhauer: Kritzeleien*, Ffm 1987

Ewers, H.-H., [Märchen] *Kinder-Märchen: Contessa/Fouque/Hoffmann*, Stuttgart 1987

Farías, V., [Heidegger] *Heidegger und der Nationalsozialismus. Mit einem Vorwort von Jürgen Habermas*, Ffm 1989

Feldges, B., U. Stadler, [Hoffmann] *E.T.A. Hoffmann: Epoche-Werk-Wirkung*, München 1986

Figl, J., [Buddhismus] *Die Buddhismus-Kenntnis des jungen Nietzsche. Unter Heranziehung seiner unveröffentlichten Vorlesungsnachschrift der Philosophiegeschichte*, in: E. Gössmann, G. Zobel (ed.), *Das Gold im Wachs (Festschrift für Th. Immoos)*, München 1988

Figl, J., [Dialektik] *Dialektik der Gewalt. Nietzsches hermeneutische Religionsphilosophie*, Düsseldorf 1984

Figl, J., [Indien] *Nietzsches frühe Begegnung mit dem Denken Indiens*, in: *Nietzsche-Studien 18*, Berlin/New York 1989

Figl, J., [Interpretation] *Interpretation als philosophisches Prinzip. Friedrich Nietzsches universale Theorie der Auslegung im späten Nachlaß*, Berlin/New York 1982

Filliou, R., [Ereignis] *Das immerwährende Ereignis zeigt/The Eternal Network Presents/La Fête Permanente présente*, (Sprengel Museum), Hannover 1984

Finscher, L., [Bericht] *Bericht über den internationalen musikwissenschaftlichen Kongreß Kassel 1962*, Kassel 1963

Frank, M., G. Raulet, W.v. Reijen (ed.), [Subjekt] *Die Frage nach dem Subjekt*, Ffm 1988

Franzen, W., [Sehnsucht] *Die Sehnsucht nach Härte und Schwere*, in: A. Gethmann-Siefert, O. Pöggeler (ed.), *Heidegger und die praktische Philosophie*, Ffm 1988

Fühmann, F., [Hoffmann] *Fräulein Veronika Paulmann aus der Pirnaer Vorstadt oder Etwas über das Schauerliche bei E.T.A. Hoffmann*, Hamburg 1980

Gadamer, H.-G., [Gedicht] *Gedicht und Gespräch*, Ffm 1990

Gadamer, H.-G., [Hermeneutik] *Hermeneutik*, in: J. Ritter (ed.), *Historisches Wörterbuch der Philosophie*, Bd. 3, Basel 1974, 1062ff

Gadamer, H.-G., [Wahrheit] *Wahrheit und Methode*, 2. Aufl., Tübingen 1965

Gadamer, H.-G., [Zarathustra] *Das Drama Zarathustras*, in: *Nietzsche-Studien 15*, Berlin/New York 1986, 1-15

Gerber, G., [Sprache] *Die Sprache als Kunst*, Bd. 1, 2. Aufl., Berlin 1885 – Nachdruck Hildesheim 1961

Gloy, K., H. Schmidig, [Einheitskonzepte] *Einheitskonzepte in der idealistischen Philosophie der Gegenwart*, Bern 1987

Goedert, G., [Dekonstruktion] *Nietzsches Dekonstruktion des Subjekts*, (erscheint in: Schirmacher, W. (ed.) *Philosophie und Literatur (Schopenhauer-Studien 6)*)

Goedert, G., [Immoralismus] *Nietzsches Immoralismus – seine ambivalente Beziehung zu Schopenhauer*, in: W. Schirmacher (ed.), *65. Schopenhauer-Jahrbuch*, 1984, 69-79

Goedert, G., [Mitleid] *Nietzsche der Überwinder Schopenhauers und des Mitleids*, Elementa, Bd. 49, Amsterdam/Würzburg 1988

Goedert, G., [Nietzsche] *Nietzsche und Schopenhauer*, in: *Nietzsche-Studien 7*, Berlin-New York 1978, 1-15

Gründer, K., [Aufklärung] *Aufklärung und Surrogate*, in: *Oikeiosis. Festschrift für Robert Spaemann*, Weinheim 1987, 55-68

Habermas, J., [TkH] *Theorie des kommunikativen Handelns*, 2 Bde., Ffm 1981

Haffmans, G. (ed.), [Rabe] *Der Rabe. Magazin für jede Art von Literatur*, Nr. 19, Zürich 1988

Haffmans, G., [Schopenhauer] *Schopenhauer und die Zunahme der Abgreifer*, in: *Merkur 42*, 1988

Hegel, G.W.F., [Ästhetik] *Vorlesungen über die Ästhetik I*, 3. Aufl., Stuttgart 1953

Hegel, G.W.F., [TWA-13] *Theorie Werkausgabe*, Bd. 13, *Vorlesungen über die Ästhetik I*, Ffm 1970

Heidegger, M., [Bestimmung] *Zur Bestimmung der Philosophie*, Gesamtausgabe Bd. 56/57, Ffm 1987

Heidegger, M., [Denken] *Zur Sache des Denkens*, Tübingen 1969

Heidegger, M., [Grundbegriffe] *Die Grundbegriffe der Metaphysik*, GA Bd. 29/30, Ffm 1983

Heidegger, M., [Grundstellung] *Nietzsches metaphysische Grundstellung im abendländischen Denken: Die ewige Wiederkehr des Gleichen*, (ed.) M. Heinz, Ffm 1986

Heidegger, M., [Nietzsche] *Nietzsche*, 2 Bde., Pfullingen 1961

Heidegger, M., [Nihilismus] *Nietzsche: Der europäische Nihilismus*, (ed.) P. Jaeger, Ffm 1986

Heidegger, M., [Satz] *Der Satz vom Grund*, Pfullingen 1957

Heidegger, M., [Sein] *Sein und Zeit*, Tübingen 1958

Heidegger, M., [Seminare] *Vier Seminare*, Ffm 1977

Heidegger, M., [Vorträge] *Vorträge und Aufsätze*, Pfullingen 1954

Heintz, G., [Schopenhauer] *Sprachreflexion als literarische Einbildungskraft: Arthur Schopenhauer*, in: *LWU XV*, 1, 1982, 61-86

Henrich, D. (ed.), [All-Einheit] *All-Einheit: Wege eines Gedankens in Ost und West*, Stuttgart 1985

Hielscher, M., [Kunst] *Der Rang der Kunst in der Philosophie Schopenhauers*, in: W. Schirmacher (ed.), *Schopenhauer in der Postmoderne*. Wien 1989, 187-193

Hoffmann, E.T.A., [Kr] *Kreisleriana*, (ed.) H. Castein, Stuttgart 1983

Hoffmann, E.T.A., [Werke] *Werke*, (ed.) W. Müller-Seidel, München 1960-65

Hösle, V., [Hegel] *Hegels System: Der Idealismus der Subjektivität und das Problem der Intersubjektivität I und II*, Hamburg 1987

Hösle, V., [Tragödie] *Die Vollendung der Tragödie im Spätwerk des Sophokles*, Stuttgart-Bad Cannstatt 1984

Hösle, V., [Wahrheit] *Wahrheit und Geschichte*, Stuttgart-Bad Cannstatt 1984

Hübscher, A., [Denker] *Denker gegen den Strom. Schopenhauer: Gestern-Heute-Morgen*, Bonn 1973

Hübscher, A., [Jugendjahre] *Jugendjahre in Hamburg*, in: *51. Schopenhauer-Jahrbuch*, 1970, 3ff

Hübscher, A., [Romantik] *Der Philosoph der Romantik*, in: *34. Schopenhauer-Jahrbuch*, 1951/52, 1-17

Hübscher, Ang. (ed.), [Lebensbild] *Arthur Schopenhauer: Ein Lebensbild in Briefen*, Ffm 1987

Huelsenbeck, R., [Dada] *Dada Almanach*, Berlin 1920

Humboldt, W.v., [Werke] *Werke*, (ed.) A. Flitner, K. Giel, 5 Bde., Darmstadt 1960f

Hume, D., [Works] *Philosophical Works*, (ed.) T.H. Green, T.H. Grose, 4 vols., London 1874

Iser, W., [Fingieren] *Akte des Fingierens oder Was ist das Fiktive im fiktionalen Text*, in: D. Henrich, Iser, W. (ed.), *Funktionen des Fiktiven*, München 1983, 121-151

Jakobeit, B., [Hymnenschänder] *Hymnenschänder von Kripo besucht*, taz-Hamburg, 25.3.1988

Janik, A., St. Toulmin, [Wittgenstein] *Wittgensteins Wien*, trans. R. Merkel, München/Zürich 1987

Janz, P.C., [Nietzsche] *Friedrich Nietzsche. Biographie*, Bd. 3, München 1979

Just, K.G., [Blickführung] *Die Blickführung in den Märchennovellen E.T.A. Hoffmanns*, in: H. Prang (ed.), *E.T.A. Hoffmann*, Darmstadt 1976, 292ff

Kafka, F., [Bericht] *Ein Bericht für eine Akademie*, in: *Erzählungen*, New York 1953

Kafka, F., [Beschreibung] *Beschreibung eines Kampfes*, 2. Aufl., Ffm 1980

Kafka, F., [Briefe] *Briefe 1902-1924*, (ed.) M. Brod, 4. Aufl., Ffm 1983

Kafka, F., [Hochzeit] *Hochzeitsvorbereitungen auf dem Lande*, 3. Aufl., New York 1953

Kafka, F., [Tagebücher] *Tagebücher 1910-1923*, 2. Aufl., Ffm 1983

Kaiser-El-Safti, M., [Nachdenker] *Der Nachdenker: Die Entstehung der Metapsychologie Freuds in ihrer Abhängigkeit von Schopenhauer und Nietzsche*, Bonn 1987

Kamata, Y., [Schopenhauer] *Der junge Schopenhauer*, Freiburg/München 1988

Kamper, D., W.v. Reijen (ed.), [Vernunft] *Die unvollendete Vernunft: Moderne versus Postmoderne*, Ffm 1987

Kant, I., [KdpV] *Kritik der praktischen Vernunft*

Kant, I., [WAT] *Werke. Akademie-Textausgabe*, Berlin 1968

Kemper, P. (ed.), [Postmoderne] *›Postmoderne‹ oder der Kampf um die Zukunft*, Ffm 1988

Kisiel, Th., [Faktizität] *Das Entstehen des Begriffsfeldes ›Faktizität‹ im Frühwerk Heideggers*, in: *Dilthey-Jahrbuch*, Bd. 4, Göttingen 1987

Kiss, E., [Ideengeschichte] *Der Tod der k.u.k. Weltordnung in Wien. Ideengeschichte Österreichs um die Jahrhundertwende*, Wien/Köln/Graz 1986

Kiss, E., [Két] *Két fontos évtized*, Világosság 1988

Klausmeier, F., [Lust] *Die Lust sich musikalisch auszudrücken*, Hamburg 1978

Kleßmann, E., [Hoffmann] *E.T.A. Hoffmann oder die Tiefe zwischen Stern und Erde*, Stuttgart 1988

Klotz, V., [Kunstmärchen] *Das europäische Kunstmärchen*, München 1987

Kluckhohn, P., [Romantik] *Die deutsche Romantik*, Bielefeld/Leipzig 1924

Knodt, R., [Nietzsche] *Friedrich Nietzsche – die ewige Wiederkehr des Leidens: Selbstverwirklichung und Freiheit als Problem seiner Ästhetik und Metaphysik*, Bonn 1987

Köhnke, K.Ch., [Neukantianismus] *Entstehung und Aufstieg des Neukantianismus. Die deutsche Universitätsphilosophie zwischen Idealismus und Positivismus*, Ffm 1986

Koppe, F., [Thesen] *Thesen zu einer Literaturwissenschaft in handlungsorientierender Absicht*, in: F. Kambartel, J. Mittelstraß (ed.), *Zum normativen Fundament der Wissenschaft*, Ffm 1973

Kroll, E., [Musiker] *Über den Musiker E.T.A. Hoffmann*, in: H. Prang (ed.), *E.T.A. Hoffmann*, Darmstadt 1976, 99ff

Lacan, J., [Self] *The Language of the Self: The Function of Language in Psychoanalysis*, trans. A. Wilden, Baltimore 1968

Lacoue-Labarthe, Ph., [Umweg] *Der Umweg*, in: W. Hamacher (ed.), *Nietzsche aus Frankreich*, Ffm 1986, 75-110

Lacoue-Labarthe, Ph., [Fiction] *La fiction du politique*, Breteuil-sur-Iton 1987

Lampl, H.E., [Flair] *Flair du livre. Friedrich Nietzsche und Theodule Ribot. Eine Trouvaille. 1887-1987 Hundert Jahre ›Zur Genealogie der Moral‹*, Wien 1988

Landmann, M., [Geist] *Geist und Leben. Varia Nietzscheana*, Bonn 1951

Laure, [Schriften] *Schriften*, trans. B. Mattheus, München 1980

Lenk, H., G. Ropohl (ed.), [Technik] *Technik und Ethik*, Stuttgart 1987

Leopardi, G., [Gesänge] *Gesänge, Dialoge und andere Lehrstücke*, trans. H. Helbling, A. Vollenweider, München 1978

Leopardi, G., [Zib] *Zibaldone di pensieri* (Aufzeichnungen 1817-1832), 1898 - dt.: *Das Gedankenbuch*, trans. H. Helbling, München 1985

Lohmann, H.-M., [Freud] *Freud zur Einführung*, Hamburg 1986, 2. Aufl. 1987

Löwith, K., [Hegel] *Von Hegel zu Nietzsche*, Hamburg 1981

Löwith, K., [Nietzsche] *Nietzsches Philosophie der ewigen Wiederkehr des Gleichen*, 2. Aufl., Stuttgart 1956

Lütkehaus, L. (ed.), [Schopenhauer] *Arthur Schopenhauers Werke in fünf Bänden. Nach den Ausgaben letzter Hand*, Zürich 1988

Lyotard, J.-F., [Heidegger] *Heidegger und ›die Juden‹*, (ed.) P. Engelmann, trans. C.-C. Härle, Wien 1988

Macintyre, A., [Virtue] *After Virtue*, London ²1985

Maia, M.W.T., [Jenseits] *Jenseits des Willens zum Leben – über Schopenhauers metaphysischen Hintergrund der Kunstanschauung*, Ffm 1989

Malter, R. (ed.), [Brevier] *Kleines Schopenhauer Brevier: Gedanken aus dem Handschriftlichen Nachlaß*, Ffm 1987

Malter, R., [Gedanke] *Der eine Gedanke. Hinführung zur Philosophie Arthur Schopenhauers*, Darmstadt 1988

Malter, R., W. Seelig, H.-G. Ingenkamp (ed.), [SJB] *68. Schopenhauer-Jahrbuch*, Ffm 1987

Margreiter, R., [Allbejahung] *Allbejahung und Allverneinung*, in: W. Schirmacher (ed.), *65. Schopenhauer-Jahrbuch*, Ffm 1984, 103-115

Margreiter, R., [Religionskritik] *Zur Aktualität der Religionskritik Schopenhauers*, in: *Religionsphilosophie. Akten des 8. Internationalen Wittgenstein Symposiums*, Wien 1984, 66-69

Martini, F., [Märchendichtungen] *Die Märchendichtungen E.T.A. Hoffmanns*, in: H. Prang (ed.), *E.T.A. Hoffmann*, Darmstadt 1976, 155ff

Mattheus, B., [Bataille] *Georges Bataille. Eine Thanatographie*, Bd. 1, München 1984

Meijers, A., [Gerber] *Gustav Gerber und Friedrich Nietzsche*, in: *Nietzsche-Studien 17*, Berlin/New York 1988, 369-390

Metterhausen, W., [Nietzsche] *Friedrich Nietzsches Bonner Studienzeit 1864/65*, 2., stark veränd. Fassung 1942 (maschinenschriftl. Manuskript, Archiv der Universität Bonn)

Miller, J., [Women] *Women Writing about Men*, New York 1986

Moos, P., [Musikästhetiker] *E.T.A. Hoffmann als Musikästhetiker*, in: H. Prang (ed.), *E.T.A. Hoffmann*, Darmstadt 1976, 7ff

Morgenstern, M., [Schopenhauer] *Schopenhauers Philosophie der Naturwissenschaft*, Bonn 1985

Mühlher, R., [Brambilla] *›Prinzessin Brambilla‹. Ein Beitrag zu Verständnis der Dichtung*, in: H. Prang (ed.), *E.T.A. Hoffmann*, Darmstadt 1976, 185ff

Nagl-Docekal, H., H. Vetter (ed.), [Subjekt] *Tod des Subjekts?*, Wien/München 1987

Nancy, J.-L., [Exscription] *Exscription*, in: *On Bataille. Yale French Studies 78*, 1990, 47-65

Neske, G., E. Kettering (ed.), [Antwort] *Antwort. Martin Heidegger im Gespräch*, Pfullingen 1988

Neymeyr, B., [Genie] *Das Genie als Hermaphrodit? Schopenhauers ästhetische Rezeptivitätsmetaphorik*, (erscheint in: Schirmacher, W. (ed.) *Ethik und Vernunft (Schopenhauer-Studien 5)*)

Neymeyr, B., [Interesse] *Schopenhauers ›objektives Interesse‹. Kritische Überlegungen zu voluntativen Reminiszenzen in seiner Ästhetik der Willenlosigkeit*, in: *71. Schopenhauer-Jahrbuch*, 1990, 136-147

Nietzsche, F., [Antichrist] *Der Antichrist*, in: *Kritische Studienausgabe* [KSA], Bd. 6

Nietzsche, F., [BAB] *Briefe. Historisch-Kritische Gesamtausgabe*, (ed.) H.J. Mette u.a., München 1934-1940

Nietzsche, F., [BAW] *Werke. Historisch-Kritische Gesamtausgabe*, (ed.) H.J. Mette u.a., München 1933-1940 (lediglich 5 Bde. erschienen)

Nietzsche, F., [Betrachtungen] *Unzeitgemäße Betrachtungen*, mit einem Nachwort von A. Baeumler, Stuttgart 1955

Nietzsche, F., [CII1] *Unveröffentlichtes Manuskript. Nationale Forschungs- und Gedenkstätten der klassischen deutschen Literatur in Weimar, Goethe- und Schillerarchiv*, Archiv-Signatur: 71/41 = CII1

Nietzsche, F., [Genealogie] *Zur Genealogie der Moral*, in: *Kritische Studienausgabe* [KSA], Bd. 5

Nietzsche, F., [JGB] *Jenseits von Gut und Böse*, in: *Kritische Studienausgabe* [KSA], Bd. 5

Nietzsche, F., [KGB] *Briefwechsel. Kritische Gesamtausgabe*, (ed.) G. Colli, M. Montinari, Berlin/New York 1973

Nietzsche, F., [KGW] *Kritische Gesamtausgabe*, (ed.) G. Colli, M. Montinari, Berlin/New York 1967-77

Nietzsche, F., [KSA] *Kritische Studienausgabe sämtlicher Werke*, (ed.) G. Colli, M. Montinari, 15 Bde., München/Berlin/New York 1980

Nietzsche, F., [MAM] *Menschliches, Allzumenschliches*, in: *Kritische Studienausgabe* [KSA], Bd.2

Nietzsche, F., [Morgenröte] *Morgenröte*, in: *Kritische Studienausgabe* [KSA], Bd. 3

Nietzsche, F., [WIII] *Friedrich Nietzsche, Werke in drei Bänden*, (ed.) K. Schlechta, München 1965

Nietzsche, F., [Wissenschaft] *Fröhliche Wissenschaft*, in: *Kritische Studienausgabe* [KSA], Bd. 3

Nietzsche, F., [Zarathustra] *Also sprach Zarathustra*, in: *Kritische Studienausgabe* [KSA], Bd. 4

Novalis, [Schriften] *Schriften*, (ed.) R. Samuel, 6 Bde., Stuttgart 1960

Ortega y Gasset, J., [Goethe] *Um einen Goethe von innen bittend*, in: ders., *Gesammelte Werke*, Stuttgart 1978, Bd. III, 267-297

Ott, H., [Heidegger] *Martin Heidegger. Unterwegs zu seiner Biographie*, Ffm/New York 1988

Ottmann, H., [Nietzsche] *Philosophie und Politik bei Nietzsche, Monographien und Texte zur Nietzsche-Forschung*, Bd. 17, Berlin/New York 1987

Ovid, [Metamorphosen] *Metamorphosen*, (ed.) E. Rösch, 10. Aufl., Zürich/München 1983

Palézieux, N., [Programmheft] *Sausen und Brausen, Programmheft der Oper Frankfurt, »Türke in Italien«*, 1982

Pankow, E., [Worte] *Letzte und erste Worte*, in: *66. Schopenhauer-Jahrbuch* Ffm 1985, 225-237

Park, K., [Pico] *Picos »De imaginatione« in der Geschichte der Philosophie*, in: Gianfrancesco Pico della Mirandola *Über die Vorstellung*, München 1984

Pautrat, B., [Nietzsche] *Nietzsche medusiert*, in: W. Hamacher (ed.), *Nietzsche aus Frankreich*, Ffm 1986, 111-128

Penzo, G., [Nietzsche] *Il superamento di Zarathustra. Nietzsche e il nazionalsocialismo*, Roma 1987

Pikulik, L., [Hoffmann] *E.T.A. Hoffmann als Erzähler: Ein Kommentar zu den Serapions-Brüdern*, Göttingen 1987

Platon, [Politeia] *Politeia*

Pothast, U., [Tätigkeit] *Die eigentlich metaphysische Tätigkeit – über Schopenhauers Ästhetik und ihre Anwendung bei Samuel Beckett*, Ffm 1982

Prang, H., [Ironie] *Die romantische Ironie*, 2. Aufl. Darmstadt 1980

Prauss, G., [Kant] *Kant über Freiheit als Autonomie*, Ffm 1983

Pries, Ch. (ed.), [Erhabenes] *Das Erhabene. Zwischen Grenzerfahrung und Größenwahn*, Weinheim 1989

Proust, M., [Suche] *Auf der Suche nach der verlorenen Zeit*, 10 Bde., Ffm 1985

Putnam, H., [Literature] *Literature, Science, and Reflection*, in: ders., *Meaning and the Moral Sciences*, London/Boston 1978

Putnam, H., [Realism] *The Many Faces of Realism*, La Salle 1987

Putnam, H., [Vernunft] *Vernunft, Wahrheit und Geschichte*, Ffm 1982

Quenzer, W., [Zirkel] *Der metaphysische Zirkel in Schopenhauers Willenslehre*, Diss. Tübingen 1966

Rhees, R., [Wittgenstein] *Wittgenstein's Lecture on Ethics*, in: *The Philosophical Review 74*, 1965

Richardson, D., [Pilgrimage] *Pilgrimage*, Virago 1979

Richman, M.H., [Bataille] *Reading Georges Bataille: Beyond the Gift*, Baltimore 1982

Riedl, R., F.M. Wuketits (ed.), [EE] *Die Evolutionäre Erkenntnistheorie*, Berlin/Hamburg 1987

Rösler, W., [Fiktionalität] *Die Entdeckung der Fiktionalität in der Antike*, in: *Poetica 12*, 1980

Rötzer, F. (ed.), [Denken] *Denken, das an der Zeit ist*, Ffm 1987

Rötzer, F., [Gespräch] *Französische Philosophen im Gespräch*. Mit einem Vorwort von Rainer Rochlitz, München 1986

Rust, A., [Kosmologie] *Die organismische Kosmologie von Alfred N. Whitehead*, Ffm 1987

Rzepka, C.J., [Self] *The Self as Mind: Vision and Identity in Wordsworth, Coleridge, and Keats*, Cambridge (Mass) 1986

Safranski, R., [Hoffmann] *E.T.A. Hoffmann: Das Leben eines skeptischen Phantasten*, München 1984

Safranski, R., [Schopenhauer] *Schopenhauer und die wilden Jahre der Philosophie*, München 1987

Saner, H., [Geburt] *Geburt und Phantasie*, Basel 1987

Schaarschmidt, C., [Entwicklung] *Der Entwicklungsgang der neueren Spekulation als Einleitung in die Philosophie der Geschichte*, Bonn 1857

Schapp, W., [Geschichten] *In Geschichten verstrickt: Zum Sein von Mensch und Ding*, Wiesbaden [2]1976

Schiller, F.v., [Kallias] *Kallias-Briefe*, in: G. Fricke, H.G. Göpfert (ed.), *Sämtliche Werke*, 5 Bde., München 1989

Schirmacher, W., [Ereignis] *Ereignis Technik*, Wien 1990

Schirmacher, W., [Heidegger] *Vergeßt Heidegger?*, in: ders. (ed.), *Zeitkritik nach Heidegger*, Essen 1989, 7-13

Schirmacher, W., [Heiliger] *Der Heilige als Lebensform*, in: ders. (ed.), *Schopenhauers Aktualität (Schopenhauer-Studien 1/2)*, 181-198

Schirmacher, W., [Vernunftkritik] *Schopenhauer und Nietzsche - Wurzeln gegenwärtiger Vernunftkritik*, in: ders. (ed.), *64. Schopenhauer-Jahrbuch*, Ffm 1984

Schlechta, K. (ed.), [Chronik] *Nietzsche Chronik. Daten zu Leben und Werk*, München/Wien 1975

Schlechta, K., [Nietzsche] *Der junge Nietzsche und Schopenhauer*, in: *26. Schopenhauer-Jahrbuch*, 1939, 289-300

Schmidt, A., [Idee] *Idee und Weltwille. Schopenhauer als Kritiker Hegels*, München/Wien 1988

Schmidt, A., [Wahrheit] *Die Wahrheit im Gewande der Lüge. Schopenhauers Religionsphilosophie*, München 1986

Schmidt, H.-M., [Sinnlichkeit] *Sinnlichkeit und Verstand: Zur philosophischen und poetologischen Begründung von Erfahrung und Urteil in der deutschen Aufklärung*, München 1982

Schmidt, J., [Genie] *Die Geschichte des Genie-Gedankens in der deutschen Literatur, Philosophie und Politik 1750-1945*, 2 Bde., Darmstadt 1985

Schneeberger, G., [Heidegger] *Nachlese zu Heidegger. Dokumente zu seinem Leben und Denken*, Bern 1962

Schulz, W., [Anmerkungen] *Anmerkungen zu Schopenhauer*, in: *Natur und Geschichte: Karl Löwith zum 70. Geburtstag*, Stuttgart 1967

Schulz, W., [Metaphysik] *Metaphysik des Schwebens. Untersuchungen zur Geschichte der Ästhetik*, Pfullingen 1985

Schwan, A., [Heidegger] *Politische Philosophie im Denken Heideggers*, Opladen 1989

Schweitzer, A., [Kultur] *Kultur und Ethik. Gesammelte Werke*, München o.J., Bd. 2

Schwemmer, O. (ed.), [Natur] *Über Natur. Philosophische Beiträge zum Naturverständnis*, Ffm 1987

Siebke, R., [Schopenhauer] *Arthur Schopenhauer und Matthias Claudius*, in: *51. Schopenhauer-Jahrbuch*, 1970, 22-31

Simmel, G., [Schopenhauer] *Schopenhauer und Nietzsche*, Leipzig 1901

Sloterdijk, P., [Eurotaoismus] *Eurotaoismus. Zur Kritik der politischen Kinetik*, Ffm 1989

Sloterdijk, P., [Welt] *Zur Welt kommen – Zur Sprache kommen. Frankfurter Vorlesungen*, Ffm 1988

Sölle, D., W. Seifert, [Hoffmann] *In Dresden und in Atlantis. E.T.A. Hoffmann und die Musik*, in: H. Prang (ed.), *E.T.A. Hoffmann*, Darmstadt 1976, 237ff

Speck, J. (ed.), [Grundprobleme] *Grundprobleme der großen Philosophen, Philosophie der Neuzeit IV: Lotze – Dilthey – Meinong – Troeltsch – Husserl – Simmel*, Göttingen 1986

Spengler, O., [Untergang] *Der Untergang des Abendlandes. Umrisse einer Morphologie der Weltgeschichte*, mit einem Nachwort von Anton Mirko Koktanek, 6. Aufl., München 1980

Spierling, V., [Mißverständnis] *Schopenhauers transzendentalidealistisches Selbstmißverständnis. Prolegomena zu einer vergessenen Dialektik*, Diss. München 1977

Spierling, V., [Zärtlichkeit] *Objektive Zärtlichkeit. Zur Kunstphilosophie Schopenhauers*, in: *Deutsches Ärzteblatt 83*, 1986

Steiner, G., [Gegenwart] *Von realer Gegenwart*, München 1990

Steinhagen, H., [Allegorie] *Zu Walter Benjamins Begriff der Allegorie*, in: W. Haug (ed.), *Formen und Funktionen der Allegorie*, Stuttgart 1979

Strauß, B., [Aufstand] *Der Aufstand gegen die sekundäre Welt*, in: *DIE ZEIT 26*, 1990, 57

Strauss, J., [Icarus] *The Inverted Icarus. Yale French Studies 78*, 1990, 106-123

Tomayer, H., [Hirnverbranntes] *Hirnverbranntes und Feinziseliertes. Tomayers Poesie & Prosa Armageddon*, Hamburg 1987

Tsujimura, K. (ed.), [Eins-Alles] *Ichi-soku-issai: Nichi-doku-tetsugaku-korokwiumu ronbunshu* (Eins – Alles: Beiträge zum japanisch-deutschen Philosophen-Kolloquium) Tokio 1986

Volpi, F. (ed.), [Guardini] *Ansia per l'uomo. Riflessioni sul pensiero di Romano Guardini*, Vicenza 1987

Wackenroder, W.H., L. Tieck, [He] *Herzensergießungen eines kunstliebenden Klosterbruders*, Stuttgart 1885

Wackenroder, W.H., L. Tieck, [Phantasien] *Phantasien über die Kunst*, Stuttgart 1983

Wackenroder, W.H., [WuB] *Werke und Briefe*, Heidelberg 1967

Wagner, G.F., [Register] *Schopenhauer-Register*, (ed.) A. Hübscher, 2. Aufl., Stuttgart-Bad Cannstadt 1960

Weimer, W., [Schopenhauer] *Schopenhauer*, Darmstadt 1982

Wellmer, A., [Dialektik] *Zur Dialektik von Moderne und Postmoderne. Vernunftkritik nach Adorno*, Ffm 1985

Wellner, K., [Methode] *Methode und Einheit im Philosophieren Kants und Nietzsches*, in: J. Albertz (ed.), *Kant und Nietzsche – Vorspiel einer künftigen Weltauslegung?*, Schriftenreihe der Freien Akademie, Bd. 8, 1988

Welsch, W., [Aisthesis] *Aisthesis. Grundzüge und Perspektiven der Aristotelischen Sinneslehre*, Stuttgart 1987

Wergin, U., [Strukturalismus] *Zwischen Strukturalismus und kritischer Theorie. Das ›Wortwerden des Fleisches‹ in den Ästhetik-Konzeptionen Mukařovsk s, Benjamins und Adornos*, in: *DVJS 59*, 1985, 349-379

Whitehead, A.N., [Prozeß] *Prozeß und Realität. Entwurf einer Kosmologie*, trans. und Nachwort von H.G. Holl, Ffm 1987

Wittkopp-Ménardeau, G., [Hoffmann] *E.T.A. Hoffmann in Selbstzeugnissen und Bilddokumenten*, Reinbek 1966

Wolf, U., [Sollen] *Das Problem des moralischen Sollens*, Berlin/New York 1984

Wondratschek, W., [Zeitmuseum] *Zeitmuseum der 100 Bilder*, in: *ZEIT-Magazin*, 9/1988

Wood, D., R. Bernasconi (ed.), [Derrida] *Derrida and Différance*, Evanston (Il) 1988

Zimmerli, W.Ch. (ed.), [Zeitalter] *Technologisches Zeitalter oder Postmoderne?*, München 1988

Die Autoren

Blittkowsy, Ralf, geb. 1958, studiert Philosophie in Hamburg, freier Journalist. Arbeitsgebiete: Leibniz, Wolfgang Cramer, Technikphilosophie, Diskursanalyse.

Böhringer, Hannes, geb. 1948, Prof. Dr. phil., Berlin und Kassel. Arbeitsgebiete: Philosophie, Ästhetik, Kunst- und Architekturtheorie. Veröffentlichungen: *Begriffsfelder* (1985), *Moneten* (1990).

Cekič, Miodrag, geb. 1923, Prof. Dr. phil., Belgrad, Kursdirektor des Schopenhauer-Kurses, Inter-University Dubrovnik. Arbeitsgebiete: Erkenntnistheorie, Philosophische Anthropologie, Nietzsche. Veröffentlichungen: *Grundriß der Geschichte der Philosophie* (1966), *Ein und Alles* (1972), *Von Kant zu Marx* (1976), *Erkenntnis und Arbeit* (1976), *Ist die Praxis der Maßstab der Wahrheit?* (1979), *Denkwege* (1981), *Gedanke in der Zeit* (1985), *Der jeweils zeitgemäße Nietzsche* (1989).

Choe, Wolhee, Prof. Dr. phil., Humanities Department, Polytechnic University New York; Dichterin. Veröffentlichungen: *Aesthetics of Change* (1982), *Romantic Morality* (1986), *Towards an Aesthic Criticism of Technology* (1989).

Cutrufelli, Virginia, M.A., promoviert mit einer Arbeit über *Kunst und Leben* an der Universität Hamburg, Lehrbeauftragte und Lektorin in New York und Hamburg. Veröffentlichungen: *Der Pseudokünstler* (1984), *Die Dichter lügen die Wahrheit* (1989), *Die Kunst des Vergessens* (1991), *Vom Zwiespalt im poetischen Denken* (1991).

Figl, Johann, geb. 1945, Prof. Dr., Universität Wien. Arbeitsgebiete: Religionsphilosophie, Atheismusforschung, Nietzsche. Veröffentlichung: *Atheismus als theologisches Problem* (1977), *Dialektik der Gewalt* (1984), *Interpretation als philosophisches Prinzip* (1982).

Goedert, Georges, geb. 1936, Prof. Dr. phil., Luxemburg. Arbeitsgebiete: Philosophie, insbesondere Gesellschaftstheorie und Ethik. Veröffentlichungen: *Nietzsche* (1977), *Schopenhauer und Nietzsche* (1978), *Nietzsches Immoralismus* (1984), *Nietzsche der Überwinder Schopenhauers und des Mitleids* (1988).

Hampe, Michael, geb. 1961, Dr. phil., wissenschaftlicher Assistent, Philosophisches Seminar, Universität Heidelberg. Arbeitsgebiete: Metaphysik im 20. Jahrhundert, Philosophie der Biologie. Veröffentlichungen: *Die Wahrnehmungen der Organismen* (1990), *Materialien zu Whiteheads ›Prozeß und Realität‹* (1991).

Hielscher, Martin, geb. 1957, Dr. phil., lehrt an der Fachhochschule für Gestaltung Hamburg, Autor und Übersetzer, erhielt 1987 den Hamburger Förderpreis für Literatur, regelmäßiger Mitarbeiter DIE ZEIT und verschiedener Rundfunkanstalten. Veröffentlichungen: *Zitierte Moderne* (1988), *Wolfgang Koeppen* (1988), *Beckmann lernt schießen* (Erzählung, 1988).

Ignatow, Assen, geb. 1935, Dr. phil., Wissenschaftlicher Mitarbeiter des Bundesinstituts für ostwissenschaftliche und internationale Studien, Köln. Arbeitsgebiete: Philosophisches Anthropologie, Geschichtsphilosophie, Kulturphilosophie, Philosophie des Marxismus, Russische Philosophie. Veröffentlichungen: *Heidegger und die Philosophische Anthropologie* (1979), *Aporien der marxistischen Ideologienlehre* (1984), *Psychologie des Kommunismus* (1985), *Surrogate der Unsterblichkeit* (1987), *Der Teufel und der Übermensch* (1989).

Kiss, Endre, geb. 1947, Dr. phil., Universitätsdozent, Budapest. Arbeitsgebiete: Positivismusgeschichte, Schopenhauer und Nietzsche, Ideengeschichte Österreichs. Veröffentlichungen: *Nietzsche-Rezeption in Ungarn* (1982), *Über die Kunstphilosophie des Jugendstils* (1984), *Der Tod der k.u.k. Weltordnung in Wien* (1986).

Löhneysen, Wolfgang von, geb. 1917, Prof. Dr. phil., Herausgeber *Schopenhauer – Sämtliche Werke* (Cotta-Insel-Suhrkamp). Arbeitsgebiete: Kunst- und Geistesgeschichte, Goethe. Veröffentlichungen: *Künstler und Kritiker* (1956), *Mistra* (1977), *Eine neue Kunstgeschichte* (1984), *Heimat unter dem Himmel – Berg Athos* (1991), *Raffael unter den Philosophen* (1991).

Maia, Muriel, geb. 1940, Prof. Dr. phil., Universität Porto Alegre/Brasilien. Arbeitsgebiete: Ästhetik, Metaphysik, Deutscher Idealismus. Veröffentlichung: *Jenseits des Willens zum Leben – über Schopenhauers metaphysischen Hintergrund der Kunstanschauung* (1989).

Mainberger, Sabine, geb. 1960, wissenschaftliche Mitarbeiterin, GHK Kassel. Arbeitsgebiete: Ästhetik und Kunsttheorie; Literatur, Kunst und Philosophie des 19. und 20. Jahrhunderts; Religionsphilosophie der modernen Kunst.

Margreiter, Reinhard, geb. 1952, Dr. phil., Habilitand, Gymnasialprofessor, Imst/Österreich. Vizepräsident der Internationalen Schopenhauer-Vereinigung, Rezensionsredakteur der Schopenhauer-Studien, Schatzmeister der österreichischen Schopenhauer-Gesellschaft. Arbeitsgebiete: Philosophische Mystik, Prozeßphilosophie, Schopenhauer, Nietzsche, Cassirer, Heidegger. Veröffentlichungen: *Ontologie und Gottesbegriff bei Nietzsche* (1978), *Allverneinung und Allbejahung* (1984), *Zur Aktualität der Religionskritik Schopenhauers* (1984), *Nietzsches ontologische Erfahrung* (1985), *Begegnungen mit Nietzsche* (1986), *Identität und Sittlichkeit* (1987), *Heidegger – Ethik, Politik, Technik* (1991).

Neymeyr, Barbara, geb. 1961, promoviert über Schopenhauers Ästhetik an der Universität Freiburg. Rezensionsredakteurin der Schopenhauer-Studien. Arbeitsgebiete: Ästhetik, Subjektivitätstheorie. Veröffentlichung: *Schopenhauers ›objektives Interesse‹* (1990).

Pankow, Edgar, geb. 1956, M.A. phil., promoviert mit einer epistemologischen Studie zur Theorie brieflicher Kommunikation, Yale University. Arbeitsgebiete: Literaturtheorie, Philosophie und Ästhetik, europäische Romantik. Veröffentlichungen: *Spur des Anderen* (1984), *Letzte und erste Worte: Schopenhauer und Beckett* (1985), *Wortstellungen – Heideggers Frage nach der Technik* (1989), *Rhetorique de l'essence: technique et langage* (1990).

Pleister, Wolfgang, geb. 1945, Dr. jur., Richter am Finanzgericht, München. Leiter der Ortsvereinigung München der Schopenhauer-Gesellschaft. Arbeitsgebiete: Rechtsphilosophie, Antike Ethik, Geistesgeschichte des 19. Jahrhunderts. Veröffentlichungen: *Persönlichkeit, Wille und Freiheit im Werke Jherings* (1982), *Recht und Gerechtigkeit im Spiegel der europäischen Kunst* (Mitautor, 1988).

Schirmacher, Wolfgang, geb. 1944, Prof. Dr. phil., Philosophy and Technology Studies Center, Polytechnic University New York; Senior Faculty, New School for Social Research, New York; Präsident der Internationalen Schopenhauer-Vereinigung, Herausgeber der *Schopenhauer-Studien*. Veröffentlichungen: *Zeit der Ernte – Studien zum Stand der Schopenhauer-Forschung* (1983), *Technik und Gelassenheit* (1983), *Schopenhauer und Nietzsche* (1984), Insel-Almanach *Schopenhauer* (1985), *Schopenhauers Aktualität* (1988), *Zeitkritik nach Heidegger* (1989), *Schopenhauer in der Postmoderne* (1989), *Ereignis Technik* (1990).

Schulz, Walter, geb. 1912, Prof. emer., Tübingen, Arbeitsgebiete: Geschichte der Philosophie, Ethik, Kunstphilosophie, Gegenwartsanalyse. Veröffentlichungen: *Philosophie in der veränderten Welt* (1979), *Metaphysik des Schwebens – Untersuchungen zur Geschichte der Ästhetik* (1985), *Grundprobleme der Ethik* (1989)

Vries, Hent de, geb. 1958, Dr. phil., Dozent, Department of German, Johns Hopkins University, Baltimore. Arbeitsgebiete: Religionsphilosophie, Kritische Theorie, Levinas, Derrida Veröffentlichungen: *Theologie im pianissimo und Zwischen Rationalität und Dekonstruktion* (1989), *Die Aktualität der ›Dialektik der Aufklärung‹* (1989).

Wall, Christoph, geb. 1954, Dr. phil., Lehrbeautragter, Philosophisches Institut, Technische Universität Berlin. Veröffentlichungen: *Fiktion und praktisches Wissen* (1989), *Wittgensteins Lebensform* (1991), *Zur technischen Reproduktion symbolischer Universen* (1991).

Wellner, Klaus, geb. 1938, Dr. phil., Wissenschaftlicher Angestellter und Lehrbeauftragter, Universität Freiburg. Vizepräsident der Freien Akademie. Arbeitsgebiete: Ethik, Bewußtseinsphilosophie, Erkenntnistheorie, Philosophie der Neuzeit. Veröffentlichungen: *Der Zusammenhang von Metaphysik und Moral oder Wahrheit und Wert im Denken Nietzsches* (1969), *Der offenbare und der versteckte Nihilismus* (1978), *Das Bewußtsein* (1990).

Wenzel, Wilfried, geb. 1923, Dr. phil., Musikpädagoge und Geiger, Frankfurt. Arbeitsgebiete: Philosophie, Musik- und Literaturwissenschaft. Veröffentlichungen zu Wilhelm Dilthey und Ludwig Marcuse.

Wergin, Ulrich, geb. 1939, Prof. Dr. phil., Literaturwissenschaftliches Seminar, Universität Hamburg. Arbeitsgebiete: Ästhetik, Poetik, Sprachphilosophie, Romantik, Poststrukturalismus, Kritische Theorie, Hermeneutik. Veröffentlichungen: *Einzelnes und Allgemeines* (1980), *Zwischen Strukturalismus und Kritischer Theorie* (1985), *Ludwig Tieck: Die Romantik und die Folgen* (1985), *Novalis: Der Weg zur Sprache* (1988), *Symbolisierung als Konstitution von Erfahrung* (1988), *Das Zeitbild der Klassik im Spiegel von Novalis' Poetisierungsprogramm* (1990)

Wiele, Joseph van de, geb.1923, Prof. Dr. phil., lehrt Philosophie an der Universität Löwen. Veröffentlichung: *Schopenhauer et le volontarisme* (1976).

Zuschriften und Anfragen bitte an:

Internationale Schopenhauer-Vereinigung,
Geschäftstelle,
Hallerstraße 72,
D-2000 Hamburg 13,

Tel. 040/418 518

REGISTER

Personen und Werke

Begriffe